UTB 3059

D1664296

Eine Arbeitsgemeinschaft der Verlage

Böhlau Verlag · Köln · Weimar · Wien
Verlag Barbara Budrich · Opladen · Farmington Hills
facultas.wuv · Wien
Wilhelm Fink · München
A. Francke Verlag · Tübingen und Basel
Haupt Verlag · Bern · Stuttgart · Wien
Julius Klinkhardt Verlagsbuchhandlung · Bad Heilbrunn
Lucius & Lucius Verlagsgesellschaft · Stuttgart
Mohr Siebeck · Tübingen
C. F. Müller Verlag · Heidelberg
Orell Füssli Verlag · Zürich
Verlag Recht und Wirtschaft · Frankfurt am Main
Ernst Reinhardt Verlag · München · Basel
Ferdinand Schöningh · Paderborn · München · Wien · Zürich
Eugen Ulmer Verlag · Stuttgart
UVK Verlagsgesellschaft · Konstanz
Vandenhoeck & Ruprecht · Göttingen
vdf Hochschulverlag AG an der ETH Zürich

Jürgen Miethke

Politiktheorie im Mittelalter

Von Thomas von Aquin bis
Wilhelm von Ockham

Durchgesehene und
korrigierte Studienausgabe

Mohr Siebeck

Jürgen Miethke: geboren 1938; Studium der Geschichte, Theologie und Philosophie in Göttingen und Berlin (Freie Universität); 1967 Promotion; 1970 Habilitation; 1971–84 Wissenschaftlicher Rat und Professor für Mittelalterliche Geschichte in Berlin; 1984–2003 o. Professor für Mittlere und Neuere Geschichte an der Universität Heidelberg.

ISBN 978-3-8252-3059-3 (UTB)
ISBN 978-3-16-149517-5 (Mohr Siebeck)

Die Deutsche Nationalbibliothek verzeichnet diese Publikation in der Deutschen Nationalbibliographie; detailierte bibliographische Daten sind im Internet unter *http://dnb.d-nb.de* abrufbar.

Durchgesehene und korrigierte Studienausgabe 2008.

Die Erstausgabe erschien unter dem Titel „De potestate papae – Die päpstliche Amtskompetenz im Widerstreit der politischen Theorie von Thomas von Aquin bis Wilhelm von Ockham" in der Reihe *Spätmittelalter und Reformation Neue Reihe* Nr. 16, Mohr Siebeck Tübingen, 2000.

Das Buch wurde von Computersatz Staiger in Rottenburg/N. gesetzt, von Gulde-Druck in Tübingen auf alterungsbeständiges Werkdruckpapier gedruckt und von der Buchbinderei Nädele in Nehren gebunden.

Vorwort zur Neuauflage 2008

Das Buch, das vor acht Jahren im Jahr 2000 zum ersten Mal erschienen ist, erscheint nun in einer Paperback-Ausgabe, die praktisch unverändert blieb, aber einen erweiterten, einen allgemeiner gefaßten Titel hat. Hatte ich damals mit der Überschrift „De potestate papae" genauer den Gegenstand der Überlegungen einer großen Zahl mittelalterlicher Autoren aufgreifen wollen, so steht jetzt das weite Feld ihrer Überlegungen auf dem Umschlag: „Politiktheorie im Mittelalter". Dabei ist es doch unter Fachleuten umstritten, ob man überhaupt von mittelalterlicher „Politik" oder noch präziser von einer mittelalterlichen Politiktheorie sprechen darf. Ein französischer Mediävist hat vehement die These vertreten, von „Politik" könne allererst seit dem Anbeginn des modernen Staates die Rede sein, und das heiße erst ganz am Ende des 13. Jahrhunderts, „politische Literatur" gar müsse als eine noch spätere Abstraktion gelten, denn die verschiedenen Textsorten, in welchen sich politische Reflexion und das Nachdenken von Zeitgenossen über das Zusammenleben der Menschen ausdrückt, bildeten im Spätmittelalter ein „ensemble disparate, où chaque genre a son propre système de référence, sa propre langue et son propre vocabulaire et, d'une façon générale, son propre horizon d'expectation" [★GENET (1995) 345].

Zweifellos gibt es im Spätmittelalter keine „Politiktheorie" im modernen Sinn, eine eigene wissenschaftliche Disziplin mit eigenen Methoden und eigenen Traditionen, die sich an einem geschlossenen Diskurs verfolgen ließen. Vielmehr fand die politische Reflexion eine Vielzahl von Möglichkeiten. In sehr unterschiedlichen Zusammenhängen hatte sie ihren Ort. Von diesem gesamten Geflecht kann hier nur ein einziger Strang verfolgt werden, freilich ist es der vom Ende des 13. bis zur Mitte des 14. Jahrhunderts wichtigste, ja der am nachhaltigsten in die Zukunft wirkende Strang. Es handelt sich um die Überlegungen der Universitätsgelehrten, wie die politische Herrschaftsorganisation ihrer eigenen Zeit nicht allein vorgestellt und im Zusammenhang gedacht werden müsse, sondern wie in ihr Herrscher und Untertanen ihr Verhalten je für sich und gegeneinander einzurichten hätten. Dieses Thema wurde in zahlreichen Texten und Traktaten unterschiedlicher Länge und Qualität auf sehr verschiedenem Reflexionsniveau durchgearbeitet. Die ganze Literatur, die damals entstand, enthält einen überraschend hohen Anteil jener Traktate, die heute weithin als „Klassiker" der mittelalterlichen Politiktheorie gelten: Thomas von Aquins „De regno ad regem Cypri", Dantes „Monarchia", des Marsilius von Padua „Defensor pacis", Wilhelms von Ockham „Dialogus". Diese Texte in ihren Zusammenhang zu stellen und sie auch mit den weniger „klassischen" Traktaten verwandter Absichten abzugleichen, ist die Aufgabe, die sich die vorliegende Studie stellt.

Dabei muß sie sich an die Regeln historischer Untersuchung halten. Jede konkrete Politiktheorie entspringt einem Entwurf, mit dem ein Autor das Zusammenleben der Menschen oder ihre politische Herrschaftsorganisation sich selbst und seinen Mitmenschen verständlich machen will. Das hat unmittelbar Konsequenzen für eine historische Aufarbeitung politischer Theorien vergangener Zeit. Eine historische Analyse politischer Theorien muß darum, wenn sie Inhalt und Intention eines konkreten Entwurfs untersuchen will, unterschiedlichen Anforderungen gerecht werden: einmal wird sie bestrebt sein, die Traditionen zu ermitteln, die auf den Verfasser gewirkt haben, in die er sich hineinstellte oder gegen die er polemisierte. Sie wird also möglichst exakt die Filiation der jeweils verwendeten Traditionen und deren jeweilige – traditionelle oder neuartige – Kombination verfolgen, um den systematischen Ort des Textes und auch jede Veränderung der dem Autor überkommenen Thesen samt den Folgerungen daraus im Gesamtzusammenhang der gemachten Aussagen sichtbar zu machen. Zu diesem Zweck wird sich die Untersuchung vor allem der methodischen Mittel der klassischen „Geistesgeschichte" bedienen. Einer derartigen Textanalyse können auch wichtige Aufschlüsse über die individuelle Leistung des einzelnen Autors und damit Aufklärung über die allgemeine intellektuelle Situation seines Zeitalters gelingen. Doch erreicht die Untersuchung damit noch nicht die Theorien in ihrer individuellen Genese, ja wird deren Intention kaum zuverlässig erreichen, kann sie sogar verfehlen, da sie Autoren und Texte nicht bei ihrer originären Entwurfsarbeit aufsucht. Neben eine „geistesgeschichtliche" Durchleuchtung der Texte muß daher auch die Analyse der konkreten geschichtlichen Situation der Textentstehung treten. Auf diese Weise werden Eigensicht und damit Eigenart der Autoren sichtbar.

Sollen die persönliche Situation des Autors und die allgemeine Lage seiner Zeit gleichermaßen in den Blick kommen, so ist die individuelle Biographie und deren allgemeiner Bedingungsrahmen bis hin zu verfassungsgeschichtlichen Überlegungen mitzubedenken. Eine solche Situationsanalyse hat historische Daten mit der Geschichte der zeitgenössischen Vorstellungen über eben diese Situation zu verbinden. Sie muß Strukturgeschichte und Vorstellungsgeschichte zu kombinieren versuchen, muß die Strukturgeschichte aus der Geschichte der Vorstellungen hervorgehen sehen. Sie kann damit aber im Erfolgsfall auch gewissermaßen die „Innenansicht" der vergangenen Welt erreichen, aus der heraus ein Text entstand und in die hinein der Text sprechen wollte.

Wenn auf diese Weise der Hintergrund der Weltsicht des Autors konkret in die Rekonstruktion vergangener politiktheoretischer Entwürfe mit einbezogen wird, so darf dies freilich nicht mit der bloßen Absicht geschehen, den Theorieentwurf mit einem verallgemeinerten Ideologieverdacht zu überziehen und damit schlicht zu entschärfen. In aller Regel erschließt ein solcher Ideologieverdacht nur marginale Teile der historischen Situation, da die persönlichen Interessen der Autoren zwar für ein Verständnis seines Textes durchaus erheblich sein können, doch sind sie keinesfalls ein *Passepartout*, der alle vom Autor behandelten Probleme auf allen Ebenen seiner Reflexion erschließen kann. Die Untersuchung wird also den Gesichtspunkt persönlicher Interessenbindungen der Autoren nur vorsichtig berücksichtigen und die Lebenswelt des jeweiligen Verfassers objektivierend in die Überlegungen einzubeziehen haben.

Wichtiger erscheint es, die jeweilige Wirkungsabsicht und die Wirkungsgeschichte der Texte anschaulich zu machen. Mittelalterliche Politiktheorie entstand nicht aus kontemplativer Beschaulichkeit, abgehoben von praktischer Politik in theoretischer Distanzierung. Sie wollte vielmehr Praxis betrachten und Praxis bestimmen. Es ist daher für die Rekonstruktion der Situation eines Textes solcher politischen Theorie durchaus nicht unerheblich, ob er in einer einzigen Handschrift überliefert ist, die vielleicht noch nicht einmal die Bibliothek oder das Archiv des Verfassers verlassen hat, oder ob sich verschiedene oder sogar viele Zeitgenossen oder auch nachfolgende Generationen für den Text interessiert haben. Freilich sind der Beantwortung derartiger rezeptionsgeschichtlicher Fragen in aller Regel durch die Quellenlage bitter enge Grenzen gesetzt. Nur selten und eher zufällig finden sich Hinweise auf die Rezeption in der Dokumentation der Texte. Wenn sich aber solche Nachrichten erheben lassen, wird daran nicht allein die Resonanz eines Autors bei seinen Zeitgenossen anschaulich. Bisweilen gelingt es damit sogar, die Erwartungen eines Autors in Bezug auf sein Publikum näher zu erfassen. Aus all diesen Gründen ist oft als ein erster Schritt der Untersuchung und Darstellung eine biographische Verortung des Textes geboten. Voraussetzung für eine sinnvolle Anwendung dieser Maxime freilich bleibt, daß die „biographische" Sicht nicht auf die dürren Daten eines Lebensweges eingeengt wird, sondern in breiterer Front die Lebensbedingungen der Zeit zumindest in Rücksicht nimmt.

Es ist von vornherein deutlich, daß all diese hohen programmatischen Wünsche nur bruchstückhaft und kaum je vollständig zu erfüllen sind. Die vorliegende Studie hat gleichwohl versucht, sich diesen Forderungen ernsthaft zu stellen und die Entwicklung der politischen Theorie im früheren 14. Jahrhundert in dieser „breiten" Perspektive vorzustellen. Wenngleich die behandelten Probleme und auch die hier ausgewählten Autoren kein Totalgemälde der Politiktheorie dieser Zeit erlauben, so bleibt zu hoffen, einem abgerundeten Bild der Situation der Politiktheorie in der Zeitspanne „von Thomas von Aquin bis Wilhelm von Ockham" näher kommen zu können.

★★★

Es handelt es sich bei dem hier erneut vorgelegten Buch um einen praktisch unveränderten Nachdruck der Erstauflage, der nur an einigen wenigen Stellen von Druckfehlern und Irrtümern bereinigt worden ist und der durch die Beigabe einer kleinen Liste zusätzlicher Literaturtitel in einem Anhang der Bibliographie auch weiterführende Hinweise auf die inzwischen fortgeschrittene Forschung enthält. Diese Zusätze konnten aus technischen Gründen nicht in die Anmerkungen eingearbeitet werden, sie sind hier jeweils durch eine andere bibliographische Nachweisform und ein vorgesetztes Sternchen (*) kenntlich gemacht und in aller Regel ohne große Mühe durch den jeweiligen Titel den entsprechenden Abschnitten der Studie zuzuordnen. Vollständigkeit bei diesen Zusätzen wurde nicht angestrebt. Es sollte lediglich ein Wegweiser in die internationale Literatur aufgestellt werden, der die Entdeckungsfreude der Leser anregen könnte.

Am Ende habe ich Dank zu sagen, Dank an die Freunde, die mir Mut gemacht haben; Dank an den Verlag, insbesondere an seinen Lektor und Geschäftsführer, Herrn Dr. Henning Ziebritzki, der das Projekt anregte und einen „studentischen" Preis ermöglicht hat; Dank an das Leitungsgremium der UTB, das durch die Aufnahme des Bandes in die Reihe dem Verlag die Produktion des Buches ermöglicht hat; Dank an die Herstellung in Tübingen, die reibungslos und freundlich in kürzester Zeit das Buch fertigte. Möge der Rundblick in die politische Theorie des Spätmittelalters Kenntnis und Bewußtsein von den mittelalterlichen Wurzeln unserer eigenen Welt schärfen und allgemein die historische Rechenschaft unserer Kultur über sich selber präzisieren helfen.

Heidelberg, im Januar 2008   Jürgen Miethke

Vorwort zur 1. Auflage

Wenn ein Projekt abgeschlossen wird, das lange Jahre währte, und ein Manuskript seinen Verfasser endgültig verläßt, so stellt sich beim Autor eine zwiespältige Empfindung ein, Erleichterung über den Einlauf in das Ziel, das bereits lange ins Auge gefaßt war, aber auch das Bewußtsein, daß die ursprüngliche Absicht nicht ohne Einschränkungen hat realisiert werden können. Das Thema der Entstehungsbedingungen und des Wirkungsrahmens politischer Theorien des späteren Mittelalters hat mich seit langer Zeit immer wieder beschäftigt. Vielfältige Hilfe wurde mir dabei zuteil: immer wieder auf verschiedentlich geförderten Bibliotheksreisen in Deutschland und im Ausland, als „Fellow" des „Historischen Kollegs" in München (1988/1989) und als „Member" der „School of Historical Studies" des „Institute for Advanced Study" in Princeton, N. J. (1993/1994) habe ich dafür arbeiten können, ohne freilich einen Abschluß zu erreichen. Die „Überlast" der deutschen Universitäten, von der vor Jahren noch bisweilen die Rede war, von der aber heute niemand mehr sprechen will (obwohl sie seither keineswegs abgenommen hat), auch besondere organisatorische Umstände, zuletzt noch ein gesundheitliches Handicap verhinderten eine zeitigere Beendigung, zu der mir schließlich ein von meiner Universität gewährtes Forschungsfreisemester im Winter 1999/2000 verholfen hat. Mein Dank an die Institutionen, an denen ich arbeiten durfte und darf, die die Geduld aufgebracht haben, welche mir selber bisweilen nicht ohne Anstrengung zur Verfügung stand, und die mir zu verschiedenen Zeiten und während verschiedener Phasen der Vorbereitung Muße und Freiraum für die Konzeption und Niederschrift des Textes gelassen haben, ist heute nicht weniger aufrichtig als damals, als ich die Auszeiten der Sabbat-Ruhe genießen durfte.

Die Freunde und Gesprächspartner will ich hier nicht alle im einzelnen nennen, mit denen ich mich über verschiedene Fragen unterhalten durfte und die mir großzügig ihren Rat und ihre Einwände, Hinweise auf weitere Gesichtspunkte oder mir verborgen gebliebene Materialien haben zukommen lassen. Zu lange wäre die Reihe, und wahrscheinlich gleichwohl wegen der langen Zeit, die verstrichen ist, auch nicht absolut vollständig. So mag ein pauschaler, doch aufrichtiger Dank hier für jede einzelne dieser von mir empfundenen Verpflichtungen stehen.

Bibliotheken in Deutschland und im Ausland haben mir ihre Handschriftenschätze bereitwillig und zuvorkommend immer wieder zugänglich gemacht. Autopsie der Überlieferung ist auch dort durch nichts zu ersetzen, wo ich daraus nicht eigens Schlußfolgerungen ziehen zu müssen glaubte. Den Geschmack des Authentischen, den die meist schlichten Gebrauchshandschriften der mittelalterlichen Gelehrten und die Folianten der Frühdrucke so reichlich vermitteln können, war und ist mir immer wieder die Quelle großer Freude.

Ich habe verschiedentlich in akademischen Lehrveranstaltungen den Themenkreis dieses Buches abgeschritten, auch mich in mehreren Veröffentlichungen zu Themenkomplexen im Umfeld dieser Studie geäußert, sodaß ich mich teilweise hier daran anlehnen konnte. Auch in der Geschichtswissenschaft leben wir von und mit der freimütigen Erörterung, dem Austausch der Argumente, von der Anregung, Bestärkung, dem Widerspruch und der Erwägung im Dialog und im Disput.

Bei der technischen Herstellung des Manuskripts hat mich das Sekretariat im Heidelberger Historischen Seminar, zuletzt insbesondere Frau Sabine Klingel mit Geduld, Zuvorkommenheit und Einsatzfreude unterstützt. Den Mitherausgebern der Reihe „Spätmittelalter und Reformation", den Herren Kollegen Hamm, Helmrath, Oberman und Schilling gilt mein Dank für die unbürokratisch rasche Annahme des Manuskripts. Dem Verleger, Herrn Siebeck, und seinen Mitarbeitern fühle ich mich für die zügige Abwicklung der Drucklegung und die vielfältige Hilfe bei allen Problemen der Buchherstellung verpflichtet.

Gewidmet sei das Buch meiner Frau, die mit unermüdlicher Geduld auf sein Erscheinen hat warten müssen und ohne deren vielfältige ermutigende Unterstützung es nicht hätte entstehen können.

Heidelberg, im Juli 2000   Jürgen Miethke

Inhaltsverzeichnis

Abkürzungsverzeichnis

AFH	Archivum Franciscanum Historicum
AFP	Archivum Fratrum Praedicatorum
AHC	Annuarium Historiae Conciliorum
AHDL	Archives d'histoire doctrinale et littéraire du Moyen Âge
AHP	Archivum Historiae Pontificiae
ALKG	Archiv für Literatur- und Kirchengeschichte des Mittelalters
AKG	Archiv für Kulturgeschichte
BEFAR	Bibliothèque des Écoles françaises d'Athènes et de Rome
BG[Th]PhMA	Beiträge zur Geschichte der [Theologie und] Philosophie des Mittelalters
BISI	Bulletino del Istituto Storico Italiano per il Medio Evo e Archivio Muratoriano
BMCL	Bulletin of Medieval Canon Law
CCCM	Corpus Christianorum, continuatio Mediaevalis
Const.	Constitutiones et acta publica
CUP	Chartularium Universitatis Parisiensis, edd. Heinrich Denifle / Émile Châtelain, Bd. 1-4, Paris 1889-1899 [Neudruck Brüssel 1964]
DA	Deutsches Archiv für Erforschung des Mittelalters
DBI	Dizionario Biografico degli Italiani
ed. / éd. / edd.	ediert von / edidit / édité par / ediderunt
EHR	English Historical Review
HF	Recueil des Historiens de Gaule et de la France
hg. / hgg.	herausgegeben (von) bzw. Herausgeber
HLF	Histoire littéraire de la France
HRG	Handwörterbuch zur deutschen Rechtsgeschichte
HZ	Historische Zeitschrift
LexMA	Lexikon des Mittelalters
LThK³	Lexikon für Theologie und Kirche, 3. Auflage
MEFRM	Mélanges de l'École française de Rome, Moyen-Âge
MGH	Monumenta Germaniae Historica
MGH, Schriften	Monumenta Germaniae Historica, Schriften des Reichsinstituts für ältere deutsche Geschichtsforschung/Schriften der MGH
MGH, Staatschriften	Monumenta Germaniae Historica, Staatsschriften des späteren Mittelalters
MIÖG	Mitteilungen des Instituts für Österreichische Geschichtsforschung

N.S.	Neue Serie, new series, nova series, nuova serie
Potthast	Regesta pontificum Romanorum inde ab a. post Christum natum MCXCVIII ad a. MCCCIV, ed. Augustus POTTHAST, Bd. 2, Berlin 1875
QFIAB	Quellen und Forschungen aus italienischen Archiven und Bibliotheken
RHE	Revue d'Histoire Ecclésiastique
RISS	Rerum Italicarum Scriptores, ed. Ludovicus Antonius MURATORI
RMAL	Revue du moyen-âge latin
RS	[sog.] „Rolls Series": Rerum Britannicarum Scriptores
RSCI	Rivista di storia della Chiesa in Italia
RTAM	Recherches de Théologie Ancienne et Médiévale
SS	Scriptores
SSOP	Scriptores ordinis Praedicatorum
SSrerG	Scriptores rerum Germanicarum in usum scholarum separatim editi
TRE	Theologische Realenzyklopädie
VL[2]	Verfasserlexikon zur deutschen Literatur, 2. Auflage, hg. von Kurt RUH (u.a.)
ZHF	Zeitschrift für historische Forschung
ZKG	Zeitschrift für Kirchengeschichte
ZRG germ	Zeitschrift der Savigny-Stiftung für Rechtsgeschichte, Germanistische Abteilung
ZRG kan.	Zeitschrift der Savigny-Stiftung für Rechtsgeschichte, Kanonistische Abteilung

Stellen aus der Vulgata sowie aus den Textcorpora der Kanonisten und Legisten werden in der heute üblichen Weise zitiert.

I. Voraussetzungen

1. Die scholastische Universität:
Theologie, Kanonistik und Artes als Leitwissenschaften

Im 12. Jahrhundert begann eine neue Phase der theoretischen Arbeit auf dem Felde der politischen Reflexion. In dieser Zeit veränderten sich im Zuge großer allgemeiner Umbrüche auch die Bedingungen theoretischer Bemühungen in ganz Europa fundamental, da mit der europäischen Universität der institutionelle Rahmen theoretischer Arbeit überhaupt in ein neues Stadium trat.[1] Es war nicht allein die Verdichtung des Netzes von Unterrichtsorten in verschiedenen Gegenden Europas, die diese neue Qualität heraufführte, wenn auch generell die rasch wachsende Zahl der Gelehrten einen qualitativen Sprung in der Entwicklung bedeutet hat. Wo früher ein Magister seine Schule geleitet hatte, drängten sich nun Konkurrenten: das zeitgenössische Stichwort für die Folgen ist *invidia*.[2] Die Konsequenzen, die dem Historiker sichtbar werden, sind Streitigkeiten und disziplinäre Kalmierungsversuche.[3] Aber die Entwicklung ließ sich, wie sich rasch erwies, nicht eigentlich steuern.

An einigen Orten, und zwar bezeichnend genug an verschiedenen Orten unabhängig voneinander, wurde ein Ausweg aus dem Wildwuchs gefunden in der Formierung der Universität als einer genossenschaftlichen Korporation, die in Selbstbestimmung und privilegiengeschützter Autonomie ihre eigenen Angelegenheiten zu regeln lernte. Die Universität wurde nicht schlagartig oder in einem bewußten Erfindungsakt geboren, sondern entstand tastend, in mehreren Anläufen, in Konflikten, jeweils von Parallelentwicklungen anderwärts lernend und fremden Vorbildern nacheifernd. Teilweise wurde sie auch von dem rechtlichen Gestaltungswillen der päpstlichen Kurie mitgeformt, jedoch nicht hervorgebracht.[4] Es ist bezeichnend,

---

[1] Zusammenfassend dazu jetzt: History of the University in Europe, ed. Walther RÜEGG.

[2] Der bekannteste Beleg dafür dürfte die „Historia calamitatum" sein; ich gehe weiterhin davon aus, daß sie im wesentlichen aus Abaelards Feder stammt, kann das hier aber nicht im einzelnen belegen.

[3] Das beweisen vor allem die bekannten Verfahren des 12. Jahrhunderts, vgl. nur z.B. Jürgen MIETHKE, Theologenprozesse in der ersten Phase ihrer institutionellen Ausbildung. Die Verfahren gegen Abaelard und Gilbert von Poitiers.

[4] Vgl. Jacques VERGER, Patterns, in: History of the University, bes. S. 35–74 [dt.:

daß damals unter höchst unterschiedlichen lokalen Bedingungen und weit entfernt voneinander, in Bologna, sodann (wohl ein wenig später) in Paris und (wiederum wahrscheinlich in leichter zeitlicher Versetzung) in Oxford, Hochschulen entstanden sind, die allesamt zu Recht Universitäten genannt werden dürfen und die allesamt auch einen so breiten Fundus von funktional durchaus äquivalenten Regelungen ihres Innenlebens und ihrer Außenbeziehungen aufweisen, daß sie, je für sich oder gemeinsam, bald anderwärts ein eifrig nachgeahmtes Vorbild neuer Gründungen abgeben konnten.

Hier war eine Institution gefunden, in der sich die konkurrierende Kollegialität verschiedener Gelehrter aus unfruchtbarem Zwist zu gemeinsamer Arbeit bündeln konnte. Der langgestreckte Entwicklungsprozeß der Universität war um 1200 noch keineswegs abgeschlossen, vielmehr markiert das erste Jahrzehnt des 13. Jahrhunderts mit dem ersten Auftauchen des Namens *universitas* in den Pariser Quellen gerade[5] erst den Beginn eines selbstbewußten Weges, der sich noch Jahrzehnte lang hinziehen sollte. Damals erst wurden in langsamer und nicht immer klar belegbarer Entwicklung die inneren Organisationsformen: die Fakultäten, die Nationen, die Rektoratsverfassung, die Graduierungen, definitiv ausgeprägt. Jetzt erst konnte die Rechtssicherung durch Privilegien des königlichen Landesherren oder des Papstes wie auch eine stetigere Finanzierung Schritt für Schritt in Angriff genommen werden. Vor allem aber kam es auf der Basis, die das 12. Jahrhundert gelegt hatte, erst jetzt zu einer definitiven Fixierung der Grundmethoden des Unterrichts im „scholastischen" Wissenschaftsbetrieb.

Damals wurde der Kanon der Wissenschaften für Jahrhunderte fixiert. Die altüberkommene Ordnung der sieben *artes liberales* wurde auch an den jungen Universitäten gewiß weiter gepflegt, doch sie bestimmte auch an den Artes-Fakultäten, die doch nach dieser Tradition ihren Namen führen, bald, und das heißt bereits im 13. Jahrhundert nicht mehr ausschließlich oder auch nur maßgeblich die Tafel der Unterrichtsfächer oder Lehrgegenstände.[6] Wie die Konkurrenz der Magister an einem Ort in die korporative und kooperative Verfassung der Universität eingemündet war, so fand die Ausdifferenzierung der Wissensgebiete und Gegenstandsbereiche ihre Entsprechung in der Gliederung der Universitäten in den fachlich gebundenen Fakultäten.[7] Jede Fakultät bildete über ganz Europa und seine Universitä-

---

„Grundlagen", S. 49–80]. Vgl. auch Werner MALECZEK, Das Papsttum und die Anfänge der Universität im Mittelalter, in: Römische Historische Mitteilungen 27 (1985) S. 85–143 (der freilich m.E. Gestaltungsfreiheit und Gestaltungswillen der Kurie überschätzt).

    [5] CUP I, S. 67f. (Nr. 8).

    [6] Zur Entwicklung der Artes-Fakultäten vgl. exemplarisch die Darstellung des Artes-Unterrichts in Oxford durch John M. FLETCHER, The Faculty of Arts, und: Development in the Faculty of Arts, 1370–1520. Für Cambridge vgl. stark auf dieses Thema hin konzentriert: A History of the University of Cambridge, ed. Christopher N. L. BROOKE, Bd. 1: Damian Riehl LEADER, The University to 1546, Cambridge [usw.] 1988.

    [7] Eine neuere Übersicht bei MIETHKE, *Universitas* und *studium*; knapp auch Jacques

ten hin wiederum in einer erstaunlichen Gleichförmigkeit und mit großer Schnelligkeit nicht nur die methodischen Instrumente des jeweiligen wissenschaftlichen Vorgehens, die „scholastische Methode"[8] in ihrer je fachspezifischen Sonderprägung aus, alle Fakultäten haben darüber hinaus – in der Regel bereits bis zur Mitte des 13. Jahrhunderts – auch die für die scholastische Buchwissenschaft maßgeblichen Textgrundlagen festgelegt, z.T. indem sie längst vorliegende Bücher als solche Grundlagen anerkannten, z.T. indem sie den Stoff allererst verfügbar machten durch neue Übersetzungen oder durch kompendiöse Zusammenfassung zu neuen Textcorpora.

Bibel und Sentenzenbuch des Lombarden wurden bei den Theologen, die griechischen und arabischen Ärzte bei den Medizinern die maßgebliche Grundlage, die Rechtscorpora des justinianischen Kaiserrechts und des Gratianschen Dekrets sowie des päpstlichen Dekretalenrechts wurden bei den Juristen ausgelegt, und bei den Artisten wurde zunehmend Aristoteles mit seinen dem Westen erst allmählich und in Schüben durch Übersetzungen zugänglich werdenden Schriften die entscheidende Autorität. Darüber hinaus haben die Universitäten in dieser Zeit auch – und das ebenfalls weitgehend gleichförmig – die ersten Arbeitsinstrumente fixiert, die es erlaubten, mit diesen Grundtexten auch auf dem Niveau gemeinsamer Standards umzugehen. Die jeweilige Glossa ordinaria zur Bibel, zum Corpus Iuris Civilis, zu Dekret und Dekretalen, „der" *commentator* Averroes zu „dem" *philosophus* bestimmten künftig bei der Arbeit an den Grundtexten die zu bewältigende Stoffmenge zumindest mit, und daran sollte sich auch in Zukunft, noch ganze Jahrhunderte lang, nichts Wesentliches mehr ändern.

Hier soll nicht behauptet werden, die scholastische Methode wäre sogleich wie Minerva gepanzert und geschient vollständig und mit einem Mal am Ende des 12. Jahrhunderts gleichsam Arm in Arm mit der europäischen Universität in Erscheinung getreten. Gewiß läßt sich eine lange und verwickelte Vorgeschichte aufspüren, die in den einzelnen Fächern jeweils ein ganzes Bündel von Sonderwegen und eigenen Entwicklungssträngen zusammenführte.[9] Die scholastische Buchwissenschaft, die aus der kritischen

---

VERGER, The First French Universities and the Institutionalization of Learning: Faculties, Curricula, Degrees, in: Learning Institutionalized, S. 5–19.

[8] Zur scholastischen Methode immer noch (vorwiegend freilich für die frühe Zeit) Martin GRABMANN, Die Geschichte der scholastischen Methode, nach den gedruckten und ungedruckten Quellen dargestellt, Bd. 1–2, Freiburg i.B. 1909 [Neudruck Basel / Stuttgart 1961 u.ö]). Neuerdings Gangolf SCHRIMPF, Bausteine für einen historischen Begriff der scholastischen Philosophie, in: Philosophie im Mittelalter, Entwicklungslinien und Paradigmen [Festschrift für Wolfgang Kluxen], hgg. von Jan P. BECKMANN, Ludwig HONNEFELDER, Gangolf SCHRIMPF, Georg WIELAND, Hamburg 1988, S. 1–25. Vgl. auch den Essay von Klaus JACOBI, Der disputative Charakter scholastischen Philosophierens, in: Philosophie und geistiges Erbe des Mittelalters, hg. von Andreas SPEER (Kölner Universitätsreden, 75) Köln 1994, S. 31–42.

[9] Eine knappe Geschichte der einzelnen Disziplinen wird skizziert in: History of the University, S. 307–441 (von Gordon LEFF, John NORTH, Nancy SIRAISI, Antonio GARCÍA Y GARCÍA und Monika ASZTALOS).

Auslegung und Aneignung von autoritativen Texten ihre Kraft zog, entfaltete sich in ähnlicher Weise fast gleichzeitig in verschiedenen Wissenszweigen. Wir wollen hier den Streit um die Priorität einer dialektischen Glossierung von Basistexten nicht aufnehmen, wir wollen nicht prüfen ob sie zeitlich zuerst bei den Juristen oder bei Theologen und Artisten nachweisbar ist.[10] Weil man in allen Wissensgebieten die überkommenen Texte mit der ernsthaften Absicht las, sie als „Autoritäten" in vernünftiger Geltung für die eigene Gegenwart zu lassen, deshalb führte die Kommentierung und Auslegung der Grundbücher immer zugleich auch zu einer Übersetzung der Texte in den Horizont der eigenen Wirklichkeit hinein: *Ratio* (Vernunft), *auctoritas* (der autoritative Text der Überlieferung) und *experientia* (Erfahrung) sind die drei Säulen der scholastischen Methode, so unterschiedlich zu verschiedenen Zeiten das wechselseitige Verhältnis dieser Trias auch näher bestimmt war. Festgehalten haben diesen Ansatz alle Autoren, die sich zu dieser Frage geäußert haben. Das galt nicht nur im Artes-Unterricht oder bei der Theologie, auch die Juristen konnten sich in dieser Trias durchaus wiederfinden.

Die Universität hatte Streit und Konkurrenz der Personen und Fächer gebündelt, nicht aufgehoben: Einen Streit der Fakultäten hat es seit den Zeiten ihrer Entstehung gegeben. Daß Juristen und Mediziner Reichtümer scheffelten, während Theologen und Artisten dabei in aller Regel abseits stehen müßten, daran rieben sich bereits häufig zitierte Verse des 12. Jahrhunderts:

> Dat Galienus opes et sanctio Iustiniana
> Ex aliis paleas, ex istis collige grana!

(Zu übersetzen etwa mit: „Reichtümer schenkt Dir Galen und die Justinianische Weisung, Hole aus anderem Stroh, aus diesen Korn Dir zur Speisung!").[11]

Die Klage der weniger gut Weggekommenen gegen die *scientiae lucrativae* hat also eine lange Tradition. Neben solchen sozialen Spannungen, die auf unterschiedliche wirtschaftliche und soziale Aussichten zurückzuführen sind, tauchen auch in moralische Kritik gekleidete Vorwürfe auf. Aus dem

---

[10] Klassisch für die Glossierung der Bibel die abgewogene Darstellung von Beryl SMALLEY, The Study of the Bible in the Middle Ages, Oxford ³1983. Für die Juristen vgl. besonders Rudolf WEIGAND, Die Glossen zum Dekret Gratians, Studien zu den frühen Glossen und Glossenkompositionen (Studia Gratiana, 25–26) Bologna 1991. Für die Legisten jetzt auch Hermann LANGE, Römisches Recht im Mittelalter, Bd. 1: Die Glossatoren, München 1997 [mehr noch nicht erschienen]; ganz knapp, aber durchdacht und anregend Peter Gonville STEIN, Römisches Recht und Europa, Die Geschichte einer Rechtskultur (Europäische Geschichte, Fischer-Buch 60102) Frankfurt / Main 1996.

[11] Dazu vor allem Stephan KUTTNER, „Dat Galienus opes et sanctio Iustiniana": Literary and Linguistic Studies in Honor of Helmut A. Hatzfeld, ed. A. S. CHRYSAFULLI, Washington, D.C. 1964, S. 237–246, jetzt in KUTTNER, The History of Ideas et Doctrines, Nr. x.

14. Jahrhundert mag dafür der Franziskaner Wilhelm von Ockham ein Beispiel abgeben: Der *Magister*, der „Meister" oder „Lehrer", der in Ockhams
„Dialogus" ein enzyklopädisches Panorama von Ansichten und Argumenten über den Streit des Franziskanerordens mit Papst Johannes XXII.[12] vor
dem *Discipulus*, seinem „Schüler" oder „Jünger", entfaltet, schreibt ganz am
Anfang des Textes: *Imprimis autem volo te scire quod aliquos cognosco theologos qui
moderni temporis canonistas tamquam non intelligentes, presumptuosos, temerarios,
fallaces, deceptores, cavillatores et ignaros in cordibus suis valde despiciunt reputantes
quod sacrorum canonum intellectum ignorant.*[13]

Die Argumente, die Ockham zur Begründung dieses Urteils anführt,
nehmen die restlichen Kapitel des folgenden Ersten Buches der Schrift in
Anspruch, erstrecken sich also über viele Seiten hin.[14] Der Franziskanertheologe hat sich freilich die Mühe gemacht, diese Invektive ausdrücklich
mit sonst nicht überall geübter Sorgfalt von seiner eigenen Meinung zu unterscheiden und – stilgerecht für den Dialogus – noch einmal als reines Re-
ferat zu deklarieren. Das war zwar schon im Prolog unmißverständlich gesagt worden, hier aber wird es erneut dem Leser ins Gedächtnis gerufen:
„Ich wollte von dir", äußert der Schüler zum Lehrer, bevor dieser seine
Philippika gegen die Kanonisten beginnt, „die jeweils einschlägigen Argumente von verschiedenen Leuten hören oder die Argumente, wie sie von
anderen erdacht werden könnten, wobei du mir keineswegs sagen sollst, ob
du diese Argumente für vernünftig oder für unsinnig hältst".[15] Die Vorwürfe der Theologen werden, wie ausdrücklich gesagt wird, „im Herzen"
erhoben, also in aller Regel nicht öffentlich gemacht.

Es geht in Ockhams Text, entgegen allem ersten Augenschein, auch gar
nicht um die Frage der moralischen Qualifizierung einer wissenschaftlichen
Disziplin, sondern um die Zuständigkeit von bestimmten Experten in Glau-
bensfragen und bei der Ketzerverfolgung. Ockhams „Dialogus" soll eine

---

[12] Eine Inhaltsübersicht gibt KÖLMEL, Wilhelm Ockham und seine kirchenpolitischen
Schriften, Essen 1962, S. 66–124.

[13] I Dialogus I, cap. 3, gedruckt in: Guillelmus de Ockham, Dialogus (Lyon, bei Jean
Trechsel, 1496) fol. 2rb, hier verglichen mit und korrigiert nach dem Arbeitstext, hergestellt im Auftrag der British Academy von John KILCULLEN und John SCOTT in Vorbereitung der kritischen Ausgabe (und ins Internet gestellt): „Vor allem aber mußt du wissen,
daß ich einige Theologen kenne, die die Kanonisten der Gegenwart als verständnislos, an-
maßend, (in ihrer Methode) halsbrecherisch, in die Irre führend und Lügner, Verbreiter
von Spitzfindigkeiten und Dummköpfe einschätzen und sie herzlich verachten, weil sie
glauben, daß sie den wahren Sinn der Heiligen Canones nicht kennen."

[14] I Dialogus I, cap. 3 – I, cap .5, fol. 2rb-5vb.

[15] I Dialogus I, cap. 3, fol. 2rb (wiederum korrigiert nach Kilcullen-Scott): MAGISTER:
*Tu videris tibi ipsi contrarius: in principio enim petisti, ut quid de interrogationibus tuis sentirem,
nullatenus indicarem. Nunc autem poscis, ut ad aliquas rationes respondeam, ex quo convinci potest,
quod desideras, quatenus quid teneam in corde, aperiam.* DISCIPULUS: *Quicquid petitio mea ex vi
vocis insinuat, nullomodo volebam, quod quid in mente habeas, intimares, sed petere intendebam, ut
responsiones aliquorum vel que cogitari possunt ab aliis rectiores recitares nullatenus exprimendo, an
eas rationabiles putes esse censendas.*

„irgendwie geartete Summa", d.h. ein systematisches Lehrbuch, „über den Streit, der über den katholischen Glauben im Gange ist", liefern.[16] Das künftige Buch soll nicht die moralischen Schwächen der Kanonisten behandeln, es soll, wie es im Prologaufriß eindeutig steht, „Die Ketzer" heißen[17] und, wie dem Leser alsbald klar werden wird, die Haltung des Papstes im theoretischen Armutsstreit als ketzerisch erweisen.

Das von Ockham hier ausgesprochene abgrundtiefe Mißtrauen der Theologen gegenüber den Kanonisten ist nur eine Stimme, die im vielstimmigen Chor des Streites der Fakultäten zu hören ist. Der Gegenstand des Streits, um den es Ockham ging, hat zwar, wie zu verfolgen sein wird, mit der politischen Theorie der Zeit zu tun. Das wird allein daran bereits deutlich, daß sich die ganze bisher vorgetragene Erörterung in einer Schrift findet, die allgemein zu den wichtigen politisch-theoretischen Traktaten des Spätmittelalters gezählt wird.[18] Politische Theorie als eigenes Fach kommt aber im hier angeführten Text überhaupt nicht vor, nur die Disziplinen „Theologie" und „Kanonistik" kommen zur Sprache.

Das ist nicht besonders erstaunlich, weil es an der mittelalterlichen Universität zwar das Fach der Kanonistik ebenso wie das Fach Theologie als in sich und von einander abgrenzbare Disziplinen gegeben hat, sogar als eigene Fakultäten sind diese Fächer organisiert worden,[19] das Fach „Politik" oder gar „politische Theorie" ist an den mittelalterlichen Universitäten aber auch nicht als Teilgebiet einer anderen Fakultät aufzufinden. Zu methodischer Eigenständigkeit, zu einer für sich selbst stehenden wissenschaftlichen Disziplin hat sich die politische Theorie erst nach einem komplizierten langwierigen Prozeß emanzipiert, der Jahrhunderte in Anspruch nahm. Das geschah spät, erst am Ende des Mittelalters oder am Beginn der Neuzeit. Im allgemeinen erblickt man in Niccolò Machiavelli den ersten Autor, der die Politik als eigenständige Disziplin begründet habe, und er war kein Mann der Universität. Freilich hat es auch an der scholastischen Universität durchaus politisches Nachdenken gegeben, das sich geschichtlicher Nachprüfung heute nicht verschließt. Bevor wir uns der Zeit an der Wende zum 14. Jahrhundert zuwenden können, muß in einem knappen Überblick zunächst

---

[16] I Dialogus-, Prologus, fol. 1ra: MAGISTER: ... *nam ut de controversia, que super fide catholica et multis incidentalibus inter Christianos vertitur, nescio quam summam tibi componam impudenter exposcis ...*

[17] I Dialogus, Prologus, fol. 1ra: DISCIPULUS: ... *opus futurum ... quod opto in tres distingui partes, quarum prima de hereticis ... volo vocari...* und weiter unten, fol. 1rb: *Tractatum igitur primum de haereticis acceleres inchoare, quem in septem divide libros, quorum primus investiget, ad quos, theologos videlicet vel canonistas, pertinet principaliter diffinire, que assertiones catholice, que heretice, qui etiam heretici et qui catholici debeant reputari...*

[18] Nachweise erübrigen sich. Auch noch in skizzierenden Gesamtüberblicken über das politische Denken des Mittelalters läßt kaum ein Autor einen Hinweis auf Ockham und seinen „Dialogus" aus.

[19] Zu dem Verhältnis der Fakultäten zur Universität im Mittelalter allgemein vgl. wiederum MIETHKE, *Universitas* und *studium*, S. 493–511.

von der politischen Theorie im Rahmen der mittelalterlichen Wissenschaften als ganzer die Rede sein, um den Ort der politischen Debatten skizzenhaft zu beleuchten.

Ein Nachdenken über soziale Phänomene gab es natürlich schon lange
vor dem Zeitalter der scholastischen Universität und damit − wie auch in
allen anderen Zeitaltern der Geschichte − auch bereits im früheren Mittelalter. Mit der Bildungsbewegung des 11. und 12. Jahrhunderts, die zur Entstehung der mittelalterlichen Universität geführt hat, änderten sich die Rahmenbedingungen theoretischer Arbeit für alle Sparten theoretischen Interesses. So überrascht es nicht, daß bereits an der frühen Universität oder doch
in Verbindung mit ihr auch neuartige theoretische Bemühungen um politische Fragen auftauchen. Die Reflexion über soziale Verhältnisse und politisches Handeln konnte sich freilich nicht als eigenständige wissenschaftliche
Disziplin entfalten, weil es ein solches Fach noch gar nicht gab. Sie konnte
sich jedoch an andere Disziplinen anlehnen, von ihnen lernen, bzw. jeweils
in deren „Sprache" sprechen.[20] Politische Reflexion wurde an der mittelalterlichen Universität daher jeweils im Rahmen anderer Fächer formuliert
(und somit auch im Rahmen von deren jeweils eigenen Traditionen und
sprachlich-terminologischen Überlieferungen konzipiert). Die scholastische Methode, die mit der werdenden Universität rasch alle Wissenschaften
erfaßte und sie − methodisch ebenso wie institutionell − auf ein neues Fundament stellte, hatte somit auch für theoretische Bemühungen um die Politik[21] heute nur schwierig zu erfassende Folgen.

---

[20] Die die Phantasie anregende Metapher von den entlehnten „Sprachen" (*languages*),
die ja nicht nur vom Vokabular der jeweiligen Sprache zu reden erlaubt, sondern auch von
ihrer Grammatik und Semasiologie, haben vor allem Quentin Skinner und seine Schüler
und Nachfolger geprägt, vgl. bereits den Sammelband: The Languages of Political Theory
in Early Modern Europe, ed. A. PAGDEN, Cambridge 1987; dazu auch Antony BLACK, Political Languages in Later Medieval Europe, in: The Church and Sovereignty, S. 313−328;
zuletzt gab einen förderlichen Überblick Roberto LAMBERTINI, La diffusione della „Politica" e la definizione di un linguaggio politico aristotelico, in: Quaderni storici, n.s. 102
[a. 34] (1999) S. 677−704.
[21] Eine Skizze der Entwicklung der politischen Theorie im Mittelalter mit besonderer
Rücksicht auf den Umbruch durch die scholastische Wissenschaft bei MIETHKE, Politische Theorien im Mittelalter, S. 47−156; vgl. auch Dieter MERTENS, Geschichte der politischen Ideen im Mittelalter, in: Geschichte der politischen Ideen, von Homer bis zur Gegenwart, hgg. von Hans Fenske, Dieter Mertens, Wolfgang Reinhard, Karl Rosen (Fi-
scherbuch 4367) Frankfurt/Main ²1987; Antony BLACK, Political Thought in Europe,
1250−1450 (Cambridge Medieval Textbooks) Cambridge [usw.] 1992; Joseph CANNING,
History of Medieval Political Thought , 300−1450, London 1996; Il pensiero politico, ed.
DOLCINI; kompendiös: Storia delle idee politiche, economiche e sociali, ed. Luigi FIRPO,
Bd. II / 2: Il medioevo, a cura di Ovidio Capitani, Mario delle Piane, Paolo Delogu, Fran-
cesco Gabrieli, Raoul Manselli, Bruno Paradisi, Armando Pertusi, Giovanni Tabacco, Sofia
Vanni Rovighi, Cesare Vasoli, Turin 1983; The Cambridge History of Medieval Political
Thought, c.350−c.1450, ed. James H. BURNS, Cambridge [usw.] 1988; lückenhaft bleibt
Pipers Handbuch der politischen Ideen, hgg. Iring FETSCHER / Herfried MÜNKLER, Bd. 2:
Mittelalter, München 1993; ebenso Histoire de la philosophie politique, hg. Alain RE-

Von Politik, von sozialen Phänomenen und Problemen, war auf der mittelalterlichen Universität nicht eigens in einem eigenen spezialisierten „Fach" die Rede. Schon im Kanon, in der Kette der (sieben) Artes liberales, den die Spätantike als Verpflichtung dem Frühmittelalter überlieferte, war Politik nicht explizit ein eigenes Glied gewesen. Lange noch sollte sich an dieser Sachlage nichts ändern. Immerhin erweiterte sich durch die aufkommenden Universitäten zugleich mit dem Spektrum der sich ausdifferenzierenden wissenschaftlichen Disziplinen auch das Spektrum der Sprachangebote, der „Leitdisziplinen", wie wir sie nennen wollen, welche einer theoretischen Bemühung um politische Fragen Rückhalt und Stütze bieten konnten. Alle vier herkömmlichen „Fakultäten" kamen für diese Funktion von sich aus durchaus in Frage. Nur die Medizin, die, über die Metapher vom Organismus vermittelt, ebenfalls einige Hilfestellung geben konnte,[22] hatte ein relativ sparsames Angebot zu machen, wenn auch Mediziner, ihrer bedeutsamen Rolle bei der Aristotelesrezeption, vor allem der naturphilosophischen Schriften des griechischen Philosophen, entsprechend[23] – ebenso wie die artistischen Fächer – wichtige Anregungen geben mochten: Marsilius von Padua hat seinen „Defensor pacis" als Student der Medizin, der als Magister der Artes Unterricht erteilte, niedergeschrieben.[24] Die anderen Fakultäten – im Kreise des Pariser Vierfakultätensystems also noch drei, Theologie, Jura und die Artes – sind als „Leitwissenschaften" für politische Reflexion jedoch immer wieder kräftig in Anspruch genommen worden.

Wenn wir den Anteil der Mediziner einmal hier beiseite lassen, den Theologen konnte jedenfalls kaum jemand ihre Kompetenz streitig machen, auch in politischen Fragen ihre Stimme zu erheben. Theologen hatten es auf der Grundlage der biblischen Weisung seit langem, längst vor der Entstehung einer wissenschaftlichen Theologie immer wieder getan und wurden nicht müde, das auch weiterhin zu tun, zumal sie bei verschiedenen Gelegenheiten immer wieder auch zu Predigten, Ratschlägen oder Beurteilungen herausgefordert wurden oder sich herausgefordert fühlten. Auch die

---

NAUT, avec la collaboration de Pierre-Henri TAVOILLOT et Patrick SAVIDAN, Bd. 2: Naissances de la modernité, Paris 1999; auf ausgewählte Autoren beschränkt sich Janet COLEMAN, History of Political Thought, Bd. 2, Oxford 2000.

[22] Zur Organismus-Metapher vor allem STRUVE, Die Entwicklung der organologischen Staatsauffassung.

[23] Nach Aleksander BIRKENMAJER, Le rôle joué par les médecins et les naturalistes dans la réception d'Aristote au XIIe et XIIIe siècles, in: La Pologne au VIᵉ Congrès International des Sciences Historiques, Oslo 1928, Warschau 1930, S. 1–15, jetzt in: BIRKENMAJER, Études d'histoire des sciences et de la philosophie au Moyen Âge (Studia Copernicana, 1) Breslau-Warschau-Krakau 1970, S. 73–87; vgl. jetzt Charles B. SCHMITT, Aristoteles bei den Ärzten, in: Der Humanismus und die oberen Fakultäten, hgg. von Gundolf Keil, Bernd Moeller, Winfried Trusen (DFG, Mitteilung der Kommission für Humanismusforschung, 14) Weinheim 1987, S. 239–268 (dort weitere Literatur).

[24] Vgl. unten S. 207ff.

scholastische Theologie hatte wohl vielfältige Aussagen über das Leben der Christen in Welt und Kirche zu machen, eine eigene Betrachtung der Politik, im Sinne einer politischen Ethik, gab es jedoch kaum, umso weniger, als auch die Kirche als Institution erst sehr allmählich in das Blickfeld der Theologen trat. Gewiß war die Kirche, ihre Lehre, ihr Leben, ihre Sakramente, ihre Geistlichen und deren Pflichten stetig im Visier der theologischen Arbeit. Die Argumente und Ergebnisse der früh- und hochscholastischen Autoren sind von fundamentaler Bedeutung für ein Verständnis der mittelalterlichen Kirche.[25] Gleichwohl konnte Henri-Xavier Arquillière einen Text des Jakob von Viterbo aus dem Jahre 1302 bei seiner Erstedition (1926) mit einer gewissen Plausibilität „Le plus ancien traité de l'Eglise" nennen.[26]

Das späte Auftreten einer eigenen Literaturform und Traktatgattung „De ecclesia" in der theologischen Wissenschaft des Mittelalters bedeutet nun freilich nicht, daß Theologen und Nichttheologen sich davor gehütet hätten, die ekklesiologischen Überlieferungen der Kirche schon früh analog auf andere Argumentationsfelder zu übertragen und überhaupt auf sie in Polemik und Gegenpolemik mehr oder minder ausgiebig zurückzugreifen. In jedem, auch dem handfestesten Konflikt zwischen Bischöfen und Adel, zwischen Kirche und König, zwischen Papst und Kaiser konnte solcher Rückgriff hilfreich sein. Denn wenn auch eine geschlossenen Theologie und Theorie der Kirche nirgendwo zusammengefaßt nachlesbar zusammengestellt war, man wußte oder glaubte zu wissen, was Kirche heißt. Man konnte dieses Wissen auch immer wieder argumentativ einsetzen und damit standen für die Beschreibung des kirchlichen sozialen Verbandes auch Autoritäten und Präzedentien in großer Zahl zur Verfügung in einer Dichte, wie sie die Tradition etwa zur Aufgabe eines Königs oder zur Organisation eines Königreichs nicht in gleichem Umfang bereit hielt. Beim Nachdenken über die Kirche brauchte man auch nur selten einen älteren Text mit allen möglichen Mitteln der Auslegung und mit den Kunstgriffen einer „scholastischen" Interpretation auf einen neuen „mittelalterlichen" Zweck hin zuzuschneiden, hier konnte man die Texte, wie sie zu finden waren, oft unverändert einsetzen.

Freilich sprachen die verschiedenen Texte und Traditionen keineswegs unisono, vielmehr aus sehr verschiedener Richtung, dissonant und verschiedenartig. Für die politische Theorie sind denn auch sehr unterschiedliche Modelle von Wichtigkeit geworden, die sich nicht einfach auf eine einzige Linie bringen lassen. Allein die „Civitas Dei" des Augustinus[27] und der

---

[25] Souveräner kompendiöser Überblick bei Congar, L'Église; vgl. auch mit wesentlich „konservativerer" Perspektive Angel Antón, S.J., El misterio de la Iglesia, Evolución historica de las ideas eclesiologicas, vol. I, En busca de una eclesiología y de la reforma de la Iglesia, Madrid-Toledo 1986.

[26] Arquillière, Le plus ancien traité de l'Église.

[27] Der seit dem 19. Jahrhundert immer wieder berufene „Augustinismus" der politi-

Hierarchiegedanke des sogenannten Pseudo-Dionysius Areopagita lassen sich nicht in einfacher Weise mit einander zur Harmonie bringen.

Auf die letztgenannte Überlieferung sei ein eigener Hinweis gegeben, da sie oft übersehen wird, obwohl sie einen schwer zu unterschätzenden Einfluß auf das Denken der Eliten wie breiter Kreise gewonnen hat, die Schriften des sogenannten Pseudo-Dionysius Areopagita. Sie haben bisweilen nur über den bloßen Begriff der „Hierarchie" eine Wirksamkeit entfaltet, sind aber auch von vielen bedeutenden Theologen der Früh-, Hoch- und Spätscholastik ausführlich ausgelegt und kommentiert worden. Hugo und Richard von St. Viktor, Robert Grosseteste, Albertus Magnus, Bonaventura und Thomas von Aquin, Meister Eckhart und Nikolaus von Kues, um hier nur wahrhaft illustre Namen zu nennen, reihen sich zu einer Kette, die noch viele weitere Glieder kennt.

In der Schrift „De hierarchia caelesti" des Pseudo-Dionysius war, zunächst für die himmlischen Engelchöre, ein Versuch gemacht worden, aus biblischen Andeutungen, aus neuplatonischer Spekulation und dunklen Überlieferungen eine gewisse Ordnung in die Scharen der Geistwesen zu bringen, eine Ordnung, die jedem einzelnen Gliede seine Vollkommenheit ließ, die aber doch auch sicherstellte, daß alle Wesen zusammen und insgesamt Gottes Vollkommenheit auch geschlossen widerspiegeln durften. Nach Gottes Willen, so war es die Überzeugung des Verfassers, sollten Obere, Mittlere und Untere gemeinsam und im Einklang miteinander zu Gott kommen; durch die Oberen sollten die Unteren vermittels der Mittleren erleuchtet, gereinigt, geleitet und schließlich vollendet werden, wobei jede Stufe für sich nach Gottes Willen vollkommen werden konnte und sollte.

War das bereits für die himmlischen Heerscharen ein grandioses und attraktives Bild, so wurde diese spekulative Schau geradezu unwiderstehlich, wo der Autor in einer anderen Schrift „De hierarchia ecclesiastica" in der irdischen Ämterordnung der Kirche die genaue Entsprechung der transzendenten Hierarchie der Engelchöre identifiziert. Auch hier läßt er Dreierschemata vorherrschen: Bischöfe, Priester und Liturgen, oder Mönche, Laien und Katechumenen stellen etwa, jeweils in sich dreigliedrig gestuft, solche Triaden dar. Und auch hier sah der Verfasser vor, daß die Unteren durch die Mittleren zu Gott geführt werden müßten. Auch hier also teilt sich in einem komplexen, doch in ästhetischer Einfachheit streng symmetrisch aufgebauten Gefüge das Gesamt aller Beteiligten in allseitigem Zusammenwirken miteinander die allgemeine Aufgabe des Strebens nach Vollendung. Die Abstufungen sind klar und unübersteigbar, und doch führt das gesamte System zu dem gottgewollten Zweck.[28]

---

schen Vorstellungen des Hoch- und Spätmittelalters soll hier nicht erörtert werden. Er erscheint eher als ein modernes Konstrukt denn als genuine und berrechtigte Charakteristik, tut vor allem Augustinus Gewalt an. Dazu vor allem Henri de LUBAC, Augustinisme politique? In: LUBAC, Théologies d'occasion, Paris 1984, S. 255–311.

[28] Réné ROQUES, L'univers dionysien, Paris (¹1954) ²1978. Neuerlich bietet eine

Hier lag eine Anwendung auf das politische System sozusagen in der Luft, denn Kohärenz und die Ausrichtung einer sozialen Gesamtheit auf eine gemeinsame Aufgabe erscheinen hier in einem attraktiven Miteinander zusammengedacht. In der ersten Hälfte des 13. Jahrhunderts schon ist der weltliche Herrschaftsapparat von Theologen in Analogie zur hierarchischen Ordnung des Pseudo-Dionysius beschrieben worden, wobei zunächst eine bloße Parallelität ins Auge gefaßt worden zu sein scheint.[29] Wir werden zu

---

knappe Einführung Adolf Martin RITTER, Dionysios Areopagites, in: „Nimm und lies!", Christliche Denker von Origenes bis Erasmus von Rotterdam, Stuttgart 1991, S.111–126; und jetzt ders., Eine Übersicht über die Rezeptionsgeschichte in: Pseudo-Dionysius Areopagita, Über die mystische Theologie und Briefe, eingeleitet, übers. und mit Anmerkungen versehen von Adolf Martin RITTER (Bibliothek der griechischen Literatur, 40) Stuttgart 1992, S. 1–53. Vgl. auch P. ROREM, Pseudo-Dionysius, A Commentary on the Texts and an Introduction to Their Influence, Oxford 1993; oder Kurt RUH, Geschichte der abendländischen Mystik, Bd. 1: Die Grundlegung durch die Kirchenväter und die Mönchstheologie des 12.Jahrhunderts, München 1990, bes. S. 31–82; W. J. HANKEY, „*Dionysius dixit, lex divinitatis est ultima per media reducere*", Aquinas, Hierocracy, and the „Augustinisme politique", in: Medioevo 18 (1992) S. 119–150.

[29] Insbesondere bei Wilhelm von Auvergne; vgl. bereits B. VALLENTIN, Der Engelstaat, Zur mittelalterlichen Anschauung vom Staate (bis auf Thomas von Aquino) in: Grundrisse und Bausteine zur Staats- und Geschichtslehre, zusammengetragen zu Ehren Gustav Schmollers, hg. Kurt Breysig, Berlin 1908, S. 41–120. Eine Monographie zur Dionysiusrezeption des Mittelalters ist von David Luscombe (Sheffield) zu erwarten, der bereits zahlreiche Einzeluntersuchungen vorgelegt hat: David E. LUSCOMBE, Some examples of the use made of the works of the Pseudo-Dionysius by university teachers in the later Middle Ages, in: The Universities in the Late Middle Ages, edd. Jozef Ijsewijn und Jacques Paquet (Mediaevalia Lovaniensia, I.6) Leuven 1978, S. 228–241; The reception of the writings of Denis the pseudo-Areopagite into England, in: Tradition and Change, Essays in Honour of Marjorie Chibnall, edd. D. Greenaway, C. Holdsworth, J. Sayers, Cambridge 1985, S. 115–143; Wyclif and Hierarchy, in: From Ockham to Wyclif, edd. Anne Hudson and Michael Wilks (Studies in Church History, Subsidia 5) Oxford 1987, S. 233–244; Denis the Pseudo-Areopagite in the Middle Ages from Hilduin to Lorenzo Valla, in: Fälschungen im Mittelalter, Bd. 1 (MGH Schriften, 33/1) Hannover 1988, S. 133–152; Thomas Aquinas and Conceptions of Hierarchy in the Thirteenth Century, in: Thomas von Aquin, Werk und Wirkung im Licht neuer Forschung, ed. Albert Zimmermann (Miscellanea mediaevalia, 19) Berlin (usw.) 1988, S. 261–277; François de Meyronnes and Hierarchy, in: The Church and Sovereignty, S. 225–231; John Gerson and Hierarchy, in: Church and Chronicle in the Middle Ages, Essays presented to John Taylor, edd. Ian Wood / Graham A. Loud, London 1991, S. 193–200; Denis the Pseudo-Areopagite and Central Europe in the Late Middle Ages, in: Société et Église, Textes et discussions dans les universités d'Europe Centrale pendant le moyen âge tardif, Actes du Colloque International de Cracovie, 14–16 juin 1993, ed. Sophie Wlodek (Rencontres de philosophie médioévale 4) Turnhout 1995, S. 45–64; Hierarchy in the Late Middle Ages: Criticism and Change, in: Political Thought and the Realities of Power, S. 113–126; William of Ockham and the Michaelists on Robert Grosseteste and Denis the Areopagite, in: The Medieval Church: Universities, Heresy, And the Religious Life, Essays in Honour of Gordon Leff, edd. Peter Biller / Barrie Dobson (Studies in Church History, Subsidia, 11) Woodbridge, Suffolk-Rochester, NY 1999, S. 93–109. Vgl. auch Alexander PATSCHOVSKY, Der hl. Dionysius, die Universität Paris und der französische Staat, in: Innsbrucker Historische Studien 1 (1976) S. 9–31.

verfolgen haben, welche Schlußfolgerungen am Ende des 13. Jahrhunderts gezogen wurden, als das Verhältnis von weltlicher Herrschaftsordnung und Amtskirche insgesamt von Aegidius Romanus mittels des Hierarchiebegriffs konstruiert und verstanden worden ist.

Zunächst bleiben wir bei unserem Rundgang durch die Sprachangebote, die die verschiedenen Fakultäten der jungen europäischen Universität für politische Reflexion bereithielten: neben den Theologen, in gewissem Sinne sogar vor ihnen noch waren die Juristen zuständig für soziale Beziehungen und ihre Bewertung. Die Kanonisten hatten die komplexen Rechtsüberlieferungen der Kirche zu verwalten, und sie lernten es, durch juristische Kompetenzanalyse und präzise Verfahrensregeln auch harte Konflikte des Alltags zu durchleuchten und nach überprüfbaren Kriterien entscheidbar zu machen. Im Dekret Gratians lag die Tradition gewissermaßen abrufbereit, im Dekretalenrecht der Päpste konnten die Ergebnisse der Begriffsarbeit der Kirchenjuristen für die alltägliche Praxis der Weltkirche normativ werden.

Die Legisten, die das spätantike „Corpus Iuris Civilis" und damit auch eine kaum überschaubare Masse antiker Jurisprudenz und Staatslehre als Grundlage ihrer Überlegungen in Händen hielten, vermochten ihrerseits die von ihnen selbst in so weitem zeitlichem Abstand entwickelten Prinzipien des römischen Altertums auf ihre eigene Lebenswelt in heute schwer verständlicher Direktheit anzuwenden.[30] Nicht daß die Juristen sogleich ein Staatsrecht ausgebildet hätten: das konnte erst sehr viel später geschehen, denn allein die Rechtstraditionen in den unterschiedlichen Ländern Europas waren sehr verschieden, so sehr, daß übergreifende Theorien sich nur in Ansätzen zu entfalten vermochten.[31] Die mittelalterlichen Ausleger des römischen Rechts entwickelten aber einige wie selbstverständlich angesetzte Prinzipien des spätantiken Dominats zu Rechtsregeln fort, denen sie generelle Bedeutung zuzusprechen sich angewöhnten. Solche Maximen waren in den Texten durchaus zu finden, genug jedenfalls, um die Phantasie anzuregen und Anwendungen zu induzieren.

Die römischen Kaiser des Mittelalters, die Herrscher des deutschen Reichs, des *imperium*, bzw. *regnum Romanorum*, die sich als unmittelbare Fortsetzer und Rechtsnachfolger der antiken Imperatoren verstanden, hatten scheinbar zunächst die besten Chancen, solche antiken Vorstellungen aufzugreifen. Die Schwierigkeit bestand hier nicht in einem Mangel an Versuchen, die seit dem 12. Jahrhundert, seit den Stauferherrschern Friedrich Barbarossa und Heinrich VI., mit mehr oder minder großem Schwung un-

---

[30] Allgemein zu einigen tragenden Prinzipien dieser Juristen gab einen Bericht Dieter WYDUCKEL, „Princeps legibus solutus", Eine Untersuchung zur frühmodernen Rechts- und Staatslehre (Schriften zur Verfassungsgeschichte, 30) Berlin 1979; jetzt die breit und penibel belegte Studie von Kenneth PENNINGTON, The Prince and the Law.
[31] Für Deutschland vgl. dazu vor allem Michael STOLLEIS, Geschichte des öffentlichen Rechts in Deutschland, Bd. 1: 1600–1800, München 1988.

ternommen wurden. *Sacrum imperium, imperator dominus mundi, crimen lese maiestatis, princeps legibus solutus, sat pro ratione voluntas, error principis facit ius*[32] das sind Stichworte, die solche Versuche belegen können. Die weithin unbestrittene kaiserliche Rechtsetzungskompetenz durch allgemeingültige „Authentiken",[33] die schlichtweg in die „Novellen" Justinians eingefügt wurden und so im mittelalterlichen Rechtsunterricht gleichberechtigt mit den antiken Texten behandelt werden konnten, beweisen das durch ihr bloßes Verfahren.

Die Schwierigkeit freilich lag in der Praxis, vor allem darin, daß die oberitalienischen Legistenfakultäten zwar dem römisch-deutschen Reich, bzw. seinem *regnum Italiae* angehörten, daß aber die Regierungsgewalt des deutschen Herrschers in Italien damals höchst prekär und praktisch auf stetige militärische Durchsetzung gestellt war. In Deutschland selbst dagegen hatte der Hof aus verschiedenen Gründen nicht die Bindekraft, über stilistische Anleihen hinaus als Zentrum einer „legistischen" Theoriebildung zu dienen. Die Diskrepanz zwischen den theoretischen Möglichkeiten und den praktischen Durchsetzungschancen in der europäischen Politik, die einer umfassenden Aufnahme der *dominus-mundi*-Theorie im Wege stand, und die von den Juristen eilfertig durch die Distinktion von *de jure*-Ansprüchen und *de facto*-Situation entschärft wurde, machte zudem für den deutschen Herrscher eine Orientierung an diesen Vorgaben schwierig, wenn nicht gefährlich, was sich selbst bei symbolträchtigen Handlungen des Staufers Friedrich I. erwies,[34] der es an vollmundigen Formulierungen von Ansprüchen sonst nicht fehlen ließ.

Sehr früh hatten die Nachbarn und Konkurrenten im Westen und Süden des Reiches, hatten England, Frankreich, auch Kastilien und das Königreich Neapel einen Weg gefunden, sich ihrerseits solche Ansätze zu herrschaftlicher Konsolidierung ihrer *regna* in römischer Rechtstradition zunutze zu machen, indem sie sich selbst als gleichsam verkleinerte Entsprechung im Weltanspruch des Imperators (–der im „Corpus Iuris Civilis" ja auch zumeist als *princeps* auftritt-) wiedererkannten. Die Geschichte der Formel *rex imperator in regno suo* ist hier nicht nachzuzeichnen,[35] sie würde die prakti-

---

[32] Ich verzichte auf Belege und Nachweise zu diesen Parömien, nur zur letzten (nicht allzu häufig angeführten) erlaube ich mir den Hinweis auf die Erörterung in: Wilhelm von Ockham, Dialogus, Auszüge zur politischen Theorie, ausgew. und übers. von Jürgen MIETHKE, Darmstadt 1992, S. 204 Anm. 129; vgl. auch Ennio CORTESE, La norma giuridica, Spunti teorici nel diritto comune classico (Ius nostrum, 6 / 1–2) Mailand 1964, Bd. 2, S. 105f. Anm. 14, mit weiteren Belegen.

[33] Zusammenfassend Hermann DILCHER in: HRG 1 (1964–1971) Sp. 276f.

[34] Beispielhaft dazu Karl J. LEYSER, Frederick Barbarossa, Henry II and the Hand of St. James, in: EHR 90 (1975) S. 481–506, jetzt in: LEYSER, Medieval Germany and Its Neighbours, 900–1250, London 1982, S. 215–240. Natürlich ließen sich die Beispiele mühelos vervielfachen, insbesondere für die Zeit des beginnenden 14. Jahrhunderts.

[35] Dazu etwa WALTHER, Imperiales Königtum, Konziliarismus und Volkssouveränität, bes. S. 65ff.; PENNINGTON, The Prince and the Law, S. 31ff.

sche Nutzanwendung legistischer Ansätze in verschiedenen Königreichen in unterschiedlicher Intensität belegen.
Anerkannt hatten diese Tendenzen der nationalen Königreiche bereits zu Beginn des 13. Jahrhunderts die Päpste in ihrer Auseinandersetzung mit den Kaisern. *Rex superiorem minime recognoscens*, so lautete die Formel, die Innozenz III. benutzte.[36] Sie bezog sich zunächst auf den französischen Herrscher, war aber leicht übertragbar und war wohl auch von Anfang an als übertragbar gedacht. Die Kanonisten nahmen diese Formel in den Schatz ihrer Instrumente auf. Das tat auch die päpstliche Kurie, die mit Hilfe solcher Begrifflichkeit in künftigen Konflikten sich ein Bild von der Lage machen und ihre Entscheidungen finden konnte.

Es versteht sich von selbst, daß diesen sachlichen Voraussetzungen auch das Selbstbewußtsein der Juristen entsprach. Eine emsige Forschung hat seit mehr als einem Jahrhundert die mittelalterlichen Wissenschaften von den beiden Rechten in ihrem Entstehen und ihrer Entfaltung verfolgt, einen Wald von Büchern und Studien zu zahlreichen Einzelfragen sowie eine erkleckliche Anzahl von Überblicksdarstellungen erbracht, so daß hier unmöglich auch nur eine knappe Skizze der Entwicklung entworfen werden kann,[37] ohne in die Gefahr einer grotesken Versimpelung komplexer Zusammenhänge zu geraten. So soll dieser Versuch auch nicht unternommen werden, hier ist nur die Bedeutung zu unterstreichen, die die juristische Tradition für die Entstehung und Weiterentwicklung und schließliche Emanzipation des politischen Denkens im späten Mittelalter gewonnen hat.

Die Bestimmungen des Kirchenrechts, d. h. die *decreta*, wie sie Ockham in seinem „Dialogus" genannt hatte, den wir als Beispiel für den Streit der Fakultäten oben anführten, fanden sich dabei verständlicherweise keineswegs als einziger Anwärter auf dem Plan, auch wenn es allein schon wegen der in seinen Quellen behandelten Gegenstände den Konflikten der Epoche zunächst beträchtlich näher war als das Römische Recht, die *leges*. Damit hatten die „Kanonisten" zumindest in weiten Bereichen Europas auch zu-

---

[36] X 4.17.13 [„Per Venerabilem"]: *Insuper cum rex superiorem in temporalibus minime recognoscit ...* ; dazu vor allem KEMPF, Papsttum und Kaisertum bei Innozenz III., bes. S. 256–262; Helmut G. WALTHER, Imperiales Königtum, bes. S. 14–19; auch Brian TIERNEY, „Tria quippe distinguit iudicia", A Note on Innocent III's Decretal „Per Venerabilem", in: Speculum 37 (1962) S. 48–59, jetzt in: TIERNEY, Rights, Laws and Infallibility, Nr. viii; erörtert auch von Robert FEENSTRA, Jean de Blanot et la formule „*Rex Franciae in regno suo princeps est*", in: Etudes d'histoire du droit canonique dédiées à Gabriel Le Bras, Paris 1965, Bd. 2, S. 885–895, jetzt in FEENSTRA, Fata iuris Romani, Etudes d'histoire du droit (Leidse juridische reeks, 13) Leiden 1974, S. 139–150, hier bes. S. 144. Die Verbindung beider Gedanken war deshalb „staatsrechtlich" so wichtig, weil der Satz *rex imperator in regno suo* allein für sich seit dem 13. und 14. Jahrhundert gewissermaßen sprichwörtlich auf jeden Rechtsträger in seinem Bereich, sogar auf den *paterfamilias in domo suo*, übertragen werden konnte: Nachweise bei MIETHKE, Einleitung zu: *Lupold von Bebenburg, Politische Schriften, S. 107 Anm. 380.

[37] Skizzenhaft MIETHKE, Historischer Prozeß und zeitgenössisches Bewußtsein.

nächst einen stärkeren Anteil an politisch wirksamen oder doch politisch brauchbaren Theorieansätzen, als die „Legisten". Allein die handschriftliche Überlieferung ihrer Texte war unverhältnismäßig stärker als die ihrer Konkurrenten: sie wurde von Gero Dolezalek auf rund das Siebenfache der römisch-rechtlichen Überlieferung geschätzt (etwa 70 000 Handschriften gegenüber ca. 10 000 Manuskripten).[38] Auch wenn die Tradition des Römischen Rechts von Anbeginn an einem politischen Gebrauch keineswegs verschlossen war, so etwa in den Städten Reichsitaliens, und wenn auch das Römische Recht auf eher indirektem Wege einen zunehmenden Einfluß gewann, sollte – zumindest nördlich der Alpen – die eigentliche Blütezeit des Einflusses des Römischen Rechts erst am Ende des Mittelalters und in der frühen Neuzeit im sogenannten „Zeitalter der Rezeption" kommen.

Die Attraktivität der kanonistischen Wissenschaft läßt sich vor allem mit zwei Hinweisen verständlich machen, literarhistorisch mit einem Blick auf die Wissenschaftsgeschichte der Jurisprudenz[39] und sozialgeschichtlich mit dem Erfolg der Juristen in der mittelalterlichen Kirche und Gesellschaft.[40] Beide Entwicklungen haben sich gegenseitig gestützt und beflügelt, beide haben die Kanonistik für die Nachbarfächer bedeutsam gemacht. Zusätzlich hat zur Attraktion der Kanonistik auch ein Faktor beigetragen, der häufig übersehen wird, der aber im Zeitalter der handschriftlichen Vervielfältigung von Texten nicht unterschätzt werden darf: im Spätmittelalter standen die kanonistischen Grundtexte fast überall in Europa jedem Kenner in Reichweite zur Verfügung, denn jede kirchliche Bibliothek und viele Privatsammlungen besaßen zumindest die Grundtexte, das „Decretum" Gratians und die Sammlungen der Dekretalen, selbstverständlich samt ihren jeweiligen „Glossen", die die gelehrte Arbeit allgemein präsent hielten. Diese Erreichbarkeit der Texte bildete einen ungeheuren Vorzug selbst noch im Vergleich zu den Arbeitsinstrumenten benachbarter Wissenschaften wie der Theologie, wenn wir von der Bibel selbst einmal absehen, denn es war ungleich schwieriger, das Sentenzenbuch des Petrus Lombardus oder einen der hochscholastischen Kommentare aufzutreiben, ganz zu schweigen von selbst gut überlieferten Werken wie der „Summa Theologiae" des Thomas von Aquin.

Sachlich hat die Kanonistik dazu angesetzt, die Beziehungen in der Kirche zwischen den einzelnen Menschen und Menschengruppen untereinan-

---

[38] Gero Dolezalek, La *pecia* e la preparazione dei libri giuridici nei secoli XII–XIII: Luoghi e metodi di insegnamento nell'Italia medioevale (secoli XII-XIV), Atti del Convegno Internazionale di Studi, Lecce-Otranto, 6.-8. ott. 1986, a cura di Luciano Gargan ed Oronzo Limone, Galatina 1989, S. 201–217, hier 205.

[39] Dazu knapp auch Antonio García y García, The Faculties of Law, in: History of University, S. 388–408.

[40] Dazu insbesondere die Sammelbände: Schulen und Studium im sozialen Wandel; Die Rolle der Juristen bei der Entstehung des modernen Staates; vgl. auch: Gelehrte im Reich.

der als Rechtsbeziehungen zu begreifen und nachvollziehbar im Lichte der überkommenen Normen zu beurteilen. Die Rechtsquellen, ursprünglich vor allem die Bestimmungen der Offenbarungsschrift und die Aussagen ihrer anerkannten Ausleger, der Kirchenväter, die Beschlüsse von Synoden und Konzilien sowie auch die Rechtsentscheidungen der römischen Bischöfe, erfuhren seit dem Hochmittelalter allein schon in quantitativer Hinsicht eine zuvor ungeahnte Ausweitung. Das *ius novum*, das sich in den Canones der Konzilien des hohen und späteren Mittelalters und insbesondere in den Entscheidungen der sich immer deutlicher als Spitze der Amtskirche verstehenden und als solche auch allgemein anerkannten Päpste immer weiter anhäufte und Geltung gewann, sorgte für eine bald schier unübersehbare Masse neuen Rechtsstoffes.[41] Diese auch quantitativ beachtliche Textmasse, die gesammelt, geordnet, erörtert und verfügbar gemacht, mit einem Wort wissenschaftlich erschlossen zu werden verlangte, wartete als Aufgabe auf die juristischen Fachleute.

Römische Kurie und Universitätswissenschaft haben sich dabei gegenseitig mit synergetischen Effekten befördert. Die Bedürfnisse der Praxis und das Interesse der Kurie an kohärenten Entscheidungen wirkten zusammen, um auch neue Entwicklungen mit eben denselben Mitteln juristischer Begriffsarbeit intellektuell und technisch verfügbar zu halten, die sich an den in Gratians Dekret zusammengeführten Materialien der Rechtsüberlieferungen sehr unterschiedlicher Zeiten schon seit langem erprobt und sichtbar bewährt hatten.

Das geschah zugleich an den Rechtsschulen und Universitäten wie ganz allgemein überall dort, wo Kirchenjuristen arbeiteten. An den Universitäten wurde im Unterricht, und außerhalb der Universitäten wurde von Kanonisten, die sich nach Abschluß ihrer Universitätskarriere mit diesen komplexen und stetig weiter anwachsenden Stoffmassen mit Hilfe der an den Universitäten erlernten und eingeübten Methoden und in den dort entwickelten Literatur- und Denkformen beschäftigten, auch das kirchliche Verfassungsrecht einer eingehenden Diskussion und Analyse unterworfen. Wesentliche Kommentarwerke des 13. und 14. Jahrhunderts stammen von ehemaligen Universitätslehrern, die mittlerweile eine weitere Karriere eingeschlagen hatten. Ihre Texte vermochten sich dann auch an den Universitäten als Referenztexte rasch durchzusetzen: Innozenz IV. hat noch als Papst, der Hostiensis und Johannes Monachus haben als Kardinäle, viele andere haben als Bischöfe, Offiziale oder Auditoren, also als hohe und vielbeschäftigte Funktionsträger der Kurie oder in den Diözesen der Kirche ihre Hauptwerke ausgearbeitet und abgeschlossen. Diese Werke haben aber kei-

---

[41] Zu den Rechtsquellen in der kanonistischen Wissenschaft Charles LEFEBVRE, La théorie générale du droit, in: Georges LE BRAS / Charles LEFEBVRE / Jacqueline RAMBAUD [-BUHOT], L'Âge classique, 1140–1378, Sources et théorie du droit (Histoire du droit et des institutions de l'Église en occident, 7) Paris 1965, S. 352–568.

neswegs etwa ausschließlich das kirchliche Verfassungsrecht oder gar nur die Verwaltungsgeschäfte ihrer täglichen Praxis behandelt, sondern den gesamten Kreis der in den Textcorpora enthaltenen Materien umfaßt.

Wo aber die Rechtsbeziehungen des Klerus und seiner verschiedenen Gruppen untereinander zur Debatte standen, war kirchliches Verfassungsrecht angesprochen; wo die Rechtsbeziehungen von Amtskirche und Laienwelt zur Sprache kamen, da war eine Vorstellung von der politischen Ordnung der Gesellschaft, wenn nicht unausweichlich, so doch naheliegend. Hier waren schon allein auf rechtstechnischem Gebiet Fragen zu klären, die politisches Nachdenken tangieren mochten, ohne doch völlig darin aufzugehen.

Die Kanonisten waren keinesfalls von vornherein oder ausschließlich an der zentralen Stellung des päpstlichen Amtes in der Kirche interessiert, aber allein schon die Herkunft der Normen, an denen sie sich orientierten, richtete ihre Aufmerksamkeit auf die Kompetenzen des römischen Stuhls. Die Kanonistik wäre keine Wissenschaft gewesen, hätten alle Kanonisten einmütig und ohne Abweichungen zu allen Streitfragen nur eine einzige Antwort erteilt, aber in dem polyphonen Geflecht der verschieden gesuchten Wege wurde doch über Prinzipien der körperschaftlichen Verfassung der Kirche ein weitgehender Konsens erreicht, der politisch und politiktheoretisch Konsequenzen haben mußte. Als herrschende Meinung setzte sich jedenfalls im 13. Jahrhundert unter den Fachleuten die Auffassung durch, die Kirche sei als ein rechtlich verfaßter und rechtlich zu begreifender Personenverband zu verstehen.

Diese intellektuell immer schärfer vorangetriebene, in vielfältigen Diskussionen in der Theorie und zugleich in einer komplizierten Entwicklung in der Praxis beförderte „Verrechtlichung" des Kirchenverständnisses hatte auch eine sozialgeschichtliche Seite, an die hier nur erinnert, die nicht ausgeleuchtet werden kann. Daß bald für Juristen, für Kanonisten eine kirchliche Karriere ebenso weit offen stand wie für Theologen, ja daß ein Studium des Kirchenrechts eine kirchliche Laufbahn noch verheißungsvoller befördern konnte als die Beschäftigung mit theologischen Fragen, war eine – vorwiegend von Theologen lautstark beklagte – Folge der Verrechtlichung der Kirche.[42] Bischofssitze, Kardinalstitel, selbst der apostolische Stuhl, waren schon seit dem 12. Jahrhundert zunehmend oder sogar über-

---

[42] Schon bei Roger Bacon wird die Klage artikuliert, freilich noch auf die Legisten konzentriert (während die Kanonisten von der Kritik ausdrücklich verschont bleiben), Opus tertium, ed. John S. BREWER: Fr. Rogeri Bacon Opera quaedam hactenus inedita (RS, 15) London 1859, S. 85f.: *Sed non est ita, nam plus laudatur in ecclesia dei unus iurista civilis, licet solum sciat ius civile et ignorat ius canonicum et theologicum* [lies: *theologiam*?], *quam unus magister in theologia … et ut videmus, quod principaliter currit regimen ecclesiae per iuristas … Nam non est mirum, si theologi negligantur in regimine, postquam ignoratur ius canonicum, nec est mirum, si tractantes hoc ius sine theologia vacillent ad ius civile et abusum eius…* Allgemein dazu auch MIETHKE, Karrierechancen, in: Gelehrte im Reich, S. 181–209.

wiegend kanonistischer Kompetenz erreichbar, wenn auch in der Kirche, wie in der übrigen Gesellschaft, natürlich die alten Karrieremuster von adliger Herkunft, regionaler Klientel, Herrschaftsnähe und immer wieder verwandschaftlichen Verbindungen noch lange Zeit ihre unverkennbar große Bedeutung behalten sollten. Jedenfalls hat der sichtbare Erfolg der Rechtsexperten seinerseits die vielleicht unvermeidliche Tendenz zur Verrechtlichung unverkennbar beschleunigt.

Die mittelalterliche Kirche wurde mit Hilfe der neuen Rechtswissenschaft und mit Hilfe der Rechtswissenschaftler, die mit dem komplexen Gefüge von Normen umzugehen wußten, in einem Ausmaß verrechtlicht, das schon manchem Zeitgenossen verschiedentlich als recht problematisch erschien.[43] Auch der Streit der Fakultäten hat seine Wurzeln nicht nur in verständlichen Konkurrenzerfahrungen und Konkurrenzempfindungen der unglücklicheren Mitbewerber im Wettlauf, sondern ist auch immer wieder Ausdruck der Debatte um Recht und Grenzen solcher Verrechtlichung der Kirche.

Die rechtlichen Beziehungen der Kirchenglieder untereinander waren Gegenstand der juristischen Arbeit; damit wurde auch die Kompetenzverteilung innerhalb der Kirche, etwa der Anspruch eines Prälaten auf Gehorsam wie auch die Grenzen solchen Anspruchs sowie Pflichten und Rechte der *subditi* zum Gegenstand einer mit Eifer angestellten und fortgeführten Analyse. Die wachsende Gruppe der Kanonisten hatte das von Grund auf erlernt und wandte diese Kenntnis an den europäischen Universitäten und in den kirchlichen Amtshierarchien und anderwärts, an den Fürstenhöfen und in den Ratskanzleien der Städte ohne weiteres an. Ihre Ergebnisse konnten an sehr verschiedener Stelle, manchmal auch recht unvermutet, für den Einzelnen relevant werden. Juristische Argumentationen, juristische Argumentationshilfen wurden jedenfalls in der spätmittelalterlichen Kirche geradezu allgegenwärtig.

Wegen seiner weiten Verbreitung und allgemeinen Handhabung mußte ein rechtliches Verständnis der Kirche auch für die politische Reflexion eine hohe Bedeutung gewinnen. Das heißt freilich nicht, das sei erneut unterstrichen, daß ein einziges juristisches Modell überall einsinnig und gleichlautend ausgelegt und angewandt worden wäre, zumal die kirchliche Rechtsüberlieferung vor allem in Gratians Dekret eine größere Zahl von durchaus verschiedenen Denkansätzen aus historisch sehr unterschiedlichen Zeiten als Anknüpfungspunkte bereithielt.

Als letzter Gesichtspunkt, der uns die Attraktivität der Kanonistik als „Leitwissenschaft" für politische Theorie verständlicher machen kann, sei hier noch einmal die Erreichbarkeit ihrer Grundtexte in ganz Europa hervorgehoben. Das effiziente und in seiner Effizienz in Wissenschaft und

---

[43] Über das hinaus, was in Anm. 42 zitiert wurde: Marsilius von Padua, Defensor pacis, II.24.5–7, ed. SCHOLZ, S. 454. Vgl. auch unten Anm. 196.

Praxis immer wieder geprüfte, von der Kurie und den Päpsten durch ihre Dekretalen konstruktiv fortgeführte Normengefüge des kanonischen Rechts stellte im Unterschied zum römischen Recht ein weiterhin lebendig-flexibles, sich kontinuierlich entwickelndes, und damit auch ein sich dabei allmählich veränderndes Gerüst zur Verfügung. Und dieses war nicht nur theoretisch, sondern auch praktisch in der Reichweite fast jedes Interessierten, auch noch in den Randzonen der europäischen Völkergemeinschaft.

Nicht umsonst haben die Päpste ihre offiziösen und offiziellen Kodifikationen des *ius novum* von der „Compilatio tertia" Innozenz' III.[44] und dem „Liber Extra" Papst Gregors IX.[45] bis zu den Extravaganten Johannes' XXII.[46] durch Übersendung an die Universitäten promulgiert. Im 14. Jahrhundert, anläßlich des Erlasses der „Clementinen", hat man das dann sogar für ein allgemein und formell bindendes Erfordernis bei einer rechtsgültigen Publikation eines päpstlichen Gesetzbuches angesehen.[47]

Im Bereich des päpstlich gesetzten *ius novum* brauchte sich jedenfalls niemand besondere oder originelle Gedanken über die Erreichbarkeit der Textgrundlagen zu machen, wie sie im 15. Jahrhundert etwa der *doctor decretorum* Nikolaus von Kues in der Diskussion um die Reichsreform folgenlos entwickelt hat.[48] Die Dekretalen – und ihre Hauptglossen – waren bald wirklich überall in Europa greifbar und jeglicher Bemühung fast unmittelbar zugänglich; sie konnten deshalb mit ihrer Allgegenwart und einer gewissen Leichtigkeit andere entgegenstehende Traditionen gewissermaßen verschütten oder doch zudecken, zumindest verdrängen. Bezeichnenderweise hat die sogenannte Glosse des Johannes von Buch zum Sachsenspiegel (entstanden nach 1325) im Prolog darüber geklagt, daß man beim geistlichen

---

[44] Vgl. allgemein bereits STICKLER, Historia iuris canonici, S. 233. Dazu vor allem: Othmar HAGENEDER, Papstregister und Dekretalenrecht, in: Recht und Schrift im Mittelalter, hg. Peter Classen (Vorträge und Forschungen, 23) Sigmaringen 1977, S. 319–347; Kenneth J. PENNINGTON, The Making of a Decretal Collection, The Genesis of „Compilatio tertia", in: Proceedings of the 5th International Congres of Medieval Canon Law, edd. Stephan KUTTNER / Kenneth PENNINGTON (Monumenta Iuris Canonici, C 6) Città del Vaticano 1980, S. 67–92.

[45] STICKLER, Historia, S. 237–251; GAGNÉR, Studien zur Ideengeschichte, bes. S. 300ff., WOLF, Gesetzgebung in Europa 1100–1500, ²1996.

[46] STICKLER, Historia, S. 264–268. Vgl. Extravagantes Iohannis XXII., ed. TARRANT, S. 18.

[47] Die Publikation der in den jetzigen Clementinen enthaltenen Canones des Konzils von Vienne hat nachgezeichnet Ewald MÜLLER, Das Konzil von Vienne, S. 396ff. Vgl. auch Stephan KUTTNER, The Date of the Constitution „Saepe", the Vatican Manuscript and the Roman Edition of the „Clementines", in: Mélanges Eugène Tisserant IV (Studi e Testi, 234) Città del Vaticano 1964, S. 427–452.

[48] Nikolaus von Kues, De concordantia catholica, III.34, III.35, ed. Gerhard KALLEN (Nicolai de Cusa Opera omnia, iussu Academiae Litterarum Heidelbergensis edita, 14.3) Hamburg 1959, S. 441; 446 (§§ 517,1–4, 531,5 sqq.); zum Rahmen ein Forschungsbericht bei Karl-Friedrich KRIEGER, König, Reich und Reichsreform im Spätmittelalter (Enzyklopädie deutscher Geschichte, 14) München 1992, bes. S. 49ff.

Gericht als „Phantast" gelte, wenn man im Prozeß die *iura huius speculi* (also die Bestimmungen des Sachsenspiegels) anführen wolle:

> *Foro ecclesiastico   si debes litigare*
> *haberis pro fantastico,   si velis allegare*
> *iura huius speculi   quae ab his contemnuntur*
> *ut unius populi,   si non concordabuntur*
> *legibus vel canonibus   ut hic sunt concordata*
> *et approbationibus   legum sunt approbata.*
> *Quando in foro litium   hoc ius reclamatur*
> *lex erit in subsidium,   cum qua concordatur;*
> *et si iudex ulterius   hoc vellet reprobare,*
> *ne contingat deterius   poteris audacter appellare.*[49]

Ein früheres und näher an der entstehenden politischen Theorie bleibendes Beispiel, das die Erreichbarkeit kanonistischer Texte belegen kann, ist die Dekretale „Venerabilem" Innozenz' III., in der der Papst 1202 seine Entscheidung im deutschen Thronstreit und die Aktivitäten päpstlicher Legaten in Deutschland gegenüber Einwänden der Stauferpartei begründet und gerechtfertigt hat. Nicht allein wegen der elastischen Gedankenführung und der griffigen Argumentation, sondern auch wegen der künftig überall gegebenen „Nähe" dieses Textes für ein Nachschlagen erreichte dieser Text eine ungeahnt breite Nachwirkung, zumal er bereits in die gewissermaßen offiziöse Dekretalensammlung Innozenz' III. selbst, die sogenannte „Compilatio tertia" Aufnahme gefunden hatte und dann auch in die offizielle Sammlung des „Liber Extra" eingegangen war.[50] Somit ist diese Dekretale im Normalcurriculum eines Kanonisten zusammen mit seinen Glossen bis ans Ende des Mittelalters ständig unterrichtet, glossiert und durchdacht worden und konnte folgenreich werden nicht allein für die Rechtsvorstellungen, sondern auch für die Ausgestaltung konkreter Königswahlen und Kaiserkrönungen im deutschen Reich der folgenden Zeiten,[51] sowie auch für die theoretischen Diskussionen der späteren „Publizisten", wenn sie sich mit dem Verhältnis von päpstlicher und kaiserlicher Macht beschäftigten, um hier ganz von spezielleren Problemen, wie der Translations- oder Approbationstheorie,[52] zu schweigen, die später kaum jemals ohne Rückgriff auf diesen Text behandelt wurden.

---

[49] Zit. nach Carl Gustav HOMEYER, Der Prolog zur Glosse des sächsischen Landrechts, in: Abhandlungen Akad. Berlin 1854 (Berlin 1855) S. 155–210, Zitat S. 193f. auch in: ★STEFFENHAGEN (1977), 347f. [vv.197–206]. Hingewiesen hat auf diesen Passus energisch Karl KROESCHELL, Rechtsaufzeichnung und Rechtswirklichkeit, Das Beispiel des Sachsenspiegel, in: Recht und Schrift im Mittelalter, S. 349–380, hier 379.

[50] Compilatio tertia 1.6.19; Liber Extra 1.6.34.

[51] Zur Wirkungsgeschichte jetzt Bernward CASTORPH, Die Ausbildung des römischen Königswahlrechts (Phil. Diss. Münster 1976) Göttingen (usw.) 1978 – der freilich seine These arg überzieht.

[52] Im einzelnen etwa Piet A. VAN DEN BAAR, Die kirchliche Lehre von der „Translatio imperii Romani" bis zur Mitte des 13. Jahrhunderts (Analecta Gregoriana 78, sectio B 12)

Neben den Juristen gaben auch die Artes eigene Stichworte, und sie taten das von Beginn an, nicht erst, als sie das Corpus der aristotelischen praktischen Philosophie im Rücken hatten. Als die Artes-Fakultäten auf eine vollständige Übersetzung der „Nikomachischen Ethik" noch etwa ein Jahrzehnt, auf die „Politik" des Stagiriten noch ein ganzes Menschenalter warten mußten,[53] hat sie sich ihrerseits bereits sichtbar zu Wort gemeldet: zwar erkannte man zunächst die Kompetenz der Juristen beider Rechte in diesen Fragen offen an, sie war offenbar damals auch für die Artisten unzweideutig. Doch auch die Artes-Fakultät hielt ein Angebot bereit, das eigene Sprachtraditionen für eine politische Philosophie bereitstellen sollte. Man war oder wurde sich dieser Möglichkeit auch zunehmend bewußt. im Kanon ihrer Fächer freilich gab es für politische Reflexion keinen absolut sicheren Platz, der nur noch hätte gefüllt und ausdifferenziert werden müssen. Aber im antiken Erbe, das den Sprachunterricht des Trivium und den mathematisch orientierten Sachunterricht des Quadrivium bestimmte, in den Texten eines Horaz und Vergil, der Historiker und vor allem Ciceros, fanden sich von Anfang an Überlieferungen, die Hilfe bieten konnten.

Schon in der Antike hatte die Rhetorik ihre Schüler auch für Rechtsverfahren und Gerichtsrede schulen wollen. Erst recht, seit nicht mehr das alte Schema der sieben Artes liberales die Systematik der Wissenschaften und die Stundentafel des Schulunterrichts ausschließlich bestimmte, lag hier ein Fundus bereit, der auch auf Aufmerksamkeit stieß und genutzt wurde.[54] Seit dann der gewaltige Komplex der aristotelischen Schriften in deutlich erkennbaren Schüben die Universitäten eroberte, tat sich ein ganz neues Feld auch für die politische Reflexion auf.[55] Freilich waren die Schriften zu

---

Rom 1956; GOEZ, „Translatio imperii"; Dagmar UNVERHAU, „Approbatio" – „reprobatio".

[53] Eine Übersicht über die Forschung mit neuen Funden jetzt bei Christoph FLÜELER, Rezeption und Interpretation, zusammengefaßt in: FLÜELER, Die Rezeption der „Politica" des Aristoteles an der Pariser Artistenfakultät im 13. und 14. Jahrhundert, in: Das Publikum politischer Theorie, S. 127–138. Eine Skizze der Aristoteles-Rezeption in Antike und Mittelalter mit den Hinweisen auf die wichtigsten neueren Forschungen jetzt in: Thomas von Aquin, Prologe zu den Aristoteleskommentaren, hgg. und übers. von Francis CHENEVAL und Ruedi IMBACH (Klostermann-Texte Philosophie) Frankfurt / Main 1993, p. xiii-xli; zu Moerbekes Übersetzungen zu vergleichen ist der Sammelband: Guillaume de Moerbeke, Recueil d'études.

[54] Die Rhetorik wird soeben von der Forschung als Grundlage politischer Theorie gleichsam wieder entdeckt, vgl. jetzt ganz knapp z.B. COLEMAN, History of Political Thought, Bd. 2, S. 65ff.; ausführlicher der Sammelband: La „Rhétorique" d'Aristote, Traditions et commentaires de l'antiquité au XVIIe siècle, édd. par Gilbert DAHAN et Irène ROSIER-CATACH (Tradition de la pensée classique) Paris 1998. Vgl. auch etwa Karin Margarete FREDBORG, Ciceronian Rhetorik and the Schools, in: Learning Institutionalized, S. 21–41.

[55] Eine neuere knappe Übersicht gab Bernard G. DOD, Aristoteles latinus, in: Cambridge History of Later Medieval Philosophy, S. 45–79. Vgl. MIETHKE, Politische Theorie in der Krise der Zeit, Aspekte der Aristotelesrezeption, S. 157–186.

Ethik und Politik im komplizierten Prozeß der sogenannten „Aristoteles-rezeption" erst ganz spät an der Reihe, erst im zweiten Drittel des 13. Jahrhunderts wurde die Nikomachische Ethik vollständig bekannt, die Politik überhaupt erst in den 60er Jahren dieses Jahrhunderts. Dieses Theorieangebot wurde jetzt zwar geradezu stürmisch und ungemein intensiv angenommen, einen ganz festen Platz im „Normalcurriculum" der Artes-Fakultät konnte sich zumindest die „Politik" des Aristoteles aber im ganzen Mittelalter nicht mehr erringen, vielleicht weil sie so spät auf der Bühne erschienen war, als die Disziplinen ihre Grundtexte bereits festgelegt hatten.[56]

Die Fakultät der Juristen hatte somit in den Zeiten der scholastischen Universität eine unbestreitbare und unbestrittene Kompetenz in Fragen des Soziallebens. Sie war auf dem Markt der Meinungsbildung anwesend und führte eine weithin wahrnehmbare Stimme, die auch von den anderen Fakultäten, allem Streit untereinander zum Trotz, durchaus anerkannt war. Noch zwischen 1230 und 1240 gliedert ein Text „für Examenszwecke"[57] aus der Pariser Artistenfakultät, während er in recht trockener Weise Memorierstoff aufreiht, die *philosophia* traditionell in ihre Teilgebiete: der Text reiht sich ein in eine ganze Gruppe von ähnlichen Versuchen, eine schematische Aufgliederung des Kosmos aller Wissenschaften zu geben. Das ermöglicht nun einen Vergleich, der Entwicklungen in der Gesamtkonzeption von Wissen und Welt sichtbar macht, die anders nicht leicht zu greifen wären. Die verschiedenen Verfasser nennen nicht allein die verschiedenen

---

[56] An einem Einzelbeispiel Bernd MICHAEL, Johannes Buridan, Studien zu seinem Leben, seinen Werken und zur Rezeption seiner Theorien im Europa des späten Mittelalters (Phil. Diss. FU Berlin 1978) Berlin 1985, bes. S. 821ff., 863–878, 892–896; instruktiv für die deutschen Universitäten Sönke LORENZ, „Libri ordinarie legendi", Eine Skizze zum Lehrplan der mitteleuropäischen Artistenfakultät um die Wende vom 14. zum 15. Jahrhundert, in: Argumente und Zeugnisse, hg. von Wolfram Hogrebe (Studia philosophica et historica, 5) Frankfurt a.M.–Bern–New York 1985, S. 204–258; auch Paul UIBLEIN, Mittelalterliches Studium an der Wiener Artistenfakultät, Kommentar zu den Acta Facultatis Artium Universitatis Vindobonensis, 1385–1416 (Schriftenreihe des Universitätsarchivs [Wien], 4) Wien 1987 [²1995], S.89–92; Johannes KADENBACH, Philosophie an der Universität Erfurt im 14. / 15. Jahrhundert, Versuch einer Rekonstruktion des Vorlesungsprogramms, in: Erfurt 742–1992, Stadtgeschichte, Universitätsgeschichte, hg. Ulman Weiß, Weimar 1992, S. 155–170; für die englischen Universitäten William J. COURTENAY, Schools and Scholars in Fourteenth Century England, Princeton, N.J. 1986, S. 30–48.

[57] So die Charakteristik durch Martin GRABMANN, der zuerst auf den wohl ältesten derartigen Text aufmerksam gemacht hat: Eine für Examinazwecke abgefaßte Quaestionensammlung der Pariser Artistenfakultät aus der ersten Hälfte des XIII. Jahrhunderts [11934], jetzt in: GRABMANN, Mittelalterliches Geistesleben, Bd. 2, München 1936, S. 183–199. Zur Textgattung allgemein P. Osmund LEWRY, Thirteenth-Century Examination Compendia From the Faculty of Arts, in: Les genres littéraires dans les sources théologiques, S. 101–116; neuerdings Claude LAFLEUR, Les „Guides de l'Étudiant" de la Faculté des Arts de l'Université de Paris au XIIIe siècle (Cahiers du Laboratoire de Philosophie ancienne et médiévale de la Faculté de Philosophie de l'Université Laval, 1) Québec 1992; vgl. auch den Sammelband L'Enseignement de la philosophie au XIIIe siècle.

Wissensgebiete, sondern auch gleich die maßgeblichen Texte, die das für die jeweiligen Felder maßgebliche Wissen enthalten.

Dabei erscheint nun bereits in dem ältesten bekannten Text – in einem gewissen Anschluß an antike Vorlagen – eine damals sonst nicht sehr häufig geübte *sciencia*, die *politica* genannt wird. Dem Schema des literarischen Genres entsprechend, das sie verfolgen, macht der Traktat dann die Grundtexte und Hauptbücher auch für diese Disziplin namhaft. Mit dem Fortschreiten der Zeit zeigt sich eine bezeichnend akzentuierte Veränderung: um 1230/ 40 weiß der älteste Text eines Pariser Anonymus für die *politica* zwar eine eigene *scientia* zuständig.[58] Wo er auf die *philosophia moralis* zu sprechen kommt, identifiziert er nämlich dieses Wissensgebiet mit der *vita animae* und differenziert sogleich weiter in *vita animae in deo, vita in bono aliorum* und *vita in seipso*. Der Lektürekanon, der der Liste integriert ist, empfiehlt für die *vita animae in deo* (das heißt das Gebiet der Theologie) eine ganze Reihe theologischer Texte. Bei der *vita in bono aliorum*, die wiederum schematisch in die *vita animae in familia* und die *vita animae in civitate* aufgeteilt erscheint, wird für das familiäre Leben Ciceros Schrift „De officiis" als grundlegend empfohlen, während es für die *vita animae in civitate* heißt: *anima vivit in bono omnium communiter secundum legem communem, et secundum hoc est scientia, quae traditur legibus et decretis, que „politica" dicitur*.

Hier wird somit – in einem Text der artistischen Fakultät – für politische Fragen das römische und kanonische Recht als maßgeblich genannt, ja mit der Wissenschaft von der Politik identifiziert und damit die Kompetenz der anderen, der „Höheren" Fakultät ohne weiteres anerkannt. In den nachfolgenden gleichartigen Texten wächst jedoch die Zahl der Gewährsautoren von Jahrzehnt zu Jahrzehnt. Dabei tritt neben die – durchaus zunächst beibehaltene Anerkennung der Kompetenz der Nachbarfakultät immer stärker ein eigener Kanon von spezifischen Texten der Artes-Fakultät, die nunmehr den Juristen zunehmend Konkurrenz machen: Noch um 1240, wie zu sehen war, waren die Juristen allein auf weiter Flur, wenn es um „Politik" ging. Um 1250 wird dann bereits daneben ein vager Hinweis auf Cicero gestellt und damit die Autorität der juristischen Nachbarfakultäten durch einen für die Tradition der Artes selbst typischen Text sozusagen ins Gleichgewicht gebracht: *Et hanc* [scientiam] *dicunt quidam haberi per leges et decreta, alii* [!] *Tullio traditam esse in quibusdam libris, qui non multum a nobis habentur in usu* [!][59], so heißt es jetzt. Und noch vor 1260 werden dann weitere Anony-

---

[58] Le „Guide de l'Étudiant" d'un maître anonyme de la Faculté des Arts de Paris au XIIIe siècle, Édition critique provisoire du ms. Barcelone, Arxiu de la Corona d'Aragó, Ripoll 109, ff. 134ra-158va, éd. Claude LAFLEUR, avec la collaboration de Joanne CARRIER, (Publications du Laboratoire de Philosophie ancienne et médiévale de la Faculté de Philosophie de l'Université Laval, 1) Québec 1992, S. 53f., bes. S. 54 § 75. Zu dem Text und zur Textsorte vgl. jetzt den Sammelband L'Enseignement de la philosophie au XIIIe siècle.

[59] Z.B. Arnulfus Provincialis, „Divisio scientiarum", ed. Claude LAFLEUR, Quattre

mi zusätzlich darauf hinweisen, daß auch Aristoteles ein Buch zur Politik
geschrieben habe, welches freilich dem lateinischen Westen noch nicht
übersetzt vorliege.[60]

Bezeichnend ist diese Reihe schon: Noch auf der letzten Etappe werden
die Juristen, werden *leges* und *decreta* (als Spezialisten demnach die Legisten
und die Kanonisten) und auch Cicero weiterhin als wichtige Autoritäten
benannt, denn „der" *philosophus*, der mit dem Corpus seiner Schriften zunehmend die Artes-Fakultäten beherrschte, lag damals noch nicht vollständig in lateinischer Sprache vor. Ein Gerücht, daß eine solche Schrift des *philosophus* existiere, hat sich aber bereits verbreitet. Die Rezeption der „Politik" des Aristoteles ist also keineswegs voraussetzungslos und aus heiterem
Himmel erfolgt, sie war gewissermaßen ersehnt und erstrebt. Der von Wilhelm von Moerbeke ins Lateinische übersetzte Text stieß in eine weithin
empfundene Lücke und wurde eben deshalb auch so rasch und allgemein
aufgenommen.

---

introductions à la philosophie au XIIIe siècle, Textes critiques et études historiques (Université de Montréal, Publications de l'Institut d'Études historiques, 23) Montréal-Paris
1988, S. 333–335, Zl. 513f. *Et hanc (scil. scienciam) dicunt quidam haberi per leges et decreta, alii
Tullio traditam esse in quibusdam libris qui non multum a nobis habentur in usu* (zur Datierung:
éd. Lafleur, S. 127f.). Zu Arnulfus auch René-Antoine Gauthier, Arnoul de Provence
et la doctrine de la *fronesis*, vertu mystique suprême, in: Revue du moyen-âge latin 19
(1963) S. 129–170. Vgl. auch Weijers, Le travail intellectuel [I], S. 70.

[60] Ruedi Imbach, Einführungen in die Philosophie aus dem XIII. Jahrhundert; Mar-
ginalien, Materialien und Hinweise im Zusammenhang mit einer Studie von Claude Lafleur, in: Freiburger Zeitschrift für Philosophie und Theologie 38 (1991) 471–493, hier
S. 490: nach beiden (anonymen) Texten gleichermaßen (zu datieren auf ca.1250 / 1260)
sind *yconomica* and *politica* behandelt worden [1.] *in legibus et decretis*, [2.] *a Tullio in libro „De
officiis"* [3.] *alii dicunt quod Aristoteles fecit in lingua arabica quandam scienciam de hoc, que nobis
adhuc non est translata* (clm 14460, fol. 168ra) [freilich ist der Text der „Politik" den Ara-
bern, soweit wir wissen, nie bekannt geworden], bzw.: *eciam secundum alios Aristoteles composuit scienciam de hiis, sed nondum est adhuc translata nobis in Latinum* (Ms. Brügge, Bibl. de la
Ville 496, fol.80ra). – Auf weitere Texte dieser Art wies Flüeler, Rezeption, S. 9f., hin;
zuletzt Francisco Bertelloni, der sich mehrfach dazu geäußert hat: Politologische Ansichten bei den Artisten um 1230/1240, Zur Deutung des anonymen Pariser Studienplans
Hs. Ripoll 109, in: Theologie und Philosophie 69 (1994) S. 34–73, bes. S. 49ff.; auch derselbe: Überlegungen zur Geschichte der dreigliedrigen *philosophia practica* vor der mittelalterlichen Rezeption der aristotelischen *libri morales*, in: Helmut Riedlinger zum 75. Geburtstag, Stuttgart 1998, S. 367–388; sowie derselbe: Zur Rekonstruktion des politischen
Aristotelismus im Mittelalter, Die Entwicklung der dreigliedrigen *philosophia practica* vor
der Rezeption der aristotelischen *libri morales*, in: Was ist Philosophie im Mittelalter? Hrsg.
von Jan. Aertsen und A. Speer (Miscellanea mediaevalia, 26) Berlin-New York 1998,
S. 999–1011.

2. Der erste Entwurf einer aristotelischen Theorie: Thomas von Aquin, *De regno*

Unter den vielen großen Leistungen des Thomas von Aquin ist es nicht die kleinste, daß er am Ende seines Lebens hat zeigen können, wie in selbständigem Umgang mit der praktischen Philosophie des Aristoteles eine in sich stimmige politische Theorie entworfen werden konnte, die die politisch theoretische Reflexion auf eine neue Ebene hob. Thomas hat sich dieser Aufgabe nicht in umfassender Weise, auch nicht systematisch abgerundet unterzogen. Seinen theologischen „Summen" hat er keine politische an die Seite gestellt. Vielmehr nahm er die selbstgestellte Aufgabe in Angriff, indem er sich einer traditionellen Form für politische Schriften bediente, des Fürstenspiegels, der sich mit dem 12. Jahrhundert als beherrschende literarische Form politischer Belehrung herausgebildet hatte. Thomas von Aquin hat diesen Schriftentypus freilich ganz selbständig genutzt, er hat die Absichten einer Herrscherparänese und Ständedidaxe in den Hintergrund gerückt und der Gattung eine ganz neue Aufgabe gestellt, die die Schriften „De postestate papae", die ein Menschenalter nach dem Tod des Aquinaten in Erscheinung treten werden, vorbereitet haben.

Freilich blieb die Schrift Fragment, wahrscheinlich weil Krankheit und Tod den Autor an einem Abschluß hinderten. Gleichwohl war der Traktat in aller Vorläufigkeit ein neuer Anstoß, gab ein deutliches Vorbild für die Bemühungen der Folgezeit und schloß zugleich die um die Mitte des 13. Jahrhunderts ins Werk gesetzten politischen Großvorhaben, die enzyklopädischen Unternehmungen des Kreises um den Dominikanertheologen Vinzenz von Beauvais definitiv ab, indem er sie ersetzte.

Bei dem Lebensabriß des Thomas können wir uns kurz fassen, da über seinen Werdegang und sein Gelehrtenleben relativ gute Informationen vorliegen, an die wir nur erinnern müssen.[61] Thomas von Aquin stammt aus dem baronialen Hochadel des Königreichs Sizilien. Geboren um 1225, gestorben 1274, hat er in seiner Familie die stürmische Geschichte der Kämpfe des Stauferkaisers Friedrich II. († 1250) mit den Päpsten bitter erfahren müssen: Einen nahen Verwandten des Thomas ließ Friedrich 1247 wegen seines Parteiwechsels auf die päpstliche Seite hinrichten.[62] Früh schon (1244) hatte sich Thomas, noch als junger Mann, während seines Studiums

---

[61] Zusammenfassend zuletzt James A. WEISHEIPL, Friar Thomas d'Aquino. Vgl. jetzt auch die gute Auswahlbibliographie und die generell verläßliche Problemübersicht bei TORRELL, Initiation. Knapp Leo J. ELDERS in: LexMA 8 (1997) Sp. 706–711.

[62] Verwandte im Dienst Friedrichs II. sind verzeichnet bei Ernst H. KANTOROWICZ, Kaiser Friedrich der Zweite, (11927) mit Ergänzungsband (11931), Neudruck etwa Düsseldorf und München 1963, oder Stuttgart 1971, hier Ergänzungsbd. S. 273–283 (hier Nrr. 14, 25, 35); vgl. auch TORELL, Initiation, S. 3f. Eine Verifikation dieser Behauptung der Viten aus dem Kanonisationsprozeß des Heiligen ist bisher freilich nicht gelungen.

an der erst 1224 gegründeten Universität von Neapel entschlossen, nicht, wie seine Familie es ihm bestimmt hatte, im altehrwürdigen Benediktinerkloster Montecassino einen Weg zu kirchlichen Würden und Ämtern zu suchen, vielmehr trat er dem damals noch jungen Bettelorden der Dominikaner bei. An diesem Entschluß hat er beharrlich festgehalten, allen dramatischen Versuchen der Mutter und seiner Brüder zum Trotz, die ihn mehr als ein Jahr lang in Roccasecca gefangensetzten, auf der Burg seiner Familie, auf der Thomas geboren war.[63] Er blieb dann sein Leben lang Dominikaner, ein Leben als Student und Gelehrter, das er an den Universitäten und Ordensstudien in Paris, Köln, Orvieto, Rom und Neapel verbrachte. Die ihm vom Papst angetragene Würde eines Erzbischofs von Neapel schlug er aus, eine Ernennung zum Kardinal der römischen Kirche, die ihm, wie die Zeitgenossen vielfach meinten, offenbar zugedacht war, hat er nicht mehr erlebt. Es starb auf dem Wege zum Konzil, das Papst Gregor X. nach Lyon für 1274 einberufen hatte. Sein Lebensweg war der eines Gelehrten, eines Intellektuellen (sofern man diesen Begriff aus der neuesten Zeit auf mittelalterliche Verhältnisse anwenden darf), nicht der eines Amtsträgers, Politikers oder Höflings, auch wenn er geraume Zeit am päpstlichen Hof verbracht hat.

Die allein schon quantitativ eindrucksvolle Masse seiner Schriften umspannt und überblickt fast das gesamte Feld damaliger Wissenschaften, wenn der Bettelmönch auch die Theologie als Zentrum und Fluchtpunkt all seiner Bemühungen verstand. Die Weite seiner Interessen, die Klarheit seiner Argumente, die architektonische Phantasie seiner auf systematische Zusammenhänge zielenden Darlegungen waren bereits seinen Zeitgenossen eindrucksvoll. Nach seinem Tod (1274) gab sein Orden seinen Schriften 1286 offiziell autoritative Geltung für die Ordensstudien der Dominikaner,[64] Papst Johannes XXII. erhob ihn 1323 zur Ehre der Altäre, nicht ohne damit zugleich den mit den Dominikanern konkurrierenden Orden der Franziskaner gezielt reizen zu wollen.[65]

Über politische Fragen hatte sich Thomas zuvor nicht gesondert, ausführlicher und zusammenhängend verbreitet. In der Sentenzenvorlesung

---

[63] Über diese dramatischen Ereignisse ausführlich die Lebensbeschreibung des Wilhelm von Tocco, hier benutzt nach: Acta Sanctorum Martii, a Iohanne BOLLANDO S.J. colligi foeliciter coepta, a Godefrido HENSCHENIO et Daniele PAPENBROCHIO (…) aucta digesta et illustrata, tomus 1, Antwerpen 1668, S. 657b–685b, hier cap. II §§ 8–12 (S. 660b–662a).

[64] Acta capitulorum generalium Ordinis Praedicatorum, Bd. 1, ed. B. M. REICHERT (Monumenta Ordinis Praedicatorum Historica, 3) Rom 1898, S. 233; vgl. auch Angelus WALZ, Ordinationes capitulorum generalium de Sancto Thoma eiusque cultu et doctrina, in: Analecta Ordinis Praedicatorum 16 (1923 / 1924) S. 169f.; allgemein auch etwa Frederick J. ROENSCH, Early Thomistic School, S. 10–27; TORRELL, Initiation, S. 452f.

[65] Angelus WALZ, Historia canonizationis Sancti Thomae de Aquino, in: Xenia thomistica, ed. S. SZABO, Rom 1925, Bd. 3, S. 105–172. Zum sogenannten „Theoretischen Armutstreit" zwischen dem Franziskanerorden und dem Papst zuletzt etwa Andrea TABARRONI, „Paupertas Christi et apostolorum"; vgl. auch MIETHKE, Paradiesischer Zustand – Apostolisches Zeitalter – Franziskanische Armut.

des theologischen Bakkalars in Paris (1252–1256), die ihm bereits in jungen
Jahren, wie es in jener Zeit üblich war, zu einer umfänglichen Sammlung
von kommentierenden Quaestionen zur Sentenzenkompilation des Petrus
Lombardus geriet, hat er sich nur höchst knapp und eher beiläufig zum Verhältnis von *sacerdocium* und *regnum* geäußert.[66] Erst als sein Ordensbruder
Wilhelm von Moerbeke (um 1265) die „Politik" des Aristoteles, die bis dahin dem westlichen Europa unbekannt geblieben war, aus dem Griechischen in die lateinische Sprache der abendländischen Universitäten und
Gelehrten übersetzt hatte,[67] beschäftigte sich Thomas genauer mit diesem
neuen Text. Während seiner Tätigkeit in Köln hatte Thomas als Mitarbeiter
und Schüler des Albertus Magnus am Ordensstudium dessen vielfältige Bemühungen um eine Aneignung und Kommentierung des gesamten aristotelischen Schriftencorpus aus nächster Nähe verfolgen können. Eigenständige Kommentare zu aristotelischen Schriften begann er freilich, wie die
kritische Textforschung im Zusammenhang mit der Edition seiner Schriften, wie insbesondere René-Antoine Gauthier ermittelt hat, erst während
seines zweiten Aufenthalts in Paris an der Universität, wohin ihn sein Orden
zur Verteidigung der Ordensinteressen im aufflammenden Bettelordensstreit berufen hatte. In den Jahren 1271 bis 1273 dann entstanden (neben
vielen anderen Texten) auch ein Kommentar des Thomas zur Nikomachischen Ethik (*Sentientia libri Ethicorum*) und die – wohl eher von seinen Sekre-
tären angelegte – Inhaltsübersicht derselben Schrift (*Tabula libri Ethicorum*),
nachdem Thomas bereits 1268–1269 Kommentare zur aristotelischen Physik und Metaphysik verfaßt hatte. Am Ende dieser (zweiten) Pariser Zeit hat
Thomas dann auch einen Kommentar zur „Politik" des Stagiriten in Angriff genommen (*Sentientia libri Politicorum*),[68] den er aber ebensowenig fer-
tigstellen konnte, wie die etwa gleichzeitig entstandenen Kommentare zu
den naturphilosophischen Schriften des Aristoteles *De celo et mundo, De
generatione et corruptione* und *Super Meteora.*

Thomas' eingehende Texterklärung zur „Politik" bricht nach Buch III.6
unvermittelt ab. Die in den Drucken seit dem Ende des 15. Jahrhunderts
weiterlaufende Auslegung stammt nicht von Thomas, sie ist dem fast gleichzeitig in Paris entstandenen Kommentar des Petrus de Alvernia entnommen, eines damals an der Artesfakultät lehrenden Magisters aus dem Weltklerus.[69] Eine zusätzliche allgemeine Schwierigkeit bei der Interpretation

---

[66] Vgl. etwa unten Anm. 114.

[67] Dazu den Sammelband: Guillaume de Moerbeke, Recueil d'Études.

[68] Torrell, Initiation, S. 340f., 502. Das Prooemium jetzt auch in der nützlichen Sammlung Thomas von Aquin, Prologe zu den Aristoteles-Kommentaren, hrsg., übersetzt und
eingeleitet von Francis CHENEVAL und Ruedi IMBACH, (Klostermann Texte: Philosophie)
Frankfurt am Main 1993, S. 90–97 (und die Einleitung, bes. S. LVII–LXX).

[69] Dieser Kommentar will nicht eine bewußte Fortsetzung des Textes des Thomas, er
setzt bereits mit dem Anfang von Buch III des Aristoteles ein, vgl. dazu die Übersicht über
die Forschungen zu Petrus de Alvernia bei FLÜELER, Rezeption und Interpretation der
aristotelischen „*Politica*", Bd. 1, S. 29ff., 86–109.

dieser fragmentarischen Schrift bereitet ihr offensichtliches Bestreben, den
Text des Aristoteles präzise auszulegen, sodaß nicht ohne weiteres alle Aus-
führungen für die Meinung des Thomas selber genommen werden dürfen.
Zwar stellt sich dieses spezifische Problem auch bei anderen scholastischen
Kommentaren, doch hat sich Thomas noch in einer weiteren Schrift am
Ende seines Lebens zur politischen Theorie geäußert, in freier synthetischer
Argumentation, sodaß wir hier Thomas bei eigenen Aussagen antreffen,
nicht bei der Auslegung einer fremden Meinung. „De regno ad regem Cypri"
(„Über das Königtum an den König von Zypern gerichtet"), so ist der Text
überschrieben, der in der kritischen Ausgabe nur 33 Seiten (im Großquart-
format) umfaßt.[70] Auch dieser Traktat freilich blieb Fragment, er bricht
mitten in einem Kapitel und mitten in einem Gedankengang ab. Was in den
alten Drucken früher noch folgte, ist nicht authentischer Text des Thomas,
es ist eine Fortsetzung, die der Beichtvater und Schüler des Thomas, der
Dominikanertheologe Tolomeo von Lucca wahrscheinlich in den Jahren
1300–1302 angefertigt hat.[71] Diese „Fortsetzung" folgt jedoch eigenen
Vorstellungen und fügt sich in den erschließbaren Gesamtaufriß des ursprünglichen Plans nicht eigentlich ein.

In der Forschung ist man sich seit langer Zeit nicht ganz einig über die
Authentizität und die Datierung des dem Thomas zuzuweisenden Fragments. Iohannes Thomas Eschmann wollte noch in dem Thomas zugehö-
renden Teil nur eine Reihe von weitgehend unfertigen Entwürfen erkennen, von fremder Hand nach Thomas' Tod eher willkürlich zusammenge-
schoben, Zettel aus dem Nachlaß ohne tiefere Bedeutung.[72] Darin hat er
(insbesondere im angelsächsischen Raum) bis in die jüngste Zeit und bis in
die Handbücher hinein Nachfolger gefunden.[73] Die kritische Ausgabe
durch Hyacinthe Dondaine hat dagegen die andere Meinung befestigt,
wenn naturgemäß auch nicht letztgültig beweisen können, daß es sich bei
dem fragmentarischen Text um eine geschlossene und auch geschlossen

---

[70] De regno ad regem Cypri, ed. Hyacinthe F. DONDAINE [Editio Leonina, 42], S. 449–
471.
[71] Den alten Streit darüber hat bereits in gewissem Sinne abschließend zusammengefaßt Alfred O'RAHILLY, Notes on St. Thomas, IV: „De regimine principum", V: Tholo-
meo of Lucca, the Continuator of the „De regimine principum", in: The Irish Ecclesiastical Record 31 (1928) S. 396–410, 605–614.
[72] Das hat er u.a. in der Einleitung zur englischen Übersetzung zu zeigen versucht:
I[ohannes] Th[omas] ESCHMANN, Introduction, in: S. Thomas Aquinas, On Kingship To
the King of Cyprus, translated by George PHELAN, Introduction and Notes by I. Th. ESCH-
MANN, Toronto 1949 [die Übersetzung Phelan's erschien Toronto ¹1935]; vgl. auch I. Th.
ESCHMANN, St. Thomas Aquinas on the Two Powers, in: Mediaeval Studies 20 (1958)
S. 177–205. In Deutschland hat ebenfalls deutliche Zweifel zu begründen versucht (mei-
nes Erachtens ohne Erfolg) Walter MOHR, Bemerkungen zur Verfasserschaft von „De regimine principum", in: „Virtus politica", Festgabe zum 75. Geburtstag von Alfons Hufna-
gel, Stuttgart-Bad Cannstatt 1974, S. 127–145.
[73] Etwa Antony BLACK, Political Thought in Europe, 1250–1450 (Cambridge Medieval Textbooks) Cambridge (usw.) 1992, S. 22.

überlieferte textliche Einheit handelt, um den Anfang einer authentischen großangelegt geplanten Schrift,[74] die Thomas freilich nur in einem kleineren Teil hat realisieren können.

Es hängt ganz von der Datierung ab, die wir für dieses Fragment ansetzen, welche Ursachen für diesen abrupten Abbruch vermutet werden sollen. Die plausibelste Erklärung wird erst durch die allerjüngste Spätdatierung auf die Jahre 1271–1273 gestützt, die mit hochwahrscheinlichen Argumenten Christoph Flüeler vorgenommen hat:[75] wenn diese Vorstellung richtig ist, so müßte Thomas hier, wie auch sonst, gezwungen von seiner letzten Krankheit und der auch sonst bezeugten Lebenskrise in seinen letzten Lebensmonaten, die Feder aus der Hand gelegt haben.

Wie immer sich das verhalten mag, eine ungefähre Rekonstruktion der Absichten des Gesamtentwurfs, wie sie in Kapitel II.4 (nach der früher üblichen Zählung I.15) vom Autor selbst skizziert worden waren, hat Wilhelm Berges, ältere Auffassungen zusammenfassend und ergänzend, schon 1938 vorgenommen.[76] Danach hat Thomas in dem geplanten, aber nicht geschriebenen Teil zunächst die „Einrichtung" (*institutio*) eines Königreichs abschließend behandeln wollen: im vollen Zuge dieses Vorhabens bricht der Text aber schon mitten in den ästhetischen Erwägungen zur Gründung einer Siedlung (*civitas*) ab, bevor Thomas noch auf die Grundsätze ihrer Verfassung zu sprechen kommen konnte. Danach sollten, noch im Rahmen der Überlegungen zur *institutio regni*, Aussagen über die „Einrichtung" der öffentlichen Ämter, also sozusagen eine Verfassungslehre folgen. Als zweites großes Thema sollte dann eine Regierungslehre folgen (*gubernatio regni*), wobei zuerst die Sorge um die Einheit des Reiches, sodann die Sorge um die sittliche Erziehung des Volkes und schließlich die Sorge für die Lebensmittel im weitesten Sinn, d. h. die Maßnahmen für ein gutes Leben der Untertanen beschrieben werden sollten. In einem folgenden Abschnitt sollten sodann die Aufgaben behandelt werden, die sich bei der Erhaltung eines so „eingerichteten" Gemeinwesens stellen und die damit dem Gemeinwohl (*bonum publicum*) dienen, indem, wiederum in drei Schritten, die Einrichtungen behandelt werden sollten, die dessen Gefährdung entgegenwirken: zunächst Vorkehrungen, die einen Generationswechsel in den Ämtern regeln und damit der Kontinuität des Staates dienen, sodann der gute Stand von Gericht und Gesetzgebung, damit der Verkehrung und der Gefährdung der Gerechtigkeit (*iustitia*) durch die Böswilligen im Innern begegnet werde. Der hier formulierten Programmatik gemäß soll der König „durch seine Gesetze und Gebote, Strafen und Belehrungen, seine Untergebenen von der Ungerechtigkeit (*iniquitas*) abhalten und zu sittlichem Leben anhalten". Of-

---

[74] Vgl. Hyacinthe F. DONDAINE, Introductio, in: Editio Leonina Bd. 42, S. 421–424.
[75] FLÜELER, Rezeption und Interpretation, Bd. 1, bes. S. 27f.
[76] BERGES, Fürstenspiegel des Hohen und Späten Mittelalters, S. 195–211 (bes. S. 204 u. 210f.).

fenbar geht es hier also um die rechte *iurisdictio*, d. h. dem allgemeinen mittelalterlichen Sprachgebrauch gemäß um den guten Stand der Herrschaftsübung schlechthin, Thomas erweitert hier freilich diese traditionelle Aufgabe eines Fürsten sogleich durch die im 13. Jahrhundert erst relativ junge Funktion der Gesetzgebung.[77] Dann sollte die Gefährdung durch äußere Feinde behandelt werden, die (militärische) Sicherheit des Landes und die Defensionsaufgaben des Herrschers. Schließlich sei dann über die Sorge der Regierung um die Förderung des Volkes zum Besseren, seine *promocio*, seinem Fortschritt zu reden. Das alles freilich hat Thomas unausgeführt gelassen, und auch sein „Fortsetzer", Tolomeo von Lucca, ist einer eigenen Agende gefolgt. Immerhin ermöglicht das erste ausgeführte Teilstück des Traktats eine Rekonstruktion der politischen Ansichten des Thomas von Aquin, ist hier doch ein neuer theoretischer Anlauf für eine Betrachtung der Politik und der politischen Verfassung der Menschen versucht. Erstmalig wird hier im 13. Jahrhundert in systematischer Absicht die aristotelische „Politik" auf die zeitgenössische mittelalterliche Welt unmittelbar angewandt.

Thomas selbst war sich offenbar bewußt, daß er Ungewöhnliches kühn in Angriff nahm. Bereits im Widmungsschreiben an den König von Zypern (wahrscheinlich Hugo III. aus der Familie der Lusignan, der 1267–1284 regierte[78]), heißt es, mit seinem Text wolle er zwei anspruchsvollen Bedingungen genügen. Der Traktat solle „der königlichen Erhabenheit zugleich und dem eigenen Beruf und Amt angemessen" sein.[79] Damit wird also ein königliches Geschenk, das dem Adressaten und seinem Verfasser Ehre machen solle, angekündigt, ein Text, in dem über das Königtum und das Amt eines Königs gehandelt werden solle. Scheinbar bruchlos wird mit diesem Plan die traditionelle Textgattung der Fürstenspiegel aufgenommen. In Wirklichkeit aber leistet Thomas etwas Neues. Er beschränkt seine Darlegungen nämlich nicht auf eine Fürstenethik und eine Ständelehre, wie sie der Engländer Johannes von Salisbury im 12. Jahrhundert in seinem „Policraticus", die alte Gattung der Fürstenspiegel erneut aufgreifend,[80] entwickelt hatte. Kurz vor der Niederschrift von Thomas' Text hatte in Paris

---

[77] Vgl. vor allem GAGNÉR, Studien zur Ideengeschichte der Gesetzgebung; auch: Renaissance du pouvoir législatif et génèse de l'État, sous la direction de André GOURON et Albert RIGAUDIÈRE (Publications de la Société d'histoire du droit et des institutions des anciens pays de droit écrit, 3) Montpellier 1988.

[78] Dazu etwa die Erwägungen von DONDAINE in Editio Leonina, Bd. 42, S. 424f., der eher zu einer Spätdatierung neigt, jedoch S. 425b feststellt: „on ne peut pas dater avec certitude le *De regno*". Zur – plausiblen, aber nicht sicheren – Spätdatierung (auf 1271–1273) am besten FLÜELER (wie Anm. 75).

[79] Der allererste Satz des Textes lautet (Prolog, S. 449a): *Cogitanti michi quid offerem regie celsitudini dignum meeque professioni et officio congruum, id occurrit potissime offerendum …*

[80] Zur Geschichte der Gattung vgl. die Bemerkungen von BERGES, Fürstenspiegel, S. 3–8; vgl. neuerlich zusammenfassend Hans Hubert ANTON in: LexMA 4 (1989) Sp. 1040–1049; jetzt auch den Sammelband: „Specula principum", a cura di Angela DE

sein Ordensbruder Vinzenz von Beauvais für den französischen König Ludwig IX. „den Heiligen" noch einmal enzyklopädisch ein solches Unternehmen zur Belehrung aller Stände und insbesondere des königlichen Hofes in
Angriff genommen.[81]

Thomas von Aquin hatte die Vorbereitungen für diese großangelegte Arbeit seiner Ordensbrüder im Dominikanerkloster von Paris sicherlich noch
beobachten können, wenn er auch selbst sich wohl nicht an den Bemühungen der Gruppe beteiligt hat. Seine Absichten in „De regno" sind anders
gerichtet: nicht eine Liste von Verhaltensregeln, und sei sie noch so stark auf
den Fürsten und seine in der Politik tätigen Berater und Mitarbeiter zuge-
schnitten,[82] will er liefern, er möchte vielmehr die politische Verfassung der
menschlichen Gesellschaft systematisch erfassen und die Amtspflichten des
Königs nicht allein als sittliche Gebote, sondern als Folgerungen aus der
Konstruktion der politischen Herrschaftsverfassung überhaupt verstehend
entwickeln.

Dafür war die aristotelische „Politik" unentbehrlich. In Anlehnung an
diesen gerade damals im Abendland erst bekannt werdenden Text hat Thomas seine Thesen formuliert, nicht in kommentierender Auslegung, sondern in freier Aufnahme und selbständiger Konstruktion. Natürlich hat er
auch die anderen Schriften des aristotelischen Corpus herangezogen, die an
den Universitäten Europas damals intensiv gelesen, benutzt und kommentiert wurden. Thomas will mit ihrer Hilfe den Zusammenhang darstellen,
der einem Verhalten überhaupt Orientierung vermitteln kann. Menschli-
ches Verhalten soll nicht aus Pflichtentafeln, sondern aus der Einsicht in die
wissenschaftlich – mit den Methoden einer aristotelischen Wissenschaft –
erfaßten Grundlagen der Politik abgeleitet werden. Noch im Prolog verspricht der Aquinate dem Leser, seine Absichten und sein methodisches
Vorgehen skizzierend, er wolle die ursprüngliche Bedeutung der königlichen Stellung (*regni originem*) sowie alles, was zum königlichen Amt gehöre,
nach der Heiligen Schrift, den Lehrmeinungen der Philosophen und gemäß
dem Vorbild rühmlicher Herrscher sorgfältig aufnehmen[83], aber er liefert

---

BENEDICTIS, con la collaborazione di Annamaria PISAPIA (Studien zur europäischen
Rechtsgeschichte, 117) Frankfurt / Main 1999.
[81] Auch wenn die ingeniöse Rekonstruktion von BERGES, Fürstenspiegel, S. 185–195,
303–313, starker Einschränkungen bedarf, bleibt sie m.E. richtungweisend für ein Verständnis der Pariser Bemühungen in der zweiten Hälfte des 13. Jahrhunderts; die Arbeiten
des Guillelmus Peraldus, OP, sind jedoch in einer wesentlich geringer ausgreifenden
Konzeption begründet, als Berges sie angenommen hatte; vgl. vor allem Antoine DON-
DAINE, Guillaume Peyraut, Vie et oeuvres, in: AFP 18 (1948) S. 162–236.
[82] Das Programm des Vinzenz und seines Kreises ist besonders sprechend formuliert
in den Prooemien zu „De eruditione filiorum regalium" und zu „De morali principis
institutione", abgedruckt von BERGES, Fürstenspiegel, S. 305 u. 307 [nach der Incunabel:
Rostochii, Fratres domus hortus viridi, ca. 1476, die heute in der Staatsbibliothek Preußi-
scher Kulturbesitz Berlin liegt]; vgl. jetzt „De morali principis institutione", ed. Robert J.
SCHNEIDER (CCCM, 137) Turnhout 1995, S. 3 Zl. 8–23.
[83] De regno, Prologus (S. 449a): … *ut regi librum de regno conscriberem, in quo et regni origi-*

keine lange Kompilation von Zitatenkatenen, wenngleich auch in seiner
Schrift Autoritäten immer wieder die Argumentation stützen und beleuchten. Es wäre jedoch verfehlt, wenn wir aus der Gleichheit der Belege, die
Thomas mit seinen Vorläufern teilt, auch auf die gleiche Absicht schlössen
und dem Verfasser dann noch vorrechneten, daß er seine Tradition in weit
strikterer Auswahl und in geringeren Facetten vor seinen Lesern ausbreitet
als diese.[84] Thomas' Fürstenspiegel ist nicht ein (dürftigerer) Auszug aus
dem Zitatenschatz, wie ihn Vinzenz und seine Mitarbeiter angehäuft hatten,
Thomas schreibt eine andere Schrift, er „erfindet" eine Textsorte, die für die
Zukunft auch neue Wirkungen zeigte. Nicht als Steinbruch, künftiger Ausschlachtung offen, wird sein fragmentarischer Text wirken, sondern als
Wegweiser zu einer theoretischen Grundlegung der Politik.

Thomas macht, anders als seine Tradition, nicht die Etymologie des Wortes „König" zum Ausgangspunkt seiner Argumentation. Der Ursprung des
Königtums wird nicht mit Isidor von Sevilla (*rex a regendo*) aus der Herr-
scherstellung abgeleitet, vielmehr geht Thomas in Anlehnung an Aristoteles
von der anthropologischen Verfassung des Menschen als eines geselligen
Wesens aus und prüft, wie unter dieser Voraussetzung in der menschlichen
Gesellschaft eine Leitungsfunktion begründet, wie sie aber damit auch begrenzt und konkretisiert wird. Schon der Einzelmensch bedarf, von der Ver-
schiedenheit seiner widersprüchlichen natürlichen Bestrebungen hin und
her gerissen, einer Leitung, die ihm die Vernunft gewährt, welche jedem
einzelnen von Natur aus innewohnt. Lebten die Menschen nicht in Gesellschaft, sondern in Einsamkeit und Selbstgenügsamkeit, so genügte diese
Leitungsfunktion der Vernunft für ihre Lebensführung. Jeder einzelne
könnte für sich selbst König sein „unter Gott, dem höchsten König", sofern
sich jeder Mensch vom Lichte seiner Vernunft leiten ließe.[85]

Doch eben an der Vernunft läßt sich, wie Thomas meint, zeigen, daß die
aristotelische Bestimmung des Menschen als eines geselligen und zu politischer Organisation befähigten Wesens richtig ist: *animal sociale et politicum*
sagt Thomas und verändert damit die Übersetzung, die Wilhelm von Moerbeke der aristotelischen eingliedrigen Definition gegeben hatte, welche allein ein „in der Polis lebendes Wesen" (ζῷον πολιτικόν = *animal politicum*)
gekannt hatte. Moerbeke hatte das mit *animal civile* übersetzt. Thomas lehnt
seinen doppelgliedrigen Ausdruck an älteren Sprachgebrauch an, spricht
bisweilen auch von *animal sociale*, seltener von *animal politicum* allein. Defini-
torisch gebraucht er offenbar fast regelmäßig diese Doppelformel.[86] Denn

---

nem et ea que ad regis officium pertinent secundum Scripture divine auctoritatem, philosophorum dog-
mata et exempla laudatorum principum diligenter depromerem iuxta ingenii proprii facultatem …

   [84] So etwa Mark D. JORDAN, „De regno" and the Place of Political Thinking in Thomas Aquinas, in: Medioevo 18 (1992) S. 151–168.

   [85] De regno I.1 (S. 449b): … *ipse sibi unusquisque esset rex sub Deo summo rege, inquantum*
per lumen rationis divinitus sibi datum in suis actibus se ipsum dirigeret.

   [86] Dazu vor allem Bernhard TÖPFER, Urzustand und Sündenfall in der mittelalterli-

der Mensch bedarf als ein Mängelwesen des Austausches mit seinen Artgenossen. Thomas leitet das aus der vernünftigen Kommunikation der Menschen, aus ihrer Sprachbegabung ab: Menschen sind kommunikativ nicht
nur in dem Sinn, in dem auch ein Hund durch sein Bellen seinem Zorn
Ausdruck geben kann, Menschen können sich vernünftig und artikuliert
verständigen, können dem Artgenossen ihre Erkenntnisse umfassend und
detailliert vermitteln. Das ersetzt dem Menschen, dem das instinktgeleitete
Verhalten der Tiere mangelt und dem auch in der Vernunft nur die allgemeinen Prinzipien einer richtigen Erkenntnis der Einzeldinge zur Verfügung stehen, nicht aber die unmittelbare Erkenntnis der Einzeldinge selbst,
jene naturgegebene Verhaltenssicherheit der Tiere. Während ein Tier spon-
tan die Ziele seiner Bestrebungen erfaßt und verwirklicht, muß der Mensch
ein Ziel zuerst erkennen, dann wollen und dann anstreben, indem er dem
Ziel die Mittel zuordnet, es auch zu erreichen.[87] Doch kann ein Mensch
dem anderen im Erfassen des Richtigen behilflich sein und einer diese, ein
anderer eine andere Erkenntnisaufgabe wahrnehmen. Im gegenseitigen
Austausch wächst daraus Lebenssicherheit für alle.

Solch kommunikativer Austausch in der menschlichen Gesellschaft bedarf freilich einer Ordnung und vernünftigen Direktion, damit die Menge
sich nicht in diametral verschiedene Richtungen zerstreut. Da jeder zunächst nur darum besorgt sei, was ihm selber nötig ist, so meint Thomas,
müsse es jemanden geben, der für das Wohl der gesamten Menge Sorge
trägt. Solch leitende Funktion über den widersprüchlichen Bestrebungen
des Willens ist dem Einzelmenschen in der Vernunft gegeben: in Analogie
dazu setzt Thomas auch die vernünftige Leitungsfunktion über die Menschenmenge an. Schon bei der Grundlegung seiner Ausführungen legt
Thomas damit entscheidendes Gewicht auf die Differenz zwischen Gemeinwohl und Wohl des Einzelnen, welche nicht in einer unmittelbaren
Entsprechung zueinander stehen, vielmehr in einer gewissen Entgegenset-
zung: Nach dem je Eigenen unterscheidet, ja zerstreut sich die Menge, nach
dem ihr Gemeinsamen einigt sie sich oder wird sie geeint. Darum, so folgert
der Aquinate, müsse es neben dem Streben nach dem je Eigenen auch „etwas" geben, was die vielen zu ihrem gemeinsamen Gut hin „bewegt".[88]

---

chen Gesellschafts- und Staatstheorie (Monographien zur Geschichte des Mittelalters, 45)
Stuttgart 1999, S. 231ff.

[87] Vgl. dazu Ludger HONNEFELDER, Naturrecht und Normwandel bei Thomas von
Aquin und Johannes Duns Scotus, in: Sozialer Wandel im Mittelalter, Wahrnehmungsfor-
men, Erklärungsmuster und Regelungsmechanismen, hgg. Jürgen Miethke/Klaus Schrei-
ner, Sigmaringen 1994, S. 195–213.

[88] De regno I.1 (S. 450a–b): ... *oportet igitur, preter id quod movet ad proprium bonum unius-
cuiusque, esse aliquid quod movet ad bonum commune multorum. Propter quod et in omnibus que in
unum ordinantur, aliquid invenitur alterius regitivum.(…) Itemque inter membra corporis unum est
principale quod omnia movet, aut cor aut caput. Oportet igitur esse in omni multitudine aliquid regitivum.*

Voraussetzung für Thomas' theoretische Überlegungen ist somit das zielgerichtete Verständnis menschlicher Handlungen, eine Teleologie, die er
sich in ihrer umfassenden Ausarbeitung von Aristoteles vorgeben läßt. Teleologisch ist nicht allein die Begründung, die er für den geselligen Charakter des Menschen findet, teleologisch ist auch das gesellschaftliche Zusammenleben der Menschen überhaupt. Um eine Menge zu einer Einheit werden zu lassen, bedarf es einer lenkenden und ordnenden Instanz. Evidente
Beispiele dafür sind einmal der Organismus, in dem eine „Leitungskraft"
(*vis regitiva*) dafür sorgt, daß die Einzelkräfte nicht auseinanderstreben. Gott
bestimmt gleichermaßen die Ordnung des Weltalls, und im Menschen regiert die Seele den Leib, werden durch die Vernunft die affektiven Seelen-
kräfte geleitet, gibt es ein führendes Organ, ein *membrum principale*, wie es
hier – schon an den Wortgebrauch des Politischen und die Sprache des Römischen Rechts anklingend – genannt wird, welches alles in Bewegung hält.

Zwar kann sich, und offenbar auch will sich Thomas nicht entscheiden,
ob er als dieses führende Organ nun das Haupt oder das Herz ansehen soll,
hatten doch diese beiden Metaphern in der Tradition jeweils als Entspre-
chungen für das königliche Amt gedient.[89] Wichtiger als durch eine vorei-
lige Festlegung einen Großteil der herkömmlichen Argumente auf einen
Schlag beiseite zu legen, war es ihm, wie es scheint, die „Leitungsfunktion"
als notwendigen Teil des gesellschaftlichen Ganzen nachzuweisen. Thomas
tut dies, so hatten wir gesehen, teleologisch: Nur durch das Wirken der Leitung wird aus einer Vielheit eine Gesamtheit, aus einer Mannigfaltigkeit
eine Einheit. In der menschlichen Gesellschaft geschieht das durch die Leitung zum richtigen, zum angemessenen Ziel (*finis conveniens*[90]). Wird diese
Aufgabe in der Gesellschaft verfehlt, erfüllt die Gesellschaft nicht nur ihren
Sinn nicht, sie ist dann selbst zutiefst defizient. Somit wird hier vorausgesetzt, die menschliche Gesellschaft ist eine zweckgerichtete Einheit, sie hat
eine Aufgabe, die sie allererst in ihrem Dasein begründet: Sie hat ihre in ihr
gelegenen Möglichkeiten durch Tätigkeit und Praxis zu verwirklichen, sie
ist, aristotelisch gesprochen, eine „Entelechie" (ἐντελέχεια), d. h. ihr ist es
eigentümlich, ihren ihr aufgegebenen Zweck prozeßhaft und zielgerichtet
zu verwirklichen. Dabei aber bedarf sie einer ihr bereits von vorneherein
eingegebenen Struktur von Über- und Unterordnung, von Leitung und
Untergebensein, ohne welche sie nicht werden könnte, was sie werden soll.

Was diese Hierarchie begründet, wird nicht eindeutig geklärt. Thomas
schwankt (mit Aristoteles) zwischen einer ideal vorgestellten substantiellen
Erklärung, die in des Leiters überlegener sittlicher Vortrefflichkeit, seiner

---

[89] Struve, Organologische Staatsauffassung (*ad indicem*, S. 343a); Roberto Lambertini, Il cuore e l'anima della città, Osservazioni a margine sull'uso di metafore organistiche
in testi politici medievali, in: Anima e Corpo nella cultura medievale, Atti del V Convegno
di Studi della Società Italiana per lo Studio del Pensiero medievale (1995), hgg. C. Casa-
grande / S. Vecchio, Firenze 1999, S. 291–303.

[90] De regno I.1 (S. 450b).

Tugend, die Überlegenheit der höheren Stellung begründet sieht, und einer eher realistisch-funktionalen Deutung, die nicht vom Leiter schlechthinnige sittliche Überlegenheit erwartet, sondern in der Erfüllung der Leitungsfunktion selbst, die wahrgenommen werden muß, deren Begründung findet, weil allein so die Gesellschaft als das existieren kann, was sie ist und sein soll. Traditionell wird das in der Aufgabe der Friedenssicherung und Stabilität im Innern und nach außen ausgeprägt, die darum bei Thomas auch unterstrichen wird.[91] Es kommt ihm aber, anders als seinen Vorgängern, nicht ausschließlich, ja nicht einmal vorwiegend auf eine legitimatorische Begründung von Herrschaft an, sondern zunächst und vor allem auf eine Analyse der Ursachen (*origo*) des politischen Zusammenlebens der Menschen.

In der Doppelung der zweckhaften und der zugleich hierarchisch geprägten Vorstellung von Gesellschaftlichkeit, liegt das Besondere der thomasischen Theorie des Politischen, sind ihr Potential wie ihre Begrenzung begründet. Thomas vermag das Potential sehr einleuchtend zu entfalten. Am Maßstab der Zweckgerichtetheit muß sich jede menschliche Gesellschaftsordnung messen lassen. Es muß möglich bleiben, die naturgegebenen Ziele des menschlichen Lebens zu erreichen, und zwar im Vollzug menschlicher Tätigkeit. Aus dieser Voraussetzung folgt, und Thomas hält sich auch hier an Aristoteles, daß in der menschlichen Gesellschaft als einer Gesellschaft von Freien die Leitung der Freiheit entsprechen muß. Wenn Thomas an dieser Stelle[92] das aristotelische Schema der drei Regierungsformen und ihrer Perversionen anführt, so ist dieser Kanon der sechs Verfassungstypen auch bei ihm (wie bei Aristoteles) nicht in einem geschlossenen Kreisschema angeordnet, das jede Geschichte konsequent zu durchlaufen hätte. Freilich gibt es durchaus eine Skala, eine Abstufung im Guten und Schlimmen. Die „beste Verfassung" ist ihm die Monarchie, der die Tyrannis als „die schlimmste" aller Verfassungen (was aber nicht im einzelnen begründet wird[93]) direkt gegenübersteht. Der Aristokratie entspricht als Entartung die Oligarchie, der (mit der Wortwahl des Aristoteles) als Perversion eingeführten *democratia*, die als „gewaltsame Unterdrückung durch die Macht der Menge" definiert wird (hier wirke das gesamte Volk wie ein Tyrann), steht als sinnvolle, aber eben doch von der besten Form deutlich unterschiedene Verfassung die *politia* gegenüber, wie Thomas sie (freilich nicht in allen seinen Schriften einheitlich) mit Aristoteles nennt.[94] In allen Fällen bemesse

---

[91] De regno I.2 (S. 451b).

[92] I.1 (S. 450b).

[93] Hans-Joachim SCHMIDT, König und Tyrann, Das Paradox der besten Regierung bei Thomas von Aquin, in: Liber amicorum necnon et amicarum für Alfred Heit, hg. F. Burgard (u.a.) (Trierer Historische Forschungen, 28) Trier 1996, S. 339–357, hat darauf aufmerksam gemacht, daß Thomas keine besonderen Kriterien zur Unterscheidung des Königtums von der Tyrannis, der „besten" von der „schlimmsten" Form der Regierung entwickelt – außer der Orientierung des Herrschers am Gemeinwohl.

[94] In De regno I.1 (S. 450b) erklärt Thomas: *Si vero iniquum regimen exerceatur per multos,*

sich das Gute oder Schlimme der Herrschaftsform, wiederum in der Nachfolge des Aristoteles, allein daran, ob die Inhaber des Leitungsamtes vorwiegend dem *bonum commune* oder ihren eigenen Interessen, dem *bonum priva-
tum*, dienen.

Thomas rekapituliert ebenfalls noch die Vergesellschaftungsstufen des
Menschen, von der Hausgemeinschaft bis zur politischen Organisation, in
engem Anschluß an Aristoteles. Während dieser aber in der Stadt, der πόλις,
die höchste Einheit eines politischen Verbandes gesehen hatte, gilt bei Thomas über die *civitas* hinaus die *provincia*, das Territorium, als oberste Einheit,[95] damit erreicht er gleichsam das Substrat des Königreichs und Königtums − beides ist im Lateinischen ein einziges Wort − *regnum* − und über das
schreibt er seinen Traktat. Diese charakteristische Erweiterung wird mit den
mittelalterlichen Erfahrungen begründet, daß allein ein Flächenstaat hinsichtlich aller Lebensnotwendigkeiten selbsterhaltungsfähig sei, wobei offenbar vor allem an die militärische Autarkie und Verteidigungsmöglichkeit
gedacht ist.[96]

Mit diesen Begriffsbestimmungen hat Thomas im ersten Kapitel seines
Traktats den Grund für die folgenden Erörterungen gelegt. „*König ist, wer als
einzelner die menschliche Gesellschaft einer Stadt oder eines Landes leitet, und zwar
um des Gemeinwohls willen.*"[97] Die Grundelemente der thomasischen Auffassung sind damit bezeichnet. Die prozeßhafte Teleologie der Selbstverwirklichung der verfaßten politischen Gesellschaft ist begründet in der hierarchischen Leitungsfunktion des Monarchen, der an das Gemeinwohl gebunden bleibt. Die Unterscheidung von Eigennutz und Gemeinwohl als
Ziel der Teleologie bleibt für diese Auffassung fundamental.

Auf dieser Grundlage, die wesentliche Züge der aristotelischen Politik
aufnimmt, wenn auch deutlich neu akzentuiert, scheint die Monarchie die
beste Gewähr für Frieden und Eintracht der Gesellschaft zu bieten. Aus Ver-
nunftgründen wie aus dem göttlichen Gesetz, ja aus dem göttlichen Vorbild
läßt sich das, so meint Thomas, ableiten. Freilich muß, da die menschliche
Schwäche zur Sünde neigt, die Monarchie als „beste" Verfassung so eingerichtet werden, daß sie vor dem Abgleiten in die Tyrannis als die „schlimmste" Form bewahrt werden kann. Es ist auffällig, daß Thomas aus dieser im
Mittelalter weitverbreiteten Ansicht eine ungewöhnliche Konsequenz
zieht, wenn er eine möglichst tyrannensichere *institutio* der Herrschaftsordnung fordert. Nicht durch einen moralischen Appell an den Herrscher, son-

---

„*democratia*" *nominatur, id est potentatus populi, quando scilicet populus plebeiorum per potentiam
multitudinis opprimit divites: sic enim et populus totus erit quasi unus tyrannus.* Dazu vgl. unten
Anm. 109.

[95] De regno I.1 und die Überschrift von I.2 (S. 450f.).

[96] De regno I.1 (S.451a): … *in civitate vero, que est perfecta communitas, quantum ad omnia
necessaria vite; sed adhuc magis (!) in provincia una, propter necessitatem compugnationis et mutui
auxilii contra hostes.*

[97] De regno I.1 (S. 451a): *Ex dictis igitur patet quod rex est qui unus multitudinem civitatis
vel provincie et propter bonum commune regit.*

dern durch institutionelle Vorkehrungen hofft er, Tyrannei verhindern zu können. Thomas zeigt sich, wenn er auch die Argumente des Aristoteles in seiner Tyrannenlehre dankbar benutzt, doch nicht bereit, auch die gewaltsame Beseitigung eines Gewaltherrschers, den Tyrannenmord, zu rechtfertigen.[98] Hier argumentiert er eingehend, wenn auch ohne absolut klare Konklusionen. Einen alttestamentarischen Helden wie den Israeliten Ehud, der den Moabiterkönig Eglon umbrachte und damit sein Volk aus Knechtschaft befreite,[99] läßt er als Vorbild schlichtweg nicht gelten: Thomas sieht diesen Fall in grundsätzlich anderen Bezügen, denn hier wurde, wie er meint, ein (auswärtiger) Feind des Volkes, nicht ein Tyrann getötet. Der apostolischen Lehre (I. Petrus 2.18) entspreche ein Tyrannenmord keinesfalls, wie ihn Johannes von Salisbury ein Jahrhundert zuvor in seinem „Policraticus" zumindest erwogen und gerechtfertigt hatte.[100] Vielmehr könne man von der Alten Kirche lernen, daß dort auch gut bewaffnete Soldaten willig den Märtyrertod auf sich nahmen. Schließlich bleiben nach Thomas Auffassung gegen die Tyrannei als Mittel nur rechtzeitige Vorkehrungen: bereits bei der Wahl eines Herrschers müsse ein Kandidat gewählt werden, der Tyrannei nicht erwarten läßt. Auch müsse die Regierungsarbeit (*gubernatio*) so eingerichtet werden, daß dem Regenten keine Gelegenheit zur Tyrannei offen stehe.

Es ist betrüblich, daß Thomas in seinem fragmentarischen Traktat nicht mehr auf solche verfassungsmäßigen Beschränkungen der Regierungsgewalt zu sprechen kommt, die einen Staat vor Tyrannis bewahren könnten, denn derartige Überlegungen sind in den mittelalterlichen Reflexionen zur Politik sonst äußerst selten. Thomas gesteht durchaus zu, daß ein Herrscher, der von der Menge gewählt oder von einem Oberen eingesetzt wurde, je-

---

[98] Zur Tyrannenlehre des Thomas etwa MIETHKE, Der Tyrannenmord im späteren Mittelalter.

[99] Vgl. Buch der Richter 3.14–18, zitiert und erläutert in De regno I.6 (S. 455b DONDAINE); bereits zuvor hatte Johannes von Salisbury, Policraticus, VIII.20, ed. WEBB, Bd. 2, S. 374, denselben Beleg in seinem Sinne behandelt unter der – von ihm selbst stammenden – Überschrift: *Quod auctoritate divinae paginae licitum et gloriosum est publicos tyrannos occidere.*

[100] Zur Tyrannenlehre Johanns von Salisbury gibt es eine ungemein lebhafte Erörterung in der Forschung, vgl. nur: Mary A. and Richard Hunter ROUSE, John of Salisbury and the Theory of Tyrannicide, in: Speculum 42 (1967) S. 693–709; Max KERNER, Johannes von Salisbury und die logische Struktur seines „Policraticus", Wiesbaden 1977, S. 193–202; Jan VAN LAARHOVEN, Thou Shalt Not Slay a Tyrant, in: The World of John of Salisbury, ed. Michael Wilks (Studies in Church History, Subsidia 3) Oxford 1984, S. 319–341; Cary Joseph NEDERMAN, The Changing Face of Tyranny, The Reign of King Stephen in John of Salisbury's Political Thought, in: Nottingham Medieval Studies 33 (1989) 1–20; ders., A Duty to Kill: John of Salisbury's Theory of Tyrannicide, in: The Review of Politics 50 (1988) S. 365–389 [beide jetzt in: NEDERMAN, Medieval Aristotelianism and its Limits, Nrr. v und vii]; Kate Langdon FORHAN, The Uses of „Tyranny" in John of Salisbury's „Policraticus", in: History of Political Thought 11 (1990) S. 397–407. Zusammenfassend auch MIETHKE, Tyrannenmord, S. 37–40.

weils von derselben Instanz abberufen werden kann und muß, wenn seine Herrschaft pervertiert.[101] Letztlich aber sieht Thomas als äußerstes Mittel gegen unerträgliche Tyrannen nur Geduld, da Widerstand Gewaltherrscher zu noch schlimmeren Untaten provozieren und durch die erfolgreiche Beseitigung eines Tyrannen sich ein noch schlimmerer Nachfolger installieren könne. Thomas hält fest, daß Privatleute schon gar nicht zur Waffe gegen tyrannische Amtsträger greifen dürfen.[102]

Diese vorsichtige Stellungnahme ist nicht überall in Thomas' Schriften zu finden. Noch in der „Secunda secundae" seiner „Summa Theologiae" (die wohl 1271/1272 entstanden ist) hat Thomas in einer anderen Perspektive den gewaltsamen Widerstand gegen tyrannische Willkür ausdrücklich nicht als *seditio*, und das heißt eben nicht als sittlich nicht zu rechtfertigenden „Aufruhr" gegen Gottes Ordnung qualifizieren wollen.[103] In seinem Fürstenspiegel macht er jedoch darauf aufmerksam, daß sich auch in der Tyrannei eine gleitende Skala der Schlechtigkeit finde und daß sehr sorgfältig erwogen werden müsse, ob nicht noch Schlimmeres der schlimmen Gegenwart folgen könne.[104] Letztendlich sieht Thomas in christlich-prophetischer Tradition im Wirken eines Tyrannen Gottes Strafgericht, dem man durch Buße und Gebet begegnen müsse. Bei der Wertung dieser theologisch motivierten resignativen Haltung, die alte Traditionen christlicher Leidensbereitschaft aufgreift, wird man berücksichtigen dürfen und müssen, daß Thomas offenbar vor allem an die Stadttyrannen der oberitalienischen Städte auf ihrem Weg in die Signorie denkt, die seine Zeitgenossen so beunruhigten, nicht ein Allgemeinrezept gegen Gewaltherrschaft überhaupt aufstellen möchte. Seine theologische Lösung des Problems wird man respektieren. Thomas liefert weniger eine Handlungsanweisung für politische Krisensituationen als ein begriffliches Instrumentarium zur Durchleuchtung einer unklaren Situation, zur Erkenntnis einer Krise.

Wenn wir auch gern wüßten, wie er sich eine tyrannenfeste Herrschaftsverfassung vorgestellt hat, in seinem Fürstenspiegel hat er sich dazu nicht weiter geäußert. Etwas gesprächiger ist er in der wohl um einige Monate oder wenige Jahre früheren „Prima secundae" seiner „Summa theologiae",[105] in einer Schrift also, in der er die aristotelische „Politica" bereits (zumindest teilweise) gekannt und benutzt hat. Hier erörtert Thomas, „ob das Alte Testament in richtiger Weise über die Herrschaft (*de principibus*) im alten Israel bestimmt habe" und kommt zu dem (nicht unerwarteten) Er-

---

[101] De regno I.6 (S. 456a).

[102] Das schärft Thomas gleich zweimal kurz hintereinander ein: De regno I.6 (S. 455b): *Esset autem hoc multitudini periculosum et eius rectoribus, si privata presumptione aliqui attemptarent presidentium necem, etiam tyrannorum…; (S. 456a): Videtur autem magis contra tyrannorum sevitiam non privata presumptione aliquorum, sed auctoritate publica procedendum.*

[103] Summa Theologiae 2–II q. 42 a. 2 ad 3 (Bd. 2, S. 581b BUSA).

[104] De regno I.6 (S. 455a-b).

[105] Summa Theologiae 1–II qu. 105 art. 1 (Bd. 2, S. 503b-504a BUSA).

gebnis, daß Gott den Israeliten „die allerbeste Verfassung"[106] vorgegeben hat. Eine gute Verfassung nämlich müsse erreichen, „daß alle an der Herrschaft einen gewissen Anteil haben".[107] Auch müsse dabei auf die Verfassungsform und die Regierungsart geachtet werden.[108] Im Alten Israel aber war die Einrichtung deshalb so gut, weil dort einer, nämlich Moses, nach seiner Tüchtigkeit allen vorstand, mit ihm aber und unter ihm weitere Personen nach ihrer Tüchtigkeit Führungsaufgaben wahrnahmen (*principantur*). Da die 72 Ältesten des Volks als Inhaber von Führungsämtern einmal aus allen gewählt und sie zum anderen auch von allen gewählt wurden, gehörte die Herrschaft dort allen. Eine solche Verfassung sei gemischt aus „Königtum" (*regnum*), insofern einer die Leitung habe, „Aristokratie", da viele die Führungsämter gemäß ihrer Tugend inne hätten, und aus „Demokratie",[109] da die Führungspersonen auch aus dem Volke (*ex popularibus*) gewählt und vom Volke gewählt wurden. Als Moses und seine Nachfolger das Volk regierten, waren sie Alleinherrscher. Es wurden aber neben ihnen die Ältesten nach ihrer Tüchtigkeit erwählt, das war aristokratisch. Demokratisch aber war, daß sie aus dem gesamten Volk gewählt wurden und daß das Volk sie wählte.

Dieses Loblied auf die „gemischte Verfassung" ist nun keineswegs, wie es häufig gelesen wird,[110] ein fast anachronistischer Vorgriff auf die moderne Demokratie, denn der Monarch selbst wird ja nicht von allen und aus allen seiner Tüchtigkeit wegen ausgewählt, vielmehr wird das explizit nur von der „aristokratischen" Führungselite gesagt. Moses war von Gott selbst zum Herrscher über Israel bestimmt worden. So gilt das Plädoyer nicht einem „Präsidentenkönig", die Mischverfassung soll vielmehr die Kompetenzen des Herrschers beschneiden und durch Anteilhabe der Magnaten an der Herrschaft sein Abgleiten in die Tyrannei verhindern. Freilich wird, wie berichtet, dieses Modell im Fürstenspiegel selbst nicht ausdrücklich angesprochen, nicht einmal angedeutet. Es dürfte gleichwohl im Hintergrund der Vorstellungen stehen, wie institutionell Tyrannis verhindert oder doch erschwert werden könne.

---

[106] *Unde patet quod optima fuit ordinatio principum quam lex instituit,* heißt es ausdrücklich am Ende des Corpus quaestionis (Bd. 2, S. 503c BUSA).

[107] *ut omnes aliquam partem habeant in principatu* (Bd. 2, S. 503c BUSA).

[108] *… circa bonam ordinationem principum in aliqua civitate vel gente duo sunt attendenda: quorum unum est ut omnes aliquam partem habeant in principatu (…), aliud est quod attenditur secundum speciem regiminis vel ordinationis principatuum …* (Bd. 2, S. 503c BUSA) – auch hier wieder das Abstellen auf die Verfassung, die *ordinacio* des Gemeinwesens!

[109] *democratia, idest potestate populi,* wie es hier (Bd. 2, S. 503c BUSA) – abweichend zum Sprachgebrauch im Fürstenspiegel (dazu oben Anm. 94) – heißt, vgl. auch Summa Theologiae 1–II qu. 95 art. 4 ad 3: *Aliud autem regimen est populi, quod nominatur democratia …*

[110] Etwa bei BLYTHE, Ideal Government and the Mixed Constitution, bes. S. 39–59. Hier folge ich der anders gerichteten Interpretation von Karl UBL, Engelbert von Admont, Ein Gelehrter im Spannungsfeld von Aristotelismus und christlicher Überlieferung (MIÖG, Ergänzungsbd. 37) Wien – München 2000 [abgeschlossen als Dissertation in Heidelberg 1999].

Entschieden wird über die Bewertung einer bestimmten Verfassung erst von der Erfüllung ihrer Funktion her. In seiner Analyse des Königtums hat sich Thomas schließlich von dem (auch aristotelischen) Gedanken gelöst, daß ein Monarch alle seine Untergebenen an Tüchtigkeit und Tugend übertreffen müsse. Wenn die politische Ordnung in Entsprechung zu dem Mikrokosmos Mensch und dem Makrokosmos Welt durch eine einheitliche Leitung der in Gesellschaft lebenden Menschenmenge dazu hilft, ihr naturgegebenes, gottgewolltes Ziel zu erreichen, so hat sie allein darin bereits auch ihre eigenständige Berechtigung, bedarf außer dieser Funktionstüchtigkeit keiner weiteren Legitimation. Diese funktionale Legitimation der Herrschaft ist auch für das Verhältnis der staatlichen zur kirchlichen Gewalt wichtig: Was ihrem Ziele dient, fällt zunächst auch in die Kompetenz der weltlichen Herrschaftsordnung. Herrschaft hat zunächst die Aufgabe, den ihr Unterworfenen die Selbsterhaltung ihrer physischen Subsistenz zu ermöglichen, doch geht sie in dieser Aufgabe nicht auf, denn der Mensch ist nicht nur Lebewesen, sondern ein vernünftiges Lebewesen. Deshalb kommt dem Monarchen auch die Pflicht zu, die Menschen zu einem Leben in Entsprechung zu ihren vernünftigen Anlagen anzuleiten, das aber heißt, emphatisch gesagt, zu einem Leben in Tüchtigkeit und Tugend zu führen, das allein ein gelingendes Leben (*bene vivere, vivere secundum virtutem*) sein kann, und ihnen damit zu einer Verwirklichung ihrer sittlichen Aufgaben zu verhelfen. Die *perfectio naturalis* der Untertanen gehört also zum natürlichen Ziel der Gesellschaft und fällt bereits wesentlich in die Kompetenz politischer weltlicher Herrschaft.

Diese an Aristoteles geschulte Aussage ist jedoch nicht Thomas' letztes Wort. Der Theologe weiß: Die Menschen sind von Gott letztlich für die *perfectio supernaturalis* bestimmt. Diese aber wird nicht von der politischen Verfassung erzielt, vielmehr kommt sie aufgrund des göttlichen Heilswerkes allein in der sakramentalen Heilsgemeinschaft der Kirche an ihr Ziel, in der dem Priestertum, nicht dem König, die entscheidende Aufgabe zukommt. Thomas bestimmt das Verhältnis der politischen Herrschaft zur kirchlichen Ordnung, modern gesprochen also das Verhältnis zwischen Staat und Kirche, von diesen beiden Zielbestimmungen des Menschen her. Mit gutem Grund hat man die Lösung, die er für dieses Problem findet, seine „Hierarchie der Zwecke" genannt.[111] Denn darum handelt es sich: Thomas beschreibt das Verhältnis als eine Architektur, die ausbalanciert, ja aäquilibristisch wirkt. Daß beide Sphären unterschieden sind, ist für Thomas unzweifelhaft. Beide Instanzen, der Leiter der staatlichen und der Leiter der kirchlichen Ordnung, haben jeweils in ihrem eigenen Bereich zunächst volle Selbständigkeit. Sie sind prinzipiell von einander unabhängig, aber einander eben wegen der Wertigkeit der Ziele der einen menschlichen Gemeinschaft auch zugeordnet.

---

[111] Dazu vor allem BERGES, Fürstenspiegel, S. 206–209.

So gewiß sich der Einzelne auf das letzte Ziel seines Daseins hin ausrichten muß, so muß auch das Gemeinwesen und müssen damit auch seine irdischen Zwecke in einer teleologischen Zu- und Unterordnung unter dem letzten Ziel der *perfectio supernaturalis* stehen. Wie beim Einzelmenschen die Selbsterhaltung dem tugendhaften Leben und die sittliche Selbstverwirklichung dem höchsten Ziel, der Gottesschau (*fruitio divina*), dient, so muß auch in der gesellschaftlichen Organisation alles auf dieses letzte und äußerste Ziel hingeordnet sein und bleiben.

Solche Hinordnung freilich ist keineswegs eine substanzielle Unterordnung in sämtlichen Belangen, es ist eine zweckhaft verstandene Orientierung, in der die zugeordnete Instanz auf die höhere blickt und an deren Zielen mitwirkt, zumindest in jenem Sinn, daß sie diese keineswegs stört oder hemmt, vielmehr nach Kräften fördert und unterstützt. Selbst an jener Stelle seiner Secunda secundae, an der Thomas am eindeutigsten von einer „Unterwerfung" der weltlichen unter die geistliche Gewalt zu sprechen scheint, bleibt er vorsichtig, sagt in umständlicher Präzision, die geistliche Gewalt usurpiere, wenn sie in weltliche Gerichtsbarkeit eingreife, dann nicht weltliche Gerichtshoheit (und das heißt ja im mittelalterlichen Sprachgebrauch, wie wir bereits gesehen haben, ganz allgemein weltliche Herrschaft), wenn sie sich einmischt „in weltliche Angelegenheiten hinsichtlich der Dinge, in denen ihr die weltliche Gewalt unterworfen ist oder die ihr von der weltlichen Gewalt (freiwillig) überlassen werden".[112] Das ist darum keine Tautologie, weil beide Sphären eben prinzipiell getrennt werden können. Nur in den strikt auf die Gottesschau gerichteten Fragen besteht ein unmittelbarer Anspruch der geistlichen Gewalt, aus eigener Kompetenz hinüberzugreifen. Auch die Bezeichnung der Könige als „Vasallen der Kirche"[113] muß doch auf den Bezugspunkt der Vasallenpflicht hin verstanden werden, wenn gewiß auch alle solche Formulierungen leicht als hierokratisch-papalistisch verstanden werden können und immer wieder seit dem 13. Jahrhundert auch so verstanden worden sind. Gegen solches (Miß-)Verständnis jedenfalls hat Thomas sich nirgendwo ausdrücklich gewehrt. Es fehlt, wie zu sehen war, auch nicht an Belegen dafür, daß Thomas zumindest in seinen Empfindungen ein (extremer) Papalist war. Seine Theorie aber kann den hierokratischen Papalismus der Folgezeit als solche nicht fundieren.

---

[112] Summa Theologiae 2–II, q. 60 a. 6 ad 3 (Bd. 2, S. 605b Busa): *potestas saecularis subditur spirituali sicut corpus animae, et ideo non est usurpatum iudicium, si spiritualis praelatus se intromittat de temporalibus quantum ad ea, in quibus subditur ei saecularis potestas vel quae ei a saeculari potestate relinquuntur.*
[113] Quodlibet XII q. 13 art. 1 ad 2 (Bd. 6, S. 3a Busa): *[Augustinus] distinguit enim diversa tempora ecclesiae. Fuit enim tempus quando astiterunt reges adversum Christum: et in illo tempore non solum non dabant fidelibus, sed eos occidebant. Aliud vero tempus est nunc, quo reges intelligunt et eruditi serviunt domino Iesu Christo in timore etc., et ideo in isto tempore reges sunt vasalli ecclesiae. Et ideo est alius status ecclesiae nunc et tunc, non tamen est alia ecclesia.*

Die weltliche Gewalt darf sicherlich und soll wohl auch nach der Meinung des Thomas eigenverantwortlich bleiben, solange sie die Bedingungen der Möglichkeit priesterlichen Heilswirkens nicht stört, sondern fördert. Ihre eigene Zuständigkeit für Lebenserhaltung und sittliches Gelingen der ihr Unterworfenen bleibt daneben solange unbeschränkt, solange dies gewährleistet ist. Im Falle einer Gefährdung des höchsten Zweckes freilich hat weltliche Gewalt zurückzutreten, bleibt dann sekundär, der kirchlichen instrumental nachgeordnet und darf gegen berechtigte Anweisungen der teleologisch übergeordneten Instanz keinen Widerstand leisten, ja muß dieser bedingungslos folgen.

Das klingt abgewogen, zurückhaltend und (besonders für einen Kirchenmann) anziehend, doch liefert diese Forderung nur eine prinzipielle, eine (wie gesagt) „architektonische", eine zweckgerichtete Zuordnung beider Instanzen. Sie hilft wenig dazu, einen konkreten Konflikt zu entscheiden. Tatsächlich hat Thomas sich nirgendwo darüber erklärt, wer im Falle eines Streites beider Instanzen darüber zu entscheiden hat, was eine berechtigte und legitime Anweisung des Priestertums ist, und was eben nicht, oder, um es allgemeiner zu fassen, wo eine illegitime Grenzüberschreitung einer der beiden Instanzen, gegebenenfalls eben auch eine Grenzüberschreitung des Priestertums vorliegt. Vielleicht war das für Thomas schlechthin unvorstellbar? Er betont in seiner frühen Sentenzenvorlesung das freie Zusammenwirken beider Kräfte, wenn er schreibt:[114] „Die geistliche Gewalt und die weltliche Gewalt leiten sich beide aus der göttlichen Gewalt her. Darum ist die weltliche Gewalt der geistlichen insoweit unterworfen, als sie ihr von Gott unterstellt ist, d. h. in Angelegenheiten, die das Seelenheil betreffen. In Angelegenheiten jedoch, die das bürgerliche Wohl betreffen, muß man der weltlichen Gewalt mehr gehorchen als der geistlichen Gewalt nach dem Herrenwort: ʻMan muß Gott mehr gehorchen als den Menschenʼ [Matth. 22,21]". Hiermit ist aber vorausgesetzt, daß jede Instanz von vorneherein die feine Unterscheidung zwischen Seelenheil (*salus animae*) und bürgerlichem Wohl (*bonum civile*) jederzeit unfehlbar zu treffen weiß und sich daran auch unverbrüchlich hält. Thomas selbst gibt keine Anleitung dafür, wie zu antworten ist, wenn diese Voraussetzung nicht gegeben ist.

---

[114] II Sent. d. 44 q. 2 a. 3 ex. ad 4 (Bd. 1, S. 257b Busa): *dicendum quod potestas spiritualis et saecularis utraque deducitur a potestate divina; et ideo intantum saecularis potestas est sub spirituali, inquantum est ei a deo supposita, scilicet in his, quae ad salutem animae pertinent; et ideo in his magis est obediendum potestati spirituali quam saeculari; in his autem quae ad bonum civile pertinent, est magis obediendum potestati saeculari quam spirituali, secundum illud Matth. 22.[21]* „Reddite quae sunt Caesaris Caesari". Thomas setzt dort aber unmittelbar folgende Sätze hinzu, die zumindest hochpapalistisch auslegbar sind: *Nisi forte potestati spirituali etiam saecularis potestas conjungatur, sicut in papa, qui utriusque potestatis apicem tenet, scilicet spiritualis et saecularis, hoc illo disponente qui est sacerdos et rex in aeternum, secundum ordinem Melchisedech, rex regum et dominus dominantium, cuius potestas non corrumpetur in saecula saeculorum. Amen.*

Am Ende seines Lebens, in seinem Fürstenspiegel, hat Thomas diese (wenigstens theoretisch) klare Unterscheidung eher verdunkelt, wenn er in eingehender Erörterung[115] zunächst darauf hinweist, daß die Gotteschau als höchstes Ziel über dem Tugendleben stehe und demnach Gott selbst in Christus, dem Gottmenschen, die königliche Aufgabe übernommen habe, die Menschheit zu diesem höchsten Ziel zu leiten. Darum dürften ja auch alle Christen als Glieder am Leibe Christi selber Könige und Priester heißen. Der Dienst (*ministerium*) aber am Königreich Christi auf Erden – wobei Thomas hier freilich ausdrücklich die Unterscheidung zwischen Geistlichem und Weltlichem festhält – sei nicht den Königen, sondern den Priestern, „insbesondere dem Papst als dem *summus sacerdos*, dem Nachfolger Petri, Gottes Stellvertreter und Römischem Bischof, anvertraut, dem alle Könige des christlichen Volkes untergeben sein müssen, gleichwie dem Herrn Jesus Christus selber".[116]

Hier scheint unüberbietbar die päpstliche Stellung unterstrichen, doch schillert der Text: Thomas gebraucht geballt und summierend die theologischen Ehrentitel des Papstes, wie sie im 13. Jahrhundert mit einer je eigenen (verschieden weit zurück reichenden) Auslegungstradition üblich waren, aber kaum je in solcher Zusammenschau gehäuft auftreten mochten, zu einer eher assoziativen Begründung des Hoheitsanspruches des Papstes. Er benutzt diese evokative Addition von Titeln gewissermaßen als Ausdruck der päpstlichen Hoheit gegenüber den Königen des „Volkes", vergißt dabei jedoch keineswegs als Zeitbestimmung und als Qualifikation hinzuzufügen: „unter dem Gesetz Christi".[117] Für diesen Zusammenhang aber wird mit der Zweckehierarchie ausdrücklich begründet, daß der König zuständig für das Tugendleben seiner Untergebenen bleibt, das auf die Gottesschau hingeordnet ist und darum auch „der Leitung, die durch das priesterliche Amt geleistet wird, unterworfen sein muß".[118]

Es ist festzuhalten, daß Thomas auch mit diesen Formulierungen keineswegs die von ihm behauptete finale Zuordnung etwa durch eine absolute Unterordnung ersetzt. Er beläßt vielmehr dem König ausdrücklich seine eigene Zuständigkeit für die Subsistenz und das Tugendleben seiner Untertanen. Es bleibt freilich unklar, und vielleicht wollte sich Thomas auch selber

---

[115] De regno II.3 (frühere Zählung I.14: S. 466a Dondaine).

[116] (S. 466b): *Huiusmodi ergo regni ministerium, ut a terrenis spiritualia essent discreta, non terrenis regibus sed sacerdotibus est commissum, et precipue summo sacerdoti, successori Petri, Christi vicario, Romano pontifici, cui omnes reges populi Christiani oportet esse subiectos sicut ipsi domino Ihesu Christo. (…). Unde in lege Christi reges debent sacerdotibus esse subiecti.*

[117] *in lege Christi* (wie vorige Anm.). Das darf m.E. nicht als rein heilsgeschichtliche Zeitbestimmung gesehen werden. Ganz in eine papalistische Linie der Ekklesiologie ordnet Thomas ein etwa Walter Ullmann, The Medieval Papacy, St. Thomas and Beyond (Aquinas Society of London, Aquinas Papers, 35) London 1960, jetzt in: Ullmann, Law and Jurisdiction in the Middle Ages, Nr. vi.

[118] *regimini quod administratur per sacerdotis officium, subdi debet.*

darin nicht eigentlich festlegen, wieweit sich die „Leitung" des „höchsten Priesters" über den König erstreckt: in einer ausdrücklich aus Caesars „Bellum Gallicum" genommenen, jedoch mit eigenen Worten zusammengefaßten Nachricht findet Thomas nämlich eine göttliche Bestätigung seiner Auffassung. Danach hatten die Druiden (und nicht die Könige) zu Caesars Zeit in Frankreich „das Recht ganz Galliens festzulegen", während dann künftig „in Frankreich die fromme Bindung an das christliche Priestertum besonders stark" geworden sei.[119]

Wenn damit die Regierungszeit des Kapetingerherrschers Ludwig IX. (1226–1270) gewiß auch in einem goldenen Licht erscheint und somit auch Thomas' Fürstenspiegel zur Geschichte des Ehrentitels des französischen „allerchristlichsten" Königs (*rex Christianissimus*) gehört, bleibt bei allem hier gestreuten Weihrauch, der die anderwärts klar festgehaltenen Unterscheidungen undeutlich zu machen droht, doch die Tatsache unbestreitbar, daß Thomas dem Papst keineswegs eine schlichte Befehlsgewalt gegenüber dem König einräumt. Dessen Kompetenz leitet sich auch hier keineswegs unmittelbar vom Priester ab, so sehr dieser auch die letzte Direktion behält. Der König zeigt „fromme Bindung", ist nicht erzwingbaren Gehorsam schuldig.

Letztlich bleibt die Bestimmung des Verhältnisses von Staat und Kirche auch hier mit den Prinzipien thomasischen Denkens über menschliche Natur und göttliche Gnade in Übereinstimmung. Auch hier soll die Gnade (oder kirchliche Leitung) die Natur (oder königlich staatliche Kompetenz) nicht aufheben, sie vielmehr vollenden. Mit diesem Grundsatz freilich war ein Konflikt zwischen beiden Instanzen, wie sich bald schon zeigen sollte, letztlich nicht zu verhindern, ja auch nicht zu entscheiden. Man wird es zur Kenntnis nehmen, daß die Theorie des Thomas zwar beeindruckende Ausgewogenheit und harmonisches Gleichgewicht zeigt, daß sie aber gänzlich ungeeignet war, in dem konkreten Streit zwischen Papst und König eine Entscheidungshilfe zu geben.

Sie vermochte schon für die Generation der Schüler und Nachfolger keine einheitliche Orientierung bereitzustellen: Im Kampf zwischen Papst Bonifaz VIII. und König Philipp dem Schönen haben später, wie wir noch sehen werden, etwa Tolomeo von Lucca († 1327)[120] und Aegidius Romanus († 1316)[121] auf der Basis der von Thomas abgesteckten Positionen entschie-

---

[119] (S. 466b–467a): *Quia etiam futurum erat, ut in Gallia Christiani sacerdotii plurimum vigeret religio, divinitus est provisum, ut etiam apud Gallos gentiles sacerdotes, quos druides nominabant, totius Gallie ius diffinirent, ut refert Iulius Cesar in libro quem „De bello Gallico" scripsit.* Vgl. Caesar, Commentarii belli Gallici, 6.13.5, hier zitiert nach der Edition von Alfred KLOTZ (Bibliotheca Teubneriana), Editio stereotypa correctior editionis quartae, Leipzig 1957, S. 143.

[120] Vgl. unten Kapitel II.3.

[121] Zu seinem Fürstenspiegel zuletzt etwa Roberto LAMBERTINI, „Philosophus videtur tangere tres rationes", Egidio Romano lettore ed interprete della Politica nel terzo li-

den, ja extrem die päpstlichen Ansprüche vertreten, während der Dominikaner Johannes Quidort († 1306), der in seinem Traktat aus Thomas'
Schriften dessen theoretische Definitionen seitenweise (freilich stillschweigend) exzerpiert,[122] die theoretisch bedeutendste Verteidigung königlicher
Selbständigkeit verfaßt hat und mit der Hilfe von thomasischen Lehren einen entschiedenen „Royalismus" zu begründen vermochte.

Diese gespaltene Rezeption ist hier nicht zu verfolgen, sie macht immerhin deutlich, daß die von Thomas entfaltete Theorie im wirklichen Kampf
beiden Seiten zugute kommen konnte. Letztendlich gab sie auch einer Verteidigung der weltlichen Selbständigkeit fundamentale Argumente an die
Hand und wirkte daher an der Säkularisierung der Herrschaftsvorstellun-
gen[123] mit. Die Leistung des Thomas, in einem ersten entschlossenen Zugriff einen an Aristoteles geschulten eigenen Entwurf einer Theorie der
politischen Ordnung der mittelalterlichen Gesellschaft vorgelegt zu haben,
kann jedenfalls seine unentschiedene Zurückhaltung und unklare Vernebe-
lung in einem – wie auch er es zu seinen Lebzeiten so schmerzhaft erfahren
hatte – immer möglichen Konflikt von weltlicher und geistlicher Gewalt
nicht schmälern.

3. Papst Bonifaz VIII. – ein Anstoß für politische Reflexion

Im Scheitern zweier durchaus entgegengesetzter Päpste am Ende des
13. Jahrhunderts verdichten sich die Krisenerscheinungen der mittelalterlichen Kirchengeschichte noch für den heutigen Betrachter sinnfällig. Da war
zuerst jener merkwürdige Asket Coelestin V., der so erstaunlich – und schon
für die Zeitgenossen verwunderlich – die Reihe der großen Juristenpäpste
und Politiker auf dem Stuhle Petri unterbricht. Schon die Wahl des heilig-
mäßig lebenden Einsiedlers und Gründers einer eremitischen Gemeinschaft

---

bro del „De regimine principum", in: Documenti e studi sulla tradizione filosofica medievale, I / 1 (1990) S. 277–325 (und die dort verzeichnete neuere Literatur); derselbe, Il filo-
sofo, il principe e la virtù, Note sulla recezione e l'uso dell' „Etica Nicomachea" nel „De
regimine principum" di Egidio Romano, in: Documenti e studi sulla tradizione filosofica
medievale 2 (1991) S. 239–279; derselbe, Tra etica e politica, La „prudentia" del principe
nel „De regimine" di Egidio Romano, in: Documenti e studi sulla tradizione filosofica
medievale 3 (1992) S. 77–144; Ubaldo Staico, Retorica e politica in Egidio Romano, in:
Documenti e studi sulla tradizione filosofica medievale 3 (1992) 1–75; Roberto Lambertini, The Prince in the Mirror of Philosophy, About the Use of Aristotle in Giles of
Rome's „De regimine principum", in: Moral and Political Philosophies in the Middle
Ages, Proceedings of the 9th International Congress of Medieval Philosophy (Ottawa
1992), edd. B. C. Bazan, E. Andújar, L. G. Sbrocchi, New York-Ottawa-Toronto 1995,
S. 1522–1534. Knapp Miethke, Politische Theorien im Mittelalter, hier S. 89–94. Biblio-
graphische Hinweise auch bei Weijers, Le travail intellectuel à la Faculté des arts [III],
S.64–76, bes. S. 64–67, 70f.

[122] Dazu unten bei Anm. 339.

[123] Dazu ausführlicher Miethke, Die Anfänge des säkularisierten Staates.

in den kargen Abruzzen war erst nach einer überlangen Sedisvakanz und
wie durch ein Wunder zustande genommen. Zwei Jahre und drei Monate
war der Stuhl Petri leer geblieben, das waren selbst für diese Jahrzehnte der
zweiten Hälfte des 13. Jahrhunderts, da man sich doch an lange Sedisvakan-
zen wahrlich gewöhnt hatte, eine außerordentlich große Spanne.

Jedenfalls sollte es die letzte derartig ausgedehnte Sedisvakanz in der Geschichte der Päpste bleiben. Wenn auch der politische Einfluß des angiovi-
nischen Königs Karls II. von Neapel bei der Entscheidung des Kollegiums
schließlich stark ins Gewicht fiel, so hatte die Wahl des frommen Einsiedler-
mönchs und Ordensgründers zum Papst doch auch deutlich eine fast pro-
grammatische Seite, die das politische Kalkül des Anjouherrschers bei weitem überstieg. Bei der schließlich einstimmigen Wahl bezeugte das Kollegium gut mittelalterlich seine eigenen Emotionen mit Tränen und Seufzern.
Doch diesmal fand diese Emotion, die gewiß neben mancherlei politischen
Erwägungen durchaus ihren Platz hatte, in der Christenheit ein ungewöhnlich breites Echo: weiteste Kreise, Kleriker, Ordensleute und Laien, sahen in
dem frommen Mann, der da den Thron Petri bestieg, lang gehegte Sehnsucht ihre Verwirklichung, prophetische Verheißung ihre Erfüllung finden,
denn hier kam kein Mann des kurialen Apparates in das höchste Amt der
Christenheit, sondern ein einfacher Mönch, der Gründer einer der zahlreichen neuen Ordensgemeinschaften des 13. Jahrhunderts, der zuletzt zurückgezogen als Einsiedler in den Abruzzen bei Sulmona gelebt hatte. Bald
schon, so scheint es, haben Zeitgenossen in Peter vom Morrone, der als
Papst den Namen Coelestin V. annahm, den Engelpapst, den *papa angelicus*[124] sehen wollen, der die Kirche reinigen würde von ihren weltlichen
Herrschaftsansprüchen und zeitlichen Verstrickungen, der endlich die
Wende zum Besseren herbeiführen und durchsetzen würde.

Schon die Krönungsfeierlichkeiten bewiesen freilich beides, den hochge-
stimmten Ernst des frommen Mannes wie die Probleme, an denen er
schließlich resignieren sollte: Als der Greis in die auf Betreiben des Anjou
für diese Zeremonie gewählte Stadt Aquila auf einem Esel reitend einzog, da
verstand die Menge der Schaulustigen dies enthusiastisch als Vorsatz und
Wollen, im hohen Amt dem niedrigen Christus nachzufolgen.

Im Kardinalskollegium aber wurde herbe Kritik laut, und schon zum
herkömmlichen Umritt nach der Krönung bestieg der Papst nicht mehr den
symbolträchtigen Esel, sondern einen prächtig geschmückten Schimmel.
Der Einsiedler hatte sich also dem traditionellen Zeremoniell gebeugt.[125]

---

[124] Grundlegend dazu immer noch Friedrich Baethgen, Der Engelpapst, Idee und
Erscheinung, Leipzig 1941. Monumental die Monographie von Peter Herde, Cölestin V.,
die auch weiterhin ständig zu vergleichen ist. Knapp zu den theoretischen Problemen vor
allem Martin Bertram, Die Abdankung Papst Cölestins V. (1294) und die Kanonisten.
Eine kürzere biographische Übersicht gab Peter Herde, in: DBI 23 (1979) S. 402–415.

[125] Zum traditionellen Herrschaftsantrittszeremoniell des Papstes an einem Beispiel
freilich erst des 15. Jahrhunderts Bernhard Schimmelpfennig, Die Krönung des Papstes

Dieser Auftakt der kurzen Regierungszeit Coelestins V. erscheint symptomatisch: Dem eifrigen Wollen zur Änderung fehlte weithin das Programm und jedenfalls ein realistischer Blick für mögliche Handlungen. So setzte sich das natürliche Schwergewicht der Tradition in vieler Hinsicht wie selbstverständllich immer wieder durch. Der Pontifikat zeigt daher in den tatsächlichen Entscheidungen eher konventionelle Züge und nur kaum dauerhafte Neuerungen. Gewiß gab es Änderungen, etwa im Personalbestand der päpstlichen Kurie, aber die wesentlichste Wandlung war eine offenbar das Gewohnte weit übersteigende Verwirrung der überkommenen Einrichtungen. Keineswegs erkennbar ist etwa eine neue Verteilung der Gewichte!

Eine entschiedene Abkehr von weltlichen Interessen entsprach noch am ehesten einem programmatischen Willen. Sie hat offenbar von Anfang an die Entscheidungen des Papstes bestimmt und führte schließlich und endlich zu dem Entschluß, die weltlichen Geschäfte der Welt selbst zu überlassen. Konkret bedeutete das, daß der Anjoukönig ohne jeden Widerstand ganz unverhohlen seine Interessen an der Kurie und durch die Kurie verfolgen konnte, die Kurie, die er nicht allein in seinem eigenen Herrschaftsgebiet, ja in seinem Palast in Neapel verweilen ließ, sondern die er auch mit seinen Familiaren und Vertrauten bis in das Kardinalskollegium hinein zu durchsetzen vermochte.[126]

Der im 13. Jahrhundert minuziös ausgebildete Geschäftsgang der Kurie[127] kam in schwere Unordnung. Später berichtete man nicht ohne Schrecken, die Kurie habe ihre Gnadenbriefe und Gunsterweise – in überschwenglicher Auslegung des Begriffs oder auch in Mißachtung weltlicher Vorsicht – als gesiegelte, wenn auch undatierte Blancoformulare erteilt, in die der Begünstigte einsetzen konnte, was er für richtig hielt.[128] Wie immer es mit der Wahrheit dieser Vorwürfe stehen mag,[129] die freilich, wenn sie denn wirkliche Vorgänge meinen, Extremfälle treffen mögen und nicht die

---

im Mittelalter, dargestellt am Beispiel der Krönung Pius' II. (3. 9. 1458), in: QFIAB 54 (1974) S. 192–270 (mit Textedition S. 257–266).

[126] HERDE, Coelestin V., 84ff.

[127] Dazu vgl. vor allem Peter HERDE, Beiträge zum päpstlichen Kanzlei- und Urkundenwesen im 13. Jahrhundert (Münchener historische Studien, Abt. Geschichtliche Hilfswissenschaften, 1) Kallmünz ²1967.

[128] Kein einziges derartiges Blankoformular hat sich freilich bisher wirklich finden lassen: HERDE, Coelestin V., S. 87f., 121 (was ja aber auch dem Sinn dieser Stücke offen widerspräche).

[129] Derartige Vorwürfe sollten später geradezu zu einem Topos bei Herrscherabsetzungen werden, vgl. nur z.B. die für die Absetzung König Wenzels von 1400 aufgeführten Gründe, in: Deutsche Reichstagsakten [Ältere Reihe], Bd. 3, hg. von Julius von WEIZSÄCKER, Neudruck Göttingen 1956, z.B. S. 254–264 (Nr. 204f.: hier S. 256 / 261, jeweils § 4), S. 271–273 (Nr. 212–214, jeweils § 6), S. 274 (Nr. 215, § 4); oder die Absetzungssentenz gegen Richard II. von England. Auch Päpsten ist das immer wieder vorgeworfen worden: HERDE, Beiträge, 31.

tägliche kuriale Praxis der kurzen Regierungsmonate Papst Coelestins, so
muß doch das Urteil über die Tätigkeit der Kurie in dieser Zeit recht un-
günstig lauten. Nur bei ganz wenigen Angelegenheiten ist eine durchgängige eigene Linie konsequenten Verhaltens auszumachen, vor allem bei der
Förderung und Erhöhung der Klöster und der Mitglieder der vom Papst
selbst begründeten und lange Zeit geleiteten Klosterkongregation der Coelestiner, die Coelestin nun mit Gunsterweisen und Vorrechten geradezu
überschüttete, indem er etwa die Mutterabtei des benediktinischen Mönchtums Montecassino auf Dauer in deren Verband einzugliedern versuchte,[130]
eine Entscheidung, die der Nachfolger Coelestins angesichts des allseits erbitterten Widerstandes – wie viele andere Maßnahmen dieses Papstes –
schleunigst wieder annullierte.[131]
    Nicht Kritik an der Verwirrung der Kanzlei oder an dieser besonderen
Form des Nepotismus aber war es, die den Papst zur Einsicht brachte, daß
das hohe Amt nicht für ihn und er für das Amt nicht geschaffen war. In der
übersteigerten Förderung seiner eigenen Schutzbefohlenen mochte man
am ehesten noch die Fortsetzung des „normalen" Verhaltens eines Papstes
erblicken[132], sie fiel nur durch ihre Exzesse, sonst nicht allzu stark aus dem
Rahmen der Erwartungen, die sich damals an einen Nachfolger Petri rich-
teten. Der entscheidende Konflikt entstand anderswo, an ganz unerwarteter
und unscheinbarer Stelle. Der Papst war nämlich entschlossen, sein asketi-
sches Leben auch in seinem Amt unvermindert in aller gewohnten Strenge
fortzusetzen, er hatte sich im Castel Nuovo in Neapel, wo er dem Drängen
des Kardinalkollegiums zuwider, das nach Rom zurückkehren wollte, bei
dem Anjou-König Wohnung genommen hatte, eigens einen engen Holz-
verschlag aufstellen lassen, in dem er seinen asketischen Neigungen auch in
den Tagen seiner Regierungstätigkeit obliegen wollte.[133]
    Zu Beginn der in seinem Orden besonders streng gehandhabten Qua-
temberfasten nun wollte er sich ganz von den alltäglichen Geschäften zurückziehen, um in Einsamkeit seine Selbstkasteiung zu vollziehen. Allfällige
Entscheidungen sollten in diesen Wochen von einem Ausschuß von drei
Kardinälen getroffen werden.[134] Aber dieser Plan scheiterte am Einspruch

---

[130] Dazu vor allem Peter HERDE, Papst Coelestin V. und die Abtei Montecassino, in:
Bibliothek-Buch-Geschichte, Kurt Köster zum 65. Geb., hg. von G. Pflug, Frankfurt a.
Main 1977, S. 387–403, vgl. auch dens., Papst Coelestin V. und die franziskanische Spiri-
tualität, in: Aus Kirche und Reich, Studien zu Theologie, Politik und Recht im Mittelalter, Festschrift für Friedrich Kempf zu seinem 75. Geb., hg. von Hubert Mordek, Sigmaringen 1983, S. 405–418.
[131] Dazu bereits T. R. S. BOASE, Bonifaz VIII., London 1931, S. 55; auch Eugenio
DUPRÉ-THESEIDER, Bonifacio VIII, in: DBI 12 (1960) S. 170–183.
[132] Vgl. nur Wolfgang REINHARD, Nepotismus, Der Funktionswandel einer papstge-
schichtlichen Konstante, in: ZKG 86 (1975) 145–185.
[133] HERDE, Coelestin V., S. 126.
[134] Das alles nach dem Bericht des Kardinals Peter Stefaneschi, Opus metricum, ed.
Franz-Xaver SEPPELT, in: Monumenta Coelestiniana, Quellen zur Geschte des Papstes

Matteo Rosso Orsinis, des Dekans des Kardinalskollegs, dessen allgemeinen juristischen Bedenken die Kardinäle beipflichteten. So reifte denn in Coelestin der Entschluß, die „Bürde und Würde" seines Amtes abzulegen. Er vollzog die Entscheidung nach ausführlichen Beratungen mit den juristischen Experten im Kardinalskollegium und in juristisch vorsichtig geplanter Prozedur.[135] Es ist das wohl einzige Mal in der Geschichte des Mittelalters, daß ein Papst sein Amt freiwillig und ohne Zwang aufgegeben hat. Aber wenn das ein Sieg des asketischen Willens zur Selbstheiligung über das Inpflichtgenommensein durch die Last der täglichen Geschäfte war, auf eine erfolgreiche Regierung konnte Coelestin nicht zurückblicken. Die enthusiastischen Hoffnungen, die sich an seinen Amtsantritt geknüpft hatten, wurden von ihm zutiefst enttäuscht.

In den Kreisen der Franziskanerspiritualen, die von diesem Papst, wie von keinem zuvor oder danach, großzügige Förderung erhalten hatten[136], wuchs sehr bald ein absolutes Urteil in zweifacher Hinsicht. An den Taten und Entscheidungen des Nachfolgers, der sich viel frostiger zu den Spiritualen und ihren Anliegen stellte, wurde heftige Kritik geübt, wie man es bei Coelestins Vorgängern ja auch immer wieder getan hatte. Demgegenüber erschien die Regierung Coelestins in zunehmend goldenem Licht. Sehr bald wurde der Einsiedlerpapst mit dem Engelpapst, dem *„papa angelicus"* identifiziert, auf den prophetische Sehnsucht bereits zuvor utopisch verwiesen hatte. Auf einen Engelpapst wartete man mit ähnlicher Inbrunst wie auf einen Friedenskaiser, und naturgemäß flossen auch beide Erwartungen immer wieder ineinander.[137] Coelestin bot sich anscheinend sehr bald als Verkörperung solcher Sehnsüchte an. Insbesondere wurde das nach seinem Rücktritt – mit deutlicher Spitze gegen den Nachfolger – immer wieder neu formuliert.

Denn wie so oft in der Kirchengeschichte hatten die Kardinäle mit der Wahl, die sie unmittelbar nach dem Vollzug des Rücktritts Coelestins V. vornahmen, einen Mann zum Papst gewählt, der in vielerlei Hinsicht das Gegenteil Coelestins verkörperte. Der ahnungslose Eremit aus den Abruzzen war vielleicht, wie er in seinem früheren Wirken als Begründer einer monastischen Kongregation bewiesen hatte, mit einem gewissen prakti-

---

Coelestin V. (Quellen und Forschungen aus dem Gebiete der Geschichte, 19) Paderborn 1921, hier vv. 325–352 (S. 71f.).

[135] So offenbar in dem (nicht schriftlich erhaltenen) Abdankungsdekret, dessen Niederschlag als *„decretale reservatum"* in den Liber Sextus eingegangen ist: VI 1.7.1: *oneri ac onori.* Zur rechtlichen Figur einer solchen „reservierten Dekretale" vgl. besonders BERTRAM, Abdankung, S. 66–75.

[136] Etwa John MOORMAN, A History of the Franciscan Order, From its Origins to the Year 1517, Oxford 1968.

[137] Friedrich BAETHGEN, Der Engelpapst (Schriften der Königsberger gelehrten Gesellschaft, Geisteswiss. Reihe 10.2) Halle 1933; ders., Der Engelpapst, Idee und Erscheinung, Leipzig 1943; HERDE, Coelestin V., S. 191–206; vgl. auch etwa MIETHKE, Das Reich Gottes als politische Idee.

schen Verstand ausgestattet, hatte aber bis dahin ohne die gelehrte Bildung seiner Zeit und ohne besondere geistige Interessen sein Leben geführt.[138] Ihm folgte jetzt ein studierter Jurist, seit Jahrzehnten in führenden Positionen an der Kurie erprobt, der in den politischen und administrativen Geschäften der Kurie wohl allererfahrendste Kardinal des Kollegs, der auch bei der Regelung des unerhörten Abdankungswunsches Coelestins seine Hand im Spiele gehabt hatte.[139]

Der deutliche Kontrast zwischen dem schlichten Einsiedler aus der kargen Bergwelt der Abruzzen und dem glänzenden, herrschsüchtigen Auftreten des an der Kurie großgewordenen Bonifaz VIII. wurde geradezu demonstrativ unterstrichen durch die Behandlung, die Bonifaz seinem zurückgetretenen Vorgänger zuteil werden ließ. Wir glauben heute zu wissen, daß Bonifaz aus wohlbegründetem politischen Kalkül dem greisen Vorgänger (der sich nach seiner Abdankung erneut Peter vom Morrone nannte) seinen sehnlichsten Wunsch, sich in die rauhe Einsamkeit seiner vertrauten Eremitage bei Sulmona zurückziehen zu dürfen, nicht erfüllen wollte und ihn in dramatischen und weithin Aufsehen erregenden Aktionen zuerst in seine Gewalt brachte und dann, abgeschlossen von jedem unkontrollierten Kontakt mit der Außenwelt, in strenger Isolation auf der Burg Fumone festhalten ließ.[140] Denn die Absicht, den leicht beeinflußbaren Alten nicht in die Versuchung eines Widerrufs seiner Entscheidung führen zu lassen, scheint allzu einsichtig.

Den Zeitgenossen aber, die an Coelestins Beschluß sich nicht gewöhnen mochten, erschien das alles nicht geheuer; man erzählte sich schließlich sogar, Bonifaz habe Coelestin im Gefängnis umbringen lassen. Die politische Regierungstätigkeit des energischen und selbstsicher agierenden Bonifaz sollte jedenfalls seinen Zeitgenossen noch viel Anlaß zum Nachdenken geben. Bonifaz, der keinen Konflikt scheute, keiner Auseinandersetzung auswich, hat seine umstrittenen Entscheidungen immer wieder mit Leiden-

---

[138] Ein – in seiner Authentizität freilich umstrittenes – Beispiel seiner früheren praktisch ausgerichteten Interessen liefert eine Schrift, von C. TELERA (ed.), Sancti Petri Caelestini opuscula omnia ab eodem sanctissimo patre e divinis scripturis, sacris canonibus, ss. patrum sapientumque sententiis collecta et elaborata, dum in sacra eremo vitam transigeret, Neapel 1640, angeblich nach einem Ms. gedruckt, das Peter bei seiner Wahl zum Papst in seiner Zelle hinterlassen habe. Ein Nachweis einer (späteren) Fälschung des schlichten Textes ist m. W. bisher den zahlreichen Skeptikern nicht gelungen. Ich gehe weiterhin davon aus, daß es sich im wesentlichen um ein authentisches Stück handelt, freilich hat der Text kaum eine theoriegeschichtliche Bedeutung.

[139] Zu seiner Wahl vgl. bereits FINKE, Aus den Tagen Bonifaz' VIII., S. 44–76; zu den Vorüberlegungen bei der Wahl Bonifaz' VIII. vgl. etwa BERTRAM, Abdankung; HERDE, Cœlestin V., S. 128–145; Peter HERDE, Die Wahl Bonifaz' VIII. (24. Dezember 1294), in: Cristianità ed Europa, Miscellanea di studi in onore di Luigi Prosdocimi, Bd. 1, Rom (usw.) 1994, S. 131–153.

[140] Tolomeo von Lucca, Historia ecclesiastica nova, in: Muratori, RISS XI, 1202, schreibt: *Tentus igitur in custodia, non quidem libera, honesta tamen*. Dazu HERDE, Coelestin V., S. 157f.

schaft und Pathos begründet in vielfältigen Schriftstücken, die in stetigem Strom die nunmehr wieder leistungsfähige päpstliche Kanzlei verließen.

Es ist heute freilich deutlich, daß sich die theoretischen Grundlagen seiner Tätigkeit nicht von den Traditionen unterschieden, die sich im 13. Jahrhundert allmählich herausgebildet hatten. Mit vollem Recht, so scheint es, hat Bonifaz selbst einmal darauf hingewiesen, daß er 40 Jahre lang als Experte des Kirchenrechts gegolten habe, man dürfe ihm also nicht unerhörte Neuerungen unterstellen.[141] Mit dem doppelten Hinweis auf die ungebrochene und langdauernde Tradition, in die dieser Papst sich stellte und gestellt sah, und auf das keineswegs revolutionäre Selbstverständnis dieses Mannes ist dennoch die Frage nach Kontinuität oder Umbruch nicht eindeutig zu beantworten. Es läßt sich allein damit nicht entscheiden, ob wir seine Regierung als Fortsetzung alter überkommener Strukturen und Auffassungen verbuchen oder als Umbruch und Neuanfang, als Epoche der Geschichte verstehen sollen.

Einen Hinweis kann uns neben dem Selbstverständnis des Papstes auch seine Wirkung auf seine Zeitgenossen geben: Durchaus impliziert das Bewußtsein, sich im traditionalen und überkommenen Rahmen zu bewegen, ja auch, daß die Zeitgenossen solchem Selbstbewußtsein auch entsprechen. Und eines jedenfalls wird bei einem flüchtigen Blick auf Bonifaz VIII. und sein Verhalten schnell deutlich: vom Beginn seiner Regierung an schieden sich an ihm die Geister.

Er provozierte erbitterte Kritik ebenso, wie er begeisterte Zustimmung fand. Er stieß auf absolute Ablehnung bis zum Vorwurf, er sei Haeretiker auf dem Stuhl Petri.[142] In seiner Regierungszeit und an seinem Hofe wurde die Begründung für seine Politik in Gestalt einer Theorie des päpstlichen Amtes in der Kirche formuliert, die für die katholische Lehre von der Kirche noch lange maßgebliche Orientierung gab. Doch auch die Ablehnung, zu der er seine Zeitgenossen provozierte, erschöpfte sich nicht in schriller Apokalyptik und entschiedener Negation, auch seine Gegner versuchten dem Papst und ihrer Mitwelt zu beweisen, daß ein Papst sich nicht verhalten dürfe, wie Bonifaz es tat, wobei die Begründung dafür, wie hier gezeigt werden soll, eine wachsende Vertiefung der Reflexion über die Verfassung von Kirche und Welt induzierte.

Der volltönend formulierten kurialen Theorie setzte diese Gruppe neben ihrer konkreten Ablehnung auch eine kritische Überprüfung der theoretischen Auffassungen ihrer Gegner entgegen und fachte damit eine Debatte an, die zunächst für ein halbes Jahrhundert das politische Denken Europas bestimmte und bis in die Neuzeit hinein über die politische Orien-

---

[141] James MULDOON, Boniface's Forty Years of Experience in Law, in: The Jurist 31 (1971) S. 449–477.

[142] Dazu Tilmann SCHMIDT, Bonifaz-Prozeß. Zur Haltung Clemens' V. vgl. zuletzt MENACHE, Clément V, S. 191–199.

tierung der Intellektuellen mitentschied. Insofern haben in diesem Fall die Reaktionen, die die Handlungen und Erklärungen dieses Papstes provozierten, eine Bedeutung, die über die üblichen Wirkungen einer historischen Figur weit hinausweisen. Im Horizont der Theoriegeschichte jedenfalls ist der Pontifikat Bonifaz' VIII. deutlicher als sonst unmittelbar mit der allgemeinen politischen Geschichte der Zeit verbunden. Insofern hat die aufwühlende Aktivität dieses Papstes Wirkungen erzielt, die weit über die nächsten Zeitgenossen hinausweisen. Das verständlich zu machen, kann allein gelingen, wenn wir diesen Konnex knapp rekapitulieren.

Ein Entschluß des Papstes scheint deutlich. Er hat ihn seit den ersten Tagen seines Pontifikats immer wieder demonstriert und bis an sein Lebensende daran festgehalten: er wollte anders als Coelestin V. regieren. Den vollen Umfang der kirchlichen und auch der weltlichen Prärogativen seines Amtes, so wie sie die Kirchenjuristen und Theologen an den Universitäten des 13. Jahrhunderts formuliert hatten, wollte er nun auch ohne Ermäßigung oder Abschlag in der Praxis gegen jedermann und jederzeit wahrnehmen und durchsetzen. Solche Entschiedenheit erregte aber immer wieder Anstoß, weil Bonifaz auch extreme theoretische Gedankenspiele aus der Literatur als unmittelbare Umschreibung seiner realen, praktischen Möglichkeiten auffaßte und ungerührt sein Verhalten danach einrichtete. Daß er etwa im Oktober 1298 beim Abschluß seines Konfliktes mit den Colonna-Kardinälen nach einem siegreichen „Kreuzzug" gegen die Stadt Palestrina, die sich auf Gnade und Ungnade ergeben hatte, ohne erkennbare Zurückhaltung das atavistische Siegerrecht wahrnahm und die Stadt sehr ungnädig behandelte, mochte noch im theoretischen Rahmen des damals gültigen Kriegsrechts liegen, das einem Sieger solch ein Verhalten generell zugestand, insbesondere, wenn man das römische Recht und die Auffassungen der gelehrten Juristen unter den Zeitgenossen berücksichtigte. Zweifellos aber verfehlte Bonifaz' Verhalten die Erwartungen, die man – auch damals – an einen Papst herantrug, auch wenn dieser sich gerade anschickte, zu einem oder bereits zu dem Fürsten der Kirche zu werden.

Daß Bonifaz sich wie ein kriegsführender Herrscher und nicht wie ein Hirte der Kirche betrug, wurde schmerzlich empfunden. Die Beispiele solch anstößigen Verhaltens ließen sich leicht vermehren: besonders eklatant ist die herrische Art seiner Zusammenfassung und geschlossenen Anwendung älterer Vorstellungen an den Herrschaftszeichen abzulesen, die sich dieser Papst mit voller Überlegung zueignete: die symbolisch mit Welteinheitsspekulationen befrachtete Tiara etwa, die mit der Bedeutung des mystischen Maßes „einer Elle" sichtbar spielte[143], die Herrscherreprä-

---

[143] Hier sei nur verwiesen auf Percy Ernst SCHRAMM, Zur Geschichte der päpstlichen Tiara, in: HZ 152 (1935) S. 307–312; reiche Anschauung und zahlreiche Nachweise im einzelnen bei Gerhart B. LADNER, Die Papstbildnisse des Altertums und des Mittelalters, Bd. 2 (Monumenti di Antichità cristiana, II.4) Città del Vaticano 1970, S. 285–340, etwa

sentation in den Porträtstandbildern, die Bonifaz in den Städten des Kir-
chenstaates noch zu seinen Lebzeiten – und darin lag die Neuigkeit für die
Zeitgenossen – aufstellen ließ[144], all das machte es aller Welt deutlich, daß es
hier um Herrschaftsansprüche, um Gehorsamsforderungen, um Herr-
schaftsrepräsentation ging.

Bonifaz selbst hat seine Zeitgenossen nicht darüber im unklaren gelassen,
was er dachte, welche Maximen seine Entscheidungen leiteten, was seine
Ziele waren. Gerade daß er sich so ganz im Einklang mit den Vorstellungen
der Juristen und Theologen über die Stellung des Papstes in Kirche und
Welt wußte und wissen durfte, gerade das ließ ihn um so fester und entschiedener seine Meinung formulieren und öffentlich verkünden. Von wenigen Päpsten des Mittelalters haben wir so zahlreiche grundsätzliche Äußerungen über die Vorstellungen, die sein Handeln leiteten, wenige haben
ihre Entscheidungen so oft grundsätzlich und allgemein mit hallenden Sätzen einer geübten kurialen Rhetorik der Mitwelt erläutert. Von den vielen
Formulierungen seien hier nur die volltönenden Sätze zitiert, die jenes
päpstliche Schreiben einleiteten, mit dem am 8. September 1303 der Papst
dem französischen König Philipp dem Schönen zum letzten Male warnend
die unausweichlichen Folgen von dessen frevlerischem Widerstand gegen
die päpstlichen Anordnungen vor Augen stellen wollte und ihn unter An-
drohung der definitiven Absetzung zunächst mit dem Kirchenbann belegte.
Mit dem rollenden Pathos, das Bonifaz so liebte, finden sich da schon in den
ersten Sätzen glasklare Formulierungen: „Auf dem Stuhle Petri, dem erha-
benen Thron, durch göttliche Fügung sitzend, führen wir die Stellvertretung dessen, zu dem durch den ewigen Vater gesagt wurde: '*Du bist mein
Sohn. Heute habe ich dich gezeugt. Heische von mir, so will ich dir die Völker zum
Erbteil geben und der Welt Enden zum Eigentum. Du sollst sie leiten mit eisernem
Zepter, wie das Gefäß des Töpfers sollst du sie zerschlagen*' (Ps. 2, 7–9). Das aber ist
darum gesagt, damit '*die Könige Einsicht gewinnen und Zucht lernen, damit die,
die die Erde richten, erzogen werden, daß sie dem Herrn in Furcht dienen und mit
Zittern ihn erheben, damit sie nicht zugrunde gehen, wenn er erzürnt wird, wenn
sein Zorn einmal entbrannt ist*' (vgl. Ps. 2, 10–13). Darum sind wir Richter über
die Hohen wie die Geringen, sind wir doch Stellvertreter dessen, vor dem
jedes Ansehen der Person als unangemessen erfunden wird. Das bezeugt die
Wahrheit Alten und Neuen Testaments, das beweist die Autorität der ehr-
würdigen Konzilien, das ist das Urteil der heiligen Väter, und das macht
auch die natürliche Vernunft ganz offenbar…"[145] Daß gerade diese Erklä-

---

S. 299, 301f., 314–317. Vgl. auch LADNER, Images and Ideas in the Middle Ages, bes. Bd. 1,
S. 393–426.

[144] Tilmann SCHMIDT, Papst Bonifaz VIII. und die Idololatrie, in: QFIAB 66 (1986)
S. 75–107; vgl. auch Julian GARDNER, Boniface as a Patron for Sculpture, in: Roma anno
1300, Atti del IV settimana di studi (…), a cura di Angiola Maria Romanini, Rom 1983,
S. 513–528.

[145] Gedruckt – der wahrhaft weltherrscherliche Text (POTTHAST Nr. 25283) ist natür-

rung niemals, wie es ursprünglich geplant war, verkündet oder abgesandt wurde, weil am Tage vor der fest ins Auge gefaßten Publikation Wilhelm von Nogaret und Sciarra Colonna mit ihrem Handstreich, dem „Attentat", den Papst in Anagni überraschten,[146] das macht den klaffenden Widerspruch zwischen Anspruch und politischer Wirklichkeit schlagartig sinnfällig, ohne diesen Anspruch freilich allein bereits dauerhaft zu widerlegen.

Auch schon die Zeitgenossen haben in dieser Diskrepanz die Gründe für Bonifaz' Scheitern gesucht. In England wurde eine oft zitierte Anekdote aufgezeichnet, die sich jedenfalls so verstehen läßt. Als Bonifaz eine ganze Zeit lang vor dem Attentat von Anagni – es soll bei den Verhandlungen 1301 gewesen sein – dem Abgesandten des französischen Königs, dem damaligen königlichen Kanzler Pierre Flotte bei einem Gespräch hoheitsvoll entgegenhielt, er, der Papst, besitze beiderlei Gewalt, die geistliche und die weltliche, da habe Pierre Flotte kühl der päpstlichen *„potestas verbalis"* die *„potestas realis"* seines französischen Königs gegenübergestellt.[147]

_____

lich, da nicht promulgiert, in den päpstlichen Registern nicht zu finden – „*ex ms. bibl. S. Victoris*" (also indirekt aus der Überlieferung des französischen Hofes) – bei Dupuy, Histoire du différend, Preuves, S. 182–186, Zitat S. 182: *Super Petri solio excelso throno divina dispositione sedentes illius vices gerimus, cui per patrem dicitur: Filius meus es tu et ego hodie genui te, postula a me et dabo tibi gentes hereditatem tuam et possessionem tuam terminos terrae. Reges eos in virga ferrea, tamquam vas figuli confringes eos, per quod monetur, ut intelligant reges, disciplinam apprehendant, erudiantur iudicantes terram, qui serviant domino in timore et exultent in tremore, ne si irascatur aliquando, pereant, cum exarserit ira eius. Ideoque magnum iudicamus ut parvum, quia eius vicarius, apud quem personarum acceptio indigne reperitur. Hoc veteris et novi testamenti auctoritas, id sanctorum patrum tenet sententia, id etiam naturalis ratio manifestat…*; ebenso in dem ebenfalls aus Frankreich stammenden Ms. Uppsala, UB, C 692 [XVI in.]; Beschreibung in: Margarete Andersson / Håken Hallberg / Monica Hedlund, Mittelalterliche Handschriften der Universitätsbibliothek Uppsala, Katalog über die C-Sammlung, Bd. 6, Stockholm 1993, S. 301–306; weitere Auskünfte zur Hs. auch bei Miethke, Das Konsistorialmemorandum „*De potestate pape*" des Heinrich von Cremona, hier S. 435.

[146] Vgl. die Darstellungen von Robert Fawtier, L'attentat d'Anagni, in: Mélanges d'archéologie et d'histoire 60 (1948) S. 153–179; Heinrich Schmidinger, Ein vergessener Bericht über das Attentat von Anagni, in: Mélanges Eugène Tisserant, Bd. 5 (Studi e testi, 235) Citta del Vaticano 1964, jetzt in: Schmidinger, Patriarch im Abendland, Ausgewählte Aufsätze, hgg. Heinz Dopsch/Heinrich Koller/Peter Kramml, Salzburg 1986, S. 83–99. Zusammenfassend auch A. P. M. J. Duc de Lévis Mirepoix, L'Attentat d'Anagni, Le conflit entre la papauté et le roi de France (Trente jours qui ont faites la France, 7) Paris 1969.

[147] Anekdote, überliefert in einer anonymen Fortsetzung von William Rishanger [erstes Drittel des 14. Jahrhunderts], Chronicon, ed. H. T. Riley, 197f.; wörtlich dann wiederholt bei Thomas Walsingham († 1422), Ypodigma Neustrie, ed. H. T. Riley (RS 28 / 7) London 1876, S. 217f.]: *Miserat autem rex Francie nuncium domino pape, dictum Petrum de Flote, qui mandata regis constantissime coram papa et tota curia prosequebatur; de cuius audacia papa exasperatus dicto Petro respondit: „Nos habemus", inquit, „utramque potestatem". Et mox Petrus pro domino suo respondit: „Utique domine, sed vestra est verbalis, nostra autem realis!" Qua reponsione tantum excanduit ira pape, ut diceret se movere contra eum celum et terram.* Zur Chronistik von St. Albans vgl. etwa Antonia Gransden, Historical Writing in England, Bd. 2, Oxford 1982, S. 5ff., 123–156. Zu dem Bericht auch Georges Digard, Philippe le Bel et le Saint-Siège, Bd. 2, S. 47f.

Freilich war diese polemische Replik nicht die einzige Reaktion von Zeitgenossen auf Bonifaz' VIII. Handlungen und Proklamationen. Gerade weil der Papst die Konflikte, in die er geriet, bis zur äußersten Zuspitzung trieb, gerade weil er nie verlegen darum war, eine ausführliche Begründung seiner extremen Entscheidungen zu verkünden, wurde es geradezu unausweichlich, daß über päpstliche Maßnahmen und darüber hinaus auch über die päpstliche Kompetenz schlechthin verstärkt nachgedacht wurde. Bonifaz „brauchte" geradezu Autoren, die in griffigen Worten die alten Prätentionen des päpstlichen Amtes formulierten und begründeten. Und die nicht mehr rein theoretische Überlegung, was der Papst alles dürfe – war doch diesmal zu befürchten, daß er auch unmittelbar tat, was er „durfte" –, konnte ihrerseits das Nachdenken über widerstrebende Traditionen befördern, um so auch die Grenzen zu markieren, die päpstlichem Eifer gesetzt waren.

Es ist also kein Zufall, daß im Pontifikat Bonifaz VIII. sich eine radikale Wende in der Geschichte der politischen Theorie abzeichnet. Wenn ihre Wurzeln auch viel weiter zurückreichen, so entzündet sich doch erstmals sichtbar an Bonifaz Verhalten und Tun eine neuartige Reflexion, die sich für die kommenden Jahrzehnte als beherrschendes Thema des politischen Denkens erweisen sollte: In diesen Jahren werden die ersten zunächst kurzen, doch bald immer länger ausufernden Traktate „De potestate papae" geschrieben, die sich bald in einem für mittelalterliche Verhältnisse ungemein dichten Diskussionszusammenhang häufen, bis sie in den dickleibigen Büchern eines Augustinus von Ancona oder Alvarus Pelagius auf der einen, eines Marsilius von Padua oder Wilhelm von Ockham auf der anderen Seite der Frontlinie einmünden, die auch in den kommenden Jahrzehnten, ja Jahrhunderten noch eifrig gelesen und benutzt wurden.[148]

Allein die Nennung der letzten Namen zeigt, daß diese Literatur, die da entstand, kein Seitenpfad der Entwicklung war, daß sie nicht in einem Sondergärtlein ganz am Rande des weiten Feldes der Geistesgeschichte blühte, sondern daß in dieser Debatte für die Zukunft zentrale Gedanken formuliert und diskutiert wurden. Allein die Verbreitung der Texte dieser Debatte und ihre starke Rezeption noch im 15. und teilweise auch im 16. Jahrhundert müßte deutlich machen, daß die Zeitgenossen und die Nachwelt in dieser Debatte für sie entscheidende Themen zur Sprache gebracht sahen.

Genese und Wirkung dieser Debatte sind aber, im Gegensatz zu den einzelnen Thesen, die die verschiedenen Autoren in ihre Arbeit einbezogen, bisher kaum zusammenhängend gewürdigt worden. Hier soll der Versuch gemacht werden, diese politische Diskussion als ganze zu verfolgen, ihre Entstehung an den konkreten Konflikten zu spiegeln, auf die die Autoren reagierten, die Voraussetzungen und die theoretischen Vorgaben aus der Tradition des 13. Jahrhunderts aufzuweisen und schließlich auch nach der

---

[148] Allein die Geschichte der Frühdrucke legt davon Zeugnis ab, vgl. unten im Anhang.

praktischen Bedeutung zu fragen, die diesen Texten in ihrer Zeit zukam.
Wir werden uns, schon um nicht die vorliegenden umfänglichen Bücher zu
wiederholen[149], dabei nicht in alle Verästelungen der inhaltlichen Thesen
unserer Autoren verlieren können. Es geht weniger um eine minuziöse geistesgeschichtliche „Wiederholung" der damaligen Debatte, als um eine
Überprüfung dieser Texte daraufhin, was sie uns über das damalige Verhältnis von politischer Theorie zur politischen Praxis der Zeit sagen können,
um damit die innere Situation des Zeitalters besser bestimmen zu können.

---

[149]   Annotierte Literaturübersicht (für die Zeit von 1956–1988) bei MIETHKE, Politische Theorien vom 5. bis 15. Jahrhundert, in: Contemporary Philosophy, S. 837–882.

II. Eine Wende in der politischen Theorie

1. Die Anfänge der Diskussion um die päpstliche Kompetenz

Seit Benedikt Caëtani als Bonifaz VIII. in den letzten Tagen des Jahres 1294 den Stuhl Petri bestiegen hatte, gab er seinen Zeitgenossen Stoff zum Nachdenken. Schon sein Herrschaftsbeginn wurde sehr rasch Gegenstand einer offen ausgetragenen theoretischen Kontroverse[150]. Allein die dramatische Voraussetzung seiner Wahl, die ungewöhnliche Abdankung des Vorgängers Coelestin V., konnte unter Kirchenjuristen und Theologen eine Auseinandersetzung darüber entfachen, ob denn ein Papst sein Amt aufgeben dürfe, ob ein solcher Schritt aus der Natur des päpstlichen Amtes heraus überhaupt zulässig und rechtlich möglich sei. Insbesondere Gegner des neuen Papstes, an denen es niemals mangelte, schürten diese Zweifel. Zunächst freilich hat offenbar eine geschickte und präzise Regie dafür gesorgt, daß die Nachfolge geradezu schlagartig geregelt werden konnte.

Die Abdankung selbst fand trotz allem Zeitdruck anscheinend nach einem ausgeklügelten und rechtlich abgesicherten Plan statt: Zuerst entschied noch Coelestin selbst als Papst durch eine apostolische Konstitution – und somit in einer hochrangigen „gesetzlichen" Form[151] – die umstrittene Rechtsfrage, indem er bestimmte, daß ein freiwilliger Amtsverzicht des römischen Bischofs grundsätzlich möglich sei, bevor dann die einzelnen Akte der Resignation und Amtsenthebung in zeremonieller Sinnfälligkeit erfolgten. Coelestin hatte, beraten vor allem durch die rechtserfahrenen und in dieser Frage höchst interessierten Kardinäle, unter ihnen besonders Benedikt Caëtani, den vorsichtigen Weg gewählt, das Kardinalskolleg bei diesen Akten mitwirken zu lassen und nicht eine freie Zession zu vollziehen, die

---

[150] Vgl. Jean LECLERCQ, La renonciation de Célestin V et l'opinion théologique en France du vivant de Boniface VIII, in: Revue d'histoire de l'Église de France 25 (1939) S. 183–192; jetzt auch farbig, aber nicht sehr begriffsscharf EASTMAN, Papal Abdication, 1989.

[151] Die Theorie der päpstliche Gesetzgebungskompetenz übernahm mit *constitutio* einen Begriff des Römischen Rechts, das *constitutiones principis* kannte: so heißt es in Dig. 1.4.1 (nach Hinweis auf die *lex regia*): ... *quodcumque igitur imperator per epistulam et subscriptionem statuit vel cognoscens decrevit vel de plano interlocutus est vel edicto praecepit, legem esse constat: haec sunt quas vulgo constitutiones appellamus.* Dazu nur etwa Theodor MOMMSEN, Römisches Staatsrecht, Bd. II/2, Leipzig ²1877, S. 867–877 (vgl. die Quellenzitate ebenda, S. 840 Anm. 2); GAGNÉR, Studien zur Ideengeschichte der Gesetzgebung; zusammenfassend etwa Adalbert ERLER, in: HRG 2 (1978) Sp. 1119–1122.

ihm einige, aber eben nicht alle Kanonisten durchaus zugestanden hätten.[152]

Das Kollegium zeigte sich dann auch der unmittelbar folgenden Aufgabe, der Kirche nunmehr schnellstens einen neuen Papst zu geben, binnen erstaunlich kurzer Frist gewachsen. Kaum hatte man, den Bestimmungen der bisher nur selten und unregelmäßig angewandten Papstwahlkonstitution vom II. Konzil von Lyon (1274)[153] peinlich genau entsprechend, zehn Tage nach dem Eintreten der Vakanz verstreichen lassen und war am 23. Dezember in Neapel ins Konklave gegangen, da war am Abend vor dem Weihnachtsfest, am 24. Dezember, auch bereits der neue Papst gefunden[154]: Der Kardinal Benedikt Caëtani hatte schließlich genügend Stimmen der Kardinäle auf sich vereinigt, und diejenigen, die ihm dabei ihre Stimme noch versagt hatten, waren offenbar sofort, wie es bei Papstwahlen noch lange üblich war, durch Akzeß der Wahl der Mehrheit beigetreten.

Leider kennen wir keine näheren Einzelheiten, die uns zu den konkreten Parteiungen im Kollegium, zu taktischen oder strategischen Absprachen unter den Kardinälen und überhaupt zu der offenbar reibungslos und effizient wirkenden Regie bei dieser Wahl Hinweise gäben. Ein später Beobachter berichtet etwa sieben Jahre nach diesen Ereignissen, im ersten Scrutinium sei die Wahl auf den Dekan des Kollegiums, auf Matteo Rosso Orsini, den Kardinalbischof von Ostia, entfallen, der aber habe abgelehnt. Ein zweiter Wahlgang sei ohne Ergebnis geblieben, erst im dritten Scrutinium sei die Zweidrittelmehrheit für den Caëtani-Kardinal erreicht worden. Selbst, wenn wir diesem späten Niederschlag von Hofgerüchten Glauben schenken, so bleiben doch die Rätsel einer solch „glatten" Entscheidung weithin ungelöst, die freilich auch die Zeitgenossen nicht unmittelbar auf eine Inspirationswahl zurückführen konnten oder wollten, war doch die schließliche Einstimmigkeit, sonst die Signatur einer Inspirationswahl, in diesem Falle „nur" durch Akzeß erzielt worden. Allein der Druck der ungeklärten und ganz ungewöhnlichen Lage vermag uns die Schnelligkeit verständlich zu machen, in der diese Entscheidungen getroffen worden sind.

Entschlossenheit, klaren Willen und Durchsetzungsvermögen hatte Benedikt Caëtani bereits als Kardinal vielfach bewiesen,[155] jetzt da er als Boni-

---

[152] Über die kanonistischen Debatten eingehend und präzise BERTRAM, Abdankung.

[153] „Ubi periculum", in VI 1.6.3; dazu vor allem Burkhard ROBERG, Der konziliare Wortlaut des Konklave-Dekrets „Ubi periculum" von 1274, in: AHC 2 (1970) S. 231–262; Peter JOHANEK, Studien zur Überlieferung der Konstitutionen des II. Konzils von Lyon (1274), in: ZRG kan. 65 (1979) S. 149–216; sowie Burkhard ROBERG, Das Zweite Konzil von Lyon 1274 (Konziliengeschichte, A: Darstellungen) Paderborn (usw.) 1990, S. 293–309.

[154] Zu seiner Wahl vgl. oben Anm. 139.

[155] Ein bekanntes Beispiel ist die französische Nationalsynode von 1290, über die ein zeitgenössischer Bericht vorliegt in Ms. Soest, Wiss. Stadtbibliothek, cod. 29, S. 120–122 [in diesem Teil XV. s. in.], ed. Heinrich FINKE, in: Römische Quartalschrift 9 (1895) S. 178–182; danach oft nachgedruckt, u.a. bei FINKE selbst: Aus den Tagen Bonifaz' VIII.,

faz VIII. den Stuhl Petri bestieg, sollte er sehr bald auch für alle sichtbar in seinen päpstlichen Handlungen diese Eigenschaften erneut zur Geltung bringen. Freilich vermochte alle ungewöhnliche Kürze und wohlgenutzte Dringlichkeit der getroffenen Entscheidung die aus dem Rahmen des Üblichen fallenden Umstände dieses Regierungsantrittes nicht völlig vergessen machen. Anscheinend haben die Gegner des Papstes von Anfang an oder doch sehr bald die Frage ventiliert, ob dieser Papst überhaupt hätte Papst werden können. Eine negative Antwort auf diese Frage war vor allem dann zwingend, wenn man dem Vorgänger das Recht auf einen Amtsverzicht grundsätzlich bestritt. Konnte man mit dieser Begründung von der Illegalität der Wahl Bonifaz' VIII. sprechen, dann war der Nachweis der Illegitimität der Regierung Bonifaz' VIII. um so eher impliziert, als solche Argumentation nicht von schwer beweisbaren Geschäftsordnungsfragen oder der Beurteilung diffiziler politischer Bedingungen und taktischen Entscheidungen abhing, sondern von „einfachen" Grundentscheidungen über die Auffassung von der Kirche und ihrem höchsten Amt.

In dieser Ausgangslage der Debatte lag also schon ein Doppeltes beschlossen, einmal die Übertragbarkeit des gefährlichen Arguments, das sich in jedem neuen Konflikt in wechselnden Frontstellungen jeweils wieder neu gebrauchen ließ, zumal es theoretisch und argumentativ zwar mehr oder minder erfolgreich „widerlegt" werden konnte, niemals aber ein für allemal zu erledigen war. Außerdem zielte das Argument für sich allein genommen auf eine zwar nicht notwendigerweise bereits völlig ausgearbeitete Theorie der gesamtkirchlichen Verfassung, war aber von bestimmten Annahmen über die maßgeblichen Kirchenstrukturen, war von den Prinzipien einer Ekklesiologie abhängig. Darum waren alle, die sich an den Auseinandersetzungen beteiligten, auch zu prinzipiellen Aussagen gezwungen und damit zur Klärung ihrer Position in fundamentalen Fragen.

Nicht sofort und auf einen Schlag sind diese weitreichenden Folgen der zeitgenössischen Debatte für uns greifbar oder gar von den Zeitgenossen bewußt angesprochen worden. Naturgemäß zeichnet sich das große Thema

---

S. III–VII. Eine neue Ausgabe durch Henryk ANZULEWICZ, Zur Kontroverse um das Mendikantenprivileg, Ein ältester Bericht über das Pariser Nationalkonzil von 1290, in: AHDL 60 (1993) S. 281–291 [Text S. 286ff.], der eine unabhängige und wesentlich frühere Überlieferung in einer Berliner Handschrift (Ms. Staatsbibl. Preuß. Kulturbesitz, lat. fol. 456 [XIII. s. ex.], fol. 277rb-vb) aufgefunden hat [sein historischer Kommentar freilich scheint ergänzungsbedürftig und verbesserungsfähig]. Zur Soester Hs. vgl. vor allem Bernd MICHAEL, Die mittelalterlichen Handschriften der Wissenschaftlichen Stadtbibliothek Soest, Wiesbaden 1990, S. 174–194, bes. S. 180f., der auf eine weitere Hs. (freilich ebenfalls aus der Sammlung des Jakob von Soest) in Münster, Staatsarchiv, Mscr. VII Nr. 9 [XV. s.], fol. 27v-28v, aufmerksam machte, die Anzulewicz leider nicht herangezogen hat. Zur Sache vgl. MIETHKE, Papst, Ortsbischof und Universität, S. 90–94; HÖDL, Theologiegeschichtliche Einführung, S. CIV-CIX; Ian P. WEI, The Self Image of the Masters of Theology at the University of Paris in the Late 13th and Early 14th Centuries, in: Journal of Ecclesiastical History 46 (1995) S. 398–431.

zuerst im Raum der Tagespolemik ab, über die unsere üblichen Quellen, die Akten und die historiographische Überlieferung nur sehr unvollkommenen Aufschluß geben. Daß die Meinung, Coelestin V. habe auf sein hohes Amt gar nicht verzichten dürfen, zuerst in jenen Kreisen zur Überzeugung wurde, die sich dem Einsiedlerpapst besonders verbunden wußten und große Hoffnungen auf ihn gesetzt hatten, ist nur zu verständlich. Der eigene Orden, die im Rahmen des benediktinischen Mönchtums gebliebenen Coelestiner freilich, an die man hier zuallererst denken möchte, haben wohl, auch in der monastischen Disziplin des Gehorsams gegenüber ihren Oberen eingeübt, bei aller spürbaren Enttäuschung den von ihnen mißbilligten Schritt ihres Ordensgründers und ersten – und einzigen – Papstes ihrer Kongregation zumindest zu respektieren gelernt. Anders stand es mit jenen spiritualen Kreisen in den Bettelorden, besonders bei den Minoriten in Unteritalien und in Südfrankreich, für die mit dem Pontifikat Coelestins V. und seiner wohlwollenden Unterstützung gerade erst die langdauernde Zeit harter Repression durch die eigene Ordenshierarchie und die Amtskirche ein Ende zu finden schien, oder richtiger gerade begonnen hatte, sich ganz allmählich abzuflachen.

Coelestin hatte es als erster Papst gewagt, die organisatorische Einheit des Franziskanerordens, die dann von seinen Nachfolgern seit dem späten 14. Jahrhundert immer stärker durchlöchert und schließlich zu Beginn des 16. Jahrhunderts ganz aufgegeben werden sollte[156], prinzipiell nicht mehr als leitenden Gesichtspunkt seiner Entscheidungen stehen zu lassen, wenn er es einzelnen Gruppen italienischer Spiritualen erlaubte, den Großverband der Minderbrüder zu verlassen und eine eigene kleine Ordensgemeinschaft, die „pauperes fratres domini Coelestini" zu bilden, eine Organisation, die den Namen des Papstes trug, aber mit seiner monastischen Kongregation gerade nicht identisch sein sollte. Dieser Gruppe entzog jetzt Bonifaz VIII. jedoch sehr rasch und mit einem Federstrich ihre rechtliche Existenzgrundlage, die päpstliche Erlaubnis zu solcher Segregation, als er alle dahingehenden Verfügungen Coelestins V. einfach dadurch wieder aufhob, daß er sie nicht bestätigte: angesichts der großen Unordnung, in die die kurialen Geschäfte geraten waren, hatte er nämlich verfügt, alle Entscheidungen seines Vorgängers, die er nicht ausdrücklich bestätigen würde, sollten null und nichtig sein.[157]

Über die Reaktion der Betroffenen auf diesen harschen Schritt des neuen Papstes, der nach der gerade erst begonnenen Phase der Erleichterung und einer (nahezu) freien Entfaltung erneut die drückende und schon früher als unerträglich empfundene alte Ordnung unerbittlich restaurierte,

---

[156] Duncan NIMMO, Reform and Division in the Medieval Franciscan Order, From Saint Francis to the Foundation of the Capuchins (Bibliotheca Seraphico-Capuccina, 33) Rom 1987; Gian Luca POTESTÀ, Dai Poveri Eremiti ai Fraticelli, Rom 1990.

[157] POTTHAST Nr. 24061; dazu etwa BOASE, Boniface VIII, S. 55ff.; zu Bonifaz' VIII. Auffassung von der Gesetzgebung insbes. GAGNÉR, Gesetzgebung.

wissen wir leider nur sehr ungenau Bescheid, wie sich ohnedies das Denken
der betroffenen Kreise nur sehr unvollkommen und spärlich in schriftlicher
Überlieferung niedergeschlagen hat. Die zeitlich frühest datierbare Spiege-
lung der erbitterten Kritik, die in diesen Gruppen an Coelestins Amtsverzicht und an dem neuen Papst Bonifaz VIII. geübt wurde, können wir bezeichnenderweise in den Aufzeichnungen über Traumgesichte eines pro-
venzalischen Dominikaners (!) aus hochadligem Haus greifen.[158]

Da dieser Predigermönch Robert d'Uzès kurz nach Pfingsten 1296 im
Dominikanerkloster in Metz verstorben ist, muß er seine apokalyptischen
Warnrufe gegen den Zustand seiner Zeit nur wenige Wochen nach den dramatischen Ereignissen von Neapel niedergeschrieben haben. Wahrscheinlich war er selbst nicht Augenzeuge der Vorgänge, von denen er „gehört"
hat; seine Kritik bleibt auch verhüllt in bilderreichen Traumgesichten: juristische Präzision ist das allerletzte, war wir bei diesem Autor und überhaupt
im Umkreis dieser Literatur erwarten dürfen. Das spirituale Milieu, das bezeugt auch die Niederschrift der Gesichte des Robert d'Uzès in aller Klarheit, hat sehr rasch die große Verweigerung Coelestins wahrgenommen und
heftig, in ahnungsvoller Besorgnis und Erbitterung, darauf reagiert.[159] Der
Bericht über das Traumgesicht enthält auch ein deutliches Schaudern vor
einem mit Staub und Asche bedeckten Bild des Gekreuzigten, was wohl mit
dem allgemeinen Zustand der Kirche gleichzusetzen ist. Daneben finden
sich allgemeine Warnungen, dunkle und beziehungsvolle Bilder, die die Leser alarmieren sollten, finden sich aber auch konkrete Anspielungen auf
zeitgenössische Erfahrungen. Robert schaute einen Papst im grauen Habit,
das zwar im Text ausdrücklich als Kleid der Minderbrüder gekennzeichnet
ist – aber auch der Orden des Papstes (die Coelestiner) sowie die abgespalte-
nen „Pauperes fratres" um Liberato von Macerata und Angelo Clareno teilten
dieses graue Gewand mit allen Franziskanern, so daß hier ein genauerer Bezug bei einer Deutung doch sehr nahe liegt.

Andere Zeugnisse aus denselben Kreisen am „spiritualen" Rand der
Großkirche sind sehr viel schwieriger zu datieren, da ihre Verfasser aus ihrer
Anonymität nicht heraustreten. Das frühe pseudojoachitische sogenannte
„Oraculum angelicum Cyrilli", das einem Karmelitermönch auf silbernem
Tablett bei einer Meßfeier überreicht worden sei, wie da zu lesen stand, un-
terschied am Ende des 13. Jahrhunderts zwischen dem kommenden *ortho-
pontifex* und dem schlimmen *pseudopontifex*, noch freilich sehr allgemein.

---

[158] Zuletzt zu ihm Paul AMARGIER, La parole révée, Essai sur la vie et l'oeuvre de Robert d'Uzès, Aix-en-Provence 1982; danach etwa ders., Robert d'Uzès revisité, in: Fin du
monde et signes des temps, S. 33–47; sowie ders., Jean de Roquetaillade et Robert d'Uzès,
in: MEFRM 102 (1990) S. 305–310.

[159] ed. Jeannine BIGNAMI-ODIER, Les visions de Robert d'Uzès, in: AFP 25 (1955)
S. 258–310; dazu etwa HERDE, Coelestin V., S. 198f.; McGINN, Pastor angelicus, S. 231;
MÖHRING, Der Weltkaiser der Endzeit, Entstehung, Wandel und Wirkung einer tausend-
jährigen Weissagung (Mittelalter-Forschungen, 3) Stuttgart 2000, S. 271, 278.

Um dieselbe Zeit tauchten auch die berühmten „Vaticinia de summis ponti-ficibus"[160] auf, byzantinische Kaiserprophezeiungen vom Ende des 12. Jhs., die jetzt auf die Päpste hin umformuliert worden waren. Sie entfalteten of-fenbar eine starke Wirksamkeit. Bei aller Dunkelheit im einzelnen bezogen sie sich doch relativ klar in ihren ersten sechs Abschnitten auf die sechs Päp-ste zwischen Nikolaus III. und Bonifaz VIII., wobei Coelestin V. als einziger als Ausnahme gilt und mit *Benedictus, qui venit in nomine domini, celestium om-nium contemplator* begrüßt wird, während alle anderen Päpste seit Nikolaus III. als Unheilspäpste verurteilt und insbesondere Bonifaz VIII. ange-schwärzt wird, dessen *vox gemina et vulpina* Coelestin V., den *sponsus legitimus* der Kirche, fälschlich zum Rücktritt verführt habe. Viel bezeichnender aber war es, daß alle künftige Rettung von einer Reihe von heiligen Päpsten der Zukunft und zuletzt von einem *papa angelicus* erwartet wurde. Leider haben sich diese Texte nur in Ausnahmefällen erhalten oder in späteren Ableitun-gen, die während der großen Konjunktur für solche Art dunkel raunender Papstliteratur hergestellt wurden, während des großen Schismas am Ende des 14. Jahrhunderts. So ist es schwierig, immer eindeutig zu klären, wie weit sie dann auch den erst später aktuellen Fragen angepaßt worden sind.[161]

---

[160] Dazu vor allem Herbert GRUNDMANN, Die Papstprophetien des Mittelalters, in: AKG 19 (1929 [für: 1928]) S. 77–138, jetzt in GRUNDMANN, Ausgewählte Aufsätze, Bd. 2, S. 1–57. In jüngster Zeit hat sich eine lebhafte Erörterung darüber ergeben: Zur älteren Sicht Robert E. LERNER, Ursprung, Verbreitung und Ausstrahlung der Papstprophetien des Mittelalters, in: Lerner (zusammen mit Robert Moynihan), Weissagungen über Päpste: Vat. Rossi 374, Einführungsband und Facsimile, Stuttgart 1985, Bd.1, S. 11–75. Neue Posi-tionen: Robert E. LERNER, On the Origins of the earliest Latin Pope Prophecies, A Reconsideration, in: Fälschungen im Mittelalter, Teil V: Fingierte Briefe, Frömmigkeit und Fälschung, Realienfälschungen (Schriften der MGH, 33 / V) Hannover 1988, S. 611–635; ergänzend Orit SCHWARTZ / R.E. LERNER, Illuminated Propaganda, The origins of the „*Ascende calve*"-Pope Prophecies, in: Journal of Medieval History 20 (1994) S. 157–191 [mit reicher Bibliographie]. Andreas REHBERG, Der „Kardinalsorakel"-Kommentar in der „Colonna"-Handschrift Vat.lat. 3819 und die Entstehungsumstände der Papstvati-zinien, in: Florensia 5 (1991) S. 45–112 [knapper derselbe, Ein Orakel-Kommentar vom Ende des 13. Jahrhunderts und die Entstehungsumstände der Papstvatizinien, in: QFIAB 71 (1991) S. 749–773]; sowie Hélène MILLET / Dominique RIGAUD, Aux origines du succès des „*Vaticinia de summis pontificibus*", in: Fin du monde et signes des temps, S. 129–156, weisen suggestiv auf die Entstehung der Vaticinia als Parteipamphlet der Colonna gegen die Orsini zur Zeit Papst Nikolaus' III. hin, aus dem dann zu Beginn des 14. Jahr-hunderts, wahrscheinlich beim Tode Benedikts XI., die Papstprophetien hergestellt wor-den wären. Das ist überzeugend – vgl. auch den Literaturbericht zu den späteren Papst-vatizinien von Robert E. LERNER, Recent Works on the Origins of the „*Genus nequam*"-Prophecies, in: Florensia 7 (1993) S. 141–157. Es unterstreicht erneut den Einschnitt, den der Pontifikat Bonifaz' VIII. auch hier bedeutet hat. [Überholt sind in ihren literarkriti-schen Feststellungen die Bemerkungen von Marjorie E. REEVES, The „Vaticinia de sum-mis pontificibus": A Question of Authority {*sic*, lies: Authorship}, in: Intellectual Life in the Middle Ages, Essays Presented to Margaret Gibson, edd. L. Smith, B. Ward, London 1992, S. 145–156].

[161] Die Zitate nach Herbert GRUNDMANN, Die Papstprophetien des Mittelalters, erst-

Eine bessere Überlieferungschance hatten die gelehrten Stellungnahmen, die in universitären Kreisen ausgearbeitet, niedergeschrieben und gelesen wurden, Texte, die die Probleme als schulmäßige Quaestionen diskutierten, also in jener Form, die ein Universitätsbesucher überall beim Unterricht antreffen konnte.[162] Die Stellungnahme, die der theologische Kopf der Spiritualen, der aus dem Languedoc stammende Petrus Johannis Olivi, gegen solche Überlegungen und Thesen abgab, liefert ein frühes Beispiel für diese Textgruppe. Ein erstes Schreiben in dieser Frage hat Olivi bereits am 14. September 1295 an seinen Gesinnungsfreund Konrad von Offida gerichtet.[163] Etwas später, jedenfalls aber vor 1297, hat er dann eine ausführliche schulgerechte Behandlung der Streitfrage in seine „Quaestiones de perfectione evangelica" aufgenommen.[164] Ebenfalls bereits im Jahr 1295 griff an der Universität Paris ein anderer Theologe das Problem auf. Der niederländische Theologe aus dem Weltklerus Gottfried von Fontaines behandelte in einem Quodlibet die vorsichtig und ganz allgemein formulierte Frage *„Utrum praelati statui et dignitati libere renunciare possint"*[165], und ein Jahr später, 1296, stellt Petrus de Alvernia, der gerade damals von der Artistenfakultät in die der Theologen überwechselte, das Problem ganz unverhüllt zur Debatte: *„Utrum summus pontifex possit cedere vel renunciare officio suo in aliquo casu".*[166] Peter, dessen Rolle bei der Rezeption der aristotelischen „Politik" nicht hoch genug eingeschätzt werden kann, und dessen Kom-

---

mals in: AKG 19 (1929) S. 77–138, hier S. 112, jetzt in: Grundmann, Ausgewählte Aufsätze, Bd. 2, S. 1–57, hier S. 33. Ganz ähnlich behandelt die Päpste die pseudojoachitische Prophetie, der „Liber horoscopus", cap. 30, wo Bonifaz VIII. als *seductor*, Coelestin V. als *seductus* erscheint, wie Matthias Kaup (Konstanz), der eine Edition des bisher ungedruckten Textes vorbereitet, mir freundlich mitgeteilt hat.

[162] Eine gründliche allgemeine Untersuchung der literarischen Form der „Quaestio" in ihren verschiedenen Aspekten fehlt. Vgl. die neuere Übersicht: Bernardo C. Bazan / Gérard Fransen / John Wippel / Danielle Jacquart, Les questions disputées et les questions quodlibétiques dans les facultés de théologie, de droit et de médecine (Typologie des Sources en occident médiéval, 44–45) Turnhout 1985; zu den Medizinern auch Brian Lawn, The Rise and Decline of the Scholastic „Quaestio disputata", with special emphasis on its use in the teaching of medecine and science (Education and Society in the Middle Ages and the Renaissance, 2) Leiden-New York-Köln 1993; zur Artes-Fakultät Olga Weijers, La „disputatio" à la Faculté des arts de Paris (1200–1350 environ), Esquisse d'une typologie (Studia artistarum, 2) Turnhout 1995.

[163] Zuletzt (zusammen mit der thematisch eng verwandten Quaestio Olivis) ed. Livarius Oliger, Petri Iohannis Olivi De renuntiatione papae Coelestini V quaestio et epistola, in: AFH 11 (1918) S. 309–373.

[164] Dazu besonders neuerdings A. Forni, Pietro di Giovanni Olivi di fronte alla rinuncia di Celestino V, in: BISI 99 (1993) S. 117–157.

[165] Gottfried von Fontaines, Quodlibet XIII qu. 1, éd. Jean Hoffmans (Les philosophes Belges, 5) Brüssel 1932.

[166] Vgl. Palémon Glorieux, La littérature quodlibétique [vol. I], Le Saulchoir-Kain 1925, S. 257ff.; vgl. auch Grech, The Commentary of Peter of Auvergne on Aristotle's Politics, The Inedited Part, S. 26–42. Das Interesse an Peter von Auvergne ist neuerdings lebhafter geworden, zusammenfassend (sehr gedrängt) Manfred Gerwing in LexMA 6 (1993) Sp. 1961f.

mentar zu diesem erst in den sechziger Jahren des 13. Jahrhunderts dem Abendland bekannt werdenden Text sehr bald die fragmentarische Auslegung des Thomas von Aquin in den Handschriften ergänzte, antwortete wie sein Kollege Gottfried von Fontaines und wie Olivi zuvor in durchaus positivem Sinn.[167]

2. De renunciatione

Schien mit diesen wenigen Stellungnahmen aus dem Kreis der Theologen auch zunächst die Frage beigelegt, ehe man kaum begonnen hatte sie zu diskutieren, so trat die Auseinandersetzung doch sehr bald in ein neues Stadium. Die Colonna-Kardinäle machten sich nämlich bei ihrem Eintritt in den erbitterten Krieg mit dem Caëtani-Papst (der sich aus ganz anderen Ursachen erklärt)[168] das Argument der Illegitimität Bonifaz' VIII. kraft nichtiger Wahl zu eigen, um sich gegen die Maßnahmen und Verurteilungssentenzen ihres Gegners zu wappnen. Schon in ihrer ersten Protestation vom 10. Mai 1297[169] beriefen sie sich auf dieses Argument, das in ihrer Hand natürlich eine weit höhere Durchschlagskraft besessen hätte, wenn sie selbst nicht seinerzeit zu den Wählern Bonifaz' gehört und sich auch seither nicht an der Arbeit der römischen Kurie beteiligt hätten. Einige Magistri der Theologie an der Universität von Paris haben daraufhin – in einer zeitlichen Nachbarschaft zu der Erklärung der Colonna-Kardinäle – ihrerseits in einer magistralen gemeinsamen „Determination", einer Lehrerklärung, festgestellt, daß Bonifaz auf unrechtem Wege in sein Amt gelangt sei.[170] Der Papst nahm jetzt immerhin im Konflikt mit den Kardinälen insbesondere dieses Argument so ernst, daß er das gesamte Kardinalskollegium, das zu ihm stand, eine gemeinsame Erklärung abgeben und veröffentlichen ließ, in der die Unterzeichner bekundeten, daß an den Formalien der Wahl nicht zu rütteln sei.[171]

---

[167] Einen ausführlichen Forschungsbericht gibt etwa Christoph FLÜELER, Rezeption und Interpretation der aristotelischen „Politica", bes. Bd. 1, S. 86–100. Zu der – überscharfen – Kritik an dem Buch durch Sabine KRÜGER, Der Einfluß der aristotelischen Politik auf das politische Denken in Westeuropa im Spätmittelalter, Bemerkungen zu einem Buch von Christoph Flüeler, in: DA 50 (1994) S. 215–219, vgl. etwa die Anzeigen von Jürgen MIETHKE, in: Vivarium 32 (1994) S. 276–278; oder Hermann-Josef SIEBEN, in: Theologie und Philosophie 70 (1994) S. 105f.

[168] Hier maßgebend immer noch die alte Darstellung von Ludwig MOHLER, Die Kardinäle Jakob und Peter Colonna, Ein Beitrag zur Geschichte des Zeitalters Bonifaz' VIII. (Quellen und Darstellungen aus dem Gebiete der Geschichte, 17) Paderborn 1914. Vgl. COSTE, Procès, S. 8–32.

[169] Ursprünglich kritisch ediert durch Heinrich DENIFLE, Die Denkschriften der Colonna, S. 493–529, hier S. 509–515. Eine moderne Edition der ersten beiden Colonnaschreiben legte vor COSTE, Procès, hier S. 33–42.

[170] CUP II, S. 77 (Nr. 604).

[171] DENIFLE, Denkschriften, S. 524–529 [von COSTE nicht berücksichtigt].

Am päpstlichen Hof blieb das Thema, das so viel Staub aufgewirbelt hatte, aus verständlichen Gründen auch weiterhin aktuell: in zwei Predigten vor der ganzen Kurie und in Anwesenheit des Papstes Bonifaz VIII. selbst hat der noch von Coelestin V. in seiner letzten Kreation zum Kardinal erhobene ehemalige Pariser Magister der Theologie und frühere Kanzler der dortigen Universität, Nikolaus von Nonancourt, im September des Jahres 1297 und dann wieder im Januar 1298 oder 1299, energisch und ausführlich Stellung bezogen,[172] natürlich ganz zur Verteidigung der Legitimität Bonifaz' VIII. Wie an der Kurie wurde das Problem auch in der dekretalistischen Wissenschaft weiterhin behandelt. Im „Liber sextus", der Dekretalensammlung, die Bonifaz am 3. März 1298 durch die Übersendung an die Universitäten publiziert hat,[173] war auch ein Hinweis auf Coelestins V. Abdankung enthalten.[174] Johannes Monachus, damals an der Römischen Kurie als Auditor und in der Kanzlei tätig, später (seit 1304) dann zum Kardinal erhoben, hatte während der Regierungszeit Bonifaz' VIII. seinen gelehrten Apparat zum „Liber sextus", die später sogenannte „Glossa aurea", am 13. Februar 1301 – bezeichnend genug! – seinerseits an die Universität Paris übersandt.[175] In diesem seinem Kommentar hat der Jurist, der keineswegs als absoluter Parteigänger des Papstes gelten darf, ebenso deutlich die Legitimität von Coelestins Verzicht festgehalten wie erst recht der Bologneser Kanonist Johannes Andreae, dessen Apparat zum „Liber sextus" (ebenfalls noch von 1301) später zu dessen Glossa ordinaria avancieren sollte.[176]

Zwischen 1298 und 1303, wahrscheinlich 1302/1203, hat dann auch noch der iberische Kanonist Johannes Burgundi, Kanoniker der Kathedrale von Mallorca und später Diplomat in Diensten des Königs Jaime II. von Aragón, einen eigenen ganzen Traktat in Versen der Frage gewidmet, einen Text, mit dem er die Aufmerksamkeit des Papstes, bzw. der Kurie auf sich lenken wollte und für den er offensichtlich eine entsprechende Belohnung erwartet hat. In diesem Gedicht, das somit zu der nach ihrer Anzahl nicht ganz unbedeutenden Gruppe kurialer „Talentproben" gehört hat, wie sie

---

[172] Vgl. Anneliese MAIER, Due documenti nuovi relativi alla lotta dei cardinali Colonna contro Bonifazio VIII, in: RSCI 3 (1949) S. 344–364, jetzt in: MAIER, Ausgehendes Mittelalter, Bd. 2, S. 13–34, 491f.

[173] Dazu etwa zusammenfassend STICKLER, Historia Iuris canonici, S. 257–264. Jetzt auch P. LEISCHING,. Die Kodifikationsmethode der Bulle „Sacrosanctae" (1298), Vorbild und Grundlagen, in: Helmut Schnizer zum 65. Geb., hgg. H. Kalb u. R. Potz, Wien 1993, S. 67–79.

[174] Oben bei Anm. 135.

[175] CUP II, S. 90 (Nr. 616). Bezeichnenderweise war ein Kommentar zu „Super cathedram" in dem Werk enthalten, vgl. Ralph M. JOHANNESSEN, Cardinal John Lemoine and the Authorship of the Glosses to „Unam sanctam", in: BMCL, n.s. 18 (1988) S. 33–41, hier S. 36 Anm. 19.

[176] Zu Johannes Andreae besonders Stephan KUTTNER, Johannes Andreae and his „Novella" on the Decretals of Gregory IX, An Introduction, in: The Jurist 24 (1964) S. 393–408, jetzt in: KUTTNER, Studies in the History of Medieval Canon Law, Nr. xvi (mit *Retractationes*, S. 24–29); zusammenfassend H. ZAPP, in LexMA 5 (1991) Sp. 555.

uns auch bei Konrad von Megenberg oder Wilhelm von Sarzano begegnen,[177] tauchen, in etwas holprigen Versen aneinandergesetzt, viele Schlag-
worte der kurialen Propaganda auf, und der Verfasser, der offenbar fürchtete,
man könne seine Aussagen in knapper gebundener Sprache nicht hinreichend überzeugend finden, hat zu seinem Gedicht auch gleich eine schulmäßige kanonistische Glosse, mit reichlichen Allegationen aus dem Dekretalenrecht angefügt, in der er seine Stellungnahme zugunsten Bonifaz VIII.
mit schulgerechter juristischer Begriffsbildung noch argumentativ unter-
baut und differenziert hat. Der kleinen Schrift ist es jedenfalls nicht oder
nicht rechtzeitig gelungen, an der Kurie eine hinreichende Aufmerksamkeit
auf ihren Autor zu lenken, während er dann im Dienste des Königs von Aragón noch eine bemerkenswerte Karriere machen sollte. Sie hat es ebensowenig vermocht, ein stärkeres Interesse der Mit- und Nachwelt zu erzielen,
das sich durch Abschriften bezeugt hätte: sie ist, soweit bisher bekannt, in
zwei Exemplaren auf uns gekommen.[178] Jedoch kann sie zumindest verdeutlichen, mit welchen Themen man noch zu Beginn des 14. Jahrhunderts
an der Kurie Aufsehen zu erregen hoffte. Schließlich beweist sie die durchgängige Aktualität der Diskussion des Themas während des gesamten Pontifikats Bonifaz' VIII.

Wie weit sich Bonifaz weitere „publizistische" Unterstützung durch
Pfründenversprechungen und Vergabungen sicherte, muß offenbleiben. Die
Zeitgenossen jedenfalls haben einen derartigen Zusammenhang arglos angenommen. So will eine Anekdote wissen, daß Bonifaz den Generalprior
der Augustinereremiten und früheren Pariser Magister der Theologie Aegidius Romanus auf besondere Weise von seiner Auffassung über die Unmög-

---

[177] Konrad von Megenberg, Planctus ecclesiae in Germaniam, ed. Richard Scholz
(MGH, Staatsschriften, II.1) Leipzig 1941 [Neudruck Stuttgart 1977], vgl. dazu insbes. die
Einleitung des Hrsg. S. 8–12. Zu Wilhelm von Sarzano vgl. unten S. 150ff.

[178] Das Gedicht gab nach der in Barcelona liegenden, schon 1908 von Heinrich Finke
(Acta Aragonensia I, p.cxxxiv sq.) bekanntgemachten Hs. (Barcelona, Bibl. Catedral 1590
[ant.2]) heraus José Maria Madurell Marimón, Juan Burgunyó, embajador de Jaime II.,
in: Analecta Sacra Taraconensia 15 (1942) S. 265–289 [Text 282–289], dort auch die ältere
Literatur zum Verfasser, der sich im Gedicht (S. 287) nur im (gereimten) Genitiv benennt:
… *Johannis / dicti Burgundi, de Maioricis oriundi*. Mit Finke und gegen die in romanischen
Ländern üblich gewordene Form nenne auch ich den Verfasser „Johannes Burgundi"
(nicht J. Burgundus), weil er auch von König Jakob II. von Aragón so genannt wird, z.B. in
Acta Aragonensia, Bd. 1, S. 196 oder 283, Nrr. 127 bzw. 199. – Eine Auswahl der Glossen
(nach diesem Ms. und Ms. Collegio di Spagna, 124) bei Ennio Cortese, „Iohannes Burgundus de Majoricis oriundus", Un trattato giuridico in difesa di Bonifacio VIII, in: Studi
per Ermanno Graziani (Pubblicazioni della Facoltà di Giurisprudenza dell' Università di
Pisa, 50) Pisa 1973, S. 268–315 [Texte S. 289ff., Beschreibung der Codices: S. 275f.]. Vgl.
auch Tilmann Schmidt, Bonifaz-Prozeß, S. 153–155. (Auf die Selbstglossierung von gebundenen Texten, d. h. die Beifügung gelehrter kanonistischer Glossen zu einem Text in
Versen gehe ich weiter hin, sie ist im 14. Jahrhundert auch sonst zu beobachten.
Vgl. nur das „Ritmaticum" des Lupold von Bebenburg (von ca. 1341 / 1342), in: Die poli-
tischen Schriften des *Lupold von Bebenburg, edd. J. Miethke / Christoph Flüeler
(MGH Staatsschriften, 4) München 2004, 507–524, dazu dort die Einleitung, S. 136.

lichkeit der Wahl Bonifaz' zu Lebzeiten Coelestins abgebracht habe: Bonifaz
habe Aegidius ein Erzbistum angeboten, und daraufhin habe dieser ihn als
wahren und legitimen Papst akzeptiert. Der Erzähler schließt pointiert, der
Schluß, daß Bonifaz als Papst zu gelten habe, sei demnach nicht wahr aufgrund schulgerechter Schlußfolgerung und Argumentation, sondern nur
zusammen mit einem (verliehenen) Bistum.[179] Diese Erzählung ist für uns
nicht näher überprüfbar. Tatsächlich wurde Aegidius von Bonifaz am
25.April 1295 zum Erzbischof von Bourges erhoben durch päpstliche Provision unter Verwerfung eines von Coelestin V. bereits vorgesehenen Kandidaten. Die schriftlich auf uns gelangten Äußerungen des Aegidius zu Coelestins Resignation stammen aber wahrscheinlich erst aus dem Jahr 1297.
Welche Auffassungen Aegidius vorher vertreten hat, bleibt uns unbekannt.
Der umfängliche Traktat aber, den der Erzbischof von Bourges zu dieser
Frage ausgearbeitet hat, zielt ganz darauf, die Argumente der ersten Appella-
tionsschrift der Colonna-Kardinäle in umständlich wissenschaftlicher Beweisführung zu widerlegen und Bonifaz' Position ausführlich zu begründen.[180] Zweifellos hat der Autor, der damals wohl vorwiegend an der Kurie
und nicht in seiner Diözese lebte[181], damit den Interessen des Papstes voll
entsprochen und wohl auch entsprechen wollen; ob er darum aber eine
Auftragsarbeit im engeren Sinne lieferte, können wir hier dahingestellt sein
lassen.

Daß die nahtlose Einpassung in die Politik der Kurie und des Papstes, die
ihm damals gelungen war, den Vorwurf des Opportunismus provozierte,
kann nicht Wunder nehmen, auch wenn der behauptete direkte „Kauf" dieser Stimme eine anekdotische Verdichtung und damit fiktiv sein mag. Zweifellos ist der Traktat des Aegidius dabei – und das mag den Rang von Aegidius' politischer Schriftstellerei beleuchten – ein in sich durchaus origineller
und scharfsinniger Text, der die ganze Rüstung scholastisch-aristotelischer
Naturwissenschaft und Anthropologie in Verbindung mit der pseudo-dio-
nysischen Hierarchielehre geschickt zum Nutzen seiner Sache herbeizieht
und zugleich die ekklesiologischen Traditionen des 13. Jahrhunderts in die
Debatte argumentativ einzubringen weiß. Der Text, der uns (wie berichtet)
mit nur zwei Manuskripten auffallend dürftig überliefert ist, aber in der De-

---

[179] SCHOLZ, Publizistik, S. 37, weist zu Recht darauf hin, daß jedenfalls die Schrift „De
renunciatione" (da sie erst 1297 entstanden ist) nicht der Grund für die Ernennung zum
Erzbischof von Bourges (1295) gewesen sein kann.
[180] Gedruckt zuerst unter den Werken des Aegidius, Rom 1554, auch bei J. Th. Roc-
CABERTI de Perelada, Bibliotheca maxima pontificia, Bd. 2; jetzt ed. John R. EASTMAN,
Aegidius Romanus, De renunciatione papae (zur Datierung – zwischen 10. Mai 1297 und
3. März 1298 – dort S. 122f.). Dazu materialreich vor allem EASTMAN, Papal Abdication
[beides ursprünglich: EASTMAN, Aegidius Romanus: *De renunciatione pape*, Kritische Edition und Analyse der Frage der Papstabdankung in der Zeit von Cölestin V. und Bonifaz
VIII., Phil. Diss. Würzburg 1985].
[181] SCHOLZ, Publizistik, S. 39.

batte der Zeit seine deutlichen Spuren hinterlassen hat[182], muß als ein
wichtiges Stück dieser frühen Diskussion um den Rücktritt Coelestins V.
und als ein frühes Zeugnis der theoriegeschichtlichen Relevanz des Pontifikats Bonifaz' VIII. gelten.

3. Bonifaz VIII. im Konflikt mit Frankreichs König

Daß auch eine andere Meinung vorhanden war, versteht sich fast von selbst.
Daß diese Gegenseite nicht stumm blieb, sondern sich für uns merkbar regte, das verdankt sie nicht zuletzt den Interessen der Gegner, die sich Bonifaz
VIII. mit seiner herrischen Politik reichlich schuf. Es wurde jetzt bedeutungsvoll, daß auch im dritten Konflikt, in den Bonifaz sich verstrickte, im
Streit mit dem französischen König Philipp dem Schönen, der Zweifel an
der Legitimität des päpstlichen Gegners sich nur allzu gut gebrauchen ließ.
So haben die Colonna-Kardinäle unter den vielen Vorwürfen gegen Bonifaz' Herrschaft auch dieses Argument in ihre Appellationen aufnehmen lassen, die sie wie Manifeste in alle Welt verbreiteten.[183] Darüber hinaus haben
sie sich zuletzt in besonders enger Weise dem französischen Herrscher verbunden, ja schließlich, nachdem sie die militärischen Auseinandersetzungen
mit dem Caëtanipapst in Palestrina verloren geben mußten, in Frankreich
am königlichen Hof Zuflucht gesucht. Sie haben dort die Argumentationsbasis für jede Papstkritik verbreitert und ihrerseits erneut Traditionen
aus den Auseinandersetzungen zwischen Papst und Herrscher der Zeit des
Staufers Friedrich II. begierig aufgenommen und ihren französischen Zeitgenossen neu verfügbar gemacht.[184]

Die Colonna konnten zwar eine (jeweils nur vorübergehende) Einigung
des Papstes mit dem französischen König nicht verhindern, aber ihre Argumente blieben doch am französischen Hof und in seiner Umgebung nicht
ohne Wirkung, lagen sozusagen auf Abruf bereit, ließen sich stets wieder
aufgreifen und polemisch ins Feld führen. Wir kennen nur ungefähr den
zeitlichen Ablauf dieser Pariser Debatten: Auf dem Höhepunkt des Colonnastreites ließen die Berater Philipps des Schönen von einer Gruppe Pariser
Universitätstheologen jedenfalls eine Sentenz formulieren, die die Unmöglichkeit eines päpstlichen Amtsverzichts mit aller intellektuellen Schärfe

---

[182] Vor allem wäre hier zu erinnern an Johannes Quidort, der in seinem unten zu besprechenden Traktat „De regia potestate et papali" sich in cap. 23–25 (S. 197–211 BLEIENSTEIN) anscheinend direkt – an Abfolge und Formulierung der Argumente auch unmittelbar ablesbar – mit der Schrift des Aegidius auseinandersetzt und sie dabei wörtlich benutzt, ja ausschlachtet.

[183] Neuerdings insbes. BECKER, Appellation, S. 54–59; Tilmann SCHMIDT, Bonifaz-Prozeß, S. 17–54.

[184] Dazu bereits WIERUSZOWSKI, Vom Imperium zum nationalen Königtum. Eine
Überprüfung liegt nahe, kann aber hier nicht geleistet werden.

und Deutlichkeit feststellte und diese Auffassung sozusagen lehramtlich als allein rechtgläubige christliche Lehre auch verbindlich zu machen suchte. Bezeichnenderweise besitzen wir von dieser späten Frucht einer damals – am Ende des 13. Jahrhunderts – bereits „veralteten" Form einer lehramtlichen Entscheidung von theologischen Streitfragen, die im früheren 13. Jahrhundert noch durchaus üblich gewesen war[185], aber nicht einmal mehr den genauen Wortlaut. Der Text ging verloren. Wir wissen von dem ganzen Vorgang überhaupt nur deswegen, weil der französische Hof Jahrzehnte später einen Hinweis auf diese Entscheidung über die Illegitimität Bonifaz VIII. wegen nichtiger Wahl in die Akten des gegen Bonifaz VIII. Andenken geführten Prozesses aufnahm und in einer späteren Denkschrift (von 1310) das Gutachten der Pariser Magister erwähnt hat.[186]

Bis 1311, als sich der französische König schließlich mit Bonifaz' zweitem Nachfolger, Papst Clemens V., auf Kosten der Templer über das Ende dieses Prozesses einigen konnte, behielt somit die Frage der Abdankung Coelestins V. eine unmittelbare und über rein theoretische oder historische Interessen hinausweisende Aktualität, die in gewissem Sinne auch eine Waffe in der Hand der Gegner des später in Avignon residierenden Papstes sein konnte. An der Universität Paris läßt sich jedenfalls sporadisch bis ins 14. Jahrhundert hinein eine Debatte dieses Themas nachweisen, so etwa bei einem uns dem Namen nach unbekannten Kanonisten, der 1294 in aller wissenschaftlichen Umständlichkeit, aber auch mit allem juristischen Scharfsinn die Position der Legitimität Papst Bonifaz' VIII. und der Rechtmäßigkeit seiner Wahl in zwei Universitätsquaestionen verteidigt hat, auch wenn der Verfasser sich ein eigenes Urteil über die rechtliche Wertung der Vorgänge im einzelnen taktisch vorsichtig vorbehielt.[187] Auch der Dominikanertheologe Johannes Quidort, der sich geradezu regelmäßig als ein Anhänger der Positionen des französischen Königshofes in den dramatischen Entwicklungen der Jahre 1302 und 1303 erwies, hat in seinem großen Traktat von 1302/ 1303 über die königliche und päpstliche Gewalt, in dem er offenbar auf frühere universitäre Äußerungen zu Einzelfragen zurückgreifen konnte, auch ausführliche Erörterungen zu der Frage einer Papstabdankung eingefügt,[188] in denen er in diesem einen Punkt dem ihm sonst gar nicht so sympathischen Papst Recht gibt – wobei er sich in seiner Argumentation freilich

---

[185] MIETHKE, Papst, Ortsbischof und Universität, S. 52–94; außerdem Ian P. WEI, The Masters of Theology at the University of Paris in the Late Thirteenth and Early Fourteenth Centuries, An Authority Beyond the Schools, in: Bulletin of the John Ryland's University Library 75 (1993) S. 37–64.

[186] COSTE, Procès, S. 745f. (§ 9) mit S. 746 Anm. 1; vgl. S. 735 (§ 1), 801 (§ 45).

[187] Martin BERTRAM, Zwei handschriftliche Quaestionen über die Papstabdankung in der Pariser Nationalbibliothek, in: ZRG kan 55 (1969) S. 457–461 (Textexzerpte S. 458–461); dazu auch BERTRAM, Abdankung, S. 76f., 97f.; Zum Ms. vgl. jetzt auch Eva Luise WITTNEBEN / Roberto LAMBERTINI, Francesco d'Ascoli, bes. S. 99–101.

[188] cc. 23–25 (S. 197–211).

nicht selbständig bewegt. Intensiv stützt er sich nämlich einerseits auf Gottfried von Fontaines und vor allem andererseits auf den von ihm sonst überhaupt nicht geschätzten und in anderen Passagen scharf angegriffenen und
bekämpften Aegidius Romanus,[189] wenn er (im Anschluß an Gedankengang und Wortlaut von dessen Traktat und in deutlicher Benutzung von
dessen Argumenten) dem Papst die Möglichkeit eines Amtsverzichtes offen
einräumt.

Mit Johannes Quidort haben wir aber bereits eine neue Phase der Auseinandersetzung erreicht; die Frage „De renunciacione pape" ist bei ihm in
seinem großen Text bereits aufgehoben in der Behandlung der umfassende-
ren Thematik „De potestate pape", die künftig die Szene bestimmen wird.
Dieses Fortleben der Fragestellung weit über die unmittelbar drängenden
Probleme der Legitimität Bonifaz VIII. hinaus zeigt indessen auch, daß wir
es bei den hier genannten universitären Quaestionen nicht mit bloßer pro-
pagandistischer Begleitmusik zu politischen Entscheidungen zu tun haben,
wie sie auch sonst im Mittelalter zu beobachten ist. In diesen Debatten haben zumindest die Zeitgenossen wesentliche Argumente zu ihrer eigenen
Orientierung immer wieder gesucht und gefunden. Sie haben offenbar deswegen das Thema nicht von der Tagesordnung verschwinden lassen, bis es
dann in den Zeiten des Schismas erneut und von gänzlich anderer Ausgangslage her ganz unerwartet und neu aktuell werden sollte.

Was ließ die Debatte so erstaunlich durchschlagkräftig und anhaltend
werden? Vor allem scheint mir das darin begründet, daß hier die Grundfrage
des mittelalterlichen politischen Denkens, die Legitimität von Herrschaft
und Herrschaftsausübung,[190] konkret und praxisrelevant in einem bren-
nenden Konflikt unmittelbar erörtert werden konnte. Diese Debatte aber
wurde darüber hinaus in jener Sphäre und mit jener Sprache der zeitgenössischen Wissenschaften geführt, die den aktuellen Anlaß weit überstieg und
allgemeingültige Aussagen zu ermöglichen schien. Der Streit entzündete
sich zwar am Paradigma der kirchlichen Ordnung, das war gewiß kein Zufall, wie uns ein kurzer Blick auf ihren realhistorischen Hintergrund, die
damalige Entwicklung der Kirchenverfassung belehren kann: die argumentativen Mittel, die dann die theoretischen Bausteine der entsprechenden
Theorien abgeben werden, ebenso wie der Kreis der Autoren, die an dieser
Debatte beteiligt sind, als die soziale Trägergruppe dieser Erörterung geben
uns dafür deutliche Hinweise.

In der Kirchenverfassung hatte sich zwar im Laufe des 13. Jahrhunderts
das monarchische Papsttum, das in den Zeiten der Reformpäpste des
11. Jahrhunderts seine Ansprüche zum ersten Mal umfassend formuliert
hatte, endgültig siegreich durchsetzen können,[191] die älteren Auffassungen

---

[189] Nachweise bereits bei LECLERCQ, Jean de Paris et l'ecclésiologie, S. 35f.
[190] Für das Spätmittelalter: MIETHKE, Die Legitimität der politischen Ordnung im
Spätmittelalter, S. 643–674; ders., Die Frage der Legitimität rechtlicher Normierung.
[191] Zusammenfassend etwa MIETHKE, Historischer Prozeß und zeitgenössisches Be-

von der kirchlichen Gesamtverfassung waren aber noch nicht gänzlich vergessen, wie gerade der Colonna-Konflikt zeigen kann, in dem die Kardinäle deutliche Anleihen bei der „älteren" theologischen Tradition zu machen versuchten,[192] auch wenn es ihnen – und ihren Helfern – in ihren weithin gestreuten Manifesten nicht gelang, solche Ansätze zu einer durchgängigen Theorie zu verbinden.

Auch ohne ausgearbeitete Theorie gelang den Colonna-Kardinälen und ihren Mitarbeitern aber eine durchaus treffsichere Polemik. Die auffälligsten Züge der realen kurialen und papalen Politik am Ende des 13. Jahrhunderts finden sich zumindest eindrucksvoll benannt in den (sogenannten) „Denkschriften" der Kardinäle, die eigentlich im prozeßrechtlichen Sinn als Protestationen zu gelten haben. Die Vorladung der Prälaten mit oder ohne Grund an die römische Kurie, die Ernennung von Bischöfen, Äbten und anderen Prälaten durch die Kurie an den eigentlich zuständigen Wahlgremien vorbei und über sie hinweg, die erzwungenen Resignationen, das aufgeblähte Gebührenwesen, das zu dem Vorwurf führt, in Rom sei die Kirche käuflich geworden, der päpstliche Machtanspruch den weltlichen Herrschern gegenüber und die ständige Berufung auf die *plenitudo potestatis*, alles ist pünktlich angeführt. Alles das wird aber dem Papste als persönlich-moralische Schuld vorgehalten, ohne daß sich hier ein Bewußtsein über die Entwicklungen längerer Zeit bemerkbar machte, geschweige denn, daß Alternativen erwogen würden. Die Colonna-Kardinäle haben damals nicht sehen wollen, daß Bonifaz sich in seinen Ansprüchen zumindest prinzipiell von seinen Vorgängern im 13. Jahrhundert und selbst von Coelestin V. nicht unterschied.

Wenngleich es der heutigen Forschung schwerfällt, in der von Bonifaz selbst immer wieder hallend vorgetragenen und pathetisch deklamierten Theorie Unterschiede gegenüber der Tradition des monarchischen Papsttums auszumachen, wie sie spätestens im 13. Jahrhundert zur gängigen Mehrheitsmeinung an den Universitäten geworden war, die Zeitgenossen fühlten sich, so will es scheinen, durch Bonifaz' Handlungen und Verlautbarungen, diesem Ergebnis moderner historischer Forschung zuwider, in erstaunlichem Maße herausgefordert und bestürzt. Allein daß die Colonna-Kardinäle ihren Familienzwist mit dem Caëtani-Papst mit all diesen Argumenten auffüllten (ohne damit freilich auf Dauer die eigentlich erhoffte Wirkung erzielen zu können), beweist ja die weit verbreitete unterschwellige Kritik an der Entwicklung der päpstlichen Kirchenregierung, die vorhanden war und sich als Potential offenbar anbot, ohne für sich allein stark

---

wußtsein S. 564–599. Seither ist die Literatur natürlich angewachsen, insbesondere vgl. Kenneth J. PENNINGTON, Pope and Bishops, The Papal Monarchy in the Twelfth and Thirteenth Centuries, Philadelphia, PA 1984.

[192] Dabei soll hier nicht bestritten werden, daß der Konflikt zugleich auch einen vorwärtsweisenden Zug hatte, indem er den institutionell begründeten Interessengegensatz zwischen Papst und Kardinalskolleg zum ersten Mal eklatant sichtbar machte.

genug zu sein, nach dem offenbaren Scheitern Coelestins nun noch eine radikale Richtungsänderung zu erzwingen. Die vorherrschenden Tendenzen
des 13. Jahrhunderts waren aber, auch wenn sie sich siegreich schließlich
behaupten sollten, noch nicht ganz selbstverständlich geworden. Eine Berufung auf die älteren Rahmenvorstellungen schien, das zeigen die Colonna-
Manifeste mit aller Deutlichkeit, weiterhin aussichtsreich und blieb somit
weiterhin eine Waffe im Kampf um die allgemeine Meinung.

So traf die Frage nach der Legitimität des Papstes an der Wende zum
14. Jahrhundert in mehrfacher Hinsicht auf ein vorbereitetes Feld. Wer sich
durch den Sieg des päpstlichen Zentralismus irritiert fühlte, konnte bereits
das bombastische Auftreten Bonifaz' VIII. unmittelbar als problematisch
empfinden. Zudem war die Frage nach der Legitimität von Herrschaft
schlechthin ein nicht unvertrautes Thema politischer Reflexion, war das
doch ohnedies eine zentrale Frage politiktheoretischen Nachdenkens in
den vergangenen Jahrhunderten gewesen. Noch im 13. Jahrhundert hatte
die allgemeine Frage, was einen König von einem Tyrannen unterscheide,
und welche Maßnahmen – theoretisch – gegen einen *tyrannus* erlaubt und
geboten seien, die politische Theorie bewegt.[193] Mit der Umformung der
damals beherrschenden Gattung politischer Theorie, der Fürstenspiegellite-
ratur, die von Thomas von Aquin aus einer Ständeethik zu einer allgemeinen Theorie des politischen Herrscheramtes fortentwickelt worden war,
hatte diese Thematik an Aktualität nicht verloren, wie sich allein darin zeigt,
daß auch die Fürstenspiegel neuen Typs, das Fragment „De regno" des Thomas von Aquin und die umfängliche Schrift des Aegidius Romanus „De
regimine principum", sich beide diesem Problem entschlossen stellen.[194]
Am Ende des 13. Jahrhunderts ging es nun nicht mehr um die noch relativ
abstrakte Frage von Legitimität von Herrschaft überhaupt, sondern um das
Problem der Legitimität des Papstes, und zwar eines bestimmten Papstes und
seiner nicht nur theoretischen, sondern ganz praktischen Ansprüche.

Mit dieser Konkretisierung gewann die politische Theorie ein Feld, das
ihr Jahrzehnte zuvor scheinbar endgültig an die positive Jurisprudenz verloren gegangen war, unverhofft zurück. Die aktuelle Streitfrage öffnete einer
Debatte die Schleusen, die weder mit rein juristischen noch mit rein theolo-
gisch-theoretischen Argumenten zu Ende zu führen war. Bei den Autoren
und in den einzelnen Schriften verbanden sich nun erneut die kanonistischen Traditionen mit den allgemeinen Überlieferungen des politischen
Denkens, wie sie im 13. Jahrhundert vor allem von den Theologen, unter
anderem in Auseinandersetzung mit den Philosophen und dem *philosophus*,
gepflegt worden waren. Ein Blick auf die Autoren dieser Literatur macht das

---

[193] Vgl. die Übersicht bei Helga MANDT, Tyrannis, Despotie, in: Geschichtliche
Grundbegriffe, hgg. Otto Brunner, Werner Conze, Reinhard Koselleck, Bd. 6, Stuttgart
1990, S. 651–706; MIETHKE, Der Tyrannenmord im späteren Mittelalter.
[194] Vgl. oben S. 37, Anm. 98ff.

deutlich. Vorwiegend sind die Theologen schriftstellerisch tätig, freilich sind auch einige Juristen an der Debatte beteiligt; ohne wechselseitigen Austausch kommen beide nicht mehr aus, wenn es die Juristen auch, eingesponnen gleichsam in ihre Fachwissenschaft und Fachterminologie und in ihre exklusive Beschäftigung mit ihren umfangreichen Textcorpora, versäumen, sich schon jetzt auf die neuen Möglichkeiten einzustellen, die die gerade erst eine Generation zuvor übersetzte „Politik" des Aristoteles auch in dieser Hinsicht anbot.[195]

Auf der anderen Seite machten sich die Theologen durchaus die Arbeiten der Juristen zunutze. Selbst Aegidius Romanus, der noch am weitesten ausholt mit seinen Begründungen, argumentiert durchaus nicht ausschließlich mit den ihm von der aristotelischen oder neuplatonischen Überlieferung der Philosophie, mit den ihm in Sakramentslehre und dem Amtsverständnis der Theologie vorgegebenen Exempeln, sondern zieht an zentraler Stelle auch juristische Überlegungen über die Absetzung und Resignation, über die Einsetzung und den Amtsantritt von Bischöfen heran. Dabei zitiert er die Dekretalen, sogar in der brandneuen, offenbar gerade erst erschienenen letzten zusammenfassenden Kompilation, wie sie 1298 durch Bonifaz VIII. im „Liber sextus" der wissenschaftlichen und kirchlichen Öffentlichkeit verbindlich gemacht worden war. Auch Petrus Johannis Olivi verschmäht juristische Argumente keineswegs. Der anonyme Kanonist, der sachlich zu derselben Auffassung wie Olivi gelangt war, zeigt sich seinerseits aber allenfalls bereit, seine primär juristischen Allegationen durch Bibelzitate und den Gedanken des Christus-Vikariats des Papstes zu ergänzen, für den er im Dekret Gratians jedenfalls keine stichhaltigen Belege hätte finden können. Es finden sich aber keine Anleihen, die die methodischen Sonderwege der Fakultätsnachbarn in das juristische Feld eingebracht hätten.

Die Beobachtung, daß zumindest die Theologen und Artisten über den Zaun ihrer Disziplin hinauszugreifen beginnen, bedeutet nicht, daß Juristen und Theologen damals ununterscheidbar argumentiert hätten – die verschiedenen Akzente bleiben vielmehr durchaus wahrnehmbar, bisweilen sogar auf den ersten Blick. Aber hier arbeiteten die unterschiedlichen Spezialdisziplinen mit jeweils ihren eigenen Mitteln und Methoden an einer Aufgabe, die ihnen gemeinsam war.

Das heißt nun freilich nicht, daß sie ständig voneinander Notiz genommen hätten, noch weniger, daß etwa die gelehrten Theologen und Juristen damals das Problem hätten selber lösen können und die Frage entschieden hätten. Stärker nur als gewöhnlich waren Theologen und Juristen in die Auseinandersetzungen einbezogen und sind im Rahmen ihrer Wissenschaft

---

[195] Dazu vgl. etwa MIETHKE, Kanonistik, Ekklesiologie und politische Theorie, S. 1023–1051; jetzt auch Takashi SHOGIMEN, The Relationship Between Theology and Canon Law: Another Context of Political Thought in the Early Fourteenth Century, in: Journal of the History of Ideas 60 (1999) S. 417–431. Jetzt *SHOGIMEN (2007).

auf diese Streitfragen eingegangen. Teils in den Hörsälen der Universitäten, teils aber auch mit den dort eingeübten Argumentationsmustern und Autoritäten, doch teilweise auch dezidiert außerhalb der akademischen Ausbildungsstätten haben sie die Probleme sicherlich mündlich, was wir kaum je erfahren können, vor allem aber schriftlich durch eigene Stellungnahmen und Memoranden traktiert, die damit eine Chance hatten, uns bekannt zu werden.

Innerhalb relativ kurzer Zeit – und das ist die Leistung dieser Debatte – hat sich dabei ein weitreichender zumindest methodischer Konsens unter denen hergestellt, die überhaupt mit wissenschaftlichen Argumenten umzugehen wußten. Dieser Konsens blieb auf das Methodische deshalb beschränkt, weil natürlich die einzelne Stellungnahme auch weiterhin pro oder contra ausfallen konnte und ausfiel. Weil aber allgemein die Überzeugung vorherrschte, zur Begründung einer Entscheidung pro oder contra bedürfe es exakt jener Argumentationsweise, wie sie in den Traktaten bald um und um gewendet wurde, darum kann man von einem gewissen Erfolg der Debatte sprechen. Freilich wurden doch auch Fortschritte bei der Debatte erreicht, die über das rein Methodische hinausführten: So wurde die Frage einer Papstabdankung wirklich für alle Zukunft geklärt.

Wenn auch der französische Hof das Argument in seinem Prozeß-Dossier bereit hielt, die Frage der Legitimität einer päpstlichen Abdankung war noch im Laufe des 13. Jahrhunderts weitgehend zu Bonifaz' Gunsten erledigt worden. Im 14. Jahrhundert hat man, als es um die „via cessionis" bei der Beendigung des Großen Schisma ging, darüber nicht eigentlich mehr diskutieren müssen. Auch wenn naturgemäß nicht alle Schwierigkeiten mit allgemeinem Einverständnis aufgelöst waren, so hatte sich prinzipiell eine herrschende Meinung gebildet, die auch in den Zeiten der Kirchenspaltung nicht mehr prinzipiell in Frage gestellt werden sollte: daß ein Papst zurücktreten dürfe, war seit dem Pontifikat Bonifaz' VIII. nahezu unstrittig. Um so weiter gingen freilich auch in Zukunft die Meinungen darüber auseinander, ob ein bestimmter Papst zurücktreten solle, aber das war dann ein primär politisches, nicht mehr ein theoretisch auflösbares Problem. Mit der Frage nach der Abdankung des Papstes, ihrer Möglichkeit, Prozedur und ihren Folgen hatte die akademische Szene eine Thematik gewonnen, die unmittelbar aktuell und doch nur mit Aufbietung einiger wissenschaftlicher Verfahren und Argumente damals befriedigend lösbar schien.

Mehr als anderthalb Jahrhunderte zuvor hatten nun die Hochschulen in Europa als Universitäten ihren Siegeszug begonnen. Sie erhoben nicht ohne Grund den Anspruch, auch für das praktische Leben nützliche und vor allem: der Karriere förderliche Kenntnisse zu vermitteln. Insbesondere in den Quaestionen, und dabei wiederum bei den Quodlibets der Theologischen Fakultät oder den Disputationen der Juristen wurden immer wieder auch unmittelbar praktische Probleme verhandelt und mit der Aufbietung aller möglichen Finessen in Argumentation und Methode determiniert, d.h. dem

Anspruch nach vom Magister gültig, der Wahrheit gemäß entschieden und „festgelegt" (*determinare* ist das präzise Wort dafür). Der Streit um Beichtlizenz und Predigtrecht der Bettelorden etwa war im 13. Jahrhundert und wurde auch weiter im 14. Jahrhundert noch durchaus in vielfacher Weise und entgegengesetzt im Ergebnis behandelt worden. Oder die Frage, ob der alte Streit der Fakultäten in der kirchlichen Wirklichkeit eine Entsprechung habe, ob also ein Bistum besser durch einen Theologen oder durch einen Kanonisten regiert werden könne, wurde mit spürbarem Eigeninteresse der Beteiligten häufig erörtert.[196] Manch andere Fragen solch aktueller oder doch praktischer Bedeutung ließen sich aus den Quaestionenverzeichnissen herausfiltern, die eine wichtige praktische Relevanz hatten, die aber an zentraler in der Gegenwart orientierender Bedeutung es mit dem neuen Thema nicht aufnehmen konnten. Dementsprechend sind den Texten der Hörsäle, den Quodlibets, Quaestionen und Sentenzenkommentaren in jenen anderen Themenbereichen[197] auch nicht außeruniversitäre Traktate gefolgt, die das breitere Publikum und damit diejenigen hätten erreichen können, die die Universität bereits verlassen hatten, gleichwohl aber an orientierender Auskunft der Wissenschaft interessiert blieben.

Ganz anders lagen die Dinge bei der Diskussion um päpstliche Abdankung und Legitimität, um Wahl und Neubesetzung des apostolischen Stuhls. Auch weil immer wieder neu die Höfe der weltlichen und geistlichen Herrschaftsträger von diesem Problem betroffen waren, wird hier die Sphäre der Hörsäle zwar nicht ausgelassen, aber die Texte strahlen doch sichtbar weit über diesen engsten und engeren Kreis hinaus. Die beiden wichtigsten und, soweit wir sehen können, einflußreichsten Traktate der ganzen Diskussion, die Stellungnahmen des Petrus Johannis Olivi und die des Aegidius Romanus wurden gar nicht mehr an einer Universität geschrieben, sondern wurden verfaßt, als ihre Autoren längst anderweitig tätig waren. Diese Texte richten sich auch von vornherein an ein außeruniversitäres, nichtstudentisches Publikum, ein Umstand, der freilich auf der anderen Seite die Überlieferung der Texte nicht gerade beflügelt hat. Olivis Traktat besitzen wir noch in drei Mss., Aegidius' Traktat bringt es noch auf zwei erhaltene Handschriften.

---

[196] Die Literatur ist dazu vielfältig: vgl. bereits Charles Homer HASKINS, Studies in Medieval Culture, Oxford 1929, S. 47–49; für Beispiele aus der theologischen Tradition vgl. insbesondere Martin GRABMANN, Die Erörterung der Frage, ob die Kirche besser durch einen guten Juristen oder durch einen Theologen regiert werde, bei Gottfried von Fontaines († 1306) und Augustinus Triumphus von Ancona († 1328), in: Festschrift Eduard Eichmann, Paderborn 1940, 1–19; weiterhin R. James LONG, „Utrum iurista vel theologus plus proficeret ad regimen ecclesiae", A *Quaestio disputata* of Francis Caraccioli, Edition and Study, in: Medieval Studies 30 (1968) S. 134–162 (Text 153–158). (15. Jh.): *POSTHUMUS MEYJES (1991).

[197] Eine grobe thematische Übersicht bei Gabriel LE BRAS, Le droit canon dans la littérature quodlibétique, in: ZRG kan. 46 (1960) S. 62–80. Vgl. auch Georges DE LAGARDE, La naissance de l'esprit laïque, Nouvelle éd., Bd. 2: Secteur social de la scolastique.

Gleichwohl wäre die ganze Frage nach der Erlaubtheit päpstlichen Amtsverzichts wahrscheinlich nur ein kurzes Intermezzo in der Entwicklung des
politischen Denkens geblieben, wenn das Thema weiterhin so isoliert behandelt worden wäre. Wir hätten dann vielleicht eine relativ scharf um-
grenzte Phase von durchaus begrenztem Nachhall vor uns. Bonifaz VIII.
aber provozierte nicht nur zu Beginn seiner Regierungszeit den heftigsten
Widerspruch: auch bei seinen weiteren Entscheidungen und grundsätzlichen Haltungen liebte es der Caëtani-Papst, immer in der vollen Rüstung
der traditionellen Theoreme für seine gewaltig gesteigerten Ansprüche aufzutreten und stets von jedermann allgemeine Unterwerfung zu verlangen.

So geschickt er im einzelnen die Karten zu mischen verstand, so wenig
konnte er doch vermeiden, daß das knappe Jahrzehnt seiner Regierungszeit
den päpstlichen Hof, die Kurie von einem Konflikt in den anderen stürzte.
Die noch von den Vorgängern ererbte sizilische Frage beschäftigte den
Papst und seine Berater fast unablässig[198], ebenso die unsichere Situation im
Patrimonium Petri, das unter seiner Regierung ein gutes Stück auf dem
Wege zum Kirchenstaat vorankam; die undurchsichtige Lage in Deutschland, Aufruhr und Gegenkönigtum, schließlich die siegreiche Durchsetzung
des Habsburgers Albrecht I. gegen den König aus rheinischem Grafenhaus
Adolf von Nassau zwang den Papst zu weiteren Maßnahmen und Erklärun-
gen.[199]

Der Zusammenstoß mit dem französischen Hof konnte zunächst noch
abgebogen werden. In seiner zweiten Aufgipfelung aber war es gerade dieser
Konflikt zwischen französischem Königshof und Papst, der Bonifaz' Scheitern vollends offenbar machte. Hinzu kam und mit all diesen Problemen
untrennbar verwoben war dann noch der Streit im eigenen Haus der Kurie,
der Krieg mit den Colonna-Kardinälen und ihrem Anhang, der ebenfalls
den Papst zur Betonung seiner Kompetenzen lockte. Das Konfliktpotential,
das sich da auftürmte, wäre auch dann gewaltig gewesen, wäre es nicht durch
schneidende päpstliche Proklamationen zusätzlich geschärft worden. So
verschwand es auch dann nicht, als der Papst zugunsten eines einzelnen seiner verschiedenen Interessen ein anderes Interesse stillschweigend für eine
bestimmte Zeit zurückzustellen bereit war, wie er es etwa in der Zeit seines
letzten Konflikts mit Frankreich hinsichtlich des Imperiums Romanorum
versuchte.[200]

---

[198] Das wird auch aus den Berichten deutlich, die bei Finke, Aus den Tagen, p.
XXXVIII-LVIII, publiziert sind. Vgl. vor allem aber Acta Aragonensia, passim.

[199] Vgl. dazu unten bei Anm. 244ff.

[200] Vgl. die berühmte Konsistorialansprache Bonifaz' VIII. vom 30. April 1303: im
Protokoll in MGH Const. IV.1, S. 138–151 (Nr. 173–176). Zu den ähnlich gerichteten
Ausführungen Clemens' VI. fast ein halbes Jahrhundert später anläßlich der feierlichen
Approbation Karls IV. vgl. Hans Patze, „*Salomon sedebit super solium meum*", Die Konsisto-
rialrede Papst Clemens' VI. anläßlich der Wahl [*sic!*] Karls IV., in: Kaiser Karl IV. (1316–
1378), hg. von Hans Patze, S. 1–37; auch Wood, Clement VI, bes. S. 160–169. Zur Ent-

Natürlich war es für die skizzierte wissenschaftlich-publizistische Diskussion aber wichtig, welche Themen in die Zentren der Debatten rückten und dort Aufmerksamkeit erheischten und fanden. Solche Zentren waren einmal die päpstliche Kurie selbst, an der vielfach Memoranden, Denkschriften, Widmungstraktate von bereits bekannten oder auch von noch unbekannten Autoren einliefen oder verfaßt wurden. Aber es stellte sich für die Debatte als ebenso wichtig, ja als ausschlaggebend für ihre Intensität heraus, daß solche Themen in wissenschaftlicher Weise auch außerhalb der Kurie aufgegriffen werden konnten, daß die Kurie keineswegs mehr das Monopol einer wissenschaftlichen Erörterung besaß, sondern andere Orte sich in Konkurrenz zu ihr als schlagkräftige Agenturen der neuen Debatten erwiesen.

Paris konnte, das ist bezeichnend, mit seiner Universität immer wieder vom französischen Hof aktiviert werden. Anfang des 14. Jahrhunderts war schon allein der noch relativ geringen Zahl von Universitäten wegen, die allein die methodischen Voraussetzungen für einen Eintritt in diese Debatte vermitteln konnten, der Kreis der theoretisch bedeutsamen Konflikte durchaus eingeschränkt. Hatte im Kampf mit den Colonna der durchgreifende militärische Erfolg der Caëtani-Partei zunächst die Erörterung sehr bald begrenzt, allen Bemühungen der Colonna zum Trotz, so fehlte im Konflikt mit dem Römischen Imperium ein publizistischer Widerhall zunächst fast völlig.

Tolomeo von Lucca, damals in enger Verbindung zum päpstlichen Hof stehend, hat das Thema zwar um die Jahrhundertwende in seiner „Determinatio compendiosa de iurisdictione Romani Imperii et auctoritate summi pontificis"[201] mit Verve aufgegriffen, er fand mit dieser Schrift aber zunächst kein größeres Echo. Erst relativ spät, in der avignonesischen Zeit, sollte sich sein Text zu einem Standardwerk papalistischer Pamphletistik entwickeln. Der deutsche Hof verfolgte jedenfalls damals eine andere Taktik als die offene Konfrontation, suchte doch der Habsburger Albrecht I. zu dieser Zeit noch seine Kaiserkrönung zu erlangen – die sein früher gewaltsamer Tod (1308) dann doch nicht zustande kommen ließ. So blieb das Thema, das sich von der Tradition her eigentlich für eine kontroverse Erörterung angeboten hätte, zunächst auf eine einzige bewußt anonym belassene Schrift beschränkt. Zu Zeiten Bonifaz' VIII. selbst wurde aus diesem Traktat, obwohl offenbar an der Kurie entstanden, keine publizistische Diskussion. Freilich blieb auch der Konflikt Papst Bonifaz' VIII. mit dem Römischen König sozusagen „unterhalb" einer offenen Auseinandersetzung.

---

wicklung der kurialen Approbationstheorie in der ersten Hälfte des 14. Jahrhunderts vgl. z.B. demnächst MIETHKE, in: *Lupold von Bebenburg, Politische Schriften, Einleitung, S. 61–97. Vgl. auch unten Anm. 239.
[201] Vgl. dazu Kapitel III.2.

Anders kam es bei dem Streit, den Bonifaz VIII. seit 1296 mit König Philipp dem Schönen von Frankreich lebhaft führte.[202] Zunächst hat dieser Konflikt zwar weitgehend ohne eine ernsthafte publizistische Begleitung stattgefunden, im Laufe der Zeit aber sollte er einer immer stärker aufkommenden Debatte Anlaß geben, die der politischen Theorie des gesamten 14. Jahrhunderts ihre Stichworte vorgab. Natürlich fehlte es hier von Anfang an auch nicht an der rollenden Sprache der päpstlichen Bullen, von denen insbesondere jene, die den Streit ärgerlich auslöste, schon in ihrem Anfangssatz Aussagen von plakativer Allgemeinheit machte: *Clericis laicos infestos esse oppido tradit antiquitas, quod et praesentium experimenta temporum manifeste declarant…* [203] – „Laien sind den Klerikern bitter feind, wie es schon seit alters bekannt ist und wie wir es zu unserer Zeit ganz handgreiflich erfahren …", so hebt der Papst mit seiner Erklärung an.

Beim französischen Hofe und in seinem Bannkreis empfand man offenbar zuerst noch nicht die Notwendigkeit, den kurialen Ansprüchen anders als durch königliche Verfügungen zu begegnen. Immerhin wollte man der hallenden Rhetorik des Papstes auch Argumente entgegenhalten. Pierre d'Étampes, von 1307–1324 als Mitarbeiter der königlichen Kanzlei nachweisbar, hat sich dort ein Sonderregister mit den Schriftstücken des Streites angelegt, das heute noch im Nationalarchiv in Paris erhalten ist. Der Kanzleikleriker nahm in dieses Konvolut nicht nur die aus Rom nach Paris überstellten Schreiben auf, sondern auch einige argumentative Texte, die in knapper Form die Position des französischen Hofes zu stützen versuchten. Nach dem Brief Bonifaz' VIII. (vom 30. Sept. 1296) an König Philipp, der wiederum mit den charakteristischen Worten beginnt „*Ineffabilis amoris dulcedine*",[204] setzte er über die folgende Abschrift eines Traktats die Überschrift. „Sehr gelungene Antwort für die königliche Seite gegen diese Bulle und gegen die in ihr enthaltenen Argumente, und das ganze ist sehr bemerkenswert, auch wenn es nicht eine abgeschlossene Schrift ist".[205]

---

[202] Vor allem ist hier die (um 1900 niedergeschriebene) Darstellung von Digard zu nennen: Philippe le Bel et le Saint-Siège. Vgl. auch die Darstellungen von Jean FAVIER, Philippe le Bel, Paris 1978, sowie Joseph Reese STRAYER, The Reign of Philip the Fair, Princeton 1980; Tilmann Schmidt, Bonifaz-Prozeß; Dominique POIREL, Philippe le Bel, Paris 1991. Eine monumentale Aktenedition zum Prozeß gegen das Andenken Bonifaz' VIII. liegt vor in COSTE, Procès; vgl. auch Jean COSTE, Les deux missions de Guillaume de Nogaret en 1303, in: MEFRM 105.1 (1993) S. 299–326, hier bes. S. 299 u. 303. Eine Skizze bei MIETHKE, Philipp [IV.] der Schöne.

[203] POTTHAST Nr. 24291, Registre, éd. DIGARD, Bd. 1, Nr. 1567.

[204] POTTHAST Nr. 24398, Registre, éd. DIGARD, Bd. 1, Nr. 1653.

[205] Zweiter Teil eines Registers der königlichen Kanzlei, angelegt unter Pierre d'Étampes, heute Ms. Paris, BN, lat. 10919, fol. 4va-6va [= ältere Foliierung fol. xvva – 17va], a. A.: *Pulcherrime responsiones facte pro rege ad bullam precedentem et ad puncta aliqua in ea contenta et est notabilissimum, licet non sit opus perfectum.* Der Registerband stammt aus dem königlichen Archiv, der erste Teil liegt nicht heute in den Archives Nationales [Signatur: JJ 28]; zur Geschichte der beiden Mss. vgl. insbesondere Henri François DELABORDE, Étude sur la constitution du Trésor des Chartes, in: Layettes du Trésor des Chartes, Bd. 5, Paris

Auf derselben Seite hat er dann einen kurzen Text eingetragen, dessen Hauptinhalte sich schon aus seinem ersten Satz ergeben, nach dem der anonyme Text auch immer zitiert wird: *„Antequam essent clerici, Rex Francie habebat custodiam regni sui."*[206] Es geht also darum, die Unabhängigkeit der königlichen Gewalt schon durch den bloßen Hinweis auf die Chronologie zu erweisen. Leider wissen wir nicht, von wem diese Argumentationsreihe stammt, auch wenn es durch die Überlieferung evident ist, daß sie gleichsam die offiziöse Meinung des Hofes zusammenfaßt. Ähnliche Argumente finden sich – offensichtlich mit der Absicht, auch ein weiteres Publikum zu erreichen – in einem eleganten kleinen Schriftstück, das als Streitgespräch zwischen einem Kleriker und einem Ritter stilisiert ist, in der sogenannten „Disputatio inter clericum et militem"[207], die uns in ihrer ursprünglichen lateinischen Fassung allein in insgesamt etwa 20 Handschriften überliefert. Zusätzlich ist dann der Text noch in leichter Überarbeitung in die große Kompilation des „Somnium viridarii" (von ca. 1376)[208] eingegangen, und diese Materialsammlung ist dann wenig später, offenbar vom Autor selbst, dem aus bretonischem Kleinadel stammenden, in Bologna zum *doctor utriusque iuris* promovierten Pariser Universitätslehrer, königlichen Rat und (seit 1374) *maître de requêtes* Évrart de Trémaugon († 1386 als Bf. von Dol in der Normandie) binnen zweier Jahre (bis 1378) in eine französische Version –

1909, S. i–ccxxiv, hier zu Étampes S. xxxviii–lxxiv, bes. S. xlvii sq.; die beiden Hss. werden auch in den mittelalterlichen Inventaren genannt, vgl. DELABORDE, S. xcv sq. [vor 1348 / 1350: Nr. 23 u. 26]; S. cxviii [1371: Nr.XXII u. XXVI]; S. clvii [1379: Nrr. 28 u. 29]. Dazu auch COSTE, Procès, S. xxvi sq. (Mss. B und D).

[206] Gedruckt ist der Text bei DUPUY, Histoire du différend, Preuves, S. 21–23. Auch ★DYSON (1999) 12–45. Vgl. dazu bereits SCHOLZ, Publizistik, S. 360–363; RIVIÈRE, Probleme, S. 99–102, 258; WIERUSZOWSKI, Vom Imperium, S. 90–94; KÖLMEL, Regimen, S. 476f.; sowie François CHÂTILLON, Pour une meilleure interprétation du libelle *„Antequam essent clerici"*, sowie derselbe, Augustin, Confessiones III.8.15 dans le libelle *„Antequam essent clerici"*, beides in: RMAL 21 (1965) S. 103–121 u. 252f.

[207] Kritische Edition (entstellt von zahlreichen ärgerlichen Druckfehlern) bei Norma N. ERICKSON, A Dispute Between a Priest and a Knight, in: Proceedings of the American Philosophical Society 111 / 5 (Philadelphia 1967) S. 288–313 [Text S. 294–301]. ★DYSON (1999) 12–45. Zum Text vor allem (außer SCHOLZ, Publizistik, S. 333–355) RIVIÈRE, Le problème, S. 253–261; auch Victor MARTIN, Les origines du Gallicanisme, Paris 1936, Bd. 1, S. 210–214.

[208] Zusammenfassend dazu Marion SCHNERB-LIÈVRE, in: LexMA 7, Sp. 2045f. u. 8, Sp. 970f.; MIETHKE in: LThK³, Bd. 9 (2000) Sp. 717f. Der Text liegt jetzt in seinen beiden Fassungen endlich in modernen Editionen vor: Somnium viridarii, éd. SCHNERB-LIÈVRE, Bd. 1–2 [ein weiteres (achtes) nichtilluminiertes Ms. liegt heute in Lissabon, Arquivo Nacional da Torre do Tombo, 447 (chart. XV. s.)]; der frühere Druck bei GOLDAST, Monarchia, Bd. 1 [Neudruck des „Somnium" allein auch in: RMAL 22 (1966 / 1967, erschienen 1976)]. Der Text des Songe du Vergier, éd. SCHNERB-LIÈVRE, vol. 1–2 [ein weiteres Ms. genannt und beschrieben bei Dirk VAN DEN AUWEELE: Note sur un ms. du Songe du Vergier: RThAM 51 (1984) S. 242–245]. Für Differenzen zwischen Vorlage und Kompilation im einzelnen exemplarisch Jean-Pierre ROYER, L'Église et le royaume de France au XIVe siècle d'après le *„Songe du vergier"* et la jurisprudence de parlement (Bibliothèque d'histoire du droit et du droit Romain, 15) Paris 1969, S. 46–54, 67, 130–139 (u. passim).

mit Zusätzen und Streichungen, verbessernd und königliche Anregungen aufnehmend – zuspitzend umgearbeitet worden, den „Songe du vergier"[209], wo sich unser kleiner Text natürlich gleichermaßen findet. Man darf sogar vermuten, da diese beiden Versionen der Kompilation ihre Argumente mit Vorliebe auf zwei Dialogpartner verteilen, die als *clericus/clerc* und *miles / chevalier* auftreten, auch dort, wo der Text ganz anderen Quellenschriften folgt, daß das kleine Streitgespräch zwischen Ritter und Kleriker zumindest als formales Vorbild das große gallikanische Sammelwerk am Hofe Karls V. angeregt hat.

Um die gleiche Zeit, in der in Frankreich diese Sammlungen entstanden, die die vielfältigen Bemühungen des französischen Hofs um eine „wissenschaftlich" gestützte Reform und Theorie von Reich und Kirche repräsentiert,[210] übersetzte auch in England in den letzten Jahren König Edwards III. John Trevisa, ein englischer Pfarrer, neben manchen anderen Texten aus dem Lateinischen[211] auch diesen Dialog[212] in die Landessprache, was dem Traktat wiederum eine weitere Verbreitung im 14. und 15. Jahrhundert und durch den Druck dann auch im 16. Jahrhundert sicherte.[213] So ist es nicht weiter verwunderlich, daß der Traktat in der neueren Literatur eine intensive Beachtung gefunden hat, und immer wieder mit guten Gründen herangezogen wurde, wenn es galt, die Haltung des französischen Hofes etwas differenzierter zu erfassen, als es allein nach den offiziellen Dokumenten möglich ist.

Auf der kurialen Seite, und das ist bezeichnend genug, fehlt zunächst fast jede Entsprechung. Die kleine anonyme Schrift eines Kurialen, die programmatisch mit dem Satz anhebt „Non ponant laici os in coelum"[214] ist

---

[209] In den (im Druckbild sehr unübersichtlichen) Editionen durch Marion Schnerb-Lièvre finden sich sorgfältige Tabellen zu den bisher identifizierten Vorlagen der Kompilation [Songe, Bd. 2, S. xlvi–xlix; erweitert in: Somnium, Bd. 1, S. xxix–xxxiv; vgl. auch das ausführliche Quellenregister in Somnium, Bd. 2, S. 522–543].

[210] Dazu besonders KRYNEN, L'Empire du roi, S. 111–124, 424–432.

[211] John Trevisa, The Governance of Kings and Princes, John Trevisa's Middle English Translation of the „*De regimine principum*" of Aegidius Romanus, edd. David C. FOWLER / Charles F. BRIGGS / P. G. REMLEY (Garland Medieval Texts, 19) New York-London 1997. Zu John Trevisa zuletzt David C. FOWLER, John Trevisa (Authors of the Middle Ages) Aldershot 1993; knapp zusammenfassend Klaus BITTERLING, in: LexMA 8 (1997) Sp. 980f.

[212] Ed. John A. PERRY (Early English Text Society, Original Series 167) London 1925 [ND Oxford-New York 1971] S. 1–38.

[213] Dazu im einzelnen unten im Anhang.

[214] Gedruckt bei SCHOLZ, Publizistik, S. 471–484. Dazu vor allem SCHOLZ, ebenda, S. 158–165, RIVIÈRE, Le problème, S. 130–132, 163ff. Zu den Anfangsworten der Schrift vgl. Ps. 72.9 und D. 21. c. 9 – die Wendung war bei den Kanonisten stehende Redensart für einen vermessenen Angriff auf den Papst und die Hierarchie, vgl. aus dem 12. Jahrhundert bereits Bernhard von Pavia, De electione [ca. 1177/1179], II § 5, in: Bernardus Papiensis, Summa decretorum, ed. Ernst Adolf Theodor LASPEYRES, Regensburg 1860 [Neudruck Graz 1956], S. 311; für das 14. Jahrhundert werden die Belege zahlreich: vgl. nur z.B. Heinrich von Cremona, De potestate pape, bei SCHOLZ, Publizistik, S. 458 (bzw. S. 33

noch die bekannteste Äußerung, die freilich von der Intensität und Erbitterung der kommenden Debatte wenig ahnen läßt. Der Text will die Bulle „Clericis laicos" verteidigen und ist ganz offenbar an der Kurie selbst entstanden, in enger Entsprechung zu der „Disputatio inter clericum et militem"[215] und wohl auch zu dem (wiederum anonymen) Streitschriftchen aus den französischen Hofkreisen „Antequam essent clerici".[216] Der kurze Text, der sich vorwiegend auf die Bibel und das päpstliche Dekretalenrecht stützt, hat dann wenig später Heinrich von Cremona für dessen schon etwas ausführlichere Stellungnahme als Vorlage gedient,[217] wenn er nicht überhaupt von Heinrich von Cremona verfaßt worden ist.

Es ist auffällig genug, daß alle die genannten Traktate nicht mit Sicherheit zu datieren sind und daß sie allesamt keinen Verfassernamen tragen. Wenn auch bei ihnen allein mit großer Wahrscheinlichkeit die erste Phase der Auseinandersetzungen zwischen Bonifaz VIII. und dem französischen Hof als Rahmen ihrer Entstehung anzunehmen ist, so ist doch keineswegs mit Sicherheit auszuschließen, daß sie erst in der zweiten Phase des Kampfes geschrieben worden sind, die für Bonifaz VIII. schließlich so bitter enden sollte, weil in diesem zweiten Aufwallen des Konflikts auch all die Themen, die schon im ersten eine Rolle gespielt haben, nun erneut aktuell geworden sind. Es scheint ohnedies bemerkenswert, daß in der ersten Phase des Kampfes zwischen dem Papst und dem französischen König die publizistische Begleitmusik der Traktate und Quaestionen noch relativ schwach entwickelt scheint. Erst in der zweiten Phase der Auseinandersetzungen, die mit dem Konflikt um den Gerichtsstand des Bischofs von Pamiers Bernard de Saisset begann, scheint die kritische Masse von strittigen Fragen groß genug geworden zu sein, daß nun auch längere theoretisch gezielte Abhandlungen auf beiden Seiten der Kampflinien entstehen.

Wenn wir nach den in den Texten aufgegriffenen Problemen urteilen, so werden wir diejenigen Traktate, die die neuen Probleme dieses späteren

---

KOCKEN); bei Johannes Quidort, De regia potestate et papali, erscheint es gleich viermal: cc. 6, 13, 20, 22 (S. 95,27; 137,19; 184,6; 192,6; 194,25; 195,4 BLEIENSTEIN); oder vgl. Guillelmus Duranti, Tractatus maior I.1 (Editio princeps, Lyon 1531, fol. 4rb); in einer Predigt des Franziskaners Leo von Ravenna, die Rudolf Losse in seine Kollektaneen aufgenommen hat, in: Nova Alamanniae, Bd. 2.II, Nr. 1541 § I (S. 866); Baldus, Consilia, Bd. 3 (im Druck: Brescia 1491, fol. 61v = cons. 1.248 des Druckes Venedig 1575, Neudruck Turin 1970), hier zitiert nach Joseph CANNING, The Political Thought of Baldus de Ubaldis (Studies in Medieval Life and Thought, IV.6) Cambridge usw. 1987, S. 269 und 224; im 15. Jahrhundert bleibt das Zitat stehende Redensart, vgl. beispielsweise Konrad von Gelnhausen, Epistola concordiae, c. 3, in: Franz Placidus BLIEMETZRIEDER, Literarische Polemik zu Beginn des Großen Abendländischen Schismas (Kardinal Petrus Flandrin, Kardinal Petrus Amelii, Konrad von Gelnhausen), Ungedruckte Texte und Untersuchungen (Publikationen des Österreichischen Historischen Instituts in Rom, 1) Wien-Leipzig 1910 [Neudruck New York-Berkeley 1967], S. 128.

[215] Vgl. oben Anm. 207.
[216] Vgl. oben Anm. 206.
[217] Zu ihm vgl. unten Anm. 225ff.

Konflikts, vor allem den Streit um die Jurisdiktion über Kleriker, noch nicht sichtbar hervortreten lassen, mit größerer Wahrscheinlichkeit eher vor der Jahrhundertwende als nach ihr entstanden ansetzen dürfen. Da sich unsere bisher in Augenschein genommenen Texte wegen ihrer Anonymität und vor allem wegen ihrer unspezifischen Polemik einer genaueren zeitlichen Einordnung und exakten Lokalisierung entziehen, bleibt es freilich schwierig, das hier nur ganz grob benannte Gewebe der Diskussion sich anschaulich vor Augen zu führen. Dabei sollte man aber in Rechnung stellen, daß die Anonymität der Texte durchaus nicht eindeutig allein auf die Zurückhaltung der Autoren in einer polemischen Situation zurückgeführt werden muß, wie das heutigen Vorstellungen entsprechen würde, so als zeige das Verschweigen des Autornamens die Besorgnis der Verfasser vor unliebsamer Entdeckung an. Vielmehr ist auch hier der mittelalterliche Brauch in Rechnung zu stellen, Texte, die das Ergebnis gemeinsamer Bemühungen mehrerer Autoren sind, ohne Verfassernamen zu überliefern.

Daß die „Disputatio inter clericum et militem", wie eine handschriftliche Notiz zu „Non ponant laici" zu behaupten scheint,[218] ebenfalls an der Kurie entstanden ist – und nicht vielmehr am französischen Hof – erscheint ganz unwahrscheinlich. So viel dürfen wir wohl festhalten, eine Datierung unserer Texte in diese frühe Phase des Streits einmal angenommen, daß bereits damals beide Seiten sich um argumentative Unterstützung bemühten und solche Unterstützung in einem gewissen bescheidenen Umfang auch fanden. Die Kurie war ohnedies seit Jahrzehnten der Ort, wo sich gelehrte Kleriker sammelten. An der Kurie im Konsistorium konnten ausführliche Erörterungen geführt werden und wurden auch dort nachweislich seit dem 12. Jahrhundert geführt.[219] Aber auch der französische Hof hatte offenbar, wie es sich in Zukunft noch viel deutlicher zeigen sollte, hinreichend ausgebildete Kleriker zur Verfügung, die an Gelehrsamkeit sich den Kurialen des Papstes durchaus gewachsen zeigen sollten, stand doch in Paris die Universität bereit, wo sich Ansprechpartner für den französischen Hof in ausreichender Zahl und mit einer Qualifikation finden ließen, die sich der Aufgabe stellen konnten. Sie zeigten sich dann auch in der Lage und waren bereit, in einem vom königlichen Hof erwünschten Sinne tätig zu werden.

---

[218] Gedruckt bei SCHOLZ, Publizistik, S. 484f. (aus Ms. Paris BN lat. 4364, fol. 44v): *Hic tractatus in curia Romana dicitur factus et quidam alius maior, qui intitulatur tractatus seu libellus de clerico et milite...*, vgl. S. 166 u. 339f., sowie RIVIÈRE, Problème, S. 131f. Die Notiz verdient, sofern sie so gelesen wird, als sei auch die „Disputacio" an der Kurie entstanden, keinerlei Vertrauen, und wird auch in der neueren Literatur zur Disputacio nicht weiter erörtert. Zur „Disputacio" vgl. außer der oben (Anm. 207) genannten Edition auch John T. RENNA, Kingship in the „Disputacio", in: Speculum 48 (1973) S. 675–693.

[219] Nachweise bei MIETHKE, Das Konsistorialmemorandum des Heinrich von Cremona.

III. Die kurialistischen Traktate

1. Die römische Kurie

Die erste Phase des langwierigen und letztenendes für den Papst katastrophalen Konflikts Bonifaz' VIII. mit dem französischen König war von der Bulle „Clericis laicos" ausgelöst worden. Er war geführt worden über die Besteuerung von Geistlichen und konnte noch relativ geräuschlos beigelegt werden. Mit der zweiten Phase des Konflikts, die sich an dem Problem der Gerichtshoheit über Geistliche entzündete, konkret an dem Streit um die Behandlung des Bischofs von Bernard de Saisset durch den französischen Hof, kommt dann aber neues Leben in die bereits ermüdete publizistische Debatte.

Als der kurz zuvor einigermaßen beigelegte Zwist kurz nach der Jahrhundertwende neu entbrannte, erreichte er sehr schnell wieder die alte Heftigkeit. Die Gegner hatten ihre alten Erfahrungen offenbar noch gut im Gedächtnis behalten. Es ist bezeichnend, daß uns diesmal auch von der päpstlichen Kurie nicht nur die pathetischen Bullen des Papstes selbst erhalten sind, die ja ihrerseits immer auch – zumindest ansatzweise – argumentierten, sondern daß wir jetzt auch hier – und rasch in einem wahrhaft aufsehenerregendem Umfang – Texte vorfinden, die die strittigen Fragen selbständig zum Gegenstand einer eigenen systematischen Untersuchung erheben, die eine theoretische Standortbestimmung zumindest versuchen. Daß dabei gerade am päpstlichen Hof die verschiedenen Textsorten für einen heutigen Betrachter gewissermaßen ineinandergreifen, daß abgekürzt gesagt, komplizierte theoretische Traktate bis in die Formulierungen der großen päpstlichen Bullen hinein Wirkungen zeigen, ist in der Deutlichkeit, mit der wir das jetzt beobachten können, ein seltenes, um nicht zu sagen zuvor so nicht wahrnehmbares Phänomen.

Offensichtlich war das Thema, um das sich Papst und französischer König stritten, Gegenstand von Überlegungen und Gesprächen am päpstlichen Hof selbst, so daß wir in den Traktaten aus dem Kreise der Kurie nicht nur die individuellen Meinungen bestimmter einzelner Autoren zu fassen bekommen, sondern in den Prozeß der Meinungsbildung an der päpstlichen Zentrale selbst Einblick gewinnen. Besonders deutlich wird das an jenen Texten, die im Vorfeld der wohl berühmtesten päpstlichen Bulle des Mittelalters überhaupt, der Bulle „Unam sanctam",[220] entstanden sind. Diese Er-

---

[220] Obwohl in den Registern ausgeschabt, wurde der Text gedruckt in: Les Registres

klärung, als päpstliche „Konstitution", d.h. als Gesetz mit Gehorsamsforde-
rung erlassen, proklamiert die Bulle in letzter Zuspitzung den Anspruch auf
Unterwerfung aller Kreatur unter den Römischen Bischof als heilsnotwen-
dig. Diese These hatte zwar in der Arbeit der Theologen und Kirchenjuristen des 13. Jahrhunderts Vorläufer und die Bulle hat teilweise auch von diesen Vorgängern ihre Formulierungen entlehnt,[221] in seinen unmittelbaren
Argumentationen und seinem systematischen Impetus aber war das Doku-
ment zweifellos von einer damals regen Debatte am päpstlichen Hof geprägt, die uns in einigen erhaltenen Zeugen noch greifbar ist. Nicht zufällig
spielt zunächst das Konsistorium des Papstes eine entscheidende Rolle.

Auf dem Konsistorium, das wöchentlich mehrmals Papst und Kardinäle
zusammenführte, ließ der Papst nicht nur nach der Aussage unserer Quellen
seine großen Bullentexte vor ihrer Promulgation von den Kardinälen erörtern (soweit Bonifaz überhaupt eine Erörterung seiner Position zuließ), hier
– insbesondere in den sogenannten „öffentlichen" Konsistorien, die nicht
so sehr der Entscheidungsfindung, als vielmehr der demonstrativen Erörterung und Entscheidungsverkündung dienten – konnten auch andere das
Wort ergreifen und haben es nachweislich ergriffen. Ganz mag hier dahin-
stehen, wie weit auch bei diesen Voten der Papst selbst oder seine vermut-
liche Auffassung als *spiritus rector* zu betrachten sind und wie weit sich die
Autoren aus eigener Initiative zu Worte meldeten. Aber auch wenn wir in
aller Regel eine relativ straffe Regie beim Ablauf dieser Konsistorien vor-
aussetzen, bleibt diese Institution doch der herausragende Ort, an dem die
mündliche Diskussion an der Kurie sich schriftlich niederschlagen konnte
und niedergeschlagen hat.

Wir besitzen mindestens zwei traktatähnliche Texte, die in evidentem
oder wahrscheinlichem Zusammenhang mit Konsistorien an der Kurie entstanden sind: einmal die berühmte Konsistorialansprache des damaligen
Kardinalbischofs von Porto, des früheren Franziskanergenerals und theologischen Magisters der Universität Paris Matteo d'Acquasparta[222], mit der

---

de Boniface VIII, édd. Digard e.a., Bd. 3, Nr. 5382. Eine kritische Edition bei Ioh. Bapt.
Lo Grasso (ed.), Ecclesia et status, Rom 1939, Nrr. 432–438. Der Text wurde häufig in
Quellensammlungen aufgenommen. Auszüge in Denzinger-Schönmetzer bzw.
Denzinger-Hünermann, Nrr. 870–875; Regest bei Potthast, Nr. 25189. Vgl. unten
Anm. 315.
    [221] Um diesen Nachweis hat sich eine eifrige Apologetik bemüht. Insbesondere wur-
den immer wieder die evidenten Textbezüge zu Thomas von Aquin herausgearbeitet. Zu
den Bezügen zu Aegidius Romanus vgl. unten Anm. 268. Zur Interpretation allgemein
vgl. etwa Marie-Dominique Chenu, Dogme et théologie dans la bulle „Unam sanctam",
jetzt in: Chenu, La foi et sa structure, Paris 1964, S. 361–369; Walter Ullmann, Die Bulle
„Unam sanctam", Rückblick und Ausblick, in: Römische Historische Mitteilungen 16
(1974) S. 45–77, jetzt in: Ullmann, Scholarship and Politics, Nr. vi); knapp auch
Miethke/Bühler, Kaiser und Papst, S. 34–36; zusammenfassend in: LThK³ 9 (2000).
    [222] Zu ihm jetzt der Sammelband: Matteo d'Acquasparta, francescano, filosofo, politico
(Atti del XXIX convegno storico internazionale, Todi 1992) Spoleto 1993, darin insbe-

dieser am 24. Juni 1302 vor den Abgesandten der französischen Stände und des französischen Königs die einzelnen Handlungen des Papstes im jüngsten Konflikt begründend erläuterte[223], bevor der Papst selbst in einer eigenen Ansprache seine Position noch einmal umriß.[224] Auch hier wiederum ist die handschriftliche Überlieferung bezeichnend: wir besitzen diese beiden Texte ausschließlich in Reportationen aus Pariser Milieu, also von den betroffenen „Zuhörern", in zwei voneinander nicht unabhängigen späten Manuskripten des 15. Jahrhunderts, die beide in Paris entstanden sind. Somit haben wir den Niederschlag von Berichten nach Frankreich vor uns. Das mindert die Glaubwürdigkeit dieser Nachrichten nicht, erklärt aber vielleicht manche Schroffheit der Texte.

Das zweite Beispiel ist das Konsistorialmemorandum, mit dem in denselben Monaten der kuriale *doctor decretorum* und spätere Bischof von Reggio in der Emilia Heinrich von Cremona die päpstliche Politik zu begründen unternahm. Sein Text,[225] der uns in insgesamt 10 Manuskripten erreicht hat,[226] weil er im 15. Jahrhundert eine neue Aktualität gewann, liegt uns zudem in einer leicht unterschiedlichen doppelten Redaktion vor, in einer (für ein Konsistorium vorbereiteten?) geringfügig kürzeren Fassung[227] und in einer wohl kurz darauf vom Autor nur unwesentlich erweiterten Endredaktion.

Auch hier wiederum ist es bezeichnend, daß auch dieser Text offensichtlich sehr schnell in Paris bekannt geworden ist und sehr bald ein Echo im Umkreis des französischen Hofes erhielt. Unter den ganz wenigen ausdrücklich genannten gegnerischen Positionen, die Johannes Quidort in seinem Traktat „De regali potestate et papali" angreift, ist eben unsere Schrift die am häufigsten genannte und am schärfsten ausdrücklich aufs Korn ge-

---

sondere: GARFAGNINI, Il „*Sermo de potestate papae*" di Matteo d'Acquasparta, S. 217–237. Vgl. auch die knappen Anmerkungen von Louis-Jacques BATAILLON, Matthieu d'Aquasparta, lecteur de Thomas d'Aquin, in: Revue de sciences philosophiques et théologiques 73 (1994) S. 584–586; sowie derselbe, Le cardinalat vue par un futur cardinal: un sermon de Matthieu d'Aquasparta, in: AFH 87 (1994) S. 129–134.

[223] Gedruckt (nach dem einen der beiden bekannten Mss.) bei DUPUY, Histoire, Preuves, S. 73–77, (nach demselben Ms.) auch ed. Gedeon GÁL: Mattheus ab Aquasparta, Sermones de S. Francisco, de S. Antonio et de S. Clara (Bibliotheca franciscana ascetica medii aevi, 10) Quaracchi 1962, S. 177–190 (cf. ebenda S. 14*–23*). Auf ein weiteres spätes Ms. französischer Provenienz (heute Ms. Uppsala, UB, C 692 [XVI.s.in.]) machte aufmerksam MIETHKE, Das Konsistorialmemorandum.

[224] DUPUY, Histoire, Preuves, S. 77–79 (auch dieser Text ist im Ms. in Uppsala enthalten).

[225] Jeweils nach einem Teil der Überlieferung gedruckt, ed. SCHOLZ, Publizistik, S. 458–471, und ed. E. J. J. KOCKEN, Ter dateering van Dante's „Monarchia", S. 32–47. Dazu MIETHKE, Konsistorialmemorandum, S. 421–445.

[226] Vgl. die Liste unten im Anhang.

[227] Das heute in Uppsala liegende Ms., in dem sich der Eintrag allein findet, gehört jedenfalls zur kürzeren Redaktion.

nommene.[228] Vielleicht hat Johannes Quidort den Text auch deswegen so
rasch kennengelernt, weil Heinrich seinen Traktat an der Kurie als gleichsam offiziöse Zusammenstellung von Argumenten zur Unterfütterung der
päpstlichen Position den Abgesandten des französischen Klerus zugänglich
gemacht hatte. Jedenfalls behauptet das ein Eintrag vor dem Text und in der
Inhaltsübersicht einer urprünglich aus Frankreich stammenden Handschrift
seines Traktates.[229] Hier können wir also eines der relativ wenigen Beispiele
eines unmittelbaren polemischen Bezuges zweier Texte aufeinander in der
„publizistischen" Debatte des Spätmittelalters konstatieren.

2. Tolomeo von Lucca, *Determinacio compendiosa*

Hatten damit gerade für das Konsistorium vorbereitete Argumentationen
eine große Chance, den Verbreitungskreis der Kurie selbst zu überspringen,
so finden sich an der Kurie doch auch andere Schriften, bei denen ein Bezug zum Konsistorium nicht nachweisbar ist, die aber dennoch den Gang
der dortigen Meinungsbildung offenbar stark prägten: einmal ist hier die
„Determinacio compendiosa" des Tolomeo von Lucca zu nennen, die anscheinend zu einem recht frühen Zeitpunkt einen ersten Entwurf einer kurialistischen Theorie des päpstlichen Weltanspruchs vorlegte, und außerdem
das wohl wichtigste Beispiel für derartige Texte, der bedeutendste Traktat
dieser ganzen frühen Literatur, die Schrift des damals an der Kurie lebenden
Erzbischofs von Bourges, früheren General der Augustinereremiten und Pariser Theologiemagisters und Schülers des Thomas von Aquin, Aegidius
Romanus. Beide sind hier knapp vorzustellen.

Der Traktat des Tolomeo von Lucca ist offenbar durchaus bewußt zunächst anonym vorgelegt worden.[230] Der Traktat, entstanden wohl gegen
1300 oder kurz danach,[231] der von seinem modernen Herausgeber Mario

---

[228] Vgl. unten Anm. 327.

[229] Ms. Uppsala, C 692, fol. 78r: *Dicta et notata per Heinricum de Cremona, quod papa habet
iurisdictionem in spiritualibus et temporalibus per totum mundum, in consistorio pape Bonifacii VIII
astantibus ambaxiatoribus cleri regni Francie 1302.* Vgl. dazu die Tabula, fol. <b>r: *Dicta (…)
quod papa habet iurisdictionem tam in spiritualibus quam in temporalibus per totum mundum, in
consistorio (…) astantibus ambaxiatoribus cleri regni Francie anno m° iiiᶜ ii.* Dazu MIETHKE, Konsistorialmemorandum, S. 437ff.

[230] Tolomeus de Lucca, OP, Determinatio compendiosa, ed. Mario KRAMMER. Die
Anonymität wird in c. 31 (S. 64) eigens betont: *Sed eidem qui hec scripsit tacito nomine impo-
nat nomen intentionis sinceritas et a presumptione scripture questionis scabiose et a multis repulse
propter scandalum zelus veritatis excuset se semper peritorum submittens iudicio, ubi vel veritati vel
auctoritati dictum obviaret*; die Verfasserschaft Tolomeos sicherte Martin GRABMANN, in:
Neues Archiv 37 (1912) S. 818f, da er ein Selbstzitat in Tolomeos Schrift zum „Exaemeron" nachwies. Die von Krammer benutzten und genannten Hss. lassen sich beträchtlich
vermehren: vgl. im Anhang.

[231] Die Datierung ist umstritten: Krammer setzte die Schrift (S. VII–XXI, bes. XXI)

Krammer 1909 die abkürzende und leicht irreführende Überschrift „Determinacio compendiosa de iurisdictione imperii" erhalten hat,[232] behandelt eigentlich die Autorität des Papstes über die Herrschaft des römischen Reiches und römischen Kaisers.[233] Damit paßt dieser Text gut zu den Regie-

---

auf ca. 1281 an und im allgemeinen ist ihm die Forschung darin ohne Widerspruch gefolgt, auch etwa Fritz Kern oder Marc Bloch, Friedrich Baethgen oder Peter Herde; vgl. auch Antoine Dondaine, Les „Opuscula fratris Thomae" chez Ptolémée de Lucques, in: AFP 31 (1961) S. 142–203, hier S. 170, desgleichen Thomas Kaeppeli / Emilio Panella, SSOP Bd. 4, S. 319f. (Nr. 3720). Nach längerer Diskussion hat diesen Ansatz im wesentlichen ebenfalls übernommen Charles Till Davis, Dantes Italy, S. 232–236 (der dann aber schließlich auf 1278 datiert, weil die Umstände 1281 seiner Ansicht nach doch mit dem Text nicht recht zusammenpassen wollen). Doch steht all das auf sehr unsicheren Füßen, vgl. bereits Hermann Grauert, Aus der kirchenpolitischen Traktatliteratur des 14. Jahrhunderts, in: HJb 29 (1908) S. 497–536, bes. S. 498, 502, 519, 531, 536 [cf. HJb 12 (1892) S. 812; HJb 16 (1895) S. 543; Rezension der Edition Krammers in: HJb 31 (1910) S. 242f.]. Dem Ansatz Krammers gegenüber skeptisch blieben so gute Kenner der Literatur wie Scholz, Streitschriften, Bd. 1, S. 125 Anm. 2; Johannes Bauermann, Studien zur politischen Publizistik in der Zeit Heinrichs VII. und Ludwigs des Bayern, Phil. Diss. (masch.) Breslau 1921; oder Rivière, Le problème de l'Église et l'État, S. 159f.; Michele Maccarrone, Vicarius Christi, Storia del titolo papale (Lateranum, n.s. 18.1–4) Rom 1952, S. 154 mit Anm. 2; jetzt auch Ludwig Schmugge in: DBI 47 (1997) S. 320a. Ich gedenke die hier vorgeschlagene Datierung (auf ca. 1300 oder kurz danach) demnächst ausführlicher zu begründen.

[232] Die Schrift trägt in Hss. häufiger eine Superscription, als deren Normalform gelten darf: *Determinatio compendiosa de iurisdictione imperii et auctoritate (domini) summi pontificis (circa imperium).* Im Explicit nennt der Autor selbst den Text: *brevis libellus de iurisdictione imperii et auctoritate summi pontificis* (c. 31, S. 64,18f.). Deshalb sollte der Traktat auch heute zumindest mit einem Doppeltitel benannt werden, der ihrem Inhalt zudem besser entspricht als der vom Hrsg. gewählte eingliedrige. Im „Exaemeron", ed. Masetti [zitiert bei Grabmann in: Neues Archiv 37 (1911) S. 818; zu dieser Schrift jetzt auch Emilio Panella, Rilettura del „De operibus sex dierum" di Tolomeo dei Fiadoni da Lucca, in: AFP 63 (1993) S. 51–111, zu ihrer Datierung S. 81–100 ohne definitive Konklusion: vor 1323 und nach 1274, ein wahrlich nicht kleiner Zeitraum von fast 50 Jahren!] nennt Tolomeo von Lucca seine Schrift wiederum: *libellus sive tractatus de iurisdictione imperii et summi pontificis.*

[233] Anne Knoblauch [geb. Kauschke], Die politischen Theorien des Tholomeus von Lucca, phil. Diss. FU Berlin 1953 [*masch.*]; Franz Georg Hohmann, Des Dominikaners Tholomeus von Lucca Leben, Werk und Wirkung, phil. Diss. Münster 1957 [masch.] (unselbständig); Nicolai Rubinstein, Marsilius of Padua and Italian Political Thought of his Time, in: Europe in the Late Middle Ages, London [bzw. Evanston, IL] 1965, S. 44–75, hier bes. 51–54; Dolf Sternberger, Drei Wurzeln der Politik, Frankfurt / Main [1]1978 [= (Suhrkamp Taschenbuch 1032) Frankfurt / Main 1984], bes. S. 58ff.; Ludwig Schmugge, Das Kirchenrecht als historische Quelle bei Tholomaeus von Lucca und anderen Chronisten des 13. und 14. Jahrhunderts, in: ZRG kan. 99 (1982) S. 219–276; Charles Till Davis, Dante's Italy, S. 224–289; Cesare Vasoli, Il pensiero politico della scolastica, in: Storia delle idee S. 420–423; Blythe, Ideal Government, S. 92–117; Harald Dickerhof, Der Beitrag des Tolomeo von Lucca zu „De regimine principum", *Monarchia Christi* und Stadtstaat, in: Festschrift für Eduard Hlawitschka zum 65. Geburtstag, hgg. von Karl Rudolph Schnith / Roland Pauler (Münchener Historische Studien, Abteilung Mittelalterliche Geschichte, 5) Kallmünz/Opf. 1993, S. 383–401. Zum Autor zusammenfassend Emilio Panella, Tolomeo da Lucca, in: Dictionnaire de spiritualité 15 (1990) 1017–1019; Ludwig Schmugge, Tolomeo Fiadoni da Lucca, in: DBI 47 (1997) S. 317b-320b.

rungsmaximen des Pontifikats Bonifaz' VIII., insbesondere zu dessen Auseinandersetzung mit dem römischen König Albrecht I. (1298–1308), dem
Sohn Rudolfs von Habsburg.[234]

Der Traktat ist ganz wie eine Universitätsquaestion organisiert: Nach der
Formulierung der Fragestellung folgen zwei alternative Antworten, deren
eine (die dem Autor die richtige dünkt) im Folgenden durch Stützargumente untermauert wird. Nach einer knappen Zusammenfassung[235] werden dann Gegenargumente (d. h. die Argumente für die zunächst unbehan-
delt gelassene alternative Antwort auf die Ausgangsfrage) gesucht und diskutiert, hier freilich in einem etwas komplexeren Verfahren. Der Verfasser
klärt zunächst in vier Kapiteln die Gründe für die „Dunkelheit" des Problems, indem er in historischen Exkursen unterschiedliche Verhältnisse in
ihrer Entwicklung bedenkt, geht dann erst auf die (sieben) Argumente ein,
die er (bereits in cap. 2) für die seiner Lösung entgegengesetzte Antwort angeführt hatte, nicht ohne hier mitten in der Reihe seiner Argumente in einer förmlich mit „Exkurs" überschriebenen[236] längeren Abhandlung den
„Ursprung" des Kaisertums und Kaiserreichs der Römer vorzustellen. Den
Schluß markiert der Verfasser durch eine Behandlung des letzten (siebten)
Arguments, dem er eine letzte (ebenfalls historische) Betrachtung widmet.
Diese Formalgliederung ist zwar strikt durchgehalten, zwingt freilich den
Autor zu recht unterschiedlichem Vorgehen im einzelnen, da seine vorwie-
gend historisch argumentierenden Beispiele hier in einer sachlich und nicht
in einer chronologisch geordneten Folge dem Leser präsentiert werden.

An seiner kurialistischen Haltung läßt Tolomeo nirgends einen Zweifel.
Alle Differenzierungen und Unterscheidungen, die noch durchgängig selbst
die extrem papalistisch klingenden Äußerungen seines Lehrers Thomas von
Aquin begleitet hatten, fehlen bei ihm vollständig. Ausgangsfrage ist hier das
unter Bonifaz neu und verschärft aufgeworfene Problem, von welchem
Zeitpunkt an ein deutscher Herrscher in seinem Reich Regierungsrecht
ausüben dürfe, ob unmittelbar nach seiner Wahl[237], bzw. ob nicht vielmehr
„die kaiserliche Herrschaft vom Papste abhängt und ihm in seiner Amtsaus-
übung nach seiner Wahl die Bekräftigung (*confirmatio*) des Papstes nötig"

---

[234] Dazu vor allem Friedrich Baethgen, Die Promissio Albrechts I. für Bonifaz VIII.
(erstveröff. 1928), jetzt in: Baethgen, Mediaevalia, Aufsätze, Nachrufe, Besprechungen
(Schriften der MGH, 17) Stuttgart 1960, Bd. 1, S. 202–217, sowie Martin Lintzel, Das
Bündnis Albrechts I. mit Bonifaz VIII., in: HZ 151 (1935) S. 457–485, jetzt in: Lintzel,
Ausgewählte Schriften, Berlin 1961, Bd. 2, S. 464–485.

[235] cap. 10 (S. 23 f.)

[236] cap. 17–24 (S. 35–47): c. 17 (S. 35) heißt es in der Überschrift; *digressio, unde dominium exordium habuit*, c. 25 (S. 47) ebenda: *Reddit* [sic!] *ad propositum ad respondendum argu-
mento supra posito, digressione finita*.

[237] Vgl. die Überschrift von c. 2 (S. 5): … *quod imperator statim electus possit administrare
in tota terra imperii*. Bzw. ebenda im Text: … *quod electus in imperatorem* [!] *canonice statim habeat administrationem legitimam*.

sei.[238] Es geht also um die damals aktuelle Fassung der päpstlich-kurialen Approbationstheorie[239] des mittelalterlichen Kaisertums, genauer um den Anspruch des Papstes, daß erst seine förmliche Bekräftigung und Anerkennung der Wahl eines deutschen Herrschers einem von dem Kurfürsten Gewählten die volle Legitimation und eigentliche Herrschaftsrechte verleihen könne. Unter Papst Bonifaz VIII. hat die Kurie – nach einer verwickelten Vorgeschichte im 13. Jahrhundert[240] – schließlich eine konsistente und theoretisch konsequente Titulatur in ihrem Schriftverkehr mit dem deutschen Hof entwickelt. Für das Ende seines Pontifikats läßt sie sich etwa folgendermaßen beschreiben: ohne die päpstliche Approbation unmittelbar nach seiner Wahl heißt der zum König gewählte *rex Alemanniae* oder *in regem Romanorum electus*, gleichgültig ob er schon in Aachen gekrönt war oder nicht. Mit der päpstlichen Approbation, die als ein selbständiger Rechtsakt in einem feierlichen Konsistorium zu vollziehen war, wurde der *electus* zu einem vollwertigen *Romanorum rex*. Die Kurie konnte diesen Titel (in Anlehnung an die Formulierung der Dekretale „Venerabilem" Innozenz' III.) bei Bedarf durch die Hinzusetzung eines *in imperatorem postmodum promovendus*[241] ergänzen, mußte das aber nicht tun. Als approbierter *rex Romanorum* hatte der Herrscher – auch nach Meinung der Kurie – das volle Regierungsrecht in den Ländern des Reiches, wiederum unabhängig davon, ob das durch eine eigene Königskrönung in Deutschland, Italien und Burgund jeweils feierlich und öffentlich sichtbar dokumentiert worden war. Mit der durch den Papst vollzogenen Kaiserkrönung erst wäre aus dem *rex Romanorum* schließlich ein *imperator Romanorum* geworden, doch hat Bonifaz VIII. zeit seiner Regierung keinen Kaiser gekrönt, sodaß dies eine eher theoretische Stufe blieb.

Diese in sich klare und abgestufte Terminologie galt, wie gesagt, selbst bei Bonifaz VIII. nicht von Anfang an, sondern wurde erst allmählich im Laufe der Jahre entwickelt. Noch 1295 konnte der Papst im Verkehr mit dem 1292 gewählten Adolf von Nassau, bevor dieser eine förmliche päpstliche

---

[238] So am Anfang von c. 3 (S. 8): *Quod autem iurisdictio imperialis ex summo pontefice dependeat sibique ad executionem officii post electionem necessaria sit confirmacio pape, sic probari potest...*

[239] Zu dieser Theorie vgl. ausführlich Dagmar UNVERHAU, „Approbatio" – „reprobatio". Neuerdings Hans K. SCHULZE, Kaiser und Reich (Grundstrukturen der Verfassung im Mittelalter, 3 = Urban Taschenbücher, 463) Stuttgart 1998, S. 141, 195, 238ff., 266ff.; knapp auch Jürgen MIETHKE, Approbation der deutschen Königswahl, in: LThK3 1 (1993) Sp. 888–891. Vgl. auch oben Anm. 200.

[240] Dazu – außer der soeben genannten Studie von Unverhau – auch MIETHKE, Einleitung in: *Lupold von Bebenburg, Politische Schriften, S. 61ff.

[241] In der berühmten Bulle „Venerabilem": Text im „Regestum super negotio imperii" Innozenz' III., ed. Friedrich KEMPF (Miscellanea historiae pontificiae, vol. XII, Nr. 21) Rom 1947, S. 166–175 (Nr. 62). Zuvor auch in MGH, Const. 2, S. 505–507 (Nr. 398); auch X 1.6.34. Sachlich vgl. vor allem KEMPF, Papsttum und Kaisertum bei Innozenz III., bes. S. 48ff., 84ff., 105–133 und passim. Die Literatur zu diesem Text ist sehr ausgedehnt.

Approbation erhalten hatte, diesen als *Adolfus rex Romanorum* (!) offiziell an-
schreiben und ihm, obwohl er in der Adresse derart tituliert worden war,
gleichwohl Vorhaltungen machen, weil er entgegen den päpstlichen Erwartungen noch immer keine Gesandtschaft an die Kurie mit der Bitte um
Approbation geschickt habe.[242] Tolomeo von Lucca selbst wird ganz anders
später in der ersten Fassung seiner 1303 begonnenen „Annales" diese seine
Rechtsauffassung als unbefragten Maßstab an die Revindikationspolitik eines von Rudolf von Habsburg in der Toscana bestellten Reichsvikars ganz
unbefangen anlegen, wenn er dort schreibt, die Bürger von Lucca hätten
sich – anders als sie es taten – eigentlich den Anordnungen des deutschen
Herrschers nicht fügen müssen, „es sei denn, seine (d.i. Rudolfs) Konfirma-
tion durch den Papst sei schon offenkundig gewesen".[243] Der Annalist setzt
also zwei Jahrzehnte nach dem Ereignis, von dem er berichtet, voraus, daß
die neu entwickelte Auffassung von der Wirkung der päpstlichen Approbation damals hätte beachtet werden müssen (jedoch offensichtlich nicht beachtet worden ist!).

Erst im Streit mit Albrecht I. dann ist es der Kurie anscheinend klar geworden, daß sich diese Inkonsequenz vermeiden ließ: obwohl Albrecht im
Jahre 1298 (sogar zweimal) von den deutschen Kurfürsten zum König gewählt worden war (und sich also in dieser Hinsicht kein Unterschied zu seinem Vorgänger Adolf von Nassau und dessen Lage im Jahre 1295 ergab), ti-
tulierte der Papst etwa am 13. Mai 1300 in einem Schreiben an die deutschen Kurfürsten[244] den Habsburger kühl weiterhin als *magnificus princeps
Albertus Austrie dux illustris* und erklärte auch, etwa in einem anderen Schreiben vom 15. Mai 1300 (wie dann auch am 5. September 1301) ausdrücklich,
daß das römische Reich derzeit (!) vakant sei.[245] Damit wurde der Wahl
Albrechts I. durch die Kurfürsten implizit zunächst jede unmittelbare
Rechtswirkung abgesprochen. Ausführlich wurde das z.B. erneut am
13. April 1301 (wiederum den deutschen Kurfürsten) in einem Brief aus-
einandergesetzt, wo auch klare Erläuterungen der (neuen) päpstlichen Terminologie zu finden waren.[246]

---

[242] MGH Const. 3 (1904–1906), S. 514 (Nr. 545) [23. Mai 1295]: *Karissimo in Cristo fi-
lio Adolfo regi Romanorum illustri. Paternis te, fili, verbis alloquimur (…); credulitas nobis suggere-
bat indubia, ut tu predecessorum tuorum regum (…) laudanda vestigia imitans solennes ad nostram
presenciam nuntios destinares, qui et electionis de te facte notitiam ad apostolicam sedem deferrent et
ab ea favorem solitum et tuorum directionem processuum postularent …* Auch in anderen Schreiben (z.B. Nrr. 546f. vom 23. Mai und 27. Juni 1295) begegnet dieselbe Adresse.

[243] Annales, ed. Schmeidler, S. 196b [Version A]: *Causa autem combustionis fertur fuisse,
quia se subiecerunt cancellario imperatoris [!] Rudolfi, cui subici non debebant, nisi appareret confirmatio eiusdem per summum pontificem.* Deutlich handelt es sich hier um ein Interpretament
des Tolomeo, nicht um zeitgenössische Aussagen, die die Bonifazianische Approba-
tionsauffassung um zwanzig Jahre vordatieren würden.

[244] MGH Const. 4.1, S. 81,32 (Nr. 105)

[245] MGH Const. 4.1, S. 85,42 (Nr. 108) bzw. Const. 4.2, S. 1199,3 (Nr. 1159). [Das soll
keineswegs als eine vollständige Auflistung gelten!]

[246] MGH Const. 4.1, S. 86–88 (Nr. 109), besonders S. 86f., § 2f.: *In publicam enim deve-*

Ohne uns weiter in die Einzelheiten der Entwicklungsstufen der Bonifazianischen Vorstellungen über die Wirkungen einer päpstlichen Approbation der deutschen Königswahl einzulassen, läßt sich soviel sagen, daß die „Determinatio compendiosa" in ihrer Ausgangsfrage exakt der reifen Gestalt der päpstlichen Theorie entspricht. Mir ist nicht bekannt, daß solche Formulierungen bereits zwanzig Jahre früher gängig gewesen waren. Dies mag ein zusätzliches (und schwer widerlegbares) Stützargument für die hier angenommene Datierung der Schrift auf die Zeit um 1300 abwerfen.[247] Aber wie immer es sich damit verhalten mag, der Traktat des Tolomeo „beweist" nach dem kraftvoll eindeutigen Exposé des Problems auf verschiedenen Wegen die Richtigkeit des von seinem Verfasser entschlossen schon in den ersten Zeilen des Textes eingenommenen Standpunktes. Das gottgewollte Verhältnis von Königen und Priestern wird an Vorbildern aus dem alten Testament abgelesen,[248] an historischen Beispielen der mittelalterlichen wie auch der alten Geschichte überprüft,[249] an den Exempeln des Neuen Testaments gemessen,[250] mit philosophischen[251] und kanonistischen Argumenten und Belegen verglichen, bis dann noch gesondert das Verhältnis des spätantiken Kaisers Justinian zur Kirche betrachtet wird.[252] Eine erste Zusammenfassung zieht das Fazit aus den bisherigen Beweisgän-

---

nit notitiam quod clare memorie Adulpho in Romanorum rege electo apud Aquisgranum more solito coronato, a principibus et aliis magnatibus Germanie iuramentis prestitis fidelitatis eidem, feudis ac terris ab ipso recognitis et in feudum receptis ab eo, nobilis vir Albertus, natus clare memorie Rodulphi Romanorum regis, dux Austrie vassalagium et ligium homagium ut Romanorum regi fecit eidem, nonnullis magnis et grandibus feudis ab ipso receptis, et tandem quasi „ad vomitum rediens" [cf. II. Petr. 2,21; Prov. 26,11]*, contra ipsum superbe rebellans ipso rege Adolfo vivente de facto, cum de iure non posset, in Romanorum regem se eligi procuravit et cum ipso rege domino suo hostiliter in campo confligens de rege triumphavit, eodem ipso occiso in prelio memorato, ac postmodum se eligi iterato procurans in Romanorum regnum se non expavit intrudi in exempli mali perniciem et scandalum plurimorum, a prefata sede nec approbatione nec regia nominatione obtentis et nichilominus de facto ut Romanorum rex maxime in Germanie partibus administrare presumpsit. (3) Contra quem (…) nos, ad quos ius et auctoritas examinandi personam in regem Romanorum electam pro tempore eiusque inuncio, consecracio, coronatio, manus impositio necnon denunciatio seu reputatio ydoneitatis persone vel forme et nominatio regia* [!] *seu ratione indignitatis persone vel forme reprobatio pertinere noscuntur, fraternitati vestre de fratrum nostrorum consilio per apostolica scripta districte precipiendo mandamus, quatinus …* Trotz weitgehend wörtlichem Zitat der Dekretale „Venerabilem" (wie oben Anm. 241) erscheint die Theorie evident weiter entwickelt.
[247] Von 1300 bis 1302 war Tolomeo Prior des Dominikanerkonvents Sta. Maria Novella in Florenz, zuvor und danach lebte er offenbar in Lucca, war aber viel unterwegs: vgl. dazu Bernhard SCHMEIDLER in der Praefatio zu seiner Ausgabe der Annalen in: MGH SSrerGerm NS 8, Berlin 1930, S. XIV-XVI, oder SCHMUGGE in DBI 47 (1997) S. 318.
[248] c. 4 (S. 9–11).
[249] c. 5 (S. 12–15). Die genannten Namen reichen von Samuel und Alexander dem Großen bis ins 13. Jahrhundert zu Otto IV. und Friedrich II.
[250] c. 6 (S. 15–18)
[251] c. 7 (S. 18 f.) – der Schüler des Thomas von Aquin stützt sich dabei vor allem, jedoch nicht ausschließlich auf Aristoteles.
[252] c. 8 (S. 19–21)

gen und stellt die gottgewollte Überordnung des Papstes über Könige und
Kaiser fest.[253]

Die Frage, die der Text sich stellt, entscheidet er pragmatisch und mit einer gewissen Rücksicht auf die vorfindliche Rechtslage: trotz aller Bemühung um eine klare Beweisführung zugunsten einer allgemeinen päpstlichen Letztzuständigkeit. Der Autor sieht den deutschen Herrscher aufgrund seiner bloßen Wahl durch die Kurfürsten und ohne die päpstliche
Bestätigung in Italien und Burgund nicht als regierungsberechtigt an, allerdings gesteht er dem Gewählten zu, in Deutschland, und zwar ausdrücklich
ausschließlich in Deutschland seine Regierungsrechte sogleich nach der
Wahl wahrnehmen zu dürfen: das kann, so meint er, entweder auf eine gefe-
stigte Rechtsgewohnheit (*consuetudo*) des Landes oder auf eine Selbstbin-
dung der deutschen Fürsten zurückgeführt werden. In Italien und in Burgund jedoch konnten die deutschen Fürsten das gleiche nicht von sich aus
bestimmen, daher ist hier die päpstliche Approbation der Wahl für jede
Rechtsausübung unverzichtbar.[254]

Damit zieht der Traktat aus theoretischen Diskussionen der zweiten
Hälfte des 13. Jahrhunderts[255] zwar deutliche, aber doch noch in der Praxis
vorsichtige Folgerungen, die unmittelbar den damaligen Positionen Bonifaz' VIII. entsprechen. Es liegt nahe anzunehmen, daß der Text für die Verhandlungen der Kurie mit Albrecht I. eine gewisse Rolle gespielt hat, auch
wenn wörtliche Übereinstimmungen in den Verlautbarungen des Papstes in
diesem Falle nicht begegnen, wenn wir von einem Fundus an gemeinsamen
Argumenten einmal absehen, wie er in getrennten Traditionen schon seit
Jahrzehnten üblich gewesen war, sodaß sie eine unmittelbare Wirkung der
Schrift nicht belegen. Der Verfasser selbst hat seinen Text in den historischen Materialien deutlich auf seine offenbar umfänglichen Materialkom-
pilationen und seine eigene historische Ausarbeitungen zurückgegriffen,
vor allem die später berühmte „Historia ecclesiastica nova", die er schon
länger in Arbeit hatte und die er schließlich 1317 abschließen sollte, und auf
die Vorarbeiten zu seinen „Annales", geschrieben 1303 bis 1306/1307.

---

[253] c. 10 (S. 23f.): … *manifesta est et plena auctoritas pape, et ex hoc etiam liquido apparet imperialem iurisdictionem sine eius potestate et assensu non habere vigorem, et ut concludatur principale
intentum, manifestum est per solam eius electionem, nisi aliud sequatur, nullum ius administrationis
quesitum* (Forts. in nächster Anm.).

[254] c. 10 (S. 24, in unmitelbarer Fortsetzung der letzten Anm.): *nisi forte in regno Teutonie,
in quo ius electo acquiritur sive ex longa consuetudine (…), vel forte ex ipsa ordinatione principum
dicte provincie, cui se tamquam in re propria possunt subiicere, quod de aliis partibus eis non convenit
ordinare*….

[255] Dazu bereits Fritz Kern, Die Reichsgewalt des deutschen Königs nach dem Inter-
regnum, Zeitgenössische Theorien, in: HZ 106 (1910) S. 39–95, hier benutzt nach der
Sonderausgabe (Libelli, 65) Darmstadt 1959, hier vor allem S. 22–26. Vgl. auch Karl-Friedrich Krieger, König, Reich und Reichsreform im Spätmittelalter (Enzyklopädie deutscher Geschichte, 14) München 1992, S. 6, 62f., 70.

Umgekehrt hat Tolomeo nicht allein seine eigenen früheren Aufzeichnungen in diesem Traktat benutzt, er hat auch längere Passagen seines Textes
gleichzeitig oder wenig später[256] noch anderwärts verwendet, so etwa in
seinem Fürstenspiegel „De regimine principum", der das große Fragment
des Fürstenspiegels des Thomas von Aquin „fortsetzen" sollte und in den
Drucken bis in unser Jahrhundert hinein als Vulgatfassung stetig unter dem
Namen des Aquinaten mit abgedruckt worden ist (wenn er nicht von vorneherein als Fortsetzung des Fragments niedergeschrieben wurde[257]). In
den nicht von Thomas selbst herrührenden Teilen von „De regno ad regem
Cypri" finden sich eine ganze Reihe von wörtlich sehr nahen oder sogar
übereinstimmenden Passagen, so etwa im dritten Buch ganze Kapitel,[258] die
aus der „Determinacio" weitgehend übernommen sind, sowie auch zahlreiche weitere deutliche Bezugnahmen.

Auf Tolomeos Text über die Herrschaftsrechte des Kaisers und des Papstes haben sich später etwa Augustinus von Ancona[259] und Alvarus Pelagius[260] bezogen, desgleichen hat auch der Mailänder Dominikanerchronist
Galvaneus Flamma auf den Traktat zurückgegriffen, freilich ohne den Autor
als einen seiner eigenen Ordensbrüder zu erkennen, vielmehr schrieb Galvaneus die Urheberschaft dem Augustinereremiten Alexander von Sankt
Elpidio zu.[261] Auch Wilhelm von Ockham wird sich auf der Gegenseite
keineswegs zu schade sein, ausführlich die von Tolomeo benutzten Argumente aufzugreifen und intensiv zu diskutieren, es versteht sich bei Ockhams allgemeiner Methode in seinen großen Schriften allerdings, daß er das
anonym tut.[262] In der Zeit des Schismas und der Konzilien übte der Text

---

[256] Sofern unsere Datierung zutrifft, s. oben Anm. 231; die Fortsetzung „De regimine
principum" wird auf 1300–1303 datiert, als Entstehungsort ist Florenz zu vermuten, vgl.
SCHMEIDLER, Einleitung in: Die Annalen des Tholomeus von Lucca (MGH, SS N.S. 8)
Berlin 1930, S. XXXI, und SCHMUGGE in: DBI 47 (1997) S. 200a.

[257] Eine selbständige Handschriftenüberlieferung des nicht dem Thomas gehörigen
Teils des Gesamtkomplexes fehlt.

[258] Vgl. nur die engen Berührungen von Determinacio [DC] c. 12–14 (S. 27–33) mit:
De regimine principum [RP] III c. 17–19, ed. Johannes MATHIS, Turin ²1948, S. 58–61;
DC c. 14 (S. 31–33) mit RP III c. 11 (S. 50); DC 18–23 (S. 38–46) mit RP III c. 1–3 (S. 38–
44); DC c. 21–23 (S. 42–46) mit RP III c. 4–6 (S. 41–44); DC c. 25 (S. 49f.) mit RP III.10
(S. 50); usw. Die Übernahmen sind jedoch deutlich nicht sklavische Wiederholungen,
vielmehr ist RP eine Überarbeitung von DC mit zusätzlichen Belegen und Gedanken.

[259] Summa, Teil II, vgl. bereits KRAMMER in seiner Ausgabe, S. XXX, auch WILKS, The
Problem of Sovereignty, S. 558.

[260] Vgl. unten Anm. 539. Diese Aufnahme beweist, daß an der Kurie die „Determinacio" noch nach einem Menschenalter greifbar war.

[261] HUNECKE, Die kirchenpolitischen Exkurse, S. 111–208 [= Phil. Diss. FU Berlin
1968], hier S. 144f.

[262] z.B. Octo Quaestiones I.2; II.1; II.9; II.11; V.7 (Opera politica, Bd. 1², S. 19ff., 49ff.,
69, 85, 88, 161 – vgl. die Praefatio OFFLERS, ebenda S. 9) oder Breviloquium V.11 (Opera
politica, Bd. 4, S. 233 – vgl. die Praefatio, ebenda S. 94). Vgl. auch die (nicht ganz vollständige) Liste bei George KNYSH, Political Ockhamism, Winnipeg 1996 [= PhD-Thesis
(masch.) Univ. of London 1968], S. 276 §§ o,p. Es stellt sich die Frage, ob Ockham das

eine neue Attraktion aus, naturgemäß eher auf der Seite derjenigen, die die
Vorrechte des Papstes besonders beachteten: der Kardinal Domenico Capranica († 1458) ließ den Text 1452 in eine umfängliche Kompilation kirchen-
politischer Schriften aufnehmen, die dann noch Jahrzehnte lang mehrfach
abgeschrieben worden ist.[263] Im Jahre 1342, noch zu Ockhams Lebzeiten,
aber anderthalb Jahrzehnte nach dem Tode des Tolomeo von Lucca
(† 1327) hat dann erneut ein Anonymus, wie er sich selber nennt: *quidam
sancte Romae ecclesie devotus*, in Avignon eine Neubearbeitung des Textes vorgenommen, die durch die Hinzufügung von nicht weniger als zehn neuen
Kapiteln den Traktat des Tolomeo noch einmal leicht radikalisierte und auf
die neuen Umstände der Auseinandersetzung der Kurie mit Ludwig dem
Bayern hin zuspitzte.[264]

So hat die Schrift nach offenbar schwierigem Start doch bald ein breiteres Echo gefunden. Tolomeo hatte in einem wichtigen Punkt das Problem-
bewußtsein seiner Zeit getroffen. Am Ende des 14. Jahrhunderts, erst recht
im 15. Jahrhundert wurde der Traktat recht häufig abgeschrieben, sodaß er
mit seinen über 30 handschriftlichen Zeugen[265] zu den am besten überlieferten Schriften seiner Zeit überhaupt gehört.

3. Die Augustinereremiten

Der andere Traktat „außerhalb des Konsistoriums", jedoch diesmal sogar
mit sichtbaren Rückwirkungen auf die päpstliche Politik ist ein Text des
Aegidius Romanus,[266] der erst in unserem Jahrhundert gedruckt wur-

---

päpstliche Manifest Innozenz' IV. „Eger cui lenia" [ed. HERDE, Ein Pamphlet], das er ebenfalls mehrfach zitierte [dazu KNYSH, a.a.O., S. 269f., wo insbesondere der Nachweis der
Benutzung in III Dialogus II.1, c. 18 und 22 geführt wurde, vgl. auch die Listen ebenda,
S. 274ff. §§ d, e, f, j, und S. 290f. § f.] nicht allererst über die „Determinacio compendiosa"
kennengelernt hat und benutzte: Ockham gebrauchte z.B. in Octo Quaestiones, I.2, 10,
12, II.1, III.13, V.4, Opera politica, Bd. 1², S. 19f., 42, 47, 121, 157, oder in Breviloquium
III.1, Opera politica, Bd. 4, S. 162, dieselbe Version des Pamphlets (bei HERDE „X₁") wie
Tolomeo, sogar dieselben Ausschnitte, vgl. auch Carlo DOLCINI, „Eger cui lenia" (1245 /
46), Innocenzo IV, Tolomeo da Lucca, Guglielmo d'Ockham, in: RSCI 29 (1975), jetzt in
DOLCINI, Crisi di poteri, S. 119–146.
[263] Ms. Vatikan, Vat. lat. 4039; dazu MIETHKE, Überlieferung der Schriften des Juan
Gonzáles.
[264] Vgl. SCHOLZ, Streitschriften, Bd. 1, S. 125f., 243–246, vgl. auch S. 39 und Bd. 2,
S. 566f.; Exzerpte (nach Ms. Vat. lat. 4115, fol. 231r-266v) aus dem Prolog und aus den
„Zusatzkapiteln" (c. 32–41) des Anonymus, druckte SCHOLZ, Streitschriften, Bd. 2,
S. 540–551. Hingewiesen hatte auf den Traktat bereits GRAUERT, Aus der kirchenpolitischen Traktateliteratur, S. 499 u. 536.
[265] Vgl. die Liste im Anhang.
[266] Zu Aegidius gibt es eine fast überreiche Literatur (vgl. unten Anm. 269). Zur Biographie vgl. etwa John R. EASTMAN, Das Leben des Augustiner-Eremiten Aegidius Romanus (c.1243–1316), in: ZKG 100 (1989) S. 318–339; und zuletzt magistral zusammenfas-

de.[267] Er blieb in insgesamt 8 Manuskripten, davon 5 Handschriften noch aus dem XIV. Jahrhundert erhalten – eine ganz ungewöhnliche chronologische Streuung für unsere Texte. Dieser Text hat bis in den Wortlaut hinein Bedeutung für die Redaktion von „Unam sanctam" gehabt[268] und ist ohnedies die wohl extremste Formulierung des kurialistisch-hierokratischen Anspruchs auf päpstliche Weltgeltung.[269] Aegidius, der sich in seinem breiten literarischen Werk immer wieder als hochsensibel für die Forderungen des Tages erwiesen hat – man kann das auch einen immer wieder sichtbar werdenden Opportunismus nennen – hat demnach die neue Lage, in die Papst Bonifaz VIII. die europäische Politik führte, mit einem Theorieentwurf begleitet in einer Schrift, die wie in einem Brennspiegel die Erörterungen des 13. Jahrhunderts leicht faßlich zusammenfügte. Auf dem Höhepunkt des Konflikts des Papstes mit dem französischen Königshof Philipps des Schönen hat Bonifaz VIII. selbst dem Text Stichworte und Formulierungen für seine Bulle „Unam sanctam" entnommen.[270] Es ist heute möglich, etwas genauer die Entstehungsgeschichte des Textes zu verfolgen, als das frühere Forschung konnte, denn ein schöner Fund von Concetta Luna öffnet dafür neue Wege: Zuerst hat Aegidius offenbar am

---

send Francesco del PUNTA / Silvia DONATI / Concetta LUNA: Egidio Romano, in: DBI 42 (1993) S. 319b–341a. – Zu seinen Werken vgl. Gerardo BRUNI, Le opere di Egidio Romano, Florenz 1936; Gerardo BRUNI, Saggio bibliografico sulle opere stampate di Egidio Romano, in: Analecta Augustiniana 24 (1961) S. 331–355; John R. EASTMAN, Die Werke des Aegidius Romanus, in: Augustiniana 44 (1994) S. 209–231 [117 Nrr., Liste S. 212ff.]. – Ausführliche Beschreibungen von Handschriften jetzt in: Aegidii Romani Opera omnia, Prolegomena: Manoscritti.

[267] Aegidius Romanus, Tractatus de potestate ecclesiastica, ed. Richard SCHOLZ, Leipzig 1928 [Neudruck Aalen 1961]; engl. Übers. durch R. W. DYSON: Giles of Rome on Ecclesiastical Power, The De ecclesiastica potestate of Aegidius Romanus, Woodbridge 1986. – Zu den Hss. vgl. den Anhang.

[268] Vgl. SCHOLZ, Publizistik, S. 124–127; RIVIÈRE, Problème, S. 394–404; T. S. R. BOASE, Boniface VIII, London 1933, S. 319–322; Walter ULLMANN, Boniface VIII and his Contemporary Scholarship, in: Journal of Theological Studies, n.s. 27 (1976) S. 58–87, hier S. 75–80, jetzt in ULLMANN, Scholarship and Politics, Nr. vii.

[269] Zur Interpretation vgl. etwa (in Auswahl): Raphael KUITERS, De ecclesiastica sive de summi pontificis potestate secundum Aegidium Romanum, in: Analecta Augustiniana 20 (1946) 146–214; Friedrich MERZBACHER, Die Rechts-, Staats- und Kirchenauffassung des Aegidius Romanus, in: Archiv für Rechts- und Sozialphilosophie 41 (1954 / 55) S. 88–97 [jetzt in MERZBACHER, Recht – Staat – Kirche, S. 177–188]; KÖLMEL, „Regimen Christianum", S. 291–360; Wladyslaw SENKO, La doctrine de la „perfectio personalis" et la „perfectio status" dans le „De ecclesiastica potestate" de Gilles de Rome, in: Soziale Ordnungen im Selbstverständnis des Mittelalters, hg. Albert Zimmermann (Miscellanea Mediaevalia, 12 / 2) Berlin-New York 1980, 337–340; BIELEFELDT, Von der päpstlichen Universalherrschaft zur autonomen Bürgerrepublik, bes. S. 71–82; MIETHKE, Die Legitimität der politischen Ordnung, S. 643–674, bes. S. 653ff.; ders., Die Frage der Legitimität, S. 182–189; John R. EASTMAN, Giles of Rome and Celestine V: The Franciscan Revolution and the Theology of Abdication, in: The Catholic Historical Review 76 (1990) S. 195–211; GARFAGNINI, Cuius est potentia eius est actus."

[270] Vgl. vorletzte Anm.

päpstlichen Hofe einen *sermo* (eine Predigt) zu dem gewiß die ganze Kurie
bewegenden Thema gehalten. Von dieser Predigt hat sich eine schriftliche
Aufzeichnung erhalten, die kürzlich wieder entdeckt worden ist.[271] Anscheinend hat der Erzbischof von Bourges an der Kurie schließlich um 1302
auf der Grundlage dieses ersten Entwurfs seinen Traktat genauer ausgearbeitet. „De ecclesiastica potestate"[272] heißt der Text nun, der sich mit dem
bekannten Fürstenspiegel desselben Verfassers gar nicht so leicht auf eine
Linie bringen läßt. Während Aegidius im Fürstenspiegel etwa 25 Jahre zuvor versucht hatte, auf dem Boden der aristotelischen Ethik und Politik dem
königlichen Hof und einem wissenschaftlich interessierten Publikum den
Fürstenstaat auf der Basis der aristotelischen Philosophie theoretisch zu entwickeln, ist sein Ziel jetzt, zweieinhalb Jahrzehnte später, ein ganz anderes.
Er will die Herrschaftsansprüche der geistlichen Gewalt des Papstes gegenüber weltlichen Herrschaftsträgern begründen und beschreiben. Während
die Kirche im Fürstenspiegel (von 1277/1279) gar nicht zu einer näheren
Erörterung vorgesehen war und nur bisweilen am Rande Erwähnung fand,
so verschwindet in dem Traktat (von 1302) praktisch die staatliche
Herrschaftsorganisation völlig von der Bildfläche oder richtiger: sie geht auf
in der kirchlichen Gewalt. Im energischen und strukturellen Monarchismus
beider Schriften finden sich gewiß starke formale Parallelen, aber das reicht
nicht aus, die Basis einer kohärenten politischen Theorie abzugeben, die
additiv aus beiden Schriften zugleich zusammensetzbar wäre. Der neue Entwurf ist von dem ersten fundamental unterschieden.

Der Traktat „De ecclesiastica potestate" (was mit „Die Kompetenz der
Amtskirche" übersetzt werden muß) hat der Vorstellung von päpstlicher
Gewaltenfülle auch gegenüber weltlichen Herrschern den in ihrer Zeit
wohl radikalsten Ausdruck verliehen. Die Schrift ist mit ihrem ersten Satz
an Papst Bonifaz VIII. in einer sprachlichen Fassung adressiert, die in ihrer
kurialen Devotion kaum überbietbar scheint: *Sanctissimo patri et domino suo
domino singulari domino Bonifacio divina providencia sacrosancte Romane ac universalis ecclesie summo pontifici frater Egidius, eius humilis creatura, eadem miseracione
Bituricensis archiepiscopus, Aquitanie primas, cum omni subieccione seipsum ad pedum oscula beatorum infrascriptam compilacionem de ecclesiastica potestate eisdem
beatis pedibus humiliter offerentem.*[273] Für den Papst allein ist die herkömmli-
che Demutsformel gebraucht, von göttlicher Gnade an seinen Platz gestellt
worden zu sein. Der Erzbischof von Bourges bekennt sich seinerseits dazu,
seine eigene Stellung päpstlichem „Erbarmen" zu verdanken, ja er bezeichnet sich selbst als des Papstes *humilis creatura.*

---

[271] Concetta LUNA, Un nuovo documento, S. 167–243 [Text: S. 221–230]. Die Predigt
läßt sich nicht präzise datieren. Ein genauerer Vergleich beider Texte, des knappen Sermons und des längeren Traktats steht noch aus.
[272] Aegidius Romanus, Tractatus de potestate ecclesiastica, ed. Richard SCHOLZ
([1]1929), Neudruck Aalen 1961.
[273] De ecclesiastica potestate (S. 4).

Theoretisch versucht Aegidius, den Zentralbegriff der juristischen Kompetenzbeschreibung des päpstlichen Amtes, die *plenitudo potestatis* (die Gewaltenfülle) systematisch näher zu bestimmen. Der Text zieht kühl die Konsequenzen aus einer Reihe von Identifikationen, die seine argumentative Struktur bestimmen: Er beginnt damit, daß er die biblischen Aussagen über das Ziel der Vollkommenheit und Vollendung mit Hilfe der Distinktion von persönlicher Vollkommenheit und *perfectio secundum statum* (Vollkommenheit kraft ständischem Rang) erläutert und damit die Person von ihrer sozialen Rolle zunächst unterscheidet, um dann aber um so energischer alle Aussagen der Heiligen Schrift zur Vollkommenheit auf die *perfectio secundum statum* hin auszulegen. Damit läßt Aegidius die Person faktisch mit ihrer sozialen Rolle zusammenfallen und kann alle persönliche Unvollkommenheit im Glanz des Amtes aufgehoben sehen. Der zweite Schritt seiner Identifikationen erinnert ebenfalls an die Rolle des Königs im Fürstenspiegel. Im päpstlichen Amt ist Summe und Inbegriff aller kirchlichen Ämter und Aufgaben zu sehen: *Totum posse, quod est in ecclesia, reservatur in summo pontifice.*[274] Im päpstlichen Amt als dem Amt des *summus hierarcha* der Kirche verkörpert sich gleichsam die Potenzialität des geamten Kirchenverbandes.

Die dabei von Aegidius gemachte Einschränkung, daß nur jenes Vermögen im Papst gebündelt und personifiziert erscheint, das in der Kirche liegt, ist deswegen nötig, weil Gott allein die Fülle der Gewalt schlechthin für sich beanspruchen kann; doch verbindet den Papst als Gottes Vikar auf Erden mit Gott eine unmittelbare Beziehung. Tendenziell wird seine *potestas*, was mit „Vollmacht" oder „Kompetenz" gleichzusetzen ist, mit Gottes Macht identisch. Schließlich wird über Pseudo-Dionysius Areopagita[275] die kirchliche Hierarchie mit der hierarchischen Ordnung der Welt in eins gesetzt. Wenn dann noch die Legitimität jeglichen politischen Handelns von einer juristischen Beziehung auf die kirchliche Amtshierarchie abhängig gemacht wird, ist ein System von großartiger Geschlossenheit und geradezu utopischer Anspruchsfülle gezimmert, das sich auch in Zukunft hinsichtlich seiner rigiden Geradlinigkeit und seiner schlichten Direktheit in der Formulierung päpstlicher Prätentionen von den Ansichten keines Gesinnungsgenossen übertreffen lassen sollte.

Das in dieser Schrift entworfene Bild der kirchlichen und päpstlichen Weltregierung ist theologischen Konzeptionen der göttlichen Regierung im Weltall nicht nur nachgebildet, sondern benutzt diese ausdrücklich als Vorbild und Analogie: Wie Gott als erste Ursache auch unmittelbar in den

---

[274] De ecclesiastica potestate III.9, S. 193.

[275] Nach der Auszählung des Herausgebers (S. IX, Anm. 4) wird im Traktat Ps.-Dionysius siebenmal zitiert gegenüber Augustin (41 mal), Aristoteles und Ps.-Aristoteles (30 mal), Hugo von St. Victor (16 mal), Bernhard von Clairvaux (5 mal), Bibel mit ihren Glossen (ca. 238 mal), kanonisches Recht (ca. 33 mal), usw.

normalen Lauf der Dinge eingreifen kann und Wirkungen der *causae se-cundae* (der nachgeordneten Ursachen) jederzeit unmittelbar im Wunder durch sich selbst setzen kann, so kann auch der Papst seine Regierung auf doppelte Weise üben: Einmal indem er innerhalb der Kirche etwa den Legitimationsgrund für alle Ämter und Einrichtungen der Kirche zur Ver-fügung stellt, aus dem sie ihre Handlungsvollmacht herleiten. So wie die Sonne über Gerechte und Ungerechte scheint, so ermöglicht der Papst durch sein bloßes Dasein das Wirken von guten und schlechten Prälaten. Andererseits kann der Papst auch das Wirken der nachgeordneten Instanzen unmittelbar selbst ersatzweise vornehmen, indem er diese in ihrer Tätigkeit nach eigenem Gutdünken suspendiert und selber handelt. Die rechtliche Wirkung ist nicht nur die gleiche, der unmittelbare Vollzug durch den Papst muß sogar, da näher an der Legitimationsquelle als die Tätigkeit der her-kömmlichen Organe, als eigentlich angemessen erscheinen.

Daraus aber folgt nach Aegidius unmittelbar, daß auf den Papst alle kirch-liche Amtskompetenz ursprünglich bezogen werden muß, daß die kirchli-che Amtsordnung zwar ohne päpstliches Zutun im Einzelfall funktionieren kann, daß dies aber nicht der Normalfall ist, im Vergleich zu dem ein Ein-griff des Papstes als Ausnahme zu gelten habe. Wie Gott im *concursus generalis* das Funktionieren der gesamten Schöpfungsordnung garantiert, im wun-derbaren Eingriff jedoch seine Macht auch unmittelbar zur Geltung brin-gen kann, so hat der Papst in eigener Person unmittelbar alle jene Kompe-tenzen, welche *quecumque persone ecclesiastice* besitzen, so daß er alle Hand-lungen, die in der Kirche vorfallen, auch selber vornehmen kann. Er nimmt dann nur seine ureigenste Kompetenz wahr. Gott hat die Naturgesetze ein-gerichtet, aber *causa rationabili emergente facit preter hes leges inditas et preter (…) solitum cursum.* Ebenso soll der Papst durch seine Gesetzgebung *tamquam imi-tator dei* die Kirche so regieren, daß die Domkanoniker üblicherweise ihren Bischof wählen; *causa tamen rationabili emergente (papa) liberam* [!] *habet po-testatem, ut faciat preter has leges et preter hunc solitum cursum.*[276]

Mit dieser ingeniösen Verschränkung von theologischer Wundertheorie mit der juristischen Tradition des *princeps legibus solutus*[277] ist Aegidius aber noch nicht am Ende seiner Identifikationen angelangt. Denn wie der Papst aus eigener Kompetenz in innerkirchlichen Belangen alles aus sich selbst heraus zu tun vermag, so hat er diese Gewaltenfülle, diese *plenitudo potestatis* auch im Menschheitsverbande, und damit gegenüber den weltlichen Mo-narchen. Es scheint einsichtig, daß für diesen Argumentationsschritt die Be-rufung auf das Christusvikariat des Papstes nicht ausreicht, wenn sie natür-lich auch nicht fehlt. Schließlich hatte Christus sein Reich von dem der

---

[276] De ecclesiastica potestate III.9 (S. 193f.).

[277] Zu dieser vgl. etwa Dieter WYDUCKEL, „Princeps legibus solutus", Eine Untersu-chung zur frühmodernen Rechts- und Staatslehre (Schriften zur Verfassungsgeschichte, 30) Berlin 1979, oder neuerdings PENNINGTON, The Prince and the Law.

Welt unterschieden und auch die bekannten Worte aus Römer 13 waren gegenüber dieser Ableitung zumindest etwas sperrig.[278] Aegidius nimmt zur Begründung dieser letzten Ausweitung päpstlicher Kompetenz, und das ist in unserem Zusammenhang von eigentlichem Interesse, das Problem der Legitimation von Herrschaft überhaupt zu Hilfe, und erklärt, wenn jedermann der gottgesetzten Obrigkeit untertan sein müsse, so könne das doch nur der legitimen Obrigkeit gegenüber gelten. Legitim aber kann Obrigkeit nur im Rahmen göttlicher Anordnung sein. Mit Hilfe eines von Augustinus aus römischer Tradition gewonnenen Arguments, das die *iusticia*, die Gerechtigkeit, zum Fundament jeder wahren und legitimen Herrschaftsordnung macht, wird – mit der bezeichnenden Beifügung des Adjektivs „*vera*" – die verengende Behauptung gewonnen: *sine vera iusticia regna et imperia ... sunt magna latrocinia.*[279] „Wahre Gerechtigkeit" aber, das versucht Aegidius in langwierigen Erörterungen nachzuweisen,[280] kann nur durch Gottes Heilshandeln und seine Anerkennung gewonnen werden, im Heils- und Gnadenstand, der, wie Aegidius kühn weiter folgert, ausschließlich sakramental und also kirchlich vermittelt erreicht werden kann. Wie wir gesehen haben, bedeutet das für Aegidius, daß legitime Herrschaft nur durch den Papst vermittelt werden kann. Legitime Obrigkeit also kann nur existieren, und zwar sowohl als *dominium*, d.h. als Sachherrschaft im römisch-rechtlichen Sinn als auch als *iurisdictio*, d.h. als (Gerichts-) Herrschaft über Personen im allgemeinen Sinn im Rahmen der göttlichen Weisung und Ordnung, was aber zugleich bedeutet, daß legitime Herrschaft nur möglich ist innerhalb der Kirche als eines juristisch konstruierbaren Verbandes. Das wiederum heißt, daß zu allererst und zu allerletzt der Papst die entscheidende Instanz für jegliche Herrschaftsfragen wird, weil er für die Amtskirche und die gesamte Kirche steht.

Aegidius hat diese Thesen zwar zunächst im Blick auf die Stellung des Papstes innerhalb der Kirche formuliert und entfaltet. Sein eigentliches Interesse liegt aber anderwärts. Während er die zentrale und „höchste" Kompetenz des Papstes innerhalb der Amtskirche eher voraussetzt als systematisch entfaltet, kommt es ihm offensichtlich viel eher darauf an, dies auch auf das Verhältnis des Papstes zu den weltlichen Herrschern zu übertragen. Seine letzte Identifikation, die er vornimmt, ist die der Kirche mit der Gesellschaft schlechthin. Diese Gleichsetzung ermöglicht und fundiert einen

---

[278] Vgl. die mehrfache ausführliche Behandlung von Rom. 13, etwa: De potestate eccl. I.3, III.1 (S. 9ff., 147ff.).

[279] De eccl. potestate III.2 (S. 154), vgl. auch I.5 (S. 15 – hier ohne *vera*!), II.7 (S. 73f.), III.1 (S. 149), III.2 (S. 159); III.10 (S. 198), usw. Aegidius gewinnt diesen Zusatz, indem er das bekannte Zitat aus Augustinus, De civitate dei, IV.4: *Remota itaque iustitia quid sunt regna nisi magna latrocinia?* [ed. Bernardus DOMBART / Alfonsus KALB (Bibliotheca Teubneriana, Stuttgart-Leipzig [editio quinta] 1993) Bd. 1, S. 150] kombiniert mit De civ. dei II.21 [ebenda S. 83]: *vera autem iustitia non est nisi in ea re publica, cuius conditor rectorque Christus est.*

[280] De eccl. potestate II.7–12 (S. 70–111).

schlechthinnigen Herrschaftsanspruch des Papstes in der Welt und über die Welt. So erstreckt sich die Teilhabe des *vicarius Christi* an der Weltregierung des Gottmenschen Christus auch auf die Hoheit über die Herrschaftsordnungen der Welt.

Jede aristotelische Reflexion auf das *animal sociale et politicum* liegt hier fern. Legitime Gewalt, und zwar sowohl Verfügungsrecht über Sachen als auch Herrschaftsrecht über Personen, kann nach der Meinung des Aegidius nur dort existieren, wo Gott sie angeordnet und eingesetzt hat: also, so folgert Aegidius kühn, nur innerhalb der Kirche. In der Kirche aber gibt es zwei Gewalten, die geistliche des Priesters und die weltliche des Fürsten. Aegidius muß nur noch beide Gewalten miteinander vergleichen, um zu einem Ergebnis zu gelangen. In umständlichen Beweisgängen stellt Aegidius fest, daß die geistliche *potestas* der weltlichen *potestas* gegenüber durch einen Würdevorrang ausgezeichnet ist, ja, daß in der Kirche, verstanden als der gottgewollten Ordnung, das Priestertum dem Königtum auch in der Heilsgeschichte zeitlich vorausgegangen ist, ja, daß jedes Königtum seine Legitimation aus dem Priestertum beziehen mußte oder doch beziehen müßte. Das Fazit liegt für ihn damit auf der Hand: Da alle Gewalt der Kirche im Papst kulminiert, ja gegenwärtig gedacht werden muß und real gegenwärtig ist, liegt im Papst die Summe der priesterlichen Gewalt und somit der Ursprung jeder denkbaren Legitimation politischer Herrschaft.

Weil es innerhalb der Kirche zwei Kompetenzen *(potestates)* gibt, die geistliche und die weltliche, kann in der richtigen Bestimmung des Verhältnisses von Geistlichem und Weltlichem die wahre Weltordnung erkannt werden. Aegidius wendet große Mühe auf diese Frage und versucht einen umfassenden Nachweis für die Überordnung der geistlichen Gewalt des Papstes über die zeitliche und leibliche Gewalt der Fürsten zu führen. Legitime Herrschaft jedenfalls ist außerhalb der kirchlichen Heilsgemeinschaft unmöglich, die Amtskirche, und damit der Papst, ermöglichen – und legitimieren – letztlich jede weltliche Herrschaft, und das heißt, daß der Papst letzten Endes Anspruch auf absoluten Gehorsam in allen Fragen haben muß.

Es ist deutlich, daß Aegidius mit diesem rigiden Bild einer päpstlichen Weltherrschaft trotz aller traditionalistischen Differenzierungen, die er festzuhalten versucht, indem er etwa von Bernhard von Clairvaux die Unterscheidung der beiden Schwerter (das geistliche *ad usum*, das weltliche *ad nutum*) ausführlich in das geschlossene Bild seiner scheinbar stringenten Argumentation einfügt[281] und indem er auch sonst immer wieder beim Papst als dem Inhaber der höchsten Gewalt Zurückhaltung und Bescheidenheit anmahnt,[282] damit die realen Möglichkeiten seiner Zeit beträchtlich überfordert hat. Das gilt nicht nur, aber es gilt bereits im rein techni-

---

[281] De eccl. potestate I.8 (S. 27), II.15 (S. 137f.); vgl. auch III.10 (S. 197).
[282] Etwa De eccl. potestate III.1 und III.2 (S. 145f. und 152), etc.

schen Sinn der mangelhaften realen Durchführbarkeit solch allumfassender Kompetenzen beim römischen Bischof. Die von Aegidius angebotenen Lösungen sind zwar von einer grandiosen Schlichtheit, indem sie die Kirche, und das heißt für ihn den Papst zum entscheidenden Richter und Legitimationsgrund aller politischen Herrschaft sowie zur obersten Instanz in der Welt erheben, die alle strittigen Fragen letztendlich entscheiden könne und müsse.

Eine Kontrolle dieser höchsten Instanz selbst ist von unserem Augustinereremiten nicht ins Auge gefaßt, weder von innen noch von außen. Der Papst legitimiert die weltliche Ordnung, ohne daß seine eigene Legitimation hinterfragbar wäre, leitet sie sich doch unmittelbar von Gott her. Die Geschlossenheit des Systems päpstlicher Kompetenz (*De potestate papae*) ist schon beeindruckend, die Konsequenz der Gedankenführung ist, wenn es auf die realen Verhältnisse des späten 13. und frühen 14. Jahrhunderts nicht so sehr ankommt, gewiß nicht zu leugnen. Aber wenn man auch nur einen der Identifikationsschritte mitzumachen nicht gewillt ist, kann die Theorie nicht mehr als zwingender Beleg für papale Ansprüche gelten.

Das Bild der päpstlichen Weltordnung, das Aegidius im konfliktereichen Pontifikat Bonifaz' VIII. entworfen hat, erklärt weder die Konflikte, noch kann sie sie zur Entscheidung bringen, da er einerseits die Positionen des päpstlichen Anspruchs, die kurialen Praetentionen sogleich als quasi-metaphysische Strukturen setzt, gegen die kein Widerspruch mehr zulässig scheint, und die für irdische Instanzen nicht weiter kontrollierbar bleiben. Andererseits unterwirft er jede weltliche Herrschertätigkeit der päpstlichen Kontrolle und „bedient" damit die päpstlichen Weltherrschaftsansprüche, um es nur vorsichtig zu sagen, ungemein großzügig.

Kann es verwundern, daß die rigide Scheinarchitektur von Aegidius' Konstruktion einer absolutistischen Weltherrschaftsordnung auf der einen, der kurialen Seite in einer ganzen Reihe von „kurialistischen" Traktaten – insbesondere von Mitgliedern des Augustinereremitenordens, des Ordens, dem auch Aegidius angehörte[283] – unter leichten Variationen und bei Ermäßigung der sichtbarsten Härten des Entwurfs – noch einige Zeit fortge-

---

[283] Man hat – überspitzend – von einer „Ägidianischen Schule" gesprochen, besonders nachdrücklich etwa in einem dreibändigen Werk Fr. X. P. D. DUIJNSTEE,'s Pausen primaat in de latere Middeleeuwen en de aegidiaansche school, naar authentieke bronnen bewerkt, Eerste deel: Philips de Schoone, Tweede deel: Lodewijk de Beier, Derde deel: Conciliarisme, Hilversum 1935–1939; vgl. auch etwa Henri-Xavier ARQUILLIÈRE, Augustinisme politique (L'Église et l'État au moyen âge, 2) Paris ²1955, der, einem Cliché des 19. Jahrhunderts folgend, gar einen mächtigen „Augustinismus" identifiziert. Auch Adolar ZUMKELLER kennt zumindest eine „Augustinerschule" des Ordens, vgl. LexMA 1 (1980) Sp. 1222f. Damit freilich wird jeweils eine Geschlossenheit der Positionen als geradezu institutionalisiert vorausgesetzt, die so nur konstruiert ist, wenn auch gewiß der Ordenszusammenhang manche Argumente und vor allem Texte weiter vermittelt hat. Daß dieser „Augustinismus" wenig mit Augustin selbst zu tun hatte, unterstrich Henri de LUBAC, Augustinisme politique? In: LUBAC, Théologies d'occasion, Paris 1984, S. 255–308.

setzt und bei Autoren wie Jakob von Viterbo, Augustinus von Ancona, Alexander von Sankt Elpidio, oder Wilhelm von Cremona aufgenommen wurde.

Der Traktat eines Aegidius-Schülers, seines Nachfolgers als Theologie-Magister auf dessen Pariser Lehrkanzel, der um die gleiche Zeit geschrieben wurde wie der Text des Aegidius, ist zwar nicht unmittelbar an der Kurie entstanden, er ist auch nicht in Paris niedergeschrieben worden. Die umfängliche Schrift wurde in Neapel verfaßt. Jakob von Viterbo,[284] geboren kurz nach 1250, war Augustinereremit wie sein Lehrer Aegidius, und er ist wie dieser nach seiner Universitätskarriere zu bedeutender kirchlicher Würde aufgestiegen: am 3. September 1302 ist er von Bonifaz VIII. zum Erzbischof von Benevent erhoben worden, wenig später (12. Dezember 1302) wurde er auf den erzbischöflichen Stuhl von Neapel transferiert, 1307/1308 ist er gestorben. Jakob hat sich in seinem Traktat „De regimine Christiano",[285] den er, 1293 in Paris unter Aegidius Romanus zum Magister der Theologie promoviert, in Neapel, am dortigen Studium seines Ordens unterrichtend, und etwa gleichzeitig oder kurz nach dem Traktat des Aegidius Romanus „De ecclesiastica potestate" verfaßt hat, ein eigentümliches Ziel gesetzt. Im Titel bereits knüpft der Text mit dem Wort *regimen* an einen Zentralbegriff aus dem Fürstenspiegel des Thomas von Aquin an, dessen theoretischer Leistung Jakob sich auch sonst verpflichtet zeigt. Um die „christliche Leitung" von Kirche und Welt soll es gehen, scheinbar wird also ein Papst- und Christenspiegel angekündigt. Und doch ist es das Thema der neuen Zeit, das von Jakob aufgegriffen wird.

„Le plus ancien traité de l'église" ist der Text von seinem modernen Herausgeber Henri-Xavier Arquillière nicht ohne Grund (und gleichwohl erheblich zuspitzend) bezeichnet worden, denn der Traktat hat nicht eigentlich ekklesiologische Absichten. Während Aegidius die Kirche gewisser-

---

[284] David GUTTIÉRREZ; De beati Jacobi de Viterbio vita, operibus et doctrina theologica, in: Analecta Augustiniana 1938 (auch selbständig Rom 1939); Martin GRABMANN, Die Lehre des Erzbischofs und Augustinertheologen Jakob von Viterbo († 1307–8) vom Episkopat und Primat und ihre Beziehung zum hl. Thomas von Aquin, in: Episcopus, Studien … S.E. Michael Kardinal Faulhaber zum 80. Geb. dargebracht, Regensburg 1949, S. 185–206; Adolar ZUMKELLER, Die Augustinerschule des Mittelalters, in: Analecta Augstiniana 27 (1964) S. 167–262, hier S. 185–206 (bes. 196–199); Raphael KUITERS, Was bedeuten die Ausdrücke *directa* und *indirecta potestas papae in temporalibus* bei Aegidius Romanus, (Jakob von Viterbo) und Johannes von Paris? In: Archiv für Katholisches Kirchenrecht 128 (1957/58) S. 99–105; Eelcko YPMA, La carrière scolaire de Jacques de Viterbe, in: Augustiniana 24 (1974) S. 247–282; ders., Recherches sur la productivité littéraire de Jacques de Viterbe jusqu'à 1300, in: Augustiniana 25 (1975) S. 223–285; Marino DAMIATA, Alvaro Pelagio, teocratico scontento (Biblioteca di Studi Francescani, 17) Florenz 1984, S. 307–339. Vgl. auch RIVIÈRE, Le problème, S. 145–148, 228f.

[285] Éd. Henri-Xavier ARQUILLIÈRE, Le plus ancien traité de l'Église, Jacques de Viterbe, „De regimine Christiano"; italienische Übers.: Giacomo da Viterbo, Il governo della Chiesa, trad. et comm. Giovanni Battista M. MARCOALDI / Aurelio RIZZACASA (Biblioteca medievale, 15) Firenze 1993.

maßen zum „Überstaat" gemacht hatte, nimmt Jakob sie als vorbildlichen „Staat" schlechthin (sofern diese modernen Begriffe schon für das 14. Jahrhundert anwendbar sind). Damit läßt Jakob zugleich die Kirche, darin durchaus Kind seiner Zeit, zum eigentlichen Paradigma politischer Ordnung avancieren, was für seine Zeitgenossen nicht überraschend gewesen sein muß, konnte diese Sicht doch auf eine lange Tradition zurückblicken und sollte noch lange Wirkung zeigen. Bei Jakob freilich gewinnt das zunächst paradigmatische Exempel, die kirchliche Organisation, im Umgang mit heilsgeschichtlichen Argumenten dann doch letztlich eine exklusive, zumindest die beherrschende Rolle gegenüber jeder weltlichen Herrschaft, weil der Autor der Amtskirche (und damit auch deren päpstlicher Spitze) die letzte Entscheidungskompetenz in allen Zweifelsfragen zuschiebt.

Der Traktat wendet sich bereits im Widmungsschreiben an den Papst als „den heiligen Fürsten über die Seelenhirten und die Könige der Erde" (*pastorum et regum terrae sacer princeps*)[286] und erklärt ausdrücklich, die „Leitung" der Kirche darstellen zu wollen. Auch hier deutet also bereits die Dedikationsformel Wesentliches aus dem Inhalt an. Der Text handelt dann in einem ersten Teil von dem *regnum ecclesiae*, als das er das *corpus mysticum Christi*[287] auffaßt, und will dann von der Gewalt Christi und seines Vikars, des Papstes, in diesem *regnum* handeln.

Im einzelnen brauchen wir Jakobs praktische Folgerungen nicht darzustellen. Der Text geht so vor, daß er die Kirche, auch mit aristotelischen Argumenten, als *regnum* schlechthin, als vollkommenen „Staat", man kann fast sagen, als Staat *kat' exochen* beschreibt und ihr gegenüber der weltlichen Herrschaftsordnung – anders als es sein Lehrer Aegidius getan hatte – durchaus eine eigene Konstitution, und damit eine gewisse Selbständigkeit und Legitimität belassen kann, auch wenn es Jakob klar zu sein scheint, daß die weltliche Herrschaftsordnung fundamental vom vollkommenen *regnum* der Kirche dadurch unterschieden ist, daß sie auf einer niedrigeren Entwicklungsstufe steht. Darum bedarf weltliche Gewalt zwar nicht (wie bei Aegidius) notwendig zu ihrer Legitimation der kirchlichen Instanz, wohl aber kann sie zu ihrer *perfectio*, zu ihrer seinsgemäßen Vollendung und Vollkommenheit nur gelangen, wenn ihr die geistliche Gewalt dazu verhilft. Das menschliche Recht gibt den Königen Gewalt über ihre Untergebenen als Menschen, das göttliche über sie als Christen. Und weil mit Augustin *iusticia*, Gerechtigkeit, allererst politische Herrschaft legitimiert, weil solche Gerechtigkeit vor Gott aber nicht anders als durch die Kirche erlangt werden kann, darum ergibt sich, daß auch die scheinbare Anerkennung der Selbständigkeit der weltlichen Gewalt Jakob nicht hindert, im Endergebnis die kurialen Ansprüche in gleicher Schärfe zu erheben wie Aegidius Romanus,

---

[286] De regimine Christiano (S. 85)

[287] Zur Begriffsgeschichte dieses Schlagwortes vor allem Henri de LUBAC, Corpus mysticum, L'Eucharistie et l'Église au moyen-âge, Étude historique (Théologie, 3) Paris ²1949; Ernst H. KANTOROWICZ, The King's Two Bodies, S. 194–232.

ja dessen Position in gewisser Hinsicht noch zu überbieten. Jakobs Entwurf holt gleichsam die grandiose Scheinarchitektur der aegidianischen Argumentationen heilsgeschichtlich ein: Christus hatte in seiner Person beide Gewalten, die königliche und die priesterliche auf einer neuen Stufe der Vollkommenheit vereinigt, und damit gilt von den Bischöfen und insbesondere vom Papst als Christi Nachfolger im Zeitalter der Kirche, daß sie im eigentlichen und höchsten Sinne Könige sind, insofern sie – und an ihrer Spitze wiederum der Papst – Könige der Könige zu sein beanspruchen dürfen.[288]

Die praktischen Konsequenzen, die Aegidius in radikaler Staatsverneinung oder richtiger Staatsunterwerfung erzielt hatte, erreicht Jakob – mit etwas moderateren Mitteln und stärker im Rahmen der traditionellen theologischen Argumentationen bleibend – indem er diese Überlieferungen auf die neue Zeit und ihre Erfordernisse hin zuspitzt. Er unterscheidet sich von dem Entwurf seines Ordensbruders und Lehrers Aegidius hauptsächlich dadurch, daß er in den theoretischen Grundlagen sich auf eine heilsgeschichtliche Reflexion zurückzieht und darum etwas stärker im Rahmen des Herkömmlichen und damit auch für uns noch Verständlichen bleibt. Er paßte sich sozusagen in den allgemeinen Strom leichter ein. Daß auch er auf die Formulierung von „Unam sanctam" eingewirkt hat, darf bezweifelt werden. Der erregten Phase der Debatten um die päpstliche Gewalt in den Jahren 1302/1203 vor dem Tod Bonifaz' VIII., dem er gewidmet ist, gehört der Text jedenfalls zentral an.

Eine Leistung seines Entwurfes bleibt es, daß er – mit aristotelischen Mitteln – zumindest den Versuch macht, die soziale Dimension des menschlichen Daseins eigenständig und unabhängig von der Heilsgeschichte konstituiert zu sehen, und daß er auch die kirchliche Organisation mit aristotelischem Instrumentarium beschreiben kann. Damit hat er einen theoretischen Zugriff benutzt, der freilich im Laufe der Entwicklung sehr schnell zu ganz anderen praktischen Konsequenzen führen sollte, als sie bei diesem „kurialistischen" Autor zu entdecken sind.

Die Wirkungsgeschichte des Textes ist von der des Traktats des Aegidius insofern unterschieden, als zu den 10 erhaltenen unmittelbaren mittelalterlichen Textzeugen (zu denen noch 3 Manuskripte des 17. bis 19. Jahrhunderts hinzukommen, die über die Verbreitung des Textes im Mittelalter natürlich keine Aussagen erlauben),[289] ein sehr wirkungsvoller Überlieferungsweg hinzutrat, der den Text und dessen Argumente, ohne Nennung des Autors freilich, im Bewußtsein der Fachleute hielt: weil nämlich der portugiesische Franziskaner Alvarus Pelagius die gesamte Schrift in seine große Kompilation „De statu et planctu ecclesiae" Wort für Wort aufgenommen hat, erhielt sie – wie andere Texte – eine zusätzliche Chance der Wahrneh-

---

[288] De regimine Christiano, I.6 (S. 140ff.).
[289] Dazu vgl. den Anhang.

mung.[290] Da die enzyklopädisch angelegte Kompilation des Portugiesen relativ breit gestreut überliefert wurde (derzeit sind 34 Manuskripte bekannt) und auch in der Incunabelzeit und als Frühdruck ihren Weg machte, blieb Jakobs hochkurialer Traktat in der Diskussion, ohne freilich – ebensowenig wie die anderen Stichwortgeber des Kompilators – unter dem Namen seines Verfassers bekannt zu bleiben.

Daß sein Autor sich nicht vergeblich abgemüht hatte, daß wenigstens er auch noch einen unmittelbar praktischen „Erfolg" einheimsen konnte, dafür legt seine Karriere Zeugnis ab. Offenbar kurz nachdem „De regimine christiano" abgeschlossen war, wurde Jakob vom Papst (am 3. Sept. 1302) zum Erzbischof von Benevent erhoben und wenig später (am 12. Dezember 1302) nach Neapel transferiert, beides offenbar auf Drängen des Anjou-Königs Karl II., mit dem Jakob ein gutes Verhältnis bis zu seinem eigenem Tod im Jahre 1307 oder 1308 behalten sollte.

Zwei späte weitere Traktate von Augustinereremiten zeigen, daß Aegidius Romanus und Jakob von Viterbo am Beginn des Jahrhunderts in ihrem Orden erfolgreich den Anstoß zu einer betont papalistischen Publizistik gegeben haben. Auch wenn diese Schriften chronologisch erst zur Phase unter Johannes XXII. gehören, seien sie hier doch wenigstens erwähnt, da sie sich von Antrieb und Argumentation her ganz eng an diese leuchtenden Vorbilder anschließen. Alexander von Sankt Elpidio,[291] selber der Generation des Aegidius zugehörend, ist bereits gegen 1265 geboren, hat seine theologische Promotion in Paris aber erst 1307 (also als etwa Vierzigjähriger) erreicht, als Jakob von Viterbo längst nicht mehr dort unterrichtete. Immerhin hat Alexander nachweisbar unter dem Einfluß dieser beiden Ordenstheologen zeit seines eigenen Lebens gestanden und ist auch in ihrem Bannkreis geblieben. 1312 für eine vierjährige Amtszeit zum Generalprior seines Ordens gewählt und seither an der Kurie tätig, lebte er, als sein Nachfolger längst im Amt war, weiterhin in Avignon am päpstlichen Hofe. 1323/1324 schrieb er dort einen Traktat „De potestate ecclesiastica", einen Text, der, in drei Teilen gegliedert, sich eng an die klassisch gewordenen Thesen der gleichnamigen Streitschrift des Aegidius und an die Meinungen des Jakob von Viterbo anschließt.[292]

Sein Text, der unmittelbar Papst Johannes XXII. gewidmet ist, zeichnet sich nicht durch besondere Begriffsschärfe oder neuartige Argumente aus, das war auch wohl gar nicht angestrebt. Die auf Vollständigkeit zielende

---

[290] Unten Anm. 538f.
[291] Vgl. zusammenfassend Adolar ZUMKELLER, in: LexMA 1 (1980) Sp. 380; auch Repertorium fontium, Bd. 2 (1967) S. 188.
[292] Alexander de Sancto Elpidio, Tractatus de ecclesiastica potestate, pars I.–III., gedruckt bei Johannes Th. ROCCABERTI de Perelada, Bibliotheca maxima pontificia, Bd. 2, Rom 1698, S. 1–40; jedoch auch bereits als Incunabel gedruckt Turin 1494, später auch Rouen 1624. Zu seinen Schriften, die für die Artistenfakultät interessant sind, WEIJERS, Le travail intellectuel à la Faculté des arts [I], S. 55.

Aufzählung der Argumente ist freilich in all ihrer Knappheit zu ihrer Zeit recht erfolgreich gewesen, der Traktat ist uns in mehr als 20 Manuskripten erhalten geblieben.[293] Er hat durch seine straffe schnörkellose Direktheit auch noch im 15. Jahrhundert den Verteidigern der päpstlichen Prärogativen Munition geliefert. In seiner relativen Kürze erwies er sich als durchaus geeignet, in Miszellanhandschriften zusammen mit verwandten oder ganz anderen Texten Aufnahme zu finden. Als Frucht der „Augustinertheologie" ist er freilich später dann von der weit umfangreicheren fast gleichzeitig entstandenen „Summa de ecclesiastica potestate" des Augustinus von Ancona überboten worden.[294] Alexander hat aber, anders als sein Ordensbruder, noch seine Berufung auf einen Bischofstuhl im Königreich Neapel erlebt. Ob er dieser schriftstellerischen Anstrengung seine Ernennung zum geistlichen Hirten von Melfi durch den Papst zu verdanken hat, wissen wir nicht. Alexander starb kurz danach (1326) in seiner Diözese.[295]

Auch einer der Nachfolger Alexanders im Amt eines Generalpriors der Augustinereremiten beteiligte sich mit einem eigenen Traktat an der Erörterung, ein Mann, der viermal hintereinander (1326–1342) das Vertrauen des Wahlkapitels seines Ordens fand, bevor er bald nach Ablauf seines letzten Generalats und nach dem Wechsel im päpstlichen Amte im Juli 1342 von Papst Clemens VI.[296] zum Bischof von Novara erhoben wurde, wo er 1356 starb. Auch Wilhelm von Villana[297] hat sich an der Kurie Johannes' XXII. und Benedikts XII. von Amts wegen aufhalten müssen. Er hat für seinen Orden dabei wichtige päpstliche Privilegien erhandelt und besonders unter Johannes XXII. seinem Orden einträgliche Aufgaben am angeblichen Grab des Heiligen Augustinus zu verschaffen gewußt.[298] Sogar noch während seines sicherlich zeitraubenden Generalpriorats hat Wilhelm sich aber auch schriftstellerisch betätigt. Er hat offenbar seine enge Verbindung, in der er zu

---

[293]   Vgl. unten im Anhang.

[294]   Vgl. unten Kap. VI.3.

[295]   Am 18. Februar 1326 datiert ist die päpstliche Ernennung, am 6. Oktober 1326 wurde sein Nachfolger ernannt; vgl. Conrad EUBEL, Hierarchia catholica, Bd.1 (¹1898) S. 350.

[296]   Erst am 7. Mai dieses Jahres gewählt und am 19. Mai gekrönt, hat der neue Papst damit den Kurialen seines Vorgängers sehr rasch wegbefördert! Das Bistum Novara war auf 600 fl. taxiert, vgl. HOBERG, Taxae, S. 88.

[297]   Zu ihm etwa MARIANI, Chiesa e stato, S. 103–111; Aldo VALLONE, Antidantismo politico nel XIV secolo, Neapel 1973; Donato DEL PRETE, La confutazione del „Defensor pacis" di Marsilio da Padova, di Siberto da Beek, Guglielmo Amidani e Pietro di Lutra a Giovanni XXII., in: Università di Lecce, Annali di Dipartimento di scienze storiche e sociali 1 (1982) S. 5–71, bes. S. 17–48; Francis CHENEVAL, Proclus politisé, La réception politique de Proclus au moyen âge tardif, in: Archiv für die Geschichte der Philosophie 78 (1996) S. 112–126; zusammenfassend Ovidio CAPITANI, in: DBI 2 (1960) Sp. 790–792; Jürgen MIETHKE, in: LexMA 9 (1998) Sp. 170.

[298]   Vgl. etwa Katherine WALSH, Wie ein Bettelorden zu (s)einem Gründer kam, in: Fälschungen im Mittelalter, Bd. 5 (MGH, Schriften, 33.5) Hannover 1988, S. 585–610 (mit weiterer Literatur). Auch *DALE (2001).

Johannes XXII. stand, genutzt, als der Papst Expertisen erwartete. Als die Verurteilung der sechs an der Kurie aus dem „Defensor pacis" des Marsilius von Padua exzerpierten „Irrtümer" im Jahre 1327 anstand, da beeilte auch er sich eine ausführliche Schrift vorzulegen, die jeden einzelnen der sechs Sätze auf der Liste einzeln und eingehend zu widerlegen unternahm.[299]

Daß er sich nicht die Mühe gemacht hat, die von ihm inkriminierte Schrift des Marsilius zu lesen, unterscheidet ihn nicht von seinen Mitstrei-tern,[300] die sich mit der gleichen Unbedenklichkeit der reinen Auflistung und „Widerlegung" der „Irrtümer" zugewandt hatten wie er. Seine Schrift ist mehrfach im Druck vorgelegt worden, zuletzt noch in einer kritischen Edition. Sie ermöglicht aber keine großen oder aufregenden Erkenntnisse – außer daß sie eine Bestätigung dafür gibt, daß die Themen, die sie behandel-te, von einer gewissen Aktualität waren, sie verzichtet jedoch darauf, neue Gesichtspunkte herauszustellen. Wilhelm identifiziert ohne Bedenken die geistliche Leitung des Priesters mit massiver weltlicher Herrschaft und schreibt beides in höchstem Maße dem Papste zu. Freilich macht er die weltliche Herrschaft des Königs vom Konsens seines Volkes und dessen „schweigender oder ausdrücklicher Zustimmung" abhängig.[301] Dieser Ge-danke freilich ist ausschließlich für den weltlichen Herrscher entwickelt, zudem nicht mit dem Gedanken päpstlicher Oberhoheit abgestimmt. Das Argument wird nur genannt, ohne daß es bei unserem Augustiner weiter ausgearbeitet wäre. In solchem unentschiedenen Stil ist der gesamte Text gehalten, der keinen Vergleich mit dem „Defensor pacis" aushält (zumal er diesen, wie gesagt, wahrscheinlich niemals zu Gesicht bekommen hat!). Sei-ne Bedeutung liegt weniger auf theoriegeschichtlichem Gebiet als darin, daß er das Funktionieren der Kurie als einer Drehscheibe von argumenta-tiven Auseinandersetzungen, als besondere „Öffentlichkeit" und Zentrum der uns überlieferten Texte dieser Diskussionen erneut exemplifiziert. We-nigstens teilweise blieb die Handschriftensammlung unseres Augustiners in Cremona erhalten, er besaß auch eine recht frühe und bis heute noch nicht für eine Textherstellung benutzte zeitnahe Version der Schrift seines Vor-

---

[299] Guillelmus [Amidani] [de Villana] aus Cremona, Tractatus cuius titulus „Reproba-tio errorum", ed. Darach MacFhionnbhairr. Damit sind alle früheren Drucke von Ex-zerpten (z.B. Scholz, Streitschriften, Bd. 2, S. 16–28) oder Teilen (so etwa A. Piolanti, Tre questioni …, in: Divinitas 15, 1971, S. 494–539, der nur drei der sechs Quaestionen bringt: qq. 3, 4, 6) überholt.

[300] Vgl. unten bei Anm. 716f.

[301] Reprobatio I.5 (S. 30): *Rex enim vel imperator, si legitimus est, incoepit esse per electionem a populo vel a deo. Sed non est probabile quod populus velit ei dare res suas proprias et se a suarum rerum proprio dominio exspoliare et facere se servos. Et quia electio est voluntaria, princeps non habet ius in rebus subditorum ex natura dico veri et boni et iusti regiminis, nisi inquantum accepit ex volun-tate populi ipsum eligentis, nec est verus princeps nisi de eorum voluntate tacita vel expressa.* Dazu vgl. dazu insbes. Gregorio Piaia, Marsilio da Padova, Guglielmo Amidani e l'idea di sovra-nità popolare, in: Veritas 38 [no 150] (Porto Alegre 1993) S. 297–304, jetzt in: Piaia, Mar-silio e dintorni, S. 104–117, vor allem S. 115ff.

gängers Aegidius Romanus „De ecclesiastica potestate" sowie manch ande-
re Schrift, die hier interessiert.[302] So hat Wilhelm von Villana auch bei der
Vermittlung unserer Literatur als Sammler eine nicht zu unterschätzende
Rolle spielen können.

---

[302] Beschreibender Katalog in: G. DOTTI, I codici Agostiniani della Biblioteca Statale
di Cremona, in: Augustiniana 30–33 (1980–1983), vgl. hier die Angaben zu den Mss. 81,
82, 84, 95, 96, 102, 108. (Die Aegidius-Hs. ist Ms. 81 [XIV.s.], fol. 1r-115r).

IV. Antworten aus Paris

1. Die Depeschenfassung der päpstlichen Bulle

Durch die Bemühungen an der Kurie selbst und in ihrem Umkreis wurde die Ernte der ekklesiologischen Arbeit des 13. Jahrhunderts von Kanonisten und Theologen der politischen Position Papst Bonifaz VIII. dienstbar gemacht. Auch der französische Hof hat sich damals nicht auf politische Aktionen und diplomatische Aktenstücke beschränkt. Drei gewichtige Schriften stellen zum ersten Male – und das relativ vollständig und für die Zukunft stilbildend – das „Dossier" der Argumente gegen den päpstlichen Universalanspruch zusammen.

Anknüpfungspunkt der Polemik sind zunächst nicht die kurialen Traktate unmittelbar: ausnahmsweise wird als einziger von ihnen Heinrich von Cremona im spätesten französischen Text dieser Gruppe, bei Johannes Quidort, ausdrücklich kritisiert. Ausgangspunkt der neuen Polemik in Frankreich wurde zunächst die päpstliche Bulle „Ausculta fili" vom 5. Dezember 1301[303], in der der Papst Bonifaz VIII. in dem von ihm so oft geübten dröhnenden Pathos König Philipp sein Fehlverhalten vor Augen rückte und zugleich die Prälaten und Vertreter der katholischen Kirchen Frankreichs zu einer Nationalsynode unter päpstlichem Vorsitz – bezeichnenderweise und ungewöhnlich genug – an die Kurie nach Rom berief[304]. Zugleich forderte der Papst den König auf, sich dort in eigener Person oder durch einen bevollmächtigten Vertreter zu verantworten.

Der Papst hatte natürlich Sorge dafür tragen müssen, daß diese seine Ladung durch eine gesonderte Gesandtschaft in Paris überreicht werde. Diese Delegation freilich wurde – ein Nadelstich gegen den französischen Hof – nicht von einem Kardinal oder auch nur einem höheren Prälaten der Kurie geleitet, sondern „nur" von einem Schreiber (*notarius*) namens Jacobus Normanni. Der französische Hof aber zeigte sich diesem Insult durchaus gewachsen, er hielt die kuriale Delegation zunächst einmal hin und erreichte es durch kühle Geschäftsabwicklung zunächst, daß die päpstliche

---

[303] Les registres de Boniface VIII, édd. DIGARD (u.a.), Bd. 3, Paris 1903, Nr. 4424; eine ausführliche Paraphrase und Bewertung auch bei Johannes HALLER, Das Papsttum, Idee und Wirklichkeit, Bd. 5: Der Einsturz, hier zitiert nach der Taschenbuchausgabe, Reinbek 1965, S. 122f.; zusammenfassend Hans WOLTER, in: LexMA 1 (1980) Sp. 1247.

[304] Vgl. vor allem Richard KAY, *Ad nostram praesentiam evocamus*, S. 165–189.

Absicht zunichte gemacht wurde, aus der Übergabe der Ladung von König und französischer Kirche nach Rom ein eindrucksvolles Schauspiel zu
machen. Keine Rede war von einer feierlichen Audienz für den Gesandten. Die Berater des Königs ließen sich die Bulle gewissermaßen an der
Hintertür ohne alles besondere Zeremoniell aushändigen, bedeuteten dem
nachrangigen Geschäftsträger dabei auch noch voller Vorsorge, er solle
sich zu seiner eigenen Sicherheit am besten schleunigst aus Frankreich
entfernen. Sodann veröffentlichte der Hof kurz danach einen in aller Eile
zusammengestellten knappen Extrakt aus dem langen päpstlichen Schreiben, einige Zeilen, die aus den kunstvoll aufeinandergetürmten Wortkas-
kaden der päpstlichen Bulle als angeblich authentischen päpstlichen Text
in dürren Worten nur noch folgendes festhielten: „Fürchte Gott und ge-
horche seinen Geboten! Nach unserem Willen sollst du wissen, daß du uns
in geistlichen und weltlichen Angelegenheiten untertan bist. Dir steht keinerlei Kollation von (kirchlichen) Ämtern oder Pfründen zu und wenn du
bei Vakanzen einige in deine Obhut nimmst, mußt du die Einkünfte daraus den künftigen Inhabern aufbewahren. Wenn du irgendwelche Pfründen übertragen hast, so entscheiden wir, daß solche Kollation nichtig ist
und widerrufen sie, soweit sie *de facto* erfolgt ist. Wer etwas anders glaubt,
den halten wir für einen Ketzer".[305]
Man wird zugeben müssen, daß diese depeschenartige Kurzfassung zumindest eine mögliche Zusammenfassung des päpstlichen Schreibens darstellt, wenn sicherlich auch neben allen im einzelnen unterschiedlichen
Argumenten ebenso alle Differenzierungen, Zweideutigkeiten sowie alle
in der Schwebe gelassenen verschwommenen Ansprüche scharf und klar
ins Eindeutige gekehrt, alle moralische Ermahnung in Rechtsbegriffe
übersetzt, alles seelsorgerliche Pathos zu Politik geronnen scheint. Gleichwohl wird man in dieser Zusammenfassung und Zuspitzung nicht eigentlich eine „Verfälschung" des päpstlichen Briefes erblicken wollen, sie war
zumindest bei aller Vereinseitigung eine mögliche Interpretation. Man
hatte damals, wie man sieht, auch am Pariser Hof und nicht nur an der
Kurie Männer zur Verfügung, die mit Texten zu hantieren wußten. Frei-

---

[305] Text bei DUPUY, Histoire, Preuves, S. 44, auch bei Gustavo VINAY, Egidio Romano e
la cosidetta *Quaestio*, hier S. 93: '*Deum time et mandatis eius obtempera!' Scire te volumus, quod in
spiritualibus et temporalibus nobis subes. Beneficiorum et prebendarum ad te collatio nulla spectat, et si
aliquorum vacantium custodiam habeas, fructus eorum successoribus reserves, et si que contulisti, collationem huiusmodi irritam decernimus, et quantum de facto processerit, revocamus. Aliud autem credentes hereticos reputamus. Datum Laterani Nonis Decembris pontificatus nostri anno septimo.* Der
erste Satz (den ich so nicht in der Vulgata finden konnte, vgl. aber Eccles. 12,13: *Deum time et
mandata eius observa*) ist wohl nach dem Vorbild eines Sermon als „Thema" eingesetzt, eine
an sich ungewöhnliche Form des Briefeingangs päpstlicher Schreiben, aber bei Proklamationen Bonifaz' VIII. häufiger gebraucht, etwa bei Konsistorialansprachen, bei der Verurteilung
der Colonna-Kardinäle und eben auch der Bulle „Ausculta fili", oder der geplanten Bann-
bulle gegen König Philipp den Schönen „Super Petri solio", vgl. DUPUY, Histoire, Preuves,
S. 182–186, und oben S. 53, bei Anm. 145. Auch in GOLDAST, Monarchia, II, 95f.

lich tat der Hof noch ein übriges und setzte dieser Kurzfassung des päpstlichen Schreibens ebenso knapp und schroff eine Antwort, angeblich des
französischen Königs selber entgegen, die in aller Deutlichkeit die Position
Philipps des Schönen und seines Hofes umriß. Klipp und klar, in grobiani-
scher Kürze wird Bonifaz VIII. in dieser Replik angesprochen: „Fürchtet
Gott, ehret den König! Eure übergroße Albernheit soll wissen, daß wir in
weltlichen Angelegenheiten keineswegs irgend jemandem untertan sind,
daß die Kollation von Kirchen und vakanten Pfründen uns kraft königlichen Rechts zusteht, daß wir uns deren Einkünfte zu eigen machen dürfen, daß jede Kollation, die durch uns erfolgt ist oder erfolgen wird, gültig
ist in Gegenwart und Zukunft und daß wir die durch uns eingewiesenen
Besitzer mannhaft gegen jedermann schützen. Wer etwas anderes glaubt,
den halten wir für dumm und blöde."[306]

In diesem Text, der offenbar zusammen mit der Kurzfassung von „*Ausculta fili*" gemeinsam als angeblich an den Papst wirklich abgegangene „Antwort" des Hofes verbreitet wurde, gingen die Berater Philipps über die bisherige eher „formale Fälschung" der Depeschenfassung doch hinaus, denn
ein derartiges Schreiben des Königs ist wohl niemals, weder in dieser noch
in einer diplomatischeren Form, nach Rom geschickt worden. Der Text
diente (wie die Depeschenfassung der päpstlichen Bulle) allein einem „inn-
erfranzösischen" Gebrauch, war ein Propagandapamphlet, das lediglich einen Rechtsstandpunkt auf eine knappe Formel bringen wollte und um Zustimmung eines französischen Publikums warb. In den beiden Texten haben
wir ohne Zweifel einen Niederschlag jener dramatischen Tage vor uns, in
denen es dem französischen Hof gelang, wesentliche Kräfte zunächst in Paris, später auch in den Provinzen in national getönten Aktionen zu seinen
Gunsten zu mobilisieren oder doch zur Einstimmung zu veranlassen, ja zu
zwingen. Diese Politik, die im einzelnen hier nicht zu verfolgen ist[307], spielt
in der Vorgeschichte der spätmittelalterlichen ständischen Vertretungen im
Königreich Frankreich, und damit in der Vorgeschichte der spätmittelalterlichen ständischen Parlamente, eine gewichtige Rolle.

---

[306] Text wiederum bei DUPUY, Histoire, Preuves, S. 44, auch in GOLDAST, Monarchia,
II, 106 [recte 96] und bei VINAY, La cosidetta Quaestio, S. 94: '*Deum timete, regem honorifi-
cate*' [I. Petr. 2, 17]: *Sciat tua maxima fatuitas in temporalibus nos alicui non subesse, ecclesiarum ac
prebendarum vacantium collationem ad nos iure regio pertinere; fructus eorum nostros facere; colla-
tiones a nobis factas et faciendas fore validas in preteritum et futurum, et earum possessores contra
omnes viriliter nos tueri. Secus autem credentes fatuos et dementes reputamus. Datum Parisius, etc.*"

[307] Dazu vorzüglich Thomas N. BISSON, The General Assemblies of Philip the Fair:
Their Character Reconsidered, in: Post Scripta, Essays on Medieval Law and the Emer-
gence of the European State in Honor of Gaines Post, edd. Joseph R. Strayer, Donald F.
Queller (Studia Gratiana, 15) Rom 1972, S. 537–564 [jetzt in BISSON: Medieval France
and Her Pyrenean Neighbours, S. 97–122]; vgl. auch Élisabeth LALOU, Les assemblées gé-
nérales sous Philippe le Bel, in: Recherches sur les états généraux et les états provinciaux
de la France médiévale, in: 110e Congrès des Sociétés savantes [Montpellier 1985], Paris
1986, Bd. 3 (Séction médiévale), S. 7–29.

2. Anonyme Quaestionen

Diese so markant und berechnend aufeinander bezogenen Kurztexte schrien sozusagen nach argumentativer Unterfütterung, zuerst mündlich auf den durch geschickte Regie gelenkten, wenn nicht manipulierten verschiedenen Versammlungen in Paris,[308] aber auch in schriftlicher Form. Schriften aus diesen Monaten sind uns denn auch erhalten, sie stammen alle aus dem Pariser Universitätsmilieu. Lebhaft legen sie Zeugnis ab von den Debatten, die damals geführt wurden. Zwei dieser Texte sind uns anonym überliefert, einmal eine lange Quaestion, die sogenannte „Quaestio in utramque partem",[309] die in ihrer relativ reichen handschriftlichen Überlieferung,[310] meist in unmittelbarer Verbindung mit den beiden „Depeschen" des Pariser Hofes abgeschrieben worden ist, und die darüber hinaus in fast allen Handschriften (französischer Provenienz) eine Superskription trägt, deren Normalform etwa gelautet hat: *Quaestio bene disputata ad argumenta super debato precedentium litterarum,* die also nicht mehr und nicht weniger beansprucht, als die Argumente zu dem aktuellen und in den „Depeschen" dokumentierten Streit übersichtlich zusammenzustellen.

Der Wortlaut dieser Überschrift weist auf einen engen sachlichen Zusammenhang mit den plakativen Kurzbriefen aus der königlichen Kanzlei zurück. Dieser Eindruck wird dadurch verstärkt, daß in einem Ms., das als Register durch Pierre d'Étampes während der Zeit seiner Tätigkeit in der königlichen Kanzlei (1305–1324) angelegt worden ist, unsere „Quaestio" aufgenommen wurde.[311] Diese Handschrift enthält ihre Materialien in für uns überraschend farbiger Folge. Auf die Chronik des Pierre de Vaux de Cernay über die Albigenserkriege und eine Redaktion der weitverbreiteten Briefsammlung des Petrus de Vinea aus der Mitte des 13. Jahrhunderts folgt eine bunte Sammlung von Aktenstücken zum Streit zwischen Philipp dem Schönen und Bonifaz VIII., zuerst Briefe des Papstes (unter ihnen auch – ohne jede besondere Vorbemerkung – die Depeschenfassung), dann einige Berichte über französische Betreffe, um schließlich – wiederum ohne Überschrift – unsere Quaestio einzurücken. Nach einigen Leerblättern folgen dann erneut Schreiben des Papstes, darunter, bemerkenswert, auch die ur-

---

[308] Überliefert sind Exposés für Reden vor allem durch Wilhelm von Plaisians, der mehrfach als Wortführer des Hofes an der Kurie und bei Versammlungen in Paris aufgetreten ist, vgl. COSTE, Procès, S. 948a (Index); zusammenfassend zu seiner Person etwa SCHMIDT, Prozeß, S. 58f.; ergänzend Élisabeth LALOU in: LexMA 6 (1993) Sp. 2196.

[309] Nach 6 Mss. ed. Gustavo VINAY, La cosidetta Quaestio, S. 43–136 [Text S. 93ff.], auch in GOLDAST II, 106 [recte 96]–107. Jetzt bei *DYSON (1999), 12–45. Zur Textkonstitution und der Bewertung der Handschriften kritisch John A. WATT, The Quaestio reconsidered, S. 411–453. – Dazu allgemein auch SCHOLZ, Publizistik, S. 224–251; RIVIÈRE, Le Problème, S. 133–135.

[310] Vgl. unten im Anhang.

[311] Ms. Paris, Archives Nationales, JJ 28, fol. 239v-257v. Zu den von Pierre d'Étampes angefertigten Registern der königlichen Kanzlei vgl. oben Anm. 205.

sprüngliche, „lange" aus Rom überstellte Fassung von „*Ausculta fili*",[312] so daß in diesem relativ frühen Manuskript aus der königlichen Kanzlei die Originalfassung seiner Bulle zusammen mit ihrer tendenziösen Kürzung durch den französischen Hof gemeinsam überliefert wird.

Die Quaestio selbst geht ganz schulmäßig vor, es kann keinem Zweifel unterliegen, daß sie aus dem Pariser Universitätsmilieu stammt. Wahrscheinlich kommt sie sogar ihrer juristisch unspezifischen Terminologie wegen eher aus der theologischen bzw. aus der artistischen als aus der kanonistischen Fakultät, auch wenn sie durchaus kanonistische Belege benutzt und aufführt. Sie bezieht diese aber vor allem aus den relativ leicht erreichbaren Hauptquellen, dem Kanonischen Recht selbst und seinen Standardglossen und läßt dabei keine eigene Expertenschaft sichtbar werden. Sie wurde fälschlich schon im 15. Jahrhundert (und seither öfters) dem Aegidius Romanus zugeschrieben.[313] Ebenfalls im 15. Jahrhundert wollte man wissen, daß diese Zusammenstellung von Argumenten auf eine durch den König einberufene Versammlung von Gelehrten (*clers*) zurückgeführt werden könne, also ein gemeinsames Brainstorming aus der theologischen und juristischen Fakultät voraussetze; anläßlich des Bekanntwerdens der Bulle „Unam sanctam" (im Sommer des Jahres 1303) habe dann Johannes Quidort, der damals bedeutendste Theologe, im Auftrag der theologischen Fakultät diese Antwort auf die päpstliche Dekretale sozusagen stellvertretend für alle Kollegen verfaßt.[314] Die nur scheinbar präzise chronologische Ein-

---

[312] Vgl. oben Anm. 303.

[313] Gegen diese bis heute bisweilen gepflegte Legende (der auch etwa Jean COSTE, Procès, S. 870, noch anzuhängen scheint) überzeugend Raphael KUITERS, Aegidius Romanus and the authorship of „In utramque partem" and „De ecclesiastica potestate", in: Augustiniana 8 (1958) S. 267–280.

[314] „*En ce temps* [d.i. Frühjahr 1303] *icellui Phelipe le Bel fist assembler les plus notables et renommez clercs en droit divin et humain tant ecclesiastiques que seculiers de ce royaume et leur fist proposer l'entreprise du dit Boniface a l'encontre de la couronne et du royaume de France et entre autres choses une question, que le dit Boniface avoit fait pour ce former, dont le tiltre est tel:* Utrum papa sit dominus omnium tam in spiritualibus quam in temporalibus. [...] Et fist pour ce assembler a Romme clers de toutes les nations de crestienté, et hec tint consistoire general, ouquel il fist conclurre pour la partie affirmative [...]. Et alors fist une decretale extravagant qui se commence 'Unam sanctam'. [...]. Et pour respondre a ce selon droit divin fut alors esleu par la faculté de theologie maistre Jehan de Paris, disciple de Saint Thomas d'Aquin qui ja estoit trespassé, lequel maistre Jehan de Paris estoit en son temps le plus solennel theologien que l'en sceust*". [Ms. Oxford, Bodl. Library, Bodley 968, fol. 203v–204r, bekanntgemacht von SAENGER, John of Paris, Principal Author of the „Quaestio de potestate papae", hier S. 44f. Zu Saengers Schlußfolgerungen jedoch bereits MIETHKE, Die Rolle der Bettelorden, S. 152f. Anm.]. Es kann m.E. keine Rede davon sein, daß Quidort damit als der eigentliche Verfasser der Quaestion erwiesen sei (gegen KRYNEN, L'Empire du roi, S. 91), skeptisch bleibt auch Jean DUNBABIN, Hervé de Nédellec, Pierre de la Palud and France's place in Christendom, in: Political Thought and the Realities of Power, S. 159–172, hier S. 166, die die Zuschreibung „rather speculatively" nennt. Quidorts Beteiligung an einem Gemeinschaftselaborat ist freilich für sich nicht unwahrscheinlich. Allein schon aber, daß er in dem späten Zeugnis als „Schüler des Thomas von Aquin" und als der „bedeutendste Theologe der Zeit" aufgeführt wird,

ordnung[315] (die wohl nur vage nach dem bekannten Hauptschriftstück des ganzen Streites, Bonifaz' Erklärung „Unam sanctam", vorgenommen worden ist) einmal beiseite gelassen, diese trübe Nachricht ist, was zumindest die Behauptung einer kollektiven Verfasserschaft angeht, so völlig unwahrscheinlich nicht, freilich ist dann wieder die Konzentration auf Johannes Quidort hochproblematisch.[316] Die kühle, mehr auf die einzelnen Argumente als auf die Argumentation bedachte, grob in Abschnitte gegliederte „Quaestio" gehört evident in den Großzusammenhang des Streits zwischen Papst und König, sie könnte wohl auch eine Gemeinschaftsarbeit von Universitätsleuten im Auftrag des Hofes sein.

Ob nun aber die Anonymität des Textes ein Verfasserkollektiv verdeckt oder nur einen einzelnen Autor, in derselben Zeitspanne zwischen dem Bekanntwerden von „*Ausculta fili*" (bzw. seiner Kurzfassung) und dem Handstreich von Anagni (7.-9. September 1303) sind uns aus Paris noch weitere wichtige Schriften aus demselben Universitätsmilieu überliefert, eine (etwas knappere) ebenfalls anonym überlieferte Quaestion „De potestate pape", die meist nach ihren Anfangsworten „*Rex pacificus*" zitiert wird,[317] und außerdem die unter voller Nennung ihres Autors publizierte längere und insgesamt wohl theoretisch bedeutendste Schrift dieser Phase der Auseinandersetzung überhaupt, „De regia potestate et papali" des Johannes Quidort.[318]

---

ist schon nicht mehr als zeitgenössisches Urteil zu verifizieren. Ganz ungewöhnlich gewesen wäre der offizielle Auftrag der Fakultät.

[315] Bekanntlich bleibt die genaue Datierung von „Unam sanctam" problematisch: Der Text selbst ist datiert auf den 18. November 1302 (d. h. während der für die französische Kirche in Rom veranstalteten „Nationalsynode"), registriert dagegen ist die Bulle erst im 9. Pontifikatsjahr, das bedeutet daß sie – entgegen der ursprünglichen Planung – wahrscheinlich auch erst 1303 „publiziert" wurde.

[316] Sie hält sich an einen im 15. Jahrhundert noch als prominent geltenden Namen.

[317] Zu den 11 Handschriften vgl. unten im Anhang; der Text ist gedruckt (nicht ganz vollständig) in einem Sammelband durch Jean Barbier für Jean Petit, Paris 1506, fol Air [-Bviv]; auch (in dieser Form) bei DUPUY, Histoire, Preuves, S. 663–683; (vollständiger) bei Edmond RICHER, Vindiciae doctrinae scholae Parisiensis, Köln 1683, S. 165–196; ein Teildruck (der jedoch eine bei Barbier übergangene Passage enthält) bei César Egasse Du BOULAY [Caesar Egassius BULAEUS], Historia universitatis Parisiensis, Bd. 4, Paris 1668, S. 28–31. – Eine kritische Neuausgabe wäre dringend erwünscht. Dazu vor allem SCHOLZ, Publizistik, S. 252–274; RIVIÈRE, Le problème, S. 135–138 u. ö., Walter ULLMANN, A Medieval Document on Papal Theories of Government, in: EHR 61 (1946) S. 180–201, jetzt in ULLMANN, Law and Jurisdiction, Nr. viii; SAENGER, John of Paris.

[318] Nach den früheren Drucken erlebte diese Schrift gleich zwei moderne Editionen durch Jean LECLERCQ und Fritz BLEIENSTEIN [dazu aber die Rezensionen von Erich MEUTHEN, in: HZ 211 (1970) S. 396–399, oder Jürgen MIETHKE, in: Francia 3 (1975) S. 799–803]. Beide Ausgaben haben nicht sämtliche heute bekannten Handschriften benutzt, sodaß auch die genauere Redaktionsgeschichte des Textes auf der Grundlage ihrer Textherstellung allein nicht zu klären ist. Die Literatur ist relativ ausgebreitet, es fehlt aber eine Untersuchung zu dieser Frage. Karl Ubl teilte mir mit, daß er eine Reihe von wörtlichen Übereinstimmungen mit Quidorts Sentenzenvorlesung identifizieren konnte; er hat seine Funde publiziert: ★UBL (2003).

Die Quaestion „*Rex pacificus*" hat eine sehr ähnliche handschriftliche Überlieferung wie die sogenannte „Quaestio in utramque partem", in etwa der Hälfte der Fälle ist sie sogar in denselben Miszellanmanuskripten enthalten wie diese, und schließlich findet sich auch die Spur einer Anknüpfung an die Kurzfassung von „*Ausculta fili*", da wenigstens in einem der Manuskripte unsere Quaestio zusammen mit diesem Text überliefert wurde. Demgegenüber wird die wiederum späte Nachricht, die auch diese Quaestion an die Bulle „*Unam sanctam*" anschließen möchte,[319] kaum als zutreffend gelten dürfen, auch wenn sie nicht eindeutig zu widerlegen ist.

Ebenso müssen wir freilich die scheinbar präzise Angabe derselben trüben Quelle aus dem 15. Jahrhundert, welche mehr als hundert Jahre nach den Ereignissen niedergeschrieben wurde, mit Skepsis betrachten, welche als Autor dieses anonymen Textes den Dominikanertheologen Johannes Quidort verantwortlich machen will. Gewiß entspräche die Quaestion in gewisser Hinsicht durchaus dessen Format, es bliebe aber doch höchst erstaunlich, wenn wir uns zur Annahme gezwungen sähen, daß Quidort in jenen Monaten zwischen Anfang 1302 und Ende 1303 zweimal zur gleichen Thematik Argumente zusammengestellt hätte, ohne in beiden Texten eine größere Übereinstimmung zu zeigen, als sie angesichts der allgemeinen Diskussion im gleichen Milieu unvermeidlich und natürlich war,[320] ohne insbesondere das offenkundige Herzstück der Argumentation des anonymen Textes, die spezifische Anwendung der Organismusmetapher auf den Papst (als das Haupt) und den König (als das Herz) „*totius corporis, hoc est communitatis et reipublicae*"[321] an irgendeiner Stelle auch nur andeutungsweise zu übernehmen. Angesichts der „Mosaiktechnik", in der, wie wir noch sehen werden, der große Traktat Quidorts gearbeitet ist, erscheint eine solche Voraussetzung ganz und gar unwahrscheinlich, denn Quidort hat sich in dem einen unzweifelhaft seiner Feder entstammenden Traktat sonst meist wörtlich an frühere Ausarbeitungen und Vorlagen gehalten, während er die Quaestion „Rex pacificus" nicht allein sachlich verschweigt, indem er deren Argumente nicht ausdrücklich aufnimmt, sondern sein Traktat zeigt auch im Wortlaut keinerlei nähere Berührungen mit der Quaestion.

Daher wird die späte Nachricht wohl als ein späterer Versuch gedeutet werden müssen, in großem zeitlichen Abstand durch entsprechende Personalisierung einen „anonym" überlieferten Text einem damals noch weithin bekannten Autor zuzuweisen. Derartige Zuschreibungen, durch die unbekannte oder dunkle Überlieferungen mit einem bekannten Namen in Zu-

---

[319] Saenger, bes. S. 46.

[320] Übereinstimmungen zwischen Quidorts „De regia potestate et papali" und der „Quaestio in utramque partem" verzeichnet der Herausgeber der ersten kritischen Edition des Textes, Jean Leclercq, S. 36. Wenn Quidort wirklich der Verfasser der anonymen Quaestion „Rex pacificus" wäre, müßten sich doch auch wörtliche Berührungen zwischen beiden Texten finden.

[321] Bei Bulaeus (fehlt bei Barbier und Dupuy!).

sammenhang gebracht werden, sind immer wieder (nicht nur im Mittelalter) vorgekommen. Freilich scheint diese späte Konstruktion aber historisch insofern im „Recht" zu sein, d. h. vielleicht sogar etwas Richtiges getroffen zu haben, als Johannes Quidort tatsächlich mit seinem Traktat „*De regia potestate et papali*" im engsten sachlichen und persönlichen Zusammenhang mit den beiden anonymen Quaestionen steht.[322] Als einziger jedoch war dieser Dominikaner auch mutig genug, mit seinem eigenen Namen für seine Expertise vor der Mit- und Nachwelt einzustehen. Er brauchte sich dieses seines Textes gewiß nicht zu schämen, gehört dieser doch zu den theoriegeschichtlich zentralen und einflußreichsten Positionen aus jenem Streit überhaupt.

3. Johannes Quidort

Johannes Quidort von Paris, ein Mann, der offenbar sein ganzes erwachsenes Leben lang an der Universität von Paris verbracht hat, scheint eher gegen 1250 als gegen 1270 geboren worden zu sein. Genaueres ließ sich bisher nicht ermitteln: zu häufig ist der männliche Vorname Johannes damals auch in Paris vertreten, sodaß es stets fraglich bleibt, ob wirklich bei dem Auftauchen eines Johannes von Paris in den Quellen ein und dieselbe Person gemeint ist. Spät erst, schon als renommierter Magister der *artes* in den Dominikanerorden eingetreten, gehörte er der theologischen Fakultät erst seit seiner theologischen Promotion (1304) an, hatte sich aber schon zuvor offenbar energisch für seine Ansichten eingesetzt. 1305 wegen einer eigenwilligen Abendmahlslehre vom Bischof von Paris und einer Theologenkommission zensuriert und mit einem Lehrverbot belegt, appellierte er gegen diese Maßnahmen an Papst Clemens V. und starb an der Kurie in Bordeaux am 22. September 1306, bevor über diese Appellation entschieden war.[323]

Seine Schriften bezeugen allgemein, daß er ein streitbarer Mann war, der literarischen und persönlichen Fehden nicht auswich, sondern entschieden Position bezog, so für seinen Ordensbruder Thomas von Aquin gegen dessen franziskanische Kritiker, auch anderwärts gegen Arnald von Villanova und dessen unmittelbare Eschatologie,[324] schließlich natürlich in seiner

---

[322] Vgl. insbesondere c. 22 (S. 195 BLEIENSTEIN): *Sed quid si papa dicat quod reputat illum haereticum, qui tenet aliquid de quo sunt opiniones litteratorum, et dicat hoc sine concilio generali, ut si dicat quod reputat haereticum omnem hominem qui asserit regem Franciae vel aliquem huiusmodi non esse ei subiectum in temporalibus…* Vgl. auch c. 11 [§ 38], und dazu auch die Antwort c. 22 (S. 126 und S. 179–183 BLEIENSTEIN): *Item dicunt quod papa potest a regibus auferre collationem praebendarum, quae sibi dicuntur iure patronatus de consuetudine.* Das scheinen deutliche Bezüge (im ersten Fall sogar eine wörtliche Anspielung) auf „*Deum time*".

[323] Lebensdaten und Literatur sind verzeichnet in: KAEPPELI, Scriptores Ordinis Paedicatorum, Bd. 2, S. 517ff. (Nr. 2563–2583), sowie in den Nachträgen ebenda, Bd. 4, S. 165f. Zu seinem Prozeß zuletzt MIETHKE, Der Prozeß gegen Meister Eckhart, S. 353–375, bes. S. 360–365. Vgl. auch die unten Anm. 335 genannte Literatur.

„Apologie" gegen die Kritiker seiner eigenen eigenwilligen Abendmahls-lehre. Wenn er also auch im hoch aufschäumenden Streit zwischen dem Papst und dem französischen König[325] Partei ergriff und einen Traktat ver-öffentlicht hat, so kann das nicht überraschen. Ein allzu scharfes Bild ent-steht nicht aus den dürftigen Daten der Überlieferung. Jedenfalls hat Qui-dort in den hektischen Monaten der Zuspitzung des Konflikts zwischen Papst und König eine herausragende Rolle als führender Vertreter der Uni-versität Paris gespielt, hat öffentlich Partei ergriffen und seine Position auch einer Öffentlichkeit verständlich zu machen versucht. Vielleicht hat er sogar an der Meinungs- und Willensbildung des Pariser Hofes an wichtiger Stelle, nämlich im königlichen Rat mitgewirkt, da die Verbindungen der Universi-tät zum Hof in jenen Tagen eng waren und blieben.

Im Vollzug solcher Aktivitäten jedenfalls ist wohl auch jener Traktat ent-standen, der die bekannteste und bestimmt ihrer Überlieferung nach erfolg-reichste Schrift Quidorts werden sollte, *De regia potestate et papali* (Über kö-nigliche und päpstliche Gewalt) ist sie überschrieben. Schon der Titel weist, freilich in wissenschaftlicher Entrücktheit, auf den Konflikt zwischen Boni-faz VIII. und Philipp dem Schönen hin. Ganz genau läßt der Text sich nicht datieren, Johannes scheint das Buch in der zweiten Hälfte des Jahres 1302 oder den ersten Wochen des Jahres 1303 niedergeschrieben zu haben, wohl noch bevor die Bulle *Unam sanctam* in Paris bekannt geworden ist,[326] auf die er nirgends eingeht.

Johannes Quidort hat seinen Text offenbar in engster Verbindung mit dem französischen Hof verfaßt, denn er polemisiert energisch gegen die Schrift des kurialen Autors Heinrich von Cremona, den er als einzigen von all seinen möglichen Gegnern namentlich nennt und mit beißendem Spott bedenkt.[327] Hatte dessen Traktat es sachlich vielleicht auch nicht verdient, so „bevorzugt" und mit besonderer Aufmerksamkeit behandelt zu werden, offenbar hat Johannes Quidort den kleinen Taktat gewissermaßen als eine offiziöse Schrift der Kurie aufgefaßt.[328] Er meinte anscheinend, in ihm zu-gleich die ganze papale Politik in ihren theoretischen Grundlagen zu treffen. Vielleicht wird diese Annahme verständlicher, wenn wir hören, daß der Text des Heinrich von Cremona den offiziellen Vertretern und Gesandten der

---

[324] Dazu zuletzt eindringlich GERWING, Vom Ende der Zeit.

[325] Vgl. oben Kap. II.3.

[326] Die genaue Datierung schon dieser Bulle ist schwierig, vgl. oben Anm. 315. Zu-dem kann ein *argumentum e silentio* niemals Sicherheit geben.

[327] Vgl. De regia potestate et papali, cc. 11, 19, 20 (S. 123,5f. u. 20f.; 126,26; 169,17; 171,18; 184,14 BLEIENSTEIN). An der erstzitierten Stelle gießt Quidort seinen Hohn über den Cremonesen aus: *...quidam de Cremona, doctor, ut dicit, decretorum...*! Zuletzt (S. 184,20sqq.) macht Quidort seinen Lesern unmißverständlich klar, daß die Thesen sei-nes Gegners der Ketzerei verdächtig seien, ohne daß er diesen schwerwiegenden Vorwurf direkt formulierte.

[328] Die „liebevolle" Aufmerksamkeit für die kleine Schrift läßt sich anders kaum er-klären.

Stände des französischen Königreichs an der Kurie gewissermaßen offiziös als Zusammenfassung der päpstlichen Meinung vorgetragen worden war.[329]

Quidorts eigener Text zeigt einen recht lockeren Aufbau, der hier nur kurz tabellarisch wiedergegeben werden soll[330] :

Einleitung	Prologus	Programm der Schrift
Teil I	Cap. 1–10	Die Hauptpositionen des Verfassers
	Cap. 1	Die weltliche Gewalt
	Cap. 2	Die geistliche Gewalt
	Cap. 3–6	Vergleich beider Gewalten
	Cap. 7–8	*dominium* und *iurisdictio*
	Cap. 9–10	Einwände und ihre Auflösung
Teil IIa	Cap. 11	42 Argumente der Papalisten
Teil IIb	Cap. 12–13	*Praeambula ad solutionem*: Die *potestas* der Apostel und Jünger und das Verhältnis beider Gewalten
	Cap. 14–20	Detaillierte Antwort auf die 42 Argumente, in jeweils sechs Argumenten gebündelt
Anhang I	Cap. 21	Die Konstantinische Schenkung
Anhang II	Cap. 22	„*Ponere os in coelum*"? Die Erlaubtheit der Debatte
Anhang III	Cap. 23–25	Abdankung und Absetzung des Papstes [*im Anschluß an Aegidius Romanus*]

Der lockere Aufbau des Gesamttextes, der verschiedene Problembereiche nebeneinander stellt[331] , verbunden durch eine „Mosaiktechnik", mittels der bereitliegende Stücke für neue Verwendung präpariert wurden, läßt die Vermutung zu, daß der Autor 1302/1303 alles, was ihm aus seinen Vorarbeiten passend schien, in seinen Text integriert hat. Das ist ja auch überhaupt nicht verwunderlich und ist auch bereits in anderen Fällen publizistischer Polemik des 14. Jahrhunderts beobachtet worden.[332] Der lockeren Gliede-

---

[329] Miethke, Konsistorialmemorandum, S. 437f.

[330] Zur (lockeren) Gliederung des Traktats vor allem Jean Leclercq in seiner Edition, S. 40f.

[331] Bei Leclercq, Jean de Paris, S. 29ff. auch die bisher intensivsten Untersuchungen zu den Quellen. Neuerdings hat Janet Coleman darauf aufmerksam gemacht, daß in dem Text auch deutlich die Auseinandersetzungen der 70er und 80er Jahre zwischen Franziskanern und Dominikanern um den Begriff des *dominium* benutzt seien: The Intellectual Milieu of John of Paris, OP, in: Das Publikum politischer Theorie, S. 173–206 (nicht teilen kann ich freilich die chronologischen Schlußfolgerungen, die Coleman aus diesen Beobachtungen für die Datierung des Textes gezogen hat, vgl. bereits die ebenda, S. 21 mit Anm. 69, genannten unmittelbaren Bezüge auf Texte und Ereignisse der Jahrhundertwende, zu denen noch die – schon von Leclercq (S. 36) genannten – wörtlichen Übernahmen aus Aegidius Romanus, *De renunciatione* (in cap. 23–25) hinzuzurechnen sind, vgl. auch unten bei Anm. 333f.

[332] Insbesondere bei der Gruppe der Münchener Franziskaner um Michael von Cesena, Bonagratia von Bergamo und Wilhelm von Ockham, vgl. insbesondere Anneliese Maier, Zwei unbekannte Streitschriften gegen Johann XXII. aus dem Kreis der Münchener Minoriten, in: AHP 5 (1967) S. 41–78, jetzt in: Maier, Ausgehendes Mittelalter, Bd. 3, S. 373–414, 612, bes. hier S. 405ff. Vgl. auch die Materialien, die in der sogenannten

rung entspricht die Benutzung von Materialien, die gleichsam in der Schublade des Autors bereit lagen, denn Quidort scheint keineswegs den ganzen Text in einem Zug von Anfang bis Ende niedergeschrieben zu haben, sondern hat zweifellos Ausarbeitungen zu unterschiedlichen aktuellen Fragen, die er früher in den Hörsälen der Universität und in den Ratsstuben des Hofes vorgetragen haben mag, erneut verwertet. Offenbar hat er nicht nur neue Argumentationen eingesetzt[333] sowie das, was jetzt unmittelbar zu seinem Beweisziel paßte, in den neuen Zusammenhang übernommen, sondern hat – wie das ganz natürlich ist – auch Seitenargumente, Parallelstellen, analoge Gedankengänge aus früheren Ausarbeitungen in seinen neuen Traktat eingefügt.

An mindestens einer Stelle wird das noch handgreiflich deutlich, da Quidort einen Gedanken vorbringt, der sich durch seine Formulierung als Stück einer Argumentation zu erkennen gibt, die eine Position des französischen Hofes bereits während der ersten (schon 1297 beigelegten) Phase der Streitigkeiten zwischen Papst Bonifaz VIII. und dem französischen König verteidigt und verständlich macht. Da war es um Klerikerbesteuerung und ein Geldembargo gegangen, Streitpunkten, von welchen jetzt (1302/1303) nicht mehr die Rede war. In Quidorts Traktat wird darauf aber noch einmal ausdrücklich eingegangen. Später ist der betreffende Satz – offenbar vom Autor selber – durch einen redaktionellen Zusatz noch stärker auf die „neue" Streitfrage der päpstlichen Einladung der französischen Prälaten zu einer französischen Synode in Rom für den November 1302 umgedeutet und der neuen Situation angepaßt worden.[334]

„Chronik des Nikolaus Minorita" versammelt wurden, die neuerlich geschlossen publiziert worden ist; doch siehe dazu im einzelnen MIETHKE, Der erste vollständige Druck.

[333] Hier könnte man etwa an Anspielungen auf den Konflikt der Colonna-Kardinäle mit Bonifaz VIII. denken, die sich in c. 6 (S. 95 BLEIENSTEIN) finden: *Et siquidem sciat papa aliquos viros ecclesiasticos vel saeculares contra se ob indebitam dispensationem clamantes eo modo, quo possunt et debent, non potest eos de iure amovere vel deponere ab eo, quod eorum est qualitercumque, cum ad hoc non habeat auctoritatem a deo.* Dazu vgl. auch die Antwort auf das gegnerische Argument Nr. 37 in c. 11 (S. 125), wo es wiederum um die Einberufung der Kirchenversammlung nach Rom zu gehen scheint: *Item si papa citet episcopos alicuius regionis ad curiam et rex, a quo tenent feodalia, dicat se eis indigne et eos retinere velit, tenentur obedire papae…*; c. 20 (S. 184) polemisiert Quidort gegen kuriale Schmeichler am Hofe des Papstes.

[334] c. 20 (S. 178,9-25 BLEIENSTEIN): *Sed forte dicetur quod sunt aliqui qui indigent* [isto iure privari quia impediunt spirituale bonum, scilicet impediendo ne episcopi vadant ad curiam Romanam, quando ibi sunt vocati pro aliquo negotio spirituali vel quando alias oportet eos vel alios ibi ire pro] *dispensatione super irregularitate vel casu huiusmodi. Et sic impedire transitum huiusmodi est impedire bonum spirituale. Et amplius, per tales arctationes passuum et tales leges, ne aliqui portent pecunias extra regnum, infertur damnum curie Romane.* [Constat autem quod] *potest conqueri papa legitime et talia prohibere et reputare principem* [talem] *hostem suum, qui talia facit. Respondeo: prohibere simpliciter et universaliter impedire ne quacumque causa aliquis transeat, esset impedire spirituale bonum in casu. Sed si prohibeatur cum exceptione, scilicet nisi ex causa racionabili de licencia principis qui causam audiat, non est impedire bonum spirituale. Si etiam per tales arctationes damnificetur curia Romana quia non accipit consueta servicia, non ideo debet reputari princeps iniuste agere vel inimicari ecclesie, nisi faciat sola intencione nocen-*

Erstaunlich bleibt, mit welcher systematischen Kraft Quidort die verschiedenen Teilstücke zwar nicht zur Einheit eines strikt gebauten Traktats,
jedoch um so mehr zur Einheit einer geschlossenen Vorstellung im Horizont einer geschlossenen Theorie zu integrieren vermochte.[335] Quidort

---

di… Die in eckigen Klammern [ ] eingeschlossenen Worte, die nichtkursiv gesetzt sind,
sind Hinzufügungen einer auch sonst (besonders ab cap. 18) zusammengehörigen Hand-
schriftengruppe (BLEIENSTEIN nennt sie X), die aus seinen Handschriften BCD u. EFG
besteht. Diese Gruppe repräsentiert eine eigene Redaktionsstufe des Textes, die sich durch
präzisierende Zusätze auszeichnet, vgl. dazu BLEIENSTEIN, S. 48f. u. 59 – die Sperrung im
Abdruck soll die chronologischen Bezüge hervorheben]. (Einen Hinweis auf diese Inkon-
zinnitäten gab mir Lars Vinx).

[335] Nur eine strenge Auswahl von der überreichlichen Literatur sei hier genannt (vgl.
im Übrigen den Anhang): FINKE, Aus den Tagen Bonifaz' VIII., bes. S. 170ff.; Richard
SCHOLZ, Publizistik, S. 275–333; Martin GRABMANN, Studien zu Johannes Quidort von
Paris, O.Pr., in: SB d. Bayer. Akademie der Wissenschaften, Philos.-Hist. Kl. 1922 / 3 [jetzt
in: Grabmann, Gesammelte Akademieabhandlungen, Bd. 1, S. 69–128]; RIVIÈRE, Le problème, S. 148–150, 281–300; Werner GIESEBRECHT, Johannes Quidort von Paris, Ein
Staatstheoretiker zwischen Thomas von Aquin und Marsilius von Padua, Phil. Diss. Würzburg 1956 [masch.]; John T. RENNA, The *„populus"* in John of Paris' Theory of Monarchy,
in: Tijdschrift voor Rechtsgeschiedenis 42 (1975) S. 243–268; Albert PODLECH, Die Herr-
schaftstheorie des Johannes von Paris, in: Der Staat 16 (1977) S. 465–492; Wolfgang
STÜRNER, Adam und Aristoteles im „Defensor pacis" des Marsilius von Padua, Ein Ver-
gleich mit Thomas von Aquin und Jean Quidort, in: Medioevo 6 (1980) S. 379–396; Janet
COLEMAN, Medieval Discussions on Property: *ratio* and *dominium* according to John of Pa-
ris and Marsilius of Padua, in: History of Political Thought 4 (1983) S. 209–228; dieselbe,
„Dominium" in Thirteenth and Fourteenth-Century Political Thought and Its Seventieth-
Century Heirs: John of Paris and Locke, in: Political Studies 33 (1985) S. 73–100; BIELE-
FELDT, Von der päpstlichen Universalherrschaft zur autonomen Bürgerrepublik, bes.
S. 82–94; Gian Carlo GARFAGNINI, Il „Tractatus de potestate regia et papali" di Giovanni
da Parigi e la disputa trà Bonifacio VIII e Filippo il Bello, in: Conciliarismo, Stati nazionali,
Inizi de l'Umanesimo (Atti dei convegni dell' Accademia Tudertina, Centro di studi sulla
spiritualità medievale, n.s. 2) Spoleto 1990, S. 147–180; ders., *Cuius est potentia eius est actus*;
Bernd ROEST, Johannes Quidort en Willem van Ockham over oorsprung en funktie van
wereldijk gezag, in: Groniek 110 (1990) S. 35–50; Antonio D. TURSI, Sobre el galicanismo
en el „Tractatus de regia potestate et papali" de Jean Quidort de Paris, in: Patristica et mediaevalia 14 (1993) S. 57–62; Giovanna PULETTI, La donatione di Costantino nei primi del
'300 e la „Monarchia" di Dante, in: Medioevo e Rinascimento 7 (1993) S. 113–135, bes.
S. 122–127; Gregorio PIAIA, L' „errore di Erode" e la „via media" in Giovanni di Parigi, in:
Filosofia e teologia nel trecento, Studi in ricordo di Eugenio Randi, a cura di Luca Bianchi
(Fédération Internationale des Instituts d´Études Médiévales, Textes et Études du moyen-
âge, 1) Louvain-la-Neuve 1994, S. 1–16, jetzt in: PIAIA, Marsilio e dintorni, S. 1–21; zu
Biographie und Werkliste angemessen kritisch neuerlich Martin GERWING, Vom Ende der
Zeit, bes. S. 254–272; kurz vgl. auch MIETHKE, Politische Theorien im Mittelalter, S. 103–
107. – Wichtige neue Aspekte auch bei Odd LANGHOLM, Economics in the Medieval
Schools, Wealth, Exchange, Value, Money and Usury According to the Paris Theological
Tradition, 1200–1350 (Studien und Texte zur Geistesgeschichte des Mittelalters, 29) Lei-
den-New York-Köln 1992, S. 390–397; zu seinem Prozeß in seinen letzten Monaten zu-
letzt MIETHKE, Der Prozeß gegen Meister Eckhart, bes. S. 359–365; jetzt vgl. auch Karl
UBL / Lars VINX, Kirche, Arbeit und Eigentum bei Johannes Quidort von Paris, O.P.
(† 1306), in: Text – Schrift – Codex, Quellenkundliche Arbeiten aus dem Institut für
Österreichische Geschichtsforschung, hgg. von Christoph Egger und Herwig Weigl

zeigt sich durchaus daran interessiert, ein möglichst umfassendes Dossier der gegnerischen Meinung geradezu systematisch zusammenzutragen in einer Vollständigkeit, die auf der Gegenseite nirgendwo erreicht wird.[336] Danach macht er sich mit Akribie und Könnerschaft daran, diese gesamte Liste einzeln und fast genüßlich zu zerpflücken, wobei er auf die heterogenen Argumente der Gegenseite auf dem Fundament einer eigenen selbständigen und geschlossenen Sozialphilosophie antwortet, die bei aller Skizzenhaftigkeit von eindrucksvoller Kraft ist und noch lange Zeit attraktiv bleiben sollte.

Gerade weil der Text aber sich selbst auf die Höhe wissenschaftlicher, scholastischer Abstraktion erhebt – ohne dabei die konkreten Streitpunkte zwischen Papst und König aus dem Blick zu verlieren –, gerade darum ist eine genauere Datierung des Textes bisher nicht gelungen. Ob Quidort bereits die Bulle „*Unam sanctam*" Bonifaz' VIII. kannte (die ausdrücklich auf den 18. November 1302 datiert ist, aber nicht vor dem Jahr 1303 in die päpstlichen Register eingetragen worden ist und demnach wohl erst im Sommer des Jahres 1303 in Frankreich bekannt werden konnte), oder ob ihm dieser Text noch nicht bekannt war, ist nicht mit Sicherheit auszumachen. Einigermaßen sicherer *Terminus ante quem* für den Traktat ist allein das Attentat von Anagni, auf das Johannes offenbar in seinem Text noch nirgendwo anspielt, wenn er es auch theoretisch gewissermaßen mit einem guten Gewissen vorweg ausgestattet hat: *Est enim licitum principi abusum gladii spiritualis repellere eo modo quo potest, etiam per gladium materialem …*[337] Die energische Parteinahme des Autors im Text seines Traktats selbst läßt es freilich als sachlich unerheblich erscheinen, ob Quidort die letzte theoretische Zuspitzung des papalen Anspruchs in „Unam sanctam" noch zur Kenntnis nehmen konnte oder nicht. Er hätte ihr gewiß heftig widersprochen, so wie er sich (im Gegensatz zu seinem berühmten Kollegen von der Theologischen Fakultät Paris, dem damals am Ordensstudium der Franziskaner in Paris lehrenden und lebenden Johannes Duns Scotus) im Sommer 1303 auch durch seine Unterschrift an der von seinem Konvent geforderten Unterstützung der Konzilsappellation des französischen Hofes beteiligt hat.[338]

Quidorts Leistung besteht darin, daß er in seinem Traktat zu zeigen vermochte, daß von der theoretischen Basis der Sozialphilosophie des Thomas von Aquin her, seines Ordensbruders, dessen Texte ihm im Pariser Domini-

---

(MIÖG, Ergbd. 35) Wien 1999, S. 304–344; Janet Coleman, A History of Political Thought, Bd. 2, S. 118–133.

[336] Damit gebraucht Quidort ein Verfahren, das in den Diskussionen an den Universitäten üblich war. Insofern sind die schlagenden methodischen Parallelen etwa zu Wilhelm Ockhams „Dialogus" nicht besonders erstaunlich.

[337] So heißt es cap. 20 (S. 179,10–12 Bleienstein); oder vgl. cap. 22 (S. 196,8–10): *Princeps etiam violentiam gladii papae posset repellere per gladium suum cum moderamine, nec ageret contra papam ut papa est, sed contra hostem suum et hostem rei publicae …*

[338] Vgl. Dondaine, Documents pour servir, S. 403–412, Nr. I: hier unterzeichnet *Johannes Parisiensis* als sechster von 133 Brüdern (vgl. S. 405). Vgl. auch unten Anm. 554.

kanerkonvent offensichtlich noch in großem Umfang zur Verfügung standen, nicht nur kurialistische Extrempositionen abgeleitet werden konnten,
wie sie uns in den papalistisch argumentierenden Traktaten eines Tolomeo
von Lucca oder Aegidius Romanus noch heute entgegentreten, sondern
eben auch die diametral entgegengesetzte „royalistische" Meinung über die
Unabhängigkeit der weltlichen von der geistlichen Gewalt verteidigt werden konnte, wenn nur die Differenz beider *potestates* in Ansehung ihrer
Zwecke hinreichend Beachtung fand. Quidort läßt einen erfahrenen Leser
auch keineswegs im Unklaren über die Herkunft seiner Vorstellungen, er
macht seinen eigenen engen Anschluß an Thomas allein damit hinreichend
deutlich, daß er in dem theoretisch grundlegenden ersten Teil seines Traktats fast die gesamte Analyse der Grundlagen weltlicher Gewalt wortwörtlich aus Thomas' Fürstenspiegel und einigen anderen Schriften des Aquinaten übernimmt, diesmal freilich (im Gegensatz zu seinen ausdrücklichen
polemischen Angriffen gegen Heinrich von Cremona) nur stillschweigend
und ohne ausdrückliche Anerkennung der wörtlichen Entlehnungen.[339] In
ähnlicher Weise übernimmt Johannes auch, wenn auch in wesentlich gerin-
gerem Umfang, ganze Passagen insbesondere aus den Quodlibets seines Pariser Zeitgenossen Gottfried von Fontaines († 1306/ 1309) sowie aus der
„Quaestio in utramque partem", aus Aegidius Romanus „De renunciatione"[340] usw., so daß nicht weniger als rund ein Drittel seines Textes solche
Teile „fremder" Herkunft ausmachen.

Diese „Mosaiktechnik", die Quidort demnach nicht nur bei eigenen älteren Materialien, sondern auch bei der Integration fremder Textvorlagen
angewendet hat, sollte freilich nicht mißverstanden werden. Ein Plagiatsvor-
wurf wäre ungerecht, ja verfehlt. In seinem Traktat kam es unserem Autor
auf eine sachlich möglichst vollständige Argumentation, nicht auf Originalität jeder einzelnen Formulierung an. Die relativ breite Streuung seiner
Auswahl, die geschickte Zuspitzung der übernommenen Passagen durch re-
tuschierende Redaktion,[341] die Geschlossenheit seines durchaus eigenstän-

---

[339] Fast vollständige Liste der Entlehnungen bei LECLERCQ, Jean de Paris, S. 35f. Die
Edition BLEIENSTEINS hat diese Aufgabe nicht weiterverfolgt, ja nicht einmal die Ergebnisse Leclercqs wiederholt (vgl. allenfalls die – unvollständige – Liste S. 17 Anm. 1), zum
Schaden der Benutzer. Am eindringlichsten dazu bisher Marc F. GRIESBACH, John of Paris
as a Representative of Thomistic Political Philosophy, in: An Etienne Gilson Tribute, Mil-
waukee 1959, S. 33–50, der aber allzu sehr darauf bedacht ist, Quidort einen genuinen
Thomismus abzusprechen, anstatt Quidorts Benutzung der Texte des Aquinaten erst einmal in aller Breite und in ihrer Methode vorzuführen.

[340] Vgl. oben Anm. 180.

[341] Ein besonders bezeichnendes Beispiel: c. 22 (S. 196,8–13) benutzt Quidort des
Thomas von Aquin „De regno", I.6 (ed. DONDAINE, Editio Leonina, Bd. 42, S. 455b) für
Gedankengang und Formulierungen, er bürstet jedoch diesen Text sozusagen gegen den
Strich und verkehrt dessen Argumentation geradezu ins Gegenteil: hatte Thomas sich ge-
gen die Rechtfertigung eines Tyrannenmordes gewandt und das alttestamentliche Gegen-
beispiel durch den Hinweis auf die erlaubte Tötung eines fremden *hostis* interpretiert, so

digen Entwurfs eines „dualistischen" Konzepts des Verhältnisses von kirchlicher Organisation und weltlicher Herrschaft reichen durchwegs aus, um
seinem Traktat im Rahmen gerade auch der zeitgenössischen Debatte einen
ausgezeichneten und hohen Rang zu sichern. Mit seinen Entlehnungen, die
erst eine philologische Analyse seines Textes voll entschlüsseln kann und die
gewiß durch weitere Beispiele über die bisher aufgedeckten Vorlagen hinaus noch vorangetrieben werden könnte, macht Quidort heutigen Lesern
klar, daß in dieser Pariser Diskussion im Streit zwischen Papst Bonifaz VIII.
und dem Frankreich König Philipps des Schönen auch die Ernte der theoretischen Leistungen insbesondere der theologischen und artistischen Fakultät der Pariser Universität des 13. Jahrhunderts eingebracht worden ist.

Johannes Quidort hat seine selbstgestellte Aufgabe mit solcher Durchschlagskraft, mit solch nachhaltiger Wirkung gelöst, daß schon die Zeitgenossen und auch seine unmittelbare Nachwelt sich in seinem Traktat besonders häufig Orientierung suchten. Sein Text gehört zu den handschriftlich
am besten bezeugten,[342] in seinen Wirkungen auf die weitere Diskussion
noch am leichtesten zu verfolgenden Texten der gesamten politisch theoretischen Literatur der Zeit,[343] an deren Anfang er steht. Er sollte jedenfalls
den ihm von seinem Autor gesetzten Zweck noch lange erfüllen. Wann immer der Traktat seine endgültige Form erhielt, ob in der zweiten Hälfte des
Jahres 1302 oder erst in der ersten Hälfte des Jahres 1303, er wurde zu einer
nunmehr maßgeblichen und nachhaltig wirksamen Beschreibung der französischen Positionen, die noch lange Zeit Aufmerksamkeit gefunden haben
und etwa auf den Reformkonzilien des 15. Jahrhunderts geradezu eine Renaissance erlebt haben, weil hier eine damals „moderne" Unterscheidung
von Kirche und Staat bereits mit Energie, Scharfsinn und Nüchternheit einem maßlosen päpstlichen Anspruch entgegengehalten worden ist.[344]

Sachlich gebraucht der Traktat die Argumente der aristotelischen „Politik" in jener Form, die Thomas von Aquin ihnen in seinem Fürstenspiegelfragment gegeben hatte. Das läßt sich allein daran schon ablesen, daß Quidort die Formulierungen des Thomas seitenweise, freilich ohne sie ausdrücklich zu nennen, neben einer ganzen Reihe anderer Entlehnungen aus
Thomas und anderen Autoren, wortwörtlich anführt und sich damit die

---

wendet Quidort das auf den Papst als einen, so wird hier suggeriert, „allgemeinen Feind"
(*hostis publicus*) des Gemeinwesens an. Dazu Miethke, Der Tyrannenmord im späteren
Mittelalter, S. 46.

[342] Vgl. im Anhang.

[343] Eine genauere Rezeptionsgeschichte ist ein dringliches Desiderat, vgl. vorerst B.
Ziliotto, Frate Ludovico da Cividale e il suo „Dialogus de papali potestate", in: Memorie
storiche forogiuliesi 33 / 34 (1937 / 1938) S. 151–191; Augusto Campana, Un nuovo dia-
logo di Ludovico Strassoldo, OFM (1434) e il „Tractatus de potestate regia et papali" di
Giovanni di Parigi, in: Miscellanea Pio Paschini, Bd. 2 (Lateranum, n. s. 15 / 1–4) Rom
1949, S. 127–156. Zur Rezeption auf den Konzilien z.B. Miethke, Die Konzilien als Forum der öffentlichen Meinung, bes. S. 758.

[344] Allgemein dazu Miethke, Die Anfänge des säkularisierten Staates, S. 29ff.

Arbeit zunutze macht, mit der Thomas die Sozialphilosophie des antiken Philosophen bereits auf die mittelalterliche Situation hin neu zugespitzt hatte.[345] Quidort entwickelt dabei eine Position, die durch die Vorgaben des Aquinaten wohl theoretisch ermöglicht, in ihrer Formulierung auch gleichsam bereitgelegt, von Thomas selbst aber in dieser Klarheit keineswegs erreicht worden war. An die Stelle der von den Kurialisten (wie etwa Aegidius Romanus, Tolomeo von Lucca oder Jakob von Viterbo) metaphysisch, anthropologisch oder heilsgeschichtlich abgeleiteten absoluten Überordnung der geistlichen über die weltliche Gewalt setzt der französische Dominikaner die Gleichberechtigung beider. An die Stelle einer aus einer neuplatonischen Einheitsspekulation im Anschluß an Pseudodionysius Areopagita postulierten massiv einheitlichen Weltstruktur, in der nur noch der *summus hierarcha*, der Papst, Ziel der *reductio ad unum* sein kann, tritt hier eine Welt, die ihre Einheit in Gott als ihrem Schöpfer und Urheber findet und die keiner anderen Vereinheitlichung mehr als dieses gemeinsamen Ursprungs bedarf. Gleichursprünglichkeit und Gleichrangigkeit der weltlichen und der geistlichen Gewalt sind damit nicht zwangsläufig gesetzt, aber doch theoretisch ermöglicht. Selbst ein von Quidort konzedierter Würdevorrang der geistlichen vor der weltlichen Gewalt[346] schließt keine Hierarchisierung ein, vor allem läßt sich daraus keine Anordnungsbefugnis der geistlichen Gewalt gegenüber der weltlichen ableiten.

Gleichursprünglichkeit und Gleichrangigkeit beider Ordnungen haben für die politische Philosophie beachtliche Konsequenzen, erlauben sie es dem Dominikanertheologen doch, Kirche und Staat – sofern wir für diese Zeit bereits so prägnant sprechen dürfen – eine je verschiedene Struktur zuzuschreiben. Während Kirche und Priestertum ganz der Heilsgeschichte zugehören, kann die politische Sphäre ganz aristotelisch verstanden werden und damit allein mit den Mitteln der natürlichen Vernunft vor aller Intervention der Offenbarungswahrheit konstruiert und begriffen werden. Die von Thomas von Aquin entwickelte hierarchische Zuordnung der je verschiedenen Zwecke von kirchlicher und staatlicher Ordnung,[347] die bei Thomas voller Zweideutigkeit geblieben war und die die anderen Thomas-Schüler zu hochkurialistischen Ansprüchen verdichtet und vereinseitigt hatten, vereinseitigt Quidort seinerseits zugunsten einer deutlichen Trennung beider Sphären, die trotz ihrem gemeinsamen Ursprung verschiedenen Zwecken dienen, verschiedenen Lebensbereichen zuzuordnen sind, nach verschiedenen Prinzipien ihr Leben ausrichten und daher auch mittels verschiedener theoretischer Werkzeuge begriffen werden können.

---

[345] Vgl. oben Kapitel I.2.
[346] cap. 5 (S. 87–90).
[347] Vgl. oben bei Anm. 111.

In der Kirche kann der Dominikaner dem Papst mit Hilfe der traditionellen „mendikantischen Ekklesiologie" des 13. Jahrhunderts[348] die unbefragte Spitzenstellung einräumen, für den Staat hat das keine bedeutsamen Folgen, weder unmittelbar, noch mittelbar: auch eine bloße Analogie wird von Quidort abgelehnt, die den Kaiser oder König nach dem Bilde des Papstes verstanden hätte; selbst die herkömmlichen universalen Ansprüche des Kaisers, wie sie Autoren des 12. und 13. Jahrhunderts noch eifrig mit alten und neuen Argumenten hatten bekräftigen wollen, können von dem französischen Autor schlicht negiert werden: *Ex divino statuto est ordo omnium ministrorum* (scil. ecclesiae) *ad unum, non sic autem fideles laici habent ex iure divino quod subsint uni supremo monarchae in temporalibus.*[349] Vielmehr kann mit aristotelischen Formulierungen des Thomas von Aquin gezeigt werden, daß die Menschen, ihrem natürlichen Instinkt folgend, *qui ex deo est* (!),[350] in bürgerlichem Verband und in Gesellschaft leben. Daher haben sie, um diesem Antrieb zu folgen und zum guten Leben zu gelangen, auch das Recht, Herrscher einzusetzen. Freilich – und dieser Zusatz präzisiert thomasische Formulierungen, setzen Menschen je verschiedene Herrschaft für verschiedene *communitates.*[351]

Für Quidort ist somit die Vielfalt verschiedener Staaten anthropologisch begründet, ihr Unterschied zur kirchlichen Organisation ist tief verwurzelt und radikal. Im Konflikt zwischen Bonifaz VIII. und Philipp dem Schönen

---

[348] Dazu vor allem Congar, L'Église, bes. S. 215ff.; auch Miethke, Die Rolle der Bettelorden. Bei Quidort wird das – noch deutlicher als in seinem Traktat – in einer (mit 7 – bzw., nimmt man beide Redaktionen zusammen, 8 Mss. relativ gut überlieferten) Universitätsquaestion: Johannes Quidort: „De confessionibus audiendis", ed. Hödl (Text S. 37–50). Vgl. auch Franz Pelster, Eine Kontroverse zwischen englischen Dominikanern und Minoriten über einige Punkte der Ordensregel, mit einem unveröff. Traktat des Thomas Sutton O.P., in: AFP 3 (1933) S. 57–80; die frühere Redaktion ist gedruckt bei: Odorico Rinaldi: Cesare Baronio, Annales ecclesiastici, Continuatio, hier benutzt nach der Ed. durch Mansi, Bd. 5, Lucca 1750, S. 164–170; ed. Theiner, Bd. 24, Bar-le-Duc 1872, S. 152–158]. Die Quaestion ist im Zusammenhang der Diskussionen um das mendikantischen Beichtprivileg, genauer um die vorübergehende (mendikantenfreundliche) Regelung Papst Benedikts XI. („Inter cunctas" von 1304: Extrav. comm. 5.7.1) entstanden und polemisiert ausdrücklich gegen ein Quodlibet des Theologen aus dem Weltklerus Thomas de Bailly von 1302. Die Bedeutung, die Zeitgenossen dieser Quaestion (bzw. dem aus der Quaestion hervorgegangenen Traktat) beigemessen haben, wird an der Superscription deutlich, die der Text in dem relativ besten Ms. trägt: *Questio (...) de potestate pape.* (Zur Nachgeschichte vgl. unten zu Wilhelm von Sarzano).

[349] c. 3 (S. 82,3–5).

[350] c. 3 (S. 82,6) – diese Formulierung findet sich nicht bei Thomas.

[351] immer noch c. 3 (S. 82); vgl. zu dem ganzen Abschnitt, so auch hier, Thomas von Aquin, Liber de veritate catholicae fidei contra errores infidelium seu Summa contra gentiles IV.76, edd. C. Pera/P. Marc/P. Caramello, Bd. 3, Turin [Marietti] 1976, Nr. 4102ff., S. 384 = Bd. 2, S. 145a Busa (freilich fehlt bei Thomas der Satzteil *diversos quidem secundum diversitatem communitatum* gerade; vgl. auch die genaueren Ausführungen Quidorts: S. 82,12–18; 83,12–20, die kein Pendant bei Thomas haben).

hatte (nach dem Bericht einer englischen Chronik) Pierre Flotte[352] im Jahr
1300 dem Papst in einer persönlichen Unterredung schneidend entgegengehalten, die päpstliche Gewalt sei sprachlich, auf das Wort gestellt, die königliche Macht dagegen sei real.[353] Bei Quidort findet diese Unterscheidung einen deutlichen Widerhall, wo er die Sanktionsgewalt in Kirche und
Staat beschreibt: Geistliche Strafen sind, wie auch er anmerkt, sprachlich,
treffen deshalb – das ist ihr Vorteil – mit derselben Leichtigkeit und Sicherheit die Nahen wie die Fernen; gerade darum kann die Kirche ja als Weltkirche organisiert sein. Nicht so verhält es sich mit der königlichen, der
staatlichen Gewalt: sie kann mit ihren Strafen Entfernte nicht so leicht erreichen, *cum sit manualis; facilius enim est extendere verbum quam manum.*[354] Auch
in ihrem Verhältnis zu Einkünften und zu ihrem Eigentum unterscheiden
sich Kirche und Staat: die Kirche kennt für sich nur Gemeineigentum, das
einheitlich verwaltet und disponiert werden sollte. Bei den Laien dagegen
gilt: *quilibet est dominus suae rei tamquam per suam industriam acquisitae.* Darum
bedarf es hier keiner zentralen königlichen Verwaltung, die für alle und über
alle Eigentümer bestimmen könnte. Nur bei Streit zwischen den Eigentü-
mern ist eine gerechte Entscheidung nötig. Auch für die Abwendung von
Not oder zum gemeinen Nutzen darf ein Herrscher von einzelnen Untertanen Beiträge zwingend fordern.[355]

Diese klare Unterscheidung von Eigentum und Herrschaft, ihre Beziehung aufeinander und ihr verschiedener Gebrauch im Gemeinwesen ist
eine große Leistung der Theorie des Johannes Quidort, die noch lange den
Lesern der Schrift eingeleuchtet hat. Freilich hatte Quidort in seinem Text
wohl die Unterschiede von Kirche und Staat herausgestrichen, auch die
staatliche Sphäre ohne Rückgriff auf die Offenbarung recht massiv mittels
aristotelischer Argumente konstruieren können. So gewiß ihm das auch
eine argumentative Basis für eine erfolgreiche Polemik gegen kurialistische
Ansprüche gab, so konnte er damit doch die konstruktiven Chancen der aristotelischen Philosophie nicht gänzlich ausschöpfen, zumal er sich über die
Geltung der für die Kirche maßgebenden Prinzipien nur im Vorbeigehen
und nicht kohärent geäußert hatte.

---

[352] Literatur verzeichnet etwa Philippe CONTAMINE, in: LexMA 4 (1989) Sp. 595.
[353] Oben Anm. 147.
[354] c. 3 (S. 82,19–24): … *non tantum sufficit unus ad dominandum toti mundo in temporalibus sicut unus sufficit in spiritualibus, quia potestas spiritualis censuram suam potest faciliter transmittere ad omnes, propinquos et remotos, cum sit verbalis. Non sic potestas saecularis gladium suum
cum effectu potest tam faciliter transmittere ad remotos, cum sit manualis, facilius est enim extendere
verbum quam manum.*
[355] c. 3 (S. 82f.).

V. Das Konzil von Vienne und seine Folgen

1. Die Reformschrift des jüngeren Guillelmus Duranti

Das dramatische Scheitern der Politik Bonifaz' VIII. machte eine Fortsetzung der in den ersten Jahren des beginnenden 14. Jahrhunderts so lebhaft angefangenen Diskussion der Traktate und Positionsentwürfe zunächst obsolet. Beide Seiten der Kontroverse hatten nun zunächst ganz andere Sorgen, als die Debatte um die theoretischen Grundlagen und praktischen Grenzen der päpstlichen Gewalt fortzusetzen.

Nicht daß die Frage schon ausgestanden gewesen wäre, aber jetzt standen andere Aufgaben vordringlich auf der Tagesordnung. Zu allererst war es nötig, die unmittelbaren Folgen des katastrophalen Endes des Pontifikats Bonifaz VIII. zu regeln. Die Gewalttat von Anagni, wo der Papst unter Anwendung physischen Zwanges angegriffen und gefangen gesetzt worden war, gab zunächst, so scheint es, der Kurie einen allgemein akzeptierten oder doch akzeptablen Rechtstitel an die Hand, schien doch das Unrecht dieser Gewaltaktion offen vor aller Augen. Aber in einer gewaltsamen und gewaltgewohnten Zeit war dieser scheinbare Vorteil keineswegs absolut zu setzen.

Der französische Hof verstand es nicht nur geschickt, zunächst sich dadurch aus der unmittelbaren Schußlinie zu bringen, daß er die unmittelbare Verantwortung von sich wies und auf die selbständigen Aktionen des Guillaume de Nogaret und seiner Helfer verwies. Zusätzlich zu solcher Defensive schmiedete er sich aber auch eine weitere, und wie sich im Verlauf des folgenden Jahrzehnts zeigen sollte, ungemein wirkungsvolle Waffe mit der Drohung, ein unmittelbar in den letzten Monaten des Kampfes gegen Bonifaz eingeleitetes Verfahren gegen den Papst, das nach der einhelligen Meinung der Kirchenjuristen vor allem als ein Haeresieprozeß zulässig gewesen wäre, nun noch gegen den toten Papst fortzusetzen und zu Ende zu führen.[356] Ursprünglich hatte in der Zuspitzung auf den Ketzerprozeß, der in der theoriegeschichtlichen Entwicklung der kanonistischen herrschenden Meinung im Laufe des 13. Jahrhunderts erfolgt war, naturgemäß eine stärkere Sicherung der Position des Kirchenhauptes gelegen. Nun zeigte es sich,

---

[356] Zu allen Einzelheiten, einschließlich der juristischen und allgemeinen theoretischen Implikationen jetzt die umfassende scharfsinnige Monographie von Tilmann SCHMIDT, Bonifaz-Prozeß. Eine vorzügliche Edition wichtiger Aktenstücke jetzt in: COSTE, Procès.

daß auch diese Waffe angesichts der Formalisierung des Ketzerprozesses und
der im gleichen Jahrhundert neuentwickelten Routinen einer intensiven
Ketzerverfolgung zweischneidig sein konnte und sich auch erfolgreich gegen den Papst wenden ließ.

Die Sorge, der französische Hof könne in seinem immer wieder vorgebrachten Plan fortfahren, war eine die Politik der Kurie häufig und immer
wieder bestimmende Furcht. Zusätzlicher Druck vermochte der französi-
sche Hof sehr bald noch durch ein weiteres Mittel auszuüben. Durch sein
Vorgehen gegen die Templer gelang es ihm sogar im Verlauf der Zeit, den
Bonifaz-Prozeß (seinem gewandelten Interesse entsprechend) geschickt zur
Durchsetzung der Verurteilung der Templer einzusetzen, ohne im Gegen-
zug größere Opfer bringen zu müssen. Mit der Drohung, doch noch gegen
Bonifaz vorzugehen, erreichte es schließlich der französische Hof, Papst und
Kurie auszumanövrieren und sein Hauptziel (allen Verfahrensproblemen im
einzelnen zum Trotz) durchzusetzen, obwohl die Kurie sogar zur Verbreite-
rung ihrer Operationsbasis ein allgemeines Konzil einberufen hatte. Zum
letzten Mal für lange Zeit griff sie damit zu diesem kirchenpolitischen Instrument des 13. Jahrhunderts. Die Erfahrungen freilich, die sie auf dem
Konzil und mit dem Konzil machen mußte, haben nicht zuletzt dazu geführt, daß bis zum Ende des 14. Jahrhunderts von einem Papst kein weiteres
allgemeines Konzil mehr einberufen werden sollte.

Auch die Templer selbst hatten darauf gehofft, daß ein Konzil ihnen helfen könnte und hatten neben dem apostolischen Stuhl auch ein allgemeines
Konzil zur Prüfung der Vorwürfe angerufen.[357] Aber als es zusammengetreten war, konnte das Konzil oder wollte es nichts mehr zugunsten des Templerordens zuwege bringen. Auf dem Konzil wurden die wichtigsten Verhandlungen zwischen den feierlichen Generalsessionen, die nur zuvor erar-
beitete Dekrete und Beschlüsse in feierlicher Form zu sanktionieren hatten,
offenbar im kleineren Kreise eines Hauptausschusses aus Papst, Kardinälen
und gesondert dazu gewählten Konzilsdeputierten geführt.[358] Die Drohung des französischen Hofes, den Fall Bonifaz' VIII. erneut auszugraben
und zu einer öffentlichen Verhandlung zu bringen, wurde offenbar als
schwere Pression empfunden: ein wochenlanges, ja monatelanges fruchtlo-
ses Hin und Her der Beratungen war die Folge, bis schließlich der französische Hof seine energischen Drohgebärden in gesonderten Verhandlungen
dem Papst gegenüber und durch eine Ständeversammlung im nahen Lyon
vor den Konzilsvätern demonstrativ verstärkte.

Am 4. April 1312 löste der Papst, nachdem er sich der Zustimmung der
Konzilsdelegierten und am 3. April sogar auch eines eigenen Beschlusses der
Generalsession des Konzils versichert hatte, den Templerorden auf und stellte
jeden Versuch einer Fortsetzung oder Neubelebung unter strenge Kirchen-

---

[357] Vgl. vor allem Becker, Appellation vom Papst an ein allgemeines Konzil.
[358] Im einzelnen vgl. unten Anm. 487f.

strafen.[359] Der französische Hof konnte, da er sich in der ihm wirklich wichtigen Frage durchgesetzt hatte, die für den Bonifazprozeß vorbereiteten Schriftstücke in den Archiven verschwinden lassen, die Kurie stellte das bei ihr seit langem anhängige und unentschieden schmorende Verfahren ein.

Diese Situation einer scharfen Interessenkonfrontation und harter Verhandlungen war aber, anders als der Konflikt im Pontifikat Bonifaz' VIII., offenbar wenig geeignet für eine vollmundige allgemeingültig abgefaßte Formulierung der Standpunkte, zuviel Finesse, ein allzu starker Zwang zu einer schließlichen Einigung stand dagegen, und wahrscheinlich gab der kränkliche und unsicher lavierende Clemens V. ohnedies nicht unbedingt eine auf papalistisch denkende Kuriale beflügelnd wirkende Figur ab. Wie immer das sich verhalten mag, wir haben aus dem Jahrzehnt nach dem Attentat von Anagni nur ganz wenige Texte, die unmittelbar zur politischen Theoriegeschichte gehören. Meist sind es anonyme Quaestionen, die das alte Thema fortspinnen, ohne allzu stark auf Aktualität zu achten, eher als Nachwirkungen der Auseinandersetzungen unter Bonifaz VIII. denn als Reflex der Kämpfe und Spannungen im Pontifikat Clemens' V. einzustufen. Dementsprechend sind diese Texte auch relativ schwach bezeugt, werden uns von einem oder auch einmal zwei Manuskripten überliefert und machen ohnedies eher den Eindruck von akademischen „Fingerübungen" als von aktuellen Texten. Sie repräsentieren schon zu einem relativ frühen Zeitpunkt für unsere Literatur jenen Typus spätmittelalterlicher Traktate, der nicht dazu diente, Neues oder doch neu Formuliertes zu sagen, als vielmehr dazu, das Gesicherte oder das als gesichert Geltende erneut vorzutragen.

Ganz anders sahen natürlich jene Texte aus, die im Umkreis des Konzils von Vienne entstanden sind. Auch wenn wir von den unmittelbar für das Konzil oder auf dem Konzil verfertigten Aktenstücken einmal absehen, die naturgemäß die jeweils aktuellen Fragen des Konzils behandeln, so lag es doch auch für andere Schriften mit theoretischem Anspruch nahe, sich auf konkrete Streitfragen zu beziehen und nicht in gleichsam olympischer Abgeklärtheit und allgemein bleibender Unverbindlichkeit zu sprechen, wenn sie denn eine Wirkung ausüben wollten. Von den drei Hauptpunkten, die

---

[359] Die Literatur zum Templerprozeß ist sehr ausgebreitet. Hier genügt es, auf die klassische Studie von Heinrich FINKE hinzuweisen: Papsttum und Untergang des Templerordens; vgl. auch die knappe Sammlung von wichtigen Quellen bei Georges LIZERAND, Le dossier de l'affaire des templiers (Les classiques de l'histoire de France au moyen âge) Paris 1927 [²1964]. Ein neuerer Bericht bei Malcolm BARBER, The Trial of the Templers, Cambridge 1978; vgl. auch: Die geistlichen Ritterorden Europas, hgg. Josef Fleckenstein u. Manfred Hellmann (Vorträge und Forschungen, 26) Sigmaringen 1980 (bes. die Beiträge v. Marie-Luise BULST THIELE, Marion MELVILLE). Zuletzt knapp wiederum Malcolm BARBER, The New Knighthood, A History of the Order of the Temple, Cambridge (usw.) 1994, bes. S. 280ff., vgl. auch MENACHE, Clement V, S. 205–246, oder den Essay von Kaspar ELM, Der Templerprozeß, 1307–1311, in: Macht und Recht, Große Prozesse in der Geschichte, hg. Alexander Demandt, München 1990, S. 81–101, 297–299.

Clemens V. auf die Tagesordnung der Beratungen gesetzt hatte,[360] der Templerfrage, der Wiedergewinnung des seit der Eroberung von Akkon (1291) völlig verlorengegangenen Heiligen Landes und dem Problem einer Reform der Kirche, war naturgemäß vor allem das letzte dazu geeignet, Texte mit Vorschlägen zu provozieren, wenngleich auch in den anderen Punkten einige Memoranden auf uns gekommen sind.[361] Für die Kirchenreform hatte Clemens V. bereits in seiner Ausschreibung des Konzils im Herbst 1310 die Erzbischöfe und alle anderen Prälaten dazu aufgefordert, über alles „was die Feile der Berichtigung und der Reform" erfordere, Untersuchungen anzustellen und dem Konzil darüber zu berichten.[362] Von den damals entstandenen Reformmemoranden sind einige wenige erhalten geblieben.[363]

Insbesondere der „Tractatus" des damaligen Bischofs von Mende gehört zweifellos zu den wichtigen Texten, auch wenn er offenbar auf die zeitgenössische Diskussion weniger stark hat wirken können. Er ist ausschließlich in Handschriften erhalten, die aus der Zeit des Schismas, besonders in unmittelbarem oder mittelbarem Zusammenhang mit den großen Reformkonzilien des 15. Jahrhunderts, vor allem mit dem Basler Konzil entstanden sind. Schon in der Endphase des Konstanzer Konzils, erst recht dann auf dem Basler Konzil bezog man sich ausdrücklich auf diesen Text, der in seinem ganzen Aufriß den Problemen der Schismazeit und der großen Reformkonzilien des 15. Jahrhunderts so paßgenau zu entsprechen schien, weil er aus der rechtlichen Überlieferung der Kirche die synodalen Traditionen mit energischem Griff und kühner Ausschließlichkeit zusammensuchte. Damit

---

[360] Einladungsschreiben bei MANSI, Conciliorum ampl. collectio, Bd. XXV, col. 371–376, hier 374, oder in Regestum Clementis papae V, Bd. 3, Nr. 3626.

[361] Vgl. das Dossier bei FINKE, Papsttum und Untergang des Templerordens; zur Frage der Wiedergewinnung des Heiligen Landes und eines neuen Kreuzzugs hatte sich in den ersten Jahren des Jahrhunderts, vor allem in Memoranden, die den Höfen und vor allem der Kurie vorgelegt wurden, eine fast lebhaft zu nennende Traktatproduktion entwickelt [dazu vgl. nur dass Memorandum des Templermeisters Jacques de Morlay von 1306/07 für den Papst in: Etienne BALUZE, Vitae paparum Avenionensium, Nouvelle édition par Guy MOLLAT, Bd. 3, Paris 1921, S. 145–154 (Nr. XXII); Pierre Dubois hat seinen Traktat „De recuperacione terre sancte" auch 1307 dem französischen und dem englischen Hof eingereicht]. Diese Überlegungen flauten dann aber mit dem Templerprozeß naturgemäß zunächst rapide ab.

[362] MANSI XXV, col. 374E [bzw. Regestum Clementis papae V, Nr. 3626]: *Mandavimus insuper ut iidem archiepiscopi et praelati per se vel alios viros prudentes deum timentes et habentes prae oculis omnia, quae correctionis et reformationis limam exposcunt, inquirentes subtiliter et conscribentes fideliter eadem ad ipsius concilii notitiam deferant...* Diese Aufforderung hielt sich eng an das Vorbild Papst Gregors X. und dessen Berufungsschreiben für das II. Konzil von Lyon, vgl. Les registres de Grégoire X, Sp. 53–55 (Nr. 160): hier Sp. 55: *Interim quoque per vos et alios prudentes viros deum timentes et habentes pre oculis omnia, que correctionis et reformationis limam exposcunt, inquirentes subtiliter et conscribentes fideliter eadem ad ipsius concilii notitiam deferatis.*

[363] Vgl. Ewald MÜLLER, Konzil von Vienne, S. 423–475.

stellte er der in dieser Frage damals durchaus recht einseitigen schulmäßigen Dekretistik und Dekretalistik der Zeit einen breiten Fächer von Autoritäten und Problemen gegenüber, mit denen sich selbst Fachleute beeindrucken ließen. Die relativ spät einsetzende handschriftliche Überlieferung des Textes, die nicht vor dem Ende des 14. Jahrhunderts und damit über zwei Menschenalter nach der Entstehung des Traktates einsetzt, ist dann jedoch relativ breit gestreut und beweist für sich allein die große Wirkungskraft, die die konziliare Aufmerksamkeit für die Verbreitungschancen eines Textes bedeutete.[364]

In den Denkschriften des Duranti erreichte die Opposition des universitär gebildeten Weltklerus gegen die Zentralisierungstendenzen in der Gesamtkirche, die die Jahrhunderte seit dem Ende des Investiturstreites zunehmend beherrscht hatten, einen neuen Höhepunkt, der sich durchaus an jenen deutlichen Widerstand anschloß, der sich an der Universität Paris in der Mitte des 13. Jahrhunderts im sogenannten Bettelordensstreit bereits vernehmlich zu Worte gemeldet hatte.[365] Jetzt suchte solch konservatives Widerstreben auf einem neuen Feld die Aufmerksamkeit der Öffentlichkeit, einer Öffentlichkeit, die dank der Verbreitungschancen der Debatten auf dem Konzil von Vienne weit über die Archive des Bistums Mende hinausführte.

Die Text- und Redaktionsgeschichte des Traktats ist jüngst entscheidend gefördert worden[366]. Dank den Untersuchungen von Konstantin Fasolt ist klar geworden, daß in den Drucken seit dem 16. Jahrhundert eine irreführende Textfassung vorliegt. In Wirklichkeit ist nicht ein einzelner Traktat des jüngeren Duranti überliefert, sondern zwei verschiedene Traktate, ein längerer (in zwei Hauptteile unterschiedener), vor dem Beginn des Konzils abgeschlossener programmatischer „Tractatus maior", der als Schrift des Bischofs von Mende dem Konzil und der Kurie, wie Papst Clemens V. es gefordert hatte, zutiefst empfundene *gravamina* vorlegen wollte. Davon zu unterscheiden ist ein selbständiger, durchgängig dem gleichen Problemkomplex gewidmeter (wenn auch in einem etwas reduzierten Umfang sie aufnehmend), auf dem Konzil in Vienne selbst offenbar als Zusammenfassung des längeren Textes verfaßter (in seinen Thesen und Forderungen

---

[364] Constantin FASOLT, The Manuscripts and Editions of William Durant the Younger's „Tractatus de modo generalis concilii celebrandi", in: AHC 10 (1978) S. 290–309 [mit Ergänzungen in QFIAB 61 (1981) S. 450–452]. Vgl. auch FASOLT, Die Rezeption der Traktate des Wilhelm Durant d. J. im späten Mittelalter und in der frühen Neuzeit, in: Das Publikum politischer Theorie, S. 61–80.

[365] Aus der reichen Literatur sei hier nur hingewiesen auf Yves Marie-Joseph CONGAR, Aspects ecclésiologiques de la querelle entre mendiants et séculiers dans la seconde moitié du XIIIe siècle et le début du XIVe, in: AHDL 25 (1961) S. 35–151; vgl. auch MIETHKE, Die Rolle der Bettelorden im Umbruch der politischen Theorie.

[366] Umfassend (basierend auf mehreren eigenen früheren Vorarbeiten, darunter einer PhD-Thesis, Columbia University, New York) Constantin FASOLT, Council and Hierarchy.

leicht abgeschwächter und ermäßigter) „Tractatus minor", der am Ende
vom Autor selbst als *dictata in concilio generali* bezeichnet wird, der also jedenfalls dort publiziert, wenn nicht sogar bereits wie andere Texte später auf
den Reformkonzilien des 15. Jahrhunderts auch durch langsames Diktieren
ad pennam zum Mitschreiben vervielfältigt worden ist. Durch eine Heft-
oder Blattvertauschung bei der Drucklegung der *Editio princeps* ist noch
größere Verwirrung angerichtet worden, daher entsprechen die drei Hauptteile des gedruckten Textes nur grosso modo den beiden Teilen des „Tractatus maior" und dem einteiligen „Tractatus minor" der Handschriften.[367]
    Im „Tractatus maior" hat der Autor zuerst in groben Strichen in vier
umfangreichen Kapiteln die Aufgabe der Kirchenreform theoretisch umris-
sen, um dann in einem zweiten Teil in einer langen Reihe von nicht weniger als 83 meist unterschiedlich umfänglichen Kapiteln eine systematisch-
geschichtliche Übersicht über die Kirchenreform auf den bisherigen Konzilien der Kirche vorzulegen, der sich dann noch 12 weitere Kapitel mit
Rechtsgrundsätzen aus dem neueren Kirchenrecht zu aktuellen Reform-
aufgaben anschließen – sowie ein zusammenfassender programmatischer
„Epilogus", der in fünf Kapiteln noch einmal ein genaues Repertorium
über die zuvor aufgeführten Forderungen erstellt.
    Den Hauptteil des Traktats bildet damit die lange Rubrikenreihe, die in
einigermaßen historischer Folge die Leistungen und Forderungen bisheriger Konzilien angesichts der Reformaufgabe zusammenfaßt. Auffällig ist,
daß der Autor hier weitgehend darauf verzichtet, das Dekret Gratians ausschließlich zum Ausgangspunkt und als Quelle seiner Information über frühere Zustände der Kirche heranzuziehen, daß er sich vielmehr bemüht,
gleichsam an Gratian vorbei auf dessen Vorgänger und Vorlagen zurückzugreifen. Als Hauptquelle erweist sich in seinem Text immer wieder die
pseudo-isidorische Sammlung, die fortlaufend exzerpiert wird (teilweise
gewiß auf dem Umweg über das Gratiansche Dekret) und dem Traktat des
Bischofs von Mende gleichsam das Skelett liefert, das die Anliegen von dessen Zeit aufnimmt und stützt, indem diese Sammlung für Allegationen ständig „passende" Autoritäten aus der angeblichen Urzeit der Kirche parat hält.
Erst nachdem Duranti das Exzerpt aus den Pseudo-Isidoriana niedergeschrieben hat, zieht er dann noch reichlich Parallelen aus dem den Juristen
seiner Zeit natürlich viel besser vertrauten Corpus Iuris canonici heran.
    Weniger interessant ist es hier, daß Guillelmus Duranti die Dekretalen,
und dabei vorwiegend Texte des 9. Jahrhunderts als vorgeblich authentische
Zeugnisse der Urkirche und Alten Christenheit seiner Mitwelt vorstellte.

---

[367] Schematische Konkordanz der ursprünglichen und der in den Drucken vorliegenden Anordnung der Kapitel bei FASOLT, Council and Hierarchy, S. 325 (schon zuvor publiziert bei FASOLT, A New View of William Durant the Younger's „Tractatus de modo generalis concilii celebrandi, in: Traditio 37, 1981, S. 291–324). Die Titel „Tractatus maior"
und „Tractatus minor" sind von FASOLT gebildete Kunstnamen.

Wichtiger scheint, daß der gebildete Kanonist, der zum Mitglied des französischen Episkopats aufgestiegen war, hier bewußt darauf verzichtet hat, das Decretum Gratiani mehr als subsidiär heranzuziehen. Vielmehr hat er versucht, an diesem Grundtext des damaligen Kirchenrechts, der auch der technischen Ausbildung eines Kirchenjuristen an den Universitäten der damaligen Zeit zugrunde lag, geradezu programmatisch vorbei zu gehen und so zu den „authentischen" älteren Quellen des Kirchenrechts vorzudringen. Ein Mißtrauen gegen die päpstliche Kurie, das er damit ganz unverhohlen im „Tractatus Maior" bekundet, macht sich hier in einer kritischen Zuwendung zur Geschichte und ihren in den Rechtssammlungen greifbaren Quellen Bahn. Indem Duranti wenigstens scheinbar auf die sonst immer wieder ungeprüft benutzte Informationsquelle über die Rechtszustände der früheren Kirche, eben die Kompilation Gratians, verzichtet, um selber nach den Quellen von Gratians Kompilation zu forschen, nimmt er auch in diesem Punkte das 15. Jahrhundert vorweg[368] Nur etwa ein Jahrzehnt später wird freilich in seiner eigenen Zeit Marsilius von Padua in Paris bei der Niederschrift seines „Defensor pacis" einen methodisch ähnlichen Weg einschlagen und mit Gratian hinter Gratian zurückzukommen versuchen.[369]

Der zweite, kleinere Text, der auf dem Konzil selbst eingereichte „Tractatus minor", behandelt dann, wiederholend in kürzerer Form, Anstößiges eher vermeidend und stärker auf paränetische Wirkung bedacht, in 40 Kapiteln Themen, die schon im größeren Text im Mittelpunkt gestanden hatten, ohne daß alle Thesen des längeren Textes hier wieder aufgegriffen würden: Duranti läßt gerade seine radikalsten Forderungen fallen.[370] Wir haben es offenbar mit einer Zusammenfassung zu tun, die über die Form eines bloßen Themenindexes hinaus für die Konzilsdebatten erneut in kürzerer systematischer Zusammenfassung das Reformanliegen differenziert vorträgt, vielleicht um angesichts der frostigen Aufnahme des „großen Traktats" noch zu retten, was zu retten war und Kurie und Konzil doch noch zu Reformmaßnahmen anzuregen.[371]

Da die ursprüngliche Disposition des Autors nun geklärt scheint, wird es auch leichter fallen, diesen Traktat in seinen unmittelbaren Folgen auf die Konzilsdiskussion und Konzilsbeschlüsse zu prüfen. Weil uns Handschriften aus dem 14. Jahrhundert fehlen, können wir exakte Aussagen über die Wirkungsgeschichte über die Debatten auf dem Konzil selbst hinaus kaum wa-

---

[368] Zu denken ist vor allem an die Benutzung des Decretum Gratians durch Nikolaus von Kues, dazu jetzt den Sammelband Nikolaus von Kues als Kanonist und Rechtshistoriker, hgg. von K. KREMER und K. REINHARDT (Mitteilungen und Forschungsbeiträge der Cusanusgesellschaft, 24) Trier 1998

[369] Zahlreiche Zitate aus Ps.-Isidor, meist angeführt nach einem angeblichen „*Isidori codex*" (wo nicht das „Constitutum Constantini" zitiert wird), verzeichnet SCHOLZ im Index seiner Ausgabe, S. 634a.

[370] Übersicht bei FASOLT, Council and Hierarchy, S. 294–304, bes. 301ff.

[371] Auch hier wieder vgl. FASOLT, Council and Hierarchy, S. 303f.

gen. Wir wissen über Folgen, die die Schrift für den Autor hatte, nur aus späteren *obiter dicta* des Papstes Johannes XXII., der selber noch als Kardinal jener über die Konzilsbeschlüsse vorentscheidenden „Antragskommission" aus fünf Mitgliedern angehört hatte, die von Papst Clemens V. mit dem Auftrag betraut worden war, alle die *gravamina*, welche dem Konzil aus den einzelnen Kirchenprovinzen vorgetragen würden, vorweg zu sichten und entscheidungsreif zu machen.[372] Der Text des Duranti rief anscheinend bei Papst und Kurie Stürme der Entrüstung hervor, die Unruhe hatte offenbar nur schwer wieder besänftigt werden können. Eine Widmung der Schrift an den Papst hatte diesen ebensowenig in seiner Entrüstung erschüttert wie in der Konzilsvorlage des „Tractatus minor" eine vorsichtige und gleich doppelt vorgebrachte Verweisung auf die Position des extremen Kurialisten Aegidius Romanus, der das Verhältnis von weltlicher Gewalt und kirchlicher Hierarchie schon hinlänglich behandelt habe.[373] Es wird deutlich, daß in Vienne eine Kontroverse um die Bestimmung dieses konfliktträchtigen Verhältnisses schon gar nicht mehr stattfand. Worüber zu Zeiten Bonifaz' VIII. die Traktate heftig und offen diskutiert hatten, das war jetzt nicht eigentlich strittig mehr. In Vienne ging es um die innerkirchliche Verfassung und die Reform, um eine *correctio … in capite et membris*[374]. In Vienne selbst wurde sie freilich kaum schüchtern ins Auge gefaßt, und auch die Konzilien des 15. Jahrhunderts haben schließlich, nachdem die päpstliche Kurie der avignonesischen Zeit diese Aufgabe trotz einiger Anläufe nicht hatte lösen können, eine solche Reform nicht wirklich zu leisten vermocht.[375]

---

[372] Vgl. vor allem die Quellen dazu bei Franz EHRLE, Ein Bruchstück aus den Acten des Concils von Vienne, in: AKLG 4 (1888) bes. S. 439–464; sowie Ewald MÜLLER, Konzil von Vienne, S. 396–408. Auch Leonard BOYLE, A Committee Stage at the Council of Vienne, in: Studia in honorem eminentissimi cardinalis Alphonsi M. Stickler, ed. Rosalio Josepho card. Castillo Lara (Pontificia Studiorum Universitas Salesiana, Facultas Iuris Canonici, Studia et Textus historiae iuris canonici, 7) Rom 1992, S. 23–35.

[373] Vgl. Tractatus maior, 2.95 [= im Erstdruck 3.26], fol. 58rb-va, sowie fast gleichlautend in 2.72 [= 3.24] fol. 52vb-53ra [nachgewiesen durch FASOLT, Hierarchy, S. 209 mit Anm. 146, vgl. auch S. 253f.]: „*De potestate ecclesiastica super temporales dominos et dominia temporalia.*" *Istam rubricam non prosequor – nec etiam .lxxii. – de presenti propter librum quem de contentis in dictis duabus rubricis reverendus in Christo frater Egidius Bituricensis archiepiscopus, in quo profunditas et sublimitas vigent scientie, copiose et utiliter edidit, in quo plenius videri possunt pertinentia ad istas rubricas, quam posset hic explicari.*

[374] Vgl. Tractatus maior I.1 rubrica (Editio princeps, Lyon 1532, fol 4rb): *de correctione eorum que male aguntur premittenda in dei ecclesia a ministris ecclesiasticis in capite et in membris*; und Text (ebenda): *Videretur deliberandum, si posset, perquam utile fore et necessarium quod ante omnia corrigerentur et reformarentur illa, que sunt in ecclesia dei corrigenda et reformanda tam in capite quam in membris, ut tamen cum pace et venia hoc loquar et ex obedientia excusatus habear, ne „os meum videar posuisse in celum"*, XXI di., In tantum (D. 21 c 9, cf. Ps. 72.9! Vgl. auch oben, Anm. 214). Zur Vorgeschichte der Formel der *reformatio in capite et membris* jetzt Karl Augustin FRECH, Reform an Haupt und Gliedern. Untersuchung zur Entwicklung und Verwendung der Formulierung im Hoch- und Spätmittelalter. Frankfurt/Main-Bern (usw.) 1992 (Europäische Hochschulschriften III/510) [= Phil. Diss. Tübingen 1990].

[375] Dazu etwa MIETHKE, Kirchenreform auf den Konzilien des 15. Jahrhunderts.

Aus dieser Ausgangslage erklärt sich wohl auch die merkwürdige Über-
lieferungslage des Textes, der ausschließlich in späteren Handschriften auf
uns gekommen ist, die erst auf der Höhe des großen Schismas, vorwiegend
sogar erst während der Konzilien (besonders auf dem Baseler Konzil) und in
ihrer Folge entstanden sind. Das kann freilich nicht überraschen, erscheinen
doch die Vorstellungen, die Duranti vertritt und belegt, in vielem als eine
Vorwegnahme der Forderungen, die in Konstanz und Basel Stimme und
Gewicht erhielten. Der Ruf nach einer Reform der Kirche an Haupt und
Gliedern, der Ruf nach einer Wiederholung von allgemeinen Reformsyn-
oden im regelmäßigen Abstand von 10 Jahren, der Kampf gegen die ex-
emten Orden und die kurialen Zentralisierungstendenzen, die Forderung
nach Einschränkung der mißbräuchlich ausgeweiteten Dispensgewalt des
Papstes, die Einschränkung der Geltungskraft des päpstlichen Dekretalenrechts, all das wirkt wie eine Vorwegnahme der Hauptanliegen der Konstanzer Reformatorien und der Baseler Reformdebatten, so daß wir eher über
diese Parallele erstaunt sein müssen als über das spätere Interesse an unserem
Text, der zahlreiche Rechtsallegationen zur Stützung seiner Forderungen
aufhäufte, so daß er auch später noch eine nützliche Fundgrube blieb.[376]

2. Nachwirkungen des Konzils

Gerne wüßten wir etwas genaueres über die Aufnahme und die Diskussion
dieser Vorstellungen und Forderungen bei den Zeitgenossen des Bischofs
von Mende. Leider erfahren wir – über die Ansätze hinaus, die in einer Untersuchung der Konzilsdekrete von Vienne gewonnen werden könnten,
nichts Konkretes. Offenbar sind beide Traktate aber im Universitätsmilieu
von Paris nicht unbekannt geblieben. Seit den Tagen des Bettelordenstreites
um den Pariser Magister Wilhelm von Saint-Amour um die Mitte des
13. Jahrhunderts[377] und dann erst recht seit den Fortsetzungen dieser Auseinandersetzungen, die von dessen Schülern Gerard von Abbéville und Nikolaus von Lisieux ausgefochten worden waren, war die Verbindung zwischen dem französischen Episkopat und den Pariser Theologen aus dem
Weltklerus eng und fruchtbar. Die französischen Bischöfe selbst waren zunehmend Universitätsabsolventen und hielten ihre Beziehungen zu ihrer
alma mater auf vielfältige Weise aufrecht. Wenn uns auch direkte Zeugnisse
für das Schicksal des Textes aus Mende während des 14. Jahrhunderts fehlen,
so ist doch die Vermutung nicht von der Hand zu weisen, daß die Traktate

---

[376] Zur Rezeption des Textes gibt es bisher nur wenige Hinweise. Vgl. insbesondere
Constantin FASOLT, Die Rezeption der Traktate des Wilhelm Durant d. J. im späten Mittelalter und in der frühen Neuzeit, in: Das Publikum politischer Theorie, S. 61–80.
[377] Zusammenfassend Michel-Marie DUFEIL, Guillaume de Saint-Amour et l'Université de Paris, Paris 1975.

auf dem Konstanzer Konzil ihren so plausiblen Siegeszug antraten, nachdem
sie dort von der französischen Nation im Zusammenhang mit der Debatte
um Papstwahl und Kirchenreform im Jahr 1417 einer größeren Öffentlichkeit präsentiert worden waren, zumal die Konzilien ein unvergleichliches
Forum für die Verbreitung von Texten gebildet haben.[378]

Ganz ähnlich ist auch die frühe Reaktion auf einen Text des früheren
Magisters der Theologie der Pariser Universität und damaligen Provinzials
des Dominikanerordens in Frankreich Hervaeus Natalis Brito fast ganz
dunkel, ein einziges Manuskript des 14. Jahrhunderts bezeugt uns die 2
Quaestionen zur Frage der „Iurisdiktion" und der „Exemption", die ganz
offensichtlich im Zusammenhang mit den Debatten um Exemption und bischöfliche Aufsichtsrechte auf dem Konzil von Vienne entstanden sind,
während auch hier die Reformkonzilien des 15. Jahrhunderts das Interesse
an diesen Texten stark entfachten. Mindestens 13 weitere Manuskripte des
15. Jahrhunderts, die, meistens im eklatanten Zusammenhang mit einem
Konzil, vor allem wiederum mit dem Basler Konzil, entstanden sind, bezeugen diese spät erwachte Aufmerksamkeit, die der Text erst nach dem Zweiten Weltkrieg erneut gefunden hat, denn zuvor ist er nur zu einem kleineren
Teil und anonym gedruckt worden.[379] Hier brauchen wir diese Schrift
nicht weiter zu verfolgen, die zu einem relativ frühen Zeitpunkt in klassi-
scher Kühle die mendikantische Position untermauert und damit später so
trefflich in das papalistische Arsenal passen sollte. Hier ist nur von Interesse,
daß auch dieser Text außerhalb des universitären Milieus von Paris zunächst
keinerlei Widerhall fand. Ob er überhaupt auf dem Konzil von Vienne bekannt wurde, wird man in diesem Fall anders als bei Memorandum und
Kurztraktat des Guillelmus Duranti offen lassen müssen. Aber die energische Stellungnahme des lebhaften Provinzialmagisters der französischen
Dominikaner belegt doch erneut die starken Wirkungen, die vom Konzil
auf kirchliche Kreise ausgingen. Das allein scheint mir bereits von großem
Interesse.

Mit der so sichtbaren Akzentverlagerung von der Untersuchung der Frage nach den päpstlichen Rechten und Ansprüchen gegenüber weltlichen
Machthabern auf die Prüfung der Stellung des Papstes innerhalb der kirchlichen Hierarchie spiegeln die hier genannten Texte aus dem Umfeld des
Konzils von Vienne einen allgemeinen Trend wider, der auch im Fortgang
der Debatte „De potestate pape" sich sichtbar niederschlägt. Diese Verlage-
rung des Interesses von dem einem Bonifaz VIII. angemessenen Thema
päpstlicher Weltgeltung, ja päpstlichen Weltherrschaftsanspruches hin auf
die ekklesiologische Klärung der päpstlichen Stellung innerhalb und gegenüber der Kirche entspricht der unsicheren Lage der Kurie in den ersten an-

---

[378] Dazu MIETHKE, Die Konzilien als Forum.

[379] De iurisdictione et de exemptione religiosorum [vor 1311]; zu Teildrucken und
Hss. vgl. im Anhang.

derthalb Jahrzehnten des 14. Jahrhunderts, insbesondere der Zeit des Pontifikats Clemens V., als der Papst mit seinem Gefolge wie ein verspäteter
Herrscher des Hochmittelalters als „Reisekönig" (bzw. Reisepapst) in Südfrankreich umherzog, Gastung und Abgaben der örtlichen Kirchen entge-
gennahm, die solch ungewohntem Aufwand sich kaum gewachsen zeigten,
bis sich schließlich in Avignon eine dauerhaftere Lösung abzeichnete.[380]

In Avignon, auf altem Reichsboden, jedoch in unmittelbarer Nachbarschaft französischer Kronrechte sollte sich der Papst und seine Kurie noch
fast 100 Jahre aufhalten, erst 1403 floh Benedikt XIII. aus dem päpstlichen
Palais, in das dann niemals wieder ein Papst zurückkehren sollte. Am Anfang
des Jahrhunderts war aber die lange Zeit, die die Kurie noch in Avignon vor
sich hatte, nicht abzusehen. Die Unsicherheit des Provisoriums war noch
unmittelbar allen gegenwärtig.

Freilich mußte das durchaus nicht sofort jeden Weltanspruch der Kurie
verhindern. In der Diskussion mit den verabsolutierten Vorstellungen von
den Rechten eines römischen Kaisers, wie sie in eben jener Zeit am Hofe
des luxemburgischen Herrschers Heinrich VII., insbesondere von seinen
Beratern und Verbündeten aus dem Kreise der oberitalienischen Signori
formuliert wurden, konnten an der Kurie die Rechte des Papstes durchaus
energisch formuliert werden. Aber das geschah doch weitgehend in unmittelbaren tagespolitisch gezielten Memoranden und Gegenmemoranden in
Debatten und Erlassen, also in Schriftstücken, die als unmittelbarer Niederschlag der politischen Aktivitäten gelten dürfen, sich jedoch gar nicht so selten dem Anspruch einer eigenen theoretischen Bemühung stellten. Daß
diese Texte, so weit sie als kuriale Erzeugnisse in die Dekretalensammlungen
eingegangen sind, der künftigen Diskussion präsent geblieben sind, kann
doch die Tatsache nicht verdecken, daß sie zur Zeit ihrer Entstehung zwar
die Entwicklung der juristischen Theoriebildung getreulich widerspiegel-
ten, daß diese ganze Debatte aber kein sehr lebhaftes Echo über die unmittelbaren Schriftstücke des diplomatischen Verkehrs hinaus gefunden hat.

Solange der kränkliche Papst Clemens V. noch am Leben war, war die
noch unklare Situation der Kurie im Langue d'Oc noch leicht zu verdrängen. Das Provisorische des Zustandes mußte freilich während der Sedisvakanz deutlicher hervortreten. Daß sich auch die Theologen, die sich dem
Thema „De potestate papae" verpflichtet wußten, dieser Frage öffneten,
kann man nicht gerade als Überraschung empfinden. Lange Zeit blieb der
Thron Petri nach dem Tode Clemens' V. (am 20. April 1314) vakant. Erst
nach mehr als zwei Jahren wurde die Sedisvakanz mit der Wahl des Südfran-

---

[380] Dazu etwa Guy MOLLAT, Les papes d'Avignon, Paris 10 1965, S. 33f.; vgl. jetzt Sophia MENACHE, Clément V, S. 23ff.; zu den Folgen dieses Wanderlebens für Aegidius, den
Erzbischof von Bourges, der alten Rivalin von Bordeaux, auch Ugo MARIANI, Chiesa e
stato nei teologi agostiniani, S. 69.

zosen Jacques Duèse[381] beendet, der als Papst den Namen Johannes XXII. annahm. Diese lange Phase der Ungewißheit mußte die zuvor eher unterschwellig vorhandene Unsicherheit erhöhen.

Das Thema „De potestate papae" konnte also wohl auch hier nicht mehr, wie es unter Bonifaz VIII. so selbstverständlich schien, zuerst und vor allem das Verhältnis des Papstes zu den weltlichen Machthabern, zu Königen und Fürsten, betreffen, es mußte zunächst die Aufgabe einer Selbstverständigung innerhalb der Kirche angreifen, mußte Überlegungen über Aufgaben und Kompetenzen des päpstlichen Amtes innerhalb der Kirche Raum gewähren. So ist es begreiflich, daß die nunmehr vorgelegten Schriften eher tastende diskursive Versuche einer Ortsbestimmung sind, nicht hallende Trompeten eines politischen Programms.

Daß auch hier wie bei der Diskussion in Paris nach dem Tode Bonifaz' VIII. zunächst der Bettelordensstreit Anlaß und Motor der Diskussion war, ist leicht zu verstehen. Angesichts der in dem täglichen Kleinkrieg zwichen Pfarrklerus und mendikantischer Seelsorge immer wieder aufbrechenden Differenzen[382] war daran auch weiterhin in den Hörsälen der Universität ein gesteigertes Interesse vorhanden. Clemens V. hatte auf dem Konzil von Vienne, auf dem diese Spannungen auch wieder strittig zur Sprache gekommen waren,[383] auch seinerseits für eine unklare Rechtslage gesorgt, die nun in der Universität heftig diskutiert wurde: sein Vorgänger Papst Benedikt XI. hatte nämlich während seines kurzen Pontifikats Zeit genug gefunden, die ausbalancierte Regelung des Interessenausgleichs, die Bonifaz VIII. in seiner Dekretale „Super cathedram"[384] getroffen hatte, nun zugunsten der Mendikanten einseitig aufzuheben und fast maximalistisch deren Gesichtspunkte im Streit zur Geltung zu bringen.[385] Benedikt XI. war, bevor er zum Papst erhoben wurde, Generalmagister der Dominikaner und später Kardinalprotektor seines Ordens gewesen.[386] Er kannte daher die Proble-

---

[381] Dazu bereits FINKE, Aus den Tagen Bonifaz' VIII., p. LXVII–LXVIII; vgl. auch die sprechenden Quellen in: Acta Aragonensia, Bd. 1, S. 200–229.

[382] Dazu bereits C. PAULUS, Welt- und Ordensklerus beim Ausgange des 13. Jahrhunderts im Kampf um die Pfarrrechte, Phil. Diss. Göttingen 1899, Essen 1900; Palémon GLORIEUX, Prélats français contre religieux mendiants, Autour de la bulle „Ad fructus uberes" (1281–1290), in: Revue d'histoire de l'Église de France 11 (1925) S. 309–331–471–495; die Geschichte des theoretischen Streits an der Jahrhundertwende zeichnete subtil nach Ludwig HÖDL, „Theologiegeschichtlichen Einführung" in: Henrici de Gandavo Quodlibet XII, quaestio 31, S. VII-CXVII.

[383] MÜLLER, Das Konzil von Vienne, S. 547–552.

[384] Super cathedram, gedruckt etwa in Extravag. comm. 3.6.2.

[385] Inter cunctas (wie oben Anm. 348), vgl. insgesamt zuletzt Thomas IZBICKI, The Problem of Canonical Portion in the Later Middle Ages, The Application of „Super cathedram", in: Proceedings of the IVth Intern. Congress of Medieval Canon Law (Cambridge 1984), ed. Peter Linehan (Monumenta iuris canonici, C.8) Città del Vaticano 1988, S. 459–473.

[386] Zusammenfassend Georg SCHWAIGER in: LexMA 1 (1980) Sp. 1860f.

me, die er hier aufgriff, sehr genau. Der Widerstand freilich in der Kirche war nicht erlahmt. Auf dem Konzil von Vienne ist er hinreichend deutlich und scharf formuliert worden, und Clemens V. hatte sich schließlich veranlaßt gesehen, noch auf dem Konzil zu verkünden: *„Illam constitutionem ‚Super cathedram' ad supplicationem prelatorum renovamus"*. Das tat er, indem er die Regelungen Bonifaz' VIII. wiederum in Kraft setzte.[387]

3. Jean de Pouilly und Petrus de Palude

Das war eine klare Entscheidung, die nur deshalb zu weiteren Erörterungen Anlaß gab, weil Clemens V. nach dem Ende des Konzils bis zu seinem Tode nicht mehr die Canones des Konzils als eigene Konstitutionen hat publizieren können.[388] Das sollte erst 1317 im Zuge der Publikation der Dekretalensammlung durch den Nachfolger Johannes XXII. geschehen.[389] Bis dahin bot die unklare Rechtslage reichlich Diskussionsstoff und je nach dem eigenen Interesse konnte man sich mehr auf die päpstliche Erklärung auf dem Konzil oder mehr auf die fehlende Publikation versteifen, die nicht mehr in der damals bereits üblich gewordenen Weise einer Übersendung des Konvoluts an die Universitäten hatte geschehen können.

Besonders deutlich wird das für uns in den Auseinandersetzungen, die der Pariser Theologe Johannes von Pouilly, ein Magister aus dem Weltklerus und Schüler Gottfrieds von Fontaines, im zweiten Jahrzehnt des 14. Jahrhunderts mit wechselnden mendikantischen Gegnern[390], vor allem aber mit dem Dominikaner Petrus de Palude[391], ausfocht und die – nach einem langwierigen Prozeß an der Kurie in Avignon – schließlich im fünften Pontifikatsjahr des neuen Papstes Johannes XXII. am 24. Juli 1321 zu einer

---

[387] Konstitution „Dudum" vom 6. Mai 1312. Zu den Debatten des Konzils von Vienne zu Exemption und Ordensreform auch Jan BALLWEG, Konziliare oder päpstliche Ordensreform? (Spätmittelalter u. Reformation, 17), Tübingen 2001.

[388] Zur Promulgation der Konzilsdekrete vgl. Ewald MÜLLER, Das Konzil von Vienne, S. 396–408, auch S. 679–688; vor allem Stephan KUTTNER, The Date of the Constitution „Saepe", The Vatican Ms. and the Roman Edition of the Clementines, in: Mélanges Eugène Tisserant, Bd. 4 (Studi e testi, 234) Città del Vaticano 1964, S. 427–452, jetzt in: KUTTNER, Medieval Councils, Decretals and Collections, Nr. xiii. Die wichtigste Quellenstelle dazu bereits bei Franz EHRLE, Ein Bruchstück aus den Acten des Konzils von Vienne, in: ALKG 4 (1888), bes. S. 439–464, vgl. jetzt auch Bernhard SCHIMMELPFENNIG, Die Zeremonienbücher der Römischen Kurie im Mittelalter (Bibl. d. Dt. Hist. Instituts in Rom, 40) Tübingen 1973, S. 162f. (Nr. X, bes. § 9 und 11).

[389] Zur Promulgation der Clementinen zusammenfassend STICKLER, Historia iuris canonici, S. 264ff.

[390] Besonders plastisch Josef Koch, Der Prozeß gegen den Magister Johannes de Polliaco und seine Vorgeschichte (1312–1321), in: RTAM 5 (1936) S. 391–422, jetzt in: Koch, Kleine Schriften, Bd. 2, S. 387–422, besonders S. 388f.

[391] Außer KOCH jetzt auch DUNBABIN, Hound of God, bes. S. 58–68.

päpstlichen Verurteilung gewisser strittiger Lehrpunkte des Johannes de Polliaco und zu seinem Widerruf in den Pariser Hörsälen führte.[392]

Dieser Prozeß und seine Vorgeschichte ist hier nicht in alle seine Phasen, noch weniger in allen seinen Streitpunkten oder in die Einzelaktionen hinein zu verfolgen. In unserem Zusammenhang ist zu beachten, daß, hervorgerufen durch diesen Streit, mehrere Schriften „De potestate pape" entstanden sind, die noch in späterer Zeit unter ganz anderen Umständen teilweise ein recht lebhaftes Echo fanden und eine tiefgreifende Nachwirkung zeigen sollten. Der älteste uns erhaltene Text aus diesem Zusammenhang freilich ist und blieb ein nur relativ unbeachtetes Präludium. Der Dominikaner Petrus de Palude,[393] der Hauptgegner des Johannes von Pouilly, legte um 1314 nicht nur in einem Quodlibet scharfen Protest gegen die von seinem Pariser Theologenkollegen ebenfalls in Quodlibets vorgetragenen Auffassungen ein.[394] Peter hat auch im Rahmen der Pariser Universität offenbar in der gleichen Zeit eine Quaestion vorgetragen und dann niedergeschrieben, die einige Implikationen des aktuellen Streits in grundsätzlicher Weise bedachte, wenn er die Frage beantworten wollte, „ob der Vorrang der geistlichen Kompetenz, die der Papst in der Kirche gegenüber jedermann besitzt, ihm unmittelbar von Christus übertragen wurde, oder ob er ihn allein aufgrund kirchlicher Satzung erhielt?"[395]

Die handschriftliche Überlieferung macht die Entstehungsbedingungen dieses Textes deutlich. In zwei Manuskripten ist diese Quaestion vollständig auf uns gekommen: die ältere Handschrift, die heute in Toulouse, dem damaligen Zentrum des Dominikanerordens liegt, enthält neben unserem Text eine zusätzliche ergänzende Quaestion des Paludaners (auf die noch zurückzukommen ist), eine weitere Quaestion von ihm zum Wucherproblem und sodann, bezeichnend genug, einige Pariser Quodlibets der Dominikaner Johannes Regina von Neapel und Durandus von Saint Pourçain, des Bernard von Auvergne und des Franziskaners Petrus Aureoli.[396] Die

---

[392] „Vas electionis", in: CUP II, S. 243–245 (Nr. 798); vgl. auch DENZINGER-SCHÖNMETZER (bzw. DENZINGER-HÜNERMANN) Nrr. 921–924; Widerruf in CUP II, S. 245f. (Nr. 799). Vgl. auch unten Anm. 546.

[393] Dazu Jean DUNBABIN, Hound of God; Gian Carlo GARFAGNINI, Una difficile eredità: l'ideale teocratico agli inizi del XIV secolo, Il „Tractatus de potestate papae" di Pietro de Palude, in Documenti e studi sulla tradizione filosofica medievale 3 (199 2) 245–270; Jean DUNBABIN, Hervé de Nédellec, Pierre de la Palud and France's place in Christendom, in: Political Thought and the Realities of Power, S. 159–172.

[394] Diese Quodlibets sind beide ungedruckt. Ausführliche Erörterung durch Rainer ZEYEN, Die theologische Disputation des Johannes de Polliaco zur kirchlichen Verfassung.

[395] MIETHKE, Eine unbekannte Handschrift von Petrus de Paludes Traktat. Der Text ist (nach einer anderen Hs.) ediert durch Prospero T. STELLA, Magistri Petri de Palude O.P. „Tractatus de potestate papae" (Textus et studia in historiam scholasticae, 2) Zürich 1966, S. 97–279.

[396] Beschreibung der Hs. in STELLAS Ausgabe (wie vorige Anm.), S. 6–8.

Handschrift bezeugt also ein vorwiegend universitäres Interesse ihres ersten Kompilators, das sich bereits deutlich mit einem mendikantischen Engagement verbindet. Die andere Überlieferung, eine Handschrift des beginnenden 15. Jahrhunderts stammt aus dem Dominikanerkonvent von Toledo[397] und bezeugt demnach das Interesse, das man im Orden an dem Paludaner auch über ein halbes Jahrhundert nach seinem Tode noch behalten hat. Der dritte Textzeuge, unvollständig und verknappend, eine raffende Zusammenfassung, eine „Abbreviation", von der Hand des damaligen Benediktinermönches und Theologiestudenten in Paris Petrus Rogerii, des späteren Papstes Clemens VI.[398], ist ohne Zweifel als Zeugnis der frühen Rezeption des Textes ungemein wertvoll, weil hier fast zeitgleich zur Entstehung der Quaestiones ein Benutzer den Text festgehalten hat. Für eine philologische Textherstellung ist dieses Manuskript dagegen kaum in gleichem Umfang wichtig, da hier „nur" Exzerpte überliefert sind. Gleichwohl beweist dieser Auszug, daß zur Zeit ihrer Niederschrift die Quaestion sofort Aufmerksamkeit auch über den relativ engen Kreis der Dominikanerstudenten von Saint Jacques hinaus erregte, denn Petrus Rogerii schrieb sich, wie der Codex beweist, offenbar in bunter Folge Notizen und Exzerpte in sein Handexemplar.[399] Er notierte, was ihm wichtig oder interessant erschien. Daß er die „*nova quaestio*" in seine Sammlung aufnahm, beweist, daß sie damals wenigsten eine kurze Zeit lang in Paris auch bei den benediktinisch gesinnten Theologen Interesse fand und anscheinend offen an der Universität diskutiert wurde.

Wir wissen zwar nicht, in welcher Form Petrus de Palude mit seiner ersten Quästion an die universitäre Öffentlichkeit trat, aber es ist nicht unwahrscheinlich, daß der damals gerade frischgebackene „Doktor der Theologie", der am 13. Juni 1314 seine *Inceptio* in der theologischen Fakultät gefeiert hatte, diesen Text als eine „*Quaestio disputata*" vorgetragen hat und dann sehr bald eine schriftliche Fassung bereit hatte und in Umlauf setzte. Da nämlich die Abbreviation des Petrus Rogerii schon etwa 1315 entstanden sein muß und sich aus dem Text selbst als „Terminus post quem" der März 1414 ergibt, muß die Quaestion selbst auf etwa 1314/15 datiert werden. Die Länge des Textes, seine sorgfältige Disposition und die deutliche Übereinstimmung unserer drei Textzeugen machen eine schriftliche Ausarbeitung durch den Autor selbst sehr wahrscheinlich und lassen eine bloße Hörermitschrift, eine Reportation[400] als Textgrundlage gewiß ausscheiden.

---

[397] MIETHKE, Eine unbekannte Handschrift.
[398] MAIER, Ausgehendes Mittelalter, Bd. 2, S. 309 mit 509f.
[399] Die Handschrift stammt aus dem Nachlaß des Papstes.
[400] Dazu zuletzt etwa Christoph FLÜELER, From Oral Lecture to Written Commentaries, John Buridan's Commentaries on Aristotle's „Metaphysics", in: Medieval Analyses in Language and Cognition, Acts of the symposium of January 10–13, 1996, hgg. Sten Ebbesen / Russell L. Friedman (Det Kongelige Danske Videnskabernes Selskab, Historisk-filologiske Meddelelser, 77) Copenhagen 1999, S. 497–521.

Petrus de Palude, der in diesem Text wie auch in seinen sonstigen Schriften seine genauen Kenntnisse im kanonischen Recht nicht verleugnet, der
aber doch vorwiegend als Theologe argumentiert, wenngleich er hier die
juristischen Denkmuster und Argumente für sein eigentliches, das theologische Gebiet fruchtbar zu machen versucht, gliedert seine Erörterung in drei
Artikel. Zuerst fragt er nach der eigentümlichen Gewalt des Papstes, dann
nach deren Wirkungen in der Kirche und schließlich danach, ob der Papst
diese Gewalt unmittelbar von Christus erhielt. Wir brauchen dem Autor
nicht in die Verästelungen seiner Definitionen und Gedankenreihen zu folgen. Der schulmäßige Aufbau, der stark auf das Definitorische, auf Begriffsbestimmung und Begriffszergliederung, auf systematische Klassifikation gerichtet ist, kann leicht darüber hinwegtäuschen, daß der junge Theologe
mutig unmittelbar aktuelle Probleme anpackt, daß er sogar, aller Sicherheit
zum Trotz, mit der der frisch Promovierte hier auftritt, durchaus problema-
tische Thesen vorträgt. Gewiß, hier bewegte sich der junge Mann, der sich
sonst so genau an die *communis opinio* hielt und der bei anderen keinerlei
Vorstoß über die herrschenden Meinungen hinaus in ungesichertes Gelände zulassen wollte,[401] auf heftig umstrittenem Feld, hier betrat er ungesichertes, ja vermintes Gelände mit durchaus kühnen Thesen.

Seine Auseinandersetzung mit Johannes de Pouilly setzte einen alten
Streit fort, der schon Jahrzehnte lang an der Pariser Universität geführt worden war, der aber, wie gerade das erneute Aufflammen im zweiten Jahrzehnt
des 14. Jahrhunderts erweist, noch keineswegs eine endgültige Klärung gefunden hatte. Petrus de Palude bot allein hier schon Klarheit und entschiedene Lösungen im Sinne eines deutlichen Akzents bei den Vollmachten des
Papstes, wie es ja der mendikantischen Tradition[402] und damit seiner eigenen Bildungsgeschichte[403] durchaus entsprach.

Bei einem weiteren Problem freilich boten seine Vorgänger ihm keine
Lösung an, hier mußte er selber entscheiden. Er konnte die Kompetenzen
des Papstes fast völlig im Gefolge der während des Bettelordensstreites des
13. Jahrhunderts schon seit längerem festen mendikantischen Positionen
beschreiben, einen Punkt aber, der gerade erst im Pontifikat Clemens' V.
aktuell geworden war, hatten diese seine Gewährsleute nicht vorentschie-
den, weil sie ihn noch gar nicht wahrgenommen hatten. Daß Clemens V.
zeit seines Pontifikats standhaft in Südfrankreich und dem Arelat geblieben
war, daß er jeden Gedanken an eine Rückkehr nach Rom abgelehnt hatte,
das nämlich hatte am Ende seines Pontifikats die „römische Frage"[404] aktuell werden lassen. Am französischen Hof hatte man hier schon länger eine

---

[401] Vgl. dazu etwa unten bei Anm. 410.

[402] MIETHKE, Die Rolle der Bettelorden.

[403] Neulich hat DUNBABIN, Hound of God, S. 1–52, sorgfältig dargelegt, was wir
über die frühe Karriere des Dominikaners wissen. Es ist nicht sehr viel.

[404] Eugenio DUPRÉ-THESEIDER, I Papi di Avignone e la questione Romana, Florenz
1939.

einfache Lösung anzubieten, wie es Texte des Pierre Dubois in aller Offenheit zu erkennen geben.[405]

Dieser normannische *advocatus regis* hat in einem 1307/1308 niedergeschriebenen Memorandum für den französischen König in aller Unschuld geschrieben[406], wenn einmal die Kriege zwischen den christlichen Staaten in der von ihm vorgeschlagene Weise endgültig beendet worden seien, dann sei es „wahrscheinlich", daß der Papst, wenn er dann auch noch die Sorge um seine Temporalien gegen eine festgesetzte jährliche Pensionssumme dem französischen König zur Verwaltung durch Mitglieder der königlichen Familie Frankreichs übertragen habe, endlich in seine Heimat Frankreich zurückkehren werde, um sich allein seinen seelsorgerlichen Aufgaben zu widmen und gesund und lange dort zu leben, wobei er die römische Luft, die ihm von Natur aus nicht bekömmlich sei, und die römische „Heftigkeit" meiden könne. Das würde allen Freunden des Papstes, seinen Verwandten und Verbündeten, vor allem aber dem gesamten Königreich der Franzosen für alle Zukunft unglaublich heilsam sein.

Pierre Dubois meint also offenbar, daß es nur einer entsprechenden Entscheidung des Papstes bedürfe, die Kurie könne ohne weiteres von Rom weg nach Frankreich verlegt werden. Freilich hat Dubois sich nicht absolut festgelegt. Er spricht davon, daß der Papst „lange" in Frankreich bleiben könne und damit der Raffgier der Römer schon deshalb entgehen werde, weil er viele Franzosen zu Kardinälen berufen werde.[407] Dubois legt sich also in der Frage, ob solch ein Schritt des Papstes endgültig oder provisorisch sein solle, nicht klar fest. Damit aber war seine Aussage auch, wie sich wenig später zeigen sollte, mit sehr verschiedenen Antworten auf diese letzte Frage immer noch vereinbar.

Aber wenn das für den Umkreis des französischen Hofs als Meinung nachweisbar ist, über diese Auffassung war weder im allgemeinen Bewußtsein der Pariser Theologen, noch auch an der päpstlichen Kurie bereits eine wirkliche Übereinstimmung erzielt. Auch zehn Jahre später hatte sich hier anscheinend noch nicht einmal eine herrschende Meinung herausgebildet. So hat sich Petrus de Palude mit seiner zwar vorsichtig vorgetragenen, im Ergebnis aber recht deutlichen Stellungnahme ungewöhnlich weit hervorgewagt, da er entschieden eine Position markierte, die, wie sich freilich erst

---

[405] Pierre Dubois, De recuperatione Terre sancte, ed. Charles-Victor Langlois, Paris 1891; danach abgedruckt durch: Diotti, Pierre Dubois: *De recuperatione Terrae Sanctae*, doch vgl. die Rezension durch Paolo Tomea, in: Aevum 53 (1979) S. 406–412; Korrekturen zum Text von Langlois / Diotti bei Leonhard E. Boyle, in: Medieval Studies 34 (1972) S. 468–470, und bei Miethke, in: QFIAB 59 (1979) S. 517f.

[406] De recuperatione, cap. [LXX bzw.] 111, ed. Diotti, S. 190, d. h. in dem vertraulichen Teil II, einem Bericht für den französischen Hof, während der erste (größere) Teil an den König von England – und wohl auch an all die anderen Könige der Christenheit – gerichtet ist.

[407] De recuperatione, cap. [LXX bzw.] 112, ed. Diotti, S. 192.

später herausstellte, diesmal nicht in der Fallinie der sich bildenden *communis opinio* lag. Später freilich war alles klarer geworden. Die Theologen und die Theoretiker räumten dem Papst zwar das Recht ein, sich für eine vorübergehende Zeit aus Rom zu entfernen, so wie das die Päpste seit dem 11. Jahrhundert immer wieder gehalten hatten, auf ausgedehnten Reisen (wie etwa Leo IX. oder Innozenz II., Urban II., Hadrian IV. usw.), in exilähnlichem Rückzug (wie etwa Gregor VII. in Salerno oder Innozenz IV. in Lyon), oder in einer ausgedehnten Sommerresidenz (wie etwa Johannes XXI. in Viterbo oder Bonifaz VIII. in Anagni), die schon fast eine Verlegung der Kurie aus Rom hinaus bedeutete.

Es war und blieb nach all diesen Vorbildern auch im 14. Jahrhundert nun ganz unstrittig, daß dem Papst solche temporäre Entfernung von seinem Amtssitz erlaubt sein müsse. Und auch Petrus de Palude hat dieser Meinung natürlich nicht widersprochen, wenn er dem Papst das Recht zugesteht, im Bedarfsfalle sich für eine begrenzte Zeit, was freilich auch den Zeitraum von Jahren bedeuten könne, von Rom zu entfernen und anderwärts seine Residenz zu wählen. Aber mit diesem Recht auf ein provisorisches Ausweichen, das aus „objektiven" Gründen, wie ausdrücklich unterstrichen wird[408], nötig werden mochte, war der Paludaner nicht zufrieden gewesen. Er folgerte darüber hinaus aus der Vorstellung der päpstlichen Souveränität auch ein ausdrückliches Recht für den Papst, auf Dauer und endgültig den Sitz des *universalis ecclesie regimen* an einen neuen Ort zu verlegen.[409]

Offenbar konnte Petrus sich mit dieser Auffassung zumindest an der Kurie nicht durchsetzen. Seit 1317 ist er zwar selber in Avignon am Hof des neugewählten Papstes zu finden und wird dort auch in der Arbeit päpstlicher Expertenkommissionen bei der Überprüfung theologischer Lehrmeinungen verschiedentlich eingesetzt,[410] ja auch für diplomatische Missionen verwendet,[411] er hat aber, wie es scheint, für seine 1314 in Paris vertretene Meinung von der freien Verfügungshoheit des Papstes über den Sitz der

---

[408] Petrus de Palude, De potestate pape, q. 1, art. 3 (S. 188–190 STELLA), im Paralleldruck mit De causa, 4, zuletzt in der Edition von De causa durch MCCREADY (S. 15–18).

[409] Diese Forderung ist – weil sie, wie wir gleich zu verfolgen haben werden – für die Klärung der Autorschaften an dem weitverbreiteten Text „De causa immediata ecclesiastice potestatis" wichtig war, immer wieder zitiert und herangezogen worden, vgl. bereits STELLA in der Einleitung zu seiner Ausgabe von De potestate, S. 28–35. Der Text selbst findet sich S. 189f. STELLA / S. 202–204 MCCREADY. Valens HEYNCK hat in seiner Rezension von STELLAS Ausgabe von „De potestate papae" (in Franziskanische Studien 49, 1967, S. 167f.) den umgekehrten Schluß aus Widersprüchen zwischen diesem Text und anderen Schriften des Petrus de Palude gezogen und die Quaestionen dem Petrus abgesprochen, doch geht diese Radikallösung des Problems m.E. zweifellos zu weit.

[410] Insbesondere im Prozeß gegen den Dominikanertheologen Durandus von Saint Pourçain; dazu Josef KOCH, Kleine Schriften, Bd. 2, S. 7–118. Literatur zur Person des Durandus unten Anm. 592.

[411] Aktenreste zur Gesandtschaft nach Flandern in: BALUZE- MANSI, Miscellanea II, Lucca 1761, S. 251a–257b. Vgl. DUNBABIN, Hound of God, S. 99–105.

Kurie kein positives Echo erfahren. 1317/18 fügte er seiner Pariser Quaestion eine zweite Quaestion an, „*ad supplementum praecedentis*", die sich eng an den stolzen Hauptsatz von Bonifaz' VIII. Bulle „Unam sanctam" anlehnt, wenn sie fragt: *Utrum de necessitate salutis sit, subesse pape in temporalibus sicut in spiritualibus?*[412]

Palude liefert eine Arbeit, die ganz offenbar an den Text seiner eigenen älteren Quaestion anknüpft und politische Konsequenzen aus der dort erreichten kirchenpolitischen Debatte zieht, sowohl was das Verhältnis der Kurie zum französischen Hof als auch, was ihre Beziehungen zum Hof des deutschen Herrschers betrifft. Der Dominikaner beweist mit dieser Zuspitzung eine besonders feine Witterung für die bald in den Auseinandersetzungen zwischen Papst und Kaiser im Zeitalter Ludwigs des Bayern einsetzende Problemdiskussion. Seinen Text, den er nach dem Regierungsantritt des französischen Königs Philipp V. und vor der endgültigen Publikation der „Clementinen" durch Papst Johannes XXII. geschrieben haben dürfte, also zwischen Anfang und Ende 1317, als er entweder noch in Paris oder bereits an der Kurie lebte[413], hat uns freilich nur ein einziges Manuskript bewahrt, das eher an den scholastischen Qualitäten dieses Ordenstheologen als an seiner politischen Theorie primär interessiert gewesen zu sein scheint.[414] In der späteren Traktatliteratur hat der Paludaner mit dieser Zusatzquaestion jedenfalls keinen großen Erfolg gehabt, bisher ist allein der Ordensgenosse des Petrus, der dominikanische Mailänder Chronist Galvaneus Flamma ausfindig gemacht worden, der sich ausführlich, gleichermaßen ausdrücklich wie unausdrücklich, auf diese beiden Quaestionen des Paludaners berufen hat.[415] Sonst blieb ihre Verbreitung offensichtlich engstens begrenzt.

Freilich sollte sich an diesen Text, oder richtiger an diese Texte, noch eine eigene Diskussion anschließen, die ihrerseits eine breitere und tiefere Nachwirkung hatte. Petrus de Palude war vielfältig in die theologischen Kontroversen seiner Zeit verwickelt. Im Auftrag seines Ordens hatte er an der Zensurkommission gegen die Lehren des an Thomas von Aquin Kritik übenden Dominikanertheologen Durandus de St. Pourçain teilgenommen, in päpstlichem Auftrag hatte er auch bei der Untersuchung der Apokalypsenpostille des Franzikanertheologen Petrus Johannis Olivi mitgewirkt, und

---

[412] Vgl. die Edition von STELLA, S. 202–270.

[413] Vgl. zur Datierung STELLA, S. 19–21, der freilich diese Termini auf den gesamten Traktat bezieht, also auch die erste Quaestio miteinbegreift. Seine Bezugspunkte liegen freilich beide in der Quaestio 2 (vgl. S. 203,3ff. u. S. 253,28f.). Vgl. bereits MIETHKE, Eine unbekannte Handschrift.

[414] Ms. Toulouse Bibliothèque de la Ville, 744. Ausführliche Beschreibung in: STELLAS Edition, S. 6–8. Vgl. oben bei Anm. 396.

[415] Volker HUNECKE, Die kirchenpolitischen Exkurse in den Chroniken des Galvaneus Flamma, bes. S. 145–147; allgemein zu Galvaneus jetzt auch Jörg W. BUSCH, Die Mailänder Geschichtsschreibung zwischen Arnulf und Galvaneus Flamma (Münstersche Mittelalter-Schriften, 72) München 1997, passsim (vgl. das Register S. 257).

auch später noch hat er seine persönliche Meinung in Streitfragen bisweilen noch als schriftliche Expertise niedergelegt.[416] Für seine literarische Produktion wurde aber offenbar jener Prozeß besonders wichtig, den die Kurie nicht zuletzt auf seine Veranlassung hin gegen die Lehren des Pariser Theologiemagisters aus dem Weltklerus Johannes de Polliaco durchgeführt hat.

Im Verlaufe dieses Prozesses hat sich Petrus de Palude in vielfältiger Weise als Ankläger, als Gutachter und Experte eingeschaltet. Mehrere schriftliche Aktenstücke zeugen von seiner Beteiligung an dem Verfahren. Daß diese Akten teilweise in mehrfacher handschriftlicher Überlieferung auf uns gekommen sind, zeigt, daß auch Zeitgenossen diesen Streit für beachtenswert gehalten haben. Das langwierige Verfahren, das erst 1321 mit der Verurteilung einiger Lehren des Johannes de Polliaco mit dessen öffentlich in den Pariser Hörsälen vor seinen Studenten vorgenommenem Widerruf dieser Auffassungen und mit seinem Verschwinden aus unseren Quellen sein für Petrus de Palude erfolgreiches Ende fand, hat nun auch die Pariser theologische Welt mehrfach beschäftigt.

Im engen Zusammenhang mit diesem Prozeß entstand kurz nach 1318 ein umfänglicher Traktat „De causa immediata ecclesiastice potestatis", der ohne jeden Zweifel in engster Verbindung mit den Quaestionen des Petrus de Palude steht, denn er zieht sie immer wieder (wenn auch, wie es zeitüblich war, ohne den Namen des Verfassers zu nennen oder auch nur ein Zitat als solches unmißverständlich zu kennzeichnen) wörtlich heran und schreibt sie seitenweise aus.[417] Daß dieser Text sich auf die Darlegungen des Petrus de Palude stützt, kann keinem Zweifel unterliegen.

Ob er freilich auch von Petrus selber verfaßt worden ist, läßt sich nicht mit derselben Gewißheit klären. Zwar schreiben ihn mit einer Ausnahme alle Handschriften, die den Text überhaupt einem Autor zuweisen, unserem Petrus zu, aber die einzige Ausnahme, eine Handschrift aus dem Benediktinerkloster Jumièges in der Normandie, die den Text ausdrücklich dem französischen Dominikanerkardinal Guillelmus Petri de Godino zuweist, findet eine zeitgenössische Bestätigung in einem Zeugnis des Kardinals Petrus Bertrandi († 1348), der in seinem Apparat zum „Liber Sextus" unseren Traktat ausdrücklich seinem Kardinalkollegen Guillelmus Petri de Godino († 1336) zuordnete.[418]

---

[416] Vgl. vor allem Josef KOCH, Durandus de Sancto Porciano, OP, Münster 1927. Sein Memorandum (im Armutstreit vor Johannes XXII.) ist ediert in: MIETHKE, Das Votum „De paupertate Christi et apostolorum" des Durandus von Sancto Porciano, S. 169–196.

[417] Ediert durch William David MCCREADY: The Theory of Papal Monarchy in the Fourteenth Century, S. 103–377.

[418] Zur Verfasserfrage vgl. ausführlich (wenn auch mit einem dem hier vorgetragenen entgegengesetzten Schluß aus den Daten) William David MCCREADY in seiner Ausgabe, S. 7–33, vor allem S. 10ff.

Diese Differenz kann hier nicht eigentlich entschieden werden, denn die lebhafte wissenschaftliche Kontroverse über die Verfasserschaft[419] ist nicht mit einem Federstrich zu Ende zu bringen. Soviel steht jedenfalls unzweifelhaft fest: Der Verfasser des Traktats „De causa immediata" benutzt in erklecklichem Umfang über größere Strecken an entscheidenden Stellen Texte des Petrus de Palude,[420] nicht nur dessen beide Quaestionen „De potestate pape", sondern auch dessen Gutachten zum Prozeß gegen Johannes von Polliaco, das „Judicium fratris Petri", das er ebenfalls wortwörtlich ausgeschrieben hat. Andererseits hat er in wichtigen Punkten eine andere Auffassung vertreten, als sie in den beiden Quaestionen „De potestate pape" entwickelt worden war. Das wird deutlich an dem vom Herausgeber Prospero T. Stella im Paralleldruck vorgelegten[421] Textvergleich. Der Verfasser von „De causa" benutzt und ändert die Stellungnahme merklich korrigierend ab, die der Autor von „De potestate pape" vorgelegt hatte.

Ob ein Autor, in diesem Falle also Petrus de Palude, sich damit selbst revidierte oder ob ein anderer, der Dominikanerkardinal Guillelmus Petri de Godino, selber ein in Paris gebildeter gelehrter Theologe eigenen Ranges, der jahrelang als „magister sacri palatii" an der Kurie gedient hatte[422], seinen jüngeren Ordensbruder energisch an die Hand nahm und zurechtrückte, ist nicht so einfach aus dieser evidenten Feststellung abzuleiten. Zeit ge-

---

[419] Zu wenig Beachtung fand freilich bisher die nach McCready's Edition vorgelegte Studie von Dirk van den Auweele, A propos de la tradition manuscrite du „*De causa…*", in: RTAM 51 (1984) 184–205, der auf die komplexe Redaktionsgeschichte des Textes nach Ms. Den Haag, Konigl. Bibl. 73 E 13 [XIV. s. med.], fol. 15r–74r, hingewiesen hat, dessen eigenartige Redaktionsstufe des Traktates deutlich vor der endgültigen Version des Textes datiert werden muß. Hier sind die Berührungspunkte mit anderen Schriften des Petrus de Palude noch auffälliger: m.E. ergibt sich aus den hier angeführten Daten zumindest eine deutliche Beteiligung des Petrus de Palude an der Redaktion der Schrift „De causa", was es erklären könnte, daß dieser Text von der überwältigenden Mehrheit der Mss. dem Petrus de Palude auch zugeschrieben wird.

[420] Eine tabellarische Übersicht in der Edition McCready's, S. 15–18.

[421] Prospero T. Stella, A proposito della attribuzione a Pietro di la Palu „Tractatus de causa immediata ecclesiasticae potestatis", in: Salesianum 27 (1965) 382–409, vgl. auch McCready, Theory of Papal Monarchy, S. 15–18.

[422] Zu ihm vgl. Paul Fournier, Le cardinal Guillaume de Peyre Godin, in: BEC 86 (1925) S. 100–121; Martin Grabmann, Kardinal Guillelmus Petri de Godino, O.P. († 1336) und seine „Lectura Thomasina", in: Divus Thomas (Frbg.) 4 (1926) S. 385–403 [jetzt in: Grabmann, Mittelalterliches Geistesleben, Bd. 2, München 1936, S. 559–576]; Paul Fournier, Guillaume de Peyre de Godin, Cardinal, in: HLF, Bd. 37, Paris 1938, S. 146–153; Marie-Hyacinthe Laurent, Le testament et la succession du Cardinal Dominicain Guillaume de Pierre Godin, in: AFP 2 (1932) S. 84–231; R. Darricau, Le cardinal Bayonnais Guillaume de Pierre Godin des Frères Prêcheurs (1266–1336), in: Société des sciences, lettres et arts de Bayonne, n.s. 129 (1973) S. 125–141; C. Stroick, Eine Pariser Disputation vom Jahre 1306, in: Thomas von Aquino, Interpretation und Rezeption, hg. Willehad Paul Eckert (Walberberger Studien, Phil. Reihe, 5) Mainz 1974, S. 559–608; Adeline Rucquoi, El cardenal legato Guillaume Peyre Godin, in: Revista española de derecho canonico 47 (1990) S. 493–538. Zusammenfassend etwa Manfred Gerwing, in: LexMA 9 (1999) Sp. 183.

nug hätte Petrus de Palude jedenfalls dazu gehabt, seine erfolglosen Sondermeinungen als solche zu erkennen und in einer weiteren Schrift, eben in
„De causa" öffentlich zurückzuziehen.

Petrus de Palude war jedenfalls sonst ein wahrer Meister in der nachträg-
lichen Interpretation eigener früherer Aussagen und Handlungen, wie er es
in einem kurialen Prozeß über sein Verhalten als päpstlicher Legat nach
Flandern gerade um dieselbe Zeit im Sommer 1318 hinlänglich bewiesen
hat, als er unerschrocken Aussagen, die er schlecht abstreiten konnte, doch
eilfertig in einen zumindest harmlosen Zusammenhang zu rücken nicht
müde wurde.[423] Auch bei diesem Verfahren – das das Verhalten des Dominikaners bei einer päpstliche Legation nach Flandern betraf – stand unserem
Petrus der dominikanische Kardinal Guillelmus Petri de Godino als Zeuge
und Beistand zur Verfügung, ebenso wie der Ordenspronzial von Frankreich
Hervaeus Natalis Brito, den Petrus bereits aus seinen Studienzeiten her
kannte und der mit Petrus de Palude später in dem Verfahren gegen verschiedene Pariser Theologiemagister zusammenwirken sollte. Mir scheint
jedenfalls die Möglichkeit nicht von der Hand zu weisen, ja es ist vielleicht
sogar die wahrscheinlichere, daß Petrus, der damals vielleicht im Haushalt
des Dominikanerkardinals lebte, selber seine eigenen Schriften (dabei seine
Sondermeinungen revidierend) wiederholte und korrigierte, und das mit
durchschlagendem Erfolg bei der Nachwelt; denn mit den etwa 35 Handschriften, die den Text ganz oder in Auszügen enthalten, erreichte dieser
Traktat in seiner Verbreitungsdichte die Spitzengruppe unserer Literatur.

Mit absoluter Sicherheit läßt sich diese Sicht der Dinge ohne neue Dokumente freilich weder beweisen noch widerlegen. Selbst wenn also Petrus
de Palude wirklich von Guillelmus Petri de Godino, dem Kardinal aus dem
eigenen Orden, kritisiert und korrigiert worden sein sollte, dann hat ihm
jedenfalls diese Kritik bei seiner weiteren Karriere nicht weiter geschadet.
Petrus sollte es noch bis zum (Titular-)Patriarchen von Jerusalem bringen,
ohne daß er die Kurie oder Avignon für dieses nominell hohe und jedenfalls
einkunftsträchtige Amt – die Servitientaxe belief sich immerhin auf nicht
weniger als 2000 fl. – hätte verlassen müssen.

Der Traktat „De causa" ist, so wie er nun vorliegt, ein geschlossener,
übersichtlich gegliederter Text, der klare Entscheidungen zugunsten der
kirchlichen Hierarchie trifft, freilich die für das Spätmittelalter maßgeblich
gewordene Auffassung von den Prärogativen des päpstlichen Amtes mit einer gewissen Mäßigung und streng auf theologische Gründe gestützt wiederholt. Vor allem zeichnet diese Position aus, daß sie versucht, neben dem
Papst auch den Bischöfen und Pfarrern ein gewisses Eigenrecht zu belassen,
auch wenn in diesem Text der Akzent viel stärker auf der päpstlichen Vollmacht liegt als in den früheren Schriften des Petrus de Palude.

---

[423] Vgl. das Protokoll, gedruckt in BALUZE-MANSI, Miscellanea II, S. 251a–257b.

Wenn dieser große und wirkungsmächtige Text etwa 1318/19 datiert werden muß, so füllt er die Bühne der damaligen Debatten doch nicht allein. Um die gleiche Zeit, vielleicht sogar etwas früher (1317/18) hat der damalige Provinzialmagister der französischen Dominikaner, der in Paris promovierte Theologe und spätere General seines Ordens Hervaeus Natalis Brito in die offenbar damals an der Kurie schwebende Diskussion mit einem eigenen Trakt eingegriffen, einem Text, der noch stärker fast, als es schon bei Petrus de Palude zu beobachten war, die Auseinandersetzung mit Johannes de Polliaco zu einer Klärung der allgemeinen Kirchenverfassung nutzte. Wir hatten Hervaeus schon anläßlich des Konzils von Vienne als Pamphletisten kennengelernt, der die Position seines Ordens kräftig zu verteidigen wußte. Hier erneuerte er seine Talentprobe. Sein Text, der es immerhin zu einer recht ansehnlichen Verbreitung brachte,[424] geht in scheinbar objektiver Untersuchung in theoretischer Distanz dem Problem der *potestas papae* nach, indem er durch den Versuch von Begriffserklärungen die mendikantische Position energisch unterstreicht und verteidigt,[425] nicht ohne kräftige Anleihen bei Definitionen und Begriffsbestimmungen zu machen die er von seinem Ordensbruder Thomas von Aquin übernahm.[426] Daß die Bettelorden und insbesondere die Dominikaner diesen Text mit besonderem Eifer tradiert haben,[427] wird niemanden überraschen. Daß er in unmittelbarer Berührung mit der Kurie Papst Johannes XXII. entstanden ist, kennzeichnet auch seinen „ideologischen Ort". Zweifellos ist der ekklesiologische Entwurf dieser beiden Pariser Dominikanertheologen Petrus de Palude und Hervaeus Brito nicht so überschwenglich auf den Papst gestellt wie es der ihrer Kollegen aus dem jüngeren Augustinereremitenorden Aegidius Romanus oder Jakob von Viterbo mehr als ein Jahrzehnt zuvor gewesen war. An der Entscheidungskompetenz des kirchlichen Souveräns freilich wollten auch die Dominikaner nicht rütteln lassen. Auf der Basis einer starken juristischen Prägung und in Aufnahme der thomistischen Staatsphilosophie erreichten auch sie (wie vor ihnen der Dominikaner Tolomeo von Lucca) eine klare kurialistisch-papalistische Position, die zwar die extremen Härten der Augustinerschule mied, die sich aber dennoch gut in das

---

[424] Mir sind 22 Mss. bekannt geworden, vgl. unten im Anhang sowie KAEPPELI, Scriptores, Bd. 2, S. 241f., Nr. 1915.

[425] De potestate ecclesiastica et papali (ca. 1317 / 1318), gedruckt in dem Sammelband bei Jean Barbier für Jean Petit, Paris 1506, fol. AAir-[EE8]v; bzw. den Drucken seines Sentenzenkommentars angefügt (nach ROENSCH, Early Thomistic School, S. 117 Nr. 39 auch schon Paris 1500), zuletzt in der Ausgabe Paris 1647 [ND Farnborough, Hants. 1966], S. 363–475. Dazu vor allem der Überblick bei Barthélemy HAURÉAU, in HLF 34 (1914) 308–351. Zusammenfassend Ludwig HÖDL, in: LexMA 4 (1989) Sp. 2185. Vgl. neuerlich Jean DUNBABIN, Hervé de Nédellec, Pierre de la Palud and France's place in Christendom, in: Political Thought and the Realities of Power, bes. S. 161–164.

[426] Allgemein (mit einer nicht immer zuverlässigen Übersicht über die einzelnen Schriften) ROENSCH, Early Thomistic School, S. 106–117.

[427] Die Provenienz der Hss., soweit noch feststellbar, macht das deutlich.

Klima an der avignonesischen Kurie am Beginn der Regierungszeit Johannes' XXII. einfügt.

4. Wilhelm von Sarzano

Auch außerhalb der Kurie war das Thema „De potestate pape" in diesen Jahren nicht völlig zurückgetreten. Neben der Universität Paris war als weiteres Zentrum Italien von der Frage vital betroffen, welche Kompetenzen dem Bischof von Rom zustehen sollten, wenn wir das römische Reich, den deutschen Herrschaftsbereich hier zunächst einmal beiseite lassen, der damals nur in Ansätzen eigenständige theoretische Bemühungen um politische Probleme erkennen läßt. In Italien aber lassen sich an den Universitäten und Schulen grundsätzlich dieselben geistigen Strömungen ausmachen wie im französischen Paris, nur war man von vornherein noch stärker auf die juristischen, auf die römisch-rechtlichen und kanonistischen Traditionen hin orientiert. Die Traktate italienischer Autoren, soweit sie für unser Thema einschlägig sind, sind damals freilich in deutlicher Distanz zu den Universitäten entstanden. Sowohl der Franziskanertheologe Wilhelm von Sarzano aus Genua, der sich mit dem Regierungsantritt des Papstes Johannes' XXII. zu Wort meldet, als auch Dante, der seine berühmte „Monarchia" wohl in seinen letzten Lebensjahren im Exil, entfernt von seiner Heimatstadt Florenz niedergeschrieben oder vollendet hat, haben nicht an einer Universität gelebt, wenn beide sich ihrem Gegenstand auch durchaus mit universitären Mitteln und Methoden genähert haben.

Wilhelm von Sarzano, aus Genua stammend, der 1310/11 als Lektor am Fanziskanerstudium von Florenz tätig war, hatte gewiß nicht entfernt die intellektuelle Statur seines berühmten dortigen Vorgängers Petrus Johannis Olivi († 1296), der 1287 von Matteo d'Acquasparta nach Santa Croce berufen worden war und eine kurze, aber für ihn und wohl auch für den Konvent selbst zweifellos wichtige Zeit dort gewirkt hatte.[428] Wilhelm von Sarzano hat in dem berühmten Streit auf dem Konzil von Vienne zwischen dem Ministerflügel der Franziskaner, der sogenannten Kommunität, und den

---

[428] Renato DEL PONTE, Il „Tractatus de potestate summi pontificis" di Guglielmo di Sarzano, in: Studi medievali III / 12 (1971) S. 1015–1094 [mit Ovidio CAPITANI, Nota introduttiva, ebenda, S. 997–1014]; Repertorium Fontium V (1984) Sp. 327f.; Pio FEDELE, Per la storia del „De monarchia", in: Giornale storico della letteratura italiana 56 (1910) S. 271f.; Ferdinand M. DELORME, Fratris Guillelmi de Sarzano „Tractatus de excellentia principatus regalis", in: Antonianum 15 (1940) S. 221–244 (Text: S. 226–244); Renato DEL PONTE, Un trattatista politico del trecento, fra' Guglielmo da Sarzano, in: Renovatio 4 (1969) S. 617–626; ders., Un presunto oppositore della „Monarchia" dantesca, Guglielmo de Sarzano, in: Omaggio à Camillo Guerrieri Crozetti (Studi e testi romanzi e mediolatini, 2) Genova 1971, S. 253–269; MIETHKE, Ein neuer Text der politischen Theorie; CHENEVAL, Rezeption der Monarchia, S. 179–186.

Anhängern der „Spiritualen"[429], die in Olivi einen ihrer wichtigsten Wortführer gehabt hatten, auf der Seite der Kommunität unter dem Prokurator des Ordens Raimund von Fronsac an der Erstellung von Schriftsätzen mitgewirkt.[430] Später hat Wilhelm die Funktionen eines Lektors im Franziskanerkonvent in Neapel wahrgenommen, wie er selber in seinem Text bezeugt und war auch, wohl vor seiner Florentiner Zeit, franziskanischer Lektor in seiner Heimatstadt Genua gewesen. Sehr viel mehr war bisher über seine Lebensumstände nicht zu ermitteln.

Immerhin hat dieser Minorit zwei Traktate hinterlassen, die in einem einzigen Manuskript aus der zweiten Hälfte des 14. Jahrhunderts erhalten blieben, das also keinesfalls ein unter der Aufsicht des Autors hergestelltes Exemplar sein kann, da es erst etwa 40 bis 50 Jahre nach der Niederschrift der Texte entstanden ist. Diese Traktate beschäftigen sich beide mit politischen Fragen: der „Tractatus de excellentia principatus regalis" und der „Tractatus de potestate summi pontificis" sind ersichtlich beide an der Frage der Monarchie in Kirche und Welt interessiert und greifen somit in eine Diskussion ein, die damals vielfache Aufmerksamkeit fand. Seinen Text zur Kompetenz des Papstes bezeichnet der Verfasser selbst als einen „kurzen Traktat, den ich aus den Schriften und Äußerungen verschiedener Doktoren zusammengestellt habe",[431] er beansprucht also nicht unbedingt Originalität, sondern will eine Kompilation autoritativer Meinungen bieten.

Stark stützt er sich auf die Glossa ordinaria zum „Liber Extra", die zwischen 1234 und 1263 in mehreren Schüben entstanden war, und auf die berühmte „Summa" des Hostiensis zu derselben Dekretalensammlung, entstanden zwischen 1239 bis 1253. Er konnte damit also gewiß nicht beanspruchen, die zu seiner eigenen Zeit neuesten oder brandaktuellen Erörterungen der gelehrten Kanonisten aufzugreifen. Die Munitionierung mit bewährten „klassischen" Werken und Argumenten der dekretalistischen Experten spricht dabei auch nicht unbedingt für eine bei einem Bettelmönch ohnedies nicht unmittelbar naheliegende Expertenschaft in der Kanonistik, hier hatte sich der Autor anscheinend bei einer Nachbarfakultät mit dort gängigen Argumenten versorgt, die er nun in aller Ausführlichkeit und in größtenteils wörtlicher Übernahme ausbreitete. Damit legt auch

---

[429] Vgl. etwa die Arbeiten von Raoul MANSELLI, jetzt zusammengefaßt in: Da Gioacchino da Fiore a Cristoforo Colombo, Studi sul francescanesimo spirituale, sull' ecclesiologia e sull' eschatologismo bassomedievali, a cura di Paolo Vian (Nuovi studi storici, 36) Rom 1997.

[430] Vgl. Franz EHRLE, Zur Vorgeschichte des Konzils von Vienne, in: ALKG 3 (1887), vor allem den Plan einer Aktensammlung S. 7–32, bes. S. 20 (cap. XI), wo Wilhelm zusammen mit dem Ordensprokurator Raimund von Fronsac und (dessen späteren Nachfolger) Bonagratia von Bergamo zusammen die Appellation der Kommunität an den Papst verantwortet, was doch eine herausgehobene Position bezeugt.

[431] S. 1020 DEL PONTE: *hunc brevem tractatum ex diversorum doctorum scriptis et dictis compositum et collectum.*

Wilhelm von Sarzano Zeugnis ab für die große Bedeutung, die die Theoriebildung der Kirchenjuristen des 13. Jahrhunderts allgemein im 14. Jahrhundert besaß, weit über den Kreis der gelehrten Spezialisten des Kirchenrechts
hinaus.

Diese Einschätzung wird auch dadurch bestätigt, daß Wilhelm sich seine
allgemeine Fragestellung von der Bulle Bonifaz' VIII. „Unam sanctam"
(1302/1303) vorgeben ließ und sich auch auf die heftige Debatte zwischen
Weltklerus und Ordensleuten um die Grundlagen der mendikantischen Tätigkeit in der pastoralen Versorgung von Laien insofern ausdrücklich einge-
lassen hat, als er sich auch hier eng und wörtlich an fremde Textvorgaben
anschließt. Diesmal ist es eine Quaestion, die 1304 der Dominikanertheologe Johannes Quidort gegen einige Auffassungen des Theologen aus dem
Weltklerus Thomas de Bailly[432] in Paris zu Papier gebracht hatte.[433] Diese
Anleihen bei einem ebenfalls nicht mehr ganz taufrischen literarischen
Streit der mehr als ein Jahrzehnt zurücklag, sind nicht nur deshalb wichtig,
weil sie zeigen, wie jetzt die Ordenszugehörigkeit sich bereits zu verwi-
schen beginnt und ein Franziskaner sich ohne allzu große Skrupel bei einem Dominikaner Hilfe holen konnte, sie zeigen auch die andauernde Aktualität der zuvor gewechselten Argumente noch in der Anfangsphase des
Pontifikats Johannes' XXII.

Wir brauchen uns in die Ausführungen des Verfassers nicht unbedingt zu
vertiefen, der sich in seinem Text über die *excellentia* der Monarchie bedeu-
tungsschwer selber als einen *pauper scholaris* bezeichnet,[434] und in seiner
weiteren Untersuchung der päpstlichen Amtsgewalt seiner Hoffnung Ausdruck gibt, durch päpstliche Hilfe und Absolution „für seine in unglück-
lichste Schuld verstrickte Seele" noch würdig zu werden *annumerari collegio,
quorum est potestas in ligno vite* [Apoc. 22,14].[435] Wilhelm erwartet also von
Johannes XXII. (den er ausdrücklich in seinen beiden Schriften anspricht)
eine Aufnahme in die päpstliche Kurie, genauer gesagt wohl in die päpstliche Pönitentiarie, die seit langem fest in der Hand von Bettelmönchen war
und das auch weiterhin blieb. Am ehesten würde das auf die Situation am
Regierungsantritt des neuen Papstes passen, da *pauperes scholares*, mittellose
Gelehrte bei Gelegenheit eines Pontifikatsbeginns im 14. Jahrhundert die
Kurie mit Suppliken um eine bessere Versorgung geradezu zu überschwem-
men pflegten,[436] auch wenn das Gros der uns bekannten Bittsteller sonst

---

[432] Der Text bei Thomas de Bailly, Quodlibets, IV q. 14, éd. Palémon Glorieux (Textes philosophiques des Moyen Age, 9) Paris 1960, S. 324–335; zuvor bereits gedruckt (unter irriger Zuschreibung an Johannes de Pouilly) von F. M. Delorme in: Richardi de Me-
diavilla Quaestio disputata de privilegio Martini IV., Quaracchi 1925, S. 88–89.

[433] Johannes Quidort von Paris, De confessionibus audiendis, ed. Hödl. Die Nachweise der Übernahmen bei Miethke, Ein neuer Text, S. 529–531.

[434] De excellentia, Prolog, ed. Delorme, S. 227,20ff.

[435] De potestate c. 18, ed. del Ponte, S. 1094,21–25.

[436] Zu dem formalisierten Verfahren mit solchen armen Bittstellern im 15. Jahrhun-

aus dem Weltklerus kommt und Mendikanten i.a. andere Wege fanden, ihre Wünsche an der Kurie loszuwerden.

Wie immer wir das verstehen mögen,[437] es ist wahrscheinlich, daß wir es in diesem Text mit einer „Talentprobe" eines Stellungssuchenden oder doch auf Beförderung (und Absolution)[438] hoffenden Bittstellers zu tun haben, ähnlich wie es ein Jahrzehnt später für Lambert Guerici[439] aus Huy oder Opicinus de Canistris aus Pavia[440] und wie es wiederum ein weiteres Jahrzehnt später für Konrad von Megenberg mit seinem „Planctus ecclesiae in Germaniam"[441] ebenso gilt. Als Motiv zur Abfassung von politischen Traktaten ist diese Situation demnach häufiger, und in der ersten Hälfte des 14. Jahrhunderts gewissermaßen regelmäßig zu greifen.

Das scheint kein Zufall: in einer Zeit, in der der päpstlichen Zentrale der abendländischen Christenheit eine hohe Bedeutung zukam und in der sie ihren bürokratischen Apparat am deutlichsten über das an anderen Fürsten- und Königshöfen Europas übliche Maß hinaus ausweitete, war es ein – für Kleriker ohnedies naheliegender – Gedanke, sich um Förderung dort zu bemühen. Wie selbstverständlich entspricht dann auch die Perspektive, mit

---

dert vgl. Andreas Meyer, Arme Kleriker auf Pfründensuche, Eine Studie über das „in forma pauperum"-Register Gregors XII. von 1407 und über päpstliche Anwartschaften im Spätmittelalter (Forschungen zur kirchlichen Rechtsgeschichte und zum Kirchenrecht, 20) Köln-Wien 1990. Für das 14. Jahrhundert immer noch Hermann Grauert, Magister Heinrich der Poet in Würzburg und an der römischen Kurie (Abhandlungen der Bayer. Akademie der Wissenschaften , Phil.-hist. Kl. 27, 1–2) München 1912.

[437] Unsere Informationen zur Biographie des Verfassers reichen nicht aus für eine wirkliche Klärung der Frage.

[438] Vgl. oben Anm. 434f.

[439] Auszüge aus seinem „Liber de commendatione Johannis XII." in: Scholz, Streitschriften, Bd. 2, S. 154–168; zu ihm vor allem Scholz, ebenda, Bd. 1, S. 60–70. Zuvor vgl. bereits Karl Müller, Eine Bettelei am päpstlichen Hof unter Johann XXII. im Jahre 1328, in: ZKG 6 (1884) S. 577–580.

[440] Opicinus de Canistris, „De praeeminencia spiritualis imperii" (c. 1329), in Exzerpten ed. Scholz, Streitschriften, Bd. 2, S. 89–104. Dazu Scholz, ebenda, Bd. 1, S. 37–43; Opicinus gelang es wirklich, eine Aufnahme bei der Kurie zu erreichen, man kann aber kaum davon sprechen, daß er damit glücklich geworden wäre; vgl. zu seinem späteren Geschick: Faustino Gianani, Opicino de Canistris, L'anonimo Ticinese (Cod. Vaticano Palatino 199) Pavia 1927; grundlegend Richard G. Salomon, Opicinus de Canistris, Weltbild und Bekenntnisse eines avignonesischen Klerikers, London 1936 [dazu die Rez. durch Alfred Coville in: Journal de Savants 1938, 182–184]; Roberto Amalgià, Monumenta cartografica Vaticana, Bd. 1–3, Città del Vaticano, 1944–1951, hier Bd. 1, 95–98 mit pl. 48; Ernst Kris, Psychoanalytic Explanations in Arts, New York 1952, bes. S. 118–127 („A psychotic artist in the middle ages"); Giovanni Mercati, Per la storia del codice illustrato di Opicino de Canistris…, in: Note per la storia di alcune biblioteche romane nei secoli XVI–XIX (Studi e testi, 164) Città del Vaticano 1952, S. 1–14; Richard G. Salomon, Aftermath to Opicinus de Canistris, in: Journal of the Warburg and Courtauld Institute 25 (1962) S. 137–146; Mariateresa Fumagalli e Beonio Brocchieri [zusammen mit Eugenio Randi], La cosmologia di Opicino de Canistris, in: Leggere 11 (1989) S. 52–63; André Vernet, Les „visions" cosmiques d´Opicino de Canistris, in: Fin du monde et signes des temps, S. 295–307. *Morse (1996).

der die Autoren in solchen Bittstellertraktaten Zeitfragen behandelten, zwar
nicht notwendig, aber doch mit einer gewissen Regelmäßigkeit der Erwar-
tung, die man der Kurie als annehmbar oder angenehm zuschreiben mochte. Und in der Tat, keiner der Texte, die sich nachweislich einer derartigen
Motivation verdankten, macht hier eine Ausnahme. Sie alle bequemen sich
dem breiten Strom kurialistischer oder gar hochkurialistischer Auffassungen an, wie sie über die päpstlichen Kompetenzen an der Kurie im Schwange waren. Das war auch nicht anders zu erwarten, wollten die Verfasser solcher Betteltraktate dort eine Chance auf Gehör und Aufmerksamkeit behalten.

Was die Erhaltungschance solcher Schriften betrifft, so nahm nicht immer die päpstliche Bibliothek derartige Texte auf, auch wenn bisweilen erhaltene Handschriften auf solche der Kurie eingereichte Exemplare, also auf
die „Widmungsexemplare" zurückgehen[442] oder sogar selber als solche zu
betrachten sind.[443] Wir kennen auch handschriftliche Zeugen, die aus dem
beim Autor verbliebenen Handexemplar stammen dürften, die sich also
dem gewissermaßen „normalen" Weg vom Pult des Autors zur Abschrift
anderwärts verdanken. Die beiden Traktate des Wilhelm von Sarzano gehören zweifellos zu dieser letzten Gruppe, da ihre ursprüngliche Bibliotheks-
heimat im Stift Saint Jacques in Lüttich und ihre relativ späte Datierung
eine Ableitung der Handschrift aus vatikanischen Quellen unwahrscheinlich machen.[444] Texte, die auf beiden Wegen in den Abschreibekreislauf geraten sind, vom päpstlichen Hof aus und aus dem Handexemplar des Autors,
lassen sich dagegen zumindest nicht auf Anhieb nennen.

Solche Doppelüberlieferung ist auch sonst nur unter ganz besonderen
Bedingungen zu beobachten, etwa beim sogenannten „Theoretischen Armutsstreit" der zwanziger Jahre des 14. Jahrhunderts. Damals wurden zahlreiche Memoranden und schriftliche Stellungnahmen zur Streitfrage, wie
sie der Papst in öffentlichem Konsistorium eingefordert hatte und wie sie
auch unabhängig von dieser Bitte der Kurie eingereicht worden waren, für
den Gebrauch des Papstes selbst in einer großformatigen Pergamenthand-
schrift gesammelt,[445] die Johannes XXII. dann, wie es die Marginalnotizen
von seiner Hand belegen, die ungleichmäßig intensiv, aber über den ganzen
Codex verstreut sind, auch selber eingehend benutzt hat.[446] Da die gesamte

---

[441] Konrad von Megenberg, Planctus ecclesiae in Germaniam, ed. SCHOLZ, hier S. 8f.

[442] Vgl. etwa SCHOLZ, Streitschriften, Bd. 1, S. 34–39.

[443] MS Paris BN lat. 3197A könnte ein solches Dedikationsexemplar sein, vgl. R.
SCHOLZ in seiner Ausgabe S. 7f.

[444] Zur Geschichte des Ms. vgl. MIETHKE, Ein neuer Text.

[445] Es ist der berühmte Codex Vat. lat. 3740, vgl. zu ihm zusammenfassend DUVAL-
ARNOULD, Les conseils.

[446] Anneliese MAIER, Annotazioni autografe di Giovanni XXII in codici Vaticani, in:
RSCI 6 (1952) S. 317–332, jetzt in MAIER, Ausgehendes Mittelalter, Bd. 2, S. 81–96, 492–
495; bes. S. 84–86.

Handschrift im 15. Jahrhundert noch mindestens dreimal in Gänze kopiert worden ist[447], sind alle, auch die als Traktat ausgearbeiteten Voten dadurch mit einer mehrfachen handschriftlichen Überlieferung ausgestattet, die freilich die Textqualität nicht aufbessern kann. Bei einigen Texten gibt es aber auch unabhängig von dieser päpstlichen Sammelhandschrift eigene Überlieferungswege, die z.T. eine andere Redaktion oder doch eine andere Textstufe repräsentieren[448] als die an der Kurie eingereichte Fassung, und die somit auf den jeweiligen Autor direkt oder indirekt zurückgehen müssen.

Solche Doppelüberlieferung ist bei politischen Traktaten rar,[449] wenn sie nicht überhaupt fehlt. Das ist freilich nicht weiter verwunderlich, weil an der Kurie für solche unverlangt als Talentproben eingereichten Bewerbungsschriften normalerweise kein eigentlicher Bedarf vorausgesetzt werden darf. Es war offenbar schon eine besondere Tat, wenn der Text der päpstlichen Bibliothek einverleibt wurde. Das ist anscheinend keineswegs automatisch geschehen. Wie immer wir uns das vorstellen mögen, die Verbreitung von Texten im Zeitalter ausschließlich handschriftlicher Vervielfältigung war schwierig, und auch die zentrale Hofbibliothek der Kurie garantierte keine gleichsam selbstläufige Bekanntmachung eines Traktats, auch wenn man ihn bei der Kurie selbst einlieferte.

---

[447] Die Mss. Venedig, BN Marciana, Zan. lat. 142 (= colloc. 1669); Vatikan, BAV, Chigi A-VII-222; Madrid BN, lat. 4165, sind allesamt Ableitungen aus Vat. lat. 3740, vgl. DUVAL-ARNOULD, Les conseils, S. 124–201; Kerry E. SPIERS, Four medieval Manuscripts on Evangelical Poverty: Vaticanus latinus 3740 and its Copies, in: Collectanea Franciscana 59 (1989) S. 323–349; auch MIETHKE, Votum, S. 165f.

[448] Vgl. MIETHKE, Votum, S. 166f.

[449] Man könnte vielleicht die beiden Redaktionsstufen des Heinrich von Cremona derart begründen. Auch das Memorandum des Durandus im Armutstreit hatte zwei Redaktionen: MIETHKE, Votum.

VI. Die erste avignonesische Zeit

1. Dante Alighieri und Guido Vernani

Wilhelm von Sarzano ist es mit seinen theoretisch nicht sehr anspruchsvollen Texten nicht gelungen, bei seinen Zeitgenossen oder der Nachwelt ein breiteres Interesse zu erregen. Ob er seine persönlichen Absichten einer Realisierung näher bringen konnte, wissen wir nicht. Seine Spur verliert sich im Dunkeln. In Italien freilich blieb er nicht der einzige, der sich von der politischen Weltlage zu Reflexionen anregen ließ. Einer der berühmtesten Texte mittelalterlicher Politiktheorie ist in jenen Jahren (zwischen 1316–1321)[450] entstanden, Dantes „Monarchia"[451], die eine ganz eigene

---

[450] Die Datierung ist strittig. Die Mehrzahl der Forscher hält heute eine Spätdatierung (nach 1316) für wahrscheinlich oder gesichert, seitdem Pier Giorgio RICCI's kritische Ausgabe der „Monarchia" (Edizione nazionale, Mailand 1965) geklärt hat, daß die Bemerkung Dantes in Monarchia 1.12.6 (S. 158: *sicut in paradiso Comedie iam dixi*) keine späte in den Text geratene Randglosse ist, sondern zum philologisch ermittelbaren Bestand gehört. Vgl. insbesondere Friedrich BAETHGEN, Die Entstehungszeit von Dantes *Monarchia* (SB der Bayer. Akad. d. Wiss., Philos.-Hist. Kl. 1966/5) München 1966; offen ließ die Frage (bei deutlicher Bevorzugung der Spätdatierung) Pier Giorgio RICCI, Monarchia, in: Enciclopedia Dantesca 3 (1971 [²1984]) Sp. 983–1004; anderer Auffassung blieb noch zuletzt Charles Till DAVIS, der sich bereits in seiner Dissertation [Dante and the Idea of Rome, Oxford 1957, bes. S. 263–269] auf eine Frühdatierung festgelegt hatte, in einer Rezension zur lateinisch-englischen Edition der „Monarchia" durch Prue SHAW [wie Anm. 451] in: Speculum 73 (1998) S. 162–164, bes. S. 163f.; vgl. auch etwa Anna Maria CHIAVACCI LEONARDI, La „Monarchia" di Dante alla luce della „Comedia", in: Studi medievali III / 18,2 (1977), bes. S. 181–183, oder DOLCINI, Crisi di potere, S. 427–439 (der, vermittelnd, eine sehr lange Abfassungszeit erwägt, ohne mich zu überzeugen, da für eine derart ausgedehnte Niederschrift keinerlei Stützargumente vorgebracht werden).

[451] Dante Alighieri, Monarchia, ed. Pier Giorgio RICCI; 41 Emendationen dazu in: Prue SHAW, Some proposed emendations to the text of Dante's „Monarchia", in: Italian Studies 50 (1995) S. 1–8; lat.-dtsch. Studienausgabe mit Übersetzung und Kommentar von Ruedi IMBACH und Christoph FLÜELER (Universal-Bibliothek, 8531) Stuttgart 1989; Lat.-engl. Ausgabe, Dante, „Monarchia", ed. and transl. Prue SHAW, Cambridge 1995. Hier benutze ich die Ausgabe von RICCI. – Die Literatur zur Monarchia ist sehr ausgedehnt, vgl. nur außer den bei IMBACH-FLÜELER angegebenen Titeln etwa: KANTOROWICZ, The King's Two Bodies, bes. S. 451–495 (dt. Übers.: Zwei Körper, S. 444–486) [dazu vgl. aber Charles Till DAVIS, Kantorowicz and Dante, in: Ernst Kantorowicz, Erträge der Doppeltagung Institute for Advanced Study, Princeton/Johann Wolfgang Goethe-Universität Frankfurt, hgg. Robert Louis Benson †/ Johannes Fried (Frankfurter Historische Abhandlungen, 39) Stuttgart 1997, S. 240–264]; Heinz LÖWE, Dante und das Kaisertum, in: HZ 190 (1960) S. 517–552 [jetzt in: LÖWE, Von Cassiodor zu Dante, Ausgewählte Aufsätze zur

Weltsicht bietet. Auch Dante geht ausdrücklich von aristotelischen Grundlagen aus, versucht aber, das römische Kaisertum, wie es zu seinen Lebzeiten der deutsche Herrscher Heinrich VII. wieder vergeblich zu restaurieren versucht hatte, als notwendige Institution zur Ordnung der Welt zu erweisen. Bei hochkurialistischen Autoren wie etwa Aegidius Romanus war vom Kaiser mit keinem Wort mehr die Rede gewesen. Dante zentriert seinen Text, den er mit dem ungewöhnlichen und eigenwilligen Titel „Monarchia" (Alleinherrschaft) überschreibt, um Amt und Aufgaben des (mittelalterlichen „römischen") Kaisers (d.h. des deutschen Herrschers) als des *monarcha mundi* (Weltherrschers).[452]

In drei Fragen gliedert Dante seine Überlegungen:[453] Erstens, ob zum Bestand der Welt das Amt des Weltherrschers nötig sei. Zweitens, ob die Römer von Rechts wegen das *Imperium* erlangt hätten, und schließlich, ob die *auctoritas* der kaiserlichen Weltherrschaft von Gott unmittelbar abhänge oder von seinen Stellvertretern, konkret von Kirche und Papst vermittelt sei. In der Beantwortung dieser Fragen holt Dante weit aus, sammelt eine Fülle philosophischer, theologischer und juristischer Argumente und läßt es auch an originellen Gedanken, insbesondere zur geschichtlichen Begründung des Römeranspruches nicht fehlen.[454] Das aristotelische Stufenschema der Vergesellschaftung wird von ihm – ganz unaristotelisch – über die Stadt, ja über das *regnum* hinaus mit der allgemeinen Weltherrschaft des *imperium* abgeschlossen[455], gemäß dem aristotelischen Ansatz aber wird die Universali-

---

Geschichtsschreibung und politischen Ideenwelt des Mittelalters, Berlin-New York 1973, S. 298–328]; Gustavo VINAY, Interpretazione della „*Monarchia*" di Dante, Mailand 1962; Peter HERDE, Dante als Florentiner Politiker (Frankfurter historische Vorträge, 3) Wiesbaden 1976; August BUCK, Dante als politischer Dichter, in: Deutsches Dante-Jahrbuch 51/52 (1976/1977) S. 13–31; Ovidio CAPITANI, Chiose minime dantesche (Il mondo medievale, Sezione di storia delle istituzioni, della spiritualità e delle idee, 12) Bologna 1983; Karl MAURER, *Philosophie domesticus et predicans iustitiam*, Das politische Selbstverständnis des Dichters Dante, in: Lebenslehren und Weltentwürfe, S. 9–51; Ruedi IMBACH, Die politische Dimension der menschlichen Vernunft bei Dante, in: Der Mensch – ein politisches Tier? Essays zur politischen Anthropologie, hg. Otfried Höffe, Stuttgart 1992, 26–42 [jetzt in: IMBACH, Quodlibeta, Ausgewählte Artikel, hgg. Thomas Ricklin, Claude Pottier, Silvia Maspoli, Marianne Mösch (Dokimion, 20) Freiburg / Schweiz 1996, 385–398]; BIELEFELDT, Von der päpstlichen Universalherrschaft zur autonomen Bürgerrepublik, bes. S. 94–101; Francisco BERTELLONI, Contexto, consecuencias y fuentes de la doctrina dantesca „*homo est medium*" (Monarchia III.xv), in: Patristica et mediaevalia 13 (1993) S. 3–21; Francis CHENEVAL, Die Rezeption der „*Monarchia*"; Ruedi IMBACH, Dante, la philosophie et les laïcs, Initiations à la philosophie médiévale, Bd. 1 (Vestigia, 21) Fribourg (Suisse)-Paris 1996; Zusammenfassend Pier Giorgio RICCI, Monarchia, in: Enciclopedia Dantesca 3 (1971 [21984]) Sp. 983–1004.

[452] Vgl. vor allem III.1.5 (S. 221): *… queritur utrum auctoritas monarche Romani, qui de iure monarcha mundi est, (…) immediate a Deo dependeat …*

[453] Die drei Fragen entsprechen den drei Büchern des Traktats.

[454] Insbesondere in Monarchia II.1ff.

[455] Monarchia I.3.2 und I.5.4–9 (S. 139 bzw. 145–147); vgl. aber Thomas von Aquin, De regno, I.1 (S. 451a DONDAINE), der ein halbes Jahrhundert zuvor bereits ebenfalls über

tät der imperialen Herrschaft über alle Menschen anthropologisch fundiert: Gott hat dem Menschen providentiell zwei Ziele gesetzt, die *beatitudo huius vite*, die im Wirken der eigenen Tüchtigkeit beruht, und in *der beatitudo vite ecterne,* „die im Genießen des göttlichen Anblicks beruht, zu welchem eigene Tüchtigkeit nicht aufsteigen kann".[456]

Damit geht Dante nicht allein über die Zweckehierarchie des Aristoteles hinaus, sondern auch über die des Aquinaten, dessen Traktatfragment „De regno" er wohl gekannt hat. Das Ziel des natürlichen Menschen ist bei Dante der ewigen Glückseligkeit als der *fruitio dei* als eine eigenständige irdische Glückseligkeit in aller Klarheit nicht nachgeordnet, sondern deutlich parallel gestellt und hat selbständigen Wert.[457] Dieses höchste Ziel der *beatitudo huius vite* ist laut Dante dem gesamten Menschengeschlecht von Gott gesetzt und kann nun von den Menschen nur im gemeinsamen Wirken erreicht werden. Jene Tätigkeit aber, die kein Einzelner, auch keine Hausgemeinschaft, keine Nachbarschaft oder Stadtgemeinde auch kein Königreich (*regnum*) für sich allein vollziehen kann, ist die vollkommene Verwirklichung der Erkenntnisfähigkeit, die allein von dem gesamten *genus humanum* ganz verwirklicht werden kann.[458]

Entschlossen fordert Dante weiter, daß solche gesamthafte Verwirklichung der menschlichen Erkenntnisfähigkeit nur in einer gemeinsamen sozialen Ordnung des gesamten Menschengeschlechts möglich sei. Nur so ist Friede in Freiheit für ihn denkbar, zumal der Weltkaiser ja keinen Konkurrenten mehr habe und ohne eigenes Begehren die universale Eintracht herstellen kann.[459] Dante gebraucht eine ekklesiologische Metapher, wenn er die Einheit der Menschheit im unzertrennten Rock Christi versinnbildlicht sieht, wie die Theologen nach Joh. 19.25 die Einheit der Kirche.[460] Auch bei der Beschreibung der irdischen Glückseligkeit kommt er nicht ohne Hinweis auf das „irdische Paradies" aus, das diese (weltliche) *beatitudo* ver-

---

Aristoteles' *civitas* hinausgegangen war, aber bei der *provincia* als größerem Verband der *multitudo hominum* aufgehört hatte.

[456]   Monarchia III.15.7 (S. 273).

[457]   Gerade das wird später Guido Vernani entschieden kritisieren, vgl. nur CHENEVAL, Rezeption, S. 123f..

[458]   Monarchia I.3.7 (S. 142). Zur vieldiskutierten Frage, ob und inwieweit diese These sich „averroistischen" Anregungen verdankt vgl. neuerdings etwa Robert OGOR, Das gemeinsame Ziel des Menschengeschlechts in Dantes „*Monarchia*" und des Averroes Lehre von der Einheit des separaten Intellekts, Zur Wertung des Averroismus der „*Monarchia*", in: Freiburger Zeitschrift für Philosophie und Theologie 40 (1993) S. 88–106.

[459]   Monarchia I.11.12 (S. 155). Vgl. dazu etwa Dantes Begründung für Doppelwahlen durch die Kurfürsten in Monarchia 3.15.14 (S. 275).

[460]   Monarchia I.16.3 (S. 169). Dieses Verständnis haben papalistische Autoren durch die Anwendung dieser Metapher auf die unauflösliche Einheit der Kirche als eines sozialen Verbandes in gewisser Weise vorweggenommen, vgl. etwa Heinrich von Cremona, De potestate papae, ed. SCHOLZ, Publizistik, S. 469; Aegidius Romanus, De renuntiatione papae, c. 25, ed. EASTMAN, S. 361. Auch in der Bulle „Unam sanctam" gebraucht Bonifaz VIII. dieses Bild.

sinnbildlicht.[461] Damals kam eine Begründung staatlicher Selbständigkeit gegenüber kirchlichen Ansprüchen offenbar nicht aus ohne Aufnahme religiöser Motive und ekklesiologischer Muster. Hatte Aegidius Romanus den Staat gleichsam in der Kirche verschwinden lassen, ihn in die Kirche hineingezogen, so machte Dante den Weltstaat gewissermaßen zu einer zweiten Kirche, um ihn unabhängig neben der Kirche stehen lassen zu können.[462] Das irdische Paradies ist das Ziel politischer Organisation der Menschen, damit wird die Einheit des unter einem Kaiser geeinten Menschengeschlechts mit der Einheit der Kirche im Glauben gleichgesetzt oder doch in recht genauer Analogie zu ihr gedacht. Als Menschen sind Kaiser und Papst an ihrer menschlichen Substanz zu messen, in ihrer Herrscherrolle aber beide an ihrem göttlich providentiellen Auftrag, ihrem universalen Amt.[463]

Ersichtlich ist bei Dante vom römischen Reich des 14. Jahrhunderts nicht eigentlich die Rede, auch die Aspirationen des Luxemburgers Heinrichs VII., der 1312 noch einmal die Kaiserkrönung in Rom erreicht hatte, erscheinen nicht erkennbar ausformuliert.[464] Die Lösung, die Dante in seiner „Doppelkirche" von Staat und Religionsgemeinschaft entwirft und mehr beschwört als konstruiert, kennt ebensowenig wie die des Thomas Konfliktlösungsstrategien zwischen den beiden Systemen. Wenn ganz zum Schluß der „*Monarchia*" die Eintracht zwischen Weltstaat und Weltkirche darin angedeutet wird, daß der *monarcha* selbst nun wenigstens „irgendwie" zur *felicitas inmortalis* hingeordnet erscheint,[465] so war das gewiß keine praktische politische Lösung, die aus den zeitgenössischen Konflikten einen wirklichen Ausweg hätte zeigen können. Es entsprach einer Vision und drückte am Ende der universal gedachten Ansprüche der mittelalterlichen Zentralinstanzen noch einmal im Weltanspruch des Weltherrschers und des Hauptes der Kirche nostalgisch das Ungenügen des Dichters an seiner eigenen Zeit aus.

Einen Weg aus den aktuellen Verwicklungen der Tagespolitik hatte bereits Heinrich VII., von Dante enthusiastisch begrüßt,[466] in Oberitalien bei seinem Versuch, als Friedensbringer machtvoll aufzutreten, nicht finden können. Später hat sich dann auch Ludwig der Bayer in Italien auf seinem Kriegszug außer einem abenteuerlichen papstfreien stadtrömischen Kaisertitel eher neue dauerhafte Probleme als die erhoffte Lösung seiner Schwie-

---

[461] Monarchia III.15.7 (S. 267).

[462] Vgl. auch Dirk LÜDDECKE, Dantes „Monarchia" als politische Theologie, in: Der Staat 37 (1998) S. 547–570.

[463] Monarchia III.11.7, S. 261f.

[464] Gerade darum fehlen ja auch hinreichende Anhaltspunkte für eine genauere Situierung des Textes in seinem zeitgeschichtlichen Kontext.

[465] Monarchia III.15.17: ... *cum mortalis ista felicitas quodammodo ad immortalem felicitatem ordinetur*; vgl. auch III.15.11 (S. 275 bzw. 267).

[466] Vgl. Dantes Sendschreiben, epp. 5, 7, 8, 11, hier benutzt nach Dante Alighieri, Opere minori, edd. MENGALDO / NARDI, Bd. 2, S. 647–692.

rigkeiten eingehandelt. Karl IV. sollte dann, realistisch, das klassische Italien-
abenteuer des deutschen Herrschers, den Romzug zum Erwerb der Kaiser-
krone, auf eine neue, gewissermaßen geschäftliche Basis stellen, indem er
den Feldzug von allem ideologischen Ballast weitgehend befreite und zu einer „klinischen" Expedition mit dem einzigen Zweck des Erwerbs der Kai-
serkrone durch eine römische Krönung machte. Die praktische Politik hat
also von den hochgemuten Kaiserträumen des beginnenden 14. Jahrhunderts schon bald einen nicht sehr schmerzhaften Abschied genommen.

Und doch hatte die Ausformulierung der universalen Ansprüche für
Papst und Kaiser, wie sie in Dantes Entwurf noch einmal versucht wurde,
wichtige Folgen für das politische Bewußtsein. Die durchgängige Einbeziehung grundsätzlich aller Menschen in einen einheitlich gedachten Verband,
dessen Struktur diese Einheit widerspiegeln sollte, ließ die Welt als die eine
Welt der Menschen erscheinen und stellte damit die Aufgabe, Arbeit an dieser einen Welt auch in Angriff zu nehmen. Dantes „Monarchia" gehört zu
jenen universalen Entwürfen des Spätmittelalters, die der Neuzeit ein ver-
pflichtendes Erbe hinterließen, dem (in abgeänderten Formen) auch wir
uns zu stellen haben.

Die „Monarchia" ist keineswegs in einem Winkel vermodert, sie wurde
anscheinend sofort von ihren Zeitgenossen wahrgenommen und auch diskutiert, wohl auch abgeschrieben. Wenn aus dem 14. Jahrhundert (freilich
erst von seiner Mitte an) heute noch nicht weniger als 8 Manuskripte vorhanden sind,[467] so ist das für einen politischen Traktat eine recht erhebliche
Zahl, die ihn in die Spitzengruppe einer zeitgenössischen Vervielfältigung
bringt. Denn andere theoretisch ebenfalls bedeutsame politiktheoretische
Texte des frühen 14. Jahrhunderts, etwa der „Defensor pacis" des Marsilius
von Padua oder der „Dialogus" Wilhelms von Ockham sind mit 10 bis 12
bzw. maximal 12 heute noch vorhandenen Handschriften aus dem Jahrhundert ihrer Entstehung nicht wesentlich besser überliefert.

Bei Dantes „Monarchia" kommt noch hinzu, daß wir auch hier relativ
früh eine negative, eine polemische Reaktion von Zeitgenossen feststellen
können: der Traktat ist durch einen päpstlichen Kardinallegaten in Bologna
im Zuge der heftigen Auseinandersetzungen um den Romzug des deutschen Herrschers Ludwig des Bayern als ketzerisch verurteilt und verbrannt
worden.[468] Das ist zwar keine ganz so „hochrangige" Verurteilung, wie sie
der „Defensor pacis" des Marsilius von Padua nur wenig früher erfahren hat,
der vom Papst, von Johannes XXII. selber, am 23. Oktober 1327 feierlich als

---

[467] Alle Fragen der Aufnahme des Textes behandelt sorgfältig und weiterführend Cheneval, Rezeption, zur handschriftlichen Überlieferung bes. S. 17–20. Eine Beschreibung
der vieldiskutierten Hss. ebenda, die der 8 Mss. des 14. Jahrhunderts ebendort S. 21–31.

[468] Die beiden nicht ganz eindeutigen, aber jedenfalls voneinander unabhängigen
Zeugnisse bespricht eingehend Cheneval, S. 156–162. Vgl. auch Trottmann, La vision
béatifique, S. 465ff. Zu Bertrand du Poujet und seiner Mission zusammenfassend Augusto
Vasina in: LexMA 1 (1980) Sp. 2043.

ketzerisch verdammt worden ist.[469] Der Text der Verurteilungssentenz ist uns in Dantes Fall nicht überliefert.[470] Allein die Tatsache aber, daß der Kardinallegat, der in der Lombardei und in der Romagna, mit großen Finanzmitteln ausgestattet und mit einer eigens angeworbenen Heeresmacht operierend, den päpstlichen Einfluß wieder hatte herstellen sollen, Dantes Schrift derart massiv verurteilte, wirft ein bezeichnendes Licht auf die Wirkung des Textes, auch wenn wir die Bemerkung Bocaccios, erst durch Ludwigs Italienzug sei die „Monarchia" allgemein bekannt geworden, gewiß eher als topisch verstehen müssen und sie nicht unbedingt Glauben verdient.

In den Kreisen um Ludwig den Bayern findet sich jedenfalls keinerlei erkennbare Beziehung auf den Text des Florentiners. Im Umkreis des deutschen Herrschers in Italien begegnen uns mehrere italienische Legisten, die auch Memoranden zu den mit der Kurie strittigen theoretischen Fragen verfaßt und dem Hof vorgelegt haben, so wie zuvor bereits der Luxemburger Heinrich VII. bei seinem Italienzug sich einer lebhaften „publizistischen" oder gutachterlichen Unterstützung rechtskundiger Italiener erfreuen konnte.[471] In keinem der Schriftstücke dieser Jahre, die am Hof Ludwigs des Bayern zirkuliert haben müssen,[472] finden sich jedoch unverwechselbare Spuren von Dantes Darlegungen. Der gemeinsame Fundus an Argumenten, wie sie in den nicht enden wollenden Debatten immer wieder hin und her gewendet worden sind, genügt völlig zur Erklärung von jenen blassen Anklängen, die sich marginal hier und da beobachten lassen, die aber niemals jene spezifische Dichte erreichen, die eine wirkliche Benutzung von Dantes Schrift in den Bereich der Möglichkeit rücken oder gar wahrscheinlich erscheinen lassen.

Immerhin ist Dantes Schrift in dem Jahrzehnt nach dem Tod des Autors (am 13./14. September 1321) nicht nur von einen Kardinallegaten verurteilt und verbrannt worden, sie hat auch einen eifrigen und hartnäckigen Wider-

---

[469] Bekanntlich geschah das durch die Bulle „Licet iuxta doctrinam" vom 23. Oktober 1327 (vgl. unten Anm. 681).

[470] Eine eingehende Erörterung der wichtigsten Zeugnisse bei CHENEVAL, Rezeption, S. 151–162.

[471] Einen Teil der Gutachten für und gegen Kaiser Heinrich VII. gab gesammelt heraus Jakob SCHWALM in: MGH Const. 4.2, Hannover und Leipzig, 1909 -1911, S. 1308–1398 (Nrr. 1245–1255).

[472] Das von Ernst STENGEL in: Nova Alamanniae, Bd. 1, S. 44–52 (Nr. 90) hg. Memorandum des Johannes Branchazolus aus Pavia ist wohl, entgegen dem Datierungsvorschlag des Hrsg. (der es auf den 14. November 1312 und damit auf die Zeit Heinrichs VII. ansetzt, aber eine Datierung in die Zeit von Ludwigs Romzug immerhin erwogen hatte, vgl. die Vorbemerkung) im Jahr 1327 oder 1328 geschrieben worden, vgl. etwa Ernst SCHUBERT, König und Reich, S. 32 Anm. 21. Damit gehörte es zeitlich eng zusammen mit dem Gutachten von Ugolinus von Celle von 1323, ed. STENGEL in: Nova Alamanniae, Bd. 1, S. 71–79 (Nr. 123, vgl. Bd. 2.II, S. 740, Nr. 123a). In keinem dieser (oder ähnlicher) Texte läßt sich m. W. ein „Einfluß" Dantes identifizieren.

sacher gefunden, der sich mehrmals, und zuletzt noch in einem eigens dafür
bestimmten Traktat daran machte, die Argumente Dantes detailliert zu widerlegen. Guido Vernani,[473] ein Dominikaner aus Rimini, der nach einem
Studium der Theologie in Bologna (1297) – und vielleicht auch in Paris –
1312 die Aufgabe eines Lektors am Dominikanerkonvent in Bologna ver-
sah, wobei er in dieser Stadt anscheinend auch den (bischöflichen) Inquisitor als theologischer Experte häufiger beraten hat, hat sich schließlich (seit
1324) wieder nach Rimini zurückgezogen, wo er dann bis zu seinem Tode
(wohl im Jahre 1344) gelebt hat.

Guido hat schon in Bologna begonnen, auch schriftlich die Ergebnisse
seiner Lehraufgaben auszuarbeiten. Aus seiner Feder sind Kommentare zur
aristotelischen Rhetorik, Ethik, Politik, und zu „De anima"[474] erhalten,
auch ein Kommentar zur Physik des Aristoteles ist bezeugt, aber bisher
nicht wieder aufgefunden worden, vielleicht gehört diesem Dominikaner
auch ein sehr „kurialistisch" angelegter Kommentar zu der Bulle „Unam
sanctam" Bonifaz' VIII. zu, der später in den Frühdrucken des Corpus Iuris
canonici als Glosse des Johannes Monachus mit abgedruckt worden ist.[475]

Sein Leben in seiner Heimatstadt Rimini hat Guido später dann wiederum literarisch genutzt, er hat Schriften verfaßt, die anscheinend ebenfalls auf
mündliche Vorträge zurückgehen und sich deutlich an ein nicht speziali-
siertes (und nichtstudentisches) Publikum wenden. In Rimini schrieb er
weder für dominikanische Schüler der Theologie in seinem eigenen Konvent (wie in Bologna), noch für die wenigen (ehemaligen) Universitätsbesucher, die sich in Rimini nach einem Studium in Bologna oder anderwärts
finden mochten. Guido richtete seine Texte an städtische Bürger, an
„Laien".[476] Die literarische Form seiner Schriften orientierte er freilich
immer noch an den an der Universität überall gängigen Vorbildern, benutzte auch die dort gebrauchten Texte und Unterlagen, d. h. wie er sich in Bologna des scholastischen Kommentars bedient hatte und dabei die „Senten-
tiae" seines Ordensbruders Thomas von Aquin weidlich ausgeschlachtet
hatte, denen er in Gedankengang und Formulierungen willig folgte,[477] so
benutzte er jetzt die literarische Gattung des scholastischen Traktats, wenn

---

[473] Zusammenfassend zu ihm Giulia BARONE, in: LexMA 8 (1997) Sp. 1562. Eingeh-
hend zu seiner Polemik gegen Dante CHENEVAL, Rezeption, S. 113–150.

[474] Vgl. nur Jean DUNBABIN, Guido Vernani of Rimini´s Commentary on Aristotle's
Politics, in: Traditio 44 (1988) S. 373–388.

[475] Vgl. jeweils zu Extravag. communes 1.8.1. Die Abfassungszeit dieser Glosse ist
ebenso ungesichert wie die Verfasserschaft, vgl. im einzelnen oben bei Anm. 175 und unten bei Anm. 794.

[476] Die Folgen für den Gehalt der Theorie, den solche Absicht haben mußte, bedachte
wegweisend Ruedi IMBACH, Laien in der Philosophie des Mittelalters, Hinweise und Anregungen zu einem vernachlässigten Thema (Bochumer Studien zur Philosophie, 14) Amsterdam 1989, behandelt dort jedoch wohl Dante, nicht aber Guido Vernani.

[477] Vgl. René-Antoine GAUTHIER in der Editio Leonina der Opera des Thomas,
Bd. 47,1 (1969) S. 40*f.

er seine mündlichen Ausführungen nach Vorträgen schriftlich fixierte. Inhaltlich suchte er, wie es sich von selbst versteht, keineswegs unbedingt Originalität, er wollte sich von dem an Universitäten und in der dortigen theoretischen Arbeit erreichten Einsichten nicht entfernen. Er verstand seine eigenen Schriftstellerei anscheinend als Vermittlung zwischen der Welt der Schulen und der Welt des alltäglichen Lebens, wollte die an den Universitäten erreichten Einsichten jetzt allgemein verständlich präsentieren. Er leistet früh schon im 14. Jahrhundert jene Vermittlungsarbeit, die dann die Universitäten des 15. Jahrhunderts ebenfalls weithin in Europa sich als Aufgabe zu eigen machen werden.

Guidos Schriftstellerei in Rimini baute auf den Bologneser Erfahrungen auf, die er in universitär inspirierten Taktaten für sein nichtuniversitäres Publikum aufbereitete: 1327 schrieb er auf eben dieser Grundlage einen Traktat „De potestate summi pontificis",[478] legte also eine Schrift vor, die sich dem Thema der Zeit stellte.[479] Zwischen 1327/29 und 1331 dann entstand die Schrift, die heute wohl sein bekanntester Traktat überhaupt ist, „De reprobatione 'Monarchiae'".[480] Es ist denkbar, daß dieser Text die Verurteilung durch Bertrand du Poujet vorbereiten oder begründen sollte, doch beschränkt sich der Verfasser hier strikt auf Argumente, fordert nicht ausdrücklich ein Urteil einer inquisitorischen Instanz, empfiehlt freilich dem Podestà von Bologna Graziolo von Bambaglioli, dem er seine Schrift im Prolog zueignet, er solle, soweit ihm das seine Amtsgeschäfte erlauben, „das Nützliche wählen und lieben, das Falsche verabscheuen, das Überflüssige zurückschneiden und das Unnütze und Schädliche verbieten", rechnet also vielleicht doch auf einen Eingriff der administrativen bzw. richterlichen Gewalt[481]. Die Grundlage seiner Polemik ist aber dann im Folgenden ein

---

[478] ed. CHENEVAL, S. 423–445. Dazu ebenda S. 125ff. Die Datierung erscheint gesichert, vgl. den Text (cap. X §§ 10–12), der das belegt, bei CHENEVAL, S. 439, dazu S. 125.

[479] MIETHKE, Die Traktate „De potestate papae" – ein Typus politiktheoretischer Literatur.

[480] Den Traktat edierte kritisch Thomas KAEPPELI, Der Dantegegner Guido Vernani von Rimini, S. 107–146; danach mit weiterer Kommentierung auch Ugo MATTEINI, Il più antico oppositore politico di Dante, Guido Vernani da Rimini (Il pensiero medioevale I 6) Padova 1958. Vgl. vor allem Aldo VALLONE, Antidantismo politico nel XIV secolo, Neapel 1973; Aldo VALLONE, Il pensiero politico di Dante dinanzi ad Agostino Trionfi e a Guido Vernani da Rimini, in: Atti del Convegno Internazionale di Studi Danteschi, a cura del Comune di Ravenna e della Società Dantesca Italiana (Ravenna, 10–12 sett. 1971), Ravenna 1979, S. 173–201; Pier Giorgio RICCI, Guido Vernani, in: Enciclopedia dantesca 5 (1976 [21986]) 967f.; Carlo DOLCINI, Guido Vernani e Dante, Note sul testo del „De reprobatione monarchie", in: Letture Classensi 9–10 (1982) 257–262 [jetzt in: DOLCINI, Crisi di poteri, S. 439–444]; CHENEVAL, Rezeption, bes. S. 117–150; vgl. auch TROTTMANN, La vision béatifique, S. 460–465.

[481] De reprobatione, ed. KAEPPELI, S. 124: *Hec tibi trado, fili carissime, ut tuus natura clarus et gratia divina perspicax intellectus veritatis avidus et in ea perquirenda, quantum negotia reipublice tibi commissa permittunt, in ipsius flagrantia studiosus utilia eligat et diligat, falsa respuat, superflua resecet et divitet inutilia et nociva.* (Zitiert und besprochen bereits bei CHENEVAL, Rezeption, S. 120).

streng auf die Kompetenz der Kirchenzentrale bezogener immer wieder auf
Argumente der thomistischen Tradition des Dominikanerordens zurück-
greifender Papalismus, der jetzt im einzelnen gegen Dantes Schrift in Stellung gebracht wird.

Der Text des Guido Vernani ist dann freilich nicht allzu weit verbreitet
gewesen, es sind bisher nur zwei Handschriften von ihm bekannt geworden,
davon stammt die eine aus dem Dominikanerkonvent in Rimini und hat sogar nach Ausweis einer Notiz auf dem hinteren Deckblatt ursprünglich zum
persönlichen Besitz des Verfassers selber gehört.[482] Das bedeutet für jede
philologische Textherstellung eine erfreulich autornahe Grundlage, bezeugt
aber keinen allzu weiten Radius der Verbreitung, da das Manuskript ja den
persönlichen Strahlkreis, sozusagen den Schreibtisch des Urhebers zu seinen
Lebzeiten nicht verlassen hat. Die andere Handschrift der „Reprobatio" ist
ein aus dem späten 14. oder frühen 15. Jahrhundert stammender Sammelco-
dex mit den beiden Texten des Guido Vernani, denen die – hier Guido zu-
geschriebene – papalistisch geprägte Glosse zur Dekretale „Unam sanctam"
Bonifaz' VIII.[483] sowie das Fürstenspiegelfragment des Thomas von Aquin
vorangestellt ist. Die Handschrift liegt heute in Ravenna, sie stammt aus
dem dortigen Camaldulenserkonvent[484] und läßt sich wohl, zumindest was
die Texte Guidos betrifft, aus dessen Codex ableiten. Im 15. Jahrhundert hat
sich noch einmal ein franziskanischer Verteidiger der nach dem Basler Konzil wieder erstarkten päpstlichen Prärogativen auf Vernanis Texte (zugleich
mit Heinrich von Cremona) bezogen,[485] ohne damit freilich selbst allzu
viel Aufsehen zu erregen. Bezeichnend genug kam dieser späte Benutzer aus
Ferrara, also nicht sehr weit weg von Bologna oder Rimini.

Damit ist selbst unter Berücksichtigung dieser (bescheidenen) Fernwir-
kung der Einflußbereich des Traktats unseres Dominikaners aus Rimini
denkbar eng begrenzt geblieben, auch die Widmung an den Podestà von
Bologna hat dem Text keine größere Beachtung verschafft. Erst in neuerer
und neuester Zeit hat der Traktat wegen seines polemischen Zielpunktes,
eben Dantes „Monarchia", erhöhte Aufmerksamkeit, insbesondere in Italien gefunden. Die Zeitgenossen haben ihn eher beiseite liegen lassen.

---

[482] Heute Ms. London, British Library, Add. 35325, fol. 2–9v; vgl. dazu bereits KAEP-
PELI, Der Dantegegner, S. 113; Ergänzungen bei DOLCINI, Crisi, S. 441f.; vgl. auch CHE-
NEVAL, S. 411. Eine neuere Beschreibung bei Hartmut BOESE, Die lateinischen Handschriften der Sammlung Hamilton zu Berlin, Wiesbaden 1966, S. 125ff. (Nr. 46).
[483] Vgl. oben bei Anm. 175, 475 und unten bei Anm. 794.
[484] Heute Ms. Ravenna, Biblioteca Classense, cod. 335 [XIV. / XV. s.], fol. 65rb–69vb.
Inhaltsübersicht bei CHENEVAL, S. 414. Informationen auch bei DOLCINI, Crisi, S. 442, vgl.
H. F. DONDAINE in: Thomas, Editio Leonina, t. 42, S. 429 [Nr. 54].
[485] Vgl. Celestino PIANA, Agostino da Ferrara († a. 1466), un francesco assertore del
potere temporale nel papa fra le negazioni dell' umanesimo, in: AFH 41 (1948) S. 240–281
(Text S. 265ff.).

Wenn der Dominikanerorden, dem Guido von Rimini angehörte, noch durchaus in seinem Sinne versucht hat, durch einen Beschluß des Provinzialkapitels der römischen Ordensprovinz die Verbreitung von Dantes Schriften im Orden durch ein Lese- und Besitzverbot zu unterbinden,[486] so bezog sich das ausdrücklich und ausschließlich auf die *poëticos libros sive libellos per illum qui Dante nominatur in vulgari compositos*, d. h. also vor allem auf die „Comedia" und das „Convivio", betraf jedoch nicht die „wissenschaftlichen", die lateinischen Traktate des Dichters, also nicht unmittelbar die „Monarchia" oder auch die umlaufenden Sendschreiben Dantes politischen Inhalts. Insgesamt wird man also nicht unbedingt von einer sehr lebhaften Debatte um die Thesen von Dantes politischer Streitschrift sprechen dürfen, selbst wenn der päpstliche Kardinallegat das schwere Geschütz einer Verketzerung in Stellung gebracht zu haben scheint.

Wie immer das sich im einzelnen verhalten haben mag, mit der hier in den polemischen Traktaten des Guido Vernani sichtbar werdenden Debatte (so lokal und begrenzt sie auch gewesen sein mag) haben wir bereits eine neue Phase der Theorieentwicklung bei dem Thema „De potestate papae" erreicht, eine Epoche, die sich nicht mehr allein den Reminiszenzen an das politische Auftrumpfen des Caëtani-Papstes Bonifaz' VIII. verdankt, vielmehr nunmehr jenen Anstößen, die von der Kurie und der Politik Papst Johannes' XXII. in Avignon ausgingen. Schon der Nachfolger Bonifaz' VIII., Papst Benedikt XI., hatte seinen kurzen Pontifikat nicht mehr in Rom, sondern vorwiegend in Perugia geführt. Erst recht Clemens V. war dann nach seiner in Lyon unglücklich vollzogenen Krönung nicht mehr nach Italien zurückgekehrt und hatte nach einem unruhigen Wanderleben, mit dem er seine gesamte Kurie zu unsteter Existenz im Bereich des heutigen Südfrankreich zwang, schließlich zunächst in Bordeaux, dem Ort seiner erzbischöflichen Amtsführung vor seiner Wahl zum Papst, über ein Jahr lang Fuß gefaßt, weil er sich seiner Krankheit wegen nicht auf weitere Reisen einlassen konnte und wollte. Schließlich hatte der Papst mit seinem Hof sich zunächst (seit 1307) für längere Zeit und schließlich immer dauerhafter in Avignon aufgehalten, einer Stadt, die damals noch nicht zu Frankreich gerechnet wurde, sondern als Teil der Provence auch noch im 12. Jahrhundert (lehnrechtlich) zum Herrschaftsbereich des römisch-deutschen Königs gehörte. Das mochte als nur nominelle Zugehörigkeit bewußt gewesen sein, und es wurde wohl auch zunehmend, schon im 13. Jahrhundert, so empfunden. Um die Mitte des 14. Jahrhunderts, 1348, konnte dann Papst Clemens

---

[486] Dazu CHENEVAL, S. 163–165, Text des Beschlusses S. 163. Cheneval betont zwar zu Recht die nachweisbar geringe Wirkungskraft der Anordnung (eine Rezeption und intensive Kommentierung der „Comedia" im Orden war, wie sich erweisen sollte, keineswegs für alle Zukunft ausgeschlossen), er geht aber nicht besonders darauf ein, daß die „Monarchia" von dieser Regulierung gar nicht betroffen war: auch die Begründung, die in traditioneller Weise erreichen wollte, *ut fratres nostri ordinis theologie studio plus intendant*, spricht nicht gerade für eine „politisch" gezielte Verbotsabsicht.

VI. mit Einwilligung des damaligen deutschen (Gegen-) Königs Karl IV. die Stadt von der Anjoukönigin Johanna von Neapel käuflich erwerben. Damit richtete sich der Apostolische Stuhl gewissermaßen auf eigenem Boden, wenn auch unter der nominellen Oberhoheit des deutschen Herrschers und Römischen Königs sowie im praktischen Interessenbereich des französischen Königs ein. Die die Stadt links der Rhône umschließende Grafschaft Venaissin, die seit der Mitte des 13. Jahrhunderts bereits dem Heiligen Stuhl gehörte, wenn auch der Seneschall von Beaucaire im Auftrag des französischen Königs die Aufsicht über Gericht und Recht beanspruchte, bot ein zusätzliches Polster. Rechts der Rhône, schon in Neuveville am anderen Flußufer, hatte der französische König seit alters die Oberhoheit.

Den immer kränkelnden und seines chronischen Steinleidens wegen oft Tage, ja Wochen lang zur Führung seiner Amtsgeschäfte unfähigen Papst hatte der französische Hof durch die ständige Drohung, gegen das Andenken Bonifaz' VIII. einen Ketzerprozeß zu eröffnen, unter starken Druck gesetzt und in virtuosem Wechselspiel damit einerseits die prozessuale Aufarbeitung dessen, was in Anagni von Wilhelm Nogaret und seinen Freunden als unerhörter persönlicher Anschlag gegen den Vorgänger, Papst Bonifaz VIII. unternommen worden war, und andererseits die rechtlich notwendige Mitwirkung der Kurie bei dem Ausgriff des königlichen Hofes auf den Templerorden in die für ihn vorteilhaften Bahnen gelenkt und hatte den Nachfolger Petri und Stellvertreter Christi zu weitgehender Nachgiebigkeit in diesen Fragen der sehr irdischen Politik gezwungen oder gedrängt, einer Nachgiebigkeit, aus der sich Papst und Kardinäle auch durch die Abhaltung einer großen allgemeinen konziliaren Versammlung der abendländischen Christenheit nicht befreien konnten.

Das Konzil von Vienne (1311/1312)[487] war mit einer langen Vorlaufzeit in seiner Anlage den Vorbildern der großen Konzilien des 13. Jahrhunderts deutlich nachempfunden. Es war sorgfältig vorbereitet worden. Mit den Möglichkeiten der Zeit hatte man eine Repräsentanz der Christenheit des Abendlandes erreichen wollen.[488] In intensiven Erörterungen über die Notwendigkeiten einer Kirchenreform hat die allgemeine Kirchensynode sich vor allem mit Fragen der Exemption und Ordensreform beschäftigt,[489] wenn auch der kanonistisch gebildete Bischof von Mende Guillelmus Duranti (der Jüngere) im Vorfeld und während der Verhandlungen mit seinen zwei durch und durch „kanonistischen" Vorlagen allgemeiner die innere Verfassung der Kirche und deren allgemeine strukturellen Probleme zum

---

[487] Maßgebliche Darstellung durch Ewald MÜLLER, Konzil von Vienne.
[488] Dazu Hans-Joachim SCHMIDT, Kirche, Staat, Nation, Raumgliederung der Kirche im mittelalterlichen Europa (Forschungen zur mittelalterlichen Geschichte, 37) Weimar 1999, bes. S. 102–119 (zu Lateran IV), S. 440–459 (zu Lyon II und Vienne). MIETHKE, Raumerfassung und Raumbewußtsein auf den Allgemeinen Konzilien des Spätmittelalters in: Raumerfassung und Raumbewußtsein, hg. P. Moraw, Stuttgart 2002, 127–154.
[489] Dazu BALLWEG, Konziliare oder päpstliche Ordensreform.

Gegenstand seiner Reflexion gemacht hatte. Die Reformforderungen, die Duranti dem Konzil vorgelegt hat,[490] fanden freilich auf der Kirchenversammlung selbst kein besonderes Echo, sie führten ausschließlich dazu, daß sich an der Kurie ein offensichtlich nachhaltiger Widerstand gegen den Bischof von Mende regte, an den sich der Kardinal Jacques Duèse, der spätere Papst Johannes XXII., auch noch nach Jahrzehnten deutlich erinnert hat. Erst in der Zeit des Großen Abendländischen Schisma und auf den Konzilien von Pisa, Konstanz und Basel in den ersten Jahrzehnten des 15. Jahrhunderts sollten, unter grundlegend veränderten Bedingungen, die Texte des Bischofs von Mende eine breitere Wirkung entfalten und Stichworte etwa für die im Konstanzer Dekret „Frequens" angezielte rhythmische Verstetigung der Generalkonzilien zur Kontrolle und Ergänzung der Kompetenz der Kirchenzentrale liefern.[491]

Zu Zeiten ihrer Entstehung waren die Texte des Durantis gewissermaßen ungehört versickert, bleiben auch dem Blick des Historikers zunächst entzogen, sind sie doch, was zeitnahe Handschriften betrifft, wie von der Bildfläche verschwunden. Sie hatten offenbar nur vermocht, ihren Verfasser Jahre später in schwere Bedrängnis zu bringen, der, wie wir aus einem Brief Papst Johannes' XXII. an den König von Frankreich vom 10. April 1319 erfahren, an der Kurie sogar in Haft genommen worden ist.[492] Die Kurie hatte demnach und behielt ein äußerst genaues Gedächtnis. Ihrer Rache konnte anscheinend der Bischof von Mende dann letztlich nur durch seine guten Verbindungen zum französischen Hof entkommen.

2. Johannes XXII.

So sehr die genannten Schriften für das Konzil und seine Debatten um eine Reform der Kirche bereits am Beginn des 14. Jahrhunderts hätten relevant werden können, außer der Neuauflage des Streits um die Bettelordensprivilegien,[493] während dessen dann später ein Petrus de Palude die mendikantischen Privilegien gegen die Interessen des Pfarrklerus durch eine ausgiebige Reflexion auf die allgemeine Kirchenstruktur verteidigte, hat sich in der näheren Zukunft kaum irgend jemand für die politiktheoretischen Implikationen der so lebhaft erörterten Fragen interessiert. Erst Jahre später sollte sich das empfindlich ändern. Auch diesmal war Auslöser für die erneuerte Erörterung nicht eine zunächst theoretische Diskussion und ihre rein argu-

---

[490] Vgl. oben S. 131ff., Anm. 366ff.

[491] MIETHKE, Einleitung in: Quellen zur Kirchenreform, S. 3–6.

[492] Jean XXII, Lettres … se rapportants à la France, éd. COULON, Nr. 849sq. – Vgl. bereits Johannes HALLER, Papsttum und Kirchenreform, S. 58f.

[493] Zur Reformdiskussion des Konzils von Vienne ausführlich Ewald MÜLLER, Konzil von Vienne, und BALLWEG, Konziliare oder päpstliche Ordensreform.

mentative Entfaltung. Die neue Stufe der Debatte entzündete sich vielmehr in aller Heftigkeit an der schroffen politischen Praxis eines Papstes, der seinen Überzeugungen mit allem Nachdruck Geltung zu verschaffen suchte, Johannes' XXII.

1316 nach einen Sedisvakanz von über zwei Jahren gewählt, war der neue Papst bei seinem Regierungsantritt etwa 70 Jahre alt. Wer aber erwartet haben sollte, daß hier nur ein Mann des Übergangs und ein Verlegenheitskandidat ins Amt gekommen wäre, hatte sich gründlich getäuscht. Noch über 18 Jahre lang, bis zum Dezember 1334, sollte Johannes XXII. den Stuhl Petri besetzen. Und seine bereits die Zeitgenossen erstaunende Arbeitskraft, seine entscheidungsfreudige und durchsetzungswillige Natur machen seinen Pontifikat zu einer höchst ereignisreichen Zeit mit nachhaltiger Wirkung.[494]

Dieser Papst hat die Kurie erst eigentlich in Avignon heimisch gemacht, wo er sich gut auskannte, hatte er doch vor seinem Kardinalat für kurze Zeit als Bischof der Stadt gewirkt. Johannes XXII. hat die Veränderungen in den Verwaltungsroutinen, die durch den Ortswechsel von Rom an die Rhône nötig geworden waren, mit Scharfblick für die Erfordernisse, insbesondere für die Notwendigkeiten in finanziellen Fragen, entschlossen ins Werk gesetzt, er hat auch politische Entscheidungen mit Energie und unbeugsamer Tatkraft getroffen. Nach einem Studium des Rechts und der Promotion zum *doctor utriusque iuris* in Montpellier hatte er eine kirchlich administrative Karriere durchlaufen, die seine Herkunft aus dem reichen Bürgertum seiner Vaterstadt Cahors bei weitem überstieg. Er war 1300 mit etwa 56 Jahren Bischof von Fréjus (am Mittelmeer) gewesen, hatte von 1308 bis 1310 als Kanzler (und das heißt als Leiter der Kanzlei) den Königen von Neapel Karl II. und Robert von Anjou gedient und war 1310 zum Bischof von Avignon erhoben worden. 1312 zum Kardinal kreiert, hatte er bereits 1313 als Kardinalbischof von Ostia die Würde eines Dekans des Kardinalkollegs erreicht.

Seine Erfahrung in den Amtsgeschäften der Kurie war ebenso solide, wie sein Entscheidungswille unbedenklich. Seine Überlegungen blieben gradlinig und oft auch eigenwillig. Schon bei seiner Wahl berichteten die Geschäftsträger des Königs von Aragón Jakob II. aus Lyon nach Barcelona, der neue Papst werde, wie man an der Kurie glaube, unbestechlich und gerecht sein, freilich meinten viele, daß er allzu sehr auf seinem Eigensinn beharre, was ja bei einem so hochgestellten Prälaten hochgefährlich sei[495]. Man trö-

---

[494] Zu seiner frühen Biographie John E. WEAKLAND, John XXII. before his Pontificate, in: AHP 10 (1972) S. 161–185. vgl. zusammenfassend etwa Carl August von LÜCKERATH, in: TRE 17 (1988) S. 109–112; Johannes GROHE, in: LexMA 5 (1991) Sp. 544–546; Ludwig VONES in: LThK³ 5 (1996) Sp. 950f. (jeweils mit Lit.).

[495] Acta Aragonensia, Bd. 1, S. 214–216, Nr. 142, bes. S. 216: *Post creationem suam creditur, quod erit homo iustus et sine corrupcione. Utinam ita sit! Set multi dubitant et merito, quod <nimis> innitatur sensui suo, quod in tanto prelato est pericolosissimum* (Bericht des Johannes Lupi). Vgl. dazu die fast wörtlich gleichlautenden Hofgerüchte anläßlich seiner Wahl, die

stete sich und den Hof auf der fernen spanischen Halbinsel bei so unbeque-
men Aussichten damals damit, vielleicht ändere ja auch in diesem Fall das
Amt den Charakter.[496]

Mit großer Energie hat Johannes XXII. von Beginn an die Regierung
ergriffen und geführt. Die von dem Vorgänger bereits vorbereitete, aber,
weil Clemens V. mitten im zeitraubenden Prozeß der formellen Publikation
plötzlich gestorben war, technisch nicht mehr zu Ende geführte Promulgation einer neuen Ergänzung der Dekretalensammlungen durch einen „Liber septimus" griff der neue Papst sogleich energisch wieder auf, nicht ohne
vor der Publikation der von seinem Vorgänger geplanten und bereits fertiggestellten Dekretalensammlung eine eigene Redaktionskommission einzusetzen, die den bereits abgeschlossen vorliegenden Text der Kompilation erneut sorgfältig prüfte und nach neuen Maßgaben formte. Ein Jahr nach dem
Regierungsantritt war es dann soweit, die Kodifikation wurde, nunmehr
unter dem Namen „Clementinen" (nach Papst Clemens V. so bezeichnet)
von Johannes XXII. rechtsgültig erlassen.[497] Der Papst behielt auch ein
deutliches Interesse an einer Einbeziehung seiner eigenen Rechtsentscheidungen in die Sammlungen der Schulen. Als (wie sich später zeigen sollte)
letztem Papst widmete ihm der an der Kurie wirkende Kanonist Zenzelinus
de Cassagnes[498] eine Sammlung seiner eigenen „Extraganten", die in den
Schulen bis zur Neufassung des Kanonischen Rechts im Codex Iuris canonici am Beginn des 20. Jahrhunderts Autorität gewann und während dieser
Jahrhunderte als selbstverständlicher Bestandteil des „Corpus Iuris Canonici" galt.

Johannes XXII. hat offenbar allein durch seine eindrucksvolle Figur die
seit Bonifaz' VIII. geführte Debatte um die päpstlichen Kompetenzen in
Kirche und Welt neu belebt. Die Konflikte mit weltlichen Herrschern, insbesondere der langwierige und während seiner eigenen Regierungszeit
noch lange nicht abgeschlossene Kampf mit dem deutschen Herrscher Ludwig IV. „dem Bayern"[499] brachte die Reflexion der politischen Streitfragen
in der ersten Hälfte des 14. Jahrhunderts auf ein Niveau, das bis dahin uner-
reicht gewesen war. Allein der Umfang der Texte nahm enzyklopädische

---

wohl Arnaldus de Cumbis unter dem 7. August 1316 aus Lyon nach Barcelona weitergab,
ed. FINKE, Aus den Tagen Bonifaz' VIII., p. LXVIIsq. (Nr. 17), hier p. LXVIII: *erit in graciis
parcus et in iusticia rigorosus. Timetur eciam quod <nimis?> innitatur (?) prudencie sue, nisi habeat
locum, quod vulgariter dicitur, quod nemores mutant mores.*

[496] FINKES Text ist offensichtlich zu emendieren in das Sprichwort: *honores mutant
mores* (freundlicher Hinweis von Hartmut Hoffmann, Göttingen).

[497] Vgl. etwa STICKLER, Historia iuris canonici, S. 264–268.

[498] Zusammenfassend zu ihm Jacqueline TARRANT, The Life and Works of Jesselin de
Cassagnes, in: BMCL 9 (1979) S. 37–64; Hartmut ZAPP in: LexMA 9 (1999) Sp. 543; vgl.
auch denselben, Extravaganten, in LexMA 4 (1989) Sp. 187f.

[499] Zu ihm eingehend THOMAS, Ludwig der Bayer. Zusammenfassend etwa Jürgen
MIETHKE, in: TRE 21 (1991) S. 482–487, Alois SCHMID, in: LexMA 5 (1991) Sp. 2178–
2181.

Ausmaße an. Schon die in Verbindung mit dem päpstlichen Hof von Kurialisten unternommenen großen synthetischen Explikationen des päpstlichen
Anspruches auf die entscheidende Leitung von Kirche und Welt erreichten
eine Vollständigkeit in der Aufführung möglicher Argumente, die alles zuvor Geschriebene rein quantitativ weit in den Schatten stellte. Sowohl Augustinus von Ancona († 1328) als auch Alvarus Pelagius († 1350) gelangten
mit ihren ungemein umfänglichen Kompilationen über zahlreiche Handschriften im späten Mittelalter und in der Frühen Neuzeit durch jeweils
eine ganze Reihe von frühen Drucken zu einer weiten Verbreitung und gewannen somit einen erheblichen Einfluß, während unter den Kritikern der
kurialen Ansprüche sich mit Marsilius von Padua und Wilhelm von Ockham Theoretiker finden, deren Namen sich noch heute mit der Vorstellung
von „Klassikern" des politischen Denkens verbunden.[500]

3. Augustinus von Ancona

Im Rahmen unserer Frage nach dem Zusammenhang von theoretischer
Reflexion und praktischer Politik werden wir jedenfalls die Politik und
Regierungszeit dieses Papstes besonders aufmerksam zu verfolgen haben.
Bei seinem Regierungsantritt hatte sich Wilhelm von Sarzano an ihn gewandt und seine kurialistische Zusammenfassung „De potestate summi
pontificis" aus einigen Quellenschriften des 13. und beginnenden 14. Jahrhunderts eher zusammengestoppelt als zusammengestellt. Im weiteren Verlauf des Pontifikats wird dann – ebenfalls nicht unmittelbar an der Kurie in
Avignon, wohl aber in engster Verbindung zu ihr – ein Augustinereremitenbruder den Versuch machen, großangelegt die kurialistischen Ansprüche
auf päpstliche Herrschaft in der Welt zusammenfassend darzustellen. Kurz
nach 1320 legte Augustinus von Ancona seine umfängliche „Summa de ecclesiastica potestate"[501] vor.

---

[500] Vgl. nur die Sammlung „Klassiker des politischen Denkens", Neuauflage, hg. von
Hans MAIER und Horst DENZLER, München 2000, in der beide Autoren behandelt werden (ebenso wie in der ersten Auflage der Sammlung).

[501] Eine kritische Ausgabe existiert nicht, ist m. W. auch nicht in Arbeit. Zu Inkunabeln und Frühdrucken – vgl. bes. Augsburg 1473, oder Venedig, 1487 – zusammenfassend
Adolar ZUMKELLER, in: LexMA 1 (1980) Sp. 1230, auch Willigis ECKERMANN, in: TRE 4
(1979) S. 742–744. Biographische und Einleitungsfragen faßte zusammen (in einer 1942
abgeschlossenen Dissertation) MINISTERI, De vita et operibus Augustini de Ancona [dazu
die Rez. von Louis-Jacques BATAILLON, in: Revue de sciences philosophique et théologique 44 (1960) 304; sowie in: Bulletin de Théologie ancienne et médiévale 8 (1958)
S. 128f. (Nr. 363)]. Zusammenfassend Blasius MINISTERI, in: DBI 1 (1960) Sp. 475–478.
Eine Gesamtsynthese, die zugleich eine Vorstellung des politischen Denkens des 14. Jahrhunderts insgesamt liefert, gab WILKS, The Problem of Sovereignty; lesenswert auch Ugo
MARIANI, Chiesa e stato, bes. S. 89–97, 174–198. Vgl. außerdem auch bereits FINKE, Aus
den Tagen Bonifaz' VIII., S. 250–252; Jean RIVIÈRE, Une première „somme" du pouvoir

Als Schüler des Aegidius Romanus hielt er sich schon bei der Überschrift eng an die Formulierung von dessen Traktattitel. Darüber hinaus zeigen Aufbau und Stoffanordnung eindeutig, daß Augustinus sich auch an das methodische Vorbild der „Summa Theologiae" des Thomas von Aquin anschließen wollte, gliedert er doch seinen Text in (drei) „Teile", die er in (insgesamt 112) „Quaestionen" unterteilt, welche er wiederum in jeweils mehrere „Artikel" untergliedert, die er dann in ähnlich schulmäßigem Schematismus einer Universitätsquaestion – mit Argumenten *pro* und *contra*, einer Determination des Verfassers und einer Responsion auf die Gegenargumente – durchführt wie der Aquinate.

Was wir vom Lebensweg des Autors wissen, ist wenig. Früh dem Orden der Augustinereremiten beigetreten, hat Augustinus am Ende des 13. Jahrhunderts (wohl 1297) die Stelle eines *lector* am Studium seines Ordens in Paris erreicht, am zentralen Studienort seines Ordens also. 1312/13 ist er bei einer Sentenzenvorlesung dort anzutreffen. 1313/14 muß er zum Magister der Theologie promoviert worden sein und wohl auch als *magister actu regens* seines Ordens gewirkt haben. Danach begegnet er erst wieder um 1321 in Neapel als theologischer Lehrer (*lector*) am dortigen Ordensstudium der Augustinereremiten. Augustinus hat seinen umfangreichen Text wohl vor allem in Neapel niedergeschrieben. Seit November 1322 gehörte er dem Hof und Rat König Roberts von Anjou als königlicher Kaplan an. Erst jetzt tritt er allmählich in den Quellen deutlicher in Erscheinung.

Augustinus war ein fruchtbarer Schriftsteller. Seine Hinterlassenschaft an ungedruckten und gedruckten Texten ist beachtlich. Dabei überwiegen exegetische und Schulschriften, die anscheinend im Zuge seiner Unterrichtstätigkeit entstanden sind. Zur Politik hat er sich bereits seit der Jahrhundertwende gelegentlich geäußert,[502] doch erreichten alle diese Gele-

---

pontifical, le pape chez Augustin d'Ancone, in: Revue des sciences religieuses (1938) S. 149–183; Raphael VAN GERVEN, De wereldlijke macht van den paus volgens Augustinus Triumphus, Löwen 1946 und Antwerpen-Nymwegen 1947; Wilhelm KÖLMEL, Einheit und Zweiheit der Gewalt im „*corpus mysticum*", Zur Souveränitätslehre des Augustinus Triumphus, in: HJb 82 (1963) S. 103–147; William David McCREADY, The Problem of the Empire in Augustinus Triumphus and Late Medieval Papal Hierocratic Theory, in: Tradition 30 (1974) S. 325–349; ders., The papal sovereign in the ecclesiology of Augustinus Triumphus, in: Medieval Studies 39 (1977) S. 177–205; Ulrich HORST, Die Lehrautorität des Papstes nach Augustinus von Ancona, in: Analecta Augustiniana 53 (1991) S. 271–303; Pierangela GIGLIONI, Il „Tractatus contra divinatores et sompniatores" di Agostino d'Ancona, in: Analecta Augustiniana 48 (1995) S. 7–111; CHENEVAL, Rezeption, S. 195–206. Vgl. auch WEIJERS, Le travail intellectuel à la Faculté des arts [I], S. 71–73.

[502] Fünf solcher kleineren „Opera politica" verzeichnet MINISTERI, De vita et operibus, S. 58f., 119–124, vgl. dazu auch das 1. und 2. Quodlibet: „De potestate collegii mortuo papa", die in Paris wohl während der Sedisvakanz 1314/16 disputiert worden sind (MINISTERI, ebenda, S. 79f., jetzt ed. Eelcko YPMA). Demnach hat Augustinus auch hier aktuelle Fragen der Kirchenverfassung aufgegriffen, wie er zuvor bereits den Bonifaz-Prozeß und den Templerprozeß mit eigenen Traktaten begleitet hatte, vgl. Ministeri S. 119 (Nr. 47).

genheitsschriften keine weite Verbreitung, wenn sie auch allesamt in mehr als nur eine einzige Miszellanhandschrift aufgenommen worden sind. Seiner „Summe über die kirchliche Herrschaftskompetenz" sollte dagegen ein großer Erfolg beschieden sein.

Zu Lebzeiten hat der Augustineremit mehrfach in erkennbarer Verbindung zur Kurie gestanden. Seine „Summa de ecclesiastica potestate" hat er dem Papst in allerbescheidenster Demut gewidmet (und offenbar auch zugeschickt).[503] Am 20. Dez. 1326 nämlich dankt ihm der Papst persönlich für einen Brief und ein übersandtes Werk, das er „als angenehmes Trankopfer gekostet" habe.[504] Johannes XXII. hat sich aber nicht allein mit solch schmeichelhaften Worten, die Bibel in typisch mittelalterlicher Direktheit nutzend, bedankt, wobei er zugleich auch ohne erkennbare Bedenken die eigene Hoheit unüberbietbar zum Ausdruck brachte. Offenbar fast ein volles Jahr zuvor hatte er sich bereits darüber hinaus als äußerst spendabel erwiesen. Denn schon unter dem 28. Januar 1326 hatte er den Thesaurar der Campania maritima (einer Verwaltungseinheit der nominell unter päpstlicher Herrschaft stehenden Regionen Mittelitaliens) angewiesen,[505] Augustinus oder einem von ihm Bevollmächtigten nicht weniger als 100 Goldgulden auszuzahlen „für die Niederschrift von Büchern"[506], also gewissermaßen als Ausgleich und Bezahlung für das sicherlich pergamentene Widmungsexemplar, dessen Marktpreis in etwa diesem Betrag entsprochen haben könnte, und an ihn künftig jährlich zehn Goldunzen auszuhändigen, was in etwa, nach den üblichen Umrechnungskursen, einem Betrag von drei Gulden entsprach, bis der Papst ihn anderweitig versorgt haben werde.[507] Ein knappes Jahr später, am 15. Januar 1327 freilich erging ein neues Schreiben fast wörtlich gleichen Inhalts: hier erinnerte der Papst den The-

---

[503] Der Prolog beginnt geradezu schulmäßig (ähnlich wie der Traktat „De ecclesiastica potestate" des Aegidius) mit den Worten: *Sanctissimo et beatissimo patri domino Johanni superna providencia papae XXII frater Augustinus de Ancona ordinis fratrum eremitarum sancti Augustini cum omni famulatu et reverentia pedum oscula beatorum.*

[504] Abgedruckt auch bei MINISTERI, De vita, S. 141f. (Nr. 6) [nicht bei MOLLAT]: *Directa nobis tuae caritatis epistola tam benevole quam gratanter accepta et missi operis dulci libamine degustato placet nobis tui labor ingenii quem sic in eo landabiliter explicasti….*

[505] CUP II, S. 289 (Nr. 848) [nicht bei MOLLAT]; in der Anm. (ebenda) teilt DENIFLE mit, daß in einem Brief des Papstes an den *nobilis vir* Bartholomaeus von Capua (der die Supplik zugunsten unseres Augustinus eingereicht hatte) Augustinus dem Papst vor allem wegen *frequentiorum studiorum divine scripture misteriis explicandis intentorum salubriter* der Förderung würdig schien. Und in der Tat hatte er damals bereits eine ganze Reihe von philosophischen und exegetischen Schriften verfaßt, vgl. MINISTERI, De vita et operibus, S. 57f., 60–68, 87–110. Die Bitte an den Papst könnte demnach auch ganz allgemein veranlaßt gewesen sein; wahrscheinlicher aber scheint, daß sich Johannes XXII. anläßlich einer übersandten Schrift an die sonstigen Verdienste des Autors erinnerte (oder ihrer erinnert wurde).

[506] Ebenda: *…pro scribendis libris…*

[507] Ebenda: *deinde vero singulis annis uncias decem (…) exhiberetis sibi (…) pro causa huiusmodi, donec aliter duceremus eidem auctore domino providendum.*

saurar,[508] daß er ihn „durch deutliches Schreiben angewiesen" habe, die genannten Zahlungen zu leisten, daß jedoch, wie der Papst habe hören müssen – Augustinus hatte das wohl, sich beklagend, nach Avignon berichtet – solches bisher nicht geschehen sei. Daher wiederholte der Papst seine Anweisung mit Nachdruck. Da ein weiteres fast gleichlautendes Mahn- und Erinnerungsschreiben nach einem weiteren guten Jahr (am 1. März 1328) erneut in die päpstlichen Register eingetragen wurde,[509] haben wir hier wohl Zeugnisse bürokratischer Routineschreiben vor uns.

Vielleicht hat Augustinus durch eine hartnäckige und wiederholte Erinnerung endlich auch seine „anderweitige Versorgung" befördern wollen? Wenn das so war, so hat er offenbar vergeblich auf einen Erfolg gehofft. Es ist bereits mehr als fraglich, ob die großzügige Zahlungsverfügung des Papstes jemals unseren Augustinermönch erreicht hat oder ob es nicht vielmehr beim ausdrücklich und schriftlich erklärten guten Willen des päpstlichen Widmungsempfängers der Schrift geblieben ist, sich seiner Ehrenschuld entsprechend gegen den Autor großzügig zu erzeigen. Offenbar hat sich Augustinus über drei Jahre hinweg erfolglos darum bemüht und eben wegen der Zustände in der mittelitalienischen Campania maritima auch darum bemühen müssen, den ihm vom Papst verheißenen Lohn nicht in Vergessenheit geraten zu lassen.[510] Am 2. April 1328, des gleichen Jahres, in dem er seinen dritten und letzten uns überlieferten Versuch gemacht hatte, ist er in Neapel gestorben.

Bei seinem Tod blieb eine weitere charakteristische Schrift von ihm unvollendet zurück, wohl ein Auftragswerk, das für den Papst, der sich gerne mit großen Exzerptsammlungen beschäftigte,[511] ein breit angelegtes alphabetisches Zitatenregister aus den Schriften des Kirchenvaters Augustinus zusammenstellen wollte. Ein Ordensbruder, Bartholomäus de Carusiis hat

---

[508] MINISTERI, De vita, S. 142 (Nr. 7) [nicht bei MOLLAT, Les Registres].

[509] MINISTERI, De vita, S. 142f. (Nr. 8) [nicht bei MOLLAT].

[510] Offenbar hat Augustinus in dieser Zeit geplant, Neapel zu verlassen, um in seine Heimatprovinz zurückzukehren, ließ er sich doch von König Robert von Neapel die Erlaubnis geben, *ad praesens ad Marcham Anconitanam scrineos quatuor plenos libris et aliis rebus suis* zu überführen. Vgl. MINISTERI, De vita, S. 49.

[511] Das berichtet auch etwa Francesco Petrarca, Rerum memorandarum lib. II.91 (ed. Giuseppe BILLANOVICH, Firenze 1945, S. 102f.): ... *Ceterum cum a legendo eum et senium et curarum varietas retardaret, gratissimus erat illi quisquis deflorates, ut proprie dicam libros sub breviloquio perstringeret redigeretque in eas quas „tabulas" vocant, in quibus omne quod ex libris quereretur, facillimum est inventu.* Dazu bes. Anneliese MAIER, Ausgehendes Mittelalter, Bd. 2, S. 87–93. Ein weiteres Beispiel (die „Tabula super 350 epistulis Bernhardi cum dictis eiusdem ordinatis per materias secundum ordinem alphabeti", die der Franziskaner Franciscus Coti [Toti?] für den Papst zusammenstellte – auch er übrigens ein Autor einer Schrift gegen Ludwig den Bayern!) erwähnt bei Jean LECLERCQ, Lettres de St. Bernard, histoire ou littérature? In: Studi medievali III.12 (1971) S. 1–74, hier S. 45 mit Anm. 117. Allgemein vgl. auch Louis-Jacques BATAILLON, Les conditions de travail des maîtres de l'Université de Paris au XIIIe siècle, in: Revue des sciences philosophiques et théologiques 67 (1983) S. 417–433.

diese Aufgabe dann sehr viel später übernommen und hat wohl auf der
Grundlage der von Augustinus von Ancona hinterlassenen Materialien die
Arbeit vollendet, die er „Milleloquium veritatis" betitelt hat. Erst dem Papst
Clemens VI. (1348–1352), dem zweiten Nachfolger Johannes' XXII., konnte er schließlich das fertige Opus widmen, mehr als zwei Jahrzehnte nach
dem Tod des Augustinus. Bartholomäus, seit dem 12. Dezember 1347 Bi-
schof von Urbino, hat dann später auf das Geheiß Clemens' VI. einen ähnli-
chen Exzerpte-Teppich unter dem Titel „Milleloquium Ambrosii" angefertigt, scheint also auf den Geschmack gekommen zu sein oder vielleicht auch
Clemens VI. auf den Geschmack gebracht zu haben. Von der Vorarbeit des
Augustinus freilich hat Bartholomäus in seinem eigenen Prooemium zur
Augustinus-Tafel wohlweislich nichts verlauten lassen.[512]

Die „Summa de ecclesiastica potestate" des Augustinus von Ancona ist
ein systematisch angelegter Wurf, sie ist offensichtlich nicht im Handumdrehen entstanden. Sie ist eine Widmungsschrift, aber wohl keine „Auftragsarbeit" im engeren Sinn, auch wenn der Verfasser vom Papst, wie wir
gesehen haben, dafür eine Art Ehrensold erhalten sollte. Es läßt sich nicht
sicher sagen, wann der – gewißlich sorgfältig geschriebene – Codex des
Widmungsexemplars die Kurie erreichte. Das Dankschreiben des Papstes,
das sich auf dieses Werk beziehen könnte, stammt von Ende 1326, es könnte
aber bereits von einer Nachfrage des Autors veranlaßt sein. Jedenfalls muß
die Sendung in Neapel wohl spätestens Anfang oder Mitte 1325 abgeschickt
worden sein. Das aber ist, angesichts der Zeit, die die Herstellung einer derart umfänglichen Reinschrift in Anspruch nehmen mußte, nicht unbedingt
die Zeit der Niederschrift oder auch nur der Vollendung der Schrift, die wir
somit nur sehr ungefähr auf die Zeit vor der Jahreswende 1324/1325 datieren können.

Der entschlossene Wille, in einer breiten Erörterung die Fragen der
kirchlichen Ordnung aufzugreifen, unter Aufgliederung der komplexen
Probleme in kleine übersichtlichere Einzelfragen, die mit Hilfe der an der
scholastischen Universität entwickelten Quaestionenmethode im Drei-
schritt von Argument, Gegenargument und disputativer Widerlegung der
„irrigen" Meinungen behandelt werden sollten und eine Antwort erhalten
konnten, ist auffällig. Hier wurde solch weit ausschweifende Darlegung

---

[512] Vgl. die von MINISTERI, De vita, S. 126, zitierte Bemerkung aus Jordanus, Vitas
fratrum. Vgl. auch Rudolph ARBESMANN, The Question of the Authorship of the „Milleloquium veritatis St. Augustini", in: Paradosis, Studies in Memory of Edwin A. Quain,
New York 1976, S. 169–187. Das „Milleloquium Veritatis" ist mehrfach gedruckt worden:
etwa Louvain 1555; Paris 1645, 1649, 1672, Brescia 1732 [Angaben nach F. LANG in:
LThK² 2 (1958) Sp. 14f.], hat aber naturgemäß keine kritische Edition erhalten. Vgl. auch
Agustín Uña JUÁREZ, San Agustín en el siglo XIV, El „Milleloquium veritatis sancti Augustini", Agustín Triunfo de Ancona y Francisco de Meyronnes, in: Revista Española de
Teologia 41 (1981) S. 267–286, der eine Verbindung zu Augustinus von Ancona nicht anerkennen will.

nicht wie bei Thomas zu einer Analyse der Grundfragen der gesamten Disziplin der Theologie, sondern (nur) zu einer geordneten Stellungnahme zu einem zentralen Streitpunkt der Gegenwart angewandt. Das Werk ist sehr bald und noch lange benutzt worden. Schon Ockham hat Augustinus von Ancona in seinem ebenfalls enzyklopädisch wenn auch nach anderen Gesichtspunkten angelegten „Dialogus" unter den wenigen von ihm namentlich genannten Autoren aufgeführt.[513] Weit über 40 erhaltene Handschriften und mehrere frühe Drucke bezeugen ein Interesse an der umfangreichen Schrift bis in die Neuzeit hinein.[514] Damit hat der Text jedenfalls zu den am häufigsten abgeschriebenen großen „politischen" Traktaten des Mittelalters gehört. Später hat Bellarmin die Schrift als *egregia summa* charakterisiert.[515] In unserem Jahrhundert hat Charles Homer McIlwain mit leichter Übertreibung den Text „one of the half dozen most influential and most important books ever written" genannt.[516]

Mit seinen 112 Quaestionen faßte Augustinus in der Tat die damals an der Kurie gängigen Auffassungen in seltener Geschlossenheit zusammen, wobei er die verschiedenen Traditionen der Artisten, Theologen und Juristen allesamt heranzog und berücksichtigte.[517] Gerade seine Bemühung um Vollständigkeit der Argumente und der Reichtum an Belegen machten den Text zu einer enzyklopädischen Fundgrube auch für diejenigen Benutzer, die sich auf seine eigentlichen Thesen nicht ohne weiteres einlassen wollten. Es scheint kein Zufall, daß auf dem Konzil von Basel der Text einen Höhepunkt der Nachfrage erlebte.[518]

Die allgemeine Systematik, die der Autor entwickelt, macht die Annahme schwierig, er hätte vielleicht in Opposition zu einer bestimmten Gegenposition zur Feder gegriffen. Das wenige, was sich über die Zeit des Abschlusses der Schrift ermitteln ließ, schließt jedenfalls eine direkte Bezugnahme auf Marsilius von Padua und dessen „Defensor pacis" wohl aus. So gewiß die damals „gängigen" gegnerischen Argumente von Augustinus

---

[513] III Dialogus II.i, c. 20, fol. 240vb. Bekanntlich hat Ockham beweglich darüber geklagt, daß ihm in München nur wenige Grundtexte (die Bibel und das kanonistische Korpus samt ihren Glossen) zur Verfügung stünden: bes. III Dialogus II Prologus, fol. 230ra. Offenbar muß das *cum grano salis* verstanden werden.

[514] Vgl. im Anhang.

[515] Zit. nach WILKS, Sovereignty, S. 6

[516] Charles Homer MCILWAIN, The Growth of Political Thought in the West, London 1932, S. 278, zitiert auch bei WILKS, Sovereignty, S. 2.

[517] Von daher ist es verständlich, daß WILKS, Sovereignty, seine Untersuchung zu Augustinus von Ancona zu einer generellen Darstellung der spätmittelalterlichen politischen Theorie allgemein ausgeweitet hat.

[518] Dazu etwa Katherine WALSH, Augustinus und Konziliarismus, Entstehungsgeschichte und ekklesiologischer Stellenwert einer Brixener Hs., in: Kunst und Kirche in Tirol, hgg. J. Nössing / H. Stampfer, Bozen 1987, S. 47–53; und besonders dieselbe, Augustinus de Ancona as a Conciliar Authority: the Circulation of his *Summa* in the Shadow of the Council of Basle, in: The Church and Sovereignty, S. 345–368.

aufgegriffen werden, ein spezifischer Widerschein der typischen Thesen des Marsilius, erst recht deutliche terminologische Bezüge sind nicht festzustellen.[519] Die Haltung des Traktats ist nicht unbedingt radikal „papalistisch", unser Autor hält vorsichtig an traditionellen Positionen fest und versucht, diese mit einer papalistischen Grundvorstellung, so gut es ging, zu vermitteln. Das nicht zuletzt machte seine Schrift später so brauchbar und beliebt. So hat Augustinus immerhin dem Papst mit den seit dem 12. Jahrhundert solide entwickelten kanonistischen Traditionen im Rücken Irrtumsfähigkeit zugetraut und damit auch die Möglichkeit einer Devianz im Glauben grundsätzlich eingeräumt. Damit hat er aber zu Zeiten Johannes' XXII. und seiner Entscheidungsfreude in theologischen Kontroversen[520] auch eine Ketzerei des Nachfolgers Petri und Stellvertreters Christi gerade nicht ausgeschlossen.[521] Daher mußte der Text, bei aller Betonung der päpstlichen Prärogativen, doch zugestehen, daß in diesem Fall der Papst „gerechterweise von jedem Gläubigen bestraft werden" könne.[522]

Auch anderwärts differenziert Augustinus und versucht, die Kompetenzfülle des Papstes wenigstens theoretisch in gewissen Grenzen zu sehen, so etwa wenn er dem Papst keine unmittelbare weltliche Kompetenz zuschreibt, sondern bei ihm die weltliche Gewalt *aliter*, „in anderer Weise" als beim König vorhanden sieht.[523] Aber all das macht ihn nicht zu einem „gemäßigten" Vertreter päpstlicher Allgewalt. Augustinus von Ancona darf als Theoretiker der Anspruchsfülle päpstlicher Weltbemächtigung in der Zeit des avignonesischen Papsttums gelten und sollte heute nicht vorschnell an seinen theoretischen Einschränkungen gemessen werden, die keineswegs praktische Spielräume einer Distanzierung offen lassen.[524] Auch wenn der Traktat verbal die Traditionen der Kanonisten und Theologen des 12. und 13. Jahrhunderts nicht verlassen mochte und sie weiter festhalten wollte, führt er sie nicht eigentlich fort, wenngleich er sie freilich für die Zukunft des 15. Jahrhunderts in gewissem Sinn aufbewahrt hat. Die Beschränkungen, an denen die alten Überlieferungen zwar in unterschiedlichem Umfang, aber doch erkennbar interessiert waren, verblassen bei Augustinus zu

---

[519] Vgl. unten bei Anm. 653. Der „Defensor pacis" ist außerhalb von Paris frühestens 1326 bekannt geworden, damals aber war der Text des Augustinus offensichtlich fertig. Selbst unter Berücksichtigung guter Beziehungen des Augustinus zu „seiner" Pariser Universität halte ich daher eine Bezugnahme für schwierig, ja ausgeschlossen.

[520] Das hat dem Papst insbesondere Ockham immer wieder zum Vorwurf gemacht

[521] Dazu vor allem WILKS, Sovereignty, bes. S. 499–520.

[522] *…iuste a quocumque fideli* (!) *posset corrigi*, Summa q.7a.2, vgl. auch q.18 a.3: *Si papa, qui est superior in tota ecclesia, laberetur in haeresim, quilibet catholicus in tali casu efficitur maior ipso et contra eum sententiare* (!) *posset*. (Sachlich wird damit nur die schon ältere Theorie der Kanonisten wiederholt).

[523] Summa, q.1 a.7, resp. ad ultimum: *potestas temporalis aliter est in pontifice ac in rege, in pontifice enim est ut in confirmante et corrigente, in rege vero ut in administrante*. Das zitiert später noch Bellarmin, De potestate summi pontificis, q. 55.

[524] Vgl. dazu vor allem WILKS, Sovereignty, S. 245–327.

bloßen begrifflichen Differenzierungen, die praktisch die Gewaltenfülle des
Papstes keineswegs einschränken können oder auch nur wollen.

4. Alvarus Pelagius: *De statu et planctu ecclesiae*

Die „Summe" des Theologen Augustinus von Ancona hat auch an der Kurie die Erörterungen nicht abgeschlossen, sondern sie eher angeregt. In den
dreissiger Jahren des 14. Jahrhunderts hat nämlich ein Kanonist an der Kurie selbst erneut den Versuch einer umfassenden Kompilation unternommen. Als er die Erörterungen der Zeit des Pontifikats Johannes' XXII noch
unmittelbar vor Augen hatte, begann Alvarus Pelagius mit der Niederschrift
seines Textes[525] in einer ersten Redaktion in den Jahren 1330 bis 1332, in
den letzten Jahren von dessen Pontifikat. Der Verfasser, ein Franziskaner,
war aus dem heutigen Portugal an die Kurie gekommen. Er war etwa fünf
bis zehn Jahre jünger als Augustinus von Ancona. Aus dem baronialen Adel
seines Landes stammend hatte er zunächst eine anfangs wohl erhoffte kirchliche Karriere mit einem Studium der Kanonistik in Bologna unterfüttert,
wo er bei Guido de Baysio, dem berühmten „Archidiaconus"[526] eine
Promotion zum *doctor decretorum* erreichte, was allein schon ein sehr kost-
spieliges Unternehmen war. Einen *iurista tamen pure positivus* wird ihn noch
im 15. Jahrhundert Laurentius von Arezzo, ein Kurialkleriaker am päpstlichen Hof, bei einer Rückschau auf die Traktate „De potestate papae" des
vorvergangenen Jahrhunderts nennen.[527] 1304 trat Alvarus dann aber in

---

[525] Alvarus Pelagius, OFM, „De statu et planctu ecclesiae", Augsburg 1474; oder Lyon
1517; bzw. Venedig 1560. Der Text eines dieser frühen Drucke (Lyon 1517) mit portugiesischer Übersetzung liegt jetzt in einem Abdruck vor: Alvaro Païs, Estado e pranto da igreja („Status et planctus ecclesiae") ed. Miguel Pinto de MENESES, vol. 1–8 (Lisbôa 1988–
1999 [die Bde. 6–8, 1996–1999, waren mir trotz mancher Bemühungen nicht zugäng-
lich]). Biographisch vgl. vor allem: Antonio Domingues de Sousa COSTA, Estudos sobre
Alvaro Pais, Lissabon 1966; im einzelnen vgl. insbesondere IUNG, Un franciscain, théologi-
en du pouvoir pontifical; Wilhelm KÖLMEL, *Paupertas* und *potestas*, Kirche und Welt in der
Sicht des Alvarus Pelagius, in: Franziskanische Studien 46 (1964) S. 57–101; Louise
HANDELMAN, „Ecclesia primitiva": Alvarus Pelagius and Marsilius of Padua, in: Medioevo
6 (1980) S. 431–448; João Morais BARBOSA, „De statu et planctu ecclesiae", Estudio crítico, Lissabon 1982; MIETHKE, Alvaro Pelagio e la chiesa del suo tempo; Juan Antonio de
C.R. de SOUZA, Álvaro Païs e a monarquia portuguesa no seculo XIV, in: Itinerarium 37
(1991) S. 367–387; Martin BERTRAM, Clementinenkommentare des 14. Jahrhunderts, in:
QFIAB 77 (1997) S. 144–175 (bes. S. 146–149 zu Alvaros frühem Clementinen-Kom-
mentar)
[526] Zusammenfassend zu ihm etwa Hermann VAN DE WOUW, in: LexMA 4 (1989)
Sp. 1774. Ausführlich besonders Filippo LIOTTA, Appunti per una biografia del canonista
Guido da Baisio, arcidiacono di Bologna, in: Studi Senesi 76 (1964) S. 7–52. Auch Guido
(† vor 1311 Juli) hat seit 1304 eine Karriere an der päpstlichen Kurie als „Auditor sacri
palatii" gemacht.
[527] Laurentius von Arezzo, „Prohemium" zu seiner (gewaltigen) Kompilation „Liber
de ecclesiastica potestate", ed. Karla ECKERMANN, Studien zur Geschichte des monarchi-

Assisi, aufgrund eines Bekehrungserlebnisses, in den Franziskanerorden ein,
war dann als Poenitentiar an der Grabeskirche des Heiligen Franziskus tätig,
hatte also an der Abnahme der Beichte und der Erteilung der Absolution
bei den zahllosen und international aus der gesamten Christenheit nach
Umbrien strömenden Pilgern mitzuwirken. Seit 1330 arbeitete Alvarus in
Avignon als einer der zahlreichen „Poenitentiarii minores" an der päpstlichen Pönitentiarie[528], bis er, noch von Johannes XXII. zunächst (1332)
zum (Titular-)Bischof von Koron (auf der Peloponnes) erhoben und wenig
später (1333), ohne daß er jemals sein erstes Bistum betreten hätte, auf den
Sitz von Silves in der Algarve (Portugal)[529] transferiert wurde.

Vielleicht war es der Wechsel des Pontifikats, vielleicht zog ihn die Heimat an, jedenfalls bemühte Alvarus sich darum, anders als bei seinem griechischen Bistum, in Silves auch als geistlicher Hirte zu wirken. Er verließ
die Kurie und kehrte auf die iberische Halbinsel zurück. Freilich sollte er
in seiner Diözese kein leichtes Leben haben. Nach jahrelangen Querelen,
die ihn schon früher zu zeitweiligem Verlassen seiner Diözese zwangen,
wurde er schließlich 1346 endgültig aus Silves vertrieben. Er starb (1350)
im Exil in Sevilla, ohne daß er sich wieder in seinem Bistum hätte durchsetzen können.

Noch während seiner Tätigkeit in Avignon schrieb er in einer ersten
Redaktion[530] seinen Traktat „De statu et planctu ecclesiae" nieder, viel-

---

schen Gedankens, S. 161–168; ed. GRABMANN, Studien über den Einfluß, S. 134–144
[= Gesammelte Akademieabhandlungen, Bd. 1, S. 942–952]; (am relativ besten mit dem
ausführlichsten Kommentar) edd. Anton Hermann CHROUST / James A. CORBETT, The
Fifteenth Century „Review of Politics" of Laurentius of Arezzo, in: Medieval Studies 11
(1949) S. 62–76. Dazu Ludwig HÖDL, Kirchengewalt und Kirchenverfassung nach dem
„Liber de ecclesiastica potestate" des Laurentius von Arezzo, Eine Studie zur Ekklesiologie des Basler Konzils, in: Theologie in Geschichte und Gegenwart, Michael Schmaus
zum 60. Geb., hg. Johannes Auer und Hermann Volk, Bd. 1, München 1957, S. 255–278
[mit weiterer Literatur].

[528] Eine erste Übersicht über dieses zentrale kuriale Amt vermittelt Thomas FRENZ,
in: LexMA 7 (1995) Sp. 35; vgl. auch Bernhard SCHIMMELPFENNIG, Das Papsttum, Darmstadt 41995, S. 213f., und vor allem jetzt Ludwig SCHMUGGE, Kirche, Kinder, Karrieren,
Päpstliche Dispense von der unehelichen Geburt im Spätmittelalter, Zürich 1995, bes.
S. 81–110 und passim, der einen Teilaspekt der Arbeit dieser Instanz eingehend untersucht
(zur Forschungsgeschichte ebenda, S. 9ff.).

[529] Koron hatte eine Servitientaxe von 650 fl., Silves eine von 400 fl., vgl. HOBERG,
Taxae, S. 43b u. 111b. Diese Differenz, die eine erhebliche Verringerung der Einkünfte bedeutete, ist bemerkenswert, ebenso daß Alvarus nach Silves aufgebrochen ist.

[530] Die Redaktionsgeschichte haben vor allem IUNG und BARBOSA aufgehellt. Es ist
danach davon auszugehen, daß Alvarus 1330–1332 den Text in einer ersten Redaktion in
Avignon niederschrieb, diesen dann um 1335 in Portugal erweiternd überarbeitete und
schließlich 1338–1340 die nochmals um wichtige Teile und zahlreiche kanonistische Belege ergänzte Endfassung in Santiago de Compostella anfertigte. Die frühen Drucke (und
damit auch der Abdruck des Drucks von Lyon 1517 durch Pinto de MENESES) fußen allesamt auf der letzten und „vollständigsten" Redaktion, die freilich an einigen Stellen auch
weniger Text enthält, vgl. z.B. unten Anm. 535.

leicht verdankt er seine Erhebung zur Bischofswürde bereits auch dieser
Leistung. Alvarus häufte in seinem Traktat eine gewaltige Fülle von Argumenten vorwiegend aus kanonistischen Materialien, indem er Belege über
Belege für die Grundlagen der päpstlichen Ansprüche in Kirche und Welt
aneinanderreihte und in einem zweiten Teil eine Ständelehre vorlegte, die
die verschiedenen Stände der Christenheit didaktisch in Form einer scharfen Kritik an den Übelständen und ständetypischen Missetaten aufzuklären
unternahm. So kann dieser Teil bisweilen wie eine Kapuzinerpredigt erscheinen.

Diese erste Reaktion seines Textes ist handschriftlich nicht schlecht bezeugt,[531] die stark erweiterte Bearbeitung, die der Autor in zwei Anläufen
später in Portugal (1335 und 1340)[532] vornahm, indem er wiederum eine
ganze Reihe von weiteren Belegen und Materialien ergänzend in den Text
integrierte, wird, was die handschriftliche Verbreitung betrifft, im späteren
Mittelalter (ähnlich wie die „Summa" des Augustinus von Ancona) zur
Spitzengruppe der politischen Traktate des 14. Jahrhunderts gehören.[533]
Obwohl es der Umfang des Textes bereits für die erste Fassung unmöglich
machte, ihn vollständig mit anderen Texten zusammen in eine einzige Miszellanhandschrift zu zwängen, und obgleich damit auch Mühsal und Kosten,
die beim Erwerb eines Exemplars aufzubringen waren, unvergleichlich viel
stärker ins Gewicht fallen mußten als bei einem kürzeren Traktat, sind auch
von diesem schon rein äußerlich gewaltigen Werk mehr als 40 Manuskripte
erhalten geblieben, die eine breite Aufnahme dieser Schrift in der interessierten Öffentlichkeit bezeugen. Gewiß kann auch der Siegeszug der Juristen in den staatlichen Verwaltungen und an den Fürstenhöfen des 15. und
16. Jahrhunderts eine zusätzliche Erklärung für diesen erstaunlichen Erfolg
des Textes liefern, aber allein erklären kann er ihn wohl nicht. Die recht
schlichte Architektur des Theorieangebots in diesem Traktat, der sich in
wahren Katenen von Belegzitaten aus dem kanonistischen Fundus ergeht,
die eigenartige Art der rein subsummierenden Begründung seiner Thesen
durch die Zitation der entsprechenden Normen, die Tatsache, daß der Text
für mancherlei (und sehr verschiedene) Zwecke ein gewissermaßen enzyklopädisches Register von anders schwer erreichbaren Belegstellen bot und

---

[531] Vgl. die Liste der Mss. bei Barbosa, Estudios, S. 45–47. Von den 27 dort genannten Mss. (davon 18 durch den Vf. eingesehenen) ordnet er 7 vorwiegend der ersten und
frühesten Redaktion (von 1330 / 32) zu, 1 der zweiten (von 1335), weitere 6 der dritten
(wobei kein einziges nach seiner Auffassung eine Redaktion rein repräsentiert), während
er die anderen wegen ihres fragmentarischen oder Exzerptcharakters nicht zuordnen
möchte. Eine genauere Aufnahme der Textüberlieferung an allen Mss. dürfte sich immer
noch lohnen.
[532] Die dritte Redaktion von 1340 ist dem aus der iberischen Halbinsel stammenden
Kardinal Pedro Gomez gewidmet – vgl. dazu François Baix, in: Dictionnaire d'Histoire et
de Géographie Ecclésiastiques Bd. 6 (1932) Sp. 934–936 – Alvarus hatte damals also seine
Hoffnungen auf eine kuriale Karriere offenbar immer noch nicht begraben.
[533] Vgl. den Anhang.

damit relativ leicht auszuschlachten war, mag zusammengenommen seinen
Erfolg eher verständlich machen.

Alvarus behält bei aller additiven Anhäufung von Zitaten zugunsten einer
als allumfassend verstandenen päpstliche Kompetenz seine eigene, seine spezifisch franziskanische Meinung. Umsichtig freilich und vorsichtig legt er
großen Wert auf eine Position, die sich aus dem Mainstream der an der Kurie offensichtlich erwünschten Meinungen nicht entfernte. So hält Alvarus
in der ersten noch in Avignon an der Kurie Johannes' XXII. entstandenen
Fassung seines Werkes, die er, den Usus eines Aegidius Romanus, Jakob von
Viterbo sowie auch eines Augustinus von Ancona aufnehmend dem Papst
Johannes XXII. persönlich gewidmet hat, in einer eigenen Protestation
fest,[534] sein Verständnis des Armutsgebotes in Christi Evangelium halte sich
an die „neuerlich" ergangene päpstliche „Auslegung" der Armut Christi
und seiner Apostel. Damit bezieht er sich vorsichtig und sehr allgemein
bleibend auf die wichtigen Dekretalen Johannes' XXII. im Armutsstreit, der
seit 1322 an der Kurie ausgefochten worden war.[535] Alvarus unterstützt hier
sogar die Meinung des Papstes, daß bei Verzehrgütern eine Trennung von
Gebrauch und Eigentum nicht denkmöglich und also juristisch nicht statt-
haft sei, unterwirft jedoch sich und seinen Text vorweg und bedingungslos
dem Urteil des Papstes.

Diese Verwahrung der ersten Redaktion hat Alvarus dann noch 1335 in
seiner zweiten Redaktion erweitert und sie sogar wiederholend an den
Anfang (nicht nur an das Ende) einer ausführlichen Erörterung der Armutsfrage gesetzt, obwohl er sich keineswegs scheute, aus der franziskanischen
Polemik gegen die päpstlichen Entscheidungen ausgerechnet eine Stellungnahme des früheren Ordensprokurators Bonagratia von Bergamo fast vollständig einzurücken,[536] der inzwischen seit dem Frühsommer des Jahres
1328 zusammen mit dem damaligen Ordensgeneral Michael von Cesena
und u.a. auch Wilhelm von Ockham an den Hof Ludwigs des Bayern geflo-

---

[534] II.63 a.E.: *Predicta de intellectu evangelii de paupertate loquentis et de usus separatione in
religiosis a proprio quo carent, intelligo salvo intellectu constitutionum domini nostri pape Iobannis
XXII de ista materia loquentium, quarum una incipit „Ad conditorem", altera „Cum inter", alia
„Quorundam", quibus sto, et cuius correctioni commisi in principio istius operis, in medio et in fine
opus.* – Zitiert (nach den vatikanischen Mss. Vat. lat. 7212 und Chigi E-VIII-243) bei BAR-
BOSA, Estudio, S. 78.

[535] BARBOSA, Estudio, S. 78 unter Bezug auf Ms. Vatikan, Urb. lat. 153 (dort zu II. 54 u.
63). In den Drucken der dritten Redaktion findet sich wohl der Armutsexkurs des Alvarus, nicht aber die Protestation (wie in voriger Anm.), die der Vf. nun anscheinend für
überflüssig erachtete.

[536] Es handelt sich um die sog. „Responsiones ad oppositiones" (vor 1324 Nov. 10), ed.
EUBEL (nach einer anonymen Fassung in einem Ms. des Vatikanischen Archivs) in: Bulla-
rium Franciscanum, Bd. 5, S. 256a–259b. Dazu präzisierend MIETHKE, Alvaro, S. 284f. mit
Anm. 68f. Vgl. auch Marino DAMIATA, Alvaro Pelagio, Teocratico scontento, S. 215–224.
Der Text ist aufgenommen in „De statu et planctu ecclesiae" II.59 (bezeichnenderweise
unmittelbar vor II.60, wo Alvarus die Appellation des Bonagratia ausschreibt).

hen war und der während der Zeit der Niederschrift von Alvarus' Text von München aus Papst und Kurie auf das heftigste bekriegte. Freilich handelt es sich bei diesem von Alvarus wie so vieles andere in seine Kompilation übernommenen Text, den Alvarus selbstverständlich anonym und ohne Kennzeichnung eines Zitats in seinen „Planctus" eingegliedert hat, um eine relativ frühe Schrift im Streit aus einer Zeit, in der auch Bonagratia noch nicht alle Brücken möglicher Verständigung mit dem Papst abgebrochen hatte oder abbrechen wollte.[537]

Auch sonst enthält die Schrift des Alvarus vielerlei Übernahmen aus eigenen und vor allem aus fremden Traktaten. So hat sich Alvarus nicht gescheut, den gesamten Text des Augustinereremiten Jakob von Viterbo „De regimine Christiano" Satz für Satz und Wort für Wort (mit einigen Umstellungen und redaktionellen Variationen) in seine Kompilation zu übernehmen, ohne natürlich auch hier die Übernahme auch nur anzudeuten, er „besserte" den vorwiegend theologisch und philosophisch argumentierenden Text nur dadurch auf, daß er als Kanonist die passenden Allegationen aus Dekret und Dekretalen einfügte.[538] In ähnlicher Weise hat er sich an der Kurie auch bei anderen, vorwiegend bei „kurialistischen" Autoren bedient, ja geradezu ein Puzzle aus verschiedenen Quellenfäden zusammengestellt.[539] Hier soll dieses Gewebe nicht in seine Bestandteile aufgelöst werden. Zur Charakteristik genügt uns, was wir bisher festgestellt haben. Solche Kompilationen hatten im Zeitalter handschriftlicher Vervielfältigung von Texten durchaus ein Publikum. Wenn damit der Text auch nicht gerade durch Geschlossenheit beeindrucken kann, so erfüllt er durch seine flexible Buntheit und durch seinen Reichtum an Einzelargumenten eine angebbare Funktion.

---

[537] Zu dem Vermittlungscharakter der Schrift vgl. etwa MIETHKE, Ockhams Weg, S. 393–396 (hier noch irrtümlich Bonagratia abgesprochen). Eine Dissertation zu den verschiedenen Stellungnahmen Bonagratias im Armutstreit von Eva Luise WITTNEBEN, Heidelberg, steht unmittelbar vor dem Abschluß.

[538] Darauf hat bereits IUNG, Alvaro, S. 34f. aufmerksam gemacht. Der Text ist in zwei Tranchen bei Alvarus zu finden: „De regimine" II.1–10 stehen in „De statu et planctu" I.51–59; „De regimine" I.1–6 in „De statu" I. 61–63.

[539] Grundlegend die Liste der Entlehnungen bei IUNG, Alvaro, S. 38–44, vgl. auch BARBOSA, Estudio, S. 114. Außer den hier bereits genannten Übernahmen sind zu identifizieren: in De planctu I.40 die Einrückung einer anonymen Streitschrift von ca. 1327/30, vgl. bereits den Nachweis von Scholz, Streitschriften Bd. 1, S. 250–256. Der Text des Pamphlets jetzt ed. durch Jean LECLERCQ, Textes contemporains de Dante sur des sujets qu'il a traités, in: Studi medievali III.6 / 2 (1965) S. 491–535, hier S. 507–517. – I.40–I.43, lehnt sich in der historischen Darstellung eng an die Determinatio compendiosa des Tolomeo von Lucca an. – I.45 finden sich knappe Exzerpte aus Aegidius Spiritalis von Perugia [vgl. Alvarus, Bd. 2, S. 124, mit Aegidius, bei SCHOLZ, Streitschriften, Bd. 2, S. 107f.]. – In I.60 ist Bonifaz' VIII. Konstitution „Unam sanctam" eingerückt und durch Allegation von kanonistischen Parallelen kommentiert. – In I.62 schiebt Alvarus auch Exzerpte aus Thomas von Aquins „De regno" I.1–7 mitten in den Text des Jakob von Viterbo ein. De planctu, I. 51–59, 61–63, ist sonst wörtlich aus Jakob von Viterbo übernommen.

Auch Alvarus hat sich nicht damit begnügt, seinen in Avignon niedergeschriebenen Text in seiner portugiesischen Heimat noch zweimal erweiternd zu bearbeiten, er hat auch weitere, ebenfalls jeweils recht umfangrei-
che Schriften in Angriff genommen, die an seinem ständekritischen Anliegen ebenso festhalten, wie sie seinem Eifer für eine juridisch gesicherte
reine Lehre entsprechen. Mit einem „Königsspiegel"[540] hat er nicht ganz
unverständlich auf die „klassische" Gattung der Fürstenspiegel zurückgegriffen, da das seinen ständedidaktischen Absichten ja weit entgegenkam:
das ermöglichte ihm eine weitere moralgetränkte Scheltrede gegen die
mißbräuchlichen Zustände in Portugal. Auch das „Collirium fidei adversus
haereses"[541] ist für uns heute vor allem wegen seiner konkreten Kritik an
allen möglichen Irrtümern von Interesse,[542] die Alvarus aus seiner Gegenwart, aus den Verurteilungen im Kirchenrecht und aus gängigen Aufzählungen in langen Listen zusammenstellt und einzeln zu widerlegen unter-
nimmt. Den medizinisch gewendeten Titel der zweiten Schrift erklärt uns
der Autor selber ausdrücklich.[543] *Collyrium* meint eine Augensalbe, die die
Sicht klären soll. Alvarus zeigt aber in diesen beiden Schriften kein über den
„Planctus" hinausgehendes theoretisches Interesse, seine Salbe ist keine
Analyse, sondern deckt die kritisierten Umstände mit normativen Appellen
zu. Diese Texte müssen uns hier nicht weiter beschäftigen.

Alvarus Pelagius, den unermüdlichen Sammler von Einzelbelegen für die
überragende Stellung des Papstes in Kirche und Welt, haben wir noch im
Rahmen der kurialistischen Traktatliteratur am päpstlichen Hof behandelt,
wie sie uns seit dem Pontifikat Bonifaz' VIII. immer wieder entgegentritt. Er

---

[540] Espelho dos reis, estabelecemento do texto e tradução do Miguel Pinto de MENE-
SES, Bd. 1–2, Lissabon 1955–1963. Ausführliche Exzerpte bei SCHOLZ, Streitschriften,
Bd. 2, S. 91–514. Vgl. auch ebenda, Bd. 1, S. 197–202. Ausführlich insbesondere João Morais BARBOSA, A teoria política de Alvaro Pais no „Speculum regum", Esboço duma fun-
damentacão filosófico-jurídica, in: Boletim do Ministério de Justiça no. 211–213, auch se-
parat: Lissabon 1972. (DAMIATA, Teocratico scontento, widmet der Schrift kein eigenes
Kapitel).

[541] Colírio da fé contra as heresias, estabelecemento do texto e tradução do Miguel
Pinto de Meneses, Bd. 1–2, Lissabon 1954–1956. Ausführliche Exzerpte, die den Charakter der Schrift erkennen lassen, bei Scholz, Streitschriften, Bd. 2, S. 514–529. Vgl. auch
ebenda, Bd. 1, S. 197, 202–207. (DAMIATA, Teocratico scontento, schenkt auch dieser
Schrift keine besondere Beachtung).

[542] Unter vielem anderen wird auch etwa immer wieder ein Zweifel an päpstlicher
Kompetenz und päpstlichem Handeln gegeißelt. Von der unten (Anm. 681, 714f.) noch zu
nennenden Irrtumsliste gegen den „Defensor pacis" nimmt Alvarus in V.1–3 (Bd. 2,
S. 24–34, Pinto de MENESES) immerhin gut die Hälfte auf – es muß offen bleiben, ob ihm
vielleicht die volle Liste nicht zugänglich war. Die Verurteilung der 217 Irrtümer durch
Stephan Tempier in Paris 1277, die um dieselbe Zeit Konrad von Megenberg ohne Abstriche in seine „Yconomica" eingestellt hatte (III.14, pars 1–16, ed. KRÜGER, Bd. 3, S. 53–
189), wird von Alvarus ebensowenig berücksichtigt wie die privaten Zusammenstellungen, die diese Liste mit ähnlichen (kürzeren) Listen aus Oxford kombinierten.

[543] *Collyrium enim sonat quod vitia oculorum tergat (…) Unde Huguccio dicit, quod collyrium
dicitur unctio facta ad tergendas feces oculorum tergendas…*, Bd. 1, S. 38 Pinto da Meneses.

ist gewissermaßen der letzte und auch in gewissem Sinn ein extremer Verteidiger umfassendster päpstlicher Weltherrschaftsansprüche. Auch wenn er sich am Ende in seiner eigenen Diözese nicht durchzusetzen vermochte, hat er unverrückt an den Vorrechten der geistlichen vor der weltlichen Gewalt festgehalten und die Fahne papaler Ansprüche weithin sichtbar aufgepflanzt.

Doch versteht es sich von selbst, daß zu seiner Zeit, d. h. in den ersten Jahrzehnten des 14. Jahrhunderts die kurialistischen Positionen nicht alleine auf dem Plan blieben. Deutlich ist ja von vorneherein, daß sie auf widerstrebende Traditionen treffen mußten, die sich auch vernehmlich zu Worte meldeten. Allzu viele gegenteilige Interessen waren berührt, die sich über kurz oder lang bemerkbar machten. Schon zu Zeiten Bonifaz' VIII. hatte die Universität Paris den Konflikt des französischen Könighofes mit Papst Bonifaz VIII. nicht ausschließlich beratend begleitet. Der Hof des französischen Königs hatte an der, zumindest was die Theologie betraf, damals noch zentralen Universität der Christenheit vielfältige Unterstützung erhalten. Der Streit war auch sichtbar in der Universität und ihren Hörsälen ausgefochten worden, da die Gelehrten sich willig in einen Kampf der Streitschriften begaben und einen Austausch von Argumenten suchten. Besonders Johannes Quidort hatte, wie wir gesehen haben, einen Gegenentwurf gegen die kurialen Prätentionen von nachhaltiger Wirksamkeit vorgelegt.

Darüber hinaus hatte der heftige Schlagabtausch zwischen der Kurie und dem königlichen Rat deutlich gemacht, daß in diesem Kampf keineswegs ausschließlich juristische Mittel zählten. Ganze Kommissionen von Gelehrten haben anscheinend zusammengearbeitet, um den kurialen Angriffen die Stirn zu bieten. Die Streitschriften, die damals entstanden, bleiben noch eine Zeitlang wirksam, zumal gewiß auch die emotionale Erregung sich nicht sogleich legte.

Die päpstliche Kurie hat die von diesem Papst eingenommenen Positionen, unbeirrt von dem Scheitern der Träume Bonifaz' VIII. in Anagni, zunächst ohne erkennbare Abstriche weiter vertreten, wobei gewiß im einzelnen die Lautstärke unterschiedlich sein konnte – das hing von der konkreten politischen Lage und gewiß auch von dem Naturell der beteiligten Personen, insbesondere dem Charakter des Papstes selber ab. Ein Benedikt XI. hatte alle Mühe, aus dem Trümmerhaufen der bonifazianischen Politik die Kurie zunächst einmal herauszuziehen, und Clemens V. war erst recht ein Mann nicht so sehr des Auftrumpfens, als der flexiblen Nachgiebigkeit im Praktischen, ohne daß er es ganz unterlassen hätte, auf einer zumindest verbalen Wahrung päpstlicher und kurialer Positionen zu beharren; dafür sorgte allein schon die personelle Kontinuität des kurialen Apparates. Mit dem Amtsantritt Johannes' XXII. hatte sich das Klima aber spürbar geändert. An der Kurie selbst waren in seiner Regierungszeit umfassend angelegte Kompilationen entstanden. Aber der päpstliche Hof blieb auch jetzt keineswegs der einzige Ort, an dem man über die päpstlichen Kompetenzen nachdenken wollte.

VII. Die Praxis der politischen Theorie:
Die Versammlung von Paris und Vincennes

1. Anlaß und Ablauf

Widerspruch gegen die kurialen Ansprüche blieb, wie zu erwarten war, schon im 14. Jahrhundert keineswegs aus, mochten er nun laut oder leise, in knappen Statements oder in umfangreichen Materialmassen erhoben werden. Die „Monarchia" Dantes lassen wir hier einmal wegen ihrer nicht absolut gesicherten Zeitstellung und auch deswegen beiseite, weil Dante sie weit ab von den Universitäten (wenn auch durchaus in universitärem Stil) niederschrieb, obwohl sie höchstwahrscheinlich zumindest chronologisch auch in den Pontifikat Johannes' XXII. gehört. Gewissermaßen in der Tradition Philipps des Schönen – wohl richtiger gesagt, dank dem traditionellen Selbstbewußtsein der Pariser Universitätsgelehrten – haben sich Einspruch und Widerrede wiederum am deutlichsten dort an dieser Universität geregt.

Zuerst war es die Frage nach der Kirchenstruktur, die in der Debatte zwischen dem Theologen aus dem Weltklerus Johannes von Pouilly und dem Dominikaner Petrus de Palude 1316–1321 ausgefochten wurde.[544] Dieser Streit hat in der theologischen Fakultät fraglos weiterhin und anhaltend für Unruhe gesorgt, nahm er doch die nicht enden wollenden Querelen der zweiten Hälfte des 13. Jahrhunderts um die dem Papste zugewachsene Stellung als Kirchenzentrale und Entscheidungsspitze der Amtskirche, um sein Verhältnis zu den Ortsbischöfen und Landeskirchen einerseits, zu den straff organisierten, zentral geführten und der Kurie nahestehenden Bettelordensverbänden andererseits, jetzt erneut in Form eines theologischen Disputs um die Ekklesiologie auf. Durch die Verurteilung Pouillys hat Papst Johannes XXII. seine ihm bis dahin unbestrittene Kompetenz zu einer definitiven Lehrentscheidung auch in diesem Falle wahrgenommen und durchge-

---

[544] Zusammenfassend dazu Rainer ZEYEN, Die theologische Disputation des Johannes de Polliaco zur kirchlichen Verfassung. Nicht berücksichtigt wird bei Zeyen das Eingreifen des Johannes de Pouilly in die Debatten um den Templerprozeß, was sich deutlich in seinen Quodlibets spiegelt: dazu ist eine Untersuchung von Karl Ubl zu erwarten.

setzt.[545] Mit der apostolischen Konstitution „Vas electionis" (vom 24. Juli 1321)[546] hat er die anstößigen Sätze des Pariser Theologen verurteilt. Damit schien anscheinend zunächst der Streit um die Beichtprivilegien der Bettelorden und um die Pfarrechte des Weltklerus in der Öffentlichkeit ausgestanden. An der Universität war aber keineswegs alles Nachdenken über Kirchenstruktur und päpstliche Kompetenz abgebrochen. Zwei zeitlich eng benachbarte Komplexe, die im Lauf des dritten Jahrzehnts des 14. Jahrhunderts davon Zeugnis geben, können das exemplarisch verdeutlichen, ein zunächst rein inneruniversitäres „Ereignis", der Abschluß einer kritischen Schrift durch einen Pariser Gelehrten im Jahre 1324 einerseits und nur etwa ein halbes Jahrzehnt später eine große Debatte, die sich an verschiedenen Tagen auf offiziösen Veranstaltungen vor dem versammeltem königlichen Rat und in Anwesenheit des Herrschers selbst an der Wende zum Jahre 1330 in und bei Paris abspielte. Wir verlassen hier den Leitfaden der Chronologie, dem wir sonst im allgemeinen gefolgt sind, und wenden uns zunächst der (späteren) „Versammlung von Vincennes" zu, wie sie etwas irreführend genannt wird, um erst im Anschluß daran den Text des Marsilius von Padua in Augenschein zu nehmen.

Der Konflikt zwischen der avignonesischen Kurie und dem römischen König und Kaiser besonderer Prägung Ludwig dem Bayern gab zwar, wie wir noch zu verfolgen haben werden, den Anstoß zu wichtigen Überlegungen politischer Theorie, er blieb aber im Europa des 14. Jahrhunderts keineswegs der einzige Anlaß für politische Reflexion größerer Bedeutung, auch wenn bei oberflächlicher Betrachtung aus vorwiegend deutscher Perspektive der Streit zwischen Papst und Kaiser damals noch die Szene zu beherrschen scheint. Frankreich,[547] das am Beginn des Jahrhunderts die Frage nach der Amtskompetenz des Papstes in Kontrast zu den Herrschaftsrechten des Königs allererst in Bewegung gebracht hatte, nahm an dem Konflikt um Approbation und Regierungsrechte eines römischen Königs und deutschen Herrschers nicht unmittelbar mehr teil, spielte aber insofern doch auch für diesen um den deutschen Herrscher zentrierten Streit eine merkliche Rolle, als in der Universität Paris gegenüber dem damals noch universitätslosen Deutschland eine „Agentur" für theoretische Bemühungen existierte, die von deutschen Klerikern in langer Tradition immer wieder in Hoffnung auf eine solide Ausbildung und angemessene Bildung aufgesucht worden war.

---

[545] Dazu außer MIETHKE, Papst, Ortsbischof und Universität; jetzt etwa J.M.M. Hans THIJSSEN, Censure and Heresy at the University of Paris 1200–1400; vgl. auch unten Anm. 823.

[546] CUP II, S. 243f. (Nr. 798); aufgenommen auch in die späte Privatsammlung der „Extravagantes communes", vgl. z.B. Corpus Iuris Canonici, ed. FRIEDBERG, Bd. 2, Leipzig 1881, Sp. 1291. Vgl. auch Exzerpte in: DENZINGER-SCHÖNMETZER (bzw. DENZINGER-HÜNERMANN), Nrr. 921–924.

[547] Eine neuere auf Frankreich bezogene Gesamtdarstellung hat vorgelegt KRYNEN, L'Empire du roi. Freilich ist der Blick dieses Buches auch stark auf Frankreich eingegrenzt.

Seit Jahrhunderten hatten deutsche Studenten die Universität Paris genutzt,[548] die neben den oberitalienischen Rechtsuniversitäten, vor allem
neben Bologna,[549] die Deutschen das Fehlen eigener Hochschulen von
internationalem Rang bis weit ins 14. Jahrhundert hinein sichtbar leicht
verschmerzen ließ,[550] konnte Deutschland doch seinen Bedarf an qualifi-
ziert Ausgebildeten kostengünstig und reibungslos durch intensive Fernstu-
dienreisen seiner Studenten decken.

Es ist somit kaum ein Zufall, daß an der Universität Paris auch die besonderen Probleme der deutschen Reichsverfassung nicht gänzlich unbeachtet
blieben. Sehr zeitnah hatte sich ja etwa der aus Reichsitalien stammende
Marsilius von Padua zu Beginn der zwanziger Jahre des 14. Jahrhunderts
daran gemacht, als Aristoteliker die Probleme Ludwigs des Bayern konsequent zu durchdenken. Es ist aber verständlich, daß an der Seine die inner-
französische Entwicklung im allgemeinen stärkere Beachtung fand.

Wir müssen darauf verzichten, uns die Verhältnisse in der französischen
Monarchie unter den letzten Kapetingern im einzelnen zu vergegenwärti-
gen. Die Intensivierung des königlichen Herrschaftsanspruchs auf der einen
Seite und die Durchsetzung klarerer kirchlicher Verfassungsstrukturen auf
der anderen Seite hatten jedenfalls seit dem 13. Jahrhundert zunehmend für
eine Reihe von Reibungsflächen zwischen der weltlichen und der geistlichen Gerichtsbarkeit gesorgt. Noch der Kampf zwischen Bonifaz VIII. und
dem französischen König Philipp dem Schönen hatte sich in seiner zweiten
Hitzephase an einem Streit über den Gerichtsstand des Bischofs von Pamiers Bernard de Saisset entzündet, auch wenn hier der Vorwurf von Hoch-
verrat und Majestätsverbrechen mit im Spiel gewesen war. Das Verhältnis

---

[548] Zur Frühzeit vor allem Joachim EHLERS, Deutsche Scholaren in Frankreich während des 12. Jahrhunderts, in: Schulen und Studium im sozialen Wandel des Hohen und
Späten Mittelalters, hg. von Johannes Fried (Vorträge und Forschungen, 30) Sigmaringen
1986, S. 97–120. Einen detaillierten Blick auf die Organisation der deutschen „Nation"
an der spätmittelalterlichen Pariser Universität (erst des 15. Jahrhunderts) eröffnet (aus der
innerorganisatorischen Perspektive) Mineo TANAKA, La nation anglo-allemande de
l'Université de Paris à la fin du Moyen Âge (Mélanges de la Bibliothèque de la Sarbonne,
20) Paris 1990.
[549] Reiches prosopographisches Material zu Bologna (über die klassischen Aufstel-
lungen von Gustav KNOD, Deutsche Studenten in Bologna (1289–1562), Biographischer
Index zu den „Acta nationis Germanicae universitatis Bononiensis", Berlin 1899, weit
hinaus), bis weit ins 14. Jahrhundert dem wichtigsten Ziel der Bildungsreisen deutscher
Studenten in Italien, liefert Jürg SCHMUTZ, Juristen für das Reich, Die deutschen Rechts-
studenten an der Universität Bologna 1265–1425 (Veröffentlichungen der Gesellschaft für
Universitäts- und Wissenschaftsgeschichte, 2) Basel 2000. Zu den ersten Jahrzehnten des
14. Jahrhunderts exemplarisch auch MIETHKE, Einleitung in: ★Lupold von Bebenburg,
Politische Schriften, S. 3–11.
[550] Die Gründe für die „Verspätung" Deutschlands in der Universitätsgeschichte sollen hier nicht erwogen werden. Zu berücksichtigen ist freilich, daß ein allzu stark vom
19. Jahrhundert geprägter Begriff von Deutschland (ohne Reichsitalien) auch für diese
Frage nicht erkenntnisfördernd ist.

von weltlicher und geistlicher *iurisdictio* jedenfalls war ein ständiges Problem, das sich rasch mit ganz anderen Fragen assoziieren und dann wie Zunder zu einem heftigen Brand führen konnte, ungleich heftiger, als der Konflikt wohl ohne diesen Hintergrund hätte entbrennen können.

Den Zeitgenossen war diese Sachlage zwar nicht klar bewußt, sie hatten jedoch für das konfliktreiche Feld des Verhältnisses von geistlicher und weltlicher Gerichtsbarkeit ein scharfes Auge allein deswegen, weil der Begriff der *iurisdictio* nicht ausschließlich den Gerichtsstand bestimmter Personen oder die rechtsprechende Gewalt einer gewaltenteilig gedachten Verfassung umfaßte (wie seit Montesquieu und in der Gegenwart), sondern seit dem früheren Mittelalter Herrschaft über Personen schlechthin meinen konnte. Wer *iurisdictio* besaß, besaß die Entscheidung über Recht und Unrecht im Einzelfall. „Gerichtsherrschaft" ist daher wohl eine einigermaßen passende Übersetzung für das Wort in eine heutige Sprache.

Wenn über *iurisdictio* gestritten wurde, ging es immer auch um den letztthinnigen Herrschaftsanspruch über bestimmte Personen oder über bestimmte Gebiete. Konflikte um die *iurisdictio* waren dementsprechend alt, fast überall konnten sie aufflammen. In Frankreich hatte der Streit zwischen den geistlichen Gerichten der Bischöfe und der königlichen Gerichtsbarkeit an der Wende zum 14. Jahrhundert eine sehr spezifische Form erreicht,[551] die im deutschen Herrschaftsbereich zwar durchaus Analogien kannte, doch wurden die Auseinandersetzungen in Frankreich besonders heftig und langwierig geführt, was von hier aus verständlich scheint. Was der königliche Hof stetig und energisch zur Durchsetzung der Herrschaftsrechte des Königs das ganze 13. Jahrhundert hindurch unternommen hatte, fand in der langen Regierungszeit Philipps des Schönen, des letzten bedeutenden Kapetingers auf Frankreichs Thron, eine konsequente und zielgerichtete Fortsetzung, stieß aber auch auf erheblichen Widerstand.

Kirchliche Prälaten standen durchaus nicht alleine, wenn sie sich den Ansprüchen der königlichen Zentrale entgegenstemmten. Ihr Widerstand aber war und blieb besonders weithin sichtbar. Der Konflikt mit Papst Bonifaz VIII hatte diese fast naturgemäßen Spannungen zwischen König und Landeskirche für eine bestimmte Zeit überdeckt, aber natürlich konnte der Ausgleich, der mühsam genug in dem Jahrzehnt nach dem Tod des Caëtani-Papstes erreicht wurde, sie keineswegs beseitigen. Die Formen freilich, in denen die Auseinandersetzungen zwischen Königshof und Kurie geführt

---

[551] Dazu bereits die Übersicht von Paul FOURNIER, Les conflits de juridiction entre l'Église et le pouvoir séculier de 1180 à 1328, in: Revue des questions historiques 27 (1880) S. 432–464. Zu dem besonderen Problem der „regale spirituelle" Jean GAUDEMET, La collation par le roi de France des bénéfices vacants en régale des origines à la fin du XIVe siècle (Bibliothèque de l'École des Hautes Études, Sciences religieuses, 51) Paris 1935. Zusammenfassend Elisabeth LALOU in: LexMA 7 (1995) Sp. 558f.

worden waren, wirkten vorbildhaft weiter auch für diese „älteren" Probleme. Das galt freilich nicht allein für Konflikte zwischen weltlichen und geistlichen Ansprüchen, sondern weit darüber hinaus.

Dem französischen Hof war es um die Jahrhundertwende gelungen, in Frankreich so etwas wie eine (einigermaßen geschlossene) öffentliche Meinung zu erzeugen oder zu erzwingen. Mittel zu einer Durchsetzung der Meinung des königlichen Hofes bei den Untertanen waren immer wieder Versammlungen von Ständevertretern in Paris, in Notre Dame oder im Louvre gewesen, wo der König, oder richtiger der königliche Rat die Versammelten um ihre Meinung befragte, nicht ohne den Inhalt der Antwort durch entsprechende Maßnahmen schon vorher weitgehend sicherzustellen. Das hatte sich als ein zwar schwierig zu handhabendes, aber doch hocheffizientes Instrument mit integrierender Wirkung erwiesen. Eine Ständevertretung im Vollsinne, wie es später die ständischen Organe der frühen Neuzeit sein sollten, waren diese „Ständeversammlungen" unter Philipp dem Schönen nicht gewesen, dazu fehlte ihnen die Sicherheit einer durch bevollmächtigendes Mandat der entsendenden Körperschaft vorweg erreichte Bindewirkung ihrer Beschlüsse, die auch alle Abwesenden einbezog und verpflichtete.[552]

Der königliche Rat hatte schließlich selber eine Konsequenz aus dieser Sachlage gezogen, indem er die von ihm selbst veranlaßte Appellation an ein Konzil[553] letztendlich nicht allein auf solchen Versammlungen, sondern durch schriftlich niedergelegte ausdrückliche Erklärungen einzelner Klostergemeinschaften, Kapitel oder Konvokationen, von Städten und sonstigen Körperschaften ausdrücklich bekräftigen und durch die eigene Unterschrift einzelner Untertanen bestätigen ließ, wobei die königlichen Beauftragten erheblichen Druck zur Unterzeichnung des Papiers ausübten. Widerwillige, die sich weigerten, sich zu beteiligen, wurden gezwungen, innerhalb der nächsten Tage das Land zu verlassen.[554] Wir wollen jedoch hier

---

[552] Zur Wichtigkeit des förmlichen Konsenses vgl. vor allem Gaines POST, Studies in Medieval Legal Thought, Public Law and the State, 1100–1322, Princeton, N.J. 1964, S. 91–162.

[553] BECKER, Appellation, S. 63–67.

[554] Weil auch den englischen Franziskaner Johannes Duns Scotus in Paris dieses Schicksal traf, ist das allgemein bekannt: vgl. bereits Ephrem LONGPRÉ, Le bienheureux Jean Duns Scot, pour la Saint-Siège, contre le gallicanisme (25–28 juin 1303), in: La France franciscaine 11 (1928) S. 137–162; William J. COURTENAY, Between Pope and King, The Parisian Letters of Adhesion of 1303, in: Speculum 71 (1996) S. 577–605; ders., The Parisian Franciscan Community in 1303, in: Franciscan Studies 53 (1993 [erschienen 1997]) [= Franciscan Philosophy and Theology, Essays in Honor of Father Gedeon Gál, OFM on his Eightieth Birthday, Edited by Robert Andrews, part I], S. 155–173. Zahlreiche solcher „Letters of Adhesion" sind gedruckt in: Documents relatifs aux États généraux, éd. PICOT, Paris 1901. Der Brief, den Duns Scotus nicht unterschrieb, bereits bei DONDAINE, Documents pour servir, S. 405, sowie bei COURTENAY, The Parisian Franciscan Community, S. 166–173.

nicht die Schicksale dieser Konzilsappellation verfolgen, auch nicht den Konflikt zwischen König und Papst im einzelnen aufrollen. Es genügt festzuhalten, daß beide Seiten damals in dem harten Ringen auf eng verwandte Formen der Konsenseinforderung, ja Konsenserzwingung zurückgegriffen haben. Die Kirche versuchte es mit einer Prälatenversammlung der französischen Nationalkirche, die dieses Mal (anders als gewohnt) unter dem Vorsitz des Papstes selbst, nicht eines französischen Erzbischofs oder kurialen Legaten, und außerdem auch nicht in Frankreich, sondern in Rom, dem Sitz der Kirchenzentrale und des Stellvertreters Christi stattfinden sollte, während der königliche Rat „spontane" Versammlungen von Vertretern des *populus* organisierte, die ihre Meinung jeweils audrücklich kund taten und durch Unterschrift beglaubigten.

Beide Formen der Vergewisserung waren, das ist zu unterstreichen, keineswegs in sich von vorneherein revolutionäre Akte. Beide Seiten konnten auf althergebrachte Formen der Konsensfindung zurückgreifen, die Kirche auf ihre synodalen Traditionen, auch wenn es eine „Nationalsynode" der französischen Kirche in Rom zuvor nicht gegeben hatte.[555] Der königliche Rat mochte sich an die ebenso alten Überlieferungen der festlichen *curia* erinnern, eines Beratungstages des Herrschers mit seinen Großen bei einem „Hoftag", zu dem er laden konnte, wen er wollte, und auf dem er um Rat fragen mochte, wen er für richtig und wichtig hielt. Etwas Neuartiges fehlte freilich auch hier nicht. Es war das Bemühen des Hofes, eine möglichst breitgestreute Repräsentanz möglichst aller Stände des Reiches zu erzielen, man fragte keineswegs nur die Fürsten und hohen Herren, wenn auch die formulierten Äußerungen dieser Versammlungen durchaus keine einheitlichen Beschlüsse sein mußten. So haben Adel, Bürger und Geistlichkeit am 10. April 1302 auf ihrer Versammlung in Notre Dame an den Papst und die Kardinäle jeweils eigene Schreiben[556] gerichtet, die in jeweils eigenen Formulierungen (wenn sicherlich auch nicht ohne aktive Hilfe der königlichen Kanzlei) ihre spezifischen Auffassungen und Verfahrensvorschläge in Rom zur Kenntnis brachten.

Dieses Verfahren, das geschickt auf selbstverständlich gewordene mittelalterliche Verhaltensmuster zurückgreift und sie auf die damalige Lage hin zuspitzte, konnte trotz der dramatischen Entwicklung, die der Konflikt danach genommen hatte, weiterwirken. Wir brauchen hier wiederum nicht im einzelnen der Entfaltung der ständischen Vertretungen im französischen Spätmittelalter zu folgen.[557] Bereits die kommenden Jahrzehnte sollten zei-

---

[555] Der Papst hatte den genauen Charakter der Versammlung in seinem Berufungsschreiben wohl bewußt undeutlich gelassen. Vgl. bes. Richard KAY, *Ad nostram praesentiam evocamus*, S. 165–189.

[556] Zwei der drei Texte blieben erhalten, gedruckt bei DUPUY, Histoire, Preuves, S. 60–62, bzw. S. 65f.

[557] Eine wichtige Stufe stellen die Generalstände des 15. Jahrhunderts dar. Dazu etwa die breit dokumentierte Studie von Neithard BULST, Die französischen Generalstände von

gen, wie lebhaft das Exempel des Konflikts und seiner Methoden auf allen Seiten im Gedächtnis geblieben war. Die Schwierigkeiten der Sukzession auf dem französischen Thron wurden 1322 und 1328 beim Übergang von Philipp V. zu Karl IV. und bei dem Wechsel von Karl IV. zu Philipp VI. jeweils auf einer Notabeln-Versammlung entschieden. Ansprüche des englischen Königs Edward III. und seiner Mutter Isabella (der Tochter Philipps des Schönen) wurden zurückgewiesen, da man den Ausschluß der Frauen von jedem Anspruch auf die Hinterlassenschaft des Familienoberhauptes im salfränkischen Erbrecht auf die Thronfolge im *regnum* Frankreichs anwandte und so die unerwünschte englische Kandidatur zweimal und zunächst erfolgreich abzuwehren wußte.[558]

Philipp von Valois, der als Philipp VI. 1328 den Thron Frankreichs bestieg, knüpfte in seiner Politik unmittelbar an seine Vorgänger, die kapetingischen Vettern an. Philipp VI. hatte ihre Probleme zu übernehmen, aber konnte nicht in allen Fällen einfach an ihre Lösungsversuche anknüpfen. Eine nüchterne und möglichst klare Bestandsaufnahme war naheliegend. Die Pflicht, sich eine entsprechende Übersicht zu verschaffen, müssen der König und seine engsten Berater in der ersten Zeit der Regierung empfunden haben. Den Zugang zum Thron hatte dem Herrscher eine Versammlung von Pairs, Baronen und gelehrten Juristen gebahnt, die wenige Tage nach dem Tod Karls IV. am 1. Febr. 1328 in Paris zusammengetreten war und angesichts des Fehlens von Söhnen und der Schwangerschaft der Königin zunächst (bis zur Niederkunft und für den dann möglicherweise zu erwartenden Thronerben bis zu seiner Volljährigkeit) Philipp von Valois mit der Regentschaft des Reiches beauftragt hatte, der ohnedies bereits in den letzten Monaten der Regierung seines Vorgängers als Regent gewirkt hatte. Damit hatte diese Versammlung über die unklare Rechtslage und die verworrenen Nachfolgeansprüche bereits entschieden. In Frankreich konnte künftig in weiblicher Linie keinerlei Anspruch auf den Thron weitergegeben oder erworben werden.

Daß diese Vorentscheidung auf einer institutionell derart wenig „gefestigten" Institution fallen konnte, hat Erstaunen hervorgerufen.[559] Nicht

---

1468 bis 1484, Prosopographische Untersuchungen zu den Delegierten (Beihefte zur Francia, 26) Sigmaringen 1992.

[558] Zusammenfassend: Philippe CONTAMINE, „Le royaume de France ne peut tomber en fille", Fondement, formulation et implication d'une théorie politique à la fin du moyen âge, in: Perspectives médiévales 13 (juin 1987) S. 67–81; auch erschienen als: „Le royaume de France ne peut tomber en fille", Une théorie politique à la fin du moyen âge, in: Institutionen und Geschichte, Theoretische Aspekte und mittelalterliche Befunde, hg. Gert Melville (Norm und Struktur, 1) Köln–Weimar–Wien 1992, S. 187–207 [danach hier zitiert]. Vgl. auch Helmut SCHEIDGEN, Die französische Thronfolge 987–1500, Der Ausschluß der Frauen und das salische Gesetz, Phil. Diss. Bonn 1976, bes. S. 123–170; KRYNEN, L'Empire du roi, S. 133–135.

[559] CONTAMINE, Le royaume (wie vorige Anm.) S. 193; vgl. auch denselben in: LexMA 7 (1995) Sp. 1305: „nach informellen Beratungen".

wie in Deutschland eine Generation später, wo 1356 eine heute von der
Forschung als „Hoftag" bezeichnete Versammlung, die frühere Generationen bereits einen „Reichstag" genannt haben, vom Kaiser berufen, nach
ausführlichen Beratungen durch ein feierliches Reichsgesetz die Nachfolge
im Reich geregelt hat,[560] und selbst noch deutlich unterschieden von England, wo das Parlament zwar ebenfalls noch keineswegs endgültig Gestalt
angenommen hatte, wo es aber doch bereits in Erscheinung trat, etwa bei
der Absetzung Edwards II. 1327, hatte in Frankreich eine Versammlung gesprochen, deren Zusammensetzung nicht zuvor fixiert, deren Tagesordnung
nicht festgelegt, deren Zuständigkeit keineswegs über jeden Zweifel erha-
ben war.

Man wird den Rückgriff auf diese zweifelsvolle Prozedur nur dann richtig verstehen können, wenn man die Entscheidung der Frage nicht als „Gesetzgebung" im modernen strikten Sinne, sondern als Rechtsfindung im
Sinne einer Rechtsdeklaration, eines Weistums[561] oder einer Expertise be-
greift, die nach der in Frankreich geltenden Rechtslage fragte und zugleich
den königlichen Willen zu künftigem Verhalten ankündigen und festlegen
wollte. Der berühmte „Kurverein von Rhense" vom 16. Juni 1338 wählte
im Streit des deutschen Herrschers mit der Kurie weniger als ein Jahrzehnt
später kein prinzipiell anderes Verfahren. Auch hier haben die Kurfürsten
eine Feststellung über das in Deutschland gültige (Gewohnheits-)Recht getroffen,[562] das in Deutschland Geltung beanspruchen durfte und nach dem

---

[560] Zum Hergang nach Karl ZEUMER, Die Goldene Bulle Kaiser Karls IV., Bd. 1–2
(Quellen und Studien zur Verfassungsgeschichte des Deutschen Reiches in MA und NZ,
2.1–2) Weimar 1909, neuerlich vor allem Bernd-Ulrich HERGEMÖLLER, Fürsten, Herren
und Städte zu Nürnberg, 1355/56, Die Entstehung der „Goldenen Bulle" Karls IV.
(Städteforschung, A.13) Köln-Wien 1983; ders., Der Abschluß der „Goldenen Bulle" zu
Metz, 1356/57, in: Studia Luxemburgica, Festschrift Heinz Stoob z. 70. Geb. (Studien zu
den Luxemburgern und ihrer Zeit, 3) Warendorf 1989, S. 123–232.

[561] Zum Begriff allgemein zusammenfassend Dieter WERKMÜLLER in: HRG 5
(1998) Sp. 1239–1252 (mit reichen Literaturhinweisen). Die Abgrenzung zu Urteilen
des Reichs(hof)gerichts ist schwierig und im einzelnen strittig, vgl. besonders Bernhard
DIESTELKAMP, Reichsweistümer als normative Quellen? In: Recht und Schrift im Mittelalter, hg. von Peter Classen (Vorträge und Forschungen, 23) Sigmaringen 1977,
S. 281–310, der (S.310) feststellt: „Es gibt keine Quellengruppe der Reichsweistümer,
die wegen ihrer abstrakten Formulierung allgemeine Wirkungen entfalten sollten und
konnten. Es gibt nur einzelne Fälle, in denen der Reichshof in gerichtsförmiger Weise
auch Rechte festgestellt hat, die generelle Bedeutung hatten oder gewannen." Für ein
Verständnis des politischen Verfahrens in Rhense oder in Paris/Vincennes reicht diese
lose Begriffsbestimmung aber durchaus aus, sie vermag auch die mangelnde Förmlich-
keit zu erklären.

[562] Die Kurfürsten haben in der Proklamation des sogenannten „Kurvereins" (Nova
Alamanniae 2.I Nr. 545, S. 361f.) *alle herren und fründe (...) si sin geystleych oder werltlich, unser man, dienstman, bůrgman, amptlude und bůrgere* gebeten, sich an den in Rhense getroffenen Entschluß zu halten, sie sprechen auch von jedem, *der mit uns in dit verbunntnisse queme*,
wollen also, daß die Erklärung durch Beitritt unbestimmter Adressaten bekräftigt werde.

sich nach Meinung der Beteiligten auch Papst und Kurie richten sollten.[563] Das Verfahren der Berater König Philipps VI. ist demnach nicht eigentlich erstaunlich. Der Erfolg erweist zudem, daß es nicht als usurpatorisch oder unrechtmäßig angesehen wurde, so sehr auch der entschlossene Zugriff Philipps den Gang der Dinge vorherbestimmt und mitentschieden hat. Es ist aber nicht allzu verwunderlich, daß der König und sein Rat wenig später an diese Erfahrungen anknüpfen wollten und den hier errungenen Erfolg auch in anderen Schwierigkeiten zu wiederholen versuchten.

Für die politische Theorie und insbesondere für die theoretische Umschreibung von Herrscherkompetenzen gegenüber der Kirche des Landes ist das wirksam geworden in der berühmten sogenannten „Versammlung von Vincennes" an der Jahreswende von 1329 auf 1330.[564] In der Absicht, Schwierigkeiten und Streitigkeiten um die kirchliche Gerichtsbarkeit, die seit langem immer wieder aufgetreten seien, zu klären, berief der König am 1. September 1329 eine „Versammlung" nach Paris ein, wobei in er seiner schriftlichen Einladung als Motiv ausschließlich seinen königlichen Willen nannte, sich über die wechselseitigen Beschwerden der kirchlichen Prälaten und weltlichen Herren unterrichten zu lassen, um zwischen beiden Seiten Friede und Einheit wieder herzustellen.[565] Auf diese Einladung hin trafen von kirchlicher Seite fünf Erzbischöfe und fünfzehn Bischöfe ein, von „weltlicher" Seite eine unbekannte Zahl von Baronen und Pairs. Auch der

---

[563] Vgl. allgemein auch MIETHKE, Einleitung zu: ★Lupold von Bebenburg, Politische Schriften, bes. S. 89ff.

[564] Grundlegend Olivier MARTIN, L'Assemblée de Vincennes, jetzt auch POSTHUMUS MEYJES, Jean Gerson et l'assemblée de Vincennes.

[565] Das nach dem Wortlaut, der in der Hauptquelle, dem „Libellus Petri Bertrandi", gedruckt u. hg. von Johannes Ludovicus BRUNET, Libellus domini Bertrandi cardinalis Sancti Clementis adversus magistrum Petrum de Cugneriis purgatus (…) et restitutus ad fidem duorum manuscriptorum Colbertinorum, Paris 1731, abgedruckt [mit „Lettre de M. Brunet", S. 425–443] bei Durand de MAILLANE, Les libertez de l'Église gallicane, Bd. 3, Lyon 1771, S. 444–503, hier S. 444f. Der Text ist auch gedruckt (in nur leicht abweichender Version (die auf eine abweichende Vorlage zurückzuführen ist) bei Melchior H. GOLDAST, Monarchia, Bd. 2, S. 1361–1383, hier S. 1361f. (künftig zitiere ich nach dem Druck von MAILLANE und füge die Seitenzahl des Drucks bei GOLDAST in Klammern hinzu): *cum igitur ad nostram deductum fuerit notitiam*, quod vos (…) asseritis per ballivos* et officiales nostros et per barones aliquos regni nostri Franciae vobis ac subditis vestris, dictique ballivi* et officiales nostri ac barones praedicti asserunt etiam per vos (…) nobis et ipsis (…) quamplura fuisse retroactis temporibus illata (…) hincinde gravamina insolitasque et indebitas novitates, propter quae illius verae unitatis connexio, quae inter vos et ipsos vigere debet, ut dictum est, suae quodammodo indissolubilitatis integritatem amisit (…). Et idcirco volentes super his de salubri remedio (…) providere requirimus vos quatenus ad diem octabarum festi beati Andreae Parisiis personaliter intersitis avisi super gravaminibus et novitatibus (…), nos autem praedictis ballivis (…) damus (…) in mandatis, ut dicta die similiter Parisiis intersint personaliter et avisi super gravaminibus et novitatibus (…), ut super omnibus et singulis hinc inde illatis gravaminibus et novitatibus per nos et consilium nostrum de tam salubri possit provideri remedio, quod inter vos et ipsos amoris vinculum incorruptibile et sincera* caritatis affectio indissolubiliter futuris temporibus debeant* conservari…*[die Worte, die ich hier nach GOLDAST abweichend vom Text MAILLANES aufgenommen habe, sind mit * gekennzeichnet].

königliche Rat war zahlreich vertreten. Die Verhandlungen fanden stets in Gegenwart des Königs und seines Rates statt.

Wer an moderne „Hearings" im parlamentarischen Verfahren der Gesetzesvorbereitung denkt, wird sich eine recht plausible Vorstellung von der Art der Verhandlungen machen können. In der Tat ging es um einen geordneten Austausch der interessierten Argumente beider Seiten. Nach einer Präliminarsitzung am 7. Dezember 1329 in Paris, die offenbar vorab das Verfahren festlegte, folgte ebenda am 15. Dezember der erste Termin der strittigen Anhörung. Pierre de Cuignières († 1345), Ritter und Mitglied des königlichen *conseil*,[566] ein Mann, der vor seiner weltlichen Laufbahn im königlichen Dienst selber gelehrter Kleriker gewesen war und der später zum Präsidenten des Parlaments von Paris und der Chambre des comptes aufsteigen sollte, ein Karrieremann des königlichen Rates also, trug in geschlossener Form in offenbar langstündigem Vortrag die Beschwerden der weltlichen Gerichtsträger, des Königs und der Barone in nicht weniger als 66 einzelnen Klagepunkten vor. Er benutzte bezeichnenderweise die französische Sprache (offenbar damit ihn auch der König verstehen konnte). Nach dem Ende seiner Rede händigte er den Prälaten sogleich eine schriftliche Kurzfassung seiner *gravamina* in Französisch zusammen mit einer lateinischen Übersetzung aus. Da wir über das gesamte Verfahren eine Aufzeichnung eines Teilnehmers besitzen, nämlich den „Libellus" des damaligen Bischofs von Autun und späteren Kardinals Petrus Bertrandi,[567] ist diese Kurzfassung der Klagepunkte erhalten geblieben,[568] wenn auch die Rede des Pierre de Cuignières selbst nicht überliefert ist. Der Inhalt der Beschwerden der Barone und weltlichen Herrschaftsträger ist damit aber bis in ihre Einzelheiten hinein bekannt.

Die anwesenden Prälaten erbaten und erhielten Bedenkzeit,[569] um auf die vorgebrachten *gravamina* der weltlichen Gerichtsbarkeit zu antworten. Eine Woche später, am 22. Dezember, wiederum einem Freitag, kam man erneut zusammen. Es war diesmal ein Tag der Prälaten, die (wie bei einer Universitätsquaestion) nun die Gegenposition zu den weltlichen Gerichtsherren entwickeln durften. Ihr Wortführer war der erwählte Erzbischof von Sens Petrus Rogerii, der spätere Papst Clemens VI.,[570] dessen in seiner Zeit viel gerühmte Redebegabung[571] sich auch hier in aller Pracht entfalten konnte.[572]

---

[566] Raymond CAZELLES, in: LexMA 3 (1986) Sp. 367.

[567] Zu ihm MARTIN, L'Assemblée, S. 93–100; Paul FOURNIER, in: HLF Bd. 37 (1938) S. 85–120; zusammenfassend Bernard GUILLEMAIN, La cour pontificale d'Avignon, S. 198, 222f.; Raymond CAZELLE in: LexMA 1 (1980) Sp. 2042 (Nr. 6).

[568] Libellus, S. 446–456 (S. 1362–1365 GOLDAST).

[569] Libellus, S. 456 (S. 1365 GOLDAST).

[570] Zu ihm neuerlich vor allem WOOD, Clement VI.

[571] Verzeichnisse seiner überlieferten Reden geben Guy MOLLAT, L'Oeuvre oratoire de Clément VI, in: AHDL 3 (1928) S. 239–272 (hier Nr. 73); bzw. Philibert SCHMITZ, Les

Mit breiten Pinselstrichen zeichnete der Redner sein Bild von dem idealen Verhältnis von kirchlicher und weltlicher Gewalt in Frankreich, ohne selber bereits detailliert auf die *Gravamina* des Pierre de Cuignières einzugehen. Erst eine volle Woche später, am 29. Dezember, wiederum im Louvre, im königlichen Palast in Paris, unternahm es der Bischof von Autun Petrus Bertrandi, der dann wenig später (1331) zum Kardinal erhoben werden sollte, d. h. eben der Verfasser des „Libellus", dem wir diese Nachricht auch verdanken, Punkt für Punkt auf die Liste der 66 Vorwürfe im einzelnen einzugehen und sie zu entkräften.[573] Auch diesmal erbat die andere Seite eine wörtliche schriftliche Ausfertigung, die Prälaten entschieden aber, lieber – ähnlich wie Cuignières und seine Gruppe – nur eine knappe Zusammenfassung in französischer Sprache an König und Barone zu übergeben,[574] die von dem Berichterstatter (in lateinischer Sprache) wiederum in seinen *Libellus* aufgenommen wurde und darum erhalten blieb.[575]

Eine Woche danach wiederum, am Freitag, dem 5. Januar 1330 trafen die Prälaten erneut mit dem König und seinem Rat zusammen. Ob auch die weltlichen Großen und Barone wiederum allesamt anwesend waren, ist unklar.[576] Dieses Mal war der Ort des Geschehens das königliche Jagdschloß im Bois de Vincennes nahe bei Paris, wohin der König für die Festtage aufgebrochen war. Der Königliche Rat Pierre de Cuignières, eben jener Sprecher, der im Louvre drei Wochen zuvor im Namen des Königs und für den königlichen Rat die 66 „Anklageartikel" vorgetragen hatte, hatte eine erste Antwort zu verlesen. Die Prälaten sollten, so erklärte er, keinesfalls beunruhigt sein über die ausgetauschten Argumente, denn der König bleibe bei einer Absicht, den Kirchen und Prälaten ihre Rechte zu erhalten, so wie sie sie kraft geschriebenen und gewohnheitlichen Rechts besäßen, „sofern dies nur gut und vernunftgemäß sei."[577] Dann aber machte der Redner eine ganze Reihe von Einschränkungen und spielte auf verschiedene Rechtstexte, insbesondere auf Dekretalen des 13. Jahrhunderts an, ging sodann auch

---

sermons et discours de Clément VI., OSB, in: Revue Bénédictine 41 (1929) S. 13–24 (hier Nr. 62). Eine Abschrift dieser Rede besaß auch Rudolf Losse, vgl. Nova Alamaniae, Bd. 2.II., S. 743 (Nr. 1302). Er hatte sie überschrieben: *Hunc sermonem proposuit reverendus pater dominus P*[etrus] *archiepiscopus Rothomagensis* [das war er seit 14. Dezember 1330] *in presencia regis Francie contra emulos ecclesie Gallicane.*

[572] Libellus, S. 456f., 460–479 (S. 1366–1373 GOLDAST) [Bei MAILLANE ist S. 467–469 eine von Philippus Probus angefertigte Inhaltsübersicht der Rede eingefügt]. Die Rede ist auch außerhalb des „Libellus" von Petrus Bertrandi überliefert, vgl. die Zusammenstellungen der Hss. bei MOLLAT und SCHMITZ (wie vorige Anmerkung).

[573] Libellus, S. 479–498 (S. 1373–1381 GOLDAST).

[574] Libellus, S. 498 (S. 1381 GOLDAST).

[575] Libellus, S. 499–501 (S. 1381f. GOLDAST).

[576] MARTIN, L'Assemblée, S. 76.

[577] *... praelati non essent turbati de aliquibus quae dicta essent eis, quia dominus rex erat intentionis iura sua servare ecclesiis et praelatis, quae habebant tam de iure quam de consuetudine bona et rationabili...*, Libellus, S. 501 (S. 1382 GOLDAST).

auf einige Gegenargumente ein, wie sie von den Prälaten ventiliert worden waren. Dieses Vorgehen alarmierte aus verständlichen Gründen die Prälaten ungemein, mußten sie doch annehmen, daß damit alle die mit so viel Aufwand und Anstrengung aufgeworfenen und heiß debattierten Fragen gegen sie entschieden würden. Nach der Darlegung einiger allgemeiner Prinzipien forderte Pierre de Cuignières namens des Königs nämlich zusätzlich die Prälaten auf, den König über die besonderen Rechtsgewohnheiten in ihren Gebieten noch eigens aufzuklären. Was von all dem „gut und vernünftig" sei, das wolle der König auch weiterhin einhalten und gegen jedermann durchsetzen.

Von dieser Drohung einer allgemeinen „Reformation" des Rechtszustandes nach Gutdünken der Krone[578] ganz offenbar verschreckt, ließen die Prälaten sofort eine ausführliche Antwortansprache halten, die erneut Petrus Bertrandi, ihr „juristischer Sprecher" übernahm. „Verwundert und in vollendeter Höflichkeit"[579] habe er seine Formulierungen gesetzt und sei auf die letzten Argumente Cuignières' eingegangen, so hat er selber seine Intervention in seinem Bericht beschrieben, der uns als einziges Zeugnis über diese Ereignisse zur Verfügung steht. Am Ende seiner in seinem Traktat nur kurz zusammengefaßten Äußerung bat Petrus Bertrandi den König um eine deutlichere und „tröstlichere" Selbstfestlegung, damit die Prälaten nicht tiefbetrübt abziehen müßten, und vor allem damit nicht den anderen weltlichen Gerichtsherren Gelegenheit gegeben werde, die Rechte und Gewohnheiten der Kirche anzugreifen. An den guten Absichten (*bona conscientia*) des Königs zweifelten sie alle keineswegs, so wurde hier vorsorglich versichert. Nachdem von königlicher Seite daraufhin noch verlautete, es sei keineswegs die Absicht, diejenigen Rechtsgewohnheiten der Kirche, die der König kenne, zu bekämpfen,[580] ging man für diesmal auseinander, denn damit war zumindest die Möglichkeit offengelassen, daß nicht nur die künftig noch zu berichtenden Sonderrechte gegebenenfalls nach der Diskretion des königlichen Rates aufrechterhalten bleiben konnten, sondern auch all das, was Petrus Rogerii und Petrus Bertrandi mit viel Scharfsinn ausführlich dargelegt hatten.

Diesmal dauerte es nur bis zum folgenden Sonntag, dem 7. Januar, bis man erneut und zum letzten Mal in Vincennes zusammentraf. Wiederum fehlt jede Nachricht über die Barone, aber der König, sein Rat und die Prälaten waren jedenfalls zur Stelle. Der König hatte mittlerweile seinerseits dafür gesorgt, durch den Erzbischof von Bourges[581] die Prälaten im Vorfeld

---

[578] Zum Begriff der *reformatio* zusammenfassend etwa Jürgen Miethke in: LexMA 7 (1995) Sp. 543–550.

[579] *…proceutus est admirative et curialiter conquerendo de responsione facta*, Libellus, S. 502 (S. 1382 Goldast).

[580] *Et tunc fuit hic responsum ex parte domini regis, quod non erat intentionis suae consuetudines ecclesiae, de quibus sibi constaret, impugnare*, Libellus, S. 502 (S. 1382 Goldast).

[581] Nach Eubel, Hierarchia catholica, Bd. 1², Münster 1913, S. 138, war das Guillaume

zu beruhigen. Petrus Rogerii nahm nunmehr ein letztes Mal das Wort, um dem König in einer weiteren längeren Ansprache mit einem ausdrücklichen Dank für seine Äußerungen auf seine bisher nur informell gegebenen Zusicherungen auch feierlich festzulegen. Der König solle, so sagte der Erzbischof von Sens, keinesfalls das „schlechte Beispiel" eines Kampfes gegen die Kirche geben. Zugleich bat er den Herrscher um die Zurücknahme der, wie er sich ausdrückte, „öffentlich verkündeten"[582] Drohungen. Petrus Rogerii ging sogar soweit, den König darum zu bitten, diesesmal höchstselbst zu antworten und dabei zu erklären, daß die umstrittenen Ausführungen Cuignières' weder auf sein Geheiß hin erfolgt, noch mit seinem Wissen geschehen seien, er wollte also eine persönliche Selbstfestlegung des Königs erreichen. Die Prälaten würden sodann, so erklärte er, ihrerseits Mißbräuche der geistlichen Gerichtsbarkeit, über die hier Klage geführt worden sei, zur königlichen und zu allgemeiner Zufriedenheit abstellen. Und schließlich bat der Erzbischof von Sens darum, die Prälaten mit einer „deutlicheren Antwort" zu beruhigen.

Auch jetzt freilich ließ sich der König nicht dazu herbei, selber das Wort zu ergreifen. Schon Philipp der Schöne hatte in Anwesenheit seines Rates niemals das Wort genommen und sich als „stumme Statue" präsentiert, wie Bernard de Saisset es spitz und spöttisch festgehalten hat, nicht ohne dafür später büßen zu müssen.[583] An dieses Vorbild des großen Vorgängers hielt sich nun auch sein Neffe, der erste Valois. An seiner Statt und für ihn erklärte wiederum Cuignières (was auf die Prälaten gewiß nicht gerade beruhigend wirkte), daß der König über die Reformabsichten der Prälaten Genugtuung empfinde. Die Prälaten sollten ihr Versprechen, Mißbräuche in der kirchlichen Gerichtsbarkeit abzustellen, jedoch bis spätestens zum nächsten Weihnachtsfest, d.h. innerhalb eines knappen Jahres erfüllen. Wenn das nicht geschehe, dann würde der König selbst die erforderlichen Maßnahmen treffen, Gott und seinem Volke zuliebe. Mit diesem zweideutigen Versprechen, das wohl eher eine Drohung war, zumal es aus dem Munde des „Haupteinpeitschers" der Barone auf dem gesamten Treffen, nämlich Cuignières, verlautete, wurde die Versammlung förmlich aufgelöst, die Prälaten sahen sich entlassen.[584]

---

de Brosse, Erzbischof durch päpstliche Provision seit dem 27. Februar 1321, der Ende des Jahres 1330 von Johannes XXII. als Nachfolger des Petrus Rogerii nach Sens transferiert werden sollte.

[582] *praeconisationes*, Libellus, S. 502 (S. 1383 GOLDAST).

[583] Offenbar kritisierte er damit das Schweigen des Königs bei öffentlichen Verhandlungen im Rat, vgl. die Akten des Prozesses gegen Bernhard Saisset, in: DUPUY, Histoire du différend, Preuves, S. 648: *dixit praefatus episcopus eidem testi (…) quod ipse rex non erat homo nec bestia*; oder S. 649: *… respondit, quia rex non erat homo nec bestia sed imago*; vgl. auch S. 644 die verwandte Aussage eines anderen Zeugen: *dixit dictus episcopus* [d. i. Bernard de Saisset] *quod talis erat rex noster Franciae, quod erat pulchrior homo mundi et quod nihil aliud scit facere nisi respicere homines.*

[584] Libellus, S. 503 (S. 1383 GOLDAST).

2. Positionen

Man wird nicht davon sprechen dürfen, daß die Bischöfe sich als Sieger der gefährlichen Begegnung fühlen durften, ebensowenig aber hatten sie eine offene Niederlage hinzunehmen. Die Verhältnisse wurden vielmehr weder im Interesse der weltlichen, noch in dem der geistlichen Beschwerden neu geordnet, sondern sollten im wesentlichen auf dem erreichten Stand bleiben. Die Prälaten mochten es als einen Erfolg buchen, daß keine ausdrückliche Verschlechterung der faktischen Verfahren ins Auge gefaßt wurde. Daß sich die Verhältnisse in Frankreich im Laufe des 14. Jahrhunderts dann in eine Richtung entwickelten, wie sie Cuignières bereits ins Visier genommen hatte,[585] war freilich damals noch nicht voll abzusehen. Das ist hier auch nicht mehr zu verfolgen. Daß wir hier diese politischen Verhandlungen perspektivisch in ihren einzelnen Schritten so ausführlich verfolgt haben, das geschah vor allem, um exemplarisch die Rolle zu beleuchten, die politische Theorie im Hintergrund dieser zweifellos dramatischen Konsultationen gespielt hat. Denn die Expositionen der gegensätzlichen Standpunkte wären nicht möglich gewesen, ohne auf theoretische Modelle zurückzugreifen.

Bereits die lange Liste der 66 Punkte umfassenden *gravamina*, die Pierre de Cuignières am Beginn vorgelegt hatte,[586] mußte sich auf eine normative Vorstellung des richtigen und erstrebenswerten Verhältnisses von geistlicher und weltlicher Kompetenz stützen. Das Ideal ist in Cuignières' Augen eine klare, deutliche und vollständige Trennung von geistlicher und weltlicher Sphäre. König und Kirche leben danach in verschiedenen Welten und sollten einander nicht Konkurrenz machen. Als Konsequenz ergibt sich für den königlichen Rat daher einmal, daß dem Könige Achtung und Gehorsam von allen gebührt, und zweitens daß die Trennung von Geistlichem und Weltlichem endlich so vollzogen werden müsse, daß sich die Prälaten mit den geistlichen Dingen beschäftigen sollen, König und Barone aber mit den weltlichen Angelegenheiten. Beide sollten exklusiv ihr jeweiliges Geschäft besorgen. Wenn sich die Prälaten mit dem Geistlichen zufrieden gäben, könne der König ihnen darin auch seinen Schutz zukommen lassen. Politisch erklärte Cuignières für den König (und wohl auch für den königlichen Rat) darüber hinaus, *quod intentio regis erat reintegrare temporale*, d.h. der König wolle seine exklusive Zuständigkeit für die weltlichen Besitzungen nunmehr auch der Kirche und ihrem weltlichen Besitz gegenüber durchsetzen. Das hätte bedeutet, der Kirche ihre weltlichen Güter zu nehmen und sie weltlichen Geschäften nach Möglichkeit fernzuhalten. Der kirchliche Berichterstatter merkt bezeichnenderweise eigens an, der Ritter habe diese

---

[585] Ausführlich und grundlegend dazu MARTIN, L'Assemblée, S. 223–429.
[586] Vgl. MARTIN L'Assemblée, S. 101–124, 150–172; ganz knapp POSTHUMUS MEYJES, Gerson et l'Assemblée, S. 58–61.

Forderung *in Gallico*, auf Französisch erhoben, offenbar um sie dem König und seinen Großen verständlich zu machen.[587]

Daß die Sprecher der Prälaten nicht in gleicher Radikalität auf eine Trennung von Geistlichem und Weltlichem abzielen konnten, ist von vorneherein klar. Es ist jedoch nicht erforderlich, hier im Detail der weitausholenden Argumentation der beiden Bischöfe Petrus Rogerii und Petrus Bertrandi zu folgen.[588] Sie mußten versuchen, das komplexe Verhältnis von Geistlichem und Weltlichem zu bewahren, den König an seiner Schutzaufgabe für die Kirche und ihre weltlichen Interessen festzuhalten und dabei diese weltlichen Interessen ihrer Kirchen nicht preiszugeben. Theoretisches Fundament auf das sich vor allem Petrus Rogerii immer wieder bezieht, ist eine Schrift, die uns abseits des „Libellus" des Petrus Bertrandi erhalten blieb, ein Traktat des Durandus von Saint Pourçain „De origine potestatum",[589] der eine beachtliche eigene Verbreitung gefunden hat.[590]

Da Durandus von Saint Pourçain, damals Bischof von Meaux, persönlich an dem Anhörungsverfahren teilgenommen hat[591] und da der Text mit besonderem Nachdruck und in disproportionalem Umfang den besonderen Streitpunkt, nämlich die Berechtigung einer kirchlichen Jurisdiktion über weltliche Rechtsstreitigkeiten behandelt, ist es mehr als nur wahrscheinlich, daß der Text von dem gelehrten Bischof[592] speziell für diese Versammlung zusammengestellt wurde, selbst wenn sonst keine näheren Anhaltspunkte für seine Placierung und Datierung zur Verfügung stehen. Die Annahme scheint plausibel, daß der Traktat niedergeschrieben wurde, als die Einladung zum Prälatentreffen schon vorlag, also nach Anfang September 1329.[593] Man wird in aller Vorsicht sogar eine weitergehende Vermutung

---

[587] Libellus, S. 445 (S. 1362 GOLDAST).

[588] Dazu vgl. die Zusammenfassungen durch MARTIN, L'Assemblée, S. 124–147, 172–191, und POSTHUMUS MEYJES, Gerson et l'assemblée, S. 61–67 [nur zu Petrus Rogerii].

[589] gedruckt in dem Sammelband für Jean Barbier gedruckt in Paris 1506 und danach jetzt (mit wenigen Tippfehlern) bei A. J. VANDERJAGT, Laurens Pignon, S. 60–132 [wegen einer Blattvertauschung in der Vorlage der französ. Übersetzung, der Vanderjagt folgt, ist die Reihenfolge des Textes des Durandus gestört; es muß gelesen werden: S. 60,1–S. 102, 734 / S. 110, 734–118, 917 / S. 102, 917–110, 1063 / S. 118, 1063–132, 1244.

[590] Vgl. die Liste der Handschriften im Anhang.

[591] *(episcopus) Meldensis*: Libellus, S. 445 (S. 1162 GOLDAST).

[592] Zu seiner Biographie grundlegend KOCH, Durandus de S. Porciano, Bd. 1: Literargeschichtliche Grundlegung [mehr nicht erschienen, vgl. aber verschiedene Arbeiten in: KOCH, Kleine Schriften]; vgl. auch Paul FOURNIER, in: HLF, Bd. 37, Paris 1938, S. 1–38; zur Schrift eigens Maria Teresa BEONIO ED BROCCHIERI FUMAGALLI, Il „*De origine iurisdictionum*" di Durando di S. Porziano, in: Rivista di filosofia neoscolastica 70 (1978) S. 193–206, die vor allem die Nähe zu Thomas von Aquin unterstreicht. Vgl. auch KRYNEN, L'Empire du roi, S. 257f., der vor allem darauf verweist, daß später Évrart de Trémaugon den Traktat in seinem „Somnium viridarii" ausführlich verwenden wird, dazu die tabellarische Übersicht in: Somnium, éd. SCHNERB-LIÈVRE, Bd. 2, S. 530. Seine „artistischen" Schriften zählt auf (mit reicher Bibliographie) WEIJERS, Le travail intellectuel à la Faculté des arts [I], S. 54f.

[593] Zu Recht hat schon KOCH, Durandus, S. 171–173, diese Konsequenz gezogen.

äußern können: Da der Text den biblischen Hauptbeleg für die von Pierre
de Cuignières vertretene absolute Trennung beider *iurisdictiones*, das bekannte Jesuswort Mt 22,21 sehr eingehend bespricht, nach welchem dem
Kaiser gebührt, was des Kaisers, und Gott, was Gottes ist[594] (was er natürlich
zugunsten seiner eigenen Thesen auslegt), darf man sich fragen, ob Durandus den Traktat nicht erst nach der Sitzung niederschrieb, in der Cuignières
seine *Gravamina* aufgelistet und in Schriftform den Prälaten übergeben hatte, d.h. zwischen der zweiten und der dritten Sitzung der Versammlung.

Wie dem auch immer sei, Durandus war ein versierter Autor, er hat auch
sonst Gelegenheitsschriften verschiedenster Art verfaßt,[595] immer klar und
entschieden argumentierend. So auch in diesem Fall, wo er sich zudem auf
eigene Vorarbeiten stützen konnte, hatte er doch bereits in seinem Sentenzenkommentar zu der Frage der *iurisdictiones* Stellung genommen. [596] In
knappen Schritten skizziert der Traktat das Problem, die beiden Gerichts-
hoheiten über ein christliches Volk zu koordinieren. Letzten Endes ist die
„Hierarchie der Zwecke" des Thomas von Aquin[597] die theoretische
Grundlage auch seines Zuordnungsvorschlages. Damit läßt der Verfasser der
Kirche eine sichere Direktion über alle weltlichen Hoheitsakte, weil die
geistliche Gewalt *ratione peccati* ohnedies die letzte Entscheidung haben
müsse und zudem seit alters kraft Gewohnheitsrechts und zusätzlich kraft
der Privilegien der weltlichen Fürsten auch in weltlichen Angelegenheiten
Recht sprechen dürfe. Der Fall der konkurrierenden Gerichtsbarkeit zwischen einem geistlichen und einem weltlichen Gericht wird leichthin damit
gelöst, daß es allein in der Entscheidung des Klägers (*actor*) liege, vor welches
Gericht er mit seinem Anspruch ziehen wolle. Das jeweils von diesem ver-
schmähte Gericht hat dann mit der Sache nichts mehr zu schaffen, da das in
der Gerichtsverfassung so vorgeschrieben sei. Das war eine juristische Antwort auf ein theoretisches Problem und wirkt darum – zumindest auf
Nichtjuristen – nicht gerade überzeugend.

---

[594] S. 118/102 ff. VANDERJAGT.

[595] Vgl. KOCH, passim. Einen dieser Traktate edierte MIETHKE, Das Votum „De paupertate Christi et apostolorum", S. 149–196. Dazu auch Ulrich HORST, Evangelische Armut und Kirche, Thomas von Aquin und die Armutskontroversen des 13. und beginnenden 14. Jahrhunderts (Quellen und Forschungen zur Geschichte des Dominikanerordens,
NF 1) Berlin 1992, bes. S. 207–213. Einen anderen Text gab heraus Giuseppe CREMASCO-
LI, Il „Libellus de visione dei" di Durando di S. Porciano, in: Studi medievali, III/25 (1984)
S. 393–443;

[596] Nicht kann hier eingegangen werden auf die schwierigen Fragen der Redaktionsgeschichte dieses im 14. Jahrhundert heiß umkämpften Sentenzenkommentars, zu
der bereits KOCH Wesentliches gesagt hat. Ich verglich nur die Fassung des Drucks: Durandi a Sancto Portiano in Sententias Theologicas Petri Lombardi commentariorum libri
quatuor, Antverpiae 1567, einen Zeugen der dritten Redaktion, vor allem: I Sent. d.
47 q. 3; II Sent. d. 44 qq. 2–5; III Sent. qq. 2–3; IV Sent. d. 24 qq. 4–6 (fol. 120v–121r, 206r–
208r, 277r–v, 362v–363v). [Die einzelnen Bezüge sind hier nicht aufzuführen].

[597] Dazu vgl. oben bei Anm. 111.

Diese „Lösung" entsprach wohl der mittelalterlichen Rechtswirklichkeit, da die Attraktivität der kirchlichen Gerichte in der Tat auf der höheren Rechtssicherheit verbunden mit der auf Schriftlichkeit und präziser Verfahrensregulierung gründenden Verfahrenssicherheit der kirchlichen Rechtszüge und damit auf der höheren Erwartungsstabilität der Prozeßparteien hinsichtlich eines Ergebnisses im Urteil beruhte. Das mochte als Angebot im Streit mit dem königlichen Konkurrenzanspruch freilich theoretisch nicht recht überzeugen. Typisch jedoch für die konservative Lösung des Streits, die Durandus generell vorschwebt, ist, daß er sie gleichwohl vorträgt. Erstaunen erregt nur, daß der Verfasser des Memorandums, das so deutlich auf die Pariser Anhörung hin konzipiert scheint, seinen Text nicht selber vortragen durfte, sondern ihn offenbar als Unterlage den beiden Wortführern der Prälaten überließ.

Diese beiden, Petrus Rogerii und Petrus Bertrandi, haben sich denn auch fleißig an die Argumente des Durandus gehalten.[598] Schon Petrus Rogerii hatte theoretisch in seiner weit ausholenden ersten Rede dem theoretischen Entwurf des Durandus wenig hinzuzufügen.[599] Petrus Bertrandi hat dann diese Basis ebenfalls nicht verlassen, wenn er als Jurist auch in stark „technischer" Weise auf die konkreten Argumente der weltlichen Seite eingehen mußte.

Der Bischof von Autun hat seinerseits dafür gesorgt, daß die Grundauffassung des Durandus in dem Bericht des „Libellus" über die Anhörung nicht kurz kam, und er hat sich dann später auch nicht gescheut, den Text des Durandus Wort für Wort in eigene Schriften aufzunehmen.[600] Freilich war das wohl doch kein schlichtes Plagiat, der Kardinal hat vielmehr in einem eigenen Einleitungssatz sein Vorgehen präzise beschrieben: er wolle einiges über die geistliche und weltliche Gewalt schreiben, *ut si in posterum aliqua altercatio oriatur sicut temporibus meis, dum eram episcopus Aeduensis, orta fuit in regno Franciae, possit veritas clarius apparere et defendi, quarum potestatum materiam additis aliquibus sumpsi ex quodam libello, quem super hoc composuit bonae memoriae dominus Durandus de Sancto Porciano O.P., excellens magister in theologia, episcopus Meldensis, quam libellum intitulavit „De origine iurisdicionum, quibus populus regitur".*[601]

---

[598] Im einzelnen vgl. bereits MARTIN, L'Assemblée, S. 64–68. Ein knappes Resumé der Argumentation des Durandus bei BEONIO ED BROCCHIERI FUMAGALLI, Il „De origine", S. 194–198; auch POSTHUMUS MEYJES, Gerson et l'assemblée, S. 67–71; VANDERJAGT, Laurens, S. 51–55.

[599] Zusammengefaßt in POSTHUMUS MEYJES, Gerson et l'assemblée, S. 61–67.

[600] Dazu Olivier MARTIN, Note sur le „De origine iurisdictionum", S. 105–119. Vgl. auch KOCH, Durandus, S. 171–173.

[601] Zitiert nach KOCH, Durandus, S. 172, vgl. jedoch anderwärts die Schlußbemerkung Bertrandis zu „seiner" Fassung: *Istas rationes proposui ego Petrus Bertrandi coram rege Philippo, qui nunc est, in persecutione, quam habuit Ecclesia Gallicana, que tamen per Dei gratiam sopita fuit sine scandalo* (hier zitiert nach MARTIN, in: Mélanges Fitting, Bd. 2, S. 110).

Bei nur geringfügigen Abweichungen, vor allem aber unter Hinzufügung einer weiteren vierten Quaestion, die sich mit kanonistischen Mitteln
der Frage widmet, „ob die geistliche Gewalt über die weltliche herrschen
soll,"[602] entspricht dieser Text dem Traktat des Durandus genau. Bertrandi
hat somit nur eine typisch kanonistische Quaestion hinzugefügt, sicherlich
nicht ohne Erinnerung an die Debatten von Paris und Vincennes, jedoch
verfolgte der Autor in Avignon eine ganz andere Zielrichtung, als er sie am
Hofe Philipps V. haben konnte. Jetzt in seiner Zusatzquaestion nämlich formuliert er eindeutig im Sinne der Bonifazianischen Definitionen klipp und
klar: „Ich aber sage, daß die geistliche Gewalt über jede menschliche Kreatur
Herr sein muß".[603] Das hätte in Paris und Vincennes gar nicht in die Situation gepaßt und hätte ohne Frage den Prälaten jedes Erfolg versprechende
Konzept völlig verdorben.

Bertrandi spitzt in dieser späteren Äußerung seine urprüngliche Position,
die den komplexen *Status quo* des Verhältnisses von geistlicher und weltlicher Gerichtshoheit verteidigen wollte, energisch zu, wobei er – noch im
Corpus der Quaestion – als autoritative Stütze ausdrücklich die „Summa
aurea" des Hostiensis[604] und unausgesprochen, aber wortwörtlich die berühmte Glosse Innozenz' IV. zu seiner eigenen Absetzungssentenz gegen
Friedrich II. vom Konzil von Lyon (1245) heranzieht.[605] Selbstverständlich
wird auch auf Bonifaz' VIII. Konstitution „Unam sanctam" ausdrücklich
Bezug genommen.

Mit diesem Hintergrund an Belegen deutet Bertrandi an, daß er sich ganz
eng an die Traditionen des 13. Jahrhunderts anzuschließen gedachte, freilich
an eine recht einseitige Auswahl aus ihnen. Wir beschäftigen uns hier nicht
weiter mit der Einzelargumentation des Kanonisten, der in der Widerle-

---

[602] *Utrum potestas spiritualis debeat dominari spirituali?* Die Quaestio ist nicht allein in
den zahlreichen Drucken des Gesamttraktats des Petrus Bertrandi enthalten, meist benutzt
nach der Sammlung „Tractatus illustrium in utraque tum pontificii tum caesarei iuris facultate iurisconsultorum, Bd. 3, pars 1, Venedig 1584, fol. 29v-32v, sondern fand auch Aufnahme in die Drucke des „Corpus Iuris Canonici", dort als „Additio" zur Glosse zu Extravagantes Communes 1.6.1 (d.h. – bezeichnenderweise – zur Bulle „Unam Sanctam"
Bonifaz' VIII.), z.B. in der Ausgabe: Extravagantes tum communes suae integritate una
cum glossis restitutae, Venetiis 1591, S. 149a–151a (danach hier zitiert).

[603] (wie Anm. 602, S. 149b:) *Respondeo et dico quod potestas spiritualis debet dominari omni
creaturae humanae...*

[604] Summa ad X 4.16: *Qui filii sint legitimi, Qualiter et a quo,* vgl. den Druck: Henricus
de Segusio, Summa, Aalen 1962, fol. 215vbsqq.

[605] Den Kommentar Innozenz' IV. zu „Ad apostolice" benutze ich hier nach dem
Druck Commentaria Innocentii quarti, Frankfurt/Main 1570 [Neudruck Frankfurt/
Main 1968], hier 2.27.27, fol. 316vb-317va, insbes. Rdnr. 6; dazu vor allem Friedrich
KEMPF, Die Absetzung Friedrichs II. im Lichte der Kanonistik, in: Probleme um Friedrich
II., hg. von Josef Fleckenstein (Vorträge und Forschungen, 16 / Studien und Quellen Zur
Welt Kaiser Friedrichs II., 4) Sigmaringen 1974, S. 345–360 [= KEMPF, La deposizione di
Federico II alla luce della dottrina canonistica, in: Archivio della Società Romana di Storia
Patria, III / 11 (1968) S. 1–16]. Petrus Bertrandi verweist (S. 149b) immerhin auf die Glos-
sierung Innozenz' IV. zur Decretale „Licet" (X 2.2.10) S. 197va–198rb.

gung der Einwände durchaus „technisch" mit den römisch-rechtlichen Belegen seiner Gegner umzugehen weiß,[606] freilich auch hier nicht unbedingt völlig aktuell arbeitet. Er zitiert nämlich vor allem die Glossa ordinaria des Accursius zum „Corpus iuris civilis" und läßt die weitere legistische Theorieentwicklung[607] gänzlich beiseite. Auf die dort getroffenen Begriffsklärungen läßt er sich mit keinem Wort mehr ein.

Durandus, der mit seinem Text „De origine potestatum" für den Großteil dieses späteren Traktates des Petrus Bertrandi die Stichworte hatte geben dürfen, war Theologe und nicht Kanonist. Durandus mochte Dekretalen und Römisches Recht zwar ab und an für seine Beweisführung heranziehen, versuchte sie aber stets in eine generelle theologische Argumentation einzubinden. In seinem Traktat (also in den späteren Quaestionen 1–3 des Petrus Bertrandi) hat Durandus damit eine „theologische" Schrift vorgelegt, die sich eng an aristotelische Positionen, genauer an die politische Theorie des Thomas von Aquin anschloß. Schnörkellos vorgehend,[608] änderte Durandus frei Rhythmus, Intensität und Differenzierung seiner eigenen Darlegungen. Während er für die erste Frage (ob weltliche Gewalt über zeitliche Angelegenheiten von Gott stamme[609]) etwa 230 Zeilen des Frühdruckes benötigt und für die zweite (ob weltliche Gewalt der Laien allein ausreiche oder ob eine weitere andersartige *potestas* für eine „gute Leitung des Volkes" nötig oder nützlich sei[610]) demgegenüber mit knapp 130 Zeilen auskommt, nimmt die Behandlung der dritten Quaestion (ob nämlich die beiden verschiedenartigen Gewalten, die weltliche und die geistliche, zugleich von einem einzigen Menschen wahrgenommen und ausgeübt werden könnten[611]) nicht weniger als 880 Zeilen ein. Es wird allein an diesem quantitativem Auf-

---

[606] S. 149b-151a. Auch hier bleibt der Hostiensis eine Hauptautorität, es findet sich aber auch eine Auseinandersetzung mit dem *dominium quod secundum legistas vocatur legale dominium* (S. 150b).

[607] Vgl. dazu jetzt vor allem Maximiliane KRIECHBAUM, *Actio, ius* und *dominium* in den Rechtslehren des 13. und 14. Jahrhunderts [= Jur. Habil.-Schrift München 1995], passim.

[608] Vgl. dazu die oben in Anm. 598 genannten Zusammenfassungen.

[609] *Utrum potestas secularis per quam populus regitur quantum ad temporalia est a deo?* (S. 60–72 VANDERJAGT).

[610] *Utrum preter potestatem laicam et secularem sit vel esse debeat alia potestas iurisdictionis necessaria vel expediens ad bonum regimen populi?* (S. 72–80 VANDERJAGT). Diese Frage scheint sich auch auf eine Diskussion an der Pariser Universität im Zusammenhang mit der Rezeption der aristotelischen „Politik" zu beziehen, von der Aegidius Romanus in seinem Fürstenspiegel berichtet: De regimine principum III.2.30, hier benutzt nach dem Druck Rom 1607, S. 535: *Fuerunt enim aliqui de suo ingenio praesumentes dicentes theologiam superfluere, ex quo habemus physicas disciplinas, in quibus determinatur de omni ente, et superfluere legem evangelicam et divinam, ex quo habemus legem humanam et naturalem, quae videntur omnia vitia prohibere et omnes virtutes praecipere.* Auch wenn dieses Zeugnis gegenüber 1329 bereits etwa ein halbes Jahrhundert zurückliegt, charakterisiert es doch die Erörterungen zwischen Theologen und Artisten gewiß für eine lange Zeit.

[611] *Utrum hee due potestates seu iurisdictiones possint concurrere in una persona ita quod una et eadem persona habeat utramque potestatem seu iurisdictionem?* (S. 82–130 VANDERJAGT).

wand deutlich, wo das Interesse den Autor zu ausführlicher Erörterung drängte. Schließlich stand die weltliche Gewalt der Bischöfe und Prälaten Frankreichs vor dem König zur Debatte. Daß die weltlichen Herrscher nicht die geistliche Gewalt innehaben könnten, das erschien Durandus so evident, daß er darüber keine längeren Erwägungen anstellt. Daß die Prälaten auch weltliche Gewalt ausüben dürften, war das Thema, das zu beweisen war.

Hier müssen wir Durandus nicht unbedingt in seine einzelnen Überlegungen folgen. In der Prälatenversammlung in Paris und Vincennes an der Jahreswende 1330 wird in besonders hohem Grade deutlich, welche Funktion gelehrte politische Theorie im 14. Jahrhundert für die politische Praxis der Zeit hatte, wenngleich wir bei dieser besonderen Gelegenheit von einer deutlichen Entscheidung für die eine oder die andere Seite nichts vernehmen. Der Konflikt um die Rechte der kirchlichen Gerichtsbarkeit und darüber hinaus um die Rechte der kirchlichen Prälaten in weltlichen Angelegenheiten war auf dem Weg bloßer faktischer Gewaltanwendung keineswegs zuende zu bringen. Es ging um eine Entscheidung nach Prinzipien, die allen zumindest einsichtig sein konnten, denen zu folgen also alle zumindest hätten anstreben sollen. Die Debatte sollte im allerweitesten Sinn die Legitimität der politischen Verhältnisse prüfen, strittig erörtern und damit einen Maßstab für die Praxis theoretisch sichtbar machen. Das Wort „Reform", das Cuignières für den König in den Mund genommen hatte, entsprach dabei schon beinahe dem Begriffsgebrauch im politischen Jargon der Gegenwart.

Ob dann jeder einzelne Amtsträger des Königs und jeder bischöfliche Offizial oder jeder Bischof selbst auch in der Lage oder willens war, die Prinzipien, die hier zur Debatte standen, in jedem Einzelfall zum Maßstab seines eigenen Handelns zu machen, ist demgegenüber nicht von entscheidender Bedeutung. Daß schon die Zeitgenossen die bei dieser Gelegenheit entwickelten Vorstellungen, wie sie Petrus Bertrandi in seiner Sammlung von Notizen zusammengefaßt niedergelegt hat, für wichtig genug hielten, sie zur Kenntnis zu nehmen und in ihre Bibliotheken einzugliedern, zeigt recht klar, daß diese Funktion der Debatte zu ihrer Zeit auch verstanden wurde und daß die theoretische Leistung der Teilnehmer auch über den konkreten Anlaß und Streitpunkt hinaus eben wegen der theoretisch relevanten Bemühungen um eine einsichtige Begründung und Rechtfertigung der Verfassungsverhältnisse und damit auch politischer Aktion weiterhin ausstrahlen konnte.

VIII. Marsilius von Padua: *Defensor pacis*

1. Ein „Verteidiger des Friedens"

An anderer Stelle, mit anderer konkreter Absicht konnte eine theoretisch gezielte Durchleuchtung faktischer politischer Herrschaftsverhältnisse und Herrschaftsansprüche durchaus die gleiche Funktion theoretischer Vergewisserung erfüllen, auch wenn den Texten zunächst die offene Bühne großer Tage vor König und Rat fehlte. Auch an der Universität eher sporadisch und neben dem offiziellen Lehrprogramm geführte Diskussionen konnten zur theoretischen Erklärung der eigenen Lebensverhältnisse in einen direkten Bezug treten. Die Debatte blieb nämlich selbstverständlich nicht auf solche offiziellen Gelegenheiten beschränkt, auch war politische Theorie keineswegs allein, wie bei Durandus von Saint Pourçain in Gelegenheitsschriften abgedrängt, so wichtig diese auch bleiben mochten. Einer der bedeutendsten Texte politischer Theorie im 14. Jahrhundert vermag uns das deutlich zu machen, der „Defensor pacis" des Marsilius von Padua. Er steht nicht allein, sondern gliedert sich ein in eine ganze Reihe von theoretischen Bemühungen um Politik an der Pariser Universität, überragt diese jedoch durch seine Entschlossenheit und systematische Kraft.

Einspruch und Widerrede gegen die kurialen Ansprüche auf päpstliche Weltbemächtigung regten sich, wie wir verfolgt haben, am deutlichsten in jener Debatte zwischen dem Theologen aus dem Weltklerus Johannes von Pouilly und dem Dominikaner Petrus de Palude. In den Jahren 1316–1321 hatte diese Auseinandersetzung in der theologischen Fakultät fraglos anhaltend für Aufsehen und wohl auch für Unruhe gesorgt. Durch die Verurteilung Pouilly's hat Papst Johannes XXII. seine bis dahin unbestrittene päpstliche Kompetenz zu einer definitiven Lehrentscheidung auch definitiv wahrgenommen und hat seine Entscheidung für die ganze Universität sichtbar gemacht. Noch im Verurteilungsdekret „Vas electionis" (vom 24. Juli 1321) sorgte der päpstliche Richter dafür, daß der Magister Johannes alle die vom Papst verurteilten Artikel in seinem Hörsaal vor seinen Studenten und Kollegen öffentlich und feierlich als falsch und irrig widerrief.[612]

Wenn damit auch ohne Zweifel sicher gestellt war, daß niemand in der ganzen Universität im Unklaren über die Sachlage und über die Entschei-

---

[612] CUP II, S. 243f. (Nr. 798); vgl. oben Anm. 546.

dung des Apostolischen Stuhls bleiben konnte, so ging das Aufsehen, daß der Fall erregte, doch weit darüber hinaus, wie wir eher zufällig erfahren. Der päpstliche Akt blieb auf die doch relativ kleine Öffentlichkeit der Pariser Universitätsangehörigen keineswegs beschränkt. Das beweist uns der Weg, den der Text des notariellen Protokolls über diese aufregenden Ereignisse gefunden hat. In das Archiv des Erzbischofs von Trier wurde eine Kopie des Notariatsintruments aufgenommen, das die Widerrufserklärung festhielt.[613] Rudolf Losse,[614] seit 1340 Schreiber in der Kanzlei des Erzbischofs von Trier, seit 1344 dessen Offizial und immer wichtiger werdender Kleriker an dessen Hof, hat auch die Verurteilungsbulle des Papstes in eine seiner umfangreichen Kollektaneen abschreiben lassen.[615] Dieser Kleriker hatte in Montpellier, nicht in Paris, ein Rechtsstudium hinter sich gebracht. Also verdankt er seine Unterlagen nicht unmittelbaren persönlichen, gewissermaßen nostalgischen Beziehungen zu seinem Studienort, er muß sich für den Text schon interessiert haben, zumindest mußten seine Informanten ihn für interessiert halten. Und wie uns heute die Überlieferung seiner Textkollektionen zeigt, hat man zumindest in Trier den Einzelheiten dieses Falles ein besonderes Augenmerk geschenkt. Daß auch die Kanzlei des Erzbischofs Unterlagen vorsichtshalber in ihr Archiv genommen hat, ist zusätzlich bemerkenswert, auch wenn uns unbekannt bleibt, wann und unter welchen Umständen das geschah.[616]

Man wird das sich darin zeigende Interesse einer Kanzlei und eines (später) mit der Verwaltung einer wichtigen deutschen Erzdiözese betrauten Rechtssachverständigen und Hofmannes gewiß aus dem perennierenden Interessenkonflikt zwischen Bettelorden und Pfarrklerus begreifen dürfen, der die päpstliche Entscheidung bedeutsam machte. Zugleich beweist der Fall aber doch auch, daß die Strahlkraft lokaler Vorkommnisse, insbesondere von Ereignissen an der Universität Paris, das von uns zunächst erwartete Maß weit übertreffen konnte. Auf solche unverhofft zu Tage tretenden Verbindungslinien, die von dem Kommunikationsgeflecht der intellektuellen Universitätsbesucher in Europa Zeugnis geben, werden wir auch weiterhin stoßen, auch wenn wir dieses Netz von Verbindungen und den in ihm vermittelten Austausch von Nachrichten nicht voll rekonstruieren, ja nur ganz

---

[613] Nova Alamanniae, Bd. 2.II, Hannover 1976, S. 738f. (Nr. 1273).

[614] Zu ihm zuletzt insbesondere Klaus Schäfer, Der Dank des Königs, Karl IV. und die Pfründen Rudolf Losses, in: Blätter für Deutsche Landesgeschichte 114 (1978) S. 527–537; Friedhelm Burgard, Rudolf Losse (um 1310–1364), in: Rheinische Lebensbilder 14 (1994) S. 47–70; zusammenfassend Johann Peter Schuler, in: NDB 15 (1987) Sp. 198–200; Arne Holtorf, in: VL², Bd. 5 (1985) Sp. 913–919; Gisela Kornrumpf, in: LexMA 5 (1991) Sp. 2122.

[615] Nova Alamanniae 2.II, S. 738 (Nr. 1272).

[616] Dazu vgl. die Überlieferung der Verurteilungsbulle Papst Johannes' XXII. gegen Meister Eckhart („In agro dominico", vom 27. März 1329) in Mainz, auf die aufmerksam machte Robert E. Lerner, New Evidence for the Condemnation of Meister Eckhart, in: Speculum 72 (1997) S. 347–366.

selten überhaupt in unseren Quellen angedeutet finden und nur hin und wieder ein kleines Stück davon greifen können.

In Paris war nach der Verurteilung Pouilly's anscheinend der Streit um die Beichtprivilegien der Bettelorden und um die Pfarrechte des Weltklerus zunächst einmal unter die Oberfläche der für uns sichtbaren Diskussionen gedrückt worden. An der Universität war aber, wie wir sogleich sehen werden, keineswegs alles Nachdenken über Kirchenstruktur und päpstliche Kompetenz abgebrochen. Wir haben in der Darlegung der Versammlung von Paris und Vincennes vor König und Rat zeitlich bis zum Ende des Jahres 1329 vorgegriffen. Wir müssen uns jetzt jedoch nach dem öffentlichen Auftritt der Prälaten wieder zurückwenden in den Anfang der zwanziger Jahre des 14. Jahrhunderts. In dieser Zeit ist an der Universität Paris ein Buch entstanden, das bis heute als ein „Klassiker" der politischen Theorie bekannt ist.

Eine sehr umfängliche Schrift des Artistenmagisters und Studenten der Medizin und Theologie Marsilius von Padua, der berühmte „Defensor pacis"[617] tritt damit in den Blick, ein Traktat, der mit dem vollen Rüstzeug der aristotelischen Wissenschaft auftritt und der auf dieser Basis der sich eben erst entfaltenden politischen Philosophie des griechischen Philosophen die Probleme der Zeit, die Konflikte des 14. Jahrhunderts lösen zu können beansprucht und verspricht.[618] Aristoteles, von Marsilius als *philosophorum eximius in civili sciencia* eingeführt, habe bereits, so erklärt uns der Autor bereits in seinem Prolog, der dazu bestimmt war, einen Benutzer der Handschrift an dem Text zu interessieren, Aristoteles habe bereits „fast alle Ursachen" für eine schlechte und verkehrte Einrichtung der politischen Verfassung (*prava civilis regiminis disposicio*) beschrieben und damit den Weg

---

[617] Der Text hat zwei moderne Editionen bekommen: ed. William PREVITÉ ORTON, Cambridge 1928; ed. Richard SCHOLZ (MGH Font. iur. germ., 7) Hannover 1932–1933. Hier wird die Ausgabe von Scholz benutzt [zitiert als „DP"]. Außerdem ist der Text in mehrere moderne Sprachen übersetzt worden, vgl. die (nicht vollständigen) Nachweise bei Jürgen MIETHKE, Literatur über Marsilius von Padua [1958–1992], in: Bulletin de philosophie médiévale, éd. par la S.I.E.P.M., 35 (1993) S. 150–165. Die Literatur wächst jährlich beträchtlich. Eine neuere bibliographische Übersicht auch bei DOLCINI, Introduzione, S. 88–112; vgl. auch Repertorium fontium, Bd. 7 (Rom 1997) S. 469b–474a; seither etwa Jürgen LUTZ, Zur Struktur der Staatslehre des Marsilius von Padua im ersten Teil des „Defensor pacis", in: Zeitschrift für Historische Forschung 22 (1995) S. 371–386; P. Renée BAERNSTEIN, Corporatism and Organicism in Discourse I of Marsilius of Padua's „Defensor pacis", in: The Journal of Medieval and Early Modern Studies 26 (1996) S. 113–138; Alessandro GHISALBERTI, *Politia*, Il governo della città in Tommaso d'Aquino e Marsilio da Padova, in: Annali Chieresi, Rivista annuale dell'Istituto di Filosofia San Tommaso d'Aquino in Chieri, 1996, S. 131–153; auch Bettina KOCH, *Perfecta communitas vocata civitas* – oder: Die *civitas* als Fokus des Politischen bei Marsilius, in: Klassische Politik, Politikverständnisse von der Antike bis ins 19. Jahrhundert, hgg. von Hans J. Lietzmann und Peter Nitschke, Opladen 2000.

[618] Dazu vor allem das berühmte Proœmium: DP I.1.2–3, S. 3–5; vgl. auch DP III.1 und III.3, S. 602f. u. 611–613.

zu ihrer Abstellung gewiesen. Nicht ihm sei es anzurechnen, daß eine „ganz einzigartige und sehr versteckte Ursache" außerhalb seiner Betrachtung bleiben mußte, da diese Ursache politischer Zwietracht, „welche wie die Krankheit eines Lebewesens" die Menschen ihr Glück verfehlen lasse und in die Finsternis führe, erst nach der Lebenszeit des griechischen Philosophen in der Geschichte „vor langer Zeit" ihren Anlaß in einem von Gott wunderbar, und das heißt, wie Marsilius ausdrücklich festhält, außerhalb aller natürlichen Möglichkeiten gewirkten Ereignis genommen habe. Gemeint ist die Menschwerdung Christi und damit die Entstehung der christlichen Kirche.[619]

Es ist bemerkenswert, wie Marsilius hier die politische Philosophie des Aristoteles an einem bestimmten historischen Punkt der menschlichen Entwicklung verortet, wie er aber zugleich auch die heilsgeschichtliche Erlösungstat des Gottmenschen Christus geradezu historisiert und damit in die Allgemeingültigkeit einer aristotelischen Wissenschaft hinein, wenn nicht einebnet, so doch einordnet. Marsilius will, so macht er dem Leser deutlich, Aristoteles nicht wiederholen, er will ihn auch nicht, wie das in Paris damals verschiedentlich geschehen war, ausschließlich kommentieren,[620] er möchte nach Ausweis dieser programmatischen Erklärung den griechischen Philosophen um eine entscheidende Dimension ergänzen und auf die Gegenwart, seine eigene Gegenwart des 14. Jahrhunderts anwenden, weil das Aristoteles selbst noch nicht hatte tun können. Aristoteles vermag aber die wissenschaftliche Methode zu liefern, die nun auch für die politische Analyse der Gegenwart des Marsilius fruchtbar gemacht werden kann und soll, denn deren Unterschiede zur Welt des Aristoteles waren in dem einen Punkt, der Existenz der christlichen Kirche und ihrer Ansprüche, dem Verfasser so klar, daß er das schon in der Bestimmung seines Ausgangspunktes, in den ersten Zeilen seines umfangreichen Textes, als evident einführen konnte.

Über die Person des Marsilius, der damit in kühnem Zugriff die Kirche seiner Gegenwart und die päpstliche Kurie vor die Schranken der aristotelischen Wissenschaft forderte, ist nur recht wenig bekannt. Geboren um 1290 in einer Familie der laikalen, schriftkundigen administrativen Elite von Padua, ist der Sohn eines Notars selber nicht den Weg seines Vaters Bonmatteo oder seines Vaterbruders Corrado de' Mainardini[621] gegangen, er hat nicht

---

[619] Programmatisch im Prolog, DP I.1.3 (S.5): *Est enim hec et fuit opinio perversa quedam in posteris explicanda nobis, occasionaliter autem sumpta ex effectu mirabili post Aristotelis tempora dudum a suprema causa producto preter inferioris nature possibilitatem et causarum solitam accionem in rebus.*

[620] FLÜELER, Rezeption und Interpretation, Bd. 2, S. 1–100, hat eine sehr nützliche Liste sämtlicher erhaltenen mittelalterlicher Kommentare zur aristotelischen Politik vorgelegt.

[621] Regesten von Nachrichten zur engeren Familie der Mainardini aus dem Paduaner Archiv bei PINCIN, Marsilio, S. 241–244. Zur Rolle der *notarii* in Padua HYDE, Padua at the

über ein Rechtsstudium an einer der oberitalienischen Universitäten das
städtische Notariat angestrebt, obwohl er zunächst noch in seiner Stu-
dienzeit eine Karriere in der praktischen Politik, ja eine militärische Karriere erwogen zu haben scheint.[622] Marsilius wandte sich vielmehr entschieden dem Studium der Artes zu, das er in Paris aufgenommen hat, wahrscheinlich nach einer ersten Phase des Unterrichts in seiner Heimatstadt bei
einem berühmten Landsmann, dem Mediziner Pietro d'Abano, der von
etwa 1290 bis 1305 in Paris, von etwa 1307 bis zu seinem Tod (vor Februar
1316) in Padua unterrichtet hat.[623] Dem Pariser Kreis um diesen berühmten Mediziner gehörte auch der spätere enge Freund des Marsilius Johannes
von Jandun[624] († 1329) an, den Marsilius also wohl während seiner Stu-

---

Time of Dante, S. 49f., 153–163; jetzt auch Benjamin J. KOHL, Padua under the Carrara,
1318–1405, Baltimore-London 1998, bes. S. 29f.

[622] Das verrät ein Gedicht des Albertino Mussato auf den Freund, ed. bei PINCIN,
Marsilio, S. 37–40, hier vv. 1–11 (unter Einbeziehung des vom Hg. in den Apparat verbannten Verses [8a]): (v.3ff.) … *nunquid uox improba fame / Vera refert quod tu studii de tramite*
sacri / Lapsus ad infandos hominum te ueteris actus? / Diceris ecce cauo contectus tempora ferro /
Loricam perferre grauem mentoque premente / Suspensos alto uultus attollere caelo. / Quidam aiunt
tibi quod germanus cingitur ensis, / Quidam aiunt quod tu Germano accingeris ensi. / Altera formi-
dat tali uerum altera uerbo / Pars iocat arridens, sermo est de lite iocosa. Zur Interpretation auch
HALLER, Lebensgeschichte, der seinerseits einen Frühdruck des Gedichtes im Anhang
nachdruckte [S. 366–368]. Die Edition von Pincin folgt dem Ms. Holkham Hall, cod. 425.
Ein weiteres Ms. [Sevilla, Bibl. Colombina, 7–5–5, fol. 18r-v] machte bekannt Enno CEC-
CHINI, Le epistole metriche del Mussato sulla poesia, in Tradizione classica e letteratura
umanistica, par Alessandro Perosa, a cura di R. Cardini, E. Garin, L. Cesarini Martinelli, G.
Pameci, Bd. 1, Rom 1985, S. 95–119; vgl. Paul Oskar KRISTELLER, Iter Italicum, Bd. 4: Alia
itinera II, Great Britain to Spain, Leiden 1989, S. 627a-b (eine Neuausgabe des Gedichts
dürfte sich lohnen).

[623] Zu ihm sei aus einer reichen Literatur nur genannt Nancy SIRAISI, Pietro d'Abano
and Taddeo Alderotti, Two Models of Medical Culture, in: Medioevo 11 (1985) S. 139–
162; zusammenfassend Loris STURLESE in: LexMA 6 (1993) Sp. 1959f. Zu den Beziehungen des Marsilius zu Traditionen in Padua vgl. vor allem Paolo MARANGON, Marsilio tra
preumanesimo e cultura delle arti, Ricerca sulle forme padovane del I discorso del „Defensor pacis", in: Medioevo 3 (1977) S. 89–119, jetzt in: MARANGON, *Ad cognitionem scien-*
tiae festinare, S. 380–410.

[624] Stuart McCLINTOCK, Perversity and Error, Studies on the „Averroist" John of Jandun, Bloomington IN 1956; Ludwig SCHMUGGE, Johannes von Jandun (1285–1328), Untersuchungen zur Biographie und Sozialtheorie eines lateinischen Averroisten (Pariser
Historische Studien, 7) Stuttgart 1968 [Rezension durch Carlo PINCIN in: Rivista storica
italiana 81, 1969, 375f.]; neuerdings zusammenfassend Sven K. KNEBEL, in: LexMA 5
(1991) Sp. 582. Vgl. jetzt auch Evencio BELTRAN, Les „Questions sur la Rhétorique"
d'Aristote de Jean de Jandun, in: La „Rhétorique" d'Aristote, Traditions et commentaires
de l'antiquité au XVIIe siècle, édd. par Gilbert Dahan et Irène Rosier-Catach (Tradition
de la pensée classique) Paris 1998, S. 153–167; Adriaan PATTIN, Pour l´histoire du sens
agens, La controverse entre Barthélemy de Bruges et Jean de Jandun, Ses antecedents et
son évolution, Etudes et textes inédits (Ancient and Medieval Philosophy, De Wulf-Mansion Centre, Series I.6) Leuven 1988, passim; Roberto LAMBERTINI, „*Felicitas politica*" und
„*speculatio*", Die Idee der Philosophie in ihrem Verhältnis zur Politik nach Johannes Jandun, in: Was ist Philosophie im Mittelalter? Hg. von Jan A. Aertsen und Andreas Speer
(Miscellanea Mediaevalia, 26) Berlin-New York 1998, S. 984–990.

dienzeit durch die Vermittlung seines schon in Padua tätigen Lehrers kennengelernt haben dürfte.[625] Dieses Netz persönlicher Beziehungen, das da bruchstückhaft sichtbar wird, ist für die Frühzeit der europäischen Universitäten typisch. Man kannte sich im landsmannschaftlich geprägten Kreis, persönliche Interessen und Beziehungen spielten eine entscheidende Rolle und wurden zur Basis für noch in die Quellenzeugnisse hinein durchfärbende persönliche Bindungen.

Im Dezember 1312 wird Marsilius – und das ist überhaupt der zeitlich früheste sicher datierte Beleg über ihn – zum Rektor der Pariser Artistenuniversität gewählt,[626] ein Amt, das damals den Erwählten für ein Vierteljahr zum Haupt der Korporation der Pariser Studenten machte. Dieses Amt konnte schon damals (wie noch lange späterhin) wegen möglicher späterer Regreßforderungen und wegen der wünschenswerten Zuschüsse aus privaten Mitteln zu den Amtsausgaben nur von einem wohlhabenden Studenten übernommen werden.[627] Es ist bezeichnend, daß sich später nach den Statuten einiger Universitäten einer Wahl zum Rektor niemand ohne triftigen Grund entziehen durfte.[628] Wie alt Marsilius damals war, wie lange zuvor er in Paris eingetroffen war, ist uns nicht bekannt. Bis dahin hatte er dort jedoch offenbar das Vertrauen seiner Nation und der Rektorwahlmänner auch der anderen Nationen gewonnen. Seine (kurze) Amtsführung gab ihm über administrative und politische Erfahrungen hinaus auch Gelegenheit, einerseits mit dem königlichen Rat in Verbindung zu treten,[629] andererseits auch dazu, eine erste Bekanntschaft mit der Kurie in Avignon zu machen.[630]

Wie oft er in diesen Jahren seine Heimatstadt wiedergesehen hat, ist nicht deutlich, er taucht aber (höchstwahrscheinlich) 1315 als Zeuge bei der Errichtung eines Testaments[631] durch seinen frühen Lehrer Pietro d'Abano in

---

[625] Vgl. dazu auch PINCIN, Marsilio, S. 23f mit Anm. 4.

[626] CUP II, S. 158, Nr. 699 (ein Statut unter dem Rektor Marsilius, das im Übrigen eben die Regelungen des Rektorwahlstatuts von 1266 / 1289 erneut einschärft).

[627] Vgl. dazu etwa Jacques VERGER, Le chancelier et l'université à Paris à la fin du XIIIe siècle, in: VERGER, Les universités françaises au moyen âge (Education and Society in the Middle Ages and the Renaissance, 7) Leiden (usw.) 1995, S. 68–103; auch Olga WEIJERS, Terminologie des universités, S. 187–194.

[628] Dazu materialreich Rainer Christoph SCHWINGES, Rektorwahlen, Ein Beitrag zur Verfassungs-, Sozial- und Universitätsgeschichte des Alten Reiches im 15. Jahrhundert (Vorträge und Forschungen, Sonderband 38) Sigmaringen 1992. In Paris war es freilich noch im 14. Jahrhundert eher das Problem, daß sich die Wahlmänner nicht auf einen Amtsträger einigen konnten, woraufhin der Streit um die Amtsführung entbrannte.

[629] Der Pariser Rektor hatte Zugang zum königlichen *conseil*.

[630] Ein eigenes Zeugnis gibt uns bekannt, daß er offenbar persönlich in Avignon gewesen ist: DP II.24.16f. (S. 464–466).

[631] Druck des Dokuments durch Tiziana PESENTI, Per la tradizione del testamento di Pietro d'Abano, in: Medioevo 6 (1980) S. 533–542 (Text S. 538ff.); zur Identität des Marsilius ebenda, S. 536f.

Padua auf[632] und ist auch als Teilnehmer an vielfältigen Verhandlungen der oberitalienischen Parteiungen bezeugt, wo er in für uns nicht näher durchschaubarer Verbindung zu Matteo I. Visconti von Mailand († 1322) und Cangrande della Scala von Verona († 1329) stand, welchen viele Bürger seiner Heimatstadt Padua als ernste Bedrohung ihrer städtischen Freiheit ansahen.[633] Als Papst Johannes XXII. seinen Pontifikat begann, finden wir auch Marsilius unter den zahlreichen Klerikern, die sich an der Kurie eine päpstliche Pfründenprovision in ihrer Heimat zu sichern verstanden. Marsilius hat 1316 und dann noch einmal 1318 um ein solches Pfründenversprechen offenbar förmlich durch eine schriftliche Bittschrift nachgesucht. Seine Supliken sind, weil vom Papst genehmigt, in den Registereinträgen des Vatikanischen Archivs erhalten geblieben, ohne daß wir irgendetwas über eine Realisierung dieser Wechsel auf die Zukunft erfahren. Anscheinend hat Marsilius, wie das auch zahlreichen anderen Bewerbern geschah, diese scheinbar so erfreulichen vom Papste bestätigten Aussichten niemals realisieren können. Es wird ihn wenig getröstet haben, daß er das Schicksal, daß alle Kosten und Mühen letzten Endes vergeblich blieben, mit vielen anderen um Pfründen an der Kurie bemühten Klerikern teilen mußte.

Spätestens Anfang der zwanziger Jahre muß Marsilius wieder in Paris gelebt haben, vielleicht hatte er diese Stadt zuvor auch nur sporadisch verlassen, jedenfalls wurde am 24. Juni 1324 der „Defensor pacis" nach Auskunft von drei Versen vollendet, die sich am Ende des Textes in vier (von 11) Manuskripten des deutschen Zweiges der Überlieferung (und nur dort) erhalten haben.[634] *Parisiis in vico Sorbona in domo studentium in sacra theologia ibidem,* weiß eine andere späte, heute in Ulm liegende Handschrift, ebenfalls der „deutschen Tradition"[635], präzisierend – anstelle der drei Verse, die sie nicht zitiert – zu schreiben. Der 1324 „abgeschlossene" Traktat ist gewiß nicht innerhalb weniger Wochen entstanden, sondern verdankt sich systematischer Arbeit von Monaten, wenn nicht Jahren. Voller Stolz wird Marsi-

---

[632] Dazu bereits Noël VALOIS, Jean de Jandun et Marsile de Padoue, in: HLF 33 (1906) S. 528–623; vgl. auch HALLER, Lebensgeschichte.

[633] Allgemein zur politischen Geschichte Paduas HYDE, Padua at the Time of Dante; Benjamin J. KOHL, Padua under the Carrara, 1318–1405, Baltimore-London 1998. Zu den Verhandlungen Nachweise bei PINCIN, Marsilio, S. 45ff.

[634] *Anno trecenteno milleno quarto vigeno / Defensor est iste perfectus festo baptiste. / Tibi laus et gloria Christe!* DP III 3, (S. 613). Dieses Kolophon tragen vier Handschriften, drei hat Scholz in seiner Edition nachgewiesen: Mss. Tortosa, Bibl. Capitular 141; Wien, ÖNB, cpl 464; Freiburg i.Ue., Dominikanerbibl. 28 [nur vv. 1–2]; zusätzlich auch Ms. Florenz, Bibl. Naz., Conventi soppressi E.3.379, fol. 180v (bekannt gemacht von Michael BIHL, vgl. Carlo PINCIN, Nota critica, in: Marsilio da Padova, „Defensor pacis" nella traduzione in volgare fiorentino del 1363, S. 562); es handelt sich um (wichtige) Textzeugen des „deutschen" Zweiges der Überlieferung, wobei offenbar insbesondere die Hs. aus Tortosa aus dem engsten Kreis um Marsilius stammt, sogar sein Handexemplar gewesen sein könnte. Die Nachricht ist also als verläßlich einzustufen.

[635] Ms. Ulm, StB 6706–6708, vgl. DP III 3, ed. SCHOLZ, S. 613 Anm.

lius auch später immer wieder auf seine Argumentationen in dieser seiner Hauptschrift zur Begründung seiner Feststellungen verweisen, und das nicht nur summarisch, sondern exakt die Stelle angebend, so daß man sie auch heute noch in den modernen Drucken finden kann.

Daß Marsilius der politischen „Krankheit" seiner Tage mit Hilfe der politischen Theorie des Aristoteles beikommen will, heißt natürlich nicht, daß er die Texte des griechischen Philosophen etwa nicht mit den Augen des 14. Jahrhunderts und durch die Brille seiner eigenen Erfahrungen läse. Aber er hat doch die an der Universität von Paris übliche Beschäftigung mit den Texten des Stagiriten voll in sich aufgenommen, vielleicht in Zusammenarbeit mit seinem um etwa ein bis zwei Jahrzehnte älteren Freund Johannes Jandun, dem die Zeitgenossen in aller Regel die Mitverfasserschaft am „Defensor pacis" zugeschrieben haben,[636] während die heutige Wissenschaft die Verantwortung für den gesamten Text eher Marsilius allein zuschiebt.[637] Der Text stützt sich auf die damals in Paris gängigen Kommentare zur aristotelischen „Politik" und bewegt sich wie selbstverständlich im Horizont der zeitgenössischen Streitfragen,[638] von denen er eine ganze Reihe unerschrocken im zweiten Teil seiner Schrift aufgreift und zu beantworten versucht auf der Grundlage seiner eigenen theoretischen Überzeugungen, die er im ersten Teil dargelegt hatte.[639]

Die aristotelische Sozialphilosophie hatte Thomas von Aquin bereits ein halbes Jahrhundert zuvor zur Basis seiner politischen Theorie gemacht. Johannes Quidort hatte sich um die Wende zum 14. Jahrhundert in Paris auf diese Adaption des Aquinaten als theoretische Grundlegung eines Staatsver-

---

[636] Diese Zurechnung findet sich in der päpstlichen Verurteilung (wie Anm. 681), ebenso sprechen einige zeitnahe Mss. und vor allem die Zeitgenossen wie selbstverständlich von beiden als Autoren, wie z.B. Konrad von Megenberg, Yconomica, II.3.1, ed. Krüger, Bd. 2, S. 87 (dort in Anm. 1 auch weitere Angaben). Rudolf Losse hat in seinen Kollektaneen sogar den DP ganz Johannes Jandun alleine zugeschrieben, vgl. Nova Alamanniae, Bd. 2.II, S. 952f., Nr. 1659 (freilich hat sich nur der Prolog der Schrift in seinen Hss. erhalten).

[637] Während früher etwa Noël Valois, Jean de Jandun et Marsile de Padoue, auteurs de „Defensor pacis", in: HLF 33 (1906) S. 528–623, beide gemeinsam und ununterschieden behandeln konnte, hat die alleinige Verfasserschaft des Marsilius mit guten Argumenten begründet Alan J. Gewirth, John of Jandun and the „Defensor Pacis", in: Speculum 23 (1948) S. 267–272. Immerhin spricht ja auch der Verfasser im Prooemium (DP I.1.6, S. 17,7 Scholz) eindeutig von sich im Singular. Schmugge, Jandun, hat aber zumindest die Möglichkeit einer aktiven Beteiligung Janduns wieder in den Bereich des Möglichen gerückt. Die Frage bedürfte einer neuen eingehenden Prüfung.

[638] Dazu besonders Flüeler, Rezeption, S. 120–131. In dieser Hinsicht völlig unbrauchbar ist dagegen Michael Löffelberger, Marsilius von Padua, Das Verhältnis zwischen Kirche und Staat im „defensor pacis"[sic!] (Schriften zur Rechtsgeschichte, 57) Berlin 1992, obwohl er eigentlich die Thesen des Marsilius auf dem Hintergrund der an der Pariser Universität gängigen Vorstellungen untersuchen wollte [vgl. dazu auch die Anzeige in: DA 49 (1993) S. 293f.].

[639] Das hat nicht zuletzt Scholz in seinem Sachkommentar zur Ausgabe gezeigt. Vgl. auch die Ausgabe von Previté Orton.

ständnisses sehr intensiv gestützt. Beide Theologen aus dem Dominikanerorden hatten jedoch die Kirche als eigenständige, heilsgeschichtlich begrün-
dete und von Gott unmittelbar verfügte Organisation angesehen und damit
als jenseits der Geltung aristotelischer Begriffe stehend aufgefaßt. Aegidius
Romanus hatte die politische Ordnung in seinem Fürstenspiegel ebenfalls
aristotelisch gefaßt, in seiner Bestimmung des Verhältnisses von kirchlichem
Anspruch und weltlicher Ordnung in seiner Schrift „De ecclesiastica potestate" aber die staatliche Sphäre aller Selbständigkeit beraubt und sie restlos
der Leitung des „höchsten Hierarchen", der Kirchenzentrale unterstellt. Die
kurialistischen Theoretiker hatten diese Sicht der Dinge immer deutlicher
und immer detaillierter bis in die Einzelfragen hinein ausgearbeitet. Dante
hatte dann zwar politische und kirchliche Organisationsprinzipien sehr
stark in Parallele gesetzt, hatte aber weiterhin beide klar unterschieden und
geschieden und hatte eher den Staat an Begriffsmerkmalen der Kirche par-
tizipieren lassen, als daß die Kirche als ein Sozialgebilde nach der Art der
politischen Organisation auffaßte.

Marsilius bricht radikal mit dieser Tradition eines dualistischen Ansatzes,
seine Frage nach dem Frieden[640] in der politischen Organisation will er
ganz aus aristotelischen Prinzipien und mit aristotelischen Begriffen beantworten. Darum behält bei ihm die Kirche als soziale Organisation keinen
Sonderstatus, sondern hat sich ganz in das Gesamt der politischen Friedens-
ordnung zu fügen. Die Konstruktion der politischen Verfassung der Menschen, die Marsilius vorlegt, orientiert sich an den von Aristoteles in seiner
Politik und Ethik vorgegebenen Begriffen, um klare und unverrückbare
Maßstäbe bei der Analyse der nach Meinung des Autors so deutlich aus dem
Gleichgewicht geratenen Wirklichkeit seiner Zeit zu gewinnen. Dabei setzt
Marsilius aber eigene Akzente, verändert – bewußt oder unbeabsichtigt, das
läßt sich nicht deutlich erkennen – den Ansatz des Aristoteles und kommt
zu eigenen Lösungen, die moderne Theorien vorwegzunehmen scheinen.

Aristoteles[641] – und nach ihm etwa auch Thomas von Aquin[642] – hatten
im Vernunftcharakter des Menschen, wie er in dessen Sprachbegabung

---

[640] Dazu Horst Kusch, Friede als Ausgangspunkt der Staatstheorie des Marsilius von
Padua, Zur Aristotelesrezeption im Mittelalter, in: Das Altertum 1 (1955) S. 116–125; Cesare Vasoli, La pace nel pensiero filosofico e teologico-politico da Dante a Ockham, in:
La pace nel pensiero, nella politica, negli ideali del Trecento (Convegni del Centro di studi
sulla spiritualità medievale, 15) Todi 1975, S. 27–68, bes. 43–67; Alessandro Ghisalberti,
L'aspirazione alla pace come fondamento della politica in Marsilio da Padova, in: Homo
sapiens, homo humanus, Bd. 1: La cultura italiana tra il passato ed il presente in un disegno
di pace universale, hg. von Giovanni Tarugi, Florenz 1990, S. 65–77; vgl. auch allgemeiner und weitgespannt Dietrich Kurze, Klerus, Ketzer, Kriege und Prophetien, Gesammelte Aufsätze, hgg. von Jürgen Sarnowsky, Marie-Luise Heckmann, Stuart Jenks, Warendorf 1996, S. 344–433.

[641] Vgl. dazu etwa Günther Bien, Die Grundlegung der politischen Philosophie bei
Aristoteles, Freiburg 1973, ³1985.

[642] Thomas von Aquin, De regno I.1 (S. 449b,26ff. Dondaine).

sichtbar wird, die Fähigkeit des Menschen zur Kommunikation mit seines-
gleichen begründet gesehen und darauf dementsprechend seine Geselligkeit
und Gesellschaftlichkeit begründet. Die gesellschaftliche Verfaßtheit des
Menschen als eines *animal sociale et politicum*[643] ist ihnen Ausdruck und Folge der menschlichen Vernunftbegabung. Darum erscheint ihnen nur jene
politische Ordnung angemessen, die der Vernünftigkeit des Menschen entspricht. Hieraus ergibt sich auch die unmittelbare Aufgabe politischer Verfassungen, Menschen in ihrer Vernünftigkeit zu fördern, ihnen ein für ihre
vernünftigen Anlagen förderliches „gutes Leben" (εὖ ζῆν; *bene vivere*) zu ermöglichen, das dann und nur dann ein „gutes Leben" im vollen Sinne sein
kann, wenn es der Vernunft entsprechend geführt wird.

Für Marsilius ist dieser für Aristoteles wichtige Zusammenhang eher sekundär. Seine ausführliche Begründung der Vergesellschaftung der Menschen setzt nicht primär bei der Vernünftigkeit an, sondern betont wesentlich stärker, als Aristoteles und als es noch Thomas von Aquin getan hatten,
die Anforderungen, die an den Menschen als ein Mängelwesen gestellt sind.
Nach der Darlegung des Marsilius[644] schließen sich die Menschen zusammen, ja müssen sich zusammenschließen, um angesichts der lebensbedrohli-
chen Umwelt, der sie allein nicht gewachsen wären, eine *sufficientia vitae* zu
erzielen, eine ausreichende Möglichkeit der Lebensfristung, erst sekundär
ermöglicht ihnen ihr Überleben dann auch ein *bene vivere*, einen sittlich vernünftigen Lebensvollzug.

Weil nun die menschliche Gesellschaft als willentlicher Zusammenschluß
zum Zwecke der Lebenssicherung nicht mehr unmittelbarer Ausdruck der
vernünftigen Natur des Menschen als eines *animal sociale et politicum* ist, sondern auf einem (sicherlich anthropologisch vorbereiteten, nichtsdestoweni-
ger aber immer noch nötigen) willentlichen Entschluß zur Vergesellschaftung beruht, muß diese Basis des gemeinsamen Willensentschlusses gegen
jede Erosion durch Hader und Streit geschützt werden. Der Zweck der
Selbsterhaltung allein gebietet schon die Friedenswahrung im Verband.

Die Vergesellschaftung als Mittel der Notwehr gegen den Mangel entspringt einer willentlichen Entscheidung, letztlich dem Willen zur Selbsterhaltung. Eine Auflösung des gesellschaftlichen Verbandes müßte auch alle
jene Gefährdungen neu aufleben lassen, denen der Mensch durch seinen

---

[643] So hatte Thomas von Aquin das aristotelische ζῷον πολιτικόν interpretierend lateinisch wiedergegeben, das noch Wilhelm von Moerbeke als *animal civile* übersetzt hatte,
vgl. oben bei Anm. 86.
[644] DP I.4.3 (S. 18f.) dazu vgl. insbesondere Helmut G. WALTHER, Ursprungsdenken
und Evolutionsgedanke im Geschichtsbild der Staatstheorien der ersten Hälfte des 14. Jahrhunderts, in: Antiqui und moderni, Traditionsbewußtsein und Fortschrittsbewußtsein im
späten Mittelalter, hg. von Albert Zimmermann (Miscellanea mediaevalia, 9) Berlin 1974,
S. 236–261. Jetzt auch NEDERMAN, Comunity and Consent, S. 29–51. Vgl. auch DP I.3.5
(S. 16), wo *vivere et bene vivere* in einem Atemzug stehen; auch z.B. DP I.4.1. In I.4.5 sowie
in I.12.7 oder II.22.5 ist dann allein von *sufficientia vitae* die Rede.

Zusammenschluß mit Artgenossen entfliehen wollte. Dieser Zusammenhang ist es, der Marsilius dazu veranlaßt, die von ihm zitierte Aussage des Aristoteles, nach der die Menschen sich *secundum nature impetum* zusammengeschlossen hatten, ausdrücklich (oder, wie er es sagt, *magis distincte*) zurechtrücken: weil der Mensch, aus verschiedenen Elementen zusammengesetzt, fast ständig zwischen verschieden gerichteten Antrieben und Erfahrungen hin- und hergerissen immer stärker seine Substanz verliert, weil er nackt und waffenlos geboren, allein dadurch schon Schaden leidet, daß er mit der Luft und den anderen Elementen in Berührung kommt, was die Naturwissenschaft im einzelnen klären könne, bedürfe er verschiedener Techniken, um solchen Schädigungen zu entgehen. Diese aber könnten nicht von einem einzelnen allein, vielmehr nur von einer arbeitsteiligen Gruppe angewandt und nur in Kooperation überhaupt entwickelt werden. Das ist nach der Darlegung des Marsilius die letzte und eigentliche Ursache der menschlichen Gesellschaft.[645]

Mit dieser Begründung, in der sich bereits die frühneuzeitlichen Vertragstheorien abzeichnen und die deswegen so „modern" klingt, hat Marsilius einen wichtigen Punkt seiner Theorie erreicht. Die aus Notwehr gebildete Gruppe bestimmt (ebenfalls voluntativ) für ihr Zusammenleben Regeln über das, was als gerecht gelten soll, und sie tut das, indem sie jemanden einsetzt, der über diese Regeln wacht oder sie erläßt.[646] Gesetze sind also Regeln, die das lebenserhaltende Zusammenleben des Menschen mit seinen Artgenossen regulieren. Auch damit formalisiert Marsilius den aristotelischen Gesetzesbegriff, der in der Vernünftigkeit des Gesetzes die Ursache für seine normative Kraft gesehen hatte.

Diese Formalisierung wird ganz deutlich, wo Marsilius sich scheinbar wortwörtlich an eine Formulierung des Aristoteles anschließt, um eine Definition des Begriffs zu geben. Mit einem Satz aus der Nikomachischen Ethik hält Marsilius fest, daß ein Gesetz nur dann Gesetzt ist, wenn es zu seiner Befolgung „nötigen" kann. Für den griechischen Philosophen war solche nötigende Kraft in der Vernunft begründet:[647] ὁ δὲ νόμος ἀναγκαστικὴν ἔχει δύναμιν λόγος ὢν ἀπό τινος φρονήσεως καὶ νοῦ. Marsilius gibt das (nach der Übersetzung des Robert Grosseteste[648]) in lateinischer Sprache schon mit leicht veränderten Akzenten wieder: *lex autem coactivam habet potentiam sermo ens ab aliqua prudentia et intellectu.*[649] Das griechische

---

[645] DP I.4.3 (S. 18). Vgl. Aristoteles, Politik I.2 (1253a29ff.), mit dem Kommentar von Eckart SCHÜTRUMPF, Aristoteles, Politik, Buch I, übersetzt und erläutert (Aristoteles Werke in deutscher Übersetzung, 9.1) Berlin 1991, S. 205ff.

[646] DP I.4.4 (S. 18): *...oportuit in hac communicacione statuere iustorum regulam et custodem sive factorem.*

[647] Nikomachische Ethik X.10 (1180a 21f.).

[648] Ed. René-Antoine GAUTHIER, in: Aristoteles Latinus, Bd. 26.1–3, fasc. 3, Leiden-Paris 1972, S. 366,22–24, u. fasc. 4, 1973, S. 584,20f.

[649] DP I.10.4 (S. 50)

Wort λόγος (Geist oder Vernunft) erscheint im Lateinischen als „Text" (*sermo*), als normativer Text, der seine Normativität aus der praktischen „Klugheit und der Vernunft" bezieht. In seiner paraphrasierenden Verdeutlichung spitzt Marsilius die schon in der Übersetzung spürbare Tendenz auf die Normativität der Norm hin noch schärfer zu: Das Gesetz als verbindlicher Text kann seine Verbindlichkeit nämlich, so erklärt er, nicht aus seiner eigenen Klugheit und Vernünftigkeit, sondern allein aus Klugheit und Vernunft des Gesetzgebers beziehen, und das wiederum heißt, aus dessen politischer Klugheit und Vernunft, wobei der Befolgungszwang ebenfalls vom Gesetzgeber ausgehen muß, von ihm gesetzt wird. Die Definition, die Marsilius demgemäß erreicht, ist dann folgende: „Eine Anordnung (*ordinacio*) über Gerechtes und Zuträgliches und dessen Gegenteil nach der politischen Einsicht, und zwar mit zwingender Kraft, d. h. eine Anordnung, zu deren Befolgung ein Befehl gegeben wird, den zu befolgen jemand gezwungen wird, oder eine Anordnung, die selbst als ein solcher Befehl formuliert ist, ist demnach ein Gesetz".[650]

Wie bei Aristoteles wird ein Gesetz zum Gesetz auch für Marsilius durch die „zwingende Kraft" (*coactiva potentia*), aber es ist ein dem „Text" selbst äußerlicher Zwang. Ein Gesetz wird zum Gesetz durch die Kompetenz zur Ausübung von solch zwingender Kraft, Kompetenz heißt lateinisch *potestas*, damit wird ein Gesetz zum Gesetz durch eine *potestas coactiva*. Hier hat Marsilius einen Zentralbegriff seines gesamten Nachdenkens über Politik gefunden. Aristoteles hatte von einer ἀναγκαστικὴ δύναμις gesprochen, Thomas von Aquin[651] hatte das (ähnlich wie vor ihm bereits Robert Grosseteste[652] in seiner Übersetzung der Nikomachischen Ethik) als *vis coactiva* aufgenommen. Marsilius verwendet, sehe ich richtig, diese aristotelisch-thomasische Formulierung ausschließlich an dieser einzigen Stelle, in einem unmittelbaren Aristoteleszitat also, während er sonst und immer wieder von der *potestas coactiva* des Gesetzgebers spricht, die allein die segensreichen Folgen der Vergesellschaftung des Menschen zu sichern vermag. Man könnte die Regel aufstellen, daß immer dort, wo in einem spätmittelalterlichen Text von *potestas coactiva* die Rede ist, ein Bezug auf Marsilius von Padua wahrscheinlich wird, sodaß diese Begriffsprägung heute geradezu als ein Schibboleth für eine unmittelbare Marsiliusrezeption dienen kann.[653]

---

[650] ebenda. Vgl. auch I.12.2 (S. 63).

[651] Besonders prägnant in: Summa theologiae 1–II qu. 96 a. 5 ad 3 (Bd. 2, S. 483a BUSA): … *princeps dicitur esse solutus a lege quantum ad vim coactivam legis. Nullus enim proprie cogitur a seipso. Lex autem non habet vim coactivam nisi ex principis potestate.* Vgl. auch 1–II qu. 90 a. 3 ad 2 (Bd. 2, S. 475a BUSA): … *persona privata non potest inducere efficaciter ad virtutem. Potest enim solum monere, sed si sua monitio non recipiatur, non habet vim coactivam; quam debet habere lex (…).*

[652] Die Übersetzung Robert Grossetestes spricht von der *potencia coactiva* der *lex*, nicht von der *potestas coactiva* des *princeps* (wie oben Anm. 648).

[653] Als Beispiel diene Ockham: in III Dialogus I.iv, c. 1 (fol. 219va) wird etwa nach *po-*

Diese formalisierte und auf den Gesetzgeber hin orientierte Definition des Gesetzes schließt alle jene Normen aus der Klasse der Gesetze im engeren Sinn aus, die nicht in Texten formuliert ist, die mit zwingender Gewalt erlassen sind, unabhängig davon, ob und wie „vernünftig" sie sein mögen. Auch die vernünftigste Aussage kann als Vorschrift ohne zwingende Gewalt nicht ein Gesetz in diesem engen Sinn sein, und umgekehrt gilt, daß eine Vorschrift, die von zwingender Gewalt derart sanktioniert ist, ein richtiges Gesetz ist, unangesehen seines Inhalts. Auch ein unvernünftiges derartiges Gesetz, von der zuständigen Instanz durch Befolgungszwang sanktioniert, ist ein Gesetz, das die Begriffsmerkmale der Definition erfüllt, kein vollkommenes Gesetz zwar, das räumt Marsilius ein, aber ein Gesetz.[654] Nur wenige Jahre zuvor hatte Dante in seiner „Monarchia" noch ganz im Gegenteil festgehalten, Gesetze, die nicht zum allgemeinen Besten dienten (die also seine Begriffsdefinition nicht ausfüllten), seien Gesetze „nur dem Namen nach, können aber nicht in Wirklichkeit Gesetze sein".[655] Marsilius schreibt ausdrücklich, solche Gesetze, erlassen und sanktioniert vom kompetenten Gesetzgeber, seien wohl keine *leges perfecte*, aber auch unvollkommene Gesetze sind in ihrer Geltung nicht zu bezweifeln. Insofern formalisiert Marsilius den Gesetzesbegriff auf positive Geltung hin und strebt damit weg von inhaltlicher „emphatischer" Bestimmtheit.

Es ist deutlich, daß eine derart weit getriebene Formalisierung des Gesetzesbegriffs die Frage nach dem kompetenten Gesetzgeber unausweichlich

---

testas coactiva gefragt (im wörtlichen Anschluß an DP II.16.4 (S. 340); unverkennbar um Marsilius handelt es sich auch III Dialogus I.1, c. 13 u. 15 (fol. 187vb und 188rb). In I Dialogus VI.62 (fol. 79va) oder III Dialogus II.1, c. 1 (fol. 231rb) spricht Ockham in anscheinend in einer an Marsilius angelehnten Terminologie – vgl. etwa DP I.19.8–11; II.1.4; 4.1sqq.; 5.5; 5.9; 17.1; 22.20; 23.3; 26.18; III.2.14 (S. 131–134.; 141; 159ff.; 188f.; 196f.; 356; 439; 443; 514; 606); auch Defensor minor c. I.7 (S. 176) – von einer *iurisdictio coactiva* (freilich ist hier bei Ockham kein wörtliches Marsilius-Zitat zu finden!). Andererseits beruft sich Ockham natürlich nicht ausschließlich auf Marsilius Theorie der *potestas coactiva*, so wenn er z.B. in: III Dialogus I.iii, c. 1 (fol. 205v) wörtlich DP II.19.1–3 (S. 392ff.) heranzieht. [In diesem Zusammenhang sagt fol. 205va der Magister nach einem Rückverweis auf I Dialogus, er behandle diese Frage erneut *propter dicta quorundam, que tunc non habuimus, non tedeat nos aliqualiter tangere de eodem*, behauptet also, er habe bei der Niederschrift von I Dialogus den DP noch nicht zur Verfügung gehabt].

[654] DP I.10.5 (S. 50f.): *Unde iustorum et conferencium civilium non omnes vere* [!] *cogniciones sunt leges, nisi de ipsarum obvervacione datum fuerit preceptum coactivum seu late fuerit per modum precepti, licet talis vera cognicio ipsorum necessario requiratur ad legem perfectam. Quinimmo quandoque false cogniciones iustorum et conferencium leges fiunt, cum de ipsis datur observacionis preceptum seu feruntur per modum precepti; sicut apparet in regionibus barbarorum quorumdam, qui tamquam iustum observari faciunt homicidam absolvi a culpa et pena civili reale aliquod precium exhibentem pro tali delicto, cum tamen hoc simpliciter sit iniustum, et per consequens ipsorum leges non perfecte simpliciter.*

[655] Monarchia II.5.3 (S. 185): *Propter quod bene Tullius in „Prima rethorica"* [= Cicero, De inventione I.68]: *Semper, inquit, ad utilitatem rei publicae leges interpretande sunt. Quod si ad utilitatem eorum, qui sunt sub lege, leges esse non possunt, leges directe non sunt, leges nomine solo sunt, re autem leges esse non possunt. Leges enim oportet homines devincire ad invicem propter communem utilitatem.*

macht. Marsilius muß sehr viel genauer, als Aristoteles es getan hatte, den Gesetzgeber und seine *postestas coactiva* bestimmen. Nicht im allgemeinen Bezug auf die Vernunft läßt sich diese Bestimmung finden. Marsilius geht hier bewußt über Aristoteles hinaus, bei dem er eine klare Aussage zu dieser Frage nicht finden konnte. So zitiert er hier auch Aristoteles nur zur Stützung, nicht als begründende Autorität und folgert seine Gedanken in klassischen Schlüssen. Das Ergebnis zu dem er gelangt, formuliert er klar: Gesetze zu erlassen „kommt allein (*tantummodo*) der Gesamtheit der Bürger oder ihrem gewichtigeren Teil zu".[656]

Es ist schwierig, für diesen Schritt über Aristoteles hinaus bei Marsilius eine Begründung zu finden. Er bietet zwar sogar *demonstrationes* an,[657] d. h. im Sinne des aristotelischen Wissenschaftsbegriffs hochrangig sicheres Wissen, das sich aus Einsichten erschließen läßt, die Marsilius als *valde propinqua per se notis*, also geradezu als „evidenten Aussagen sehr nahekommend" bezeichnet. Marsilius führt dabei aber zugunsten der Gesetze, die von allen erlassen sind, nur die bessere Qualität und die größere Observanzsicherheit ins Feld. Beachtlich bleibt, daß er sich ausdrücklich auf die Aussage des Aristoteles beruft, daß die Polis „eine Gemeinschaft freier Menschen" sei.[658] Auch die Gegenüberstellung des Aristoteles, nach der jene Verfassungen, die nicht „richtig" sind, d. h. die nicht auf das gemeine Beste, sondern auf das je private Wohl einzelner Teile der Bürgerschaft orientiert sind, als „despotisch" zu gelten haben, nimmt Marsilius explizit auf, ja verschärft diese Betrachtung noch, wenn er zuspitzend festhält, deswegen müsse jeder Bürger frei sein und brauche nicht die „Despotie" eines anderen zu ertragen. Despotie sei Herrschaft über Hörige.[659] Damit rückt die Begründung der zwingenden Gewalt, die Marsilius allein bei der Gesamtheit der Bürger sucht, in die Dimension des Feiheitsbewußtseins und des ständischen Stolzes eines sozial nicht abhängigen, freien Mannes: Die Gesamtheit, oder ihr sie repräsentierender „wichtigerer Teil" muß die Gesetze erlassen, weil sie nur sich selber zwingt und Fremdbestimmung damit ausgeschlossen ist, bzw. weil solche Fremdbestimmung allein jene (wenigen) trifft, die „*weil sie ihrer defizienten Natur wegen, aus besonderer Bosheit oder Unwissenheit von dem gemeinsamen Urteil der Gesamtheit abweichen*".[660] Das Resumé, das Marsilius gibt, wird damit verständlich: „*Zum Großteil beruht auf richtig erlassenen Geset-*

---

[656] DP I.12.5 (S. 65): *Pertinet igitur ad universitatem civium aut eius valentiorem partem tautummodo* [!] *legislacionis seu institucionis auctoritas*; I.12.6 (S. 67): *ergo ipsius* [d.h. *universitatis aut ipsius valencioris partis*] *solius* [!] *est legumlacionis auctoritas.*

[657] a.a.O., dazu etwa Tilman STRUVE, Die Rolle des Gesetzes im „Defensor pacis" des Marsilius von Padua, in: Medioevo 6 (1980) S. 355–378.

[658] Politik III.6 (1279a21), aufgerufen in 2. Beweisgang DP I.12.6 (S. 67,6); vgl. dazu auch Aristoteles, Politik, übersetzt u. erläutert von Eckart SCHÜTRUMPF, Bd. 2, S. 60, dazu den Kommentar S. 456ff.

[659] (…) *quilibet civis liber esse debet* [!] *nec alterius ferre despociam, id est servile dominium* (a.a.O.).

[660] DP I.12.5 (S. 65).

zen (!) ein befriedigendes Überleben der menschlichen Gemeinschaft, während unter ungerechten Gesetzen unerträgliche Knechtschaft, Unterdrückung und Elend der Bürger (anwachsen), woraus schließlich die Auflösung der staatlichen Ordnung hervorgehen muß."[661]

Hier kann auf eine detaillierte Analyse der Vorstellungen des Marsilius von einem angemessenen Gang einer Gesetzgebung verzichtet werden: Referenzinstanz für den Inhalt von „richtig erlassenen Gesetzen" (*leges recte posite*) sind die objektiven Werte des *iustum et conferens*, welche aber auch allein dadurch dauerhaft erreichbar sind, daß Gesetze „allein" durch das dafür kompetente Organ erlassen werden und d. h. allein „durch die Gesamtheit der Bürger" oder ihren wichtigeren Teil, der die Gesamtheit repräsentiert.

Der Bezug auf Freiheitsstolz und Despotiefurcht ist bemerkenswert, auch wenn der „Defensor pacis" gewiß kein allgemeines Loblied der Freiheit singt. Er ist schließlich ja auch mit dem Titel „Verteidiger des Friedens" überschrieben. Die Verfassung, die in der Theorie des Marsilius konstruiert wird, hat keineswegs primär die Freiheit im Blick, sondern, wie es schon die Überschrift verkündet und wie es der erste Satz des Traktates aufnimmt, den inneren Frieden des Gemeinwesens. So rigoros Marsilius auch der *universitas* der Bürger die definitive Entscheidung über die Regulierung ihrer lebensnotwendigen Handlungen zugesteht, eine explizite Verteidigung ihrer Freiheit hat er nicht unternehmen wollen. Immerhin hat er ganz am Schluß seines großen Traktats die Erhaltung des „Friedens" mit der Erhaltung der „eigenen Freiheit" in einem Atemzug nennen können, für die Regierenden und für die der Regierung Unterworfenen gleichermaßen.[662] Und wie gezeigt wurde, ist die Freiheit eine unverzichtbare Voraussetzung für das Funktionieren des friedlichen Zusammenlebens, auf welches es der Schrift ankommt.

Die Freiheit aller in der Gesetzgebung ist für den Paduaner die denknotwendige Voraussetzung für die Lebensfristung des einzelnen und für die notwendigen befriedigenden Wirkungen des Gemeinwesens sowie seiner gesetzlichen Normen. Ein inhaltlich schlechtes Gesetz, das von allen Bürgern gewollt wird, ist jeder anderen Gesetzesnorm, die nur von einem abgrenzbaren Teil der Bürgerschaft aus eigener Machtvollkommenheit festgesetzt wird, in der Erreichung dieses vital notwendigen Ziels weit überlegen. Nur damit kann eine unerträgliche Despotie eines Teils der Bürgerschaft über einen anderen ausgeschlossen werden: die *potestas coactiva* des Gesetzgebers ist notwendige, aber auch hinreichende Bedingung zur Erreichung des

---

[661] DP I.12.7 (S. 68): *In ipsis enim recte positis tocius et communis humane sufficiencie pars magna consistit, sub iniquis vero servitus et oppressio atque miseria civium insupportabiles, ex quibus tandem contingit solvere politiam.*

[662] DP III.3 (S. 612): *Amplius per ipsum* [d.i. durch den DP] *comprehendere potest tam principans quam subiectum, que sunt elementa prima civilitatis cuiuslibet, quid observare oporteat propter conservacionem pacis et proprie libertatis.*

Gesetzeszwecks. Sie muß aber die Freiheit aller bestehen lassen und kann nur dann unwiderstehlich sein, wenn die Gesamtheit der Bürger letztlich nur sich selber zwingt. Auch aus diesem Grunde kann Marsilius einmal desto deutlicher und intensiver in einer Herrschaftsverfassung die Ausübung tyrannischer Willkür identifizieren, je mehr ein Herrscher auf die Freiwilligkeit seiner Untergebenen verzichten zu können glaubt und je weniger er den Konsens der Beherrschten sucht.[663]

Gewiß bleibt bei Marsilius die Freiheit als Postulat abstrakt. Er erörtert nirgendwo ein Einspruchsrecht der Minderheit oder ein Widerstandsrecht aus Freiheit derer, die dem Willen der Gesamtheit oder ihrem wichtigen Teil unterlegen sind. Für solche Erfahrungen hat Marsilius keine Lösung anzubieten. Das ist aber nicht weiter erstaunlich, denn das betrifft eine Grundschwierigkeit jeder Theorie, die sich auch nur in Vorformen einer Auffassung nähert, die sich in der Moderne als Volkssouveränitätsvorstellung allgemein durchsetzen sollte. Für die Theorie des Marsilius von Padua bedeutet das aber erneut, daß sie für spätere Betrachtung ein unerhört „modernes" Aussehen erhält und mit nur leichter Verrückung gar als frühmoderne politische Theorie betrachtet werden kann.

Die weiteren sehr umfänglichen Argumentationen im „Defensor pacis" ziehen – unter ständiger Nutzung aristotelischer Anregungen – lediglich die Konsequenzen aus der so klar abgesteckten Grundlage. Von dem Gesetz als der notwendigen und von der Gesamtheit der Bürger erlassenen Norm her konstruiert der „Defensor pacis" zunächst in engem Anschluß an Aristoteles, die politische Verfassung, kann aber im gleichen Atemzuge jede Norm, die auf anderer Grundlage ruht, als politisch unbeachtlich aus seiner Betrachtung ausschließen und damit in ihrem Geltungsanspruch für den Bereich der politischen Verfassung negieren. Insbesondere die Rechtsnormen der Kirche samt allen kanonistischen und theologischen Hintergründen kann er mittels dieses einfachen Verfahrens in seinem Sinn unschädlich machen, da alle die von der Kirche verkündeten Normen und Rechtssätze nur insoweit Wirkung und Geltung in einem politischen Gemeinwesen haben können, weil und insofern sie vom „menschlichen Gesetzgeber" (*legislator humanus*) ausdrücklich als Gesetze erlassen und kraft seiner *potestas coactiva* dem Gemeinwesen willentlich implantiert worden sind. Diesseitige Belohnung oder Strafe kann allein vom „menschlichen Gesetzgeber" festgelegt werden. Was darüber hinaus für das jenseitige Leben versprochen oder für das Letzte Gericht angedroht wird, mag den einzelnen in seinem Verhalten bestimmen. Erzwingen kann in der verfaßten Gesellschaft allein ein Gesetz ein konformes Verhalten der Menschen.

Wir brauchen hier nicht die Einschränkung zu bedenken, die darin liegt, daß ausschließlich die *actus transeuntes* in diesem Sinne nach Marsilius poli-

---

[663] DP I.9.5 (S. 44) unter Zitierung von Politik IV.10 (1295a 15–17).

tisch normierbar sind.[664] Marsilius äußert sich allerdings nicht darüber, was ein *legislator fidelis*, ein christlicher Gesetzgeber bei der Implementierung von religiös begründeten Normen tun darf oder nicht tun darf. Ihm kam es viel eher darauf an, eine mögliche Interferenz der Kirche und ihrer Prälaten und Kanonisten in das staatliche Normengefüge auszuschließen. Nur insofern der politische Gesetzgeber Normen als Gesetze etabliert, sind sie „staatlich" (wie man hier doch wohl schon sagen darf) erzwingbar. Damit erreicht Marsilius bereits einen Positivismus,[665] der bemerkenswert bleibt.

Der umfängliche zweite Hauptteil des Traktats dient der polemischen Applikation der gewonnenen Grundsätze auf die Strukturen, die die kirchenpolitischen Diskussionen der zwanziger Jahre des 14. Jahrhunderts beherrscht haben. Vielleicht kam es Marsilius für den aktuellen Konflikt stärker[666] auf diese eingehende und sorgfältige Darlegung an als auf die Konstruktion der staatlichen Gewalt, die für heutige Leser so viel aufregender wirkt. Freilich bleibt die spezifische theoretische Konstruktion von Staatlichkeit das Fundament aller Polemik auch im zweiten Teil. Von dieser Grundlage aus widerlegt Marsilius eingehend jeden Anspruch der Kirche und ihres obersten Bischofs auf zwingende Gewalt im politischen Verband und zeigt immer wieder erneut, daß jedes Zugeständnis in diesem Punkt zu Hader und zerstörerischer Zwietracht führen muß. Marsilius zeigt sich sehr wohl auf der Höhe des Diskussionsstandes und hat eine ganze Reihe von wichtigen Aussagen zu machen, die allesamt die Kirche in den Geltungsbereich staatlich gesetzter Normen einordnen. Auch die innerkirchliche Ordnung, die Kirchenverfassung unterliegt dem Strukturprinzip sozialer Normierung, auch hier bestimmt die Gesamtheit der Gläubigen über die Normen, die in der Kirche gelten sollen. Marsilius erreicht dabei, mehr als ein Halbjahrhundert vor dem großen Schisma und ein Jahrhundert vor den Reformkonzilien von Konstanz und Basel ein ungewöhnlich scharf durchgeführtes konziliares Verfassungsschema der Kirche,[667] das nach seiner Auffassung allein für die Zukunft ein gedeihliches Leben für alle ermöglichen werde. Es ist kein Wunder, daß seine Schrift auf den Konzilien des 15. Jahrhunderts begierig gelesen wurde.[668]

---

[664] Vgl. nur etwa DP I.5.4 und I.5.11 (S. 22 und 26). Dazu ausführlich etwa Piero DI VONA, I principi del „Defensor pacis", Neapel 1974.

[665] Ewart LEWIS, The Positivism of Marsiglio of Padua, in: Speculum 38 (1963) S. 541–582.

[666] Eine einfache Relation macht das deutlich: Diccio 2 (S. 138–601) umfaßt fast dreimal so viele Seiten wie Diccio 1 (S. 1–137).

[667] Dazu vor allem Hermann Josef SIEBEN, Konzilsidee, S. 366–409.

[668] MIETHKE, Marsilius und Ockham, Publikum und Leser ihrer politischen Schriften. Auf dem Konstanzer Konzil hat sich besonders Dietrich von Nieheim durch seine Kenntnis des DP ausgezeichnet, vgl. besonders Karl PIVEC, Quellenanalysen zu Dietrich von Niem, in: MIÖG 58 (1950) S. 386–440, bes. 408–419. In Basel hat dann vor allem auch Nikolaus von Kues von Marsilius gelernt: nachdem der Hrsg. der „Concordantia catholica" darauf bereits aufmerksam gemacht hatte (vgl. Nicolai de Cusa De concordantia ca-

Mit seiner kühnen Konstruktion eines sozialen Systems aus einem klaren, an Aristoteles gebildeten, aber nicht ausschließlich aus Aristoteles genommenen Prinzip entfernt sich Marsilius allerdings erheblich von der sozialen Wirklichkeit seiner Zeit. Er war aber sichtlich stolz darauf, daß es ihm gelungen war, für die verschiedensten Verfassungen des späten Mittelalters, für die städtischen Kommunen Oberitaliens ebenso wie für die großen Königreiche Europas, wie Frankreich oder England, und selbst für das Römische Reich, d.h. für die komplexe politische Verfassung Deutschlands, einen passenden theoretischen Schlüssel zu liefern, mit dem sich überall desaströser Streit und die Auflösung aller politischen Ordnung vermeiden oder bekämpfen ließ.[669]

2. Am Hof Ludwigs des Bayern

Die Widmung, die die Schrift trägt, ist an den „Kaiser" Ludwig gerichtet.[670] Wir lassen es offen, ob diese Widmungsformulierung bereits 1324 formuliert worden ist oder ob sie später als Zusatz vom Rand in den Text selbst vorgedrungen ist. Ludwig war jedenfalls 1324 noch kein „Kaiser der Römer". Zwar konnten Zeitgenossen, und insbesondere Italiener, ja selbst Kuriale in Avignon, den Wittelsbacher bereits kurz vor seiner abenteuerlichen Kaiserkrönung vom Januar 1328 proleptisch als *imperator* titulieren,[671] aber solch „lockerer" Terminologie folgt jedenfalls Marsilius sonst in sei-

---

tholica, ed. Gerhardus KALLEN, S. 313ff.), beschäftigten sich mit dieser Beziehung eingehender vor allem Paul E. SIGMUND, The Influence of Marsilius of Padua on XVth Century Conciliarism, in: Journal of the History of Ideas 23 (1962) S. 392–402, sowie Jeannine QUILLET, Le „Defensor pacis" de Marsile de Padoue et le „De concordantia catholica" de Nicolas de Cues, in: Niccolò Cusano agli inizi del mondo moderno, Florenz 1971, S. 485–506; jetzt auch Kurt FLASCH, Nikolaus von Kues, Geschichte einer Entwicklung, Vorlesungen zur Einführung in seine Philosophie, Frankfurt am Main 1998, bes. S. 71ff.; Gregorio PIAIA, Marsilius von Padua († um 1342) und Nicolaus Cusanus († 1464), Eine zweideutige Beziehung? In: Mitteilungen und Forschungsbeiträge der Cusanus-Gesellschaft 24 (1998) S. 171–193, italienische Fassung in: PIAIA, Marsilio e dintorni, S. 202–219.

[669] Dazu DP III.3 (S. 612f.), zusammenfassend: *Hiis enim comprehensis memoriterque retentis et diligenter custoditis sive servatis salvabitur regnum et quevis altera quecumque civilis communitas.*

[670] DP I.1.6 (S. 8). Ludwig wird im Vokativ angesprochen, ja zur „Anwendung" der Theorie in gewiß recht kompliziertem Ausdruck, aber doch unmißverständlich aufgefordert. Zur Überlieferung des Textes vgl. jeweils die Einleitung der Herausgeber.

[671] Als „Kaiser" wird Ludwig der Bayer selbst in Avignon an der Kurie bei seinem Italienzug tituliert, und das vor seiner römischen Krönung, wie aus den Berichten der aragonesischen Gesandten nach Barcelona hervorgeht: vgl. etwa Acta Aragonensia, Bd. 1, S. 428 (Nr. 283 und 284; 3. Mai 1327); S. 432 (Nr. 288; 12. August 1327). Oberitalienische „Ghibellinen" stellen allgemein bereits viel früher den Zusammenhang mit dem Romzug her: Castruccio Castracane etwa bekundet als italienische Rechtsauffassung, ein *vasallus* müsse seinem Herrn Folge leisten, *quando imperator* [!] *vadit ad Romam ad suscipiendam coronam* (Acta Aragonensia, Bd. 2, S. 621–624 [Nr. 395] hier 624: erste Hälfte 1324!).

nem „Defensor pacis" nicht. Wo sich der Text anderwärts auf Ludwig den
Bayern und seinen Streit mit Johannes XXII. bezieht, nennt er den korrek-
ten Titel *rex Romanorum* und spricht den Herrscher (wie in der Widmungs-
adresse) mehrmals mit dem Ehrentitel eines *inclytus* an, der einem König der
Römer auch zukam.[672]

Eine ursprüngliche Widmung des Textes an Ludwig als solche erscheint
auf der anderen Seite unverdächtig, zumal sie im Text recht solide überliefert ist.[673] . Es steht damit, so meine ich, außer Frage, daß der Streit Ludwigs
des Bayern mit der Kurie um das päpstliche Approbationsrecht und um den
Herrschaftsanspruch eines erwählten deutschen Königs eines (!) der Motive
für den Autor war, seinen Traktat zu verfassen. In den zwanziger Jahren gab
es in Paris auch anderen Anlaß, das Verhältnis von weltlicher und geistlicher
Macht analytisch in den Blick zu nehmen, wie wenig später die Versammlung von Vincennes jedermann deutlich machen mochte.[674] Und Marsilius
selbst schreibt ausdrücklich, die verzweifelte Lage des geliebten *Ytalicum regnum* habe ihn zu seiner Schrift veranlaßt.[675] Doch mit der Adressierung seiner Schrift an Ludwig den Bayern hat Marsilius auch an den Konflikt, in
den der Bayer mit der Kurie in Avignon geraten war, angeknüpft.

Ebenso unzweifelhaft ist es aber, daß Marsilius keineswegs ausschließlich in dieser Auseinandersetzung Stellung beziehen wollte. Das wäre ihm
gewiß viel zu kurzschlüssig vorgekommen. Mindestens ebenso stark
schimmert an verschiedenen Stellen die Empörung über die völlig un-
übersichtliche Lage in Reichsitalien durch,[676] die den Verfasser, der sich
schon im ersten Abschnitt verklausuliert als Paduaner zu erkennen gibt,[677]
anhaltend beunruhigte. Marsilius beansprucht jedoch, darüber hinaus einen Schlüssel gefunden zu haben, der überall schließt, und er ist nicht wenig stolz darauf, das Übel generell an seiner Wurzel zu packen und überall

---

[672] Bezeichnend genug erst in Diccio II, der Gegenwartskritik: DP II.3.14; 21.13;
24.8; 26.11; 26.17; 30.7 (S. 157,18f.; 416,16f.; 456,14; 497,19; 599,22) – auf diese Stellen
hat bereits Scholz, DP, S. 8 Anm. 1 aufmerksam gemacht.

[673] Zur „Kaisertheorie" des Marsilius vgl. Jacqueline Quillet, La philosophie politique de Marsile de Padoue (l'Eglise et l'Etat au moyen âge, 14) Paris 1979 S. 261–274, die
sich jedoch nicht zufällig vor allem auf die spätere Schrift des Marsilius, den „Defensor
minor" stützt. Dazu insbesondere C. Francisco Bertelloni, „Constitutum Constantini" y
„Romgedanke", bes. Teil II; jetzt auch Cary Joseph Nederman, From „Defensor pacis"
to „Defensor minor", The Problem of Empire in Marsiglio of Padua, in: History of Political Thought 16 (1995) S. 313–329.

[674] Vgl. oben Kap. VII zu den Tagen von Paris und Vincennes 1329 / 1330.

[675] DP I.19.4sqq. (S. 127ff.); vgl. auch DP II.23.11; 25.16; 26.19 (S. 449; 482; 516f.).
Der Kaiser als Herr über Italien und Deutschland (*tam in Ytalicorum provinciis quam Germanorum*: DP I.19.11, S. 134f.).

[676] So bereits im Prolog: DP I.1.2 (S. 3f.).

[677] DP I.1.6 (S. 7,17f.). Subtil hat den Assoziationshorizont dieses Sprachgebrauchs
ausgeleuchtet Gregorio Piaia, „Anthenorides ego quidam", Chiose al prologo del „Defensor pacis", in: Il pensiero politico 27 (1994) 95–104, jetzt in: Piaia, Marsilio e dintorni,
S. 37–53.

für den Frieden sorgen zu können. Die Krise des Römischen Reichs im Kampf Ludwigs des Bayern mit dem Papst um die Herrschaftsrechte des Königs ist daher allenfalls als Anlaß, nicht als eigentliches Motiv der Theorie des Marsilius aufzufassen. Sie hat konsequenterweise auch nicht (wie bei Konrad von Megenberg oder Lupold von Bebenburg) die Aufnahme des Textes jenseits der Grenzen des Römisch-deutschen Reiches behindert, der vielmehr in den Handschriften breit gestreut über die europäischen Bibliotheken überliefert ist.

Als die Schrift einmal vorlag, zirkulierte der Text der Schrift offenbar zunächst ungestört an der Pariser Universität. Die Männer, die den Zeitgenossen als die Verfasser galten, Marsilius und Jandun,[678] bewegten sich damals ohne Panik in der Hauptstadt Frankreichs. Marsilius kündigte noch im Jahre 1326 für den Herbst des Jahres eine Lehrveranstaltung an der theologischen Fakultät der Universität an,[679] sein Freund Johannes Jandun hatte im Sommer 1324 in Paris auf Lebenszeit einen Mietvertrag über ein Haus abgeschlossen.[680] Beide also haben sich offenbar zunächst nicht bedroht gefühlt. Was sie im einzelnen in dieser Ruhe gestört haben mag, ist unklar.[681] Sie

---

[678] Hier soll die Debatte um die Verfasserschaft nicht aufgenommen werden. Mit der für die nachfolgende Forschung richtungweisenden Untersuchung von Alan J. Gewirth, John of Jandun and the „Defensor pacis", in: Speculum 23 (1948) S. 267–272, wären die – in sich freilich keineswegs absolut eindeutigen – Argumente aus den unter Marsilius' Namen überlieferten Metaphysik-Quaestionen im Ms. Florenz, Bibl. Laur., Fesulano 166, fol. 1ra–41va, zu vergleichen, weil diese häufig wörtlich mit Quaestionen des Johannes Jandun identisch sind; vgl. bereits Schmugge, Johannes von Jandun, bes. S. 95–119. [Eine Gesamtedition dieser schwer zu lesenden Quaestionen ist einst – nach verschieden Teiltranskriptionen – von Jeannine Quillet versprochen worden. Sie scheint mir immer noch erwünscht].

[679] Dies die Aussage des *famulus* Francisco della Giovanna in seinem späteren Verhör in Avignon (vom 20. Mai 1328), gedruckt bei Baluze-Mansi, Miscellanea II, S. 280a–281a, hier S. 281a; auch (nach Ms. Paris, BN lat.4246, fol. 47sq.) ed. Carlo Pincin, „Defensor pacis" nella traduzione, S. 569–571, hier 571,84f. Dazu bereits Haller, Lebensgeschichte, jetzt in: Haller, Abhandlungen, S. 352; dazu z.B. Schmugge, Jandun S. 29, oder Pincin, Marsilio, S. 54 mit Anm. 78.

[680] Nach Schmugge, Jandun, S. 2 mit Anm. 16 und S. 25f. mit Anm. 151, heute: Paris, Arch. Nat., S 6219, Dossier 2 Nr. 13.

[681] In der Forschung ist immer wieder vermutet worden, die Aufmerksamkeit des bischöflichen Inquisitors habe die Flucht veranlaßt, aber Quellen, die diese Vermutung stützen könnten, sind nicht erhalten (eine Vorladung mit Vorlaufzeit pflegte ein Inquisitor freilich nicht unbedingt auszusprechen!): der Bericht in der definitiven päpstlichen Verurteilung des „Defensor pacis" [„Licet iuxta doctrinam" vom 23.Oktober 1327, u.a. gedruckt bei Martène-Durand, Thesaurus novus anecdotorum, vol. II, S. 706–716; oder in: d'Argentré, Collectio judiciorum de novis erroribus, Bd. 1, S. 304–311 (danach hier zitiert); oder in: Rinaldi, Annales ecclesiastici, ed. Mansi, vol. 5, S. 347–353; auch: ed. Theiner, Bd. 24, S. 322b–329a (Nrr. 28–35); vgl. Denzinger-Schönmetzer (bzw. Denzinger-Hünermann), Vorbemerkung zu Nrr. 941–946] enthält ebensowenig Nachrichten über die lokale Pariser Vorgeschichte des kurialen Prozesses wie die erste Ankündigung der päpstlichen Verurteilung [vom 3. April 1327, MGH Const. VI/1, S. 185f, (Nr. 274), hier bes. § 2, S. 185,38–186,16] oder die zahlreichen späteren kurialen Prozesse

zogen es jedenfalls im Sommer 1326 vor, offenbar Hals über Kopf, unter Hinterlassung beträchtlicher Schulden, die sich aus Vorauszahlungen von Studenten und aus Anleihen bei italienischen Medizinerkollegen des Marsilius erklären,[682] ganz überstürzt[683] Paris zu verlassen. Die beiden Freunde wandten sich nach Deutschland und suchten Zuflucht bei Ludwig dem Bayern, der seit langem mit der Kurie im Streit lag.

Ludwig, dessen Konflikt mit Papst Johannes XXII. zunächst mit den Thesen des „Defensor pacis" überhaupt nichts zu tun hatte, allenfalls mit der

---

gegen Ludwig und seine Anhänger, wenn sie Marsilius und Jandun erwähnen [z.B. MGH Const. VI / 1, S. 195f. (Nr. 277, § 3); S. 265f. (Nr. 361, § 2)]. Dementsprechend sind auch die modernen Darstellungen hier i. a. unklar oder ungerechtfertigt deutlich, vgl. z.B. nur Alan J. GEWIRTH, Marsilius von Padua, The Defender of Peace, vol. I: Marsilius of Padua and Medieval Political Philosophy (Records of Civilization, 46) New York 1951, S. 21; PINCIN, Marsilio, S. 149; HALLER, Lebensgeschichte, S. 355–358 [auf die hochproblematische Annahme Hallers, der DP sei ein geheimes Memorandum für Ludwig den Bayern, ist hier nicht einzugehen]; DOLCINI, Introduzione, S. 72. Abgewogen dagegen Cary Joseph NEDERMAN in der Einleitung zu seiner Übersetzung des Defensor minor: Marsiglio of Padua, Writings on the Empire, p. xi: „… in 1326, under circumstances which continue to be mysterious, was Marsiglio publicly connected with the 'Defensor pacis'" (freilich ist hier ebenfalls eine so nicht belegte Voraussetzung gemacht: daß nämlich bis zu diesem Zeitpunkt der Autor des DP namentlich nicht bekannt gewesen sei!); in gleichem Sinne auch NEDERMAN, Community and Consent, S. 11. Vgl. auch PRINZ, Marsilius von Padua, S. 50.

682 Ebenfalls in der Aussage des Francisco della Giovanna, BALUZE-MANSI, Miscellanea II, S. 281a; auch CUP II, S. 719; ed. PINCIN, DP nella traduzione, S. 571,82–100: *De pecunie mutuatione dixit quod ipse quandoque tradidit dicto Massilio de pecunia sua, non mutuando, sed ut eam sibi custodiret et inde sibi bursas ministraret, sicut interdum sibi unum vel duos florenos tradebat, et adhuc idem Massilius tenetur dicto Francisco ratione dicti depositi in .xiii. solidis Pariensibus. Item dixit quod dictus Massilius fingens cautelose se lecturum Parisius cursum in theologia recepit pecuniam mutuo a quibusdam amicis suis, videlicet a domino Roberto de Bardis studente Parisius recepit .ix. florenos auri mutuo. Item a magistro Andrea de Reate sirurgico recepit .x. libras Parisienses. Item a magistro Petro de Florentia fisico .x. florenos vel .x. libras Parisienses. Item audivit dici quod dominus Andreas de Florentia magister regis Francie mutuavit dicto Massilio pecuniam, tamen nescit summam. Interrogatus si predicti mutuaverant dictas pecunias memorato Massilio in recessu suo, videlicet de Parisius in Alamanniam, dixit quod non credit, sed bene per unum vel duos menses ante recessum predictum fuit factum dictum mutuum. Item interrogatus quomodo sciebat predicta, dixit quod pro eo quia ea dici audiverat a dictis mutuantibus, qui dum sciverunt recessum ipsius Massilii, conquerebantur de ipso ac eundem publice de predictis receptis per eum mutuo pecuniis diffamabant.* Zu den genannten Kollegen vgl. William J. COURTENAY, Parisian Scholars in the Early Fourteenth Century, A Social Portrait (Cambridge Studies in Medieval Life and Thought, IV.41) Cambridge (usw.) 1999, bes. zu Roberto de Bardis: S. 207f. und *ad indicem*; Petrus de Florentia bei COURTENAY, S. 199 und *ad indicem*. Der Chirurg Andrea de Reate nicht bei COURTENAY, vgl. aber Ernest WICKERSHEIMER, Dictionnaire biographique des médecins en France au Moyen Âge, Paris 1937 [ND Genf 1979], Bd. 1, S. 25b. Der *dominus Andreas de Florencia* ist weder dort noch bei COURTENAY zu finden.

683 Nicht auszuschließen ist allerdings die Erklärung, daß die genannten Darlehen von Marsilius zur Vorbereitung seiner Flucht erbeten und erhalten wurden, während die Gläubiger, die ihrem Fakultätskollegen und Landsmann zu seiner Flucht verhalfen, sich dann später vor dem Inquisitor plausibel zu empören wußten. (Die vom *famulus* entliehene Summe freilich läßt sich wohl nicht derart erklären).

seit Innozenz III. an der Kurie entwickelten, zuletzt von Bonifaz VIII. prägnant ausformulierten sog. „Approbationstheorie" über die Herrschaftsrechte eines erwählten römischen Königs im Reich,[684] Ludwig hatte sich zunächst nach der gespaltenen Wahl von 1314 als Kandidat der Luxemburgischen Partei gegen den Habsburger Friedrich von Österreich militärisch und politisch durchsetzen müssen und sich – nach seinem Sieg bei Mühldorf (1322), der Friedrich in Ludwigs Gefangenschaft gebracht hatte – schließlich in komplizierten Verhandlungen mit den Habsburgern einen verfassungsrechtlich höchst merkwürdigen Ausgleich erreichen können, der im Januar 1326 gesichert schien.[685]

Jetzt konnte sich Ludwig, so mochte es scheinen, mit verstärkter Kraft der Lösung seiner Differenzen mit Papst und Kurie widmen, die durch ein kuriales Rechtsverfahren, einen *processus*, wie es in den zeitgenössischen Quellen heißt, bereits seit 1317/23[686] und durch Ludwigs Appellationen (1323/24)[687] damals auf einem Tiefpunkt angelangt waren. Am 23. März 1324 hatte der Papst Ludwig, ungerührt durch dessen Appellationen, feierlich exkommuniziert und den Untertanen verboten, ihm weiterhin Gehorsam zu leisten.[688] Einen Monat später (am 22. Mai 1324) hatte Ludwig dagegen in seiner sog. „Sachsenhausener Appellation" (die ihren Namen nach dem Deutschordenshaus in Sachsenhausen vor Frankfurt am Main trägt, wo sie der Herrscher feierlich hat verhandeln lassen) noch einmal ausführlich erklärt, daß er Johannes XXII. als legitimen Papst nicht mehr anerkennen könne. Diesen Protest hatte er an ein künftiges Konzil, einen künftigen wahren und rechtmäßigen Papst, die Kirche, den Apostolischen Stuhl und überhaupt an jeden, der zuständig sei, gerichtet[689]. In der Häufung der alternativen Adressaten, die hier in typischer Advokatenmanier kumulativ aufgeführt sind, offenbart sich überdeutlich die tiefe Ratlosigkeit, die diesem Schritt zugrunde liegt.

---

[684] Zusammenfassend Jürgen MIETHKE, Einleitung zu *Lupold von Bebenburg, Politische Schriften, S. 61–97.

[685] Vgl. etwa Heinz THOMAS, Ludwig der Bayer (1282–1347), S. 172ff.

[686] MGH Const. V, S. 340f. (Nr. 401) [= Erklärung vom 31. März 1317]; auch in: Extravag. Ioh. XXII., 5.1.1: Corpus Iuris Canonici, ed. FRIEDBERG, Bd. 2, Sp. 1211f.; Extrauagantes Iohannis XXII, ed. TARRANT, S. 156–162 (Nr. 5); vgl. auch MGH Const. V, S. 616–619 (Nr. 792) [= sog. „Erster Prozeß" vom 3.-4. Oktober 1323]: Gehorsamsverbot und Eidlösung, ebenda § 4, S. 618,27–37.

[687] Aus der reichen Literatur (überspitzt) Alois SCHÜTZ, Die Appellationen Ludwigs des Bayern aus den Jahren 1323 / 24, in: MIÖG 80 (1972) S. 71–112; vor allem jetzt BECKER, Appellation, bes. S. 83–99 (beide mit der reichen älteren Lit.).

[688] MGH Const. V, S. 692–699 (Nr. 881); Gehorsamsverbot und Eidlösung, ebenda S. 697f. (§§ 7–8).

[689] MGH Const. V, S. 753,32.–35 (Nr. 910 § 31) = S. 744,19–23 (Nr. 909 § 32): *ad predictum generale concilium, quod instanter et cum instancia repetita in loco tuto nobis et nostris convocari petimus, et ad verum legitimum futurum summum pontificem, et ad sanctam ecclesiam matrem, et apostolicam sedem, vel ad alios, ad quem vel ad quos fuerit appellandum, provocamus et appellamus.*

Wenn sich Marsilius und Jandun bei ihrer plötzlichen Flucht (vor dem Pariser Inquisitor?) also nach Deutschland wandten, so suchten sie Schutz und Hilfe bei einem Gegner des Papstes, jenes Prälaten also, der sie in letzter Instanz bedrohte. Vielleicht spielten auch persönliche Beziehungen zu einzelnen Mitgliedern des deutschen Hofes eine Rolle, denn der französische Bericht über ihre Aufnahme in einer Fortsetzung der *Chronica* des Guillaume von Nangis aus St. Denis, der einzigen Quelle, die uns überhaupt Nachricht gibt, vermerkt ausdrücklich, einige Mitglieder des Rates hätten die beiden berühmten Universtiätslehrer aus Paris noch gekannt und dank ihres Einflusses ihnen umsichtig die herrscherliche Huld erworben. Freilich, so fährt diese Chronik fort, seien die Meinungen im Rat geteilt gewesen, da die Überzeugungen der beiden in einer Ratssitzung als ketzereiverdächtige Meinung *(prophana et pestifera persuasio)* dargestellt worden seien, denen sich der Herrscher keineswegs anschließen dürfe, da er sich sonst selbst von Rechts wegen seines Herrschaftsrechts beraube und dem Papst den Weg frei mache, in seinen Absetzungsprozessen gegen ihn fortzufahren. Lieber solle Ludwig die beiden (als Ketzer) strafen. Ludwig jedoch habe erklärt, so schließt die dramatische Erzählung des Chronisten, es sei unmenschlich, Männer zu strafen oder zu töten, die sich in sein Feldlager geflüchtet hätten und die seinetwegen ihr eigenes Vaterland, ihr Hab und Gut und ihre Einkünfte verlassen hätten. Daraufhin habe er befohlen, sie dauerhaft als seine Schützlinge zu behandeln, und habe sie entsprechend ihrem Stand und seiner eigenen Großzügigkeit mit Geschenken und Ehren groß herausgestellt.[690]

---

[690] Fortsetzung aus St. Denis zur „Chronica" des Wilhelm von Nangis, éd. H. GÉRAUD, Bd. 2 (Société de l'histoire de France) Paris 1843, S. 74–76: *Circa ista fere tempora ad Ludovicum ducem Bavarie se regem Romanorum publice nominantem venerunt Nurembergh de studio Parisius duo filii diaboli, videlicet magister Johannes de Gonduno natione Gallicus et magister Marsilius de Padua natione Italicus, et cum fuissent Parisius in sciencia satis famosi, a quibusdam de ducis familia, qui eos a Parisius agnoverant, circumspecti et agniti, ad eorum relationem ad ducis non solum curiam, sed etiam gratiam finaliter admittuntur. Unde dicitur ducem predictum eos esse taliter allocutum: Pro deo, quis movit vos venire de terra pacis et glorie ad hanc terram bellicosam refertam omnis tribulacionis et angustie? Responderunt ut dicitur: Error quem in ecclesia dei intuemur nos fecit hucusque exulare, et non valentes hoc amplius cum bona consciencia sustinere ad vos confugimus; cui cum de iure debeatur imperium, ad vos pertinet errata corrigere et male acta ad statum debitum revocare. Non enim, ut dicebant, imperium subest ecclesie, cum esset imperium, antequam haberet ecclesia quidquam dominii vel principatus; nec regulari debet imperium per regulas ecclesie, cum inveniantur imperatores plures electiones summorum pontificum consumasse, synodos convocasse et auctoritatem eisdem, eciam de diffiniendis eis, que fidei erant, iure imperii concessisse. Unde si per aliqua tempora contra imperium et imperii libertates aliquid prescripsit ecclesia, hoc dicebant non rite et iuste factum, sed maliciose et fraudulenter contra imperium ab ecclesia usurpatum, asserentes se hanc quam dicebant veritatem contra omnem hominem velle defendere et, si necessitas esset, eciam pro eiusdem defensione quodcumque supplicium et mortem finaliter sustinere. Cui tamen sentencie – quin potius vesanie – Bavarus non totaliter <acquievit>, quinimmo convocatis super hoc peritis invenit hanc esse prophanam et pestiferam persuasionem, cui si acquiesceret, eo ipse cum sit heretica, iure imperii se privaret et ex hoc viam pape aperiret, per quam contra ipsum procederet. Unde et persuasum est ei, ut illos puniret, cum ad imperatorem pertineat non solum catholicam fidem et fideles servare, sed eciam hereticos*

Ich habe diesen „novellistischen"[691] Bericht so ausführlich wiedergegeben, weil hier ein Zeitgenosse die Konflikte und Probleme herausstellt, die der Entschluß zur Aufnahme der Flüchtlinge für Ludwig den Bayern bringen mußte. Das Hilfsersuchen verpflichtete in gewissem Umfang den Herrscher, andererseits stand der Häresieverdacht hinderlich im Weg; zudem wurde Ludwigs Verhandlungsposition gegenüber der Kurie schwer belastet. Erkennbar von einer papstfreundlichen Haltung durchdrungen, hält der Chronist schließlich mißbilligend fest, daß die Hilfsbedürftigen am Ende in ein dauerhaftes *(semper)* Schutzverhältnis am deutschen Hof aufgenommen und darin durch „angemessene" Geschenke und Ehren auch demonstrativ bestätigt worden seien.

Hier wird die Zugehörigkeit der Flüchtlinge zum Hof, zur *familia* des Herrschers, unterstrichen.[692] Welche Stellung im einzelnen die beiden Exulanten aus Paris dort im Strahlkreis der Macht und Entscheidungsfindung eingenommen haben, wird dagegen nicht einmal angedeutet. Schon bei ihrer Ankunft umstritten, konnten Marsilius und Jandun sich ganz gewiß niemals völlig sicher fühlen, und in der Tat hat später die Kurie mehrfach bei den Verhandlungen, die Ludwig der Bayer anderthalb Jahrzehnte lang (von 1330 bis 1345) um eine Verständigung mit ihr führte,[693] unter den

---

exstirpare. Quibus dicitur sic Bavarus respondisse: inhumanum esse homines punire vel interficere sua castra secutos, qui propter eum dimiserunt propriam patriam, fortunam prosperam et honores. Unde eis non acquiescens eos semper adsistere precepit, iuxta eorum statum suamque magnificentiam eos donis et honoribus ampliavit… Vgl. auch die (von diesem Bericht abhängigen) Chroniques de St. Denis, in: HF XX, S. 721D/722B; sowie die Continuatio Girardi de Fracheto, HF XXI, S. 68A/D.

[691] PINCIN, Marsilio, S. 149 Anm. 3: *un resoconto novellistico*. Das ist zwar unbestreitbar, doch bedeutet das nicht unbedingt, daß die Nachrichten ausschließlich der Phantasie des Berichterstatters entspringen. Der Text stützt sich in seiner Zusammenfassung der Vorstellungen des „Defensor Pacis" jedenfalls, wie es scheint, nicht ausschließlich auf die päpstliche Verurteilungsbulle „Licet iuxta doctrinam", wie ein Vergleich zeigt.

[692] Daß gelehrte Ankömmlinge beim Hofe eines römischen Königs (zuvor bei Heinrich VII.) willkommene Aufnahme finden konnten, das bezeugt auch etwa die „Historia Iohannis de Cermenate notarii Mediolanensis de situ Ambrosianae urbis et cultoribus ipsius et circumstantium locorum ab initio per tempora successive et gestis imperatoris Henrici VII.", ed. L. A. FERRARI (Fonti per la Storia d'Italia, 2) Roma 1889, cap. 16, S. 30f., wo über die Aufnahme eines Juristen von der Universität Padua, Francesco da Garbagnate, am Hofe Heinrichs VII. vor seiner Italienfahrt berichtet wird (der im Interesse und im Auftrag des aus Mailand verbannten Matteo Visconti, aber auf eigene Kosten – er hatte seine Bücher verkauft und sich dafür mit Roß und Rüstung ausgestattet – den Herrscher über die Verhältnisse in Mailand hatte aufklären wollen); er sei Heinrich künftig stets teuer gewesen, der ihm auch Zugang zu seiner Halle gewährt und ihm dort einen Platz angewiesen habe. Ganz offenbar war Francesco damals (wie später Marsilius und Jandun) in die *familia* des Herrschers aufgenommen worden.

[693] Dazu ausführlich im einzelnen Hermann Otto SCHWÖBEL, Der diplomatische Kampf zwischen Ludwig dem Bayern und der römischen Kurie im Rahmen des kanonischen Absolutionsprozesses (Quellen und Studien zur Verfassungsgesch. des dt. Reiches in Mittelalter und Neuzeit, 9) Weimar 1968; doch dazu vgl. etwa die Rezension von Jürgen MIETHKE, in: ZKG 84 (1973) S. 121–123. Ungedruckt blieb leider die Dissertation, die

unabdingbaren Vorbedingungen einer Versöhnung die Entlassung des Marsilius gefordert.[694] Noch 1343 und 1344, als beide, Jandun und Marsilius
schon gestorben waren, sollte der Kaiser in seinen letzten Prokuratorien für
Papst Clemens VI. nach dem Willen der Kurie noch seine Bereitschaft bekunden, die Irrtümer des Marsilius und Jandun im Falle einer Einigung verurteilen zu wollen,[695] und darüberhinaus hatte er zu erklären, daß er beider
Ansichten nie geteilt habe und *das er si darumb bi im hielt, das er si mit inn wi-
derbringen mȏht zů der kirchen schozze,*[696] d.h. Ludwig hatte zu bekunden, daß
das Schutzverhältnis eigentlich von seiner Seite aus ein pädagogisches war,
das der Bekehrung der beiden hätte dienen sollen.

Wenngleich Ludwig und sein Hof mit der Absicht einer Entlassung oder
Rückführung der beiden auch niemals Ernst gemacht haben – denn nie hat
der Kaiser Marsilius seinen Schutz definitiv entzogen – für uns mag dieser
Paragraph in den späten Prokuratorien die prekäre Situation der Flüchtlinge
beleuchten, die sich stets auf die Haltbarkeit von mündlich geleisteten Ver-
sprechungen und pergamentenen Schutzurkunden verlassen mußten, ohne
doch andere Sicherheiten in der Hand zu haben als allein das gegebene
Wort des Herrschers.

Es ist wohl deutlich, daß damit noch keinerlei Aussagen gemacht sind
über die Wirkungen, die die Exulanten auf die täglichen politischen Entscheidungen des Hofes zu erlangen vermochten. Von vorneherein klar sollte
sein, daß von einem Automatismus nicht die Rede sein kann. Niemals und
zu keiner Zeit hatten Marsilius oder Jandun allein alle Fäden in der Hand.
Als sie in Nürnberg auftauchten, gab es am Hofe bereits eine ganze Menge
von *periti,* gelehrten Beratern, mit denen sich Ludwig auch zuvor schon,

---

Hilary Seton OFFLER 1939 bei William Previté Orton in Cambridge eingereicht hatte
(weil das Promotionsverfahren aus Kriegsgründen nicht abgeschlossen wurde, vgl. Paul D.
A. HARVEY in: Proceedings of the British Academy 80, 1993, S. 433–452, hier 438f.): The
Emperor Lewis IV and the Curia from 1330 to 1347, Canon Law and International Rela-
tionship in the First Half of the 14th Century (masch., Kopie im Historischen Seminar
Heidelberg), von der aber wichtige Teile gesondert veröffentlicht wurden: z.B. OFFLER,
Über die Prokuratorien Ludwigs des Bayern für die römische Kurie, in: DA 8 (1951 / 52)
S. 461–487; zusammenfassend später: Empire and Papacy, The Last Struggle, in: Transac-
tions of the Royal Historical Society, V.6 (1956) S. 21–47 [alle jetzt in OFFLER, Church
and Crown]. Neuerdings gab einen Überblick zu den Kommunikationsbedingungen bei
den Verhandlungen Franz Josef FELTEN, Kommunikation zwischen Kaiser und Kurie unter Ludwig dem Bayern (1314–1347), Zur Problematik der Quellen im Spannungsfeld
von Schriftlichkeit und Mündlichkeit, in: Kommunikationspraxis und Korrespondenzwe-
sen im Mittelalter und in der Renaissance, hgg. Heinz Dieter Heimann, in Verbindung mit
Ivan Hlaváček, Paderborn-München-Wien-Zürich 1998, S. 51–89.
[694] Vgl. z.B. die Übersicht über die Prokuratorien bei SCHWÖBEL, Kampf, S. 461–475.
Vgl. bes. die kuriale Liste von Ludwigs Untaten an der Jahreswende 1338/1339, in: Nova
Alamanniae, Bd. 2/I, Berlin 1930, S. 407–409 (Nr. 597), [bes. § 6];
[695] Nova Alamanniae, Bd. 2/II, S. 838 (Nr. 1534, §§ 34–40); S. 855 (Nr. 1536, § 884
(Nr. 1548, §§ 34–40); S. 906f. (Nr. 1559, §§ 34–40).
[696] So Nova Alamanniae, Bd. 2/II, S. 906 (Nr. 1559, § 37).

etwa bei seinen Appellationen, zweifellos ins Benehmen gesetzt hatte, die er bei der Ankunft der Pariser Magister, wie ausdrücklich berichtet wird, erneut befragte und die er auch künftig selbstverständlich weiterhin befragen würde. Jeder gegebene Rat des Marsilius hatte in Konkurrenz zu anderen Ratgebern und ihren Ratschlägen zu erfolgen, mußte das Ohr des Herrschers zuerst einmal erreichen und sich dann gegen Alternativen durchsetzen.

Es ist oft angenommen worden, daß Marsilius und sein Freund Jandun bei dem abenteuerlichen Romzug,[697] zu dem der gebannte deutsche Herrscher im März des Jahres 1327 von Trient aus überraschend aufgebrochen war, eine richtungweisende Rolle gespielt haben, ja daß sie geradezu als die Architekten der merkwürdigen stadtrömischen Kaiserkrönung (17. Januar 1328) gelten müßten. In der Tat wissen wir, daß man zumindest in Avignon davon überzeugt war, daß beide in Rom am Hofe erfolgreich und öffentlich für ihre Anschauungen warben, ja daß an Ludwigs Hof regelrechte Disputationen in Anwesenheit des Herrschers stattgefunden haben, auf denen Marsilius und Jandun die „Ketzereien" des „Defensor pacis" öffentlich erörtern durften.[698] Interessant ist diese Art von demonstrativer Unterfütterung einer ungewöhnlichen Politik gewiß. Wir wissen auch darüber hinaus, daß Marsilius in Rom während der Anwesenheit der deutschen Truppen als des Kaisers *vicarius in spiritualibus* mit dafür sorgte, daß das päpstliche Interdikt über die Stadt Rom keine allzu weitgehende Befolgung fand.[699] Am 1. Mai 1328 hat Ludwig dann, noch bevor er (am 12. Mai) seinen Papst Peter von Corvaro in Rom von Klerus und Volk hat „wählen" lassen,[700] durch kaiser-

---

[697] Die neueste Aufstellung der Daten (mit der Lit.) bei Berg, Italienzug. Neuerer ausführlicher (nicht unbedingt analytischer) Bericht jetzt in: Pauler, Die deutschen Könige und Italien, bes. S. 125–172. Den Hergang der römischen Kaiserkrönung hat neu rekonstruiert und anders, als die bisherige Auffassung es sehen wollte, zu deuten versucht Thomas, Ludwig der Bayer, S. 206–208; diese Frage ist hier nicht definitiv zu klären, zumal auch bei Thomas das *argumentum e silentio* eine tragende Rolle behielt. Es ist aber darauf hinzuweisen, daß der sogenannte Nicolaus Minorita die klassische Auffassung stützt, wenn es dort heißt: *praefatus princeps dominus Ludovicus, Romanorum rex, fuit non per papam, sed per quattuor syndicos populi Romani ad hoc specialiter constitutos (…) coronatus* [edd. Gál/Flood, S. 178]; diese Stelle ist bereits bei Matthias, Beiträge zur Geschichte Ludwigs des Bayern, bes. S. 25, Anm. 1, zitiert. Auch in einer offiziellen kurialen Sündenliste des Kaisers fehlt der Vorwurf später nicht: *Item quod a certis civibus a populo Romano deputatis coronam et a quodam scismatico et inunctionem imperialem recepit et eciam titulum imperialem sic ligatus et depositus assumpsit et eo per sui potenciam usus fuit et adhuc utitur* [Dezember 1338/Januar 1339, in: Nova Alamanniae, Bd. 2/I, S. 407–409 (Nr. 597 § 11)].

[698] Vgl. Miethke, Zur Einführung, in: Das Publikum politischer Theorie im 14. Jahrhundert, S. 1f. (mit Nachweisen); allgemein von Propaganda berichtet MGH Const. VI / 1, S. 335–337 (Nr. 428), hier S. 336, Zl. 7–13. Vgl. auch unten Anm. 711.

[699] MGH Const. VI.1, S. 363, Zl. 18–22 (Nr. 439); zuvor bereits bekannt gemacht durch Sigmund Riezler (Hg.), Vatikanische Akten zur deutschen Geschichte in der Zeit Kaiser Ludwigs des Bayern, Innsbruck 1891, S. 373f. (Nr. 999).

[700] Vgl. Berg, Italienzug, S. 169f., bes. MGH Const. VI/1, S. 372f. (Nr. 453). Eine eingehende Schilderung der Papsterhebung bei Carl Müller, Der Kampf Ludwigs des

lichen Befehl Johannes Jandun zum Bischof von Ferrara gemacht, nachdem er den Vorgänger, einen Anhänger des avignonesischen Papstes, wegen „Majestätsverbrechen" kurzerhand abgesetzt hatte.[701] Albertino Mussato, der Padovaner Freund des Marsilius, berichtet auch, daß Marsilius (den Mussato als *plebeius, philosophie gnarus, et ore disertus* charakterisiert) zusammen mit dem Franziskaner-Spiritualen Ubertino von Casale die Absetzungssentenz gegen Johannes XXII. persönlich abgefaßt habe,[702] die Ludwig (am 18. April 1328) vor Alt-St. Peter in Rom, *extra basilicam apostolorum principis beati Petri in urbe Romana cuncto clero et populo Romano in platea ibidem in parlamento publico congregato* verkünden ließ.[703]

Die moderne Forschung hatte Schwierigkeiten, diese Nachrichten sämtlich zu verifizieren. Dokumente von der Hand des Marsilius oder unmittelbare Berichte über sein Handeln haben sich nicht erhalten. In dem langen und kompliziert argumentierenden Absetzungsurteil gegen Johannes XXII., das Ludwig gegen den Gegner im fernen Avignon ergehen ließ, finden sich keinesfalls eklatant Gedanken aus dem „Defensor pacis" wieder, wenn auch einige verbale Anklänge nicht fehlen, die aber keine spezifisch marsilianischen Themen anschlagen. Auch die kaiserliche Ernennungsurkunde für Johannes Jandun[704] enthält keine typischen Argumente, die der Schrift des Paduaners entlehnt sein könnten. Der Text mit seinen deutlich römisch-rechtlich gefärbten Formulierungen läßt freilich erkennen, daß die kaiserliche Kanzlei hier betont gelehrt, und zwar in römisch-rechtlichem, nichtkanonistischen Sprachgebrauch (und nicht in der Sprache der Artes-Fakultäten, die Marsilius in seinem „Defensor pacis" so ausgiebig benutzt hatte) formulierte und wohl auch formulieren wollte. Die besondere Inszenierung der Kaiserkrönung vom 17. Januar 1328 schließlich[705] konnte sich allenfalls in sehr allgemeinem Sinne auf Marsilius berufen, da dieser im „Defensor pacis" auf alle Fragen der zeremoniellen Prozedur und auf Einzelprobleme der römischen Kaiserwürde gar nicht zu sprechen gekommen

---

Baiern, Bd. 1, S. 192–195, wo (S. 193) die Rolle des Marsilius bei der Bestellung der Spruchmänner, die namens des römischen Volkes die Wahl Peters von Corvaro dem Kaiser zu bestätigen hatten, besonders hervorgehoben wird. Vgl. MATTHIAS, Beiträge, S. 52–60; Guy MOLLAT; Miscellanea Avenionensia II: L'élection de l'antipape Nicolas V, in: Melanges d'archéologie et d'histoire 44 (1927) 5ff., neuerlich PAULER, Die deutschen Könige und Italien, S. 158f.

[701] MGH Const. VI.1, S. 366–368 (Nr. 444).

[702] Ludovicus Bavarus, ed. Ludovicus Aemilius MURATORI, RISS X, Mailand 1727 Sp. 772f. [Zitat Sp. 773]; vgl. zuletzt Carlo DOLCINI, Marsilio e Ockham, Il diploma imperiale „Gloriosus deus", la memoria politica „Quoniam scriptura", il „Defensor minor", [Bologna 11981], hier zitiert nach: DOLCINI, Crisi di poteri, S. 308f.

[703] MGH Const. VI / 1, S. 344–350 (Nr. 436), hier S. 350,3f.

[704] wie Anm. 701.

[705] MGH Const. VI / 1, S. 285–287 (Nr. 382–385). Dazu ausführlich und immer noch am genauesten (mit den Nachweisen aus der historiographischen Überlieferung) MATTHIAS, Beiträge zur Geschichte Ludwigs, bes. S. 20–44.

war.[706] Eher scheinen auch hier spezifisch italienische, „ghibellinisch"-legistische Theorien über eine römische, eine stadtrömische Kaiservorstellung den Weg gewiesen zu haben, Vorstellungen, wie sie im Spätkampf der Staufer von Friedrich II. und seinem Sohn Manfred präludierend bereits formuliert worden waren und wie sie unter Heinrich VII. erneut einem deutschen Herrscher nahegebracht worden sind.[707] Freilich hatte Marsilius ja seit seinen Pariser Jahren nachweislich enge Verbindungen mit den Ghibellinen Oberitaliens gehalten,[708] so daß die genauen Wege, auf denen solche Vorbilder in der Umgebung Ludwigs bekannt geworden sein mögen, nicht notwendig von dieser unserer Spur fortführen müssen.

Klar scheint aber, daß auch hier, in den hektischen Wochen und Monaten, da Ludwig aus seiner verfahrenen politischen Lage einen Ausweg suchte und ihn in der ungewöhnlichen Inszenierung seiner papstfreien Kaiserkrönung auch fand, klar scheint zu sein, daß hier sozusagen von Tag zu Tag entschieden wurde. Ein fertiger Plan lag damals wohl nicht der gesamten Expedition zugrunde, auch wenn nicht erst um die Jahreswende am Hofe von einer Kaiserkrönung gesprochen wurde.[709] Erst recht nicht wurde der „Defensor pacis" in der Kanzlei sozusagen als Orakel und Nachschlagewerk verwendet,[710] auch wenn sich Marsilius und Jandun in Anwesenheit Ludwigs des Bayern offenbar am Hofe öffentlich disputierend über Themen des

---

[706] So auch DOLCINI, Introduzione a Marsilio, S. 42, der die Texte eingehend verglichen hat, vgl. DOLCINI, Crisi di potere, S. 303ff.

[707] Das hat immer wieder energisch betont Friedrich BOCK, z.B. in seiner Darstellung: Reichsidee und Nationalstaaten vom Untergang des alten Reiches bis zur Kündigung des deutsch-englischen Bündnisses 1341, München 1943, bes. S. 253. Auch wenn seine These, die römische Politik Ludwigs sei ausschließlich von ghibellinischen Gedanken geprägt, zweifellos überzogen ist, so bleibt dennoch ein richtiger Kern in seinem Hinweis. Die italienischen Vorstellungen eines römischen Kaisertums hat in juristischer Klarheit dargestellt Giovanni de VERGOTTINI, Lezioni di storia del diritto Italiano, Il diritto pubblico Italiano nei secoli XII-XV, ristampa della terza edizione [1959/1960], a cura di Carlo DOLCINI, Mailand 1993, bes. S. 137–164, 249–276; vgl. jetzt auch die ausführlichen Analysen bei Marco CAVINA, *Imperator Romanorum triplici corona coronatur*, Studi sull' incoronazione imperiale nella scienza giuridica italiana fra Tre e Cinquecento (Pubblicazioni della Facoltà di Giurisprudenza, Dpt. di scienze giuridiche – Univ. di Modena, 17) Mailand 1991; vgl. auch Reinhard ELZE, Una „coronatio Caesaris" a Trento, in: Annali dell' Istituto storico italo-germanico in Trento 21 (1995) S. 363–374.

[708] Vgl. HALLER, Lebensgeschichte, S. 350f.; auch die Einleitung von Scholz zu seiner Edition, S. LVI. Das berühmte Gedicht des Albertino Mussato auf Marsilius (dessen Datierung sowie genaue Deutung umstritten bleiben) deutet ebenfalls auf diesen Zusammenhang, dazu vgl. oben Anm. 622.

[709] Am 20. Juli 1327 läßt Ludwig selber an seinen Schwager, den Grafen Wilhelm von Holland schreiben, daß Rom ihn zur Kaiserkrönung sehnlichst erwarte: MGH Const. 6.1, S. 219f. (Nr. 310), bes. S. 220,8–11.

[710] Das hat kühn vermutet Otto BORNHAK, Staatskirchliche Anschauungen und Handlungen am Hofe Kaiser Ludwigs des Bayern (Quellen und Studien zur Verfassungsgeschichte des Deutschen Reiches in Mittelalter und Neuzeit, 7/1) Weimar 1933, S. 16ff., 45f., 67.

„Defensor pacis" äußern durften.[711] Vielmehr sah sich Marsilius auch damals, wenngleich er in diesen römischen Wochen im Zenith seines politischen Einflusses gestanden haben mag, ständig mit anderen Gruppen und
anderen Vorstellungen zumindest konkurrierend konfrontiert. Anders wäre
auch der Zickzackkurs schlecht erklärlich, als der sich Ludwigs Italienzug
einer historischen Betrachtung darstellt.

3. Reaktionen

Während die beiden Flüchtlinge am Hofe des Bayern in München eine prekäre Zuflucht fanden, gingen die Untersuchungen der Inquisition ihren
Gang, nur verlagerten sie sich anscheinend sehr bald von Paris nach Avignon an die Kurie, wohl auch deswegen, weil die beiden Hauptbeschuldigten
das Weite gesucht hatten. Am 9. April 1327 wurden Marsilius und Johannes
Jandun in Abwesenheit feierlich vor das päpstliche Gericht nach Avignon
zitiert. Am 23. Oktober 1327, ein weiteres Halbjahr später und wenig mehr
als ein Jahr, nachdem Marsilius und Jandun Paris verlassen hatten, wurde in
Avignon, gewiß durch Anschlag an die Türen der Kathedrale, wie es das damals an der Kurie übliche Verfahren es vorsah[712], eine umfängliche Bulle
publiziert,[713] in der der Papst insgesamt fünf ketzerische Irrtümer des „Defensor pacis" verdammte und seine beiden angeblichen Verfasser, Marsilius
von Padua und Johannes von Jandun konsequent als *filii Belial*, als Teufels-
söhne und Kirchenfeinde, als Ketzer und „Häresiarchen" verurteilte und
schließlich jeden zum überführten Ketzer erklärte, der es wagen sollte, die
Thesen des Buches künftig noch zu verteidigen. Das übliche Verfahren einer Lehrverurteilung war dabei nicht verlassen worden. Der Papst hatte ja
zunächst beide, Marsilius und Jandun an die Kurie zitiert und sie aufgefordert, sich persönlich für die Schrift zu verantworten. Als die beiden Männer

---

[711] Johannes XXII. selber berichtet in einem Schreiben vom 3. April 1327 (CUP II,
S. 301–303, Nr. 864, hier S. 302), Marsilius und Jandun hätten Ludwig den „Defensor pacis" angeboten, *offerentes se paratos contenta in eodem libro defendere ac docere, quod et facere publice dicto Ludovico presente ausu temerario pluries presumpserunt, sicut habet fama publica et premis-
sorum insinuatio hoc fore notorium in illis partibus manifestat.* Dazu vgl. auch „Compendium
maius octo processuum papalium (…) contra Ludovicum Bavarum" [kurz nach März
1328], ed. Scholz, Streitschriften, Bd. 2, S. 169–187, hier S. 184, wo dem Kaiser bezüglich
Marsilius' und Janduns vorgeworfen wird: *quendam eorum librum variis heresibus plenum admisit ac eum sepe* [!] *coram se legi publice et exponi permisit;* sowie noch die Akten der kurialen
Gesandtschaft des Magisters Arnald von Verdalle (um die Wende zum Jahr 1339), Nova
Alamanniae, Nr. 597 (Bd. 1, S. 408, § I.6): *… ad suam familiaritatem admisit et ipsos errores
publicari permisit.*
[712] Bereits die Zitation am 9. April 1327 war so publiziert worden, vgl. die Aussage der
Verurteilungsbulle, bei D'Argentré, S. 310b: *in maioris ecclesiae Avenionensis appendi vel af-
figi ostiis fecimus.*.
[713] Vgl. Anm. 681.

nicht erschienen, hat Johannes XXII. dann offensichtlich theologische Gutachten zu einer Liste von (nur) sechs „Irrtümern" des Buches eingefordert,
die ihm (bestellt und unbestellt) auch mehrfach zugegangen sein müssen,[714]
und in einer apostolischen Konstitution „*de fratrum nostrorum consilio*"[715]
schließlich fünf „ketzerische Irrtümer" des Traktats benannt, im einzelnen
„widerlegt" und verdammt.

Offenbar erfolgte diese Verurteilung aufgrund einer im Vorfeld vorbereiteten und festgelegten Irrtumsliste, die aber, wie erschließbar ist, ursprünglich einen Punkt mehr, nämlich sechs Irrtümer enthielt. Denn es sind aus
der Kurie eine ganze Reihe von Schriften erhalten, die einer solchen Liste
von „sechs Irrtümern" ausführlich und energisch widersprechen. Wie es am
Hofe Johannes' XXII. üblich geworden war, war dieser gutachterliche Rei-
gen von Widmungstraktaten anscheinend nicht unbedingt in jedem einzelnen Fall im ausdrücklichen päpstlichen Auftrag niedergeschrieben, wir
müssen vielmehr davon ausgehen, daß diese Schriften im allgemeinen un-
aufgefordert, in vorauseilendem Gehorsam, als Unterfütterung einer Bitte
um Förderung und als Talentprobe an der Kurie vorgelegt worden sind.

Die Schriften haben eher eine symptomatische als eine theoretische Bedeutung. Sybert von Beek,[716] Wilhelm Amidani aus Cremona,[717] Peter
von Kaiserslautern,[718] Lambert Guerici aus Huy,[719] Guido Terreni,[720] Alvarus Pelagius[721] und schließlich auch Hermann von Schildesche[722] haben

---

[714] Eines der Gutachten, die der Papst offiziell an der Kurie bestellt haben muß,
stammt von dem Karmelitertheologen Guido Terreni, vgl. seine (m. W. noch ungedruckte) „Confutatio errorum quorundam magistrorum", die wenigstens fragmentarisch in einem ursprünglich zur Bibliothek der Cathedrale von Barcelona gehörenden, heute in der
Vatikanischen Bibliothek liegenden Ms. (Vat. lat. 10497 [XV] fol. 119r-124v) überliefert
ist. Daß der Text auf Befehl des Papstes selber (sozusagen gutachterlich) verfaßt wurde,
beweist das Incipit: *Cedulam ex parte sanctitatis vestre...* – Zur Geschichte der Hs. João
PERARNAU, Un codex català retrobat (Barcelona Catedral 2 / seconda part = Vat. lat.
10497), in: Analecta Sacra Taraconensia 47 (1974) S. 219–228.
[715] D'ARGENTRÉ, S. 311a.
[716] SCHOLZ, Streitschriften, Bd. 1, S. 6–12. – Der Text in Exzerpten ebenda, Bd. 2,
S. 3–15.
[717] Vgl. oben Anm. 297.
[718] SCHOLZ, Streitschriften, Bd. 1, S. 24–32; Exzerpte Bd. 2, S. 29–42. Vgl. auch Ernst
REIBSTEIN, Peter von Lautern und die Kurialisten, in: Archiv für mittelrheinische Kirchengeschichte 6 (1954).
[719] SCHOLZ, Streitschriften, Bd. 1, S. 60–70, Exzerpte in Bd. 2, S. 154–168, Der Text,
der weiterhin die „6 Irrtümer" bekämpft, ist erst nach der Einsetzung des Gegenpapstes
Petrus de Corvario (Wahl am 12. Mai, Krönung am 15. Mai 1328) abgeschlossen worden,
vgl. das „Prooemium" (S. 156 Scholz).
[720] Vgl. oben Anm. 714.
[721] Vgl. oben Anm. 542. Alvarus hat sich auf eine Widerlegung von drei der sechs Irrtümer beschränkt. Ob ihm die volle Liste nicht zugänglich war, ist fraglich.
[722] Der Text kam erst „verspätet" (d.h. nach der päpstlichen Entscheidung von 1327)
zu Papier: SCHOLZ, Streitschriften, Bd. 1, S. 50–60; Exzerpte in Bd. 2, S. 130–153; jetzt
vollständig ed. Adolar ZUMKELLER, Hermanni de Sildis Tractatus contra negantes. – Dazu

sich darum bemüht, die Liste der sechs Irrtümer der Reihe nach abzuhandeln und mehr oder weniger ausführlich zu widerlegen. Es muß also an der Kurie im Vorfeld der päpstlichen Bulle eine gegenüber der offziellen Verurteilung um eine Position vermehrte (sechs Punkte aufzählende) Irrtumsliste kursiert haben, die die Grundlage der Widerlegungstraktate „Contra sex errores" einerseits, und daneben auch die Vorlage für die endgültige Verurteilung der (schließlich nur noch fünf) „errores"durch den Papst gebildet haben muß.

Wer freilich die Hoffnung hegen sollte, hier ließe sich eine unmittelbare Debatte zwischen Marsilius und einigen zeitgenössischen Gegnern greifen, wird bitter enttäuscht. Diese „Widerlegungen" sind offenkundig allesamt nicht als Kritik des Traktats des Marsilius gedacht, sie wollen in keinen Disput eintreten und Argumente wägen, sondern sind nur als Contrapositionen gegen die „6 Irrtümer" geschrieben, die als blanke Aussagen genommen und durch hart gegenübergestellte Argumente „widerlegt" werden. Kein einziger Text verrät eine nähere Kenntnis des „Defensor pacis" und seiner spezifischen Gedankengänge. Gelesen hatte das Buch offenbar kein einziger der eifrigen Gegner. Freilich darf man das auch nicht unbedingt allein dem Hochmut der Verfasser ankreiden. Konrad von Megenberg berichtet um 1350 in seiner umfangreichen „Yconomica"[723], er habe trotz eifriger Bemühungen in Regensburg den „Defensor pacis" nicht zu Gesicht bekommen können (der damals in dem nur etwa 130 km entfernten München am Hofe der Wittelsbacher doch wohl noch vorhanden gewesen ist). Es war offenbar in der literarischen Polemik des 14. Jahrhunderts nicht so leicht, eines bestimmten Textes habhaft zu werden.

Konrad von Megenberg sah sich freilich durch die Vergeblichkeit seiner Bemühungen nicht daran gehindert, kräftig gegen den „Defensor pacis" zu polemisieren,[724] wie ja auch die anderen Autoren damit zufrieden waren, die Thesen des Textes, die sie aus der dürftigen Irrtumsliste entnehmen konnten, ausgiebig zu widerlegen, selbst wenn sie den Traktat in seinem eigenen Argumentationsduktus gar nicht zur Kenntnis hatten nehmen können und damit die Begründungen des Autors nicht einmal kannten, geschweige denn sie ihren eigenen Lesern vorführen konnten. Von den spezifischen Thesen des Marsilius findet sich jedenfalls in diesen Pamphleten

---

Adolar ZUMKELLER, Schrifttum und Lehre des Hermann von Schildesche, O.E.S.A. († 1357), (Cassiciacum, 14) Würzburg 1959, S. 3–108; vgl. ZUMKLELLER, in: VL² 3 (1981) Sp. 1107–1112; Repertorium fontium, Bd. 5 (1984) S. 465f.; zuletzt Alfred WENDEHORST, Geistiges Leben, § 74 (Würzburg), in: Handbuch der Bayerischen Geschichte, neu hg. von Andreas Kraus, Bd. III.1, 3München 1997, S. 970f.

[723] Yconomica, II.3.1, d.i. Oekonomik, ed. KRÜGER, Bd. 2, Stuttgart 1977, S. 87: *Ipsorum* [d.i. des Marsilius und Johannes von Jandun] *tamen motiva non vidi, quia licet precurrenti diligencia mea libellus eorum* [d.i. der DP] *ad me nunquam poterat pervenire.*

[724] Ebenda (Yconomica, Bd. 2, S. 87f.).

keine Spur.[725] Somit können diese Traktate auch nicht etwa eine Aufsehen erregende Wirkung des „Defensor pacis" bezeugen, sind sie doch nicht von der Schrift selbst, sondern von ihrer Verurteilung durch den Papst veranlaßt.

4. Späte Schriften

Beide Pariser Freunde sollten bis zu ihrem Tode am kaiserlichen Hofe bleiben. Johannes von Jandun freilich war bereits, als Ludwig mit seinem Hof unruhig in Italien umherzog, auf dem Rückzug des Heeres durch Mittelitalien wohl 1329 in Todi oder Montalto gestorben.[726] Marsilius dagegen blieb Ludwig auch noch in München treu.[727] Er hat anscheinend erneut bei Hofe als Arzt gewirkt,[728] ist auch wohl beratend in Streitfragen dort tätig geworden.[729] Seine politische Theorie hat er jetzt aber nur noch ganz selten in Form von Schriftsätzen dem Kaiser und der Öffentlichkeit des Hofes unterbreitet. Eine kleine kurialistische Schrift des italienischen Klerikers und Kanonikers in Chartres Landolfo Colonna[730], eine Abhandlung über die „Translatio imperii"[731], die Übertragung des Römischen Kaisertums durch den Papst im Wandel der Zeiten, wurde ihm zu einer ingeniös genutzten Vorlage für eine eigene kleine Ausarbeitung.

Landolfo war ein fleißiger Benutzer der Dombibliothek in Chartres, der sich dort nicht nur die Klassiker Cicero, Livius, Orosius, Justin und Pompeius Trogus, sondern auch mittelalterliche Literatur, wie etwa einen Codex des Fulbert von Chartres, die Schrift „Contra Iudaeos" des Peter von Blois, oder, im Zusammenhang seiner offensichtlichen Interessen an politischer Theorie besonders bezeichnend, auch den damals bereits über 150 Jahre alten „Policraticus"des als Bischof von Chartres gestorbenen Johannes von

---

[725] Die von Zumkeller für Schildesche vorausgesetzte eigene Kenntnis argumentiert mit Versatzstücken, die aus der Irrtumsliste ableitbar waren, wie sich aus dem Vergleich mit Sybert von Beek oder Wilhelm Amidani ergibt: ZUMKELLER, S. 6, Zl. 11–12 vgl. mit SCHOLZ, Streitschriften, Bd. 2, S. 3, Nr. 1, ZUMKELLER, S. 80, Zl. 24 f. mit SCHOLZ, Bd. 2, S. 4 Nr. 6; ZUMKELLER S. 95 Zl. 6 f. mit SCHOLZ, Bd. 2, S. 3 Nr. 4 – hier freilich fehlt das für Hermann Schildesche charakteristische *leges Goliardicas*, das der Kanonist aber aus Liber Sextus 3.1.1 ableiten konnte dank der Glossa ordinaria des Johannes Andreae s. St.: *Goliardos vulgare Gallizorum*

[726] Zu Datum und Ort eingehend SCHMUGGE, Jandun, S. 121f.

[727] PINCIN, Marsilio.

[728] Vgl. unten S. 254 Anm. 808.

[729] Vgl. unten S. 244f.

[730] Zusammenfassend Fiorella Simoni BALIS-CREMA, in: LexMA 3 (1986) Sp. 57. Nur kurze Bemerkungen über den Traktat bei RIEZLER, Widersacher, S. 171f. und (im Anschluß daran) bei GOEZ, Translatio imperii, S. 225f.

[731] Gedruckt etwa bei GOLDAST, Monarchia Sacri Romani Imperii, Bd. 2, S. 88–95. 5 Mss. nennt PINCIN, Marsilio, S. 117 Anm. 4: Berlin SBPK, Hamilton 431, fol. 38r-42r; Prag, Státní knihovna, I.C.24, fol. 190v-198v, IX.C.17, fol. 264v-168v; Kap. N.24, fol. 40r-44v; Paris, BN, lat. 14663, fol. 52r-58v (dort auch weitere Frühdrucke).

Salisbury ausgeliehen hat.[732] Der gelehrte Domherr hatte eine gelehrte Kompilation über das für Deutsche außergewöhnlich interessante Thema der Translation des Kaiserreichs und Kaisertums aus vielerlei Vorlagen (unter besonders intensiver Berücksichtigung der „Historia ecclesiastica nova" des Tolomeo von Lucca) aus dem engen Blickwinkel einer kurialistischen Konzeption zusammengestellt. Landolfo hat sich auch sonst noch von seinem Standpunkt aus mit dem Problem des römisch-deutschen Reiches beschäftigt, so hat er auch einen Traktat „De statu et mutatione imperii" hinterlassen und hat sich schließlich auch mit einer Auflistung der Kompetenzen des Papstes befaßt[733].

Zu einem uns nicht genau erkennbaren Zeitpunkt (zwischen 1317 und 1324[734]) nun hat Marsilius den Traktat dieses Mannes kennengelernt, dessen Ansichten den seinen geradezu entgegengesetzt waren, und hat ihn dann durch eine quantitativ geringfügige, inhaltlich aber radikale Überarbeitung ihrer ursprünglichen Tendenz zuwider umgeschrieben, ja geradezu auf den Kopf gestellt. Der Traktat des Marsilius zur „Translatio imperii" vertritt Thesen, die denen des Landolfo diametral zuwiderlaufen, er tut das aber überwiegend unter der Benutzung nicht nur der Nachrichten, sondern auch der Formulierungen seiner Vorlage Wort für Wort. Eine minimale „toilette verbale" (wie Bernard Guenée es plastisch ausgedrückt hat[735]) genügte, nur wenige veränderte Worte und eingefügte Negationen reichen dazu aus, um aus dem papalistischen Taktat des Chartreser Kanonikers, der für die Hoheit des Papstes über das Kaisertum eintrat, einen Text

---

[732] Zu seinen Lektüre-Interessen vor allem Giuseppe BILLANOVICH, La tradizione del testo di Livio e le origini dell'umanesimo, parte 1: Tradizione e fortuna di Livio tra medioevo e umanesimo (Studi sul Petrarca, 9) Padua 1981, bes. S. 126–131, die Ausleih-Listen S. 129f.

[733] Repertorium fontium, Bd. 3 (1970) S. 517; Exzerpte aus dem „Tractatus brevis de pontificali officio" bei SCHOLZ, Bd. 2, S. 530–539; dazu vgl. ebda., Bd. 1, S. 207–210.

[734] Diese Datierung gab Quillet in ihrer Einleitung zu Marsilius' „De translatione", Oeuvres mineures, S. 315 Anm. 3, gestützt auf Herbert GRUNDMANN, Über die Schriften des Alexander von Roes, in: DA 8 (1950 / 51) S. 154–237, hier S. 195 Anm. 32, jetzt in GRUNDMANN, Ausgewählte Aufsätze, Bd. 3, S. 235 Anm. 32, der sich darauf beruft, daß Landolfo die (1317 abgeschlossene) „Historia ecclesiastica nova" des Tolomeo von Lucca benutzt und daß Marsilius gegen Ende des „Defensor pacis" (DP I.30.7, S. 600) seine eigene auf Landolfos Text gegründete Schrift unmißverständlich ankündigt. Unter der weiteren stillschweigenden Voraussetzung (die nicht unplausibel erscheint), daß demnach damals die Vorlage für die geplante Schrift (d.h. Landulfs Text) Marsilius bereits bekannt gewesen sein muß, kommt man zu dieser zeitlichen Eingrenzung, die aber nur die äußersten chronologischen Grenzen markiert.

[735] Avant-Propos zu Oeuvres mineures, S. 11 (nach einer Analyse der Änderungen, die Marsilius an seiner Vorlage vorgenommen hat, S. 4–11) [abgedruckt jetzt auch u.d.T.: Marsile de Padoue et l'histoire, in GUENÉE, Politique et histoire au moyen-âge, S. 327–340]. Zu den Änderungen, die Marsilius an Landolfos Text vorgenommen hat, eingehend auch PINCIN, Marsilio, S. 118–124.

zu fertigen, der die Unabhängigkeit des Kaisers von jeglichem päpstlichen Auftrag belegt.[736]

Kräftig weist Marsilius als „Redaktor" des Textes zur argumentativen Unterfütterung seiner Aussagen nicht auf historische Quellenaussagen, sondern auf seine im „Defensor pacis" entwickelte Theorie des Politischen zurück.[737] Er scheut sich auch nicht, seine Skepsis gegenüber traditionellen frommen Geschichtslegenden zu bekunden. Unverholen übt er so etwa Kritik an dem Bericht über die angebliche Wunderheilung Papst Leos III. an der Wende zum 9. Jahrhundert nach einer Blendung und Verstümmelung durch seine Gegner.[738] Zu dem Bericht seiner Vorlage zur Konstantinischen Schenkung merkt Marsilius trocken in einem Zusatz an, jedermann könne sich im „Defensor pacis" von der mangelnden Rechtsgrundlage dieser Vorgänge überzeugen.[739] Marsilius gibt auch sonst unzweideutig zu erkennen, wo er seinem Gewährsmann nicht folgen mochte. Diesen Gewährsmann freilich nennt er nur im ersten Satz seines Traktats,[740] sonst zitiert er unverdrossen und unmittelbar die Quellen, die er bei diesem angeführt fand.

Wenn die Schrift „De translatione" zunächst angesichts des Streits zwischen Kaiser und Papst ein ansehnliches Echo vor allem in deutscher Überlieferung fand,[741] so enthält sie doch außer ihrer klaren laizistischen Tendenz genau genommen wenig spezifische Thesen, die sich auf den „De-

---

[736] Der Text des Marsilius, ed. Colette JEUDY in: Marsile de Padoue, Oeuvres mineures, S. 372–433 (mit seitenparalleler französischer Übersetzung durch Jeannine QUILLET). Zum Text vgl. bereits RIEZLER, Widersacher, S. 171f.; PINCIN, Marsilio, S. 115–126; DOLCINI, Introduzione, S. 40f. – GOEZ, Translatio, geht (S. 226ff.) nur auf den DP, jedoch nicht entgegen den Erwartungen, die sein Titel erweckt, auf „De translatione" ein.

[737] De translatione, c. 9 (S. 422).

[738] Voller medizinisch grundierter Skepsis gegen die traditionelle Wundergeschichte in De translatione, c. 9 (S. 414): *Hic pontifex, ut Richardus in sua cronica scribit et aliae quaedam historiae – et credere potest qui vult, eo quod de ipsius non tanta sanctitate vitae quicquam authenticum reperitur – restitutis sibi plenarie membris, oculis et lingua videlicet, ut recitant historiae, divina virtute, ad predictum Karolum (...) venit.* Zur Chronik des *Richardus* (d. i. Richard von Cluny) vgl. SCHMEIDLER, in: Tholomeus von Lucca, Annales, S. XXIII; zusammenfassend Neithard BULST: LexMA 7 (1995) Sp. 820f..

[739] De translacione c. 2 (S. 382f.): *...utrum autem convenienter aut non, ex nostro „Defensore pacis" videbitur intuenti.* Zur Haltung des Marsilius zur Konstantinischen Schenkung vgl. BERTELLONI, „Constitutum Constantini" y „Romgedanke" [II], S. 89–98; und derselbe, Marsilio de Padua y la historicidad de la „Donatio Constantini", in: Estudios en Homenaje a Don Claudio Sanchez Albornoz en sus 90 años (Anexos de Cuadernos de Historia de España) Bd. 4, Buenos Aires 1986, S. 1–24.

[740] De translacione c. 1 (S. 374): *... nunc autem in hiis perstringere volumus sermonem „De sedis imperialis translatione" collectum diligenter ex cronicis et historiis quibusdam per venerabilem Landulphum de Columpna Romanum satrapam....*

[741] Es existieren nicht weniger als 21 Hss., davon 7 noch aus dem 14. Jahrhundert (zwei sogar aus dessen erster Hälfte), vgl. zuletzt Colette JEUDY, Trois nouveaux manuscrits du „De translatione imperii", in Medioevo 6 (1980) S. 501–522, sowie MIETHKE, Die „Octo Quaestiones" in zwei unbeachteten Handschriften, S. 302–304.

fensor pacis" zurückführen lassen. Der Verfasser hat hier eher eine „Pflicht-
übung" abgeliefert, die ein gängiges Argument der Tagespolitik, die angebliche Translationsbefugnis der Kurie über Kaisertum und Kaiserreich, gewissermaßen im Handumdrehen zu entkräften unternahm. Das freilich tat
er mit intellektueller Verve und großem Geschick. Als der kuriale Einfluß
auf die Sukzession im römisch-deutschen Reich seit der Goldenen Bulle
Kaiser Karls IV. (1356) allmählich verblaßte, trat auch das Thema der „Tans-
latio imperii" immer stärker in den Hintergrund und erweckte dann später
vorwiegend antiquarische, nicht unmittelbar politische Interessen.[742] Die
Schrift des Marsilius genoß in der Tat später eine recht große Verbreitung,
besonders in Deutschland, zumal sie häufig im Doppelpack zusammen mit
einer chronologischen Kaiserliste abgeschrieben wurde, die eine gewisse
Orientierung in der langen Reihe deutscher Herrscher und Kaiser ermöglichte und die einem historischen Interesse ein festes Memoriergerüst anbot.[74] Es ist unklar, ob Marsilius sich um diese Tabelle selbst bemüht hat
oder ob spätere Benutzer seiner Schrift diese Ergänzung aus eigenem Interesse vorgenommen haben.

Anders steht es mit der Überlieferung einer weiteren literarischen Arbeit
des Marsilius, die er in seinen letzten Lebensjahren auf sich genommen hat.
Schon der Titel des Traktats weist auf das Hauptwerk zurück, wenn es lapi-
dar „Defensor minor" überschrieben ist[744], was etwa mit „Der kleinere
Friedensverteidiger" zu übersetzen ist.[745] Immer wieder verweist der Text
den Leser auf seine ausführlicheren und gründlicheren Darlegungen im
großen und eigentlichen „Defensor" und er gibt die Stellen recht umständlich und präzise an, so daß sie gewiß auch in einer Handschrift relativ leicht
aufzufinden waren. Marsilius spitzt in diesem Traktat[746] seine Einsichten auf

---

[742] Man kann sich davon überzeugen, wenn man die Schrift des Peter von Andlau aus
dem Jahre 1465 daraufhin überprüft, vgl. jetzt den Abdruck in: Peter von Andlau: Kaiser
und Reich / Libellus de Cesarea monarchia. Lateinisch und deutsch, hg. von Rainer A.
Müller (Bibliothek des deutschen Staatsdenkens, 8) Frankfurt a. Main-Leipzig 1998, hier
zur Translation I.13–14, und II.14 (S. 126–146).

[743] Dazu vgl. die Hinweise und die Edition einiger dieser Listen durch Colette Jeudy
in: Oeuvres mineures, S. 458–466.

[744] Die Authentizität des Titels verbürgt das Zeugnis des Verfassers: XVI.4 (S. 310).

[745] ed. Colette Jeudy, in: Oeuvres mineures, S. 172–311 (wiederum mit paralleler französischer Übersetzung durch J. Quillet). Wichtige Verbesserungen zur Textherstellung
(die angesichts des einzig erhaltenen Codex von nicht sehr guter Textqualität – Ms. Oxford, Bodleian Libr., Can. misc. 188 [vor 1492], fol. 71vb–79rb – besondere Mühe macht)
steuerte bei Hilary Seton Offler, Notes on the Text of Marsilius of Padua's „Defensor
minor", in: Mittellateinisches Jahrbuch 17 (1982) S. 211–213 [jetzt in Offler, Church and
Crown, Nr. ix]; vgl. auch Carlo Pincin, Storia e critica di testi di Marsilio, in: Rivista
storica Italiana 93 (1981) S. 775–794; Miethke, Die kleineren politischen Schriften des
Marsilius von Padua in neuer Präsentation. Zuvor hatte Charles Kenneth Brampton die
Editio princeps herausgegeben: Birmingham 1922. Eine (vollständige) Übersetzung ins
Englische legte vor Cary Joseph Nederman: Marsiglio of Padua, „Defensor minor".

[746] Dazu – außer den Einleitungen in den Ausgaben durch Charles K. Brampton

Probleme der Verfassung des mittelalterlichen römisch-deutschen Reiches zu, indem er den Konflikt des 14. Jahrhunderts zwischen Kaiser und Papst gezielt von der Warte seiner eigenen Theorie aus analysiert. Es handelt sich also um eine aktuelle Streitschrift, die sich freilich von den üblichen Vertretern dieser Gattung insofern abhebt, daß sie nicht auf dem Hintergrund eines diffusen Gemischs aus Traditionen unterschiedlicher Herkunft die Parteinahme ihres Autors erklärt und präsentiert, sondern einen eigenwilligen theoretischen Ansatz in seinen Konsequenzen in der Konkretion eines aktuellen Konflikts verfolgen will.

Daß die Schrift dabei eher an diesem eigenen theoretischen Ansatz interessiert bleibt als an den Streitpunkten des damaligen Tages, mag ihrer Verbreitung später im Wege gestanden haben. Das einzig erhaltene Manuskript[747] stammt zwar aus dem späten 15. Jahrhundert, bezeugt damit zugleich ein über die Lebenszeit des Autors hinausgreifendes Interesse an dem Text. Die Handschrift, die heute in Oxford liegt, enthält neben dem „Defensor minor" auch weiterhin ausschließlich Schriften, die aus Interesse an Marsilius von Padua zusammengestellt worden sein müssen, den „Defensor pacis", „De translatione" sowie auf drei Seiten (fol. 70^v-71^v) den Text eines sonst als angebliches kaiserliches Mandat von 1338 überlieferten Memorandums mit dem Incipit „Fidem catholicam"[748] aus dem Jahr 1338, das damals zweifelsohne vom kaiserlichen Hof verbreitet worden ist. Vielleicht handelt es sich hier um jene Version,[749] die Marsilius von Padua sich zurück- oder zurechtgelegt hatte, woraufhin sie später unter seine *„opera"* geriet und vom Kompilator der Handschrift dann auch (vielleicht aus diesem Grunde?) in die Sammlung aufgenommen wurde. So liegt die Vermutung nahe, daß für die Überlieferung des „Defensor minor" ebenfalls vor allem ein besonderes Interesse an Person und Werk des Marsilius verantwortlich gewesen sein könnte, nicht primär eine Empfänglichkeit für die Thesen des Textes.

---

oder Jeannine QUILLET sowie durch den Übersetzer NEDERMAN (vgl. vorige Anm.) – vgl. vor allem PINCIN, Marsilio, S. 201–233; DOLCINI, Introduzione, S. 49ff.

[747] Ms. Oxford, Bodleian Library, Canonici misc. 188 [das Wasserzeichen deutet auf 1481]; genauere Beschreibung durch JEUDY, in: Oeuvres mineures, S. 118f. (vgl. auch S. 58f., und S. 61ff.); dazu auch SCHOLZ, in: DP, S. XLIIIsq. (Ms. P); PINCIN, Marsilio, S. 201f.; Carlo DOLCINI, Introduzione a Marsilio, S. 49f. Zwei weitere heute verlorene oder verschollene Hss. von der Wende zum 15. Jahrhundert (also früher als das Oxforder Ms.) benennt Gregorio PIAIA, in: Rivista de filologia neo-scolastica 73 (1981) S. 622 – der dort angezogene Aufsatz von Paolo MARANGON, Principi di teoria politica nella Marca Trevignana, Clero e Comune a Padova al tempo di Marsilio, in: Medioevo 6 (1980) S. 317–336, hier S. 318 mit Anm. 5, ist jetzt auch abgedruckt in MARANGON, *Ad cognitionem scientiae festinare*, S. 411–430, hier S. 412.

[748] fol. 70v-71v, der Text ed. BECKER, Das Mandat „Fidem catholicam", S. 496ff.; zu unserem Ms. (das zur Textherstellung nicht benutzt werden konnte) ebda., S. 495 mit Anm. 210.

[749] SCHOLZ schreibt (DP, S. XLIII) von dem Stück nur, es sei „inhaltlich übereinstimmend mit Ludwigs des Bayern Erlaß". Eine Überprüfung (die mir derzeit nicht möglich ist) dürfte sich lohnen.

Der Traktat ist additiv gegliedert, er reiht seine Überlegungen und De-
duktionen parataktisch und eher assoziativ hintereinander. Ausgehend von
der allgemeinen Frage nach der Bedeutung des Wortes *iurisdictio*[750] fragt er,
zunächst recht unvermittelt mit der Tür ins Haus fallend, sofort nach jener
iurisdictio, die Priestern, Bischöfen und insbesondere dem Papste zustehen
könne,[751] weil, wie der Verfasser überraschend erklärt, er schon *in prioribus*
jene Autoritäten aus dem Sentenzenbuch des Petrus Lombardus zitiert
habe,[752] wo von der Binde- und Lösegewalt der Priester die Rede ist.[753]
Der Anfang der Schrift weist demnach auf eine Erörterung zurück, die uns
nicht überliefert ist. Die Schrift scheint, wie sich ergibt, nicht abgeschlossen,
zumindest nicht endgültig redigiert worden zu sein.

Aber der Text schreitet sonst durchaus stetig voran, wobei er ständig und
unermüdlich im Anschluß an Rückverweise auf den „Defensor pacis" wiederholt, er könne und wolle die dort ausführlich vorgebrachten Belege
nicht noch einmal aufreihen, *propter abbrevationem.* Diese Hinweise findet
man sozusagen kontinuierlich innerhalb des kurzen Textes, und zwar so oft,
daß es schwer fällt, hier nur ein übliches rhetorisches Stilmittel zu sehen, das
den Leser versichern soll, der Autor hätte viel mehr noch mitzuteilen, wenn
er nur wollte oder dürfte. Offenbar kam es dem Verfasser in diesem Traktat
wirklich auf anderes an als auf eine enzyklopädische Häufung von Autoritäten.

Die Abfolge seiner Themen ist folgende: In einem längeren Gedankengang verweigert er den Priestern und Bischöfen, insbesondere aber dem
höchsten Bischof, dem Papst, jegliche etwa von Gott herrührende *iurisdictio
coactiva.* Normen, die mit Sanktionen in dieser Welt bewehrt sind, soll ein
Priester weder aufrichten, noch auch gerichtlich überprüfen und einschär-
fen dürfen.[754] Nach dieser Begriffserklärung kann sich Marsilius sodann
den vielen seiner Überzeugung nach falschen Schlußfolgerungen zuwenden, die von *quidam,* wie die Gegner distanzierend und einer Gewohnheit
der Universitäten entsprechend hier genannt werden, aus der priesterlichen
Binde- und Lösegewalt gezogen werden. Zuerst behandelt der „Kleine Verteidiger" des Friedens die Beichtpflicht bei den Priestern,[755] danach ihre

---

[750] Pietro COSTA, Iurisdictio, Semantica del potere politico nella pubblicistica medie-
vale, 1100–1433 (Università di Firenze, Pubblicazioni della Facoltà di Giurisprudenza, 1)
Mailand 1969. Vgl. auch Udo WOLTER, in Geschichtliche Grundbegriffe, Bd. 7 (1992)
S. 29–31.

[751] D.m. I.1 (S. 172).

[752] IV Sent. d. 18–19.

[753] Marsilius zitiert aus dem „Liber Sententiarum" Belege z.B. in DP II.6.3 sqq.
(S. 199ff.). Eine ähnliche Katene hat ihm wohl zu Beginn des D. m. vorgeschwebt.

[754] D. m. c. I–IV (S. 172–194).

[755] D. m. c. V (S. 194–210). Zur historischen Entwicklung zuletzt weiterführend und
ausführlich Martin OHST, Pflichtbeichte (Beiträge zur historischen Theologie, 89) Tübingen 1995.

Kompetenz, einem Sünder Bußen aufzuerlegen[756] oder Ablaß zu gewähren,[757] ihn von einem Gelübde zu lösen,[758] und ihn im Falle mangelnder Bußfertigkeit aus der sakramentalen Heilsgemeinschaft der Kirche auszuschließen.[759] Danach wendet sich der Text der Frage zu, ob dem Papst über die Kompetenz aller übrigen Priester und Bischöfe hinaus die von ihm selbst beanspruchte „Kompetenzfülle" (*plenitudo potestatis*) zustehe, und ob sich die Höherstellung des Papstes unmittelbar aus einem Auftrag Christi ableiten lasse.[760] Da in diesem Zusammenhang eingehender von dem Generalkonzil der Christenheit gesprochen wird, schließt sich dem die Frage nach Rolle, Funktion und Zusammensetzung eines derartigen „Generalkonzils" an, wobei Marsilius dieses Organ der Gesamtkirche sofort mit dem *supremus legislator humanus* identifiziert.[761]

Es ist nicht nötig, hier den Argumentationsgang des Traktats im einzelnen zu wiederholen, es genügt, wenn deutlich wird, daß die weiträumige Architektur des großen „Defensor pacis" im „Defensor minor" in einer gewissen Engführung auf spezifische Probleme im Verhältnis zwischen Papst und römischem Kaiser, genauer zwischen dem Hof des deutschen Herrschers und der päpstlichen Kurie in Avignon eingegrenzt wird, wobei sich dann im Ergebnis gegenüber der Theoriebasis der großen Schrift im „kleinen" Text nichts Wesentliches verändert hat. Fragen von Exkommunikation und Schlüsselgewalt werden jetzt freilich genauer unter die Lupe genommen. Fragen des deutschen Reichsrechts, wie sie seit dem Italienzug Ludwigs des Bayern mehrfach erörtert worden sind, werden im „kleineren Defensor" dagegen nicht eigens angesprochen. Zur „stadtrömischen" papstfreien Kaiserkrönung Ludwigs des Bayern findet sich keine Bemerkung, ebensowenig zur kaiserlichen Erhebung eines nur von Klerus und Volk zu Rom erwählten (Gegen-) Papstes, wie sie Ludwigs Hof in Rom im März 1328 inszeniert hatte. Der Papst Ludwigs , der Franziskaner Nikolaus (V.) war ja auch (seit dem 25. Jan. 1330) längst in den Gehorsam Johannes' XXII. zurückgekehrt.[762] Das Ergebnis solcher Abstraktion von den zeithistorischen Umständen ist es freilich, daß man auch diesen Text nicht genauer datieren kann, dazu bleiben seine Anspielungen auf historische Daten zu allgemein und unspezifisch.[763]

---

[756] D. m. c. VI (S. 210–212).

[757] D. m. c. VI (S. 212–218).

[758] D. m. c. VIII–IX (S. 218–232).

[759] D. m. c. X (S. 232–244).

[760] D. m. c. XI (S. 244–252).

[761] D. m. c. XII (S. 254–260).

[762] Dazu etwa GUY Mollat, Les papes d'Avignon (1305–1378), Paris 101965, S. 352–359; zusammenfassend Georg KREUZER, in: LexMA 6 (1993) Sp. 1172f.

[763] Der Ansatz bei DOLCINI, Introduzione, S. 73, auf „1342" ist ein *terminus ad quem*, der sich aus dem Todesdatum des Marsilius ergibt. Wann die Niederschrift (nach dem Abschluß des DP) begonnen hat, ist keineswegs deutlich: so konnte man den „Defensor minor" auf die Zeit während des italienischen Abenteuers Ludwigs des Bayern (d.h. also

Der Traktat umfaßt jedoch in seinen letzten Kapiteln größere Textpassagen, die mit Schriftsätzen aus der Feder des Marsilius identisch sind, welche sich ihrerseits einigermaßen genau datieren lassen. In Kapitel XIII bis XV des „Defensor minor" finden sich nämlich weitgehend wortidentische Erörterungen, die der Paduaner spätestens Ende 1341 oder Anfang 1342 am kaiserlichen Hof als Gutachten und Formulierungshilfe für eine politische Entscheidung vorgelegt hat. Es handelt sich um seine Stellungnahmen in der berüchtigten Ehescheidungssache der Gräfin von Tirol Margarete „Maultasch".

Die berühmte Affäre, der Lion Feuchtwanger noch 1923 einen lesenswerten „historischen Roman" gewidmet hat,[764] stellt sich dem Historiker im kalten Licht einer Machtsicherungspolitik des wittelsbachischen Kaisers dar. Auch Ludwig der Bayer nämlich zeigte sich bestrebt, die Chancen seines Königtums, so durchsetzungsschwach im Inneren es im einzelnen bleiben mochte, zugunsten des eigenen Hauses, und d. h. vor allem zur Erweiterung der Herrschaftsgebiete seiner Familie zu nutzen. Die moderne Forschung hat es sich angewöhnt, in diesem Zusammenhang von „Hausmachtpolitik" zu sprechen.[765] Das hatten – höchst erfolgreich – fast alle Vorgänger Ludwigs seit Rudolf von Habsburg versucht, und auch Ludwig selbst hatte bereits die Mark Brandenburg (und damit eine Kurstimme) sowie die Markgrafschaft Jülich für das Haus Wittelsbach gewonnen. Als sich nun anfangs der 40er Jahre die Gelegenheit bot, das reiche Land Tirol seiner Familie zu sichern, das auch wegen des Brennerpasses und damit für den Weg nach Italien eine Schlüsselstellung hatte, da wollte sich der Kaiser diese Chance nicht entgehen lassen, so sehr er damit auch sowohl die Interessen der Luxemburger als auch die der Habsburger beeinträchtigen mußte.[766]

1227–1230) datieren, wie es (ohne viel Zustimmung zu finden) Noël VALOIS, Jean de Jandun et Marsile de Padoue, in: HLF, Bd. 33, Paris 1906, S. 528–623, hier S. 616, vorschlug. Das ist freilich alles andere als wahrscheinlich.

[764] Lion FEUCHTWANGER, Die häßliche Herzogin Margarete Maultasch, Berlin 1923.

[765] Zur Hausmachtpolitik der deutschen Herrscher des Spätmittelalters vgl. etwa neuerlich knapp Peter MORAW, Von offener Verfassung zu gestalteter Verdichtung, Das Reich im späten Mittelalter, 1250–1490 (Propyläen Geschichte Deutschlands 3) Berlin 1985, S. 155ff.; eine förderliche Erörterung in SCHUBERT, König und Reich, S. 91–100.

[766] Zur Tiroler Affäre etwa Alfons HUBER, Geschichte der Vereinigung Tirols mit Österreich und der vorbereitenden Ereignisse, Innsbruck 1864; neuerdings vor allem Josef RIEDMANN, Karl IV. und die Bemühungen der Luxemburger um Tirol, in: Kaiser Karl IV., hg. von Hans PATZE, S. 775–796; RIEDMANN, Mittelalter, in: Geschichte des Landes Tirol, Bd. I, S. 291–698, bes. S. 439–451; auch Alphons LHOTSKY, Geschichte Österreichs seit der Mitte des 13. Jahrhunderts (1273–1437), (Veröffentl. der Kommission für Geschichte Österreichs 1) Wien 1967, S. 340–345; Johannes SCHULTZE, Die Mark Brandenburg, Bd. 2, Berlin 1961, S. 59f.; oder THOMAS, Ludwig der Bayer, S. 331–337 (mit jeweils recht verschiedener Akzentuierung); zuletzt vgl. die ausführliche Darstellung von Wilhelm BAUM, Margarete Maultasch, Erbin zwischen den Mächten, Graz, Wien, Köln 1994, bes. S. 80–106; zu dem persönlichen Verhältnis Margarethes zu Johann Heinrich von Luxemburg zusammenfassend etwa Dieter VELDRUP, Johann Propst von Vysherad, illegitimer

Eine Ehe, die 1330 zwischen Margarete, der damals zwölfjährigen Erbtochter der Grafschaft Tirol, und Johann Heinrich von Luxemburg, dem damals achtjährigen jüngeren Sohn des Königs Johann von Böhmen und Bruder Karls von Mähren, des späteren Kaisers Karl IV., geschlossen worden war, hatte den luxemburgischen Ansprüchen in diesem Lande einen festen Grund gelegt. In jahrelangen militärischen Aktionen war diese Position auch gegen konkurrierende bayrisch-wittelsbachische und österreichisch-habsburgische Ambitionen gesichert worden. Freilich stieß die harte Herrschaft der Böhmen im Lande selbst auf zunehmenden Widerstand, dem sich die junge Landesfürstin um 1340 anschloß, wohl weil sie sich von der Herrschaftsübung mehr als ihr lieb war ausgeschlossen fand und weil sie offensichtlich zu ihrem Mann kein tragfähiges Verhältnis hatte finden können. Nach geheimen Vorabsprachen mit dem Kaiser schuf sie im November 1341 ein *fait accompli*. Nach einem Jagdausritt fand ihr Mann das Tor zur Burg verschlossen. Er mußte, da er im Lande nirgends Rückhalt fand, ausgesperrt Tirol verlassen.

Margarete dagegen sollte und wollte den soeben verwitweten älteren Sohn des Kaisers, Markgraf Ludwig von Brandenburg, ehelichen, dem freilich sein Vater diese neue Ehe erst nachdrücklich anempfehlen mußte, bevor er in sie willigte.[767] Die reichsrechtlichen Probleme dieses Plans sollen hier nicht näher diskutiert werden. Sie wurden später gelöst, indem der Kaiser dem Paar die Grafschaft Tirol von Reichs wegen verlehnte und damit Tirol als selbständiges Reichslehen erstmals anerkannte. Auch die politischen Fragen des Projekts können hier nicht erörtert werden (stand doch den offensichtlichen Chancen des Plans die ebenso deutliche Gefahr eines unheilbaren Bruches mit den Luxemburgern gegenüber, mit jener Familie und Partei, der Ludwig seine Wahl zum Römischen König zu verdanken hatte). Eine gravierende eher technische Frage freilich blieb zunächst im Stadium der Planungen gefährlich offen. Die Ehe Margaretes mit Johann-Heinrich von Luxemburg hatte rechtlich ja noch Bestand, sie war durch die Verstoßung des Gatten nicht aufgehoben.

Das Spätmittelalter hatte sich daran gewöhnt, daß derartige Ehefragen in die Kompetenz eines kirchlichen Richters fielen und damit in letzter Instanz dem Papst zur Entscheidung zustanden. Zusätzlich bestand noch eine kirchenrechtlich allzu enge Verwandtschaft zwischen den präsumptiven Brautleuten, ein Hindernis, wie es bei den eng miteinander versippten Familien des Hochadels nicht selten auftrat, wie es aber ebenfalls üblicherweise mittels eines päpstlichen Dispenses umgangen werden konnte. Eine wohlwollende Mitwirkung der Kurie konnte jedoch damals vom Kaiser

---

Sohn eines ‚impotenten‘ Luxemburgers, in: Studia Luxemburgensia, Festschrift Heinz Stoob zum 70. Geb., hg. von Friedrich Bernward Fahlbusch, Peter Johanek (Studien zu den Luxemburgern und ihrer Zeit, 3) Warendorf 1989, S. 50–78, bes. S. 51–62.
[767] Das jedenfalls berichtet Johannes von Viktring, Liber certarum historiarum, VI.11, Bd. 2, S. 223; vgl. auch Johannes von Winterthur, Chronik, S. 187.

realistisch nicht erwartet werden, so daß an dieser unscheinbaren Detailfrage der gesamte schöne Plan zu scheitern drohte.

Aus den Debatten, die am Münchener Hof geführt worden sind, ist uns in einer einzigen zeitnahen, jedoch erst kurz nach 1356 entstandenen, also nicht zeitgenössischen Handschrift[768] eine Reihe von Texten erhalten, in denen sich sowohl Marsilius[769] als auch Ockham[770] im Vorfeld der Entscheidung zu Fragen des Eherechts – und ausschließlich zu diesen Fragen – geäußert haben, die jetzt zur Entscheidung standen. Beide Gutachter haben einen Lösungsvorschlag gemacht, der jeweils im Endeffekt den erkennbaren Wünschen des Herrschers entgegenkam. Freilich waren ihre Vorschläge grundverschieden, was die Begründung und die Prozedur im einzelnen betraf, die sie dem Herrscher vorschlugen.

Radikal konstatierte Marsilius eine grundsätzliche Kompetenz des Kaisers in allen Ehefragen, die Ludwig ohne weiteres auch in diesem Falle wahrnehmen könne und solle. Marsilius legte der kaiserlichen Kanzlei zusammen mit seinem Memorandum auch gleich zwei Urkundenentwürfe vor, die Ludwig nur noch hätte ausfertigen lassen müssen, einmal einen Text, durch den der Kaiser in seinem Hofgericht die Nichtigkeit der Ehe feststellte, und einen anderen, in dem er eine kaiserliche Dispens wegen der Verwandtschaft der künftigen Brautleute aussprach.[771] Ockham dagegen kam zwar im Ergebnis zu keinem anderen Schluß, er bestätigte ebenfalls, daß die Ehe geschlossen werden dürfe. Der Theologe blieb aber in seiner Begründung wesentlich vorsichtiger, er wollte dem Kaiser ausschließlich für einen (und damit für diesen) Notfall ein Entscheidungsrecht einräumen, das aristotelisch aus *Epikie* und *aequitas* begründet wurde, ohne daß von ihm eine prinzipielle kaiserliche Kompetenz in Ehesachen in Anspruch genommen worden wäre.

---

[768] Bremen SUB, MSB 0035; vgl. die bisher beste Beschreibung durch Hilary Seton OFFLER in: Guillelmus de Ockham, Opera politica, vol. I2, Manchester 1974, S. 273; vgl. auch die Beschreibung von Christoph FLÜELER in: *Lupold von Bebenburg (2004) 151f.

[769] Die (drei) Texte des Marsilius, d. h. ein Memorandum und zwei Urkundenentwürfe, ist ediert (nach ihrer Überlieferung in Ms. Bremen, SUB, lat. 0048, PINCIN, Marsilio, S. 262–283; danach teilweise abgedruckt (soweit mit dem „Defensor minor" übereinstimmend) in: Marsile de Padoue, Oeuvres mineurs, S. 264–269, 282–283, 286–289, 304–307, jeweils als Fußnote. Eine späte [XVIII.s.] Abschrift (*copia copiae*) der „Forma divorcii matrimonialis" findet sich auch im Geheimen Hausarchiv der Wittelsbacher im Bayerischen Hauptstaatsarchiv München, unter der Signatur: HU 276/4. Ein Regest ist nachgewiesen unten in Anm. 772.

[770] ed. Hilary Seton OFFLER in: Guillelmus de Ockham, Opera politica, Bd. 1², S. 270–286.

[771] ed. PINCIN, Marsilio, S. 262–264 [*forma divorcii*], S. 264–268 [*forma dispensationis*]. Gegen THOMAS, Ludwig, S. 332, ist darauf zu beharren, daß die Urkundenentwürfe von Marsilius stammen und zumindest die „Forma divorcii" von ihm auch im „Defensor minor" verwendet wurde [S. 265, Zl. 30-267, Zl. 99 PINCIN entsprechen „Defensor minor", cap. 16 §§ 2–4, S. 304–310 Jeudy – unabhängig von der Frage der chronologischen Priorität].

Leider lassen die diffusen Quellen keine eindeutige Aussage darüber zu, wie der Kaiserhof schließlich wirklich im einzelnen verfuhr. Sicherlich ließ der Kaiser die beiden Urkundenentwürfe des Marsilius in der Schublade.[772] Marsilius freilich hat anscheinend seine hier dem Hof vorgelegten Entwürfe zum großen Teil noch für seinen „Defensor minor" verwendet. Die Forschung ist sich nicht einig, wie die eindeutige Textgleichheit zwischen beiden Texten, den Entwürfen und dem „Defensor minor", erklärt werden soll, ob Marsilius aus dem fertig vorliegenden Traktat seine Urkundenformulare und den Entwurf seines Memorandums herausgeschnitten hat, oder umgekehrt, ob er die für ihren gedachten Zweck in der Maultaschaffäre nicht mehr gebrauchten Texte an sein Manuskript des Traktates gewissermaßen „anhängte", das er somit gewissermaßen im Baukastensystem vervollständigte.[773] Wahrscheinlicher scheint mir die zweite hier vorgestellte Möglichkeit, hätte Marsilius doch seine beiden Texte aus dem „Defensor minor" gleichsam herausoperieren müssen, während er die Anfügung, nur recht locker an das Vorherige angeschlossen, einigermaßen kohärent nacheinander vornehmen konnte. Der lockere Aufbau des „Kleinen Defensors", den wir bereits beobachtet haben, sowie der offenbar nicht völlig fertig gewordene bzw. einer glättenden Schlußredaktion noch entbehrende Text des „Defensor minor" lassen freilich eine eindeutige Entscheidung dieser Frage nicht zu.[774]

---

[772] Das wird in der neueren Foschung manchmal übersehen, z.B. von Jeannine QUIL-LET in ihrer Einleitung zum „Defensor minor" in: Oeuvres mineures, S. 151. Es ergibt sich aber m.E. allein schon aus dem Begriff *forma* in den *superscriptiones* des Bremer Ms. Vgl. dazu neben dem – hier nicht allzu deutlichen – DuCANGE, Glossarium mediae et infimae latinitatis, Bd. 3, S. 564a (s.v. *forma*), etwa: Revised Medieval Latin Word-List from British and Irish Sources, prepared by R. E. LATHAM, London 1965, S. 197b, oder: Dictionary of Medieval Latin from British Sources, fasc.IV, prepared by D. R. HOWLETT, London-Oxford 1989, S. 983c (*forma* § 8b). Die ältere – ohne Kenntnis von Marsilius und dem Bremer Ms. geführte – Diskussion ist verzeichnet in: Urkundenregesten zur Tätigkeit des deutschen Hofgerichts, Bd. 5, bearb. von Friedrich J. BATTENBERG, S. 262–264 (Nr. 437), wo der Text nach einer späten Abschrift [18. Jh.] aus dem Wittelsbachischen Hausarchiv regestiert ist. Die Nachbemerkung des Hrsg. dort zweifelt aber immerhin an einer Ausfertigung, wenn auch noch keine ausdrückliche Entscheidung des Hofgerichts über die Ehescheidung angenommen wird (S. 264), was mir aber äußerst unwahrscheinlich scheint.

[773] Zum umstrittenen chronologischen Verhältnis dieser Texte zueinander vgl. MIETHKE, Die kleineren politischen Schriften, S. 206–210, freilich sind zahlreiche Forscher – m.E. ohne durchschlagende Argumente – immer noch der Meinung, Marsilius habe seinen bereits abgeschlossenen „Defensor minor" für die Urkundenentwürfe und sein Memorandum geplündert [zuletzt etwa DOLCINI, Introduzione a Marsilio, S. 66f.], was doch allein technisch wenig plausibel bleibt: Marsilius hätte sich seine Maultaschtexte aus verschiedenen Kapiteln des „Defensor minor" zusammenstückeln müssen! Die wahrscheinlichste Erklärung bleibt m.E. die Auffassung, daß Marsilius einem (bereits bis zu Kapitel 1–12 gediehenen) Text des „Defensor minor" nach der Erledigung der Maultaschaffäre Auszüge aus seinen zwei erst abgelieferten Gutachten als cap. 13–16 anfügte, wie bereits Hilary Seton OFFLER in: Ockham, Opera politica, Bd. 1[2], S. 271 Anm. 6; MIETHKE, Die kleineren politischen Schriften, S. 210; auch NEDERMAN, in: Marsiglio, p. xiii.

[774] Es ist nicht auszuschließen, daß Marsilius durch den Tod an einer Endredaktion

Der Kaiser hat sich schließlich weder an den Verfahrensvorschlag des Marsilius noch auch an die Ockhamsche Lösungsvariante gehalten, jedenfalls ist uns keine offizielle Erklärung des kaiserlichen Hofes über ein Notrecht oder den Ausnahmefall im Sinne Ockhams oder über seine genuine Kompetenz im Sinne des Marsilius bekannt. Am 10. Februar 1342 wurde vielmehr auf Schloß Tirol in der Nähe von Meran – anscheinend von einem willfährigen Priester – die neue Ehe der Gräfin Margarete mit Ludwig dem Brandenburger eingesegnet. Die alte Ehe wurde offenbar als angeblich nie vollzogen für nichtig gehalten, ohne daß man dazu irgendetwas verlauten ließ. Daß nicht der (vom Papst nicht bestätigte) erwählte Bischof von Freising, der das eigentlich hatte tun wollen, die Trauung vollziehen konnte, weil er sich beim winterlichen Ritt über die vereisten Alpen am Jaufenpaß über Meran bei einem Sturz vom Pferd den Hals gebrochen hatte, galt – nicht nur bei päpstlichen Anhängern – weithin als übles Vorzeichen,[775] konnte den Vollzug der politischen Eheschließung aber nicht mehr aufhalten.

Ebensowenig verhinderte die Trauung ein päpstlicher Bannfluch,[776] der dann erst 1359, nach 17 langen Jahren und zähen Verhandlungen der Wittelsbacher mit der Kurie, wieder aufgehoben wurde.[777] Da der aus der Ehe der Erbtochter Tirols mit Ludwig dem Brandenburger hervorgegangene einzige Sohn Meinrad III. aber bereits 1363 noch zu Lebzeiten seiner Mutter in jugendlichem Alter starb, kinderlos, doch verheiratet mit einer Habsburgerin, fiel das Tiroler Erbe nun an Österreich und entging für die Zukunft doch dem wittelsbachischen Bayern.[778]

Uns braucht diese folgenreiche Episode[779] nur insoweit zu interessieren, als sich hier mit Händen greifen läßt, daß die gelehrten Memoranden der

---

gehindert wurde, die auch den merkwürdig „offenen" Rückverweis (wie oben bei Anm. 752) am Beginn ausgemerzt hätte. Am 10. April 1343 wird er in Avignon in einer Konsistorialansprache Papst Clemens VI. als verstorben erwähnt: Ludwig der Bayer habe Marsilius und Jandun, obwohl sie wegen Ketzerei verurteilt waren, an seinem Hofe unterhalten und sich geduldet *usque ad mortem eorum*, bis zu ihrem Tod; vgl. Hilary Seton Offler, A Political *collatio* of Pope Clement VI, O.S.B., in: Revue Bénédictine 65 (1955) S. 126–144, hier S. 136 [jetzt in Offler, Church and Crown, Nr. xi].

[775] Johannes von Viktring, Liber certarum historiarum, VI.11, S. 223f.; auch Johannes von Winterthur, Chronik, S. 188; oder Matthias von Neuenburg, Chronik, cap.59, hg. von Adolf Hofmeister (MGH SrerG, n.s.4) Berlin 1924–1940, S. 163f. und S. 383. Vgl. auch Thomas, Ludwig, S. 331f.

[776] Über die Exkommunikation hinaus erklärte Clemens VI. offiziell die neue Eheschließung konsequent als Ehebruch (der Ehe mit Johann Heinrich von Luxemburg) und ihren Vollzug als Unzucht, vgl. etwa die von Pincin, Marsilio, S. 232 (nach Rinaldi, Annales, ad 1343, Nr. 43) zitierte Konsistorialansprache Papst Clemens' VI.

[777] Gerhard Pfeiffer, Um die Lösung Ludwigs des Bayern aus dem Kirchenbann, in: Zeitschrift für Bayerische Kirchengeschichte 32 (1963) S. 11–30, hier S. 18f.

[778] Riedmann, Tirol, S. 425ff.; auch Theodor Straub in: Handbuch der Bayerischen Geschichte, Bd. II, S. 265–637, bes. S. 453ff.

[779] Diese Politik machte das Zerwürfnis Ludwigs mit den Luxemburgern, denen er

Berater am Hofe für die praktische Politik Schlußfolgerungen aus theoretischen Vorgaben zogen, auch wenn die Vorgaben keinesfalls einheitlich oder eindeutig waren. Darüber hinaus haben die gelehrten Gutachten offensichtlich – in ihren Begründungen weniger als in ihren Ergebnissen, die bei starken Erwartungen der Auftraggeber auch heute noch über das genaue Aussehen von Gutachten von vorneherein mitentscheiden können – das Handeln des Hofes mitbestimmt. Die Gutachter vermittelten dem Hof und seinen Beratungen zumindest ein gutes Gewissen bei den Zielen der eigenen Politik, ließen die geplanten oder getroffenen Maßnahmen, so weit sie sich in gegnerischen Augen auch von geheiligten Normen entfernen mochten, als gerechtfertigt erscheinen, und das in einem emphatischen Sinne. Mit solch bestätigender Legitimierung stabilisierten sie das Bewußtsein der Handelnden und sorgten in der zeitgenössischen Öffentlichkeit für eine *materia cogitandi*,[780] zumindest für diejenigen, die sich mit dem bloßen Faktum oder mit rüder Gewalt nicht zufrieden geben wollten oder durften.

---

doch seine Wahl zum König zu verdanken hatte, schließlich unheilbar. Schließlich stand Karl von Mähren, Johann Heinrichs älterer Bruder, seit 1346 Ludwig dem Bayern als Gegenkönig gegenüber. Thomas, Ludwig, S. 334, hat darauf verwiesen, daß anfangs der 40er Jahre die Chancen Ludwigs auf Durchsetzung seines Anspruchs auch gegenüber Johann von Böhmen und Karl von Mähren so schlecht nicht gestanden hätten, wie im allgemeinen angenommen wird. Die Frage ist hier nicht zu entscheiden, auch die zunächst guten Chancen der Tirolpolitik Ludwigs ändern freilich nichts an ihrer desaströsen Langzeitwirkung.

[780] Eine solche *materia cogitandi* will Ockham in seinem „Dialogus" bereitstellen: I Dialogus VII 73, bzw. III Dialogus I ii 14, fol. 164vb bzw. fol. 195rb, vgl. auch I Dialogus, Prologus, fol. 1rb: *materia opinandi*! Auch andere Autoren haben damals ihre Beiträge zur politiktheoretischen Diskussion so eingeführt, etwa Petrus de Palude, „De causa immediata ecclesiastice potestatis", Epilogus, ed. William D. McCready, The Theory of Papal Monarchy, S. 326, Zl. 795.

IX. Wilhelm von Ockham

1. Franziskanerdissidenten

Im Herbst 1328, als Ludwig längst Rom hatte verlassen müssen und in Oberitalien, in die Kleinkriege seiner oberitalienischen Anhänger verwikkelt, umherzog,[781] suchte eine neue Gruppe von gelehrten Beratern mit eigenen Absichten und besonderen eigenen Interessen beim Kaiser besonderer Prägung Ludwig dem Bayern Schutz und Unterstützung. Am 21. September 1328 traf das kaiserliche Heer, aus Grosseto kommend, in Pisa ein,[782] wo seit dem 9. Juni des gleichen Jahres bereits eine kleine Gruppe[783] franziskanischer Flüchtlinge weilte und zuletzt wohl auch auf ihn wartete. Der – inzwischen vom Papst seines Amtes enthobene[784] – frühere Generalminister des Ordens, der in Paris promovierte Theologe Michael von Cesena;[785] der Kanonist, ehemalige offizielle Geschäftsträger der Minoriten, der „Prokurator" seines Ordens an der avignonesischen Kurie Bonagratia von Bergamo,[786] der ehemalige Provinzialminister Heinrich von Thalheim, der von 1316 bis 1325 die oberdeutsche Ordensprovinz geleitet hatte,[787] sowie die beiden Theologen Franz von Marchia[788] aus Paris und

---

[781] Vgl. im einzelnen Berg, Italienzug, S. 174ff.

[782] Vgl. Berg, Italienzug, S. 179f.

[783] Literargeschichtlich hat die Daten zur Gruppe sorgfältig zusammengestellt Clément Schmitt, Un pape réformateur, S. 197–249.

[784] Bullarium franciscanum V, ed. Conrad Eubel, S. 346b–349b (Nr. 714) vom 6. Juni 1328.

[785] Zu ihm im einzelnen Armando Carlini, Fra Michelino e la sua eresia, Bologna 1912; Carlo Dolcini, Il pensiero politico di Michele da Cesena, 1328–1338 [11977], jetzt in: Dolcini, Crisi di poteri, S. 147–221; José Antonio de Camargo Rodrigues de Souza, Miguel de Cesena, Pobreza franciscana e poder ecclésiastico, in: Itinerarium 34 (1988) S. 191–231; zum Lebenslauf zusammenfassend Jürgen Miethke, Michael von Cesena, in: Neue Deutsche Biographie 17 (1994) S. 315–317.

[786] Zusammenfassend Hans-Jürgen Becker, Bonagrazia da Bergamo, in: DBI 11 (1961) S. 505–508.

[787] Nachrichten zu ihm am vollständigsten bei Bansa, Studien zur Kanzlei Kaiser Ludwigs des Bayern, S. 234–239 – problematisch bleiben freilich die Vermutungen Bansas über das Lebensende Heinrichs, S. 237f., die allzu kurzschlüssig argumentieren: nichts spricht dafür, daß Heinrich vor 1338 in den Gehorsam der Kurie zurückgekehrt ist. Weit plausibler datiert (zwischen 1338 und 1343) Schmitt, Un pape, S. 245. Vgl. auch Moser, Das Kanzleipersonal Kaiser Ludwigs des Bayern, S. 205, 262f.

[788] Neuerlich – nicht recht befriedigend – die „Cenni biografici" in: Francisci de Es-

Wilhelm von Ockham[789] aus Oxford waren die Namhaftesten der Flüchtlinge, denen sich gewiß noch einige andere angeschlossen hatten, deren Namen wir nicht kennen.

Sie hatten die Kurie schon im Frühsommer fluchtartig verlassen.[790] In
der Nacht vom 26. auf den 27. Mai 1328 war die kleine Schar im Schutze
der Nacht aus Avignon geflohen, teilweise (wie auch Ockham) unter dem
Bruch eines dem Papste eidlich gegebenen Versprechens, sich von der Kurie
nicht ohne päpstliche Sondererlaubnis zu entfernen. Die ihnen am folgenden Morgen nachgesandten bewaffneten Häscher[791] konnten die Gruppe
nicht rechtzeitig aufspüren. Im letzten Augenblick noch, gewissermaßen
um Haaresbreite entrannen die Flüchtlinge ihren Verfolgern und erreichten
im Hafen von Aigues Mortes ein Schiff, das sie in die Sicherheit der Hohen
See brachte. Auf einer genuesischen Galeere setzten sie alsbald nach Italien
über, wo sie schließlich Anfang Juni in Pisa eingetroffen waren. Ihre Flucht
hatte mit Ludwigs Problemen gar nichts zu tun, vielmehr war sie Folge eines
tiefen Zerwürfnisses, das seit 1321 den Papst und den Franziskerorden mit

---

culo, OFM, „Improbacio", ed. Nazareno MARIANI, OFM (Spicilegium Bonaventurianum,
28) Grottaferrata 1993, S. 3–43, vgl. auch (ebenfalls teilweise problematisch) Notker
SCHNEIDER, Die Kosmologie des Franciscus de Marchia, Texte, Quellen und Untersuchungen zur Naturphilosophie des 14. Jahrhunderts (Studien und Texte zur Geistesgeschichte des 14. Jahrhunderts (Studien und Texte zur Geistesgeschichte des Mittelalters,
28) Leiden-New York-Köln 1991. Zusammenfassend Paolo VIAN, in: DBI 49 (1997)
S. 793–797. Zur Retraktation besonders MARIANI, S. 19f.; einige Fragmente aus den Ak-
ten des Prozesses (die nach den äußeren Merkmalen wohl zwischen 1341 und 1344 zu datieren sind) gedruckt [nach Ms. Paris, BN, lat. 4246, fol. 37r-39r, 40r-41v] bei BALUZE-
MANSI, Miscellanea III, S. 280a-283a, und danach bei Francisci de Marchia sive de Esculo,
OFM, Sententia sive compilatio super libros Physicorum Aristotelis, ed. Nazareno MA-
RIANI (Spicilegium Bonaventurianum, 30) Grottaferrata 1998, S. 85–95; im einzelnen jetzt
Eva Luise WITTNEBEN / Roberto LAMBERTINI, Un teologo francescano alle strette. Auf
ein weiteres Notariatsinstrument im Vatikanischen Archiv machte mich Eva Luise Wittneben freundlich aufmerksam: A.A. Arm I-XVIII, 5014, fol. 109v-110r: *Absolutio et confes-
sio fratris Francisci de Esculo de ordine Minorum.* Danach leistete Franziskus in Avignon vor
Papst Clemens VI. und (genannten) Kardinälen am 1. Dezember 1343 feierlich Widerruf.
Bibliographische Hinweise zu Franz von Marchia auch bei WEIJERS, Le travail intellectuel
à la Faculté des arts [I], S. 91–96.
[789] Eine umfängliche Literaturübersicht bei Jan P. BECKMANN, Ockham-Bibliographie
1900–1990; seither insbesondere zur theologischen Konzeption Volker LEPPIN, Geglaubte
Wahrheit; wesentlich gedrängter Joël BIARD, Guillaume d'Ockham et la théologie (Initiations au Moyen-Âge) Paris 1999; (mit eigenwilligen Thesen) George KNYSH, Ockham
Perspectives, Winnipeg 1994, dazu vgl. aber MIETHKE, Ockham-Perspektiven oder Engführung.
[790] Nachweise im einzelnen bei MIETHKE, Ockham-Perspektiven, S. 63–67.
[791] Die Kosten der Aktion sind an der Kurie säuberlich festgehalten worden: Die Ausgaben der Apostolischen Kammer unter Johannes XXII., nebst den Jahresbilanzen von
1316–1375, hg. von Karl Heinrich SCHÄFER (Vatikanische Quellen zur Geschichte der
päpstlichen Hof- und Finanzverwaltung 1316–1378, 2) Paderborn 1911, S. 500f. [Eintrag
zum 18. Juni 1328]. Hier ist allein die ansehnliche Summe von insgesamt über 510 fl. (der
geläufigen Viennenser Münze) als Extraausgabe verbucht, die in verschiedenen Tranchen
vergeblich aufgewandt worden war.

zunehmender Heftigkeit entzweit hatte.[792] Zwar waren im Jahre 1327 an der Kurie Gerüchte im Schwange gewesen, die von einer Verbindung zwischen dem widerspenstigen Franziskanergeneral Michael von Cesena und Ludwig dem Bayern wissen wollten, ja die Michael unterstellten, er wolle sich von dem Bayern zum Papst erheben lassen.[793] Nichts deutet heute jedoch darauf hin, daß diese auf eine Denunziation zurückgehenden Vermutungen stichhaltig gewesen wären.

Auch das Verhalten der Flüchtlinge, das sie zeigten, nachdem sie Avignon verlassen hatten, läßt einen Rückschluß auf solche Pläne ebenso wenig zu. Nach ihrer Ankunft in Italien zogen sie keineswegs sofort zum Kaiser nach Rom weiter, sie zeigten sich vielmehr auch in Pisa zunächst ganz mit ihren eigenen Angelegenheiten beschäftigt. Und wenn sie letzten Endes auf den Schutz des Wittelsbachers mehr und mehr angewiesen waren, so beweist das doch nicht, daß sie darauf von Anfang an gewartet hätten. Noch am 18. September, drei Tage vor dem – gewiß schon damals feststehenden und sicherlich auch in Pisa bereits bekannten – Eintreffen des kaiserlichen Hofes, publizierten die Franziskaner durch öffentlichen Aushang an die Türen des Pisaner Domes, damit ihrerseits die an der Kurie seit Bonifaz VIII. üblich gewordene Publikationsform für Ladungsschreiben zu Prozessen wählend,[794] eine weitere ausführliche Appellation gegen den Papst, gegen seine Armutslehre und seine Politik dem Franziskanerorden gegenüber,[795] mit der sie sich an „die Heilige Römische Kirche" wandten und damit dem päpstlichen Gegner implizit die Legitimität absprachen,[796] ohne freilich da-

---

[792] Zum sog. „Theoretischen Armutstreit" unten bei Anm. 827.

[793] Vgl. den Brief von einigen „Guelfen" aus Perugia an die Kurie in: Acta Aragonensia, Bd. 2, S. 675f. (Nr. 427), zur Datierung (die auf August 28, 1327 berichtigt werden muß) bereits Michael BIHL in: AFH 2 (1909) S. 161 mit Anm. 3.

[794] Vgl. Extravagantes communes 2.3.1 [„Rem non novam" = Registres de Boniface VIII, éd. DIGARD, Nr. 5384, vom 15. August 1303], in: Corpus Iuris Canonici, ed. FRIEDBERG, Bd. 2, Leipzig 1881, Sp. 1255f.; dazu BECKER, Das Mandat „Fidem catholicam", S. 479 Anm. 128; oder Tilmann SCHMIDT, Bonifaz-Prozeß, S. 81f., 139f., 251; zu dem als Glossa ordinaria in den Frühdrucken beigegebenen Kommentar [im Druck Venedig 1591: S. 160–164] siehe Ralph M. JOHANNESSEN, Cardinal Jean Lemoine's Gloss to „Rem non novam" and the Reinstatement of the Colonna Cardinals, in: Proceedings of the VIIIth International Congress of Medieval Canon Law, hg. von Stanley Chodorow (Monumenta iuris canonici C.9) Città del Vaticano 1992, S. 309–320, sowie allgemein (zur Entwicklung und Bedeutung des Prinzips des im angelsächsischen Recht so wichtig gewordenen „Due Process") auch Joseph CANNING, A History of Medieval Political Thought, London 1996, S. 164ff., der sich hier besonders auf PENNINGTON, The Prince and the Law, S. 165ff., stützt.

[795] Diese sog. „Appellatio in forma maiori" ist gedruckt in den Auszügen aus der sog. Chronik des Nicolaus Minorita (einer Materialsammlung zum theoretischen Armutstreit aus dem Umkreis des Michael von Cesena) in: BALUZE-MANSI, Miscellanea III, S. 246b–303b; bzw. jetzt auch in Nicolaus Minorita, edd. GÁL/FLOOD, S. 227–424. Zu dieser Edition MIETHKE, Der erste vollständige Druck der sogenannten „Chronik des Nicolaus Minorita".

[796] Dazu allgemein BECKER, Appellation, bes. S. 77f.

mit schon den kaiserlichen (Gegen-) Papst Nikolaus (V.) anzuerkennen, den Michael und seine Anhänger auch später niemals unterstützt haben.[797] Ludwig nahm die ganze Gruppe am 26. September 1328, eine knappe Woche nach seiner Ankunft in Pisa, durch ein feierliches großes Privileg offiziell in seinen kaiserlichen Schutz.[798] Sehr bald sollte sich zeigen, daß diese neu aufgenommenen Schutzbefohlenen auch im kaiserlichen Rat ihre Präsenz fühlbar machten. Sie konnten nicht allein ihre eigene Appellation gegen den Papst am 12. Dezember in einer Kurzfassung durch Anschlag an die Domtüren von Pisa erneut publizieren,[799] um dieselbe Zeit (am 13. Dezember 1328) konnte man, ebenfalls an den Türen des Domes, ein neues umfangreiches Pergament lesen, eine Absetzungserklärung des Kaisers gegen Papst Johannes XXII.,[800] die hier unter dem ursprünglichen

---

[797] Der sogenannte „Nicolaus Minorita" schreibt anläßlich seines kurzen Berichts über dessen Wahl: ...*imperator* ... *volensque providere ecclesiae de alio summo pontifice more antiquitus observato una cum clero et populo Romano in die ascensionis domini, quae fuit 12 dies maii anni praedicti, fratrem Petrum de Corbaria, Ordinis Fratrum Minorum, in summum pontificem, id est summum cuculum elegerunt* [sic!] *et Nicolaum quintum vocaverunt* [sic!]... (hier zitiert nach Gál/Flood, S. 201); zum Wortspiel mit *cucullus* (= "Kutte" und „Kuckuck") vgl. Du Cange, Glossarium mediae et infimae latinitatis, Bd. 2, S. 643c: *vir cuius uxor moechatur,* ...<*avis*> *qui in aliarum avium nidis ova edit...* – hier wird offenbar darauf angespielt, daß Peter von Corvaro vor seinem Eintritt in den Franziskanerorden verheiratet war; der gesamte Bericht des Nikolaus atmet Distanzierung! Das ist kennzeichnend für die Haltung der Münchener Minoriten zu Ludwig des Bayern Papst: auch Heinrich von Thalheim hatte im Auftrag Michaels von Cesena einige Anhänger des Ordensgenerals in Italien früh vor einer Anerkennung des kaiserlichen Papstes gewarnt, vgl. die Aussagen im späteren (1337 geführten) päpstlichen Prozeß gegen den Frater Andrea da Gagliano, gedruckt bei Eubel, Bullarium francicanum VI, Rom 1902, S. 597a–627b (Appendix I), hier S. 601b; vgl. zu diesem Prozeß auch Edith Pasztor, Il processo di Andrea Gagliano, in: AFH 48 (1955) S. 252–297; zu seiner Aussage zu Michael von Cesena auch Schmitt, Un pape, S. 183–187.
[798] Gedruckt [nach einem notariellen Transsumpt vom 12. Mai 1328 im Archivio capitulare di S. Venanzo, Fabriano] bei Sassi, La partecipazione, S. 114–117, Nr. xv.
[799] „Appellatio in forma minori", gedruckt im Nicolaus Minorita, bei Baluze-Mansi, Miscellanea III, S. 303b-310b; ed. Gál/Flood, S. 429–456; auch – ebenfalls nur in einer Handschrift des Nicolaus Minorita – bei Eubel, Bullarium francicanum V, S. 410b-425a (nota zu Nr. 820). Bei Nicolaus Minorita steht nach der „Appellatio in forma maiori" als Einleitung zum Abdruck der verkürzten Fassung (hier zitiert nach dem Druck bei Gál-Flood, S. 429; vgl. Baluze-Mansi, Miscellanea III, S. 410b) folgende Begründung des Kompilators: *Quia vero predicta appellatio fuit abbreviata et ad multas partes orbis missa et ostiis maioris ecclesie Pisane xiia die decembris predicti anni appensa et solemniter lecta ...* – Eine einleuchtende Erklärung dafür, daß zahlreiche Dokumente aus dem publizistischen Streit des 14. Jahrhunderts in jeweils einer Kurz- und einer Langfassung vorliegen, ist bisher m.W. noch nirgends gegeben worden. Es kann kaum allein an dem häufig geübten Brauch der Veröffentlichung durch Anschlag an die Dompforten liegen, da auch die sogenannten „Kurzfassungen" eine beträchtliche Länge erreichen können.
[800] MGH Const. VI.1, S. 350–361 (Nr. 437). Hier hat Nicolaus Minorita (S. 457 Gál/Flood; Baluze-Mansi, Miscellanea III, S. 310b) im Anschluß an die „Appellatio in forma minori" und vor der minoritischen Fassung der Absetzungssentenz vermerkt: *Quia vero predicta brevis appellatio una cum domini imperatoris sententia correcta et emendata (...) fue-*

Datum des 18. April desselben Jahres und unter der gleichbleibenden Behauptung, sie sei *in platea publica extra basilicam Sancti Petri presentibus clero et populo Romano,* also in Rom feierlich publiziert worden. In Wahrheit aber handelte es sich um einen völlig neuen Text, der außer diesem Publikationsvermerk und einer aus dem ursprünglichen Wortlaut übernommenen Zeugenreihe von oben bis unten durchgreifend verändert worden war. Sogar die Anfangsworte des Textes, nach denen im Mittelalter ein derartiges Stück zitiert zu werden pflegte, waren abgewandelt worden! Die Franziskaner hatten dafür gesorgt, in diesen „überarbeiteten", oder, besser gesagt, völlig neu formulierten Schriftsatz vor allem ihre eigenen Vorwürfe gegen den Papst aus ihrer erst tags zuvor am selben Ort, an den Domtüren in Pisa, ausgehängten Appellation leicht variiert zum Erweis der Ketzerei des Papstes einzubringen[801] und die volltönende durch den Kaiser verfügte dispositive „Absetzung" des Papstes aus der römischen Urkunde in eine nicht minder energische, aber nicht aus eigener kaiserlicher Kompetenz vorgenommene deklarative Sentenz umzuformulieren. Das Urteil verfügte in dieser neuen Fassung für Johannes XXII. nicht mehr die Absetzung von seinem päpstlichen Amt kraft einer für Theologen schwer erträglichen laikalen Kompetenz, sondern gab vor, den Amtsverlust als kraft weltlichen und kirchlichen Rechts bereits wirksam geworden nurmehr öffentlich bekannt zu machen.

Deutlicher konnte ein Wechsel in der Politik nicht markiert werden als durch diese stillschweigende Auswechselung des öffentlich verkündeten Urteilsspruches. Freilich war auf diese Weise das in Rom Geschehene nicht mehr zu verändern, es konnte jetzt allenfalls in neuem, anderem Lichte interpretiert werden. Zunächst führten anscheinend die Franziskanerdissidenten im Beraterkreis Ludwigs auch weiterhin eine gewichtige Stimme. Als der als Kanzler des Kaisers aus Bayern nach Italien mitgebrachte Hermann von Lichtenberg Ende des Jahres 1328 wichtige diplomatische Missionen übernehmen mußte, ernannte der Herrscher ein Mitglied der Gruppe, den aus Deutschland stammenden Heinrich von Thalheim, zum Kanzler seiner Reisekanzlei. *Gerens officium, fungens officio cancellarii,* so bezeichnete dieser Kanzleileiter hinfort sich selbst in den Urkunden (mit einer einzigen Aus-

---

runt appense ostiis maioris ecclesie Pisane et ibidem solemniter promulgate et prefate sententie fuerunt aliqua superaddita in principio et in fine, ideo dictam sententiam correctam et emendatam cum addicionibus hic iuxta dictam brevem appellationem dignum ponere reputavi. Allerdings beschränken sich die Änderungen des Textes keineswegs auf „einige Hinzufügungen am Beginn und am Ende" des Schriftstücks! Giovanni Villani, Nuova Cronica, lib. XI, cap. cxii, ed. PORTA, vol. 2, S. 663f., schildert die Umstände: *Nel detto anno, a dì xiii del mese di dicembre, il Bavero, il quale si dicea essere imperadore, si congregò uno grande parlamento, ove furono tutti i suoi baroni e maggiori di Pisa, laici e cherici, che teneano quella setta, nel quale parlamento frate Michelino dì Cesena, il quale era stato ministro generale de' frati minori, sermonò in quello contro a papa Giovanni, oppenondogli per più falsi articoli e con molte autorità di ch'egli era eretico e non degno papa; e ciò fatto, il detto Bavero a modo d'imperadore di è sentenzia contra il detto papa Giovanni di privazione…*

[801] Vgl. bereits Carl MÜLLER, Der Kampf, Bd. 1, S. 372f.

nahme), also als „amtierender Kanzler", und damit als Amtsverweser, nicht als Inhaber des Amtes.[802] Bei der Rückkehr nach München mußte der Franziskaner dann auch wieder den bewährten Kräften in der Schreibstube des Herrschers weichen, konnte sich aber ehrenvoll nach Augsburg zurückziehen.

Wenig mehr als vier Monate nach seiner Rückkehr nach München, am 12. Juni 1330, befahl der Kaiser den Bürgern von Aachen in einem langen Schreiben, das im einzelnen deutliche Anleihen bei einem erst kurz zuvor entstandenen Pamphlet der Minoriten macht, Befehlen aus Avignon keinesfalls zu gehorchen und dem Franziskanergeneral Michael von Cesena sowie seinen „Vikaren" Heinrich von Thalheim und Wilhelm von Ockham tatkräftige Unterstützung zu leihen.[803] Wie Ludwig auch schon in Italien die ihm verbündeten Machthaber angewiesen hatte, Michael und seinen Begleitern jeden nur möglichen Beistand zu gewähren, so verfuhr er also auch hier wieder.[804] Freilich lebte, das versteht sich, auch Marsilius weiterhin am kaiserlichen Hofe, wie auch die anderen vertrauten Räte des Herrschers keinesfalls das Feld zu räumen hatten.

Das Ergebnis dieser Konstellation ist heute noch zu erkennen: die Franziskaner konnten allenfalls in den Konflikten um den Minoritenorden und in den heiklen Fragen des Vorgehens im verfahrenen Streit mit dem Papst ihre Sicht der Dinge in faktische Maßnahmen ummünzen, keineswegs in allen Geschäften des deutsche Herrschers ihre Handschrift sichtbar machen, vor allem nicht bei der täglichen Routine der deutschen Politik, von der sie ja auch wenig verstanden.[805]

In den kommenden Jahren bleibt dieses Bild konstant. Die verschiedenen Beratergruppen existierten nebeneinander am Hofe des Bayern fort. Auch als Ludwig sich aus Italien nach München zurückgezogen hatte, wo er Ende Februar 1330 eingetroffen ist,[806] hat sich das nicht geändert. Die beiden

---

[802] BANSA, Kanzlei, hier S. 234f.; cf. auch die Vorwürfe des Papstes vom 4. Januar 1331, Regest in MGH Const. VI / 2.1, ed. Ruth BORK, S. 3f. (Nr. 3), hier S. 4,13f.: „Heinrich von Thalheim (sei) schuldig dadurch, daß er dem wegen seiner Häresien verdammten Ludwig als Kanzler zu dienen sich nicht gescheut habe."

[803] MGH Const. 6.1, S. 665–668 (Nr. 788), hier § 6, S. 668,12–19.

[804] Im Schutzprivileg, ed. SASSI, sowie dem ebenfalls bei SASSI abgedruckten Mandat vom 6. Januar 1328, das den Franziskanern testamentarische Zuwendungen bestätigen und sichern sollte (wie Anm. 798, S. 119f., Nr. xvii).

[805] Zu den politischen Aufgaben vgl. etwa – außer den allgemeinen Darstellungen – MIETHKE, Kaiser und Papst im Spätmittelalter, S. 421–446; Martin KAUFHOLD, „Gladius spiritualis", Das päpstliche Interdikt über Deutschland in der Regierungszeit Ludwigs des Bayern (1324–1347), (Heidelberger Abhandlungen zur mittleren und neueren Geschichte, N.F. 6) Heidelberg 1994.

[806] BERG, Italienzug, S. 194f. mit Anm. 232, wo Ludwig noch für den 6. Februar 1330 in Meran nachgewiesen ist. – Die erste Urkunde, die Ludwig wieder in Deutschland jenseits der Alpen ausstellte, ist gemäß den (bisher erschienenen) Regesten Kaiser Ludwigs des Bayernn, Heft 1, S. 34 (Nr. 72), am 22. Februar 1330 ausgestellt in München, vgl. ebenda, Heft 3, S. 105 (Nr. 222): 23. Februar 1330, ausgestellt ebenfalls in München.

Hauptagenten, die für unsere Frage nach der Rolle politischer Theorie in der praktischen Politik vor allem wichtig sind, Marsilius und Wilhelm von Ockham, haben aber unterschiedliche Konsequenzen aus dieser für sie gleichen Ausgangslage gezogen. Mit durchaus unterschiedlicher Intensität wandten sie sich nämlich einer literarisch-„publizistischen" Tätigkeit zu. Marsilius, der nach dem Tode seines Freundes Jandun (im Sept. 1329)[807] seine Sache alleine verfechten mußte, hat in Zukunft nur noch wenige kleinere Schriftsätze verfaßt, seine Haupttätigkeit scheint er als Arzt, vielleicht auch als Leibarzt des Herrschers geübt zu haben,[808] während die Franziskaner, und unter ihnen gewiß regelmäßig auch Wilhelm von Ockham, geradezu frenetisch mit einem unglaublichen Ausstoß an Denkschriften, Appellationen, Pamphleten und Traktaten einer deutschen Öffentlichkeit und aller Welt ihre Auffassungen immer wieder vorgestellt und erläutert haben.

Offenbar hat diese Gruppe von Gelehrten rasch gewaltige Kollektaneen von aus Avignon vielleicht teilweise bereits mitgebrachten, in München aber wohl noch vervollständigten Autoritäten und Argumenten zusammengetragen, Sammlungen, die freilich nur noch sehr bruchstückhaft erhalten sind.[809] Dieser Grundstock an Argumentationsmaterial gab der publizistischen Gesamtproduktion des Kreises ein gemeinsames Fundament. Diese Aussage läßt sich auch auf die zahlreichen, umfänglichen und in ihrer relativen Chronologie recht gut plazierbaren wichtigen Traktate und Gelegenheitsschriften Wilhelms von Ockham übertragen,[810] die ihrer theoreti-

---

[807] Vgl. oben Anm. 726.

[808] HALLER, Lebensgeschichte, S. 339 mit Anm. 1; S. 359 Anm. 2 [zusätzlich auch: Nova Alamanniae 2 / II, S. 838 (Nr. 1534 § 39) = S. 884 (Nr. 1548 § 39)]; vgl. auch PRINZ, Marsilius, S. 53.

[809] Vgl. insbesondere für die frühen dreißiger Jahre die Untersuchung von Hans-Jürgen BECKER, Zwei unbekannte kanonistische Schriften des Bonagratia von Bergamo in Cod. Vat. lat. 4009, in: QFIAB 45 (1966) S. 219–276 (bes. das Verzeichnis der verschiedenen Appellationen der Münchener Gruppe [1323–1338] S. 238ff. Die meisten dieser Schriften (jedoch keineswegs alle) sind jetzt gesammelt gedruckt bei Nicolaus Minorita, edd. GÁL/FLOOD). Vgl. auch die knappe Liste bei BECKER, Das Mandat „Fidem catholicam", S. 483ff., Anneliese MAIER, Zwei unbekannte Streitschriften gegen Johann XXII. aus dem Kreis der Münchener Minoriten, in: AHP 5 (1967) S. 41–78, jetzt in: MAIER, Ausgehendes Mittelalter, Bd. 3, S. 373–414. Neue Bruchstücke der franziskanischen Produktion veröffentlichten: Christoph FLÜELER, Eine unbekannte Streitschrift aus dem Kreis der Münchener Franziskaner gegen Papst Johannes XXII., in: AFH 88 (1995) S. 497–514; und Roberto LAMBERTINI, „Proiectus est draco ille", Note preliminari all' edizione di un pamphlet teologico-politico di tendenza michaelista, in: Editori di Quaracchi 100 anni dopo, bilancio e prospettive, edd. A. Cacciotti, B. Faes de Motoni, Rom 1977, S. 345–361, jetzt in LAMBERTINI, La povertà pensata, S. 305–317.

[810] Eine genauere Untersuchung würde sich wohl lohnen: eine Gemeinschaftsarbeit sind etwa die sog. „Allegaciones de potestate imperiali", die in OFFLERs posthum herausgebrachten Edition von William Ockham, Opera Politica, Bd. 4, unter den „Dubia" endlich vollständig kritisch ediert sind (S. 367–444); gedruckt – auch in einer leicht überarbeiteten Fassung – nach einem einzigen Ms. transskribiert – bei Nicolaus Minorita, ed.

schen Bedeutung nach aus dieser Literatur qualitativ weit herausragen, wie sie auch schon rein quantitativ einen erstaunlichen Umfang erreichen.[811]

Der Horizont und das Interesse dieser Franziskanerliteratur am Hofe Ludwigs des Bayern erweiterte sich im Laufe der Jahre allmählich und in sehr langsamen Schüben über den ursprünglichen Kreis der minoritischen Interessen am Armutsstreit hinaus. Insbesondere Ockham hat an dieser Ausweitung des theoretischen Plafonds der Gruppe anscheinend einen gewichtigen Anteil. Seine politischen Schriften zogen am deutlichsten die Konsequenz, die eigenen Erfahrungen in eine fundamentale Reflexion über Kirchenstruktur und Gesellschaftsordnung münden zu lassen, eine Analyse, die dann über die Epoche ihrer Entstehung hinaus dem politischen Denken neue Impulse vermitteln sollte.

Die politische Lage und ihre Wahrnehmung durch den kaiserlichen Hof erlegte der Gruppe in ihrem Wirken nach außen anscheinend zusätzliche Zügel an. Nicht ausnahmslos freilich durften den Kaiser die schreibeifrigen Franziskaner seines Hofes unterstützen, vielmehr weist die auf uns gekommene literarische Produktion der Gruppe jeweils in den Jahren 1331/32 und 1335/36 eine längere Pause auf, die angesichts der sonst so überbordenden Produktion auffällig scheint. Plausibel kann diese Lücke mit einer Art „Publikationsverbot" des Hofes erklärt werden, dem die Minoriten sich fügen mußten.[812]

GÁL / FLOOD, S. 1163–1227; früherer Teildruck bei SCHOLZ, Streitschriften, Bd. 2, S. 417–437 – vgl. dazu die (methodisch vorbildliche) literarkritische Studie durch Hilary Seton OFFLER, Zum Verfasser der „Allegaciones de potestate imperiali" (1338), in: DA 42 (1986) S. 555–619 [jetzt in OFFLER, Church and Crown, Nr. vi]. Drei andere Schriften untersuchte Roberto LAMBERTINI, „Il mio regno non è di questo mondo", Aspetti della discussione sulla regalità di Cristo dall' „Improbacio" di Francesco d'Ascoli all' „Opus nonaginta dierum" di Guglielmo d'Ockham, in: Filosofia e teologia nel Trecento, Studi in ricordo di Eugenio Randi, a cura di Luca BIANCHI (FIDEM, Texts et études du Moyen Age, 1) Louvain-la-Neuve 1994, S. 129–156, jetzt überarbeitet (u.d.T. Dunque tu sei re? Regalità di Cristo e potere della Chiesa da Francesco d'Ascoli a Guglielmo d'Ockham) in LAMBERTINI, La povertà pensata, S. 249–268.

[811] Ockham selbst beschreibt in einem (relativ frühen) Selbstzeugnis (1334) den Publikationsdruck, dem er sich ausgesetzt fühlt: Epistola ad fratres Minores, ed. OFFLER, in: Ockham, Opera politica, Bd. 3, S. 15, Zl. 6 bis S. 16, Zl. 4. Eine Besprechung seiner einzelnen Schriften bei MIETHKE, Ockhams Weg, S. 74–136.

[812] Hilary Seton OFFLER, Meinungsverschiedenheiten am Hof Ludwigs des Bayern im Herbst 1331, in: DA 11 (1953/54) S. 191–206 [jetzt in OFFLER, Church and Crown, Nr. iv]. Eine ähnliche Publikationspause ist 1336/1337 zu beobachten, die sich – so wie die Pause 1331 aus den Verhandlungen Ludwigs mit Johannes XXII. – nunmehr vor allem aus dem damaligen Stand der Rekonziliationsverhandlungen mit Papst Benedikt XII. erklärt.

2. In Oxford und Avignon

Die Unruhe seiner Zeit hat Ockham erst spät erfaßt.[813] In den ersten Jahrzehnten seines erwachsenen Lebens spielten die sozialen und politischen Entwicklungen seiner Umwelt keine für uns erkennbare Rolle für seine intellektuelle Arbeit. Nichts deutete darauf hin, daß die Auseinandersetzungen um die Legitimität der politischen Verfassung, daß die Kämpfe zwischen Papst und Kaiser für ihn überhaupt Bedeutung gewinnen würden. Anders als andere mittelalterliche Autoren politischer Traktate hat Ockham weder die Politik als Teil eines theoretischen Programms enzyklopädischer Breite von vorneherein ins Auge gefaßt, noch auch ist er unmittelbar und direkt auf politische Reflexion zugesteuert. Der Sohn aus offenbar nichtadliger Familie aus einem Dorf in der Nähe Londons stammend, dessen Namen er trägt, war mit jungen Jahren in den Franziskanerorden eingetreten, ob aus eigenem Entschluß oder auf Wunsch seiner Eltern, wissen wir nicht. Niemals hat er in seinem ganzen späteren Leben diesen Schritt nachträglich in Frage gestellt. Die Zugehörigkeit zum Franziskanerorden blieb für seinen Lebensweg bestimmend, sein franziskanisches Gelübde sollte auch noch für jene dramatische Kehre verantwortlich sein, die ihn aus der Ruhe seines nur von intellektuellen Abenteuern bewegten Gelehrtenlebens in die streitbare Welt der politischen Publizistik, aus der akademischen Welt der Studierstuben Oxfords an den Hof des deutschen Herrschers und römischen Kaisers Ludwigs des Bayern nach München führte.

Der Franziskanerorden formte den jungen Mann, er gab ihm auch die materiellen Möglichkeiten einer Karriere. Das tat der Orden für viele der Brüder, das war durchaus nicht ungewöhnlich. Denn die Mendikantenorden zogen Menschen aus allen Gesellschaftsschichten an und sorgten als eine wichtige Schleuse sozialer Mobilität für Bewegung und Beweglichkeit in der Gesellschaft, durch Aufstiegschancen, ja allein schon durch rein räumliche Mobilität, denn die Angehörigen der Bettelorden, insbesondere die des größten unter ihnen, der Minoriten, kamen weit umher. Auch Ockham sollte im freilich etwas ungewöhnlichen Rahmen eines im Streit zerklüfteten Ordens weite Distanzen überwinden. Er hatte zunächst nach Avignon, dann nach Italien, nach Pisa, sodann nach München zu wechseln, wo er, ohne seine englische Heimat je wiederzusehen, sein Leben beschloß.

Als der Orden ihn zum Studium an einer Universität bestimmte, war das alles freilich noch nicht abzusehen, aber so ganz unerwartet kann es doch

<hr>

[813] Zur Biographie vor allem Léon Baudry, Guillaume d'Occam, Sa vie; Wilhelm Kölmel, Wilhelm Ockham und seine kirchenpolitischen Schriften, Essen 1962; Georges de Lagarde, La naissance de l'esprit laïque, Nouvelle édition, Bd. 4–5: Guillaume d'Ockham; Miethke, Ockhams Weg zur Sozialphilosophie; Alessandro Ghisalberti, Guglielmo di Ockham (Scienze filosofiche, 3) Milano 1972 [u.ö.]; vgl. im einzelnen die bibliographische Übersicht bei Beckmann, Ockham-Bibliographie.

auch nicht gekommen sein, da solch weiträumig angelegten Karrieren auch sonst unter Mendikanten damals nicht ganz selten sind. Hier, wenn irgendwo in der mittelalterlichen Kirche, konnte ein fleißiger und strebsamer junger Mann, allein auf seine persönliche Begabung gestützt, unangesehen eines gut oder schlecht betuchten familiären Hintergrundes am ehesten dank einem Universitätsstudium aufsehenerregenden Erfolg haben. Schon bei einem – damals recht kostspieligen – Studium konnte die Zugehörigkeit zu einem Orden[814] große Vorteile bringen, denn andere Förderungsmöglichkeiten waren an den Universitäten nur rudimentär vorhanden und schwer zu erhalten. Die für die Förderung von begabten armen Studenten eingerichteten Collegienhäuser, private Stiftungen hochmögender Gönner, hatten nur eine relativ geringe Zahl von Plätzen zu bieten,[815] zudem hatten ihre Stifter und Begründer in aller Regel den Zugang zu solchen Plätzen nicht gerade erleichtert, wenn sie etwa verlangten, zunächst geeignete Kandidaten aus einer bestimmten Familie oder doch wenigstens einer bestimmten Region bei der Aufnahme zu bevorzugen.[816] Auch waren viele dieser *Collegia* ausdrücklich in Konkurrenz zu den Bettelorden und ihrem Studien- und Studienförderungssystem entstanden. Es war also nicht unwichtig, daß Wilhelm von Ockham sein Studium in Oxford als Franziskanermönch beginnen und absolvieren konnte.

---

[814] Zusammenfassend zu den Studiensystemen der Bettelorden William J. COURTENAY, The Instructional Programme of the Mendicant Convents at Paris in the Early Fourteenth Century, in: The Medieval Church: Universities, Heresy, And the Religious Life, Essays in Honour of Gordon Leff, edd. Peter Biller, Barrie Dobson (Studies in Church History, Subsidia, 11) Woodbridge-Suffolk-Rochester, NY, 1999, S. 77–92; Michèle MULCAHEY, „First the Bow is Bent in Study", Dominican Education before 1350 (Studies and Texts, 132) Toronto 1998. Bert ROEST, A History of the Franciscan Education, c. 1210 – 1517 (Education and Society in the Middle Ages and Renaissance, 11) Leiden 2000.

[815] Astrik Ladislas GABRIEL, The College System in the Fourteenth-Century University, in: The Forward Movement of the Fourteenth Century, ed. Francis Lee Utley, Columbus, Ohio 1961, S. 79–124 [auch selbständig: Baltimore 1962]; derselbe, Motivations of the Founders of Medieval Colleges, in: Beiträge zum Berufsbewußtsein des mittelalterlichen Menschen, hg. Paul Wilpert (Miscellanea mediaevalia, 3) Berlin 1964, S. 61–72; derselbe, The House of Poor German Students at the Medieval University of Paris, in: Geschichte und Gesellschaft, Festschrift für Karl Bosl, hgg. von Friedrich Prinz/Franz-Josef Schmale/Ferdinand Seibt, Stuttgart 1974, S. 50–78; Arno SEIFERT, Die Universitätskollegien, eine historisch-typologische Übersicht, in: Stiftungen aus Vergangenheit und Gegenwart, hgg. F. Rüth, R. Hauer, W. Frhr. von Pölnitz-Egloffstein (Lebensbilder deutscher Stiftungen, 3) Tübingen 1974; Alan B. COBBAN, Decentralized Teaching in the Medieval English Universities, in: History of Education 5 (1976) S. 193–206; Nathalie GOROCHOV, Le *Collège de Navarre* de sa fondation (1305) au début du XVe siècle (1418), Histoire de l'institution, de sa vie intellectuelle et de son recrutement (Études d'Histoire Médiévale, 1) Paris 1997; für das Spätmittelalter im Sonderfall der deutschen Universitäten: Wolfgang Eric WAGNER, Universitätsstift und Kollegium in Prag, Wien und Heidelberg (Europa im Mittelalter, 2) Berlin 1999. Zusammenfassend Jacques VERGER, in: LexMA 3 (1986) Sp. 39–41.

[816] George Fitch LYTLE: Patronage Patterns and Oxford Colleges c.1300 – c.1530, in: The University in Society, ed. Lawrence Stone, Bd. 1, Princeton, N.J. 1974, S. 111–149.

Ockham durchlief in seinem Orden und an der Universität Oxford offenbar eine stetige, wenn auch keineswegs blitzhafte akademische Karriere,[817] erfüllte, wie es scheint, sämtliche ausgedehnten Studienzeiten, die damals Universitätsstatuten und Ordens-Usancen einem Theologiestudenten
abverlangten. Seinen Weg machte er als Student und Dozent der Theologie,
was üblicherweise unmittelbar ineinander überging, denn die Studenten der
sogenannten „Höheren Fakultäten", d. h. insbesondere der theologischen,
sowie in wesentlich schwächerem Grade der medizinischen und juristischen
Fakultät, gaben in aller Regel noch innerhalb der Artes-Fakultät Unterricht
und finanzierten teilweise mit den dabei gewonnenen Hörergeldern ihrer
Schüler ihr Studium.[818] Das hatten die Bettelordensstudenten nicht nötig,
aber auch sie mußten schon während des Studiums im Rahmen des Ordensunterrichts früh ihre neu erworbenen Kenntnisse an Jüngere und Anfänger weitergeben. So hatten sie einen festen Platz im Gesamtsystem des
höheren Unterrichts, schon lange bevor sie den begehrten Grad eines promovierten „Magisters" erreichen konnten.

Auch Ockham ist aus dieser Regel nicht ausgenommen. Die erstaunlich
große Zahl seiner „scholastischen" Texte – die Ausgabe seiner „Opera philosophica et theologica" umfaßt 17 Bände im Großoktavformat – sind alle
im engsten Zusammenhang mit universitärem Unterricht entstanden, sind
der schriftliche Niederschlag akademischer Lehre: Wahrscheinlich sind sie
allesamt in Oxford geschrieben. Diese „Schulschriften" im wörtlichen Verstand dieses Wortes, bei denen keineswegs allein ihre quantitative Ausdehnung und die Vielfalt ihrer Gegenstände überrascht, sind auch ihrer Qualität
nach überragende Zeugnisse von Ockhams theoretischer Begabung. Sie übten auf die theoriegeschichtliche Entwicklung an den europäischen Universitäten der kommenden Jahrhunderte eine breite, im einzelnen freilich
schwer zu bestimmende Wirkung aus.

Hier ist auf diesen Teil von Ockhams Oeuvre nicht einzugehen. Nur so
viel darf festgehalten werden: es waren nicht so sehr die Antworten, die
Ockham auf die Fragen der Theologie und Erkenntnistheorie, der Naturphilosophie und der Logik, der Aristoteleserklärung und Ethik gab, die in
die Zukunft wirkten. Seine einzelnen Antworten haben seine Schüler und
Nachfolger bisweilen rasch beiseite geschoben und durch ihnen passender
scheinende Formulierungen ersetzt. Oft geschah das so rasch, daß heute in
der Forschung manchmal die Frage gestellt wird, ob es im Spätmittelalter
überhaupt einem „Ockhamismus" gegeben habe. Was die lang andauernde

---

[817] Dazu zuletzt zusammenfassend (wenn auch etwas spekulativ) William J. Courtenay, The Academic and Intellectual Worlds of Ockham , in: The Cambridge Companion to Ockham, ed. by Paul Vincent Spade, Cambridge 1999, S. 17–30.
[818] Dazu vor allem Arno Seifert, Studium als soziales System, in: Schulen und Studium im sozialen Wandel, S. 601–619. Vgl. auch Jacques Verger, Les gens de savoir en
Europe à la fin du moyen âge, Paris 1997.

Präsenz Ockhams an den Universitäten des Spätmittelalters erklärt, ist vielmehr die Attraktivität seines methodischen Ansatzes, seine energischen, mutigen und genau die damalige Situation der Diskussion berücksichtigenden präzise gestellten Fragen, die Kühnheit, mit der Ockham Konsequenzen aus langgedehnten und weitverästelten Kontroversen zog, die Entschiedenheit, mit der er Probleme zu „scholastisch" formulierten Fragen zuspitzte. Die Klarheit seiner Antworten, die er gab, die Tatsache, daß er bisweilen auch entschieden paradoxe Aussagen nicht scheute, wirkte befreiend und sorgte dafür, daß auch dort, wo man Ockhams Antworten zu folgen nicht bereit war, doch die Formulierung seiner Fragen und damit die theoretische Fassung des Problems noch lange maßgeblich für die wissenschaftliche Erörterung geblieben ist.

Ockham sah sich, auf den Schultern der großen Theologen der Hochscholastik stehend und insbesondere immer wieder auf dem Franziskanertheologen Johannes Duns Scotus († 1308) aufbauend, jedoch auch in Kenntnis der theologischen Arbeit des Thomas von Aquin († 1274) sowie in ständigem Gespräch mit seinen Zeitgenossen vor die Aufgabe gestellt, einen ganzen Berg von Problembeständen entweder unverändert und traditionell weiterzugeben oder aber methodisch vertretbare einsichtige Antworten auf der Basis des erreichten Standes der Problementwicklung zu suchen.

Daß die geistesgeschichtliche Entwicklung durch kritische Prüfung von wissenschaftlichen Argumenten der Vorgänger und Diskussionspartner vorangetrieben wurde, daß die wissenschaftliche Diskussion im strittigen Disput vorwärts schritt, war für die scholastische Wissenschaft als eine Buchwissenschaft ohnedies naheliegend. An den europäischen Universitäten des Spätmittelalters war das dementsprechend ganz allgemein die vorherrschende Tendenz. Diese Haltung teilte Ockham mit vielen Zeitgenossen, sie war auch ein wichtiges Bildungsziel des mittelalterlichen Universitätsunterrichts. Ockham aber wußte diese eristische Methode besonders luzide zu handhaben. Vorgefundene Antworten kritisch Schritt für Schritt aufzuarbeiten, die tragenden Argumente und Autoritäten auf ihren Sinn und ihre Geltung mittels strenger logischer Prüfung und kritischer Rekonstruktion der metaphysisch-ontologischen Voraussetzungen zu befragen, das war das allgemeine Ziel eines Studiums an der scholastischen Universität. Da Ockham hier besonders scharfsinnig zu agieren vermochte, konnte er schon für seine Zeitgenossen im 14. Jahrhundert befreiend wirken und großen Einfluß gewinnen, indem er den Urwald eines überbordenden überkommenden Stoffes kritisch lichtete und damit neuen Fragen Bahn brach.

Es war Ockham nicht beschieden, in geduldiger Fortsetzung kontinuierlicher akademischer Theoriearbeit seine Analysen Schritt für Schritt voranzutreiben und eine gelehrte Schulphilosophie in systematischer Vollständigkeit zu entfalten. Sein bisweilen erkennbarer Plan, das gesamte Corpus der aristotelischen Schriften der Reihe nach Schritt für Schritt zu kommentieren,[819] konnte nicht durchgeführt werden, da eine dramatische Wende in seinem Leben den jungen Gelehrten daran hinderte. Das klar und entschieden verfolgte Konzept einer kritischen Aufarbeitung der Tradition, die mutige Entschlossenheit, auch aporetische Folgerungen drastisch auszuformulieren, vielleicht auch persönliche Debattierfreude und eine gewisse Neigung zu paradoxen Thesen, all das machte ihn bei einigen Zeitgenossen verdächtig. Schon im Jahre 1323 verlangten die zu einem Provinzialkapitel in Cambridge versammelten Fachtheologen der englischen Franziskanerprovinz von ihm nähere Erläuterungen zu seiner Relationenlehre,[820] was darauf schließen läßt, daß Ockham mit seiner Abendmahlslehre in stürmische Debatten geraten war und der Orden nun wissen wollte, wie Ockham den Angriffen zu begegnen gedenke.

Wie dann auf diesem Treffen im einzelnen entschieden worden ist, wissen wir nicht. Auf eine Denunziation durch den gerade im Konflikt mit der Universität abgesetzten Oxforder Kanzler John Lutterell[821] hin, Ockham vertrete gefährliche Irrtümer und häresieverdächtige Lehren,[822] wurde jedoch in Avignon an der päpstlichen Kurie bereits im folgenden Jahr 1324 von Papst Johannes XXII. eine genauere Untersuchung angestrengt. Eine Kommission von Fachleuten wurde eingesetzt, von deren Arbeit uns einige Aktenstücke erhalten sind, darunter auch zwei Gutachten mit theologischen Zensuren über Thesen aus Ockhams Sentenzenvorlesung.

Das war damals an der Kurie fast schon Routine. Ein spätmittelalterlicher Theologe mußte sich daran gewöhnen, daß nicht nur die Kollegen seine Rechtgläubigkeit bezweifelten, sondern daß auch die Amtskirche rasch zur Prüfung und gegebenfalls zu einer Verurteilung schritt.[823] Papst Johannes XXII. scheint solche Lehruntersuchungen gegen Universitäts-

---

[819] Daß er sich derartiges vorgenommen hatte, scheint das Prooemium zu seinem Physik-Kommentar anzudeuten, ed. Vladimir RICHTER, in Opera philosophica, Bd. 4, St. Bonaventure 1985, S. 4,31f.: *Expositurus itaque naturalem philosophiam a libro Physicorum qui primus est incipiam.* [Auf die mehrmals mit unzureichenden Argumenten vorgetragene Sondermeinung Richters über die Nichtauthentizität dieses Prologs gehe ich hier nicht ein!].

[820] Girard J. ETZKORN, Ockham at a Provincial Chapter 1323, A Prelude to Avignon, in: AFH 83 (1990) S. 557–567.

[821] Zusammenfassend Fritz HOFFMANN, in: LexMA 5 (1991) Sp. 586; zu seinem Konflikt mit der Universität Oxford etwa MIETHKE, Ockhams Weg, S. 49ff.

[822] Die Anklageschrift („Libellus contra doctrinam Guilelmi Occam") ed. Fritz HOFFMANN, Die Schriften des Oxforder Kanzlers Iohannes Lutterell, Texte zur Theologie des 14. Jahrhunderts (Erfurter Theologische Studien, 6) Leipzig 1959, S. 3–102.

[823] Zu den Ketzerverfahren gegen Theologen vor allem die monographischen Untersuchungen zu den Pariser Verfahren: François-Xavier PUTALLAZ, Insolente liberté, Controverses et condamnations au XIIIe siècle (Vestigia, 15) Freiburg / Schweiz 1995; J. M. M. Hans THIJSSEN, Censure and Heresy at the University of Paris, 1998; Luca BIANCHI, Censure et liberté intellectuelle à l'Université de Paris (XIIIe – XIVe siècles) Paris 1999; zusammenfassend *MIETHKE (2001).

theologen, wie wir schon feststellen konnten, sehr geschätzt zu haben.
Während seines Pontifikats wurden besonders zahlreiche derartige Prozesse durchgeführt. Das „Berufsrisiko" eines scholastischen Theologen hatte
sich also gewissermaßen während seiner Regierungszeit noch erhöht,
wenn es auch zuvor schon bestanden hatte.

Bei der Durchführung des Verfahrens gegen Ockham[824] zeigen sich, soweit das für uns ersichtlich ist, keine besonderen Auffälligkeiten. Es ist festzuhalten, daß trotz einer bedenklich langen Liste von irrigen und ketzereiverdächtigen Lehraussagen, die die Kommission nach monatelangen Beratungen schließlich erstellte und dem Papst vorlegte, eine lehramtliche
Verurteilung von Ockhams Theologie und Philosophie niemals erfolgt ist.
Was die Gründe für diese merkwürdige Zurückhaltung waren, ist unbekannt. Ob Ockham an der Kurie einflußreiche verschwiegene Gönner fand,
die ihre Hand über ihn hielten, ob der Papst sich letztlich in solch diffizilen
Fragen doch nicht festlegen wollte, oder ob er andere Objekte seines Eifers
fand, die ihn stärker fesselten, das alles wissen wir nicht. Später hat dann der
gewaltige Erfolg von Ockhams Theologie an den europäischen Universitäten die Durchführung eines Ketzerprozesses wohl aus ganz anderen Gründen obsolet gemacht, da eine Verurteilung der Ockhamschen Theologie die
vorherrschenden Thesen an mehr als einer Universität Europas unmittelbar
getroffen hätte.

Über Ockhams Lebensweg jedoch entschied dieser Prozeß an der Kurie
aus ganz anderen Gründen. Mehrere Jahre seines Lebens hatte Ockham in
Avignon verbracht. Im Sommer 1324 offenbar war er dorthin gereist, in jener Weise wohl, in der ein Franziskaner damals auch weite Reisen zu machen pflegte, zu Fuß auf einer mühseligen Wanderung. Auf 1326 ist die letzte erhaltene Irrtumsliste der päpstlichen Kommission zu datieren. Ockham
war in diesen Jahren, wie die kurialen Quellen sagen, im Franziskanerkonvent der Stadt „arretiert" (*arrestatus*),[825] d.h. er hatte versprechen müssen,

---

[824] Die wichtigsten Quellen zum Ockham-Prozeß bei Josef Koch, Neue Aktenstücke zu dem gegen Wilhelm Ockham in Avignon geführten Prozeß, in: RTAM 7 (1935)
S. 353–380; 8 (1936) S. 79–93; 158–197; jetzt in Koch, Kleine Schriften, Bd. 2, S. 275–
365. Zu dem von George Knysh vorgeschlagenen Verständnis des Prozesses (Ockham
Perspectives, Winnipeg 1993) vgl. Miethke, Ockham-Perspektiven oder Engführung.
[825] Papst Johannes XXII. schreibt das selbst an König Alfonso IV. von Aragon am
9. Juni 1328, also nach der Flucht der Franziskaner aus Avignon, 3 Tage, nachdem u.a.
Michael von Cesena und Wilhelm von Ockham feierlich exkommuniziert worden waren:
*Subsequenter vero Michael (…) furtive ac de nocte, associatis sibi quibusdam dicti ordinis (…) complicibus, uno videlicet vocato Bonagratia, qui culpa sua et demeritis suis exigentibus arrestatus a nobis
iuraverat se absque nostra speciali licentia de nostra curia minime recessurum, ac quodam Anglico eiusdem ordinis Guilelmo de Okam nuncupato, contra quem delatum super multis erroneis et hereticalibus opinionibus a magistris sacre pagine confutatis, quas dogmatizare dicitur ac scripsisse inchoata,
iam est annus elapsus, inquisitio auctoritate nostra in eadem curia fuerat et pendebat, propterque ne a
dicta curia sine nostra nostra speciali licentia discederet, extiterat arrestatus, recedere non expavit (…).*
Acta Aragonensia, Bd. 3, S. 534–539 (Nr. 251), hier S. 536f.

die Stadt und den Konvent nicht ohne spezielle Erlaubnis des Papstes zu
verlassen. Er scheint sich, soweit wir das erkennen können, zunächst vor allem auf die Verteidigung seiner Lehren in den Sitzungen der päpstlichen
Expertenkommission, vielleicht aber daneben auch auf die Schlußredaktion
gelehrter Schriften, wie zum Beispiel seiner „Quodlibets" oder seiner Lo-
giksumme sowie seiner Quaestionen zur Abendmahlslehre konzentriert zu
haben,[826] um so seine Rückkehr an die Universität Oxford vorzubereiten,
auf die er anscheinend hoffte. Der „Theoretische Armutsstreit" seines Ordens mit Papst Johannes XXII. stellte ihn unverhofft in eine neue Situation.

3. Parteinahme im „Theoretischen Armutstreit"

Dieser sogenannte „Theoretische Armutstreit"[827] hatte damals schon eine
längere mittelbare und unmittelbare Vorgeschichte. Bleiben wir hier bei der
letzteren[828] : 1321 hatte der Konflikt damit eingesetzt, daß der dominikanische Inquisitor in Narbonne Berengar Talloni einen der Ketzerei verdächti-
gen Beguinen verhörte. In die Liste seiner verwerflichen Irrtümer hatte der
Inquisitor auch den Satz aus den Überzeugungen des Beguinen aufnehmen
lassen, daß Christus und seine Apostel in ihrem Erdenleben keinerlei Güter
im Sinne eines Eigentums oder eines Besitzrechtes gehabt hätten, weder als
Einzelpersonen noch als Gruppe. Der *lector* (d.h. der Fachtheologe) des
Franziskanerkonvents in Narbonne, als Sachverständiger mit anderen Theologen der Stadt zum Verfahren hinzugezogen, protestierte sogleich heftig
gegen die vom Inquisitor geplante Verurteilung dieses Satzes. Diese Aussage
sei vielmehr gesunde katholische und rechtgläubige Lehre, auch sei exakt
diese Aussage von Papst Nikolaus III. in seiner Konstitution „*Exiit qui semi-
nat*" (1279) feierlich als Glaubenslehre definiert worden. Als der Inquisitor
den Franziskaner daraufhin auf der Stelle zum öffentlichen Widerruf dieser
Behauptung vor all den anderen Theologen zwingen wollte, weigerte dieser

---

[826] Vgl. dazu im einzelnen etwa MIETHKE, Ockhams Weg, S. 42, 45 (vor allem aber die
Einleitungen der Hgg. der Schriften in Ockhams Opera philosophica et theologica).

[827] Dazu etwa Roberto LAMBERTINI / Andrea TABARRONI, Dopo Francesco, l'Eredità
difficile (Altri saggi, 12) Torino 1988, bes. S. 101–128; TABARRONI, Paupertas Christi et
apostolorum; Ulrich HORST, Evangelische Armut und päpstliches Lehramt; essayartig
MIETHKE, Paradiesischer Zustand – Apostolisches Zeitalter – Franziskanische Armut. Andrea TABARRONI, Povertà e potere nella tradizione francescana, in: Il pensiero politico, a
cura di Dolcini, S. 175–207. Vgl. jetzt auch die Aufsätze in: Roberto LAMBERTINI, La povertà pensata.

[828] Diese wird insbesondere durch die Mitteilungen in der von den Münchener Franziskanern am Kaiserhof 1330 und 1338 zusammengestellten Compilation des sogenannten
„Nicolaus Minorita" aufgehellt, vgl. den Abdruck durch GAL/FLOOD, S. 62f. Dazu vgl.
ebenda, S. 63f. Anm. 6, die (ebenfalls von den Münchener Minoriten stammende) Einleitung zur Aktensammlung von Ms. Vatikan, Vat. lat. 4010, die freilich wesentlich wortkar-
ger bleibt.

sich standhaft und appellierte, um sich vor dem Zugriff des Inquisitors zu schützen, an den Papst. Die Entscheidung war dadurch in das von Narbonne nicht allzu weit entfernte Avignon an die Kurie verlagert.

Hätte sich die Kurie auf die Seite des Franziskaners stellen wollen, so hätte das keines großen Aufwandes bedurft. Schon öfters hatte die Kurie in solchen Streitigkeiten zwischen Dominikanern und Franziskanern vermittelnd eingreifen müssen, und niemals waren die Grundanschauungen der Minderbrüder ernstlich in Zweifel gezogen worden. Eine positive Antwort auf die entscheidende Frage, ob Christus und seine Apostel Eigentum in rechtlichem Sinne besessen hätten, wurde technisch vor allem dadurch erschwert, daß Papst Nikolaus III. wirklich in seiner Bulle geschrieben hatte, daß Christus durch sein Wort gelehrt und durch sein Beispiel bekräftigt habe, daß der Verzicht auf jegliches Eigentum, sowohl für den einzelnen als auch für eine Gruppe, ein Weg zur Vollkommenheit sei. Am Ende seines langen Textes hatte Nikolaus III. strikt eine Glossierung, Kommentierung und öffentliche Erläuterung dieser seiner Entscheidung verboten,[829] um strittigen Debatten, wie sie seit langem in und um den Franziskanerorden geführt worden waren, in dieser Angelegenheit nicht noch zu schüren.

Papst Johannes XXII. war nicht der Auffassung, daß er durch diese Festlegung seines Vorgängers unverrückbar gebunden sei. Am 6. März 1322 stellte er im Konsistorium vor Kardinälen und anderen Kurialen öffentlich die Frage zur Debatte, ob die hartnäckige Behauptung, Jesus Christus und seine Apostel hätten weder als Einzelpersonen, noch als Gruppe auf Erden irgend etwas „gehabt", als Ketzerei zu bewerten sei. Damit wählte Johannes jenes Verfahren, an das er sich auch bei anderen Problemen nachweislich gerne gehalten hat. Er veranstaltete eine „Anhörung", bat die Experten um ihre Expertenmeinungen, um dann auf der Grundlage der vorliegenden mündlichen und schriftlichen Gutachten als Papst und oberster Richter der Kirche eine definitive Entscheidung zu treffen. Am 26. März, drei Wochen nach seiner im Konsistorium gestellten Frage, hat er dann, um den formalen Einwänden seiner franziskanischen Gesprächspartner zu begegnen, zusätzlich das Glossierungsverbot aus der Bulle „Exiit" seines Vorgängers noch ausdrücklich aufgehoben („Quia nonnumquam").[830]

Die Diskussion, die damals heftig begann, sollte sich nicht so rasch beruhigen. In der Vatikanischen Bibliothek liegt noch heute ein dickleibiger Pergamentkodex (Vat. lat. 3740)[831], in den für den Papst die kontroversen Stellungnahmen verschiedener Autoren säuberlich nacheinander eingetragen worden sind. Johannes XXII. hat in dieses Manuskript in seiner feinen nervösen Handschrift mehrfach Randbemerkungen notiert und damit für

---

[829] Text etwa in: Seraphicae legislationis textus originales, Quaracchi 1897, S. 181–227.
[830] Bullarium franciscanum V, S. 224b–225b (Nr. 464).
[831] Literatur zu diesem Codex oben Anm. 441 und 443.

uns erkennbar gemacht, daß er diese Arbeitsunterlage wirklich selber benutzt hat. Neben den Kardinälen und den gelehrten Kurialen beteiligten sich an der Debatte damals auch Ordensleute verschiedenster Richtung, Bischöfe und andere Kleriker, die gerade an der Kurie verfügbar waren, alles Männer mit Universitätsbildung, aber natürlich mit kontroversen Standpunkten. Naturgemäß haben sich besonders lautstark die Franziskaner zu Wort gemeldet, um die Auffassung ihres Ordens klarzustellen.[832]

Auch öffentlich boten sie dem Papste und seiner rasch erkennbaren Neigung, sich gegen die traditionellen Positionen der Minderbrüder festzulegen, in einem aufsehenerregenden Schritt die Stirn. Auf ihrem Generalkapitel in Perugia haben sie zu Pfingsten (am 4. und 6. Juni) 1322 dem Papst und der Christenheit ihre Meinung entgegengehalten, bewehrt mit langen Reihen von Autoritäten und Rechtsquellen, und haben in einem flammenden Manifest erklärt,[833] was vom römischen Stuhl einmal als Wahrheit definiert worden sei, müsse hinfort unverbrüchlich gelten. Es könne auch von einem Papst nicht mehr abgeändert werden.

Diese Erklärungen versandten sie, gestützt auf die leistungsfähige zentrale Ordenskanzlei, in mehr als hundert Exemplaren[834] an verschiedenste Adressaten in Europa, um ihre Position unmißverständlich bekannt zu machen. Von diesen beschwörenden „Offenen Briefen", die in sich bereits eine Distanzierung vom Papst und seinen Absichten bedeuteten und sogar bereits einen Akt des Ungehorsams ankündigen mochten, ließ sich Johannes XXII. aber nicht aufhalten oder auch nur stören. Am 8. Dezember 1322 erklärte er in Avignon kühl durch eine apostolische Konstitution („*Ad conditorem*"),[835] künftig wolle die Römische Kirche das allgemeine Eigentumsrecht, das sie bisher an den Gütern und der Habe des Franziskanerordens wahrgenommen habe, nicht weiter festhalten. Der Orden solle es, ebenso wie die anderen Orden der Kirche, in eigene Hände nehmen. Damit hätte die seit Innozenz IV. eingespielte und für den Orden höchst vorteilhafte Aufteilung von Besitz- und Verfügungsrechten an den Ordensgütern, die alle praktische Verfügung beim Orden belassen, das mit dem Armutsgebot des Ordensgründers verbotene Eigentumsrecht aber der Amtskirche zugewiesen hatte, ein plötzliches Ende genommen.

Schlimmer aber war es noch, daß der Orden danach nicht mehr begründet von sich behaupten konnte, er verwirkliche buchstabengetreu das Ge-

---

[832] Vgl. auch die neuere Darstellung durch Ulrich HORST, Evangelische Armut und päpstliches Lehramt, passim.

[833] Die Texte etwa bei Nicolaus Minorita, edd. GÁL/FLOOD, S. 67–82 [nach Ms. Vat. lat. 4009]. Vgl. dazu eingehend Attilio BARTOLI LANGELI, Il manifesto franciscano di Perugia del 1322, Alle origini di fraticelli „de opinione", in: Picenum Seraphicum 11 (1974) S. 204–261.

[834] Michael BIHL, Formulae et documenta e cancellaria fr. Michaelis de Cesena, OFM, ministri generalis 1316–1328, in: AFH 23 (1930) S. 106–171, hier S. 123.

[835] Bullarium franciscanum V, S. 235b-246b (nota zu Nr. 486); abgedruckt auch bei Nicolaus Minorita, edd. GÁL/FLOOD, S. 83–88. Vgl. auch oben Anm. 151.

lübde der „alleräußersten Armut" (*altissima paupertas*), da er (anders als die anderen Orden der Christenheit) auch als Orden auf jegliches Eigentumsrecht Verzicht leiste und diesen Verzicht auch täglich weiter übe. Der Papst traf die Franziskaner also an einer hochempfindlichen Stelle, an einem Kernpunkt ihres Selbstbewußtseins und ihres Stolzes. Die Franziskaner hatten sich an die Ansicht gewöhnt, auf diese Weise voll in der vom Ordensstifter in der Nachfolge Christi und seiner Apostel vorgelebten und im Ordensgelübde von ihnen allen feierlich versprochenen Armut leben zu können. Es ist wahrlich kein Wunder, daß sie sich zur Wehr setzten.

Ein Sturm der Entrüstung brach aus. Der „Prokurator" des Ordens an der Kurie, Bonagratia von Bergamo, legte sogleich geharnischten Protest ein, so energisch, daß ihn der Papst noch im Konsistorium wegen Unbotmäßigkeit verhaften ließ und für fast ein Jahr in einem entfernten Franziskanerkloster – *in tetro carcere*, wie Bonagratia selbst es nennen wird – gefangen setzte[836]. Immerhin entschloß sich der Papst, seine harte Entscheidung insofern abzumildern, als er Liegenschaften, Kirchengebäude und sonstige Vermögenswerte des Ordens weiterhin im Eigentum der Römischen Kirche zu belassen geruhte. Der Orden sollte jetzt nur noch die Verbrauchsgüter, d. h. vor allem Nahrung und Kleidung der Brüder, in die eigene Verantwortung nehmen, da sich hier, wie der Papst ausführte, das Gebrauchsrecht vom Eigentumsrecht nicht sinnvoll trennen lasse, weil diese Güter zu gebrauchen heiße, sie zu verbrauchen. Diese seine Entscheidung hat der Papst in einer in diesem Sinne umformulierten, aber unter dem urprünglichen Datum durch Anschlag an die Tore des Doms von Avignon publizierten Neufassung seiner Bulle auch sogleich öffentlich verkündet. In die Rechtssammlungen der Kirche ist der Text in dieser zweiten überarbeiteten Fassung eingegangen.[837]

Man hat gemeint, damit sei aus dem großen Aufräumen, aus dem ernsthaften Versuch einer Reform des ideologisch verstellten Selbstverständnisses des Ordens eine kleinliche und halbherzige Maßnahme geworden, die den hohen Anspruch der Franziskaner unangetastet ließ, sie hielten sich unverbrüchlich an ihre Verpflichtung zu äußerster Armut. In Wahrheit aber war damit, daß der Papst an seiner Entscheidung festhielt, dem Orden die juristisch überprüfbaren Besitz- und Eigentumsrechte zumindest an den Verbrauchsgütern (d.h. den Gütern seines täglichen Bedarfs) zuzumuten, doch deutlich gemacht, daß der Papst den Orden für die Zukunft zwingen wollte, unmißverständlich auch die rechtliche Verantwortung für seine Lebensfristung zu übernehmen. Es kam Johannes XXII. anscheinend weniger

---

[836] Bonagratia de Bergamo, Clypeus, ed. Angelo MERCATI, in: AFH 20 (1927) S. 272 und 290: *per annum minus viginti diebus;* „Nikolaus Minorita", edd. GÁL / FLOOD, S. 118: *quasi per annum;* Ockham, Compendium Errorum, c. 4, ed. OFFLER, in: Opera politica, Bd. 4, S. 37, Zl. 18–20: *fere per annum integrum* (vgl. S. 38, Zl. 56!).

[837] Diese Fassung in Bullarium Franciscanum V, S. 233b–246b (Nr. 486); auch: Extravagantes Johannis XXII., ed. TARRANT, S. 228–254 (Nr. 18).

auf eine Reform des Ordenslebens, es kam ihm auf eine Veränderung des
franziskanischen Selbstbewußtseins und Selbstverständnisses an. Die Minderbrüder sollten sich, wie er ausdrücklich schrieb, nicht über die anderen
Orden der Christenheit erheben. Sie sollten wie die anderen Orden mit
Gemeinbesitz leben lernen. Sie sollten, so könnte man sagen, in das allgemeine Kirchenrecht der religiösen Orden eingeebnet werden.

Bei diesem „pädagogischen" Stich ließ es Johannes XXII. aber nicht be-
wenden. Am 12. November 1323, wiederum ein knappes Jahr später, ver-
kündete er schließlich, wiederum in einer allgemein verbindlichen Konstitution („*Cum inter nonnullos*"),[838] wiederum einem „Kirchengesetz" also,
hinfort solle die Behauptung als Ketzerei gelten, Christus und seine Apostel
hätten keinerlei Eigentum auf Erden gehabt. Diese Erklärung zog an sich
nur eine logische Konsequenz aus den zuvor getroffenen Entscheidungen,
bzw. definierte jetzt die Kehrseite ihrer Begründungen als eine katholische
Wahrheit. Wenn es wirklich rechtlich und faktisch unmöglich war, Verbrauchsgüter „gerecht" zu gebrauchen, ohne rechtliches Eigentum an ihnen
zu besitzen, dann konnte auch der Erlöser selbst nicht ohne Eigentumsrechte, wie immer man sie interpretieren mochte, mit solchen Verbrauchsgütern
umgegangen sein. Die Selbstidentifikation der Franziskaner mit der *forma
sancti evangelii*, besonders hinsichtlich ihrer Armutsverpflichtung, mochte
Johannes zusätzlich zu dieser Klarstellung drängen.[839]

Es ist aber nur zu verständlich, daß mit solcher päpstlichen Deklaration
sich der Konflikt keineswegs beilegen ließ, vielmehr setzte sich eine lebhafte
publizistische öffentliche Diskussion fort, ja begann jetzt erst eigentlich. Sie
sollte noch jahrelang andauern, aufrecht erhalten vor allem durch rebellie-
rende Franziskaner, die sich von ihren Vorstellungen nicht trennen wollten.
Aber auch die „Konkurrenten" des Ordens, Dominikaner etwa und Säku-
larpriester, beteiligten sich mit eigenen Schriften an der Debatte. Noch
Jahrzehnte später konnte der Streit um die Armut Christi in neuen Kontex-
ten wieder aufflammen.

Endgültig entschieden wurde die Frage niemals, da die Definitionen von
„*Cum inter nonnullos*" auch später nicht aufgehoben worden sind, freilich
auch die Bulle „*Exiit*" stets in Geltung blieb. Einem heutigen Betrachter
mag der Konflikt leicht als eine ins Absurde gesteigerte Wortklauberei um
exegetische Quisquilien erscheinen, der man nur mäßige Aufmerksamkeit
widmen möchte. Die Heftigkeit jedoch, mit der man kämpfte, die Erbitterung des Tones, auf die wir stoßen, schließlich die Härte der Maßnahmen,
die die Inquisition traf, diese Definitionen im Rücken wissend, all das beweist doch, daß Johannes XXII. mit seiner Frage und seiner Entscheidung
bei den Franziskanern einen schmerzhaften Punkt getroffen hatte.

---

[838] Bullarium franciscanum V, S. 256a–259a (Nr. 518), Extravag. Joh. XXII., ed. TAR-
RANT, S. 255–257 (Nr. 19).
[839] Genauer hierzu MIETHKE, Paradiesischer Zustand.

Hier ging es keineswegs um unverbindliche Begriffsdefinitionen, um ein „Glasperlenspiel" mit leeren Worthülsen. Dieses Mißverständnis könnte die üblich gewordene Bezeichnung des Konflikts als „Theoretischer Armutstreit" nahelegen. Hier stand, insbesondere die Reaktionen aus dem Franziskanerorden bezeugen das, weit mehr auf dem Spiel. Hier ging es um die Identität eines großen und bedeutenden Ordens, des größten Ordens der Christenheit, um seine Lebensform, um sein Selbstverständnis und seine Weltorientierung. Das war nicht mit einem Federstrich, auch nicht mit einem Federstrich des Papstes aus der Welt zu schaffen.

Ein Historiker muß angesichts von Konflikten grundsätzlich hellhörig werden. Im Streit zeigt sich, was den Menschen am Herzen liegt. Das herauszufinden, lohnt gewiß die Mühe genauen Hinsehens und gründlicher Untersuchung. Hier beschränken wir uns gleichwohl auf einige andeutende Hinweise. Der Orden der Minderbrüder, von Franziskus von Assisi in der Nachfolge Christi im Zuge des religiösen Aufbruches des 11. und 12. Jahrhunderts begründet, als so viele neue Orden und neue Formen religiösen Lebens in Europa entstanden sind, die sich eine „vita evangelica" vorgesetzt hatten, der Franziskanerorden war schon zu Lebzeiten des Stifters, erst recht aber in dem knappen Jahrhundert nach dessen Tod (1226) zur größten religiösen Gemeinschaft in der abendländischen Christenheit herangewachsen. Etwa 30 000 Brüdern waren am Ende des 13. Jahrhunderts in rund 1 300 Konventen über ganz Europa verstreut. Franziskaner waren bis an die Grenzen der damals bekannten Welt, bis nach Nordafrika, sogar bis nach China vorgedrungen. Dem Orden war aber bereits von seinem Gründer ein Keim ständiger Unruhe eingepflanzt worden, als Franziskus seine Brüder radikal auf die „Form des heiligen Evangeliums" (*forma sancti evangelii*) als Richtschnur ihres Lebens und auf die „äußerste Armut" (*altissima paupertas*) als Ziel verpflichtet hatte.[840] In seinem „Testament" noch hatte Franziskus das seinen Brüdern noch einmal unmißverständlich eingeschärft, daß seine und ihre Regel nichts anderes wollte und sollte, als die „Form des Evangeliums" für ihr Leben verbindlich machen. Die praktischen Schwierigkeiten sind freilich offenkundig: Wie sollte ein großer Personenverband, eine Großorganisation mit ihrer eigenen Dynamik ohne jeden Abstrich nach den Bestimmungen der Bergpredigt leben können? Wie sollte ein Orden, der ganz Europa, ja die Welt umspannte, in seinem täglichen Leben wirklich wie Lilien auf dem Felde oder die Sperlinge unter dem Himmel leben und dabei dauerhaft überleben können?

---

[840] Vgl. nur das Testamentum, hier benutzt nach: Die Opuscula des Heiligen Franziskus von Assisi, Neue textkritische Edition, ed. Kajetan ESSER, OFM (Spicilegium Bonaventurianum, 13) Grottaferrata 1976, S. 438–444, hier S. 439 (§ II.14–15). [Die erw. und verb. Auflage dieser Ausgabe, besorgt von E. GRAU, Grottaferrata 1989, war mir nicht zur Hand].

Diese Frage wirkte als ständiger Stachel im Ordensleben, da die Diskrepanz zwischen der Verpflichtung durch den Stifter und jener „unvermeidlichen" Alltagspraxis des Umgangs mit diesen Geboten an ganz alltäglichen Entscheidungen jederzeit deutlich und damit strittig werden konnte. Es ist kein Wunder, daß sich im Orden Gruppen bildeten, Strömungen, die in solchen Fragen eine relativ einheitliche Richtung verfolgten, Flügel und Fraktionen, die sich jeweils intern in dieser Grundfrage des Ordenslebens gemeinsamen Maximen verpflichtet wußten und sich gegen andere Strömungen nach außen gegeneinander markant absetzten.

Hier kann die Geschichte des Franziskanerordens im ersten Jahrhundert seines Bestehens nicht im einzelnen auf diese Strömungen hin durchmustert werden. Ein Streit um den Umgang mit der Armutforderung des Ordensstifters zieht sich in nur leicht variierenden Formen durch die gesamte Zeit. Bei den Minderbrüdern ist es jedenfalls nicht allein der in jedem Verband, der sich auf eine Stiftergestalt und eine schriftliche Regel beruft, naheliegende Streit zwischen Rigorosen und Laxen, der den Orden bis zum Zerreißen beschäftigte. Es ist diese schwierige Vermittlung zwischen radikaler Nachfolge Christi und den Erfordernissen des Alltagslebens in einer großen Organisation, die die ohnedies bis zur Erbitterung geführte Debatte so häufig nahezu ausweglos machte. Am Beginn des 16. Jahrhunderts sollte schließlich der Orden die Einheit seiner Organisation nunmehr endgültig verlieren, die bis dahin das unterschiedliche Regelverständnis und die verschiedene Praxis unter dem freilich zuletzt nur noch notdürftig aufrechterhaltenen Dach einer gemeinsamen Verbandsstruktur eher formal überdeckt hatte. Er wurde jetzt in drei verschiedene Ordensgemeinschaften aufspalten, die heute noch nebeneinander existieren. Bis dahin hatte nicht zuletzt der glühende Appell des Stifters zur Ordenseinheit den Orden immer wieder zu Kompromissen – und seien es auch Formelkompromisse – finden lassen.

Auch die Bulle „*Exiit*", erlassen nach intensiven Vorarbeiten einer Expertenkommission im Jahre 1279 durch Papst Nikolaus III., der schon vor seinem Pontifikat als Kardinalprotektor des Franziskanerordens eng mit den Minoriten verbunden gewesen war,[841] war die Besiegelung eines solchen Kompromisses gewesen. Hier war versucht worden, die Ansichten und Einsichten des Ordensgenerals und großen Theologen Bonaventura von Bagnoreggio († 1274) für Orden und Kirche verbindlich zu machen.[842] Diese Erklärung aber hat im Orden eine spätere erneute Entzweiung zwischen den „Spiritualen" und den Anhängern der „Kommunität", die noch im 13. Jahrhundert einsetzte, keineswegs ausgeschlossen. Noch auf dem allgemeinen Konzil von Vienne (1311/12) sollte Papst Clemens V. den Versuch machen, in Erneuerung und Präzisierung des Kompromisses von „*Exiit*",

---

841 Zusammenfassend Burkhard ROBERG, in: LexMA 6 (1993) Sp. 1166f.

842 Dazu ausführlich etwa Roberto LAMBERTINI, Apologia e crescita dell'identità francescana (1255–1379), (Nuovi studi storici, 4) Rom 1990, bes. S. 171–181.

mit seinem Dekret „*Exivi de paradiso*" (das nicht zufällig diese ähnlich lau-
tenden Anfangsworte erhalten hatte) heftige Auseinandersetzungen im Orden zu beenden.[843] Auch diesem Friedensversuch freilich war kein dauerhafter Erfolg beschieden.

Die Franziskaner hatten sich sehr früh in ihrer Odensgeschichte daran
gewöhnt, beim Heiligen Stuhl und bei der Kurie Unterstützung und Rückhalt zu finden. Seit sich Franziskus (1209) zusammen mit seinen zwölf Ge-
fährten aus Assisi nach Rom auf den Weg gemacht hatte, um sich sein *propositum* für das gemeinsame Leben der kleinen Gruppe bestätigen zu lassen,
hatte der Orden immer wieder an der gleichen Stelle richtungweisende
Antwort gesucht und erhalten. Die mündliche Erlaubnis, die Papst Innozenz III. der kleinen Schar gegeben hatte, hat es Franziskus erspart, sich nach
dem IV. Laterankonzil einer der „approbierten Ordensregeln" anschließen
zu müssen. Franziskus hatte sich bei diesem Besuch an der Kurie in argloser
Kirchenfrömmigkeit dem Papst gegenüber zu striktem Gehorsam verpflichtet, und die Brüder waren vom Papst zu striktem Gehorsam gegenüber ihrem Ordensoberen verpflichtet worden. Damit war die Straße zu einer Institutionalisierung des Charisma, zu einer „Verkirchlichung" des Ordens beschritten,[844] als deren konsequente Fortsetzung man die Ziele Papst
Johannes' XXII. verstehen kann.

Der Orden hatte schon seit seinen ersten Anfängen fast ohne Unterbre-
chung einen Kardinal an der Kurie als Ansprechpartner und „Protektor"
gehabt, der die Interessen des Verbandes sorgfältig zu wahren wußte. Schon
die von Papst Honorius III. förmlich bestätigte Ordensregel, die „Regula
bullata" (von 1223) war zwar ursprünglich von Franziskus entworfen, von
dem Kardinalprotektor Hugolin von Ostia aber gründlich überarbeitet
worden.[845] Papst geworden, hatte dann derselbe Hugolin als Gregor IX. für
den Orden die rechtliche Bedeutung des „Testaments" des Franziskus auto-
ritativ geklärt[846] (indem er das Testament gegenüber den Bestimmungen
der approbierten Regel deutlich in die zweite Reihe verwies). Franziskaner
wurden von der Kurie bald auch vielfach und in wachsendem Umfang zu
Sonderaufgaben und für hohe Ämter in der kirchlichen Hierarchie herangezogen.

Dieser Verbindung zum Papst und zur Kurie verdankte der Orden vieles,
Förderung, Stützung, Hilfe und Schutz bei seiner Ausbreitung und bei sei-

---

[843] Dazu vor allem Ewald MÜLLER, Konzil von Vienne, S. 236–386.

[844] Vgl. Lawrence C. LANDINI, The Causes of the Clericalization of the Order of Fri-
ars Minor, 1209–1260, in the Light of Early Franciscan Sources (Pontificia universitas
Gregoriana, Dissertatio ad Lauream in Facultate Historiae ecclesiasticae) Chicago 1968.

[845] Etwa Kurt-Victor SELGE, Franz von Assisi und die römische Kurie, in: Zeitschrift
für Theologie und Kirche 67 (1970) S. 129–161; vgl. auch Edith PÁSZTOR, San Francesco
e il cardinale Ugolino nella „questione francescana", in: Collectanea Franciscana 46
(1976) S. 209–239.

[846] Die Bulle „Quo elongati" Papst Gregors IX., in: AFH 54 (1961) S. 3–25, jetzt in
GRUNDMANN, Ausgewählte Aufsätze, Bd. 1, S. 222–242.

ner nicht überall in Europa konfliktfreien Etablierung. Gehorsam gegenüber dem Papst hatte der Orden eingeübt, Gehorsam gegenüber dem Papst war ihm sozusagen in Fleisch und Blut übergegangen. Jetzt am Beginn des 14. Jahrhunderts, im aufbrechenden Dissens mit Papst Johannes XXII., mußten Konflikt und Widerspruch um so heftiger schmerzen. Ein niemals formell geschlossenes, aber immer wieder durch beiderseitiges Verhalten bewährtes „Bündnis" zwischen dem apostolischen Stuhl und den Franziskanern, das in die allgemeine Kooperation zwischen Kurie und Bettelorden eingebettet war,[847] hatte für beide Seiten Gewinn gebracht. Auch die Amtskirche hatte Gewinn gehabt. Die Bettelmönche, und unter ihnen besonders ihr größter Verband, die Franziskaner, hatten in den neu sich bildenden Agglomerationen der Städte überall in Europa die Aufgaben von Predigt und Seelsorge dort übernommen, wo die traditionelle Kirchenorganisation, insbesondere die Parochialkirchenordnung lückenhaft oder unzulänglich war. Schließlich war der Auftrag der Missionierung der nichtchristlichen Welt im 13. Jahrhundert vor allen den Mendikanten zugefallen. Auch hier haben die Franziskaner eine weithin sichtbare und erfolgreiche Wirksamkeit entfaltet.

Die neuen Orden hatten sich für alle diese Aufgaben früh schon der neuen Formen des Lernens und des Wissens bemächtigt, die die sich bildenden Universitäten Europas im 13. Jahrhundert entwickelten. Ihre Ordensstudienhäuser existierten neben und bald auch an den Universitäten, die sich in einem dichter werdenden Netz über Europas Länder zogen. Die großen Theologen der Hoch- und auch noch der Spätscholastik waren zu einem erheblichen (wenn auch prozentual im Laufe der Zeit abnehmenden) Teil Bettelmönche. Schließlich hatten die Mendikanten, wie die anderen Orden der Kirche auch, aber ihrer eigenen Zahl entsprechend in quantitativ auffälligem Maße schon im 13. Jahrhundert, in Idealkonkurrenz zu ihrem Betteldasein, der Amtskirche Amtsträger gestellt: Bischöfe, Kardinäle, Päpste, auch Inquisitoren, wobei keineswegs nur die Dominikaner diesen neuen Weg der entschiedenen päpstlich zentrierten Ketzerbekämpfung suchten und nutzten, sondern auch die Jünger des Franziskus sich an der Ausrottung ketzerischer Abweichung mit Feuer und Schwert eifrig beteiligten.[848]

Der Franziskanerorden war also in der Tat eine wichtige Stütze der Institution Kirche geworden: lokal nicht allzu fest eingebunden, beweglich, diszipliniert, einsatzfreudig und einsatzfähig, scholastisch geschult und predigterfahren, in enger Fühlung mit sehr verschiedenen Schichten der in Bewegung geratenen Bevölkerung, ein hochwillkommenes, auch publizistisch

---

[847] Yves Marie Joseph CONGAR, Aspects ecclésiologiques de la querelle entre mendiants et séculiers dans la seconde moitié du XIIIe siècle et le debut du XIVe siècle, in: AHDL t. 28, a. 36 (1961) S. 35–159; MIETHKE, Die Rolle der Bettelorden im Umbruch der politischen Theorie.

[848] Dazu insbesondere Mariano D'ALATRI, Eretici e inquisitori in Italia, Studi e documenti, Bd. 1 (Bibliotheca seraphico-capuccina, 31) Rom 1986.

nutzbares Instrument, das wirksam einzusetzen war, am wirksamsten, wo Gleichklang zwischen Kurie und Orden herrschte. Der Streit um die franziskanische Armutsauffassung, der nun Papst und Orden entzweite, drohte dies alles in Frage zu stellen. Das erklärt die Heftigkeit des Konflikts, erklärt auch die weitreichenden Konsequenzen.

Wie er später selber in seiner Lebensrechenschaft für das Generalkapitel seines Ordens berichtet, das sich Pfingsten 1334 in Assisi versammeln sollte, will der Franziskaner Wilhelm von Ockham von der erbitterten Auseinandersetzung um die franziskanische Armut, die an der Kurie kurze Zeit vor seiner eigenen Ankunft in Avignon im Sommer 1324 gewiß hohe Wellen geschlagen hatte, während der ganzen Zeit seines eigenen Prozesses an der Kurie – während dessen er anscheinend im Franziskanerkonvent lebte, also mitten im „Hauptquartier" des Ordens am päpstlichen Hofe – zunächst nichts wahrgenommen haben. Erst nach Eintreffen seines Ordensgenerals Michael von Cesena in Avignon (am 1. Dezember 1327), so sagt er, habe er sich auf dessen Geheiß mit den päpstlichen Verlautbarungen beschäftigt.[849] Was immer wir von dieser Aussage halten wollen, sie datiert jedenfalls sein für heutige Historiker sichtbares Engagement anscheinend zutreffend.

Ockham berichtet, daß es ihm nun wie Schuppen von den Augen fiel. Er glaubte zu erkennen, daß auf dem Stuhle Petri ein Ketzer saß, eine Erfahrung, die er selbst als „monströs", als ungeheuerlich empfand.[850] Der Papst selbst ein Ketzer! Davon hatten einige Universitätsgelehrte bisweilen als von einer nicht gänzlich auszuschließenden Möglichkeit geschrieben und gesprochen,[851] ohne freilich genauere Szenarien von solch katastrophalem Geschehen zu entwerfen. Jetzt sah sich Ockham mit der, wie er glaubte, realen Erfahrung eines Ketzerpapstes konfrontiert und fühlte sich zu einem Kampf aufgerufen, der ihn ganz anders engagierte als ein Streit der Argumente im Hörsaal. Ockham mußte, das war ihm offenbar schlagartig klar geworden, sein Leben ändern. Hinfort war er sich seiner prophetischen Sendung für die Kirche seiner Zeit bewußt. Er mußte es seinen Zeitgenossen, er mußte es der Kirche, er mußte es der Welt klar machen, was es bedeutete, daß der Papst selbst Irrlehren verbreitete. Er mußte zum Widerstand aufrufen, zum Kampf gegen die apokalyptische Bedrohung des Seelenheils, die sich vor seinen Augen entwickelt hatte.

---

[849] Das erklärt er in seinem „offenen Brief" an das Generalkpitel seines Ordens 1331: Epistola ad Fratres Minores, ed. Offler in: Opera politica, Bd. 3, S. 6.

[850] Epistola ad Fratres Minores, Opera politica, Bd. 3, S. 17.

[851] Zur vieldiskutierten kanonistischen Debatte vgl. exemplarisch Brian Tierney, Foundations of the Conciliar Theory, The Contribution of the Medieval Canonists from Gratian to the Great Schism [Cambridge ¹1955], Enlarged New Edition (Studies in the History of Christian Thought, 81) Leiden-New York-Köln 1998, passim.

4. Ockhams Politische Theorie

Es kennzeichnet den theoriegeschichtlichen Rang von Ockhams Publizistik, daß er nicht bei schrillen Warnungen vor dem Ketzerpapst, nicht bei unermüdlichen Belegen und Nachweisen für die Tatsache der ketzerischen Irrlehren des Papstes in Fragen der franziskanischen Armut stehen blieb, so ausführlich die listenförmigen Aufzählungen dieser Irrtümer auch in seinen Schriften bis zuletzt noch geraten konnten.[852] Ockham wollte sich selbst und seinen Zeitgenossen auch Erklärungen dafür geben, wie es zu dieser gefährlichen Verkehrung der Ordnung kommen konnte und was – jetzt und künftig – gegen diese Katastrophe unternommen werden könne und müsse, und wie jeder einzelne dieser seiner Verpflichtung allein gerecht werden konnte und mußte.

Nach seiner Flucht aus Avignon blieb Ockham im kaiserlichen Schutz bis zu seinem Tod.[853] Nach der Rückkehr des Kaisers nach Deutschland 1330 hat auch Ockham offenbar überwiegend in München gelebt, im dortigen Franziskanerkloster. Am Hof des Kaisers in München hat er im kaiserlichen Rat mitgewirkt und als einer der in einem festen (durch ein Privileg[854] bestätigten) Schutzverhältnis zum Herrscher stehenden Berater versucht, die kaiserliche Politik mitzubestimmen. Auch in München aber wurde Ockham gewiß nicht zum politischen Praktiker. Das eigentliche Medium seiner Wirkung blieben Texte. Die Schriften, die er unermüdlich verfaßte, gewannen eine Bedeutung, die der seiner akademischen Werke vergleichbar ist, welche an den spätmittelalterlichen Universitäten Europas eine weitgreifende Wirkung entfalteten. Die politischen Schriften Ockhams übten ihre Wirkung freilich nicht primär an den Universitäten, wo der Unterricht keinen Raum für eine unmittelbare Erörterung politischer Probleme ließ. Sie wurden gelesen, abgeschrieben und wirkten innerhalb des Kreises jener gelehrten Kleriker und Universitätsbesucher, die an den Universitäten ihre Karriere durch ein Studium vorbereitet hatten und die nun an den Fürstenhöfen und Prälatenkurien als Berater, Bedienstete und Amtsträger tätig waren.[855]

---

[852] Man vergleiche nur die langen Irrtumslisten in der soeben erwähnten „Epistola ad Fratres Minores", im „Compendium Errorum", in den „Octo Quaestiones", „De imperatorum et pontificum potestate", um vom „Opus nonaginta dierum", dem „Tractatus contra Johannem" und dem später als II Dialogus gedruckten „De dogmatibus Johannis XXII." ganz zu schweigen, die jeweils den gesamten Traktat der Widerlegung von Irrtumsreihen widmen.

[853] Zur Datierung (wahrscheinlich auf den 9. Mai 1348) Jürgen MIETHKE, Zu Wilhelm Ockhams Tod, in: AFH 61 (1968) S. 79–98. Ein anderes Datum (1347) hält für wahrscheinlicher Gedeon GÁL, William of Ockham Died Impenitent in April 1347, in: Franciscan Studies 42 (1982) S. 90–95.

[854] Vgl. oben Anm. 796.

[855] Nachweise im einzelnen bei MIETHKE, Marsilius und Ockham, passim.

Überall im spätmittelalterlichen Europa boten sich dieser Gruppe gewaltige Karrierechancen, die regional und vor allem individuell in sehr unterschiedlichem Maße, aber doch allgemein in ganz Europa genutzt worden sind. Diese gelehrten Räte, diese gebildeten Kleriker im Bannkreis der Politik waren das von Ockham angesprochene Publikum, das gerüstet war, seine Argumente auch zu verstehen und entsprechende Schlüsse daraus zu ziehen. Dieses Publikum macht uns Absicht und Wirkung der politischen Theorie Ockhams verständlich.

Ockham betrat die Bühne der politischen Theorie als Polemiker und Pamphletist, nicht als Theoretiker auf der Kanzel eines Universitätshörsaals. Als politischer Theoretiker kam Ockham also gleichsam in Verkleidung. Er begann seine Reflexionen, anders als andere mittelalterliche Autoren politischer Theorie, weder im Vollzug einer auf Vollständigkeit zielenden kommentierenden Anstrengung am *Corpus Aristotelicum*, wo dann eben auch die „*Politik*" zu kommentieren war, noch begann er damit, die Wirklichkeit seiner Zeit mit einem rationalen oder utopischen Idealentwurf zu vergleichen, um sie diesem Ziel ähnlicher zu machen. Ockham gelangte zur politischen Theorie als Verteidiger einer vom Papste angezweifelten, angegriffenen, ja verbotenen Lebenspraxis eines Ordens, indem er „theoretisch" diese auch für ihn verbindlich gewordene Lebenspraxis in ihrer Möglichkeit begründen, in ihrer Wünschbarkeit rechtfertigen, in ihrer Vorbildlichkeit erstrahlen lassen wollte. Ockham machte sich, von seinem Ordensoberen dazu ermuntert, aber gewiß auch aus eigenstem Antrieb zum Apologeten der franziskanischen Armutstheorie.

Freilich verteidigte er keineswegs jenen Flügel des Ordens, der die absolute Armut als Praxis für den gesamten Orden und alle Franziskaner oder gar für die ganze Kirche ohne Unterschied verbindlich machen wollte, er gehörte nicht zu den sogenannten „Fraticelli", oder auch nur zu den „Spiritualen"[856], die seit dem 13. Jahrhundert im Orden für stetige Unruhe gesorgt hatten. Ockham verteidigte gewissermaßen die Mittel- und Normalposition des franziskanischen „Ministerflügels". Es ging ihm keineswegs um Extrempositionen und radikale Ausgrenzung aus der Normalität. Was er aber in seiner Laufbahn an der Universität methodisch gelernt hatte, bewahrte und bewährte er auch in seinen politischen Schriften. Doch weitete sich im Laufe der Jahre das Feld seiner Überlegungen. Zusätzlich zu den Fragen des Armutstreites fanden zunehmend andere Themen seine Beachtung, insbesondere solche, die das Verhältnis der Kirche und ihrer Amtsträger zur weltlichen Herrschaftsordnung in den europäischen Königreichen betrafen. Die Positionen, die der in Oxford gebildete Franziskaner bei seinem Nachdenken darüber erreichte, sollten noch bis in die frühe Neuzeit

---

[856] Seine Distanz zur Apokalyptik und zur Mystik der Franziskanerspiritualen wird auch im „Dialogus" immer wieder deutlich, vgl. z.B. III Dialogus I.iii, c. 16 (fol. 212rb sqq.).

Anregung und Orientierung geben. Sie sind bis heute immer wieder mit
gutem Grund als frühe Schritte auf die politischen Theorien der Moderne
hin verstanden worden.

Häresieverfahren und Armutstreit hatten Ockhams Lebensplan umge-
worfen. Am kaiserlichen Hof beteiligte er sich zunächst an gemeinsamen
Appellationen, Memoranden, Werbeschreiben seiner Gruppe. Diese Memoranden, Traktate, Flugblätter, Sendschreiben sind auch durchaus verbreitet und weit gestreut versandt wurden. Nachdem ein Magister (mit Namen
Gerhard Rostagni) solche Sendschreiben in Paris an den Türen der Kirche
Notre Dame angebracht hatte, offenbar um sie der ganzen Universität bekannt zu machen, wurden diese Schriftstücke am 11. Juni 1329 auf dem großen Platz vor der Kirche in Anwesenheit des Bischofs und des Kanzlers demonstrativ öffentlich verbrannt.[857]

Ockhams persönlicher Anteil an all diesen Schriften ist jedoch nur
schwer oder gar nicht exakt zu bestimmen. Erst 1332 schrieb er eine erste
eigene persönlich verantwortete Streitschrift, das „Opus Nonaginta Dierum", eine polemische Erörterung und Widerlegung einer päpstlichen Bulle, die ihrerseits ausführlich gegen eine gemeisame Appellation der Franzis-
kaner-Gruppe um Michael von Cesena gegen die päpstliche Politik Stellung nehmen sollte („Quia vir reprobus"[858]). Zunehmend hat Ockham
dann weiterhin Schrift um Schrift in seinem eigenen Namen vorgelegt, hat,
wie er in dem Brief an das Ordenskapitel schreibt, das der vom Papst eingesetzte Ordensgeneral Geraldus Odonis nach Paris einberufen hatte, sich anscheinend auch unter einem gewaltigen Publikationsdruck gesehen und gab
rastlos Text um Text heraus, wenn er sich sicherlich auch in Zukunft noch
an den teilweise sehr umfänglichen gemeinsamen Schriftsätzen der Gruppe
beteiligt hat. Ockhams eigene Texte, die ihm mit Sicherheit zugeschrieben
werden können, sind sehr oft fragmentarisch geblieben, unvollendet abgebrochen worden, zumindest unvollständig überliefert. Soweit wir das wissen,
sind sie auch nicht immer weit verbreitet worden.[859] In seinen Haupttexten
(wie dem „Dialogus" oder den „Octo Quaestiones") jedoch übte er bereits

---

[857] CUP II, S. 326f. und 330 (Nr. 891 und 895); Fortsetzung aus St. Denis zur *Chronica*
des Wilhelm von Nangis, éd. H. GÉRAUD, Bd. 2, Paris 1843, S. 109. Dazu bereits BAUDRY,
Vie, S. 117.

[858] Bullarium franciscanum V, S. 408a–449b (Nr. 820); auch (in jeweils von Ockham
polemisch behandelten Stücken) in Ockhams „Opus nonaginta dierum" eingerückt, vgl.
Opera politica, Bd. 1–2.

[859] Das „Breviloquium" sowie die beiden Schriften „Contra Johannem" und „Contra
Benedictum" sind jeweils in einem einzigen Ms. überliefert, das Memorandum „An
princeps Angliae" und „De imperatorum et pontificum potestate" in jeweils 2 Mss. Keine
einzige persönliche Streitschrift erreicht die Dimension der Verbreitung der verschiedenen Teile des „Dialogus" (hier zählt freilich auch III Dialogus I nur drei – von einander
nicht unabhängige – Hss.!) oder der „Octo Quaestiones". Das „Opus nonaginta dierum"
ist allerdings auch nur in 2 Mss. (davon eines unvollständig) und einem Incunabeldruck
überliefert.

auf die Zeitgenossen und Nachwelt eine kaum zu überschätzende Wirkung.[860]

Ockham hat sich keineswegs gescheut, seine Meinung eindeutig und klar kundzutun, er hat eine ganze Reihe polemischer Pamphlete geschrieben, die eindeutig Stellung beziehen und einem Publikum seine Position unmißverständlich nahebringen. Aber gerade in seinen „großen" Traktaten wählte er eine Methode, ein Vorgehen von „wissenschaftlichem" Charakter. Andeutungsweise bereits im „Opus Nonaginta Dierum", erst recht aber in den „Octo Quaestiones", und geradezu idealtypisch in seiner Hauptschrift, dem „Dialogus" stellt er scheinbar unparteilich die verschiedenen, ja die gegensätzlichsten Argumentationen nebeneinander und wägt sie eingehend ab, ohne sofort eine erkennbare Wertung vorzunehmen.[861]

Ockham hat ein umfangreiches Oeuvre politischer Schriften unterschiedlicher Länge und Intensität hinterlassen. In der kritischen Ausgabe seiner „Opera politica" liegen nun 4 Bände vor. Der „Dialogus", der auch jetzt noch fehlt, wird mindestens noch einmal 4 Bände umfassen. Ockham selbst hat in seinem „Dialogus" stets seine wichtigste Schrift gesehen hat, seine entscheidende Äußerung, sein Hauptwerk und sein letztes Wort. Ockham wollte seinen Lesern am liebsten immer seine volle Beweisführung zumuten, nur ungern gab er eine „gekürzte" Fassung seiner Argumentation preis. „Wenngleich ich weiß: verkürzte Aussagen über die Wahrheit mögen bisweilen, wenn die Untersuchungen nur bruchstückhaft durchgeführt sind und besonders dann, wenn die Probleme nicht ausführlich erörtert werden, sie erscheinen, als wären sie nur mit dunklen und unwirksamen Argumenten gestützt und stünden gar ungeschützt spitzfindigen Scheineinwänden offen. Sie tragen deshalb manchmal geradezu das Gesicht der Falschheit an sich, so daß sie Menschen, die der Wahrheit widerstreben, keineswegs überwinden können, besonders wenn diese sich von ihren Affekten leiten lassen oder sich an falsche Lehren und Irrtümer gewöhnt haben. Solche Texte werden dann von denen, die weniger fest begründet zu urteilen wissen, als lächerlich eingeschätzt, ja liefern bisweilen einfältigen Lesern Anlaß zum Irrtum; während sie in Wahrheit insgeheim den Verschluß öffnen, wirft man ihnen vor, daß sie den Knoten allererst schürzten. Trotzdem möchte ich, weil 'Menschen von heute sich an der Kürze freuen' und über ausführliche

---

[860] Dazu besonders Hilary Seton OFFLER, The „Influence" of Ockham's Political Thinking: The First Century; MIETHKE, Zur Bedeutung von Ockhams politischer Philosophie für Zeitgenossen und Nachwelt, beides in: Die Gegenwart Ockhams, S. 338–365 bzw. 305–324 [OFFLERs Aufsatz jetzt in: Church and Crown, Nr. x].

[861] Zur Methode des „Dialogus" gibt es keine überzeugende Untersuchung, die sich jedoch lohnen dürfte. Die Bemerkungen von Johannes HALLER, Papsttum und Kirchenreform, S. 77 mit Anm. 2, zu Ockhams Vorgehen in den „Octo quaestiones" bleiben zu schematisch und sind so nicht zutreffend. Neuerdings legte eine Teilanalyse vor (die bereits 1966 niedergeschrieben wurde und sich selbst „fragmentarisch" nennt) George KNYSH, Fragments of Ockhams Hermeneutics, Winnipeg 1997.

Werke vor Langeweile stöhnen, in einer Kurzfassung auszuführen versuchen, daß…" So beginnt Ockham eine persönliche Streitschrift, ein Memorandum für den englischen Hof mit den Anfangsworten: „An princeps
Angliae".[862]

In der Tat haben seine Zeitgenossen die ausführlichen, die „wissenschaftlichen" Schriften weit stärker gelesen und abgeschrieben als seine
Streitschriften. Der „Dialogus" ist Fragment geblieben, aber das hat seine
Wirkung nicht unbedingt beeinträchtigt. In der Rezeptionsgeschichte des
Textes hat der erste Traktat der „Tertia pars", der das auch sonst von Zeitgenossen mehrfach erörterte Thema „De potestate Papae" behandelt, nicht
entfernt soviel Aufmerksamkeit gefunden, wie der zweite (nicht fertig gewordene) Traktat, der diese den Zeitgenossen vertraute Problematik mit
ähnlichen Methoden und Fragen auch für den „Kaiser" und das römische
„imperium" durchdenkt. Während für den ersten Traktat nur drei Handschriften erhalten blieben, sind für das Fragment des zweiten siebzehn Manuskripte auf uns gekommen. Der erste Teil der großen Schrift dagegen ist
heute noch in 33 Textzeugen bekannt, die „Octo Quaestiones" in fünfzehn
Handschriften.[863] Keine andere Schrift Ockhams kann mit diesen Zahlen
konkurrieren.

Der „Dialogus" ist in einem langwierigen Prozeß über die Zeitspanne
von anderthalb Jahrzehnten entstanden und, soweit wir wissen, niemals
vollendet worden. Die weitläufige „Prima pars" ist offenbar noch zu Lebzeiten des Papstes Johannes XXII. († 4. Dezember 1334) vollendet worden,[864] jedenfalls ist dieser „Ketzerpapst" im Ersten Teil der großen Schrift
nirgendwo als verstorben genannt oder vorausgesetzt. Der Text ist noch
ganz aus dem unmittelbaren Impetus der polemischen Situation entstanden,
in die Ockham sich gestellt wußte. Er will, vielleicht auch im Hinblick auf
Münchener Konzilspläne, die damals zusammen mit einer Gruppe der Kardinäle erwogen wurden,[865] eine Analyse der entstandenen Lage liefern, den

---

[862] An princeps Angliae, Prologus, Opera politica, Bd. 1², S. 228: *Quamvis abbreviata de
quaestionibus truncatis et praecipue minus exquisite discussis eloquia veritatis interdum obscuris val-
lata invalidis<que> et quandoque indefensa sophisticis impugnationibus videantur et ideo nonnun-
quam faciem retinent falsitatis, ita ut resistentes veritati nequaquam perhibeant – et potissime affecta-
tos vel qui falsis doctrinis et erroribus fuerunt assueti – sed aliquando risu digna a minus profunde
intuentibus iudicentur, quinimmo interdum simplicibus occasionem errandi ministrant, et dum ansam
occulte solvunt, nodum manifeste ligare putentur: tamen quia „gaudent brevitate moderni" super
prolixis operibus nauseantes abbreviatum faciendo sermonem conabor ostendere quod …* Das Zitat
bezieht sich auf die Glossa ordinaria des Accursius zu Dig. 4.2.1. Es wurde zu Ockhams
Zeit mehrfach verwendet, vgl. z.B. Rudolf Losse, Sermo (1344), in: Nova Alamanniae,
Bd. 2.II, S. 896 (Nr. 1557), (wo Losse außerdem D.12 c.12 und De cons. D.5 c. 24 alle-
giert).
[863] Vgl. im Anhang.
[864] Im einzelnen MIETHKE, Ockhams Weg, S. 84–87.
[865] Dazu außer BAUDRY, Vie, S. 140; Georges de LAGARDE, La naissance de l'ésprit
laïque au déclin du moyen-âge, Édition réfondue, Bd. 5, Paris-Brüssel 1956, S. 53–55;
BECKER, Appellation, S. 96–98.

Zeitgenossen die Bedeutung des Begriffs der Ketzerei (Buch I–III) verdeutlichen, um dann zu untersuchen, was sich aus dieser Gefahr der Ketzerei für Konsequenzen für das Handeln ergeben (Buch IV–VII).

Die Absicht der „Prima pars" ist denn auch vorwiegend im weitesten Sinne ekklesiologisch, zielt auf die Kirche, die freilich umfassend als die soziale Welt der Christenheit verstanden ist. Ockham will erklären, wie geschehen konnte, was er sich ereignen sah, will die historische Möglichkeit eines Ketzerpapstes erweisen und damit die Realität der Bedrohung der Christenheit aller Welt vor Augen führen. Der Kampf gegen ihn soll jedermann als absolut notwendig, als unmittelbare Pflicht bewußt gemacht werden. Diesem Ziel dienen letztlich auch die in breiter Front angeführten Reflexionen zu allgemeineren Fragen, zu Kirchenstruktur und kirchlichem Amt, zur Wahrheit des Glaubens und zu Christi Verheißungen für seine Kirche. Methodisches Fundament und Hauptreservoir der Beispiele und Autoritäten, die Ockham in unermüdlicher Kasuistik dem Leser vor Augen rückt, sind die Bibel und die Quellen des Kanonischen Rechts, das Decretum Gratiani und die Dekretalen.[866] Ockham zieht sie in breitem Umfang (meist erschlossen von ihrer Glossa ordinaria) heran, bisweilen auf der Basis des großen Materialfundus, den die Gruppe der Franziskaner um Michael von Cesena gemeinsam zusammengetragen hatte.[867] Er hat gewiß auch andere Texte benutzt oder sich ihrer Lektüre erinnert, so Tolomeos von Lucca „Determinacio compendiosa" oder die „Summa de ecclesiastica potestate" des Augustinus von Ancona.[868]

Ockham ist im Fortgang der Zeit bei seinem ursprünglichen Plan für seinen „*Dialogus*" nicht stehengeblieben. Nach dem Tode Papst Johannes' XXII. hat er das Projekt freilich zuerst einmal, wie es scheint, liegen gelassen oder liegen lassen müssen. Nach einer kurzen Pause des Schweigens, die vielleicht der kaiserliche Hof in einer Phase der Neuorientierung und der Vermittlungsversuche den Franziskanern zunächst im Jahre 1335/36 auferlegt hatte[869], haben vielfältige Anforderungen der Tagespolitik Ockham offenbar eine rege Produktion verschiedener Streitschriften abverlangt, die die weitere Arbeit am „Dialogus" in den Hintergrund drängte. Ein kleiner Text, der versprengte Prolog (zu einem nicht näher bestimmbaren Teil seiner

---

[866] Bekannt ist die Klage Ockhams über den Büchermangel in München, der ihn daran hindere, ein wissenschaftlichen Ansprüchen besser genügendes Werk zu schreiben, in: III Dialogus II.Prologus, fol. 230ra.

[867] Das wohl dem Bonagratia zuzuschreibende Pamphlet „Quoniam omnis humana sententia", das jetzt gedruckt zu finden ist in: Nicolaus Minorita, edd. Gál/Flood, S. 938–960, benutzt Ockham nicht nur in den Rahmenkapiteln des Opus nonaginta dierum, c. 1 und 124, (Opera politica, Bd. 1², S. 294, Bd. 2, S. 854–857), und in I Dialogus V, cc. 5, 7; I Dialogus VI, c. 99 (fol. 36va-37ra; 37vb-38ra; 106va-107ra). Vgl. dazu bereits Miethke, Ockhams Weg, S. 80f.

[868] Vgl. oben Anm. 262 (Tolomeo) und 513 (Augustinus von Ancona).

[869] Vgl. zum „Schreibeverbot" 1331 und 1336/37 oben Anm. 812.

Hauptschrift)[870] enthält ebenso wie die fest mit den beiden Traktaten der „Tertia pars" verbundenen Prologe die ausdrückliche Erklärung, daß der alte Plan nun immer noch eine Fortsetzung erfahren solle,[871] setzt also einen gewissen Abstand von der „Prima pars" voraus.

Diese erneute Aufnahme der Arbeit am „Dialogus" scheint andererseits noch vor dem Tode Papst Benedikts XII. († 25. April 1342) erfolgt zu sein, wie wiederum die unmittelbare Polemik gegen diesen Papst an verschiedenen Stellen beweisen könnte, die gegen einen Lebenden, nicht gegen einen Verstorbenen gerichtet ist. Damit freilich ist nicht gesagt, daß der gesamte uns erhaltene Text der „Tertia pars" vor 1342 datiert werden muß. Noch kurz vor seinem Tode hat Ockham in einer späten Streitschrift seine Leser auf seinen „Dialogus" verwiesen, „den ich seit langem in Arbeit habe"[872]. Anscheinend hat Ockham am „Dialogus" gearbeitet, bis ihm der Tod die Feder aus der Hand nahm.

Bewußt und entschieden hat Ockham in den niedergeschriebenen und fertiggestellten Teilen seiner „Tertia pars" den ursprünglich geplanten Aufriß seines Werkes verlassen, der ausschließlich eine ganze Reihe von „historischen" Erörterungen über die Handlungen und die Geschichte verschiedener Christen (*De gestis diversorum Christianorum*) im Streit des 14. Jahrhunderts vorgesehen hatte.[873] In zwei ausführlichen Abhandlungen hat er, als

---

[870] Ed. MIETHKE, Ein neues Selbstzeugnis, hier S. 29f. Es hat sich mittlerweile ein weiterer Textzeuge gefunden: Ms. Weimar, Herzogin Anne-Amalie-Bibliothek, Q 64, fol. 1r, sodaß die Annahme einer bloßen Stilübung doch noch weniger wahrscheinlich wird. Provenienz der Weimarer Hs. ist die Universität Erfurt; vgl. Paul LEHMANN, Mittelalterliche Bibliothekskataloge, Bd. 2, München 1928 S. 148 (Nr. G 17): *Ockami prima pars de auctoritate ecclesie. Dedit dominus doctor Wilhelmus de Aquisgrano facultati artium.* cf. S. 198, Nr. G 21 und S. 106f ; von den 22 in: Das Bakkalarenregister der Artistenfakultät der Universität Erfurt, 1392–1521, hg. von Rainer Christoph SCHWINGES / Klaus WRIEDT (Veröffentlichungen der Historischen Kommission für Thüringen, Große Reihe 3) Jena 1995, verzeichneten Artisten-Bakkalaren Erfurts aus Aachen tragen drei den Namen „Wilhelmus": am wahrscheinlichsten erscheint mir als Vorbesitzer der (S. 76 nachgewiesene) im Frühjahr 1448 graduierte *Willhelmus [Weber] Textoris de Aquisgrani;* bacc. theol. in Erfurt im Wintersemester 1455, wohl [!] 1460 lic. theol.; 1460 Wechsel nach Basel, dort 1462 Promotion zum dr. theol.; im Sommer 1463 und Winter 1467 als Rektor in Basel bezeugt, 1466 Münsterprediger; häufig Dekan der Theologischen Fakultät Basel. Nach mehr als 10 Jahren Tätigkeit in Basel „zog er sich nach Aachen auf seine Domherrenpfründe zurück", so Erich KEINEIDAM, Universitas studii Erfordensis, Überblick über die Geschichte der Universität Erfurt im Mittelalter, 1392–1521, Teil 1: 1392–1460 (Erfurter theologische Studien, 14) Leipzig 11964, S. 171). Von diesem Wilhelm Textoris stammt eine Sentenzenvorlesung in Ms. Bielefeld, Gymnasialbibliothek, Cod. 4, fol. 1–353, vgl. Ludger MEIER, in: RHE 50 (1955) S. 471, K. RAAB, Mittelalterliche Handschriften in der Bielefelder Gymnasialbibliothek, in: Festschrift des Bielefelder Gymnasiums, 1958, S. 247–249: [Für ihn als Schenker des „Dialogus"-Ms. an die Universität Erfurt sprechen sein Lebensende in Aachen, sein Interesse an Theologie, seine offenbar günstigen finanziellen Verhältnisse].

[871] Vgl. III Dialogus I Prologus und II Prologus, fol. 181ra-b, bzw. 229vb-230rb.

[872] De imperatorum et pontificum potestate, c. 27, Opera politica Bd. 4, S. 282.

[873] III Dialogus I Prologus, fol. 181ra.

„eine Vorbereitung und Einleitung für das Folgende",[874] zunächst Erörterungen über ein Thema vorangestellt, das in seiner Zeit die Szene der politisch theoretischen Diskussion ohnedies beherrschte, „De potestate pape", und hat dann dieses Thema analog auch noch am Römischen Reich spezifiziert und exemplarisch durchgearbeitet.

Hier unterbreitet Ockham seinen Lesern seine politische Reflexion in ihrer reifen Gestalt. Die Bibel und die kanonistischen Quellen bleiben ein wichtiger Fundus, aus dem er Argumente und Belege schöpft. Aber daneben tritt nun auch ausdrücklich Aristoteles, dessen Sozialphilosophie zur Analyse der Kirchenstrukturen unerschrocken in einer eigenen kleinen Abhandlung herangezogen wird. Zeitgenössische Stimmen, insbesondere die des Münchener Mitexulanten Marsilius von Padua,[875] aber auch Texte des Kreises um Michael von Cesena[876] und Traktate anderer Zeitgenossen[877] kommen dabei ausführlich in langen (freilich im einzelnen nicht ausdrücklich bezeichneten) Zitaten zu Wort. Analyse und Identifikation dieser Zeugnisse der Debatten des 14. Jahrhunderts werden eine wichtige Aufgabe der künftigen kritischen Edition des „Dialogus" sein.

Ockham hat in dieser „Tertia pars" auch andere Argumentationsmuster der politisch-theoretischen Reflexion seiner Zeit in seinem Sinne genutzt, indem er etwa einen kleinen „Kaiserspiegel" zusammenstellt,[878] nachdem er schon in der „Prima pars" die Anforderungen an einen „Streiter wider den Ketzerpapst" spiegelartig zusammengefaßt hatte.[879] An anderer Stelle rückte er einen kommentarähnlichen Traktat zur aristotelischen „Politik" ein, der Begriffsklärungen des aristotelischen Sprachgebrauchs mit sachlicher Erörterung verbindet.[880] Ockham nutzte also entschlossen alle methodischen Möglichkeiten, die ihm die Wissenschaft seiner Zeit als Hilfe bot. Das geschah, ohne daß Ockham seine Leser mit einem heterogenen Flickenteppich aus zusammengestoppelten Teilen konfrontiert hätte, wie sie ein weniger theoretischer Kopf aus seinen verschiedenen Vorlagen zusammengestückelt hätte, vielmehr legt er seine Auffassungen in energischer Beweisführung, mit langem Atem und zielsicher vor.

Was seine Argumentation so wirkungsvoll machte, auch und gerade dort, wo er eher mit seinen Fragen als mit seinen Antworten Anregungen gab

---

[874] Ebenda: ...*primi namque duo erunt praeparatorii et preambuli ad sequentes* ...

[875] Dazu vor allem Carlo DOLCINI, Marsilio e Ockham, Bologna 1981, jetzt in: DOLCINI, Crisi de poteri, S. 291–426. Ockham merkt in III Dialogus I iii cap. 1 (fol. 205va) an, daß ihm der DP während der Niederschrift von I Dialogus (also ca. 1332–1334) in München noch nicht zur Verfügung gestanden habe, vgl. oben Anm. 653.

[876] Vgl. oben Anm. 801 und 867.

[877] So zitiert Ockham einmal (aber m. W. auch nur einmal) namentlich die „Summa de ecclesiastica potestate" des Augustinus von Ancona: III Dial. II.i. c. 21, fol. 240vb.

[878] III Dialogus II.i, cc. 15–17, fol. 195va-197rb.

[879] I Dialogus VII, c. 72–73, fol. 163va-164vb.

[880] III Dialogus I ii cc. 3–8 (fol. 191va-193vb).

(z.B. bei seiner konziliaren Theorie[881]), war methodisch die Integration verschiedener Traditionsbereiche, die jeweils zuvor schon verschiedentlich zur
Beantwortung politisch theoretischer Fragen herangezogen, aber meist von
einander isoliert und unabhängig ins Feld geführt worden waren. Ockham
läßt die unterschiedenen Diskurse verschmelzen. Die patristisch-theologi-
sche Überlieferung, welche der „Armutstreit" als Munition bereitgestellt
hatte, wußte er ebenso geschickt ins Feld zu führen wie die rechtstheoreti-
schen Positionen der Kanonisten, die er besonders aus Gratians Dekret und
den Dekretalen des Corpus Iuris Canonici sowie aus ihrer jeweiligen „Glossa ordinaria" bezog, und das alles amalgamierte er mit einer von Aristoteles
bezogenen philosophischen Sozialtheorie, die er unbefangen und wie selbstverständlich auch an kirchliche Strukturen als Maßstab anlegte.[882]

Ockhams Wirkung war, nach Auskunft der erhaltenen handschriftlichen Überlieferung seiner Texte, im allgemeinen relativ weitstreuend. Einige Zeugnisse von Zeitgenossen bestätigen zumindest, daß man auch anderwärts von seiner politischen Publizistik wußte und sie fürchtete. Der
deutsche Konrad von Megenberg, im Paris promovierter Gelehrter und
damals Domherr und Schulmeister in Regensburg, hat das so ausgedrückt,
daß er auf Ockham das Bild des apokalyptischen Drachens der Endzeit
anwandte, der ein Drittel der Sterne mit seinem Schweif vom Himmel
schlägt.[883] Aber waren diese Schriften wirklich Entfaltung einer politischen Theorie? Waren es nicht einfach Pamphlete im Meinungskampf des
damaligen Tages, die heute vielleicht noch dem Historiker Interesse ent-
locken, der an den Argumentationslinien einer vergangenen Öffentlichkeit interessiert ist, nicht aber als theoretischer Entwurf eine eigene Betrachtung verdienen? Können diese Texte wirklich zur Geschichte der politischen Theorie beitragen?

In der Tat sind Ockhams „Opera politica" alle dazu bestimmt, im Meinungskampf des 14. Jahrhunderts zu wirken. Allein diese ihre oft erklärte
Absicht und das Publikum, für das sie geschrieben wurden, machen aber
die Kennzeichnung als „Pamphlete" problematisch, wenn man mit diesem
Wort die moderne Bedeutung einer polemischen „Schmähschrift" verbindet, die den Gegner bloßstellen, nicht unbedingt aber eine Wahrheit
suchen will. Ockham jedoch ging es darum, Argumente zu wägen und
Beweise zu prüfen, im wesentlichen also – zumindest methodisch – um

---

881 Dazu vgl. unten Anm. 911.
882 Das betont zu Recht Roberto Lambertini, Wilhelm von Ockham als Leser der
„Politik", Zur Rezeption der politischen Theorie des Aristoteles in der Ekklesiologie
Ockhams, in: Das Publikum politischer Theorie, S. 207–224; in italienischer Fassung jetzt
in Lambertini, La povertà pensata, S. 269–288.
883 Konrad von Megenberg, Contra Ockham, in: Ockham, Opera politica, Bd. 4,
S. 466; zitiert wird Apoc. 12,3f.: *Et visum est aliud signum in caelo: et ecce draco magnus rufus
habens capita septem et cornua decem: et in capitibus eius diademata septem, et cauda eius trahebat
tertiam partem stellarum caeli et misit eas in terram …*

das, was er in seinen wissenschaftlichen Schriften im Grunde auch getan hatte.

Wichtig ist, daß er in seiner „Publizistik" zur Erklärung dessen, was er erleben zu müssen glaubte, das Thema seiner Reflexion immer allgemeiner absteckte. Es genügte ihm jedenfalls nicht, „nur" die Argumente zur Armut Christi hin und her zu wenden, wenn er es auch nicht versäumt hat, das in ausgiebiger Breite zu tun. Ockham hat sich von dem Augenblick seines Eintritts in die Debatte bis zu seinem Tode bemüht, seinen Lesern die institutionellen Folgen seiner Erkenntnis zu verdeutlichen. Wenn der Papst ein Ketzer ist, wer darf ihn dann kritisieren, angreifen, vor sein Gericht ziehen, verurteilen? Wie muß sich ein weltlicher Herrscher gegen Geistliche verhalten, die ihm von Ketzereien des Papstes berichten? Hat ein Fürst Anspruch darauf, in die geheiligten Bezirke der kirchlichen Amtsträger einzudringen? Welche Strafen sind zu verhängen? Wer ist zur Aufnahme des Kampfes verpflichtet? Das sind die ersten Fragen an der Oberfläche. Jene Fragen sodann, welche Anordnungsbefugnisse ein Papst – unter der Voraussetzung, daß er Ketzer werden kann – in der Kirche überhaupt haben darf, nach welchen Prinzipien die kirchliche und die weltliche Organisation arbeiten, wie das Verhältnis von kirchlicher und weltlicher Ordnung gedacht und gestaltet werden muß, führen dann tiefer in die Materie ein. Schließlich fragt Ockham auch, was die gesellschaftliche Organisation für den Menschen leistet, warum dieser sie braucht, was sie ihrerseits fordern darf und was sie nicht fordern kann, um zu begreifen, wie geschehen konnte, was geschah, und wie dem gegenwärtigen wie dem künftigen Unglück zu steuern ist.

Ockhams Antworten brauchen hier nicht in allen Einzelheiten wiederholt zu werden. Sie haben sich in Ockhams Lebenszeit, im Laufe der zwanzig Jahre von 1328 bis 1348, nicht grundstürzend gewandelt, aber wohl umakzentuiert. Die Armutsfrage, von der her Ockham die Probleme der politischen Organisation anging, wird später gewiß immer noch erkennbar bleiben, steht aber nicht mehr im Vordergrund, während die Frage nach Kaiser und Reich immer größere Aufmerksamkeit findet, ohne daß Ockham sie jetzt mit grundsätzlich anderen argumentativen Mitteln, mit völlig andersgearteten Ergebnissen bearbeitet hätte.

Schon in seiner ersten selbständigen Schrift dem „Opus Nonaginta Dierum" geht Ockham über die bloße Zerpflückung der Argumente von Papst Johannes XXII. (mit denen dieser 1329 in seiner Bulle „*Quia vir reprobus*" die Pisaner Appellation Michaels von Cesena und seiner Helfer mit eingehenden Argumentationen zurückgewiesen hatte) weit hinaus, indem er eine fundamentale Theorie des Naturrechts entwickelt,[884] die er später noch vielfach anreichern, nuancieren, auch modifizieren und ergänzen wird, deren Boden Ockham jedoch niemals mehr verlassen sollte. Der Gesamtent-

---

[884] Das versuchte zu zeigen MIETHKE, Ockhams Weg.

wurf, den Ockham damit in seiner politischen, in seiner sozialtheoretischen
Reflexion erreicht hat, ist ungewöhnlich in einer Zeit, in der sich politische
Theorie noch nicht als eine in sich geschlossene selbständige Bemühung
von den Nachbardisziplinen emanzipiert hatte und immer wieder in Seg-
menten des Gesamtfeldes Teilbereiche bearbeitete in Anlehnung an das Vorgehen unterschiedlicher scholastischer Disziplinen. Ockham wollte die Lebensform der Franziskaner, so wie die Ordensmehrheit und die Ordenslei-
tung sie sahen und praktizierten, gegen die Kritik und den frontalen Angriff
des Papstes verteidigen.

In dieser Parteinahme im Streit seines Ordens mit der Kurie liegt auch
die besondere Zielrichtung seines theoretischen Bemühens begründet, die
ihn von Vorgängern und Zeitgenossen unterscheidet. Hatte die politische
Theorie zuvor vordringlich das eigentliche Herrschaftsverhältnis bedacht,
die Herrschaft von Menschen über Menschen, das durch ethische Bindung
in „Fürstenspiegeln", durch juristische Umgrenzung bei den Juristen, durch
philosophische Strukturbeschreibung in der „scientia politica" im Gefolge
des Aristoteles erfaßt und gezähmt werden sollte, so setzte Ockham bei seinen Analysen nicht hier an. Er geht bei seinen Untersuchungen vielmehr
zunächst von der Herrschaft des Menschen über Sachen aus, er fragt nach
dem Eigentum.

Um Eigentum war es beim „Theoretischen Armutstreit" gegangen, um
die Frage, ob für einen Menschen ein strenger Verzicht auf jegliches Eigentum, auch das Eigentum einer Gruppe, überhaupt denkbar, menschenwür-
dig praktikabel, als Ziel religiösen Lebens in „Vollkommenheit" überhaupt
legitim sei.[885] In seiner Erörterung schließt sich Ockham an eine lange Diskussion der franziskanischen Ordenstheologen des 13. Jahrhunderts über
die Urgeschichte des Eigentums an.[886] Auch ihm gerät die Entstehungsgeschichte der Institution „Eigentum", die er − wie seine Vorgänger − gene-
tisch konstruierend aus den Erzählungen des Alten Testament über den
Zustand des Menschen im Paradies und nach dem Sündenfall entwickelt,
immer zugleich zu einer kritischen Analyse, die sich in den Verhältnissen
des Ursprungs immer zugleich der wesentlichen Konstruktionsmomente
gesellschaftlicher Beziehungen unverstellt versichern möchte, die im Ursprung die einfachen Basisverhältnisse sucht und findet, die ihm dann auch
die komplexen Verhältnisse seiner Gegenwart analytisch aufschließen und
die damit zu einer scharfen, an „rekonstruktiver" Begriffsbestimmung maß-
nehmender analytischen Betrachtung der eigenen Lebenswelt beitragen.
Das „Opus nonaginta dierum" aus dem Jahre 1332, dient ganz der Aufgabe
solcher Vergewisserung, es kann als Ausgangspunkt und Ursprung von

---

[885] Dazu jetzt anregend Maximiliane KRIECHBAUM, *Actio, ius* und *dominium*.
[886] Vgl. etwa MIETHKE, Paradiesischer Zustand − Apostolisches Zeitalter − Franziskanische Armut..

Ockhams politischer Reflexion verstanden werden.[887] Auch später hat Ockham die Themen, die er hier aufgegriffen hatte, weiterverfolgt, ohne sie im „Dialogus" jedoch ausdrücklich und geschlossen zu behandeln. Nur wer sich über die Grundzüge dieser Eigentumslehre orientiert, kann jedoch die unausgezogenen Linien erkennen, an denen entlang sich für Ockham, auf dieser Basis aufbauend, andere Bereiche der politischen Reflexion erschlossen haben.

Mit dem Sündenfall hat der Mensch seine gottgegebene vernunftgemäße freie Herrschaft über die Güter dieser Welt verloren. Fügte sich zuvor dem vernunftgeleiteten menschlichen Willen die vernunftlose Kreatur ohne Widerstand, so bedeutete Herrschaft nach dem Sündenfall Anstrengung und Durchsetzung gegen Widerstreben, gegen Konkurrenz und Bosheit. Was zuvor, im Urstand des Menschen im Paradies, als gottgegebene „Herrschaft" (*dominium*) mit utopischen Farben gezeichnet werden konnte, wird durch den Sündenfall gleichsam degradiert. Die ursprüngliche Weltbeherrschung durch das vernunftbegabte Geschöpf bleibt künftig dem Menschen versagt: er wird auf eine geringere Stufe der Weltbemächtigung zurückversetzt. Aus einer Sachherrschaft (*dominium*) über die vernunftlose Kreatur wird Gebrauchsbefugnis (*potestas utendi*). Solche Gebrauchsbefugnis aber ist von Gott allen Geschöpfen gleichermaßen eingeräumt. Der Mensch findet demnach jetzt Konkurrenten, gegen die er kämpfen muß, er trifft auch, und das erschwert seine Lage weiter, auf seine Artgenossen, die mit ihm streiten, er hat mit Gewalt und Bosheit seiner Mitmenschen zu rechnen und muß sich ihrer erwehren.

Um in dieser Not den Menschen Möglichkeiten zu lassen, die ihnen das Überleben sichern, hat Gott ihnen nach dem Sündenfall eine neuartige Chance eröffnet.[888] Er hat ihnen erlaubt, sich aus der Totalität der Welt einen bestimmten Bereich von Gegenständen auszusondern und dadurch Eigentum zu bilden. Nur diese bloße Möglichkeit einer Eigentumsbildung, nicht die konkreten Formen der Aneignung und des Eigentums selbst sind göttliche Konzession und Lizenz. Dieser Unterschied ist Ockham immer wichtig gewesen, da nur dadurch ein Verzicht auf jegliches Eigentum noch denkmöglich und konstruierbar blieb, da nur dadurch also sein unmittelbares Beweisziel von ihm auch erreichbar blieb, und er nur so der franziskanischen Armutsauffassung ihre Möglichkeit gleichsam metaphysisch zu gewährleisten konnte.

Hätte Gott nämlich die Menschen unmittelbar mit Eigentum ausgestattet, könnte, ja dürfte auch heute noch kein Mensch dieses göttliche Ge-

---

[887] Etwa MIETHKE, Ockhams Weg, bes. S. 428–556.
[888] Wolfgang STÜRNER, *Peccatum* und *potestas*. Der Sündenfall und die Entstehung der herrscherlichen Gewalt im mittelalterlichen Staatsdenken (Beiträge zur Geschichte und Quellenkunde des Mittelalters, 11) Sigmaringen 1987, hat die sogenannte „augustinische" Tradition dieses Gedankens durch das Mittelalter minutiös verfolgt.

schenk zurückweisen. Außerdem wären auch die juristischen Formen des Eigentums sakrosankt und nur Gott allein könnte sie noch ändern. Wenn aber der Mensch nur die Freiheit erhielt, ein Eigentum selbständig zu bilden, indem er in freier Wahrnehmung dieser Ermächtigung auch die Modalitäten solcher Eigentumsausgrenzung selber festlegen durfte, dann behielt er und behält er auch heute noch gleichermaßen die Freiheit, auf diese Möglichkeit zu verzichten. Freilich fällt damit auch die konkrete Form der Eigentumsbildung und Eigentumssicherung in menschliche Verantwortung, die Formen des Eigentumerwerbs und der Sicherung solchen Eigentums durch Rechtsinstitutionen sind wandelbar, sie können sich in der Geschichte ändern und haben sich auch schon geändert.

Was der Mensch aus dieser Möglichkeit macht, wie er das Eigentumsrecht konkret definiert, das ist seine eigene freie Erfindung, es ist, man kann es in der Zeit weit vorausgreifend systematisch durchaus so nennen, geschichtlich bedingt, geschichtlichem Wandel unterworfen und somit auch menschlicher Veränderung zugänglich. Der Mensch kann hier und heute, wenn er das will und sich mit seinen Artgenossen darüber verständigt, diese Formen ändern, er kann auf Eigentum verzichten, behält dann jedoch (etwa als Franziskaner) immer noch seine kreatürliche gottgegebene *potestas utendi rebus*, seine ihm von Gott mit der Schöpfung eingeräumte Gebrauchsbefugnis an den Dingen dieser Welt, etwa an den lebensfristenden Nahrungsmitteln. Diese kann und darf er im Falle der Not zu seiner Lebensfristung gebrauchen und verbrauchen ohne Rücksicht auf die menschlichen Formen des Eigentums. Die vom Eigentumsrecht gezogenen Schranken vor „fremder" Nutzung werden damit relativiert,[889] wenn und sofern der Mensch, der sich seiner kreatürlichen Gebrauchsbefugnis zur Lebensfristung bedient, allein mit dieser (positivrechtlich „fremden") Sache sein Leben zu fristen vermag. Als menschliche Einrichtung kann das Eigentum kreatürlicher Not gegenüber keine absolute Schranke bleiben: im Falle der Not darf der Verhungernde sich eines – nach der Definition des Eigentumsrechtes – „fremden" Gegenstandes, den ein anderer im Überfluß besitzt, zur eigenen Lebensrettung bedienen. Er darf das Brot, das ein Reicher im Überfluß hat, verzehren, der Erfrierende darf sich des fremden Mantels bedienen, um sich zu bedecken, solange die Not währt. Freilich endet, wenn die Not vorüber ist, auch diese außerordentliche Lizenz zur Durchbrechung der Eigentumsschranken; der Mantel ist seinem „Eigentümer" wieder zu restituieren – das verzehrte Brot kann dann freilich nicht mehr zurückgegeben werden, doch dazu stellt Ockham keine weiteren Überlegungen mehr an.

Ockham greift mit solchen Ausführungen ein altes und in der Diskussion der Theologen und Juristen seiner Zeit weit verbreitetes Argument

---

[889] Opus nonaginta dierum, cap. 61, Opera politica, Bd. 2, S. 559. Vgl. dazu Miethke, Ockhams Weg, S. 489ff.

auf, das auch in der „Glossa ordinaria" des Johannes Teutonicus zu Gratians „Decretum" gebührend unterstrichen worden war: „Im Fall der Not
ist alles Gemeinbesitz, d.h. muß allen zur Verfügung gestellt werden" (*In
casu necessitatis omnia sunt communia, id est communicanda*[890]), so lautete die
knappe Fassung des Gedankens, auf den Ockham sich hier stützt. Bezeichnend ist, wie er dieses Postulat zum Angelpunkt seiner gesamten Theorie
gemacht hat, indem er keinesfalls, auch im Notfall nicht, das brutale Recht
des Stärkeren in Kraft setzt, sondern aus der lebenserhaltenden Funktion
des Rechts ein mehrfach abgestuftes System der Kompetenzen ableitet. Da
alles Recht der Erhaltung des Lebens dient, werden die restriktiven
Schranken des positiven Rechts (das seine grundsätzlichen Geltung dadurch keineswegs verliert) im Notfall durchlässig, um dem Raum zu gewähren, was Leben möglich macht.

Das Eigentumsrecht ist somit eine Schranke, die eine von mir angeeigne-
te Sache vor fremdem Zugriff sichert. Es ist Hilfe zur Lebensfristung in der
gefallenen Welt (nach dem Sündenfall), ist aber selber nicht Teil der kreatürlichen (quasi naturgegebenen) Grundausstattung jedes Menschen, die dem
Geschöpf vom Schöpfer schon bei seiner Erschaffung zur Sicherung seiner
Lebensfähigkeit mitgegeben wurde, wenn es auch auf einer unter den Bedingungen der Sünde den Menschen von Gott eingeräumten Ermächtigung, einer Gestaltungsfreiheit beruht, die als solche unveränderlich und
unveräußerlich ist, so unveräußerlich, daß auch der Franziskaner, der auf jedes Eigentum, auf besonderes und auf gemeinsames Eigentum Verzicht geleistet hat, im Falle der Not des Verhungerns ohne weitere Erlaubnis des
„Eigentümers" sich einer positivrechtlich „fremden" Sache zur Lebensfristung bedienen darf. Das Eigentumsrecht kann keine unbedingte Geltung
beanspruchen. Auf der anderen Seite aber muß jedes Eigentum sich auch
unter allen Umständen an seinem eigentlichen Zweck messen lassen. Bisweilen – im Falle einer lebensbedrohenden Not – wird es dabei zugunsten
des seine Existenz begründenden Zweckes der Lebenssicherung für die
Menschen (zumindest zeitweilig) außer Kraft gesetzt.

Ockham hat dieses teleologische, auf das Ziel der Lebenserhaltung hin
ausgerichtete System von hierarchisch geordneten Rechtssätzen und ihrer
abgestuften Geltungsansprüche sowie die Konsequenzen aus dieser Grund-
struktur, nirgends im einzelnen, etwa in Form einer Pflichtentafel oder als
Verhaltenscodex ausgearbeitet und systematisch beschrieben. Er war sich
aber offenbar der fundamentalen Bedeutung dieses seines theoretischen
Ansatzes vollauf bewußt. Denn exakt nach diesem Modell hat Ockham später (c. 1340/1342) in seinem „Breviloquium"[891] ausdrücklich von einer

---

[890] Die Tradition verfolgte Gilles COUVREUR, Les pauvres ont-ils des droits? Recher-
ches sur le vol en cas d'extrême nécessité depuis la „Concordia" de Gratien (1140) jusqu'à
Guillaume d'Auxerre (1231) (Analecta Gregoriana, 111) Rom und Paris 1961; vgl. auch
Brian TIERNEY, Medieval Poor Law, Los Angeles 1946.

postlapsarischen „Zwillingsbefugnis" (*duplex potestas*) reden können, die
den Menschen nach dem Sündenfall von Gott zur Lebensfristung eingeräumt wurde. Nebeneinander und streng analog gedacht, darf der Mensch
aufgrund göttlicher Lizenz jetzt beides: er darf sich Eigentum aussondern
und darf sich politisch organisieren. Wie dadurch, daß sie sich besondere
Güter als Eigentum aussondern, schaffen sich die Menschen, auch indem sie
über sich einen Leiter einsetzen, Lebensmöglichkeit.

Auch die Herrschaft des Menschen über den Menschen ist folglich ganz
analog zum Eigentum als einer Herrschaft des Menschen über Sachen in
ihrer jetzt vorfindlichen Gestalt Ergebnis konkreter menschlicher Entscheidungen, ist Resultat historischer Entwicklung, unterliegt historischer Veränderung, auch willentlicher Umkonstruktion. Ockham erreicht hier auf
dem genannten Umweg die Themen der in seiner Zeit sonst üblichen politischen Theorie, kommt also in seinen Aussagen den Positionen seines
Münchener Mitexulanten Marsilius von Padua deutlich nahe.

Die alten und oft zuvor auch zitierten Thesen des Augustinus, die Herrschaft als eine Sündenfolge ansahen, erhalten in dieser Fassung ein neues
Gesicht. Verfassungswandel[892] wird geradezu herstellbar, ja planbar. Die
Menschen können sich entscheiden, welchen *principatus*, welche Herrschaftsverfassung (wie wir das übersetzen können) sie für ihr Zusammenleben benutzen möchten. Sie können ihre Herrschaftsverfassung auch,
wenn das (im eigentlichen Sinne des Wortes) notwendig wird und solcher
Wandel sie aus ihrer Not herausführen kann, auch verändern oder wechseln.

Ockham erörtert diese These vorsichtig, „wissenschaftlich" abwägend
und ohne erkennbare endgültige Festlegung, jedoch erörtert er sie bezeichnenderweise gerade am Beispiel der Verfassung der Kirche, welche doch
traditionell durch den Gedanken der göttlichen Stiftung durch Christus
selbst jedem Wunsch nach Veränderung entzogen schien. In seinem „Dialogus" läßt Ockham aber von Lehrer und Schüler die Möglichkeit erörtern,
daß auch einmal, zumindestens für eine gewisse befristete Zeit, mehrere
Päpste, die nur für territorial beschränkte Gebiete und nicht universell zuständig sein könnten, nebeneinander amtieren können.[893] In der „Kompetenz, die Herrschaftsverfassung zu wechseln" (*potestas variandi principatus*), in
einem genau zu definierenden Sinn also einer Kompetenzkompetenz,[894]

---

[891] Breviloquium III.8, Opera politica, Bd. 4, S. 180.

[892] *Potestas variandi principatum* bzw. *potestas mutandi modum regendi*, so wird Ockham in
III Dialogus I.ii, c. 19 bzw. I.iv, c. 24 (fol. 198vb bzw. 228va-b) für die Kirchenverfassung (!)
diese Befugnis nennen und theoretisch durchdenken.

[893] Dazu vgl. III Dialogus I.ii, c. 25 (fol. 202rb). Wenig später (c. 26, fol. 203rb) wird
Ockham auch mehrere Kaiser, oder in einem Königreich mehrere Könige für möglich
halten.

[894] Auf diesen modernen juristischen Begriff hat August Freiherr VON DER HEYDTE,
Die Geburtsstunde des souveränen Staates, Ein Beitrag zur Geschichte des Völkerrechts,

mittels derer eine Gesellschaft die Formen ihrer Herrschaftsordnung selber festlegen vermag, findet die durch Ockham im Armutstreit gefundene Konstruktion der Eigentumsrechte aufgrund göttlicher Lizenz eine radikale Ausprägung. Mehrere Jahrzehnte vor dem Großen Abendländischen Schisma, das seit 1378 die Kirche und Europa in mehrere „Oboedienzen" spalten sollte, hat er bereits diese Trennung als eine gedankliche Möglichkeit vorweggenommen, nicht als Wunschziel oder erstrebenswert, sondern als nicht von vorneherein ausschließbaren Weg, akute Schwierigkeiten zu überwinden. Die Vertragstheorien, die in der Neuzeit Herrschaftsbildung und Herrschaftsverfassung begründen sollen, zeichnen sich hier ebenfalls, wie sie das in anderer Weise bei Marsilius von Padua taten,[895] auch in Ockhams Entwurf einer politischen Theorie bereits ab, ohne freilich bereits voll ausgeprägt zu werden.

Im Zuge von Ockhams Nachdenken bedeutet „Geschichtlichkeit" der Herrschaft gewiß keineswegs, daß Herrschaft so, wie sie vorfindbar ist, prinzipiell nach dem Belieben jedes ihr Unterworfenen frei revidierbar oder widerrufbar wäre. Jeder Herrschaftsträger erwirbt auch nach Ockhams Überzeugung ein fest begründetes subjektives Recht an der Herrschaft, ein Recht, das er unter den Bedingungen, die Recht überhaupt konstituieren, unzweifelhaft hat, haben muß und behalten soll.[896] Ockham erörtert aber immer wieder die Bedingungen von Rechtsverlust und Rechtsaberkennung. Er fragt, unter welchen Umständen in einer vernünftigen Gesellschaftsordnung wohl erworbene Rechte verwirkt oder aberkannt werden können oder müssen, fragt nach Widerstandsrecht, Widerstandspflicht und Herrscherabsetzung.[897] Dabei muß sich bei Ockham Herrschaft nicht nur an ihren Aufgaben in einer Herrscherethik, sozusagen von innen, messen lassen Damit haben es ja die Fürstenspiegel, die wohl erfolgreichste literarische Gattung politischer Reflexion des Hoch- und Spätmittelalters, immer wieder versucht, die Dynamik von Herrschaftsübung, Herrschaftsintensivierung und Herrschaftsdurchsetzung zu kanalisieren und zu bändigen. Bei Ockham muß sich Herrschaft auch sozusagen von außen und von den Be-

---

der allgemeinen Staatslehre und des politischen Denkens, Regensburg 1952, S. 312f., allzu kurzschlüssig Ockhams „Souveränitätsbegriff" zu bringen versucht. Freilich gilt die *potestas variandi potestates* nicht für eine königliche oder kaiserliche Vollmacht, wie von der Heydte dort voraussetzt, sondern ausschließlich für die Kompetenz, die Verfassungsformen nach Utilität und Notwendigkeit zu bestimmen, nicht für den Herrscher, aber für das Volk.

[895] Dazu oben bei Anm. 545.

[896] Ausführlich diskutiert die Frage nach Ockhams Auffassung der subjektiven Rechte jetzt Maximiliane KRIECHBAUM, *Actio, ius* und *dominium* in den Rechtslehren; sie geht dabei freilich nicht auf Herrschaftsrechte ein.

[897] Dazu gibt es vielerlei Bemerkungen in einer breiten Literatur, jedoch nur wenige zusammenfassende Untersuchungen. Vgl. etwa Franz Walter KYS, Die Lehre über das Widerstandsrecht in den politischen Werken des Meisters Wilhelm von Ockham, Phil. Diss. München 1964 [zugänglich war mir nur der Teildruck, München 1967].

herrschten an der Erfüllung ihrer Aufgaben messen lassen, d.h. sie muß sich prüfen lassen an ihren Leistungen für das gemeine Wohl. „*Im Regelfall steht der König über seinem Reich. Und dennoch ist er in besonderen Fällen seinem Reich unterworfen: Denn das Reich kann im Fall des Not seinen König absetzen, ja ins Gefängnis werfen, und zwar kraft Naturrecht*".[898] So heißt es prägnant in den „Octo Quaestiones".

Daß Ockham hier dem „Reich" (*regnum*) ein Widerstandsrecht gegen den König einräumt, ist für das 14. Jahrhundert vielleicht nicht unbedingt auffällig. Im 13. und 14. Jahrhundert sind in Deutschland, England und den iberischen Königreichen Herrscher abgesetzt worden, zu Ockhams eigenen Lebzeiten zuletzt noch der englische König Edward II. (1327), als Ockham selbst in Avignon mit seinem Prozeß beschäftigt war.[899] Er hat sich aber offensichtlich genauestens über die dramatischen Ereignisse in seiner Heimat informiert und greift auch später noch häufiger argumentativ und in Anspielungen darauf zurück.[900] Es ist bemerkenswert, daß Ockham die Praxis der Königsabsetzung billigt und darüber hinaus sogar aus dem Naturrecht legitimiert. Damit fordert er energisch die Funktionalität jeder Herrschaftsübung ein. Jede Herrschaft muß ihrem Zweck, der Lebenssicherung der Beherrschten letzten Endes auch entsprechen.

In Ockhams Äußerungen bleibt freilich eine prozedurale Unsicherheit bestehen, denn darüber, wie sich das „Volk" (*populus*) im einzelnen bei dieser Frage soll artikulieren können, hat er sich nirgendwo klar und unmißverständlich geäußert. Die bloße Möglichkeit wird von ihm aber mehrfach festgehalten. Vielleicht konnte er sich am kaiserlichen Hof in München nicht deutlicher erklären, ohne in gewaltige Schwierigkeiten zu geraten. Das Notmittel des Aufstandes (und des Staatsstreichs), der politische Widerstand[901] erscheint in Ockhams Thesen aber unverkennbar in das politische System integriert, ist – jederzeit aktivierbarer – Teil der Herrschaftsverfassung und kann im Falle der Not auch dramatische politische Entscheidungen rechtfertigen. Damit wird eine traditionelle Rechtsüberzeugung des Mittelalters[902] von Ockham unter den Bedingungen und mit den Mitteln

---

[898] Octo Quaestiones II c. 8, Opera politica, Bd. 1², S. 83: *Rex enim superior est regulariter toto regno suo, et tamen in casu est inferior regno, quia regnum in casu necessitatis potest regem suum deponere et in custodia detinere. Hoc enim habet ex iure naturali...*

[899] Zusammenfassend Helmut G. WALTHER, Das Problem des untauglichen Herrschers in der Theorie und Praxis des europäischen Spätmittelalters, in: ZHF 23 (1996) S. 1–28.

[900] So I Dialogus VI, c. 58, c. 63, fol. 76vb, 80va.

[901] Eine zusammenfassende Analyse versuchte dazu Franz Walter KYS, Die Lehre über das Widerstandsrecht (wie Anm. 897). Besonders sprechend sind die beiden Äußerungen in: Octo Quaestiones II.8 und VIII.6, in Opera politica, Bd 1², S. 83 bzw. 199–201 [ad quartum und ad sextum], wo Ockham ein Widerstandsrecht gegen den König zugesteht, bzw. auch den *rustici* im Notfall die Kompetenz zum Eingreifen einräumt.

[902] Zu erinnern ist hier besonders an die an Material und Gedanken reiche Studie von Fritz KERN, Gottesgnadentum und Widerstandsrecht im früheren Mittelalter, Zur Ent-

scholastischer Begriffsbildung festgehalten und auf eine theoretische Ebene gehoben.

Das politische System wird von Ockham nirgendwo in theoretisch deduktiver Beweisführung vor dem Leser entwickelt. Der Autor entwickelt seine Ansichten, vor allem in seinen „wissenschaftlichen" Hauptschriften (wie dem „Dialogus"), meist durch die Prüfung vorgetragener Argumente und in der Untersuchung immer neu vorgebrachter tatsächlicher oder möglicher Präzedenzfälle, in der argumentativen Bewertung von *exempla* und *casus*. Nicht immer ist es einfach, ja nicht immer möglich, versuchsweise Überlegungen, die eher bloß denkmögliche Konsequenzen aus gegebenen Voraussetzungen entwickeln, von wohl begründeten Einsichten des Autors über Strukturen und die daraus folgenden konkreten Handlungsmöglichkeiten und Spielräume möglicher Entscheidungen zu unterscheiden. Der „Dialogus" macht sich auch nicht einen ausführlichen deskriptiven Bericht über die politische Organisation der menschlichen Gesellschaft des 14. Jahrhunderts zum Thema, es geht ihm, wie es ebenfalls im Prolog zur „Prima Pars" ausdrücklich heißt, vielmehr darum, systematisch den Hintergrund der von ihm tief empfundenen Krise seiner zeit auszuleuchten, er will, wie er schreibt, „die Auseinandersetzung systematisch [!] erklären, die zur Zeit unter den Christen über den katholischen Glauben und vieles, was damit zusammenhängt, geführt wird."[903]

Wenn Ockham aber den Streit seiner Zeit zwischen Kirche und Staat durchdenkt, so sieht er auch die Kirche in gleicher Weise wie die politische Herrschaftsordung ganz selbstverständlich prinzipiell als soziale Organisation.[904] Man muß sogar feststellen, daß Ockham über die Struktur von größeren sozialen Organisationen und über ihre inneren Probleme zuerst und zumeist am Beispiel der Kirche nachgedacht hat. An der Folge seiner Traktate von der „Prima pars" bis zur „Tertia pars" des „Dialogus" läßt sich das gut verfolgen. Gewiß gibt es einige Besonderheiten, die die Kirche von den politischen Verbänden unterscheiden. Bei ihr geht es um Glaubenserkenntnis und Offenbarung, um Wahrheit und nicht primär um Willensentscheidungen. Bei ihr handelt es sich, wie Ockham in seinem „Breviloquium" und anderwärts dem zu seiner Zeit von verschiedensten Seiten immer wieder zitierten Bernhard von Clairvaux nachbuchstabiert, um „Dienst" (*ministerium*) und nicht um „Herrschaft" (*dominium*). Damit,

---

wicklungsgeschichte der Monarchie ([1]1914), 2. Aufl. hg. von Rudolf Buchner, Darmstadt 1954 [u.ö.].

[903] I Dialogus Prologus (fol. 1ra): *Nam ut de controversia que de fide catholica et multis incidentibus inter Christianos nunc vertitur questio, quam tibi summam [!] exponam impudenter exposcis.* Da Ockham offenbar die „Summa de ecclesiastica potestate" des Augustinus von Ancona kennt (vgl. oben Anm. 513), liegt die Annahme nahe, daß er mit seinem „Dialogus" jedenfalls in ähnlich systematischer Weise die Probleme behandeln wollte, mit allerdings bezeichnenden Unterschieden, die nicht ausschließlich im Methodischen liegen.

[904] MIETHKE, Die Anfänge des säkularisierten Staates.

so meint Ockham, geht es bei der kirchlichen Verfassung um eine „die-
nende Herrschaftsverfassung" (*principatus ministrativus*).[905] Aber wesentliche Fragen stellen sich für die Kirche wie für die staatliche Herrschaft nach
Ockhams Meinung völlig analog.

Das ließe sich an vielerlei Themen zeigen. Besonders deutlich ist es dort
abzulesen, wo Ockham in seinen späten Schriften über Änderungen und
Wandel der Kirchenverfassung nachdenkt. Wenn seine kurialen Gegner
meinten, die Kirche sei dank ihrer ihr von Christus eingestifteten Verfas-
sungselemente im Kern unwandelbar und unveränderlich, so galt das für
Ockham weit weniger streng. Auch die Verfassung der Kirche wollte er
nicht einfach als bloße Gegebenheit hinnehmen. Ockham hat sich auch hier
für eine Auffassung entschieden, die der menschlichen Verantwortung großen Spielraum läßt, in der Vergangenheit wie in der Gegenwart. Gewiß gibt
es von Gott eingesetzte Ämter und Dienste in der Kirche, aber auch die Kirchenverfassung ist grundsätzlich an ihrer Funktionsfähigkeit, an ihrer Leistung bei ihren gegenwärtigen Aufgaben zu messen, in gleichem Maße wie
die politische Organisation. Auch hier stellt der Notfall die Erfüllung der
Funktion auf die Probe der Bewährung. Wenn ein Amtsträger versagt, treten andere Christen in die Verpflichtung ein.

Um das zu verdeutlichen, überbietet Ockham für kirchliche Aufgaben
die einfache Organismusmetapher und sieht eine Austauschbarkeit der
Funktionsträger gegeben, die weit über die zeitgenössische Praxis hinaus-
weist: „Die verschiedenen Glieder am menschlichen Körper haben einige
spezifische und einige gemeinsame Funktionen. Eine Ortsbewegung etwa
können alle menschlichen Glieder spüren, einen Hieb schlagen, tragen und
vieles andere kann ein Mensch im Gebrauch verschiedener Glieder. Andere
Funktionen aber sind spezifische Funktionen, wie Sehen, Hören, und der-
gleichen. Entsprechend gibt es im Körper der Kirche einige den Klerikern
und Laien gemeinsame Funktionen und einige Funktionen, die den Klerikern eigentümlich sind. Einen Prälaten zu wählen, soweit das nicht durch
Rechtsgewohnheit oder menschliche Satzung anders bestimmt ist, kommt
beiden zu, denn das Amt ist ja für Kleriker und Laien gemeinsam da. Wenngleich daher auch die Wahl des höchsten Bischofs <d. h. des Papstes> den
Klerikern zusteht, so kann sie doch auch in die Kompetenz der Laien fallen.
Zum anderen sagt man: Keineswegs ist eine vollkommene Gleichsetzung
von Gliedern am menschlichen Leibe und von Organen im Leibe der Kirche möglich, wenn sie auch hinsichtlich vieler Gesichtspunkte gültig sein
mag. Denn die eigentümlichen Funktionen der Glieder am menschlichen

---

[905] So ausdrücklich in: De imperatorum et pontificum potestate, c. 7 (S. 296); die entsprechenden Zitate aus Bernhard von Clairvaux, De consideratione III.1 (ed. Jean Leclercq e.a. in: Opera S. Bernardi, Bd. 3, Rom 1963, S. 430ff.) bringt Ockham katenenar-
tig immer wieder, etwa Breviloquium, II c. 12 (Opera politica, Bd. 4, S. 132–135), Octo
quaestiones VIII c. 6; An princeps, c. 3 (beides in: Opera politica, Bd. 1², S. 201–203, bzw.
S. 237–239).

Leibe kommen ihnen von Natur aus zu dergestalt, daß ein Organ den Ausfall eines anderen, wenn eine Notlage eintritt, nicht ersetzen kann. Aber die Organe im Leibe der Kirche können einander in vielen Funktionen, ja selbst in den ihnen eigentümlichen bei Ausfällen ersetzen. Ein Kleriker nämlich kann in Stellvertretung den Ausfall von weltlichen Personen wettmachen auch in jenen Angelegenheiten, die den weltlichen Personen eigentümlich sind (...). In gleicher Weise aber können auch die Laien in vielen Dingen den Ausfall und die Nachlässigkeit, auch den schlechten Willen von Klerikern ersetzen.". [906]

Im Grunde wurzelt auch hier Ockhams Auffassung in der Überzeugung, daß es eine allgemeine und evidente Pflicht zum Widerstand gegen einen ketzerischen Papst gibt. Auf diese Pflicht sieht er in einer späten Streitschrift auch noch einen *bubulcus catholicus*, einen „katholischen Rinderknecht" festgelegt. [907] Er kennt hier also keinerlei Standesschranken. Die kritische Frage nach dem Zweck der sozialen Organisation, an der sich jede Institution zu bewähren hat, und die auch für dieses Theorem noch die Begründung liefert, hat bei ihm jedenfalls die traditionelle Frage der politischen Philosophie nach der prinzipiell besten Verfassung des Staatswesens zurückgedrängt zugunsten einer Untersuchung der Handlungsmöglichkeiten in einer bestimmten Situation und (vor allem) zugunsten einer Bestimmung der Handlungspflichten der einzelnen Mitglieder im politischen Verband. [908]

In seinem „Dialogus" prüft Ockham unermüdlich – fast kasuistisch – an historischen und an erdachten Extremfällen konkret beschriebene Situationen daraufhin, welchen Handlungsspielraum sie im Rahmen des jeweils gültigen Rechts dem einzelnen öffnen, wozu sie ihn ermächtigen, wozu sie

---

[906] III Dialogus II iii c. 4, fol. 261vb: ... *non est omnino simile de membris in corpore humano et de membris in corpore ecclesie, licet enim simile sit quantum ad multa. Officia enim propria membrorum in corpore humano ex natura sibi competunt, ita ut unum membrum defectum alterius ex necessitate quacumque complere non possit. Sed membra in corpore ecclesie quantum ad multa officia et quodammodo propria possunt mutuo defectus suos supplere. Potest enim clericus supplere vicem et defectum secularium etiam quo ad illa, que sunt quodammodo secularibus propria, sicut potest per multa que prius tacta sunt probari. Sic etiam layci possunt in multis supplere defectum et negligentiam ac etiam maliciam clericorum ...*

[907] De electione Caroli IV., überliefert in Konrad von Megenberg, Contra Wilhelmum Occam, ed. in: Ockham, Opera politica, Bd. 4, S. 469. Vgl. dazu I Dialogus VI c. 37, VII, c. 10 und c. 45 (fol. 65rb, 120ra, 145ra), wo ausnahmslos alle, auch die Laien sich zur Verteidigung des rechten Glaubens bereitfinden müssen. In Octo Quaestiones VIII.6 (Opera politica 1², S. 200f.) zieht Ockham das Notwehrrecht der Frauen als evidentes Exempel heran: er scheute sich nicht vor drastischen Beispielen. Zu Recht hat Johannes SCHLAGETER, Glaube und Kirche nach Wilhelm von Ockham, Eine fundamentaltheologische Analyse seiner kirchenpolitischen Schriften, Kath.-theol. Diss. München 1970 (Dissertationsdruck Münster 1975), bes. S. 369ff., 433ff., eine „Entsakralisierung des kirchlichen Amtes" bei Ockham beobachtet. Die *universitas fidelium* Ockhams und das „allgemeine Priestertum der Gläubigen" Luthers liegen eng beieinander.

[908] Dazu im einzelnen bereits MIETHKE, Repräsentation und Delegation.

ihn verpflichten. Pflicht zum Widerstand trifft in der Kirche auch noch den
letzten, denn die Sache Gottes ist nicht ausschließlich Sache der Kleriker,
sondern gerade auch der Laien: „Es wäre völlig widersinnig, wenn die Sache
des Glaubens oder die Sache Gottes in gar keiner Weise einem weltlichen
Richter oder überhaupt einem Laien zukäme. Das nämlich ist eine Aussage
herrschsüchtiger und hochmütiger Kleriker, die die Laien aus der Kirche
Gottes auszuschließen bestrebt sind mit dem Ziel, dann, wenn die Laien einmal ausgeschlossen sind, selber in der Kirche als die Herren über die Laien
gelten zu können".[909] Das schreibt der Kleriker Ockham der Amtskirche
seiner Zeit ins Stammbuch. Die starke Betonung , die er hier der Rolle des
Laien in der Kirche gibt, findet sich auch anderwärts in Ockhams Schriften.
Der Franziskaner wollte offenbar die Gläubigen nicht unbesehen unter der
totalen Obhut und ausschließlichen Verantwortung der Kleriker sehen, insbesondere seit er den Papst als Ketzer zu sehen gelernt hatte, konnte er das
nicht mehr ertragen.[910]

Laien haben nicht allein im Notfall für den Glauben einzutreten, vielmehr sind sie auch legitime, ja notwendige Teilnehmer an einem (ausdrücklich als repräsentativ verstandenen) Generalkonzil, an dem auch die Frauen
ihren Anteil nehmen sollen.[911] Auch für weltliche Herrschaft gilt analog,
daß alles Herrschaftsrecht seine Schranke findet an seiner Funktionserfül-
lung, sonst wird Widerstand möglich, ja notwendig.[912] Die Verantwortlich-
keit dafür devolviert – in im I. Teil des „Dialogus" über eine weite Strecke
hin genauestens verfolgten Stufen[913] – von oben nach unten. Letztlich kam
die Pflicht zum Handeln jeden treffen.

Mit prophetischer Emphase beruft Ockham sich auf alttestamentarische
und kirchengeschichtliche Gestalten wie den Propheten Elias oder den Kir-

---

[909] I Dialogus VI, c. 100, fol. 111va: … *dicere causam fidei vel dei nullo modo spectare ad iudicem secularem vel laicos omnino esset insanum. Et est verbum clericorum avarorum et superborum, qui ideo ab ecclesia dei laicos conantur excludere,ut ipsi exclusi possent ab ecclesia laicorum domini reputari.*

[910] Dazu vgl. etwa auch II Dialogus II, c. 10, fol. 180ra-vb. Die Verbindung dieser (für seine Zeit ungewöhnlichen) Akzentuierung zu dem „Restkirchengedanken" verfolgt LEPPIN, Geglaubte Wahrheit, bes. S. 286–288, 320–322, wo weitere Belege zu finden sind; vgl. auch denselben, Die Aufwertung theologischer Laienkompetenz bei Wilhelm von Ockham, in: Dilettanten und Wissenschaft, Zur Geschichte und Aktualität eines wechselvollen Verhältnisses, hg. Elisabeth Strauß (Philosophie & Repräsentation, 4) Amsterdam-Atlanta, GA 1996, S. 35–48. Vgl. auch oben Anm. 907.

[911] Zum Konzilsbegriff Ockhams wiederum eingehend Hermann Joseph SIEBEN, Die abendländische Konzilsidee, S. 427–469; LEPPIN, Geglaubte Wahrheit, S. 295ff. Daß Frauen teilnehmen können und sollen, wird gefordert in: I Dialogus VI, c. 85f. (fol. 98rb): *ubi sapientia, bonitas vel potentia mulierum esset tractatui fidei – de quo potissime est tractandum in concilio generali – necessaria, non est mulier a generali concilio excludenda.*

[912] Drastisch etwa in Octo Quaestiones II.8 und VIII.6, Opera politica Bd. 1², S. 83 (zitiert in Anm. 898) und S. 200f.: *Ubi enim non sunt milites, rustici pugnant pro patria, si possunt, et deficientibus viris, mulieres, si valent, patriam et seipsas defendunt.*

[913] Vgl. wiederum MIETHKE, Repräsentation und Delegation.

chenvater Athanasius, die als einzelne ohne jegliche institutionelle Stützung, ja gegen erbitterten Widerstand für das Ganze handeln mußten.[914] Ockhams Konzept des Notrechts sollte dem Konziliarismus des 15. Jahrhunderts einen Weg bahnen, auch wenn man später Ockhams Skepsis hinsichtlich der Irrtumsfähigkeit der Konzilien nicht mehr teilen mochte.[915] Für Ockham waren alle Konzilien prinzipiell fehlbar, da die Verheißung Gottes, er wolle seine Kirche in der Wahrheit halten, auch anders als durch Konzilien erfüllt werden könnte.[916] Seine nüchterne Bestandsaufnahme sah in Konzilien ein nützliches, ja nötiges Mittel der kirchlichen Willensbildung, ohne daß er in einem Konzil bereits die unfehlbare Aushilfe aus Notlagen hätte erblicken wollen. Ein Konzil könnte daher durchaus auch einmal einen Papst zu Unrecht als Ketzer verdammen, der sich dann – wie alle zu Unrecht Verfolgten – allein auf Gottes gnädiges Eingreifen verwiesen sieht.[917]

In seinen Schriften seit 1337 hat Ockham zunehmend intensiv auch das Verhältnis des Papstes zu weltlichen Herrschern durchdacht, insbesondere das Verhältnis des Papstes zum Kaiser. In kaiserlichem Schutz und an dessen Hof lebte er ja seit 1328. Ockham hält fest: Auch königliche und kaiserliche Herrschaft entsteht durch positive menschliche Einsetzung, bleibt daher im Notfall revozierbar. Aber der Papst als Papst spielt bei solchem möglichen Widerruf keine Sonderrolle. Wenn er an einer Herrscherabsetzung mitwirkt, dann nur gewissermaßen als Mensch unter Menschen, nicht als der höchste Hierarch der Amtskirche, der in göttlichem Auftrag zu handeln beanspruchen dürfte. Das römische Kaisertum ist in sich selbst und ohne päpstliche Einwirkung legitim, was aus der Anerkennung folgt, die Christus ihm nach dem Bericht der Evangelien gezollt hat.[918] Damit ist auch der Kaiser – wie die Könige von Frankreich und England[919] – von

---

[914] Besonders eindrücklich wird eine lange Reihe von fälschlich angeklagten Glaubenszeugen zitiert, in: De imperatorum et pontificum potestate, Prologus, Opera politica Bd. 4, S. 280: *Ioseph, Naboth, Susannam, summum sacerdotem Oniam, Damasum papam, Leonem summum pontificem, Athanasium, Ieronimum, Pelagiam virginem et alias innumeras personas egregias.* Vgl. auch etwa Epistola ad Fratres Minores, Opera politica, Bd. 3, S. 16.

[915] Eine neuere Untersuchung dazu fehlt und wäre dringend erwünscht. Heute werden meistens eher die Unterschiede zu Ockham oder Marsilius unterstrichen, doch ist das bei aller Berechtigung zur Differenzierung m.E. zu einseitig, vgl. auch unten Anm. 941.

[916] Vgl. oben Anm. 911.

[917] I Dialogus V, c. 28, fol. 47rb: ... *in tali casu nihil restaret eidem* [d.i. dem zu Unrecht von einem Konzil verurteilten Papst] *nisi aliud concilium generale vocare vel potentia se tueri* [!], *vel omni humano deficiente consilio et auxilio se divine gratie committere et patienter illam iniuriam tolerare.*

[918] So besonders deutlich in Breviloquium IV.10, Opera Politica Bd. 4, S. 212: ...*tenendum est pro certo* [!] *quod Romanum imperium tempore Christi verum fuit et legitimum, non tyrannice usurpatum, licet forte imperator nonnumquam abusus fuerit vera et legitima potestate. Sed quando et qualiter incepit esse legitimum atque verum, non est facile per certitudinem diffinire, et forte solus Deus novit et quibus ipse revelavit.*

[919] Dieser Vergleich taucht bei Ockham in den späteren Schriften immer wieder auf, vgl. nur etwa Octo Quaestiones, IV.3 (Opera politica, Bd. 1², S. 133); An princeps, c. 9

jeglicher besonderer Legitimierung durch die Kirche oder den Papst unabhängig. Die Kaiserkrönung dient nur der Feierlichkeit (*solempnitas*), ist nicht die eigentliche Begründung kaiserlicher Stellung und Gewalt.[920] Freilich darf die Kirche im Notfall in die weltliche (staatliche) Herrschaftsordnung und der Herrscher darf im Notfall in die Kirche eingreifen.[921] Solches wechselseitige Eingriffsrecht in der Not kann aber nicht perpetuierlich beansprucht werden, von keiner der beiden Seiten. Damit hilft es, auf beiden Seiten dysfunktionale Herrschaftsansprüche in aller Regel ins Leere laufen zu lassen.

Ockham hat das unermüdlich immer wieder für jenes Feld beschrieben, auf dem er selber die Dringlichkeit der Frage erfahren hatte, für die Kirche. Bei der staatlichen Ordnung bleibt er wortkarg, ja nahezu einsilbig. Ganz unverkennbar aber ist, daß seine Gedanken von der kirchlichen Struktur auf die weltliche Sozialordnung gewissermaßen abfärben. Insbesondere gilt dies für den Freiheitsgedanken, der aus der kirchlichen Sphäre bei Ockham in für seine Zeit ungewöhnlich starkem Maße auf die weltliche Ordnung ausstrahlt. Es war Ockham wichtig, daß Gott den Menschen als freies Subjekt gewollt hat,[922] daß das Evangelium ein „Gesetz der Freiheit" sei.[923] Auch die Herrschaftsordnung des Kaiserreiches, des *Imperium Romanum* des 14. Jahrhunderts, ist dadurch gekennzeichnet. In Anknüpfung an ein Wort des Augustinus, der gesagt hatte, es sei ein *pactum societatis humane*, den Königen Gehorsam zu leisten,[924] heißt es im „Dialogus" einmal präzisierend: „Es ist eine Vereinbarung der menschlichen Gesellschaft, den Königen in den Dingen zu gehorchen, die zum allgemeinen Wohl dienen; die mensch

---

(ebenda, S. 258); Breviloquium, IV.1 (Opera politica, Bd. 4, S. 194); III Dialogus II.1, bes. c. 20–23, fol. 240ra-242vb. Wahrscheinlich ist Ockham auf diesen Gedanken von Lupold von Bebenburg gestoßen worden, dessen Hauptanliegen ja gerade die Gleichbehandlung des *imperator Romanorum* mit den Königen der westeuropäischen Reiche war; vgl. dazu demnächst etwa MIETHKE, Einleitung zu: *Lupold von Bebenburg, Politische Schriften, S. 111–122.

[920] Etwa Octo Quaestiones IV.8 (Opera politica, Bd. 4, S. 145). Vgl. dazu auch Eva Luise WITTNEBEN, Lupold von Bebenburg und Wilhelm von Ockham im Dialog über die Rechte am Römischen Reich des Spätmittelalters, in: DA 53 (1997) S. 567–586 (S. 574).

[921] Dazu besonders die Ausführungen zur *plenitudo potestatis* des Papstes in III Dialogus I.i, c. 17, fol. 189ra.

[922] Jürgen MIETHKE, Ockhams Concept of Liberty, in: Théologie et droit dans la science politique de l'état moderne, Actes de la table ronde organisée par l'École française de Rome avec le concours du CNRS, Rome, 12–14 novembre 1987 (Collection de l'École Française de Rome, 147) Rom 1991, S. 89–100.

[923] Zu diesem vieldiskutierten Postulat Ockhams eingehend Arthur Stephan McGRADE, The Political Thought of William of Ockham, Personal and Institutional Principles (Cambridge Studies in Medieval Life and Thought, III.7) Cambridge 1974, S. 140–149, vgl. auch S. 219f.

[924] III Dialogus II ii, c. 26, fol. 258ra: Ockham zitiert ausdrücklich Augustinus, Confessiones II.8.15, jedoch nicht direkt, sondern nach D.8 c.2: … *ait enim Augustinus libro secundo Confessionum, et habetur di. 8 c. „Que contra": generale quippe pactum est societatis humane obtemperare regibus suis.*

liche Gesellschaft ist dazu verpflichtet, dem Kaiser ganz allgemein in solchen Dingen Gehorsam zu leisten, jedoch nicht in anderen Dingen, die dem gemeinen Wohl keineswegs zuträglich sind, (zumal) wenn man das unzweifelhaft erkennen kann"[925].

Das Pathos der Freiheit, das Ockhams „*Dialogus*" durchzieht, richtet sich also nicht ausschließlich gegen klerikale Überwältigung und übersteigerte Ansprüche der Amtskirche. Ockham meint, in der Kirche und gewiß auch in anderen Bereichen die Menschen zu eigener Verantwortung rufen zu müssen. Das gilt fraglos auch für den staatlichen Bereich. Der „*Würde des Menschengeschlechts*" täte es Abbruch, wenn alle nur rechtlose Sklaven des Kaisers wären, „*und deshalb geschähe dieser Würde auch Abbruch, wenn der Kaiser freie Menschen in allen Dingen wie Sklaven behandeln könnte*".[926] Um dies festzustellen, und das ist für die theoretische Valenz dieses Gedankens das Entscheidende, bedarf es nach Ockhams Meinung also gar nicht der Analyse der konkreten (bösen) Absichten des jeweiligen Herrschers. Das ergibt sich bereits aus den strukturellen Bedingungen politischer Herrschaft überhaupt.

Ockhams politische Theorie erwuchs aus seiner Parteinahme für die offizielle Position seines Ordens in der Armutfrage, auf die sich Ockham offenbar durch sein Ordensgelübde zutiefst verpflichtet wußte. Das gilt nicht nur in einem schlichten biographischen Sinn, sondern bestimmt ihn auch im Kern seiner Absichten und theoretischen Einsichten. Noch in einer seiner letzten Schriften hat Ockham festgestellt: „Ich behaupte aber, daß wer jetzt nicht glühend bestrebt ist, zur öffentlichen Kenntnis zu bringen, welche Gewalt der Papst innehat, wie umfassend sie ist und kraft welchen Rechts er sie besitzt, daß der keineswegs den rechten Glaubenseifer hat und seinem Gewissen nicht folgt. Deshalb müssen sich in dieser gefährlichen Zeit alle Gelehrten in eigener Person um diese Forschungen bemühen wegen der unendlichen Übel, die von alters her aufgrund dieser Unwissenheit unter den Christen entstanden sind. Sonst nämlich ist 'Gottes Wort in ihrem Munde gefesselt" und sie werden 'stumme Hunde sein, die nicht bellen können'."[927]

---

[925] Ockham gibt nach einer längeren Erörterung zwei Kapitel später eine bezeichnend differenzierte Auslegung: III Dialogus II ii, c. 28, fol. 259ra: *generale pactum est societatis humane obtemperare regibus in his, que spectant ad bonum commune. Et ideo obligata est societas humana ad obediendum generaliter imperatori in his que ad utilitatem communem proficiunt, non in aliis, in quibus non dubitat quod nequaquam bono communi proficiatur.*
[926] III Dialogus II ii, c. 20, fol. 255vb: *Dignitati enim humani generis derogaret si omnes essent servi imperatoris et ideo derogaretur eidem si imperator in omnibus posset tractatare liberos sicut servos.*
[927] De imperatorum et pontificum potestate, c. 26, Opera politica, Bd. 4, S. 325: *Autumo vero, quod <qui> nequaquam ferventer desiderat ad publicam deduci noticiam, qua et quanta et quo iure papa polleat potestate, zelum Christianitatis non habet vel „non secundum scientiam"* [cf. Rom. 10.2]. *Quamobrem omnes litterati circa ipsam indagandam hiis periculosis temporibus occupari deberent propter infinita mala, quae ab antiquis temporibus inter Christianos ex ipsius igno-*

X. Epilog:
Wirkungen politischer Theorie auf die Zeitgenossen

Zusammenfassung

Ein „stummer Hund, der nicht bellen kann",[928] das wollte Ockham nicht sein. Ob aber sein „Bellen" mit einem „Beißen" verbunden war, diese Frage zu stellen muß erlaubt sein. Hat die politische Theorie des späteren Mittelalters auf die zeitgenössische Politik gewirkt? Hat die mit solch großem Aufwand auf beiden Seiten der Kampflinien angestrengte Reflexion auch praktische Folgen gehabt?

Zu Ockhams „Dialogus" gibt es wenigstens eine zeitgenössische Chronik, die von der Existenz dieses Textes weiß und die diesem gelehrten Werk sogar eine unmittelbare Wirkung auf die Politik Ludwigs des Bayern zuschreibt. Ludwig habe, so heißt es da, seinen Widerstand gegen die päpstlichen Prozesse, gestützt auf Ockhams „Dialogus", geübt. Der Verfasser Johannes von Viktring, Abt des Kärntner Zisterzienserklosters,[929] hatte im fürstlichen Rat des kurzzeitigen Königs Heinrich von Böhmen, des Herzogs Albrecht II. von Österreich und des Patriarchen von Aquileja gewiß Erfahrungen sammeln können, die den Horizont eines durchschnittlichen Zisterziensermönches weit transzendieren mochten. Er hat jedenfalls in mehreren Anläufen in Kärnten eine universale, eine Weltchronik zu schreiben unternommen.[930]

---

rantia provenerunt. Aliter enim „alligatum est verbum Dei" [II Tim. 2.9; zitiert auch in: De imperatorum et pontificum potestate, Prologus, Opera politica, Bd. 4, S. 281] *in ore ipsorum et erunt sicut „canes muti non valentes latrare"* [Is. 56.10; zit. auch I Dialogus VII c. 38 (fol. 140va)].

[928] Wie Anm. 921.

[929] Vgl. vor allem Alphons LHOTSKY, Quellenkunde zur mittelalterlichen Geschichte Österreichs (MIÖG, Ergbd. 19) Wien 1963, S. 292–307; Eugen HILLENBRAND, Der Geschichtsschreiber Johann von Viktring als politischer Erzieher, in: Festschrift Berent Schwineköper, Sigmaringen 1982, S. 437–453; Jean Marie MOEGLIN, La formation d'une histoire nationale en Autriche du moyen âge, in: Journal des Savants (1983) S. 169–218; zusammenfassend (mit weiterer Lit.) vor allem Eugen HILLENBRAND, in: VL² Bd. 4 (1983) Sp. 789–793; Heinz DOPSCH, in: LexMA 5 (1991) Sp. 519.

[930] Fritz Peter KNAPP, Die Literatur des Spätmittelalters in den Ländern Österreich, Steiermark, Kärnten, Salzburg und Tirol von 1273 bis 1439 (Geschichte der Literatur in Österreich, hg. von Herbert Zeman, 2.1) Graz 1999, S. 395–411, hier S. 395.

In seinem Bericht über den Kampf Ludwigs des Bayern mit der avignonesischen Kurie heißt es, der Habsburger Herzog Albrecht II. habe in seinen Landen die Prozesse Papst Clemens' VI. gegen Ludwig den Bayern nicht zu veröffentlichen erlaubt: *Quod Albertus dux in suis fieri districtibus nullatenus <permisit>; dictus quoque Ludvicus inniti cuidam dyalogo quem Wilhelmus Ockham ordinis minorum Anglice nacionis de diversis materiis et sententiis sub forma discipuli querentis et magistri respondentis edidit.*[931] Damit benennt der Chronist ganz unspektakulär, aber präzise die Funktion, die politische Theorie haben konnte. Nicht Wegweiser, aber Stütze und Rückendeckung auch für spektakuläre Entscheidungen konnte sie sein. Und eben dies konnte auch eine Schrift wie Ockhams „Dialogus" leisten.

Wohin immer wir blicken, wenn wir überhaupt etwas von Wirkungen unmittelbar erfahren, die unsere Schriften auf Zeitgenossen geübt haben, so weisen die Nachrichten alle in dieselbe Richtung. Schon Aegidius Romanus, dessen Formulierungen sogar auf den Text der Bulle „Unam sanctam" abfärbten, hat das gewiß ohnehin vorhandene Selbstbewußtsein Bonifaz' VIII. mit seinen kühnen Extrapolationen gefestigt und gewiß auch bestärkt. Heinrich von Cremona konnte mit seiner Zusammenfassung von Autoritätsbelegen zugunsten der päpstlichen Politik französischen Abgesandten im Konsistorium gegenüber ganz ebenso wie der Franziskaner-Kardinal Matteo d'Acquasparta als gleichsam offiziöses Sprachrohr des Papstes wirken, der sich selber dann zwar auch noch äußern mochte und auch geäußert hat, der aber die Einzelargumentation eben doch lieber seinen Kurialen überließ, was er offensichtlich auch tun konnte, denn sie äußerten sich ganz in seinem Sinne. Der Bischof von Meaux Durandus von Saint Pourçain liefert ein weiteres Beispiel solcher Stützfunktion. Aus seiner knappen Schrift konnten sich seine Kollegen im Bischofsamt, der Erzbischof von Sens Petrus Rogerii und der Bischof von Autun Petrus Bertrandi, als Sprecher des französischen Episkopats im Schaukampf von Paris und Vincennes soweit bedienen, daß es ihnen gelang, im Verhältnis zwischen geistlicher und weltlicher Gerichtsbarkeit im französischen Königreich die vom königlichen Rat ins Auge gefaßte Änderung des Status quo zu vermeiden.

Am deutlichsten vielleicht läßt sich unter den hier etwas näher betrachteten Fällen diese stützende und sichernde Funktion der politischen Theorie am Hofe Ludwigs des Bayern greifen. Spätestens im 15. Jahrhundert hat ein Geschichtsschreiber einer „Weltchronik", als er von dem Kampf zwischen

---

[931] Johannes von Viktring, Liber certarum historiarum, Bd. 2, S. 230f. Die frühere Edition der Chronik durch Johann Friedrich BÖHMER, in: Fontes rerum Germanicarum, Bd. 1, Stuttgart 1843, S. 447 hatte wegen eines Lesefehlers eine irreführende Version des Textes erstellt, die leicht mißverstanden werden konnte, vgl. MIETHKE, Ockhams Weg, S. 121f. Exemplarisch zu den Auseinandersetzungen um die Veröffentlichung der päpstlichen Prozesse in Deutschland insbes. Martin KAUFHOLD, Öffentlichkeit im politischen Konflikt: Die Publikation der kurialen Prozesse gegen Ludwig den Bayern in Salzburg, in: ZHF 22 (1995) S. 435–454.

Kaiser und Papst im 14. Jahrhundert berichtete, eine bildkräftige Szene aus-
gemalt. Weil der Kaiser vom Papst zu Unrecht angegriffen worden sei, habe
er sich an die Pariser Theologen gewandt. Daraufhin sei der große Theologe
Wilhelm von Ockham (aus Paris) zum Kaiser gekommen. Er habe im Papst
einen Ketzer erkannt und habe dem Herrscher seinen Dienst mit den Worten angeboten: *O imperator, defende me gladio et ego defendam te verbo!*[932] In
diesem Wortwechsel hat man seit dem 15.[933] und 16. Jahrhundert[934] bis
heute[935] immer wieder eine die Wirklichkeit verdichtende Anekdote gesehen, die die realen Verhältnisse im wesentlichen zutreffend wiedergibt.
Phantasieanregend scheint in diesem Bild das Verhältnis des Intellektuellen
zum Machthaber anschaulich erfaßt. Der Kaiser gibt Schutz und der Gelehrte spitzt seine Feder.

     Aber wenn wir auch die hier leichthin vorgenommene Verkürzung eines
Theoretikers, der nur als purer Ideologe und Apologet politischer Interessen
erscheint, einmal beiseite lassen, die Anekdote verfälscht die Realität, zumindest kann sie leicht in die Irre führen. Sie verzerrt das wahre Verhältnis
allein dadurch, daß sie die Szene zu einem Zweipersonenstück gerinnen
läßt. Ockham war jedoch nur einer von einer ganzen Gruppe von Franziskanern, und auch sie waren nur eine einzelne Gruppe unter sehr verschiedenen Personenkreisen am Hofe des Kaisers, auch als sie einmal von ihm in
seinen Schutz aufgenommen worden waren. Sie hatten nicht gleichsam automatisch und von selbst das erste und letzte Wort in den Debatten der politischen Entscheidungsfindung, die damals stattgefunden haben müssen. An
solchen Debatten haben sich die verschiedenen Gruppen des Hofes, zu denen in München auch Marsilius von Padua, der Arzt des Kaisers gehörte,
und daneben auch immer noch die „geborenen" deutschen Berater Ludwigs des Bayern, nicht selektiv sondern konkurrierend beteiligt. Jeder mußte im Ernstfall jeweils gesondert seine Vorschläge dem Herrscher und seinem Rat allererst plausibel machen, er mußte sie argumentativ und überzeugend vortragen.

---

[932] Sogenannte „Bayerische Fortsetzung der sächsischen Weltchronik", in Auszügen
ed. Sigmund RIEZLER, in: Johannes Turmair, genannt Aventin, Sämtliche Werke, Bd. 3,
München 1884, S. 588–593, hier S. 591. Die Datierung dieser Fassung ist unsicher, der
Hrsg. setzt sie in die zweite Hälfte des 14. Jahrhunderts, muß dann aber einen Passus, der
bis zu König Siegmund herabführt, als späteren Zusatz werten.
[933] Johannes Trithemius, De scriptoribus ecclesiasticis, Catalogus scriptorum eccle-
siasticorum, ed. Marquardus FREHER, in: Johannes Trithemius, Opera historica, Frankfurt/
Main 1601, Bd. 1, S. 184–412, hier S. 313; abgedruckt z.B. bei Melchior GOLDAST: Mo-
narchia sacri Romani imperii, Bd. 1 (Dissertatio de auctoribus, s.v. Guilelmus de Ockham).
[934] Aventin gleich zweimal, einmal in: Johannes Turmair, Sämtliche Werke, ed. RIEZ-
LER, Bd. 3, S. 415, und dann Bayerische Chronik, VIII.23, ebenda, Bd. 5, ed. Matthias VON
LEXER, München 1886, S. 461.
[935] Z. B. BAUDRY, Vie, S. 124; John B. MORALL, William of Ockham as a Political
Thinker, in: Cambridge Journal 5 (1951 / 1952) S. 742–751, hier S. 746; Marino DAMIA-
TA, Guglielmo d'Ockham, povertà e potere, Bd. 2: Il potere come servizio (Biblioteca di
Studi Francescani, 15) Florenz 1979, S. 145.

In der Maultasch-Affäre lassen sich durchaus markante Unterschiede zwischen einzelnen Vorschlägen erkennen. Zugleich zeigt es sich, daß am Ende der Kaiser bei seiner Entscheidung, die er schließlich traf, offenbar weder den Weg einschlug, den Marsilius, noch den, den Ockham vorgeschlagen hatte. Die schließlich getroffene praktische Lösung des Dilemmas mochte theoretischer Klarheit entraten, sie war aber ein vielleicht typischer politischer Ausweg aus der verfahrenen Lage, brachte allerdings, wie sich allzu rasch zeigen sollte, dem Wittelsbacher Herrscher auf die Dauer nicht den erhofften Gewinn.

Daß sich die großen Theorieentwürfe sowohl des Marsilius als auch Ockhams nicht schlicht als „Verteidigung" der jeweils konkreten kaiserlichen Politik verrechnen lassen, das versteht sich von selbst. Als bloß apologetische Konstrukte hätten sie die Situation, in der sie entstanden sind, nicht überdauern können. Da es aber um theoretische Grundlagen in einem sehr weiten Horizont von allgemeinen Überlegungen ging, blieb es die Aufgabe bei allen von uns hier behandelten Texten, nicht nur die unmittelbaren Motive einer konkreten politischen Maßnahme oder einer Haltung vorzubringen oder zu verteidigen. Das mochte in Einzelfällen gesondert und eigens geschehen: Bonifaz VIII. hat etwa solche Erläuterungen in seinen pathetischen Deklarationen seinen Zeitgenossen immer wieder geballt vor Augen gerückt. In den Überlegungen der Theoretiker war jedoch eine Begründungsebene angezielt, die die konkreten Maßnamen doch hinter und unter sich ließ.

Dabei ist diese „hohe" Ebene der politischen Reflexion, wie wir hier verfolgen konnten, keineswegs etwa eine abgehobene Sphäre reiner Geistestätigkeit. Der „realgeschichtliche" Rahmen hat nicht nur vermittelt über die Biographie der Autoren die verschiedenen Entwürfe geprägt. Indem er als Bedingungsfeld Ansatz, Thema und Problemstellung mitbestimmte, indem er die vielfältig vorhandenen Traditionen in bestimmter Beleuchtung erscheinen ließ, hatte er entscheidende Bedeutung für die Konkretion, und damit für die definitive Gestalt der einzelnen Theorie. Gewiß hatten Scharfblick und theoretisches Genie eine bessere Chance zu treffsicherer Ausarbeitung situationsgerechter Antworten auf die Fragen von Zeitgenossen als bloße Fleißbegabung und hohe Gedächtnisleistung. Die Spannweite möglicher Versuche ist entsprechend gewaltig. Das beginnt bei theoretisch eher harmlosem kompilatorischen Eifer, wie ihn etwa Heinrich von Cremona an den Tag legte oder auch Wilhelm von Sarzano, der in seinen kleinen Traktat nebeneinander Stücke aus der „Summa" Papst Innozenz' IV. und aus einer theologischen Quaestion des Johannes Quidort gleichermaßen integriert hat. In geradezu gigantischem Ausmaß nutzte eine ähnliche Methode der portugiesische Franziskaner Alvarus Pelagius. Der Bogen reicht aber ebenso bis zu der freilich nur scheinbar konsequenten Großfassade eines absoluten päpstlichen Herrschaftsanspruchs, die ein Aegidius Romanus behende errichtet hat, wie zu der tiefsinnigen Deutung der

Gegenwart, die Dante in seiner „Monarchia" entfaltete, und zu kühnen neuartigen Konzepten, die weit in die Zukunft vorauswiesen, wie sie einem Johannes Quidort, Marsilius von Padua oder Wilhelm von Ockham gelungen sind.

Die Bindung an die Rahmenbedingungen der konkreten politischen Lage, aus der heraus und in die hinein sie alle sprechen und sprechen wollen, ist für alle fundamental. Sie allein erklärt auch, daß die Theorieentwicklung sich in Form einer Erörterung, ja einer Debatte oder Diskussion vollziehen konnte, denn eine unmittelbare Bezugnahme der Traktate aufeinander kommt nur äußerst selten vor, so wenn Johannes Quidort seine kurialistischen Gegner nicht weniger als 42 idealtypisch aneinander gereihte Argumente wie eine Mörserbatterie auffahren läßt, um sie dann eingehend zu widerlegen, oder wenn Wilhelm von Ockham in seinem „Dialogus" den „Meister" eine schier unglaubliche Menge von höchst kontroversen Positionen dem „Schüler" oder „Jünger" vor Augen führen läßt. Beide identifizieren jedoch bestimmte Personen nur ganz ausnahmsweise namentlich,[936] sie begnügen sich in der weitaus überwiegenden Zahl aller Fälle mit einem an den Universitäten der Zeit üblichen Verfahren, indem sie „gewissen Leuten", *quidam* bzw. *alii* Positionen zuzuweisen. Darum ist eine direkte Kenntnis der Autoren voneinander, um es vorsichtig auszudrücken, im Einzelfall jeweils nur äußerst schwierig zu eruieren. Das gelingt in aller Regel vor allem dann, wenn geradezu plagiatsverdächtig wörtlich ein anderer Text ausgeschrieben wird oder wenn besonders typische Elemente einer fremden Theorie angesprochen werden.

Daß dem zurückblickenden Historiker gleichwohl so etwas wie eine zusammenhängende Debatte sichtbar wird, liegt, so meine ich, an dem Kontext der Diskussionen, an inhaltlichen wie formal prägenden Gemeinsamkeiten, die auch die unterschiedlichsten Autoren noch teilten. Auch wenn die Verfasser von einander nur sporadisch Kenntnis nehmen konnten oder Kenntnis genommen haben, bewegten sie sich doch in einem von den zeitgenössischen Erfahrungen bestimmten Feld. Der Kontext ihrer Problemstellung ist von diesen realen Bedingungen zumindest mitgeformt und gewissermaßen homogenisiert. Die konkrete Praxis eines Herrschers wie Philipps des Schönen, die extreme Amtswahrnehmung eines Bonifaz VIII., oder die Entscheidungsfreude eines Johannes XXII. wird, freilich in theoretisch entrückter Form, zur Erörterung gebracht und einer Analyse unterzogen. Formal ist diese theoretische Auslegung der spezifischen Erfahrung, die verschiedene Autoren teilen, dann wiederum der gemeinsame Ort, wo ältere Traditionen und neuere Entwicklungen der Geistesgeschichte formgebend einspringen konnten.

Wir konnten der Filiation der einzelnen Theorieelemente in den verschiedenen Entwürfen, die hier zur Sprache kamen, nur in sehr eng gezoge-

---

[936] Ein Beispiel etwa in Anm. 577.

nen Grenzen Aufmerksamkeit widmen. Für Kohärenz und Struktur der
Debatten war dieses Moment gleichwohl von evidenter Wichtigkeit. Hier
hatte die scholastische Universität als Agentur der Vermittlung ihre uner-
setzliche Rolle zu spielen. Der jeweilige Verfasser eines Traktats hatte beides
zu leisten, Antwort auf die Erfordernisse der Lage zu geben und die passenden Theoreme der reichen Tradition, die „Sprachangebote" seiner Leitwissenschaften zu nutzen.

Es ist kein Zufall, daß sich bei dieser Aufgabe die Theologen und Artisten
weit überproportional beteiligten. Die Juristen verzichteten zwar keineswegs darauf, immer wieder deutlich Anregungen zu geben. Das zeigt sich
auch daran, daß kein Teilnehmer an der Debatte, so kritisch er sich den Juristen gegenüber auch geben mochte, ohne kräftige Nutzung der kanonistischen Quellentexte in den Textcorpora der Kirchenjuristen und ohne die in
den Glossen bereitliegende Begriffsarbeit von Generationen juristischer
Gelehrter auskam. Über einen engeren oder lockereren Anschluß an die
Theoriearbeit der Kanonisten der vorangegangenen Jahrhunderte hinaus
hatten die Theoretiker des 14. Jahrhunderts aber ein wichtiges Angebot zu
machen. Bei ihnen vereinigten sich tendenziell die verschiedenen Sprachangebote der einzelnen Universitätsdisziplinen, der „Leitwissenschaften",
wie wir sie genannt haben, zu einer wenn nicht geschlossenen, so doch inte-
grativen theoretischen Bemühung. Diese Männer sprachen wohl noch jeweils erkennbar auf der Basis ihrer spezifischen Kompetenz und man kann
gewiß heute noch und konnte auch damals den Theologen von dem Juristen und dem Artistenmagister unterscheiden. Sie alle aber hatten zumindest einen Blick über den Zaun in die Nachbargebiete zu werfen, wollten
sie sich in der Erörterung ihrer Zeit Gehör verschaffen, wenn sie sich nicht
darum bemühen mußten, die verschiedenen Argumentationsketten der verschiedenen Seiten perspektivisch miteinander zu vermitteln.

Das mochte relativ kompilatorisch geschehen, das konnte aber durchaus
ebenso gut in einer eher subtilen gegenseitigen Durchdringung juristischer
und theologischer Argumente, wie etwa bei Petrus de Palude geschehen,
der sich von seiner kanonistischen Ausbildung her ein starkes juristisches
Interesse bewahrt hatte. Das schlagendste Beispiel für die Integration verschiedener Traditionen liefert ein eher allgemeines Phänomen, nämlich die
in Umfang und Bedeutung stetig wachsende Rolle, die die politische Philosophie des Aristoteles zunehmend spielte.

Wir sind nicht in der Lage, hier eine Geschichte der politischen
Aristotelesrezeption seit dem endenden 13. Jahrhundert auszubreiten. Bereits Thomas von Aquin hatte hellsichtig die Chancen erkannt und genutzt,
die in der ausgearbeiteten Sozialphilosophie des Stagiriten lagen. Thomas
hatte in „De regno" die Gattung der Fürstenspiegel mit Hilfe der aristotelischen „Politik" aus einem Genus der Ständedidaxe und praktischen Ethik
zu einem Traktat der analytischen Theorie der Gesellschaft und der politischen Verfaßtheit der Menschen entwickelt. Das Thema blieb seither auf der

Tagesordnung, auch wenn es „nur" darum ging, die päpstlichen Kompetenzen in Kirche und Welt auszumessen und daneben die Spielräume der weltlichen Herrschaft genauer zu erfassen.

Naturgemäß mußte sich der aristotelische Ansatz mit anderen Traditionen theologischer Reflexion zu Kirche und kirchlichen Strukturen vergleichen lassen und konnte sich deswegen auch mit ihnen reiben. Noch bei
Johannes Quidort war allein die im engeren Sinne politische Verfassung des
Königreiches (Frankreich) mit aristotelischen Mitteln begriffen worden,
während die Kirche dem Dominikanertheologen in ihren inneren Strukturen noch durchaus anders, nämlich theologisch-heilsgeschichtlich begründet erschien. Jakob von Viterbo hat dagegen um die gleiche Zeit bereits die
Kirche als *regnum* kat' exochen, als eigentliches und wahres Königreich sehen wollen und damit die Kirche zugleich als eine Institution verstanden,
die sich mit aristotelischen Begriffen fassen und begreifen ließ, wenngleich
dann dieser Augustinereremit zu einem weltlichen Königreich nichts Eigenes mehr zu sagen wußte oder wollte. Marsilius von Padua erst hat entschlossen beide, die weltliche und die kirchliche politische Organisation mit
einer einzigen Elle gemessen und mit aristotelischen Begriffen den Frieden
im Gemeinwesen wieder herstellen wollen, den er in den Kämpfen zwischen Papst und weltlichen Fürsten seiner Zeit so schmerzlich vermißte.
Ockham hat diesen Maßstab bereits wie selbstverständlich auf die gesamte
Gesellschaft angewendet und hat die Kirche grundsätzlich als Sozialgebilde
gleichartiger Struktur begriffen wie den Staat, wenn es denn erlaubt ist,
schon im 14. Jahrhundert diese „modernen" Begriffe anzuwenden. Mochten in der Kirche auch besondere (von den staatlichen Mechanismen unterschiedene) Regeln gelten,[937] so änderte das doch nichts daran, daß Ockham
die Kirchenverfassung kühl mit Hilfe der aristotelischen Kategorien durch-
leuchtete, ja seinen kleinen Exkurs zu tragenden Begriffen der aristotelischen Sozialphilosophie[938] exakt anläßlich der Besprechung der Kirchenverfassung entwickeln konnte.[939]

Was die politische Theorie der ersten Hälfte des 14. Jahrhunderts auszeichnet, ist nicht zuletzt dieser spezifische, ältere Traditionen verbindende,
die Fächer über ihre (weiterhin wahrnehmbar bleibenden) Grenzen hinweg
integrierende Zug, die Fachgrenzen und Fachsprachen immer wieder über-

---

[937] Breviloquium V.10 (in: Opera politica, Bd. 4, S. 246): im Anschluß an Bernhard
von Clairvaux spricht Ockham hier vom *ministerium* des Papstes im Gegensatz zum *dominium* des weltlichen Fürsten. De imperatorum et pontificum potestate, c. 7 (Opera politica,
Bd. 4, S. 296), erklärt Ockham für die Kirche dann prägnant: *principatus dominativus, qui est
respectu servorum, interdicitur, sed principatus ministrativus, qui est respectu liberorum, indicitur.* Zu
beachten ist die Amalgamierung mit dem Freiheitspathos.
[938] III Dialogus I. ii, cap. 3–8 (fol. 191va–193vb).
[939] Darauf hat zurecht aufmerksam gemacht Roberto LAMBERTINI, Wilhelm von
Ockham als Leser der „Politica", jetzt in LAMBERTINI, La povertà pensata, S. 269–288, hier
bes. S. 270f.

greifende Tendenz ihrer Reflexion. Dies war wohl auch (neben ihrer intellektuellen Qualität) für die lange und intensive Wirkungsgeschichte der
Schriften mitverantwortlich. Die genauere Rezeptionsgeschichte der einzelnen Texte ist nur in wenigen Fällen schon näher in Angriff genommen
worden.[940] Hier bleibt noch viel zu tun. Bisher fehlt auch eine angemessene
Überprüfung der Wirkungen unserer Texte auf das Selbstbewußtsein der
Kleriker, die die großen Konzilien des 15. Jahrhunderts besuchten und
prägten.[941] Nicht umsonst zeigt die handschriftliche Überlieferung unserer
Texte allgemein in der Konzilszeit und in erkennbarem Zusammenhang mit
den Konzilien einen erheblichen Anstieg. Gerade die ekklesiologische Perspektive unserer Texte konnte zur Zeit des Großen Schisma in den Traktaten über die päpstliche Kompetenz und ihre Grenzen bzw. ihre Grenzenlo-
sigkeit Anregung und Wegweisung geben,[942] selbst wenn in den damals bereits mehrere Jahrzehnte zurückliegenden Traktaten naturgemäß keine
Patentrezepte zur Lösung der konkreten Konflikte der abendländischen
Kirchenspaltung bereit lagen, die nur noch hätten angewandt werden müssen. Die mit allen Mitteln der scholastischen Buchwissenschaft hier bereit-
gestellten Argumente und Belege *pro* und *contra* konnten dementsprechend
auch auf beiden Seiten der verschiedenen Kampflinien wirken, wie sich an
ihrer allseitigen Nutzung und Ausschlachtung zeigt.

Eine nähere Betrachtung des Bedingungs- und des Wirkungszusammen-
hangs der politiktheoretischen Diskussion in der ersten Hälfte des 14. Jahrhunderts, wie sie hier versucht worden ist, kann eine genauere Überprüfung
der materiellen Verbreitungsgeschichte der einzelnen Texte im Rückgang
auf die erhaltenen Handschriften nur vorbereiten und begleiten, nicht sie
ersetzen. Nur sporadisch sind bisher die Kenntnisse, nur an ausgewählten
Beispielen sind sie exemplarisch erarbeitet.[943] Die Verbreitungskreise der
Universitäten und der an den Höfen selbst – oder doch hofnah – eingerichteten gelehrten Bibliotheken fallen dabei für alle hier in Betracht genommenen Texte sofort ins Auge. Daß Universitätserfahrung für einen behen-

---

[940] Insbesondere gilt das für Ockham, vgl. vor allem Hilary Seton OFFLER, The ‚In-
fluence' [jetzt in: OFFLER, Church and Crown, nr. x] sowie MIETHKE, Zur Bedeutung. Zu
Marsilius vgl. etwa die Bemerkungen von Georges DE LAGARDE, La naissance, Bd. 3:
Marsile de Padoue.

[941] Vgl. vorerst die Bemerkungen von MIETHKE, Konziliarismus – die neue Doktrin
einer neuen Kirchenverfassung.

[942] Das ist wohl doch nicht allein auf den allgemeinen Anstieg der Handschriftenpro-
duktion im 15. Jahrhundert zurückzuführen.

[943] An zwei Beispielen MIETHKE, Marsilius und Ockham – Publikum und Leser. Für
einen Text (der freilich nicht unmittelbar zu der hier in Frage stehenden Diskussion gehört) jetzt umfassend Charles F. BRIGGS, Giles of Rome's *De regimine principum*, Reading
and Writing Politics at Court and University, c. 1275–c. 1525 (Cambridge Studies in Pa-
laeography and Codicology, 7) Cambridge 1999 [entstanden aus BRIGGS, The English
Manuscripts of Giles of Rome's „*De regimine principum*" and their Audience, 1300–1500,
PhD-Thesis University of North Carolina, Chapel Hill 1993].

den Umgang mit diesen Traktaten nützlich, ja unbedingt vonnöten war, das leuchtet auch heute noch unmittelbar ein. Daß solcher Umgang weniger im alltäglichen Unterricht an den Universitäten als in den Ratsgremien der spätmittelalterlichen Herrschaftsträger von den „Gelehrten Räten" geübt wurde, und daß dementsprechend die gelehrten Universitätsbesucher die „Hauptabnehmer", die Besitzer und Auftraggeber entsprechender Texthandschriften waren, das ergibt sich als Resultat bisheriger Recherchen, wie mir scheint, eindeutig.

Damit zeigt sich der spätmittelalterliche universitär gebildete fürstliche Rat oder gelehrte kirchliche Prälat als Schlüsselfigur der Verbreitungsgeschichte unserer Texte. Nicht nur für die Praxis der Herrschaftsintensivierung, auch für die theoretische Reflexion der anzuwendenden oder abzulehnenden Mittel hatte er Verantwortung zu übernehmen. Auch hier stellte ihm jedoch die mittelalterliche Universitätswissenschaft ein Angebot zur Verfügung, ein Angebot, dessen näheres Aussehen wir hier wenigstens für die erste Hälfte des 14. Jahrhunderts etwas näher in Augenschein genommen haben.[944]

Alois Dempf hat vor sieben Jahrzehnten die politische Theorie Ockhams aus dem Selbstbewußtsein der „Bildungsaristokratie" (wie er sie nannte) des Spätmittelalters abgeleitet. Er hätte diese Charakteristik auf die Autoren politischer Theorie dieser Zeit insgesamt ausdehnen können. Sie selber waren sich sehr wohl bewußt, was sie als *periti*, als *sapientes*, wie die gelehrten Räte in den Zeugnissen der Zeit oft genannt werden, zu bieten hatten. Ein letztes Mal sei Wilhelm von Ockham zitiert, der in einer fürstenspiegelartigen Passage seines „Dialogus" die Fürsten und damit auch seinen eigenen Schutzherrn Ludwig den Bayern auffordert, sie sollten gelehrte Ratgeber in größerer Zahl um sich scharen, wie es vorbildhaft schon die Bibel verlange.[945] Ockham stand mit seinem offen zur Schau getragenen Selbstbewußtsein eines wichtigen, weil wissenschaftlich ausgebildeten, am wissenschaftlichen Umgang mit Problemen geschulten Rates keineswegs allein. Doch sollen hier nicht Belege für diese keinesfalls überraschenden gemeinsamen Interessen unserer Theoretiker gesucht und angehäuft werden,[946] es sollte nur der häufig aufweisbare Ort politischer Theorie im Fürstenrat an den Höfen erneut in Erinnerung gerufen werden.

---

[944] Zu den praktischen Absichten der scholastischen Wissenschaften vgl. knapp MIETHKE, Practical Intentions of Scholasticism.

[945] III Dialogus II.1, cap. 15 (fol. 237rb-va): *Etiam <expedit> ut <imperator> plures consiliarios secum habeat sapientes* [!], *exemplo Romanorum qui (…) constituerunt XXXII, qui cottidie consulebant, et consilium agentes de multitudine, quia teste Salomone Proverbiis XV [22]* „*Dissipantur cogitationes ubi non est consilium, ubi vero plures consiliarii sunt confirmantur*", *et Proverbiis XI [14] ait, quod* „*est salus, ubi multa*" *sunt* „*consilia*".

[946] In interessanter Weise kreuzt sich Standesstolz des Ritterbürtigen mit Kritik an gelehrten Räten bei Ramon Llull, vgl. dazu ★MIETHKE (2002).

Mit diesem Hinweis soll nicht behauptet sein, daß aus den theoretischen Anstrengungen eines halben Jahrhunderts nichts anderes herausgelesen werden dürfe als die Ideologie einer selbstbewußten Gruppe von wenigen Intellektuellen. Die Leistungen, die in den Debatten des 14. Jahrhunderts bleibend erreicht worden sind, sind gar nicht zu übersehen und sollen hier auch nicht verdunkelt werden. Was Freiheit, was Gerechtigkeit, was menschliche Würde in politischer Verfassung bedeuten können, wie sie zu sichern und zu wahren seien, wurde hier theoretisch auf dem Hintergrund einer reichen theologischen, philosophischen, juristischen Tradition und im Angesichts von unmittelbaren Erfahrungen praktischer politischer Konflikte neu durchdacht. Daß wir selbst heute noch mit unserem Nachdenken in diesen Fragen an kein Ende gelangt sind, läßt die Antworten, die damals gesucht und gefunden wurden, in ihrer Leistung und in ihren Grenzen nur deutlicher in Erscheinung treten.

Anhang

Übersicht über die handschriftliche Überlieferung der Texte

Anonymus: *Antequam essent clerici*
 Gedruckt bei DUPUY, *Histoire du différend, Preuves, S. 21–23; jetzt* ★DYSON *(1999)*
 2–10.
 Ms.:
 Paris, BN, lat. 10919 [XIV] fol. 4va-6va

Anonymus: *Disputacio inter clericum et militem*
  ed. Norma N. ERICKSON, *A Dispute Between a Priest and a Knight, in: Proceedings of*
  the American Philosophical Society 111,5 (1967) S. 288–313 [Text S. 294–301]: jetzt
  ★DYSON *(1999) 12–45. [Tanssumpt in das Somnium viridanii, éd.* SCHNERB-LIÈVRE,
  vgl. die Konkordanz Bd. 2, S. 529].
 Mss.:
 Basel, UB, E.I.11 [XV] fol. 5^{r}-10^{r};
 Bordeaux, 406 [XV] f. 76^{r} sqq.;
 Breslau, Stadtbibliothek, ms. 130;
 Cambridge, Corpus Christi College, P. 21 (156) [XV] Nr. 22 ;
    St. John's College, E. 12 (115) [XV] Nr. 4;
    St. John's College, F. 23 (160) [XV] fol. I^{v}–VI^{v};
 Gießen, UB, 733 [a. 1453/54] fol. 107ra–111ra;
 London, BL, Cotton Nero D. VIII [XIV] fol. 183^{r}-186^{r};
    Royal 6 E III [XV 2/2] fol. 130^{r}-132^{v};
 München, BSB, clm 21059 [XV] fol. 41ra-45rb;
 Paris, BN, lat. 4364 [XIV] fol. 41ra–46rb (fragm.);
    lat. 12464 [XV] fol. 158^{r-v} (fragm.);
    lat. 15004 [XV] fol. 5^{r}-11^{v};
 Philadelphia, Temple Univ., Cochran 501 [XV 2/4] fol. 43^{v}-50^{v};
 Prag,   Metropolitankap. J. xxx (1134) [XV 2/2] fol. 265^{v}-290^{r};
    Univ. Bibl. VIII.F.13 (1567) [a. 1445–1481] fol. 230^{r}-236^{r};
 Vatikan, Vat. lat. 4100 [a. 1429] fol. 1^{r}-7^{r};
    Vat. lat. 13680 [XV] fol. 104^{r} (fragm.);
    Borgh. lat. 29 [XIVex.] fol. 24^{v}-29^{v};
    Reg. lat. 1059 [XIV] fol. 165rb-167^{v};
 Venedig, Bibl. Marc., lat. IV. 20 (= colloc. 2372) [XV] fol. 2^{r-v};
 Übersetzung des John TREVISA *ins Englische, ed. A. J. Perry (Early English Text Society,*
 Original Series 167 (London 1925 [Neudruck Oxford-New York 1971]) S . 1–38.
 Mss. der Übersetzung des John Trevisa:

San Marino, CA, Huntingdon Libr., HM 28561;
Cambridge, St. John's College H.1 [post 1387] fol. 1–5;
London, BL, Harl. 1900 [XV] fol. 1–5;
      Add. 24194 [XV in.] fol. 4 sqq.;
      Stowe 65 [XV in.] fol. 202–205ᵛ;
Chetham, 11379, fol. 1–5 [?].

Anonymus: *Non ponant laici os in coelum*
    Ed. Richard SCHOLZ, *Publizistik, S. 471–484; sowie E. J. J.* KOCKEN, *Ter dateering van Dante's Monarchia, Nijmegen 1927, S. 21–32*
    Mss.:
    Basel, UB, E.I.11 [XV] fol. 1–4ᵛ;
    Paris, BN, lat. 4364 [XIV] fol. 40–44ᵛ.

Anonymus: Quaestio in utramque partem
    ed. Gustavo VINAY, *Egidio Romano e la cosidetta „Quaestro in utramque partem", in: BISI 53 (1939) S. 43–136 [Text S. 93ff.] Vgl. zu* VINAYS *Textkonstitution (nach 4 Mss.) kritisch John A.* WATT, *The Quaestio in utramque partem reconsidered, in: Studia Gratiana 13 (1967) 411–453. Jetzt besser* *DYSON (1999) 46–110.*
    Mss.:
    Barcelona, Arch. Cat. 2 [XV] fol. 61ʳᵇ-68ʳᵇ;
    Berlin, SBPK, Hamilton 110 [XV] fol. 1ᵛ-29ᵛ;
    Bordeaux, 406 [XV] fol. 7sqq.;
    Cambridge, Emmanuel College, I 1.9 (9) [XV] fol. 232–238ᵛ;
    Paris, Bibl. de l'Arsénal, 2450 [XV] fol. 219ᵛ–240ᵛ;
    Paris, Arch. Nat. JJ 28 [XIV] fol. 234ᵛ–257ᵛ;
    Paris, BN, lat. 4358 [XV] fol. 55ᵛ-73ʳ;
        lat. 12467 [XV] fol. 119ᵛ-126ᵛ;
        lat. 15004 [XV] fol. 53ʳ-63ᵛ;
    Rom, Bibl. Ang. 130 (B. 4.7) [XV] fol. 273–294ᵛ (unvollst.);
    Tours, 404 [XV] fol. 234ᵛ sqq. ;
    Uppsala, C 692 [XVI in] fol. 21ʳ-42ʳ;
    Vatikan, Reg. lat. 1123 [XV] fol. 28ʳᵇ-36ʳᵇ.
    Französische Übersetzungen in:
    Lyon, 365 [XV] fol. 1–16ᵛ;
    Paris, BN, lat. 14617 [hier XV] fol. 112–123ᵛ;
        franç. 25034 [XV/XVI] fol. 1–34ᵛ.

Anonymus: Quaestio de postestate papae „*Rex pacificus*"
    gedruckt bei Jean Barbier, Paris 1506; Edmond RICHER, *Vindiciae doctrinae scholae Parisiensis, Bd. 2, Köln 1683, S. 165–196; Auszüge bei César Égasse du Boulay (*BULAEUS*), Historia Universitatis Parisiensis, Bd. 4, Paris 1668, S. 28–31.*
    [Vgl. auch <Évrart de Trémaugon> Somnium viridarii, ed. Marion SCHNERB-LIÈVRE, *Bd. 1–2, Paris 1993–1995 (vgl. dort, Bd. 2, S. 541f. eine Konkordanz)]*
    Mss.:
    Bordeaux, 406 [XV] fol. 16ʳ-20ᵛ [unvollständig].
    Cambridge, Emmanuel College, I.1.9 [XV] fol. 101–109ᵛ ;
    Paris, BN, lat. 3184 [ca. 1396] fol. 72–79 ;
        lat. 12467 [XV] fol. 127–130ᵛ [unvollständig];

lat. 15004 [XV] fol. 95–104^v;
lat. 14644 [XV] fol. 245–252^v;
lat. 15690 [XV] fol. 125ra-136ra;
Bibl. Ste. Génevieve, 251 [XV] fol. 131sqq,;
Uppsala, C 692 [XVI in] fol. 1–20^v;
Vatikan,   Vat. lat. 1130 [XV] fol. 209^r-212^v [Auszüge];
R eg. lat. 1123[XV] fol. 37vb-46va.
Französische Übersetzung durch Raoul de Presles:
Mss.:
Pas-de-Calais, Arch. dép., 10 [XV] fol. 1–29.
Andere französische Übers. :
Oxford, Bodl. Libr. 968 [XV] fol. 204^r-213^r.

Aegidius Spiritalis von Perugia: *Contra infideles et inobedientes et rebelles Romano pontifici*
Auszüge ed. SCHOLZ, *Streitschriften, Bd. 2, S. 105–129.*
Ms.:
Paris, BN, lat. 4229 [XIV] fol. 114^r-122^r.

Aegidius Romanus, OSA: De ecclesiastica potestate
ed. Richard SCHOLZ *(Leipzig 1928/Neudruck Aalen 1961); transl. R.W.* DYSON: *Giles*
of Rome on Ecclesiastical Power, The De ecclesiastica potestate of Aegidius Romanus,
Woodbridge 1986.
Mss.:
Cremona, Bibl. Governativa, 81 [XIV] fol. 1–115;
Firenze, BN, Conv. soppr. J. 51.12 [XIV] fol. 1–104;
Rom, Bibl. Ang.,   130 (B. 4.7) [XV] fol. 1–160^v;
          181 (B. 7.10) [XVII] fol. 101bis-106 [nur kurze Tabula];
          367 (D 1.13) [XVIII] pp. 365–508;
Paris, BN, lat. 4229 [XIV] fol. 1ra-57rb;
Vatikan,   Vat. lat. 4107 [XIV] ff.83;
     Vat. lat, 5612 [XIV] fol. 1–73^v.

Alexander von Sankt Elpidio, OSA: *Tractatus de ecclesiastica protestate*
Vielfach gedruckt, etwa in: Johannes T. R OCCABERTI *de Perelada (ed.), Bibliotheca maxi-*
ma pontificia, Bd. 2, Rom 1698, S. 1–40.
Mss.:
Auxerre, 252 (213) [XIV] fol. 1 sqq.;
Barcelona, Arch. cat. 2 [XV] fol. 117va-134va;
Cremona, Bibl. Gov. 82 [XV] fol. 1^r-38^r;
Florenz, BN, Conv. soppr. J.10.51 [XIV] fol. 75^r-119^r; (Teil 1–3);
London, BL, Royal 7.E.X. [hier a. 1383] fol. 88–104;
Lübeck, Stadtbibl., Theol. lat. 122 [a. 1422] fol. 106–132;
Paris, BN,   lat. 4046 [XIV] fol. 224va-236ra [Teil 1–2];
     lat. 4230 [ante 1384] fol. 1ra-37ra ;
     lat. 4355 [XV] fol. 1^r-77^v;
     lat. 4356 [XIV] fol. 2^r-62^v;
     lat. 14580 [XV] fol. 175ra-192rb;
     lat. 16548 [XIV] fol. 1^r-62^v;
Rom, Bibl. Ang.,   lat. 810 [XV] fol. 1^r-77^v;
          lat. 1150 [XV] ff. 57;

Vatikan, Ottob. lat. 2795 [XV] fol.186^v-203^v (nur qu. 3);
  Vat. lat. 4126 [XV] ff. 21;
  Vat. lat. 4131 [XV] fol. 140ra-175va;
  Vat. lat. 4134 [XV] fol. 190r-196v (Abbrev.);
  Vat. lat. 4139 [XV] fol. 148^r-207^v;
Vercelli, Arch. cap. S. Eusebio, CC II (194) [XIV] ff. 38;
Wien, ÖNB, lat. 4923 [XV] fol. 13^r-32^v.

Alvarus Pelagius, OFM: *De statu et planctu ecclesiae*
  Gedruckt Augsburg 1474; oder Lyon 1517; bzw. Venedig 1560). Ein Abdruck eines Früh-
  druckes [Lyon 1517] mit portugiesischer Übersetzung: Alvaro Pais, Estado e pranto da
  igreja (Status et planctus ecclesiae), prefácio de Francisco da Gama Caeiro, introduçao de
  João Morais Barbosa, estabelecimento do texto e traduçao de Miguel Pinto de Meneses,
  Bd. 1–8 [davon waren mir zugänglich Bd. 1–5, Lissabon 1988 / 1990 / 1991 / 1994 /
  1995].
  Mss.:
  Augsburg, SB, 2°Cod. 447 [a. 1447];
  Burgo de Osmas, Bibl. Cat. 23^A-23^B [a. 1429]; [A:] fol. 3^r-178^r; [B:] fol. 3–308^r.
  Cambridge, Corpus Christi College 103 [XV 1/2] pp. 331^a-415^b [Ausz.];
  Eichstätt, UB, 170 [XV2] f. 1ra-458vb (+ Tabula des Petrus Dominici);
  Genua, Bibl. Franzoniana, Urb. 48 [XV/XVI] fol. 283rb-295ra [Ausz.];
  Karlsruhe, LB, St. Peter, pap. 42;
  Madrid, BN, 4201 [XIV];
  Melk, Stiftsbibl., 131 [vor 1473] (a. A. verstümmelt);
  München, BSB, clm 5469 [XV];
         clm 5802 [a. 1472];
         clm 6017 [XV] [Ausz};
         clm 9729 [1491 [Ausz.];
         clm 18079 [a. 1447];
         clm 18562 [a. 1477] [Ausz.];
         clm 21246 [XIV/XV];
         clm 26931 [XV] fol. 145–162 [Ausz.]
         clm 27422 [XV] fol. 265;
         cgm 230,1;
         cgm 780 [a. 1477] fol. 72–166 [Ausz.];
  Neapel , BN, VII. G. 14 [vor 1473] (a. A. verstümmelt);
  Nürnberg, StB, Cent. I.86 [a. 1463];
         Cent. I.87 [a. 1449];
  Oviedo, Bibl. Cat., XI [XIV/XV], 156ff.;
  Padova, Bibl. Cap., B. 20;
  Padova, Bibl. Cap., B. 21 [XV];
  Paris, BN, lat. 3197 [XIV] ;
  Parma, Bibl. Pal. 49 [XIV/XV];
         667 [a. 1491];
  Rom,   Bibl. Ang., 1268 [a. 1474];
         Bibl. Casan. 1406 [a. 1472] fol. 237rb-240vb [Ausz.];
  Salamanca, BU, 2390–2391 [XIV] ff. 174 u. ff. 214;
  Valencia, Bibl. Cat. 80 [XIV];

Vatikan,   Vat. lat. 1130 [XV];
            Vat. lat. 1131 [XV];
            Vat. lat. 1132 [a. 1430];
            Vat. lat. 4039 [a. 1452] fol. 273^v-285^r (Auszüge);
            Vat. lat. 4280 [XV];
            Vat. lat. 6431 [XV] fol. 188–198 (Auszüge);
            Vat. lat. 7212 [XIV];
            Chigi E.VIII.243 [XV];
            Ottob. lat. 2170 [XV];
            Rossi 588 [a. 1457];
            Urb. lat. 152–153 [a.1482]
Wien, ÖNB, Dominik. 229/193 [XV].

Augustinus von Ancona, OSA: Summa de potestate ecclesiastica
    5 Inkunabeln und 1 Frühdruck verzeichnet bei Blasius MINISTERI, *De vita et operibus*
    Augustini de Ancona, Rom 1953, S. 115:
    Augsburg 1473; Köln 1475; Rom 1479; Lyon (1484);
    Venedig 1487; Rom 1582 [und ebenda 1583, 1584, 1585].
    Mss.:
    Liste von 33 Mss. und 5 Fragmenten bei Blasius MINISTERI , *De vita, S. 111–115;*
    zusätzlich zu nennen sind:
    Augsburg, SB II.1.2° 86 [a. 1462] fol. 192ra-244rb;
    Bamberg, SB, can. 97 (E.VU. 63) [a. 1445] fol. 56^v-78^r [Auszüge]
    Basel, UB, E.II.14 [XV] fol. 153r-182v [Auszüge]
    Brixen, Bibl. des bischöfl. Seminars, A.1 [a. 1432/33], 438 ff.;
    Eichstätt, UB, 615 [XV] fol. 1–289v (fol. 1290^r-296^v tabula);
    Hildesheim, Dombibl., 673]a. 1461], 235 ff.;
    Innsbruck, UB, 22 [a. 1454];
    Salzburg, UB, M.II.303;
    Stuttgart, Württ. LB, cod. iur. in fol. 120 [XIV];
    Toledo, Bibl. Cat. 16–21 [XV], 230 ff.
    Wien, ÖNB, Dominikanerkl. 119/86 [a. 1432].

Durandus von S. Porciano, OP: *De origine iurisdictionum*
[und die Bearbeitung durch Petrus Bertrandi: *De iurisdictione*]
    gedruckt in Paris bei Jean Barbier, 1506; danach jetzt transskribiert bei: A. J. VANDER-
    JAGT, *Laurens Pignon, O.P., Confessor of Philip the Good, Ideas on Jurisdiction and the*
    Estates, Including the Texts of His Treatise and Durand of St. Pourçain's „De origine
    iurisdictionum", Venlo 1985, S. 57–132 [seitenparallel mit der Übersetzung des Laurens
    Pignon ins Französische]
    Die (zusätzliche, 4.) Quaestion des Petrus Bertrandi, abgedruckt auch als „Additio" in
    der Glossa ordinaria zu „Unam sanctam" [= Extr. com. 1.8.1] in den frühen Drucken.
    Mss.:
    18 Mss. von Durandus' Version aufgeführt bei KAEPPELI, *SSOP, Bd. 1, S. 347 (Nr. 943)*
    sowie KAEPPELI-PANELLA, *SSOP, Bd. 4, S. 74.*
    zusätzlich zu nennen:
    Paris, BN,   lat. 4358 [XV] fol. 42 sqq.;
                 franc. 20622 [hier XV] fol. 163–174;

Vatikan, Vat. lat. 6585 [XVIII] fol. 181–199^v;
für den Text des Petrus Bertrandi (außer den Mss. seines Apparats zu den Clementinen):
Oxford, Balliol College, 165 B [XV] p. 355–376;
Paris, BN, lat. 4085 [XV];
       lat. 4225 [XV];
       lat. 4357 [XV] fol. 3–64;
Vatikan, Vat. lat. 6586 [XVIII] fol. 87–115^v.

Franciscus Coti [oder Toti?] aus Perugia, OFM: Tractatus magisti Francisci Coti/Toti de Perusio ordinis minorum contra Bavarum.
Auszüge ed. SCHOLZ, Streitschriften, Bd. 2, S. 76–88.
Mss.:
Paris, BN, lat. 4046 [XIV ex] fol. 110va-118vb;
       lat. 17522 [XV] fol. 52 sqq.;
Vatikan, Ottob. lat. 2795 [XV] fol. 160^r-186^r;
Venedig, B. Marc., Zan. lat. 193 (= Colloc. 1670) [a. 1448] fol. 184vb-218rb.

Guido Terreni, O. Carm.: *Confutatio errorum quorundam magistrorum* (gegen Marsilius von Padua).
(ungedruckt)
Ms:
Vatican, Vat. lat. 10497 [*anc. Barcelona, Arxiu de la Catedral, 2*] [XV] fol. 119^r-124^v
    [unvollst.]

Guido Vernani, OP: *De potestate summi pontificis*
    Ed. Francis CHENEVAL, Die Rezeption der „Monarchia" Dantes bis zur Editio princeps im Jahre 1559, Metamorphosen eines philosophischen Werkes (Humanistische Bibliothek, I. 47) München 1995, S. 423–445
    Mss: Siehe KAEPPELI, SSOP Bd. 2, S. 77 (Nr. 1413).
Florenz, BN, Conv. soppr. J.10.51 [XIV/XV] fol. 45^r-59^v;
London, BL, Add. 35325 [XIV] fol. 10–16^v;
Ravenna, Bibl. Classense, 335 [XV] fol. 61–65ra.

Guido Vernani, OP: *De reprobatione Monarchiae*
    Ed. Thomas KAEPPELI, Der Dantegegner Guido Vernani, OP, von Rimini, in: QFIAB 28 (1937/1938) S. 107–146; Ugo MATTEINI, Il più antico oppositore politico di Dante, Guido Vernani da Rimini (Il pensiero medoevale, I 6) Padua 1958.
    Mss.:
    Vgl. KAEPPELI, SSOP Bd. 2, S. 78 (Nr. 1415); vgl. Carlo DOLCINI, Guido Vernani e Dante, Note sul testo del „De reprobatione Monarchiae", in: Letture Classensi 9–10 (1982) S . 257–262 (Kollation S. 260f., Testimonien S. 261f.), jetzt in: DOLCINI, Crisi, S. 439–444 (S. 442f., 443f.).
London, BL, Add. 35325 [XIV] fol. 2–9^v;
Ravenna, Bibl. Class. 335 [XV] fol. 65rb-69vb

Guillelmus [Amidani] [de Villana] aus Cremona, OSA: *Reprobatio errorum.*
    Tractatus cuius titulus Reprobatio errorum, ed. Darach MACFHIONNBHAIRR (Corpus scriptorum Augustinianorum, 4) Rom 1977 [Dadurch sind alle früheren Teildrucke überholt].

Mss.:
Cremona, Bibl. Govern. 82 [XIV] fol. 104^r-119^r (a. E. unvollst.);
Mailand, Bibl. Ambros., F 64 sup. [XV] fol. 129^r-167^v;
Rom, Bibl. Ang.,   lat. 367 [XVII] fol. 1^r-67^r;
                 lat. 1028 [XIV] fol. 1^r-29^r;
Vatikan,   Vat. lat. 6270 [XVII] fol. 1^r-104^r;
            Vat. lat. 6211 [XVII] fol. 200^r [nur die Irrtumsliste, kein Text]!

Guillelmus de Ockham, OFM: *Breviloquium de principatu tyrannico*
    Éd. Léon BAUDRY *(Études de philosophie médiévale, 24) Paris 1937 [editio princeps];*
    éd. Richard SCHOLZ *(MGH, Schriften, 8) Leipzig 1944 [u.ö.] S. 39–207; ed. Hilary*
    Seton OFFLER, *in: Opera politica, Bd. 4, Oxford 1997, S. 79–260.*
    jeweils nach dem Codex unicus:
    Ulm, StB 6706–6708 (3.IX.D.4) [XV. s. med.] fol. 204^v-250^v.

Guillelmus de Ockham, OFM: I Dialogus
    gedruckt von Jean TECHSEL, *Lyon 1494 (Neudruck London 1963) und danach bei*
    Melchior GOLDAST, *Monarchia Sacri Romani Imperii, Bd. 2, Frankfurt/Main 1614*
    [Neudruck Graz 1960]. Kritische Ausgabe: ★OCKHAM: *Dialogus.*
    Mss.:
    28 Mss. zu I Dialogus bei Léon BAUDRY, *Vie, S. 288 f.*
    (zu berichtigen: es muß heißen: Basel, UB, B.VI. 2 [nicht A.VI. 2]!)
    Zusätzlich zu nennen:
    Braunschweig, StB CXLVIII [XV] fol. 96^r-119^v [*Auszug: I Dialogus Prol. bis I Dia-*
    logus II c.16, Trechsel fol. 11vb Zl. 7];
    El Escorial, Bibl. Privada de Padres Agostinos, s.n.
    Köln, Stadtarchiv, GB f° 76 [XV];
    Salamanca, BU, 1971 [XV] (I Dialogus u. II Dialogus);
    Weimar, Herzogin Anna-Amalia-Bibl., Q 23 [XV];

Guillelmus de Ockham, OFM: II Dialogus [*gehört nicht zum Textbestand des „Dialogus"*]
    gedruckt von Jean TECHSEL, *Lyon 1494 (Neudruck London 1963) und danach bei*
    Melchior GOLDAST, *Monarchia Sacri Romani Imperii, Bd. 2, Frankfurt/Main 1614*
    [Neudruck Graz 1960].
    Mss.:
    20 Mss. nennt Baudry, Vie, S. 290. Weiterhin:
    El Escorial, Biblioteca privada de Padres Agostinos del Escorial [ohne Numerie-
    rung] [XIV.ex./XV. in.] fol. 175rb-192^v
    Klosterneuburg, 331 [XV] fol. 355–365 (fragm.)
    Köln, Stadtarchiv, GB f° 76 [XV] fol. 275^v-297^v
    Mecheln, Grand Séminaire [derzeit in der Bibl. der Theol. Fak. der kath. Univ.
    Leuven] ms. 17 [XVI. in.: aus Nachlaß Papst Hadrians VI.] fol. 480^v-500^v
    Salamanca, BU, 1971 [XV] fol. 276rb-299rb.

Guillelmus de Ockham, OFM: III Dialogus I
    gedruckt von Jean TECHSEL, *Lyon 1494 (Neudruck London 1963) und danach bei*
    Melchior GOLDAST, *Monarchia Sacri Romani Imperii, Bd. 2, Frankfurt/Main 1614*
    [Neudruck Graz 1960].

Mss.:
4 Mss. von „III Dialogus I" genannt bei BAUDRY, *Vie, S. 291.*
Freilich ist dort Ms. Basel, UB, A.VI. 5 [XV] zu streichen, es enthält III Dialogus II. Ms.
London, Lambeth Palace 168 ist Abschrift des Druckes Paris 1476. Somit ist dieser Text
in nur zwei selbständigen handschriftlichen Textzeugen und zwei (voneinander abhängi-
gen) Incunabel-Drucken bezeugt. Eine kritische Ausgabe auf dieser schmalen Überliefe-
rungsbasis ist durch John KILCULLEN *und John* SCOTT *ist in Vorbereitung.*

Guillelmus de Ockham, OFM: III Dialogus II
gedruckt von Jean TRECHSEL, *Lyon 1494 (Neudruck London 1963) und danach bei*
Melchior GOLDAST, *Monarchia Sacri Romani Imperii, Bd. 2, Frankfurt/Main 1614*
[Neudruck Graz 1960].
Mss.:
16 hsl. Textzeugen aufgezählt bei BAUDRY, *Vie, S. 291f. Zusätzlich zu nennen:*
El Escorial, Biblioteca privada de Padres Agostinos del Escorial [ohne Numerie-
rung] [XIV.es./XV. in.] fol. 192^v-232^r.;

Guillelmus de Ockham, OFM: *Octo Quaestiones*
ed. H. S. OFFLER *in: Opera politica Bd. 1^2, S. 1–217.*
Mss.:
Bei Offler Beschreibung und Rezension von 13 Hss. Zusätzlich zu nennen sind:
Lissabon, Arquivos Nacionais Torre do Tombo, ms. da livraria 447 [XV] fol. 128rb-
170vb
Tübingen, UB, Mc 128 [XIV/a. 1342?] fol. 81va-149ra
[dazu Jürgen MIETHKE, *Die „ Octo Quaestiones" Wilhelms von Ockham in zwei unbe-*
achteten Handschriften in Lissabon und Tübingen, in: Franciscan Studies 56 (1998)
= Essays in Honor of Dr. Girard Etzkorn, edd. Gordon A. Wilson, Timothy B. Noone, S.
291–305.]

Guillelmus Petri de Godino, OP [vgl. unter Petrus de Palude, OP]

Guillelmus de Sarzano, OFM: *De potestate summi pontificis*
Ed. Renato DEL PONTE, *in: Studi medievali III.12 (1971) S. 1015–1094 [dazu vgl.*
Jürgen MIETHKE, *Ein neuer Text zur Geschichte der politischen Theorie im 14. Jahrhun-*
dert, Der „Tractatus de potestate summi pontificis" des Guilelmus de Sarzano aus Genua,
in: QFIAB 54 (1974) S. 509–538].
Ms.:
Turin, Bibl. Reale, Vari 45 [XIV] fol. 1 sqq.

Guillelmus de Sarzano, OFM: *De excellentia principatus regalis*
Ed. Ferdinand M. DELORME, *in: Antonianum 15 (1940) S. 226–244.*
Ms.:
Turin, Bibl. Reale, Vari 45 [XIV] fol. 35sqq..

Henricus de Cremona: *De postestate pape*
ed. SCHOLZ, *Publizistik, S. 458–471; ed. E. J. J.* KOCKEN, *Ter dateering van Dante's*
„Monarchia" (Uitgaven van het instituut voor middeleeuwsche geschiedersis der Keizer
Karel Universiteit te Nijmegen, 1) Nijmegen-Utrecht 1927, S. 32–47 [beide nicht auf der
Basis sämtlicher heute bekannter Mss.].

Mss.:

Bamberg, SUB, can. 29 (P. I. J.) [XIV] fol. 47^v-51^v;
Busto Arsizio, Biblioteca del Capitolo della Basilica di S. Giovanni Battista, M. I. 7 [XV] fol. 1–3^v;
Genua, Bibl. Franzoniana, Urb. 48 [XV] fol. 49rb-51rb;
Paris, BN, lat. 4229 [XIV] fol. 122–125^v;
    lat. 15004 [XV] fol. 78–82;
Rom, Bibl. Casan. 1406 (D. I. 20) [XV] p. 96–100;
Vatican,   Vat. lat. 4039 [XV] fol. 51–53^r;
    Vat. lat. 10497 (olim Barcelona, Arch. Cat. 2)
Ottob. lat. 1759 [XIV] fol. 63–69;
Uppsala, C 692 [XVI in] fol. 378^v-383.

Hermann von Schildesche, OSA: *Contra haereticos negantes immuniatem et iurisdictionem sanctae ecclesiae*

  ed. *Adolar* ZUMKELLER, *Hennanni de Scildis, OSA., Tractatus contra haereticos negantes immunitatem et iurisdictionem sanctae ecclesiae (…), (Cassiciacum, Suppl. 4) Würzburg 1970, S. 3–108*
Ms.:
Paris, BN, lat. 4232 [XIV] fol. 152ra-174vb.

Hervaeus Natalis Brito OP: *De iurisdictione et de exemptione religiosorum*

  Ed. z. T. bei *Ludwig* HÖDL „*De iurisdictione*", *Ein unveröffentlichter Traktat des Herveus Natalis über die Kirchengewalt (Mitteilungen des Grabmann- Instituts sder Universität München, 2) München 1959 [Text S. 14–.34]; „De exemptione": bei* RINALDI, *Annales, ed.* MANSI, *Bd. 4 (1749) S. 567–580, ed. A. Theiner, Bd. 23, Bar-le-Duc 1871, S. 530–542 (Nr. 24).*
Mss.:
vgl. auch KAEPPELI, *SSOP Bd. 2, S. 241 (Nr. 1914),* KAEPPELI-PANELLA, *SSOP Bd. 4, S. 119.*
Berlin, SBPK, Theol. Lat. 2^0 214 [XVI] fol. 308–316^v, 355–370^v;
Cambridge, Emmanuel College I.1.9 (9) [XV/XVI];
Mailand, Bibl. Ambr., P 253 sup. [XV] fol. 122^r-134^v;
Padua, BU, 2165 [XIV] fol. 1–6vb;
Rom, Bibl. Casan., 190 (B III 21) [XV] fol. 71–130;
Stuttgart, Württ. LB, Cod. iur. 2^0 132 [XV: Ellwangen] fol. 61–95;
Vatikan,   Rossi lat.   795 [XV] fol. 7^v-39^v;
    Vat. lat.   2666 [XV] fol. 302^v-338^r (unvollst.);
      4109 [XV] fol. 248–259^v;
      4131 [XV] fol. 46–85^v;
      4132 [XV] fol. 43^v-54^r;
      7188 [XV] fol. 1–30;
      10497 [XV] fol. 34^v-53ra;
      12090 [XVII] fol. 226–288^v

Hervaeus Natalis Brito OP: *De potestate papae*

  Gedruckt im Sammelband für Jean Barbier, Paris 1506; sowie im Anhang zum Druck von Hervaeus' Sentenzenkommentar, Paris 1647 [Neudruck Farnborough, Hants. 1966] S. 363–401.

Mss.:
Vgl. auch KAEPPELI, *SSOP Bd. 2, S. 241f. (Nr. 1915).*
Basel, UB, A V 13 [XV] fol. 303–318^v (unvollst.);
Cambridge, Emmanuel College, 9 (I.1.9) [XV/XVI] fol. 49v-76;
Florenz, BN, Conv. soppr. J.10.51 [XIV] fol. 1–44^r;
Leiden, UB, Voss. lat. Q.2 [hier XV^2] fol. 35ra-56vb;
Mailand, Bibl. Ambr., P 253 sup. [XV] fol. 135^r-180^v;
Oxford, Merton College, M I 10 (Coxe 142) [XIV];
Paris, BN, lat. 4232 [XIV] fol. 106–149;
Paris, BN, lat. 14620 [XV] fol. 153va-186rb;
Rom, Bibl. Casan., 190 (B III 21) [XV] fol. 1–70;
Stuttgart, Württemb. LB, Cod. iur. 2° n. 132 [XV] fol. 1–61;
Tortosa, Bibl. Capitular, 43 [XIV] fol. 91^r-106^r;
Uppsala, UB, C 692 [XV ex.] fol. 262^v-331^v;
Vatikan,   Pal. lat.   679 [XV] fol. 1–38;
          Vat. lat. 2666 [XV] fol. 263–302;
                4109 [XV] fol. 196–213^v;
                4131 [XV] fol. 1–46^r;
                4132 [XV] fol. 1–43^v;
                6586 [XVII] fol. 203–306;
                7188 [XV] fol. 162^r-173^v;
                10497 (anc. Barcelona 2) [XV] fol. 11–34vb;
                12090 [XVII] fol. 2–225^v.
Venedig, BN di San Marco, Zan. lat. 193 (= coll. 1670) [a. 1448] fol. 218va-273ra.

Jacobus von Viterbo, OSA: *De regimine Christiano*
Ed. Henri-Xavier ARQUILLIÈRE, *Le plus ancien traité de l'Église, Jacques de Viterbe,*
„De regimine Christiano" (1301–1302), Étude des sources et édition critique (Études de
Théologie Historique, 1) Paris 1926.
Mss.:
Barcelona, Arch. Cat. 2 [XV] fol. 12vb-39vb;
Cremona, Bibl. Gov., 102 [XIV] fol. 133ra-165ra;
Neapel, BN, VII. C. 4 [XIX] (fragm.);
Paris, BN, lat. 4046 [XIV] fol. 183^r-208^r;
          lat. 4229 [XIV] fol. 59ra-112ra;
Rom, Bibl. Ang., lat. 130 [XV] fol. 169 sqq.;
             lat. 347 [XIX] fol. 1–137;
             lat. 367 [XVI] fol. 67–180;
        Bibl. Casan. 3212 [XVIII] fol. 250–331;
Salamanca, BU 2206 [XIV] fol. 233va.-288va;
Třebon-Krumlov, Öffentl. Bibl. 17 [XV] fol. 173^{r-v} [Exz.],
Vatican, Vat. lat. 5612 [XIV] fol. 80^v-124^r;
Wien, ÖNB, lat. 4911 [a. 1431] fol. 255^r-256^v (Exz.).

Johannes Quidort, OP: De *regia potestate et papali*
Éd. Jean LECLERCQ, *Jean de Paris et l'ecclésiologie du XIVe siècle (L'Église et l'État au*
Moyen Âge, 5) Paris 1942, S. 171–260; Johannes Quidort von Paris: Über königliche
und päpstliche Gewalt (De regia potestate et papali), ed. u. übers. Fritz BLEIENSTEIN

(Frankfurter Studien zur Wissenschaft von der Politik 4, Stuttgart 1969) [vgl. aber etwa die Rezension von Jürgen MIETHKE *in: Francia 3 (1975) S. 799–803].*
Mss.:
[*31 Ms. bei* KAEPPELI, *SSOP, Bd. 2, S. 522 (Nr. 2578) sowie* KAEPPELI-PANELLA, *SSOP, S. 166] zusätzlich zu nennen sind*:
Genua, Bibl. Franzoniana, Urb. 49 [XV/XVI] fol. 212ra-236rb;
Salamanca, BU, 2260 [XIV] fol. 209va-233ra;
Tübingen, Wilhelmstift, Gb 439.4° [XV] fol. 172^{v}-199^{r} [a. E. unvollständig, Abbruch S. 205 BLEIENSTEIN];
Wien, ÖNB, lat. 4409 [XV] fol. 190–219;
[Vatikan, Vat. lat. 4131 [XV] fol. 175^{v}-180^{v} ist unvollst.].

Johannes Regina aus Neapel, OP : *Questio de potestate papae*
Gedruckt von Dominicus GRAVINA, *Fratris Joannis de Neapoli O.P. Quaestiones variae Parisiis disputatae, Neapel 1618 [Neudruck], q. 39, fol. 331–340.*
Mss.:
Cf. KÄPPELI, *SSOP, Bd. II, S. 497f. Nr. 2529 sowie* KAEPPELI-PANELLA, *SSOP, Bd IV, S. 164.*

Marsilius von Padua: *Defensor pacis*
Ed. William PREVITÉ ORTON, *Cambridge 1928; ed. Richard* SCHOLZ *(MGH, Font. iur. germ. ant., 8) Hannover 1932/1933.*
Mss.:
Mss. genannt und beschrieben bei Previté Orton und Scholz, zusätzlich:
Brügge, Bibl. de la Ville, 226 [XIV 2/2] fol. 16^{r}-84^{v};
Florenz, Bibl. Naz., Conv. soppr. E.3.379;
Reims, Bibl. de la Ville, 885 [XIV 2/2] fol. 1–108^{v};
Vatikan, Ottob. lat. 2078.
[*Dazu Colette* JEUDY, *Note sur deux manuscrits du groupe français du „Defensor pacis“ de Marsile de Padoue, in: Medioevo 6 (1980) S. 523–532].*
Kassel, Murhardsche Bibliothek, theol. Fol. 168 [XIV] fol. 65^{r}-66^{r} [Fragm.];
Luzern, Zentralbibl., 18 [XV] fol. 14^{v}-15^{v} [Fragm.].

Matteo d'Acquasparta, OFM: *Konsistorialansprache vor den Generalgesandten des französischen Klerus am 24. Juni 1302 in Anagni.*
gedruckt bei DUPUY, *Histoire, Preuves, S. 73–77; ed. Gedeon* GÁL, *in: Matthaeus ab Aquasparta, Sermones de S. Francisco, de. S. Antonio et de S. Clara (Bibliotheca Franciscana Ascetica Medii Aevi, 10) Quaracchi 1962, S. 177–190 [vgl. ibid. S. 14*-23*].*
Mss.:
Paris, BN, lat. 15004 [XV] fol. 82^{v}-86^{v};
Uppsala, C 692 [XVI] fol. 383^{r}-387^{r}.

Opicinus de Canistris: *De praeeminencia spiritualis imperii*
Auszüge ed. R. SCHOLZ, *Streitschriften, Bd. 2, S. 89–104.*
Mss.:
Brüssel, Bibl. Royale, 14053–68 [XV] [Abschrift von Ottob. lat. 3064];
Paris, BN,   lat. 4046 [XIV] fol. 208va-218va;
Vatikan,   Vat. lat. 4115 [XV] fol. 1–22;
              Ottob. lat. 3064 [XV] fol. 1–15.

Petrus Bertrandi [vgl. oben unter Durandus de Sancto Porciano, OP]

Petrus von Kaiserslautern, O. Praem. [Petrus de Lutra]: *Contra Michaelem de Cesana et socios eius*
> *Auszüge ed.* SCHOLZ, *Streitschriften, Bd. 2, S. 29–42.*
> *Mss.:*
> Vatikan,   Vat. lat. 4128 [XV] fol. 87^r-90^r;
>   Vat. lat. 7316 [XV] fol. 131^r-135^v;
>   Rossi 795 [XV] fol. 1^r-7^v [unvollst.]

Petrus de Palude, OP: *De potestate pape*
> *Ed. Prospero T.* STELLA, *Magistri Petri de Palude „Tractatus de potestate papae" (Toulouse, Bibl. de la Ville, 744), (Textus et studia in historiam scholasticae, cura Pontificii Athenaei Salesiani, 2) Zürich 1966.*
> *Mss.:*
> Toulouse, 744 [XIV] fol. 119–142;
> Vatikan,   Vat. lat. 4134 [XV] fol. 1ra-19va (nur q.1);
>   Borgh. lat. 247 [XIV] fol. 13^v-16^v (Abbr. durch Petrus Rogerii [Clemens VI.] von q.1).

Petrus de Palude, OP (?) / Guillelmus Petri de Godino, OP (?): *De causa immediata ecclesiastice potestatis*
> *ed. William David* McCREADY, *The Theory of Papal Monarchy in the Fourteenth Century, Guillaume de Pierre Godin, „Tractatus de causa immediata ecclesiasticae potestatis"(Studies and Texts, 56) Toronto 1982.*
> *Mss.:*
> *Liste von 30 Mss. bei* McCREADY, *S. 36–64.*
> *Zusätzlich zu nennen sind:*
> Berlin SBPK theol. lat. fol. 618 [Leipzig a. 1462] fol. 217^r-265^v;
> Blaubeuren, Evang.-theol. Sem., III. 117 [XV];
> Den Haag, Koningl. Bibl., C. B. 73 E 13 [XIV med./ $^2/_2$] fol. 15^r-74^r;
> Mailand, Bibl. Ambros., P 253 sup. [XV] fol. 272^v-338^v, fol. 339^r-347^r (+ Epylogus);
> München, BSB, clm 15771 [XV] fol. 64^r-185^r/196^r (+ Epylogus).
> *Für den „Epylogus" allein:*
> Barcelona, Cat. 16 [XV] fol. 129–137;
> Cambrai, 207 (202) [XV] fol. 89–98 (?)
> Oxford, Merton College M. I. 10 (142) [XIV];
> *Fragmente und Exzerpte*
> Prag, Metropolitankap. C.LXVI.I (495) [XV] fol. 170^r-170^v;
> Wien, ÖNB, lat. 4947 [XV];
> lat. 6086 [XVII];
> Bonn, UB, S. 327 [XV] fol. 72–73^v.

Tolomeo von Lucca, OP: *Determinacio compendiosa de iurisdictione imperii et auctoritate summi pontificis*
> *ed. Mario* KRAMMER *(MGH, Font. iur. germ. ant., 1) Hannover 1909.*
> *Mss.:*
> Auxerre 252 (213) [XIV] fol. 34^v-49^v;

Barcelona, Archivo Catedral 2 [XV] fol. 134vb-143vb;
Bremen, SUB, b. 35 [ca. a. 1360] fol. 130^r-152^v;
Cambrai, 207 [XV] fol. 99^r-118^v;
Cambridge, Corpus Christi College 157 (H. 11) [XV] fol. 2–18^v;
    Emmanuel College I.1.9 (9) [XV] fol. 109^v-122^v;
    Fitzwilliams Museum 359 [XV] fol. 109v sqq.;
Firenze, BN, Conv. Soppr. J. 10.51 [XV] fol. 155^v-170^r;
Frankfurt Main, StUB, Praed. 125 [XV med.] fol. 252^r-287^r;
Klagenfurt, Bischöfl. Bibl., XXXI. a. 9 [XV] fol. 157va-176vb;
München, BSB, clm 5832 [a. 1475] fol. 121–137^v;
    clm 8803 [a. 1456/57] fol. 171^r-178^r;
Paris, BN, lat. 4046 [XIV] fol. 158ra-167va;
   lat. 4355 [XV] fol. 77^v-118^r;
   lat. 4356 [XIV] fol. 63^r-93^v;
   lat. 4683 [XIV in] fol. 1–26;
   lat. 10499 [XV] fol. 30^v-35^v [unvollst.]
   lat. 14580 [XV] fol. 192rb-203ra;
   lat. 16548 [XIV] fol. 63^r-93^v;
Rom, Bibl. Angelica, lat. 810 (a. 7.13) [XV] fol. 65^r-93^r;
    lat. 1150 [XV] ff. 57.;
    Dominikaner-Ordensarchiv, XIV. A. 4 [XIV] fol. 178^r-195;
Salamanca, BU, 2206 [XIV] fol. 186va-204va;
Tübingen, UB, M.c.16 [XV (a. 1431-1433)] fol. 3^r-21^v;
Vatikan, Vat. lat. 4115 [XV] fol. 231^r-266^v [Bearbeitung!];
   Vat. lat. 4139 [XV] fol. 208^r-235^v;
   Vat. lat. 10499 [XV] fol. 30^r-35^v [unvollst.]
   Ottob. lat. 641 [XV] fol. 178^r-193^r;
   Ottob. lat. 711 [XV] fol. 2–34^r;
   Pal. lat. 606 [XIV] fol. 53^r-80^r.

Verzeichnis der abgekürzt zitierten Literatur

Acta Aragonensia, Quellen zur deutschen, italienischen, französischen, spanischen, zur Kirchen- und Kulturgeschichte aus der diplomatischen Korrespondenz Jaymes II. (1291–1327), hg. von Heinrich FINKE, Bd. 1–2 und 3, Berlin 1908–1932 [Neudruck Aalen 1966–68 (Bd. 3 ist gegenüber der Erstausgabe im Neudruck erweitert)].

Aegidius Romanus, Opera, ed. A. BLADIUS, Bd. 1, Rom 1554 [Neudruck Frankfurt/Main 1968].

– Aegidii Romani Opera omnia, ed. Francesco DEL PUNTA e.a., I: Prolegomena: Manoscritti, Bd. 1/1, 1/2.1, 1/2.2, 1/3.1, 1/3.2, 1/5.1, 1/6, 1/11, Florenz 1987–1998.

– De regimine principum, ed. HIERONYMUS SAMARITANUS, Rom 1607 [Neudruck Aalen 1967].

– De renunciatione papae, ed. John R. EASTMAN (Texts and Studies in Religion, 52) Lewiston-Queenston-Lampeter 1992.

– Tractatus de potestate ecclesiastica, ed. Richard SCHOLZ, Leipzig 1928 [Neudruck Aalen 1961]; engl. Übers. durch R. W. DYSON: Giles of Rome on Ecclesiastical Power, The De ecclesiastica potestate of Aegidius Romanus, Woodbridge 1986.

Albertino Mussato: Ludovicus Bavarus, ed. Ludovicus Aemilius MURATORI, in: RISS X (Mailand 1727).

Alexander de Sancto Elpidio: Tractatus de ecclesiastica potestate, pars I–III, gedruckt bei Johannes Th. ROCCABERTI de Perelada, Bibliotheca maxima pontificia, Bd. 2, Rom 1698, S. 1–40; jedoch auch bereits als Incunabel gedruckt Turin 1494, später auch Rouen 1624.

Alvarus Pelagius: Alvaro Païs, Estado e pranto da igreja („Status et planctus ecclesiae"), prefácio de Francisco da Gama Caeiro, introdução de João Morais Barbosa, estabelecimento do texto e tradução de Miguel Pinto de MENESES, Bd. 1–8 (Lisbôa 1988/1990/1991/1994/1995 [die Bde. 6–8, 1996–1999, waren mir trotz mancher Bemühungen nicht zugänglich] = Text eines Frühdruckes (Lyon 1517) mit portugiesischer Übersetzung.

– Colírio da fé contra as heresias, estabelecemento do texto e tradução do Miguel Pinto de MENESES, Bd. 1–2, Lissabon 1954–1956.

– Espelho dos reis, estabelecemento do texto e tradução do Miguel Pinto de MENESES, Bd. 1–2, Lissabon 1955–1963.

Anonymus: Disputatio inter clericum et militem: ed. Norma N. ERICKSON: A Dispute Between a Priest and a Knight, in: Proceedings of the American Philosophical Society 111/5 (Philadelphia 1967) S. 288–313 [Text S. 294–301].

Anonymus: Quaestio in utramque partem, ed. Gustavo VINAY, Egidio Romano e la cosidetta Quaestio in utramque partem, in: Bullettino dell' Istituto Storico Italiano per il Medio Evo e Archivio Muratoriano 53 (1939) S. 43–136.

Anonymus: Quaestio „Rex pacificus", Teildruck in einem Sammelband bei Jean Barbier für Jean Petit, Paris 1506.

D'ARGENTRÉ, Charles Duplessis (ed.): Collectio judiciorum de novis erroribus, Bd. 1, Paris 1728 [Neudruck Brüssel 1963].

Aristoteles, Politik, s. auch SCHÜTTRUMPF.

ARQUILLIÈRE, Henri-Xavier: Augustinisme politique (L'Église et l'État au moyen âge, 2) Paris ²1955.

– s. Jakob von Viterbo.

Aventin s. Turmair.

BALLWEG, Jan: Konziliare oder päpstliche Reform? Benedikt XII. und die Ordensreformdiskussion des frühen 14. Jahrhunderts (Spätmittelalter und Reformation, N.R. 14) Tübingen 2000 [im Druck].

BALUZE, Etienne (ed.): Miscellanea, novo ordine digessit Iohannes Dominicus MANSI, vol. II-III, Lucca 1761 und 1762.

– Vitae paparum Avenionensium, Nouvelle édition par Guy MOLLAT, Bd. 3, Paris 1921.

BANSA, Helmut: Studien zur Kanzlei Kaiser Ludwigs des Bayern vom Tage der Wahl bis zur Rückkehr aus Italien (1314–1329), (Münchener Historische Studien, Abteilung Historische Hilfswissenschaften 5) Kallmünz/Opf. 1968.

BARBOSA, João Morais: „De statu et planctu ecclesiae", Estudio crítico, Lissabon 1982.

BATTENBERG: s. Urkundenregesten.

BAUDRY, Léon: Guillaume d'Occam, Sa vie, ses oeuvres, ses idées sociales et politiques, Bd. 1 (mehr nicht erschienen): L'homme et les oeuvres (Études de philosophie médiévale, 39) Paris 1949.

BECKER, Hans-Jürgen: Das Mandat „Fidem catholicam" Ludwigs des Bayern von 1338, in: DA 26 (1970) S. 454–512 (Text S. 496ff.).

– Die Appellation vom Papst an ein Allgemeines Konzil, Historische Entwicklung und kanonistische Diskussion im späten Mittelalter und in der frühen Neuzeit (Forschungen zur kirchlichen Rechtsgeschichte und zum Kirchenrecht, 17) Köln, Wien 1988.

BECKMANN, Jan P.: Ockham-Bibliographie 1900–1990, Hamburg 1992.

BEONIO-BROCCHIERI FUMAGALLI, Maria Teresa: Il „De origine iurisdictionum" di Duran do di S. Porziano, in: Rivista di filosofia neoscolastica 70 (1978) S. 193–206.

BERG, Martin: Der Italienzug Ludwigs des Bayern, Das Itinerar der Jahre 1327–1330, in: QFIAB 67 (1987) S. 142–197.

BERGES, Wilhelm: Die Fürstenspiegel des Hohen und Späten Mittelalters (MGH, Schriften, 2) Leipzig 1939 [Neudruck Stuttgart 1956 u.ö.].

BERTELLONI, C. Francisco: „Constitutum Constantini" y „Romgedanke", La donación constantiniana en el pensamiento de tres defensores del derecho imperial de Roma: Dante, Marsilio de Padua y Guillermo de Ockham, in: Patristica et mediaevalia 3 (1982) S. 21–46 [I], 4/5 (1983/84) S. 67–99 [II]; 6 (1985) S. 57–79 [III].

BERTRAM, Martin: Die Abdankung Papst Cölestins V. (1294) und die Kanonisten, in: ZRG kan 56 (1970) S. 1–101.

BIELEFELDT, Heiner: Von der päpstlichen Universalherrschaft zur autonomen Bürgerrepublik, Aegidius Romanus, Johannes Quidort von Paris, Dante Alighieri und Marsilius von Padua im Vergleich, in: ZRG germ. 73 (1987) S. 70–130.

BISSON, Thomas N.: Medieval France and Her Pyrenean Neighbours, Studies in Early Institutional History, London-Ronceverte 1989.

BLEIENSTEIN s. Johannes Quidort.

BLIEMETZRIEDER s. Konrad von Gelnhausen.

BLYTHE, James M.: Ideal Government and the Mixed Constitution in the Middle Ages, Princeton, N.J. 1992.

BOASE, T. S. R.: Boniface VIII (Makers of the Middle Ages) London 1933.

Bonagratia von Bergamo: „Responsiones ad oppositiones", ed. Conrad EUBEL in: Bullarium Franciscanum, Bd. 5, Rom 1898, S. 256ᵃ-259ᵇ.

Bonifaz VIII.: Les Registres de Boniface VIII, édd. A. THOMAS / M. FAUCON / G. DIGARD, Bd. 1–4, Paris 1884–1935.

Bullarium franciscanum sive Romanorum pontificum constitutiones epistolae, diplomata tribus ordinibus Minorum (...) concessa, Bd. V und VI, ed. Conrad EUBEL, Rom 1898–1902.

CHENEVAL, Francis: Die Rezeption der „Monarchia" Dantes bis zur Editio princeps im Jahre 1559, Metamorphosen eines philosophischen Werkes (Humanistische Bibliothek, I.47) München 1995.

The Cambridge History of Later Medieval Philosophy, From the Rediscovery of Aristotle to the Disintegration of Scholasticism, 1100 – 1600, edd. Norman KRETZMANN / Anthony KENNY / Jan PINBORG, Associate Editor Eleonore STUMP, Cambridge (usw.) 1982.

The Church and Sovereignty, 590–1918, Essays in Honour of Michael Wilks, edd. Diana WOOD [u.a.] (Studies of Church History, Subsidia 9) Oxford 1991.

COLEMAN, Janet: A History of Political Thought, Bd. 2: From the Middle Ages to the Renaissance, Oxford 2000.

CONGAR, Yves Marie-Joseph: L'Église de Saint Augustin à l'époque moderne (Histoire des dogmes III/3, Paris 1970 [dt. u.d.T.: Die Lehre von der Kirche (Handbuch der Dogmengeschichte III/3, Freiburg [usw.] 1970)].

Corpus Iuris Canonici, ed. Emil FRIEDBERG Bd. 1–2, Leipzig 1879–1881.

COSTE, Jean (éd.): Boniface VIII en procès, Articles d'accusation et dépositions des témoins (1303–1311), Édition critique, introduction et notes (Pubblicazioni della Fondazione Camillo Caëtani, Studi e documenti d'archivio, 5) Rom 1995.

DAMIATA, Marino: Alvaro Pelagio, teocratico scontento (Biblioteca di Studi Francescani, 17) Florenz 1984.

Dante Alighieri, Epistolae: Dante, Opere minori, edd. Pier Vincenzo MENGALDO / Bruno NARDI (e.a.), Bd. 2, Mailand-Neapel 1990.

– Monarchia, ed. Pier Giorgio RICCI (Edizione nazionale, 5) [Mailand] 1965; danach lat.-dtsch. Studienausgabe mit Übersetzung und Kommentar von Ruedi IMBACH und Christoph FLÜELER (Universal-Bibliothek, 8531) Stuttgart 1989; lat.-engl. Ausgabe, Dante, „Monarchia", ed. and transl. Prue SHAW (Cambridge Medieval Classics, 4) Cambridge 1995.

Das Publikum politischer Theorie im späteren Mittelalter, hg. von Jürgen MIETHKE unter Mitarbeit von Arnold BÜHLER (Schriften des Historischen Kollegs/ Kolloquien, 21) München 1992.

DAVIS, Charles Till: Dante's Italy and Other Essays, Philadelphia 1984.

DEL PONTE s. Wilhelm von Sarzano.

DELORME s. Wilhelm von Sarzano.

DENIFLE, Heinrich: Die Denkschriften der Colonna gegen Bonifaz VIII. und der Cardinäle gegen die Colonna, in: ALKG 5 (1889) S. 493–529.

DENZINGER-HÜNERMANN: Heinrich DENZINGER, Enchiridion symbolorum, definitionum et declarationum de rebus fidei et morum, 37. Aufl., bearbeitet von Paul HÜ-

NERMANN, Freiburg i.Br. (usw.) 1991 [Die Nrr.-folge ist identisch mit Denzinger-Schönmetzer].

DENZINGER-SCHÖNMETZER: Heinrich DENZINGER, Enchiridion symbolorum, definitionum et declarationum de rebus fidei et morum, 32. Aufl., bearbeitet von Adolf SCHÖNMETZER, Freiburg i.Br. 1963 [u.ö.].

Die Gegenwart Ockhams, hgg. Werner VOSSENKUHL / Rolf SCHÖNBERGER, Weinheim 1990.

Die geistlichen Ritterorden Europas, hgg. Josef FLECKENSTEIN / Manfred HELLMANN (Vorträge und Forschungen, 26) Sigmaringen 1980.

Die Rolle der Juristen bei der Entstehung des modernen Staates, hg. Roman SCHNUR, Berlin 1986.

DIGARD, Georges: Philippe le Bel et le Saint-Siège, éd. François LEHOUX, Bd. 1–2, Paris 1936.

DIGARD: s. Boniface VIII.

DIOTTI s. Pierre Dubois.

Documents relatifs aux États généraux et assemblées réunis sous Philippe le Bel, éd. Georges PICOT, (Collection de documents inédits relatifs à l'histoire de France, 35) Paris 1901.

DOLCINI, Carlo: Crisi di potere e politologia in crisi, Da Sinibaldo Fieschi a Guglielmo d'Ockham (Il mondo medioevo, Sez. di storia delle istituzioni, della spiritualità e delle idee, 17) Bologna 1988.

– Introduzione a Marsilio da Padova (I Filosofi, 63) Bari 1995.

– s. Pensiero politico.

DONDAINE, Antoine: Documents pour servir à l'histoire de la province de France, l'Appel au concile (1393), in: AFP 22 (1952) S. 381–439.

DU BOULAY, César Égasse: Historia Universitatis Parisiensis, auctore Cesare Egassio Bulaeo, Bd. 4, Paris 1668.

DU CANGE, Charles du Fresne: Glossarium mediae et infimae latinitatis, digessit G. A. L. HENSCHEL, éd. Léopold FAVRE, Paris 1883–1887, Neudruck Graz 1954.

DUNBABIN, Jean. A Hound of God, Pierre de la Palud and the Fourteenth-Century Church, Oxford 1991.

DUPUY, Pierre: Histoire du différend d'entre le pape Boniface VIII. et Philippes le Bel, roy de France, Paris 1655 (Neudruck Tucson, AZ 1963).

Durandus von Saint Pourçain: Durandi a Sancto Portiano in Sententias Theologicas Petri Lombardi commentariorum libri quatuor, Antverpiae 1567.

– s. VANDERJAGT.

DUVAL-ARNOULD, Louis: Les conseils rémis à Jean XXII sur le problème de la pauvreté du Christ et des apôtres (Ms. Vat. lat 3740), in: Miscellanea Bibliothecae Apostolicae Vaticanae 3 (Studie e Testi, 333) Città del Vaticano 1989, S. 124–201.

EASTMAN, John R.: Papal Abdication in Later Medieval Thought (Texts and Studies in Religion, 42) Lewiston-Queenston-Lampeter 1989.

ECKERMANN, Karla: Studien zur Geschichte des monarchischen Gedankens im 15. Jahrhundert (Abhandlungen zur mittleren und neueren Geschichte, 73) Berlin 1935, S. 161–168.

ERICKSON s. Anonymus, Disputatio inter clericum et militem.

EUBEL, Conrad: Hierarchia catholica, Bd. 1–2, Rom [1]1898.

Évrart de Trémaugon s. Somnium bzw. Songe.

Extravagantes Iohannis XXII, ed. Jacqueline Tarrant (Monumenta Iuris Canonici, B.6) Città del Vaticano 1983.

Extravagantes tum communes suae integritate una cum glossis restitutae, Venetiis 1591.

Fasolt, Constantin: Council and Hierarchy, The Political Thought of William Durant the Younger (Cambridge Studies in Medieval Life and Thought, IV 16) Cambridge (usw.) 1991.

Feenstra, Robert: *Fata iuris Romani*, Etudes d'histoire du droit (Leidse juridische reeks, 13) Leiden 1974.

Fin du monde et signes des temps, Visionnaires et prophètes en France méridionale (fin XIIIᵉ-début XVᵉ siècle), (Cahiers de Fanjeaux, 27) Toulouse-Fanjeaux 1992.

Finke, Heinrich: Aus den Tagen Bonifaz' VIII., Funde und Forschungen (Vorreformationsgeschichtliche Forschungen, 2) Münster i. W. 1902.

– Papsttum und Untergang des Templerordens, Bd. 1–2 (Vorreformationsgeschichtliche Forschungen, 4–5) Münster i. W. 1906.

Finke, Heinrich: s. Acta Aragonensia

Fletcher, John M.: The Faculty of Arts, in: The History of the University of Oxford, ed. T. H. Aston, Bd. 1: The Early Oxford Schools, ed. Jeremy I. Catto, Oxford 1984, S. 369–399.

– Development in the Faculty of Arts, 1370–1520, ebenda, Bd. 2, hg. von J. I. Catto und Ralph Evans, Oxford 1992, S. 315–345.

Flüeler, Christoph: Rezeption und Interpretation der aristotelischen Politica im 13. und 14. Jahrhundert (Bochumer Studien zur Philosophie, 19)) Bd. 1–2, Amsterdam 1992.

Francesco Petrarca: Rerum memorandarum, ed. Giuseppe Billanovich, Firenze 1945.

Franz von Marchia: Francisci de Esculo, OFM, „Improbacio", ed. Nazareno Mariani, OFM (Spicilegium Bonaventurianum, 28) Grottaferrata 1993.

Gagnér, Sten: Studien zur Ideengeschichte der Gesetzgebung (Acta universitatis Upsaliensis, Studia Iuridica Upsaliensia, 1) Stockholm-Uppsala-Göteborg 1960.

Garfagnini, Gian Carlo: *Cuius est potentia eius est actus*, „regnum" e „sacerdotium" nel pensiero di Egidio Romano e Giovanni da Parigi, in: Filosofia e cultura, per Eugenio Garin, edd. Michele Ciliberto, Cesare Vasoli, Rom 1991, Bd. 1, S. 101–134.

– Una difficile eredità: l'ideale teocratico agli inizi del XIV secolo, Il „*Tractatus de potestate papae*" di Pietro de Palude, in Documenti e studi sulla tradizione filosofica medievale 3 (1992) 245–270.

Gelehrte im Reich, Zur Sozial- und Wirkungsgeschichte akademischer Eliten des 14. bis 16. Jahrhunderts, hg. Rainer Christoph Schwinges (Zeitschrift für Historische Forschung, Beiheft 18) Berlin 1996.

Gerwing, Manfred: Vom Ende der Zeit, Der Traktat des Arnald von Villanova über die Ankunft des Antichrist in der akademischen Auseinandersetzung zu Beginn des 14. Jahrhunderts (Beiträge zur Geschichte der Philosophie und Theologie des Mittelalters, NF 45) Münster 1996.

Geschichte der Universität s. History of the University.

Geschichtliche Grundbegriffe, Historisches Lexikon zur politisch-sozialen Sprache in Deutschland, hgg. Otto Brunner, Werner Conze, Reinhard Koselleck, Bd. 1–8, Stuttgart 1972–1997.

Gewirth, Alan J.: John of Jandun and the „Defensor Pacis", in: Speculum 23 (1948) S. 267–272.

Giovanni Villani: s. Villani.

GLORIEUX, Palémon: La littérature quodlibétique [Bd. 1], Le Saulchoir-Kain 1925.

GOEZ, Werner: „Translatio imperii", Ein Beitrag zur Geschichte des Geschichtsdenkens und der politischen Theorien im Mittelalter und in der frühen Neuzeit, Tübingen 1958.

GOLDAST, Melchior (ed.): Monarchia sacri Romani imperii, Bd. 1–2, Hanau 1611 und Frankfurt/Main 1614 [Neudruck Graz 1960].

Gottfried von Fontaines: Godefridus de Fontibus, Quodlibet XIII, éd. Jean HOFFMANS (Les philosophes Belges, 5) Brüssel 1932.

GRABMANN, Martin: Gesammelte Akademieabhandlungen, hgg. vom Grabmann-Institut der Universität München (Münchener Universitätsschiften, Fachbereich Katholische Theologie/Veröffentlichungen des Grabmann-Instituts, NF 25) Paderborn [usw.] 1979.

GRAUERT, Hermann: Aus der kirchenpolitischen Traktatenliteratur des 14. Jahrhunderts, in: HJb 29 (1908) S. 497–536.

Gregor X.: Les registres de Grégoire X (1272–1276), Recueil des bulles de ce pape, éd. Jean GUIRAUD (BEFAR, 3ᵉᵐᵉ série) Paris 1892–1960.

GRUNDMANN, Herbert: Ausgewählte Aufsätze, Teil 1–3 (MGH Schriften, 25/1–3) Hannover 1976–1978.

GUENÉE, Bernard: Politique et histoire au moyen-âge, Recueil d'articles (Publications de la Sorbonne, Série réimpressions, 2) Paris 1981.

Guido Vernani, De reprobatione: s. KAEPPELI.

Guillaume de Moerbeke, Recueil d'études à l'occasion du 700ᵉ anniversaire de sa mort (1286), éd. Jozef BRAMS/Willy VANHAMEL (Ancient and Medieval Philosophy, De Wulf-Mansion Centre, I.7) Löwen 1989.

Guillelmus [Amidani] [de Villana] von Cremona, Tractatus cuius titulus „Reprobatio errorum", ed. Darach MACFHIONNBHAIRR (Corpus scriptorum Augustinianorum, 4) Rom 1977.

Guillelmus de Ockham: s. Wilhelm von Ockham.

Guillelmus Duranti d. Jüngere, „Tractatus maior", und „Tractatus minor": gedruckt als Tractatus de modo concilii generalis celebrandi, ed. Johannes CRESPIN, Lyon 1531 [Editio princeps].

Guillelmus Petri de Godino: s. MCCREADY.

GUILLEMAIN, Bernard: La cour pontificale d'Avignon (1309–1376), Étude d'une société (BEFAR 201) Paris 1962.

HALLER, Johannes: Zur Lebensgeschichte des Marsilius von Padua, in: ZKG 48 (1929) S.166–199 [jetzt in: HALLER, Abhandlungen zur Geschichte des Mittelalters (Stuttgart 1944) S. 335–368].

– Papsttum und Kirchenreform, Berlin 1904 [Neudruck Zürich-Dublin 1966].

Handbuch der Bayerischen Geschichte, begründet von Max SPINDLER, neu hg. von Andreas KRAUS, Bd. II u. III.1, München ²1988 und 1998.

Heinrich von Cremona: s. SCHOLZ, Publizistik, und KOCKEN, Ter dateering.

Henricus de Segusio, Summa, una cum summariis et adnotationibus Nicolai Superantii, Neudruck der Ausgabe Lyon 1537 [Neudruck Aalen 1962].

HERDE, Peter: Ein Pamphlet der päpstlichen Kurie gegen Kaiser Friedrich II. von 1245–46 („Eger cui lenia"), in: DA 23 (1967) S. 468–538 (Text S. 511ff.).

– Cölestin V. (1294), (Peter vom Morrone), Der Engelpapst, mit einem Urkundenanhang und Edition zweier Viten (Päpste und Papsttum, 16) Stuttgart 1981.

Hermann von Schildesche: Hermanni de Scildis, O.S.A., Tractatus contra negantes immunitatem et iurisdictionem sanctae ecclesiae [...], ed. Adolar ZUMKELLER (Cassiciacum, Suppl. 4) Würzburg 1970, S. 3–108.

Hervaeus Natalis Brito: Commentaria in quattuor Sententiarum libros, Paris 1647 [ND Farnborough, Hants 1966].

History of the University in Europe, ed. Walther RÜEGG, Bd. 1: Universities in the Middle Ages, ed. Hilde de RIDDER-SYMOENS, Cambridge [usw.] 1992 [dtsch.: Geschichte der Universität in Europa, hg. Walther RÜEGG, Bd. 1: Mittelalter, München 1993].

HOBERG, Hermann (bearb.): Taxae pro communibus serviitiis (Studi e Testi, 144) Città del Vaticano 1949 [Neudruck 1976].

HÖDL, Ludwig: Theologiegeschichtliche Einführung, in: Henrici de Gandavo Tractatus super facto praelatorum et fratrum (Quodlibet XII, quaestio 31) ed. L. HOEDL / Marcel HAVERALS (Henrici de Gandavo Opera omnia, 17) Leuven 1989, S. VII–CXVII.

HORST, Ulrich: Evangelische Armut und päpstliches Lehramt, Minoritentheologen im Konflikt mit Papst Johannes XXII. (1316–1334), (Münchener kirchenhistorische Studien, 8) Stuttgart-Berlin-Köln 1996.

HUNECKE, Volker: Die kirchenpolitischen Exkurse in den Chroniken des Galvaneus Flamma O.P. (1283–ca.1344), Einleitung und Edition, in: DA 25 (1969) S. 111–208 [=Phil. Diss. FU Berlin 1968].

Innozenz III.: Regestum super negotio imperii, ed. Friedrich KEMPF (Miscellanea historiae pontificiae, vol. XII, nr. 21) Rom 1947.

Innozenz IV.: Commentaria Innocentii quarti pontificis maximi super libros quinque Decretalium, Frankfurt/Main 1570 [Neudruck Frankfurt/Main 1968].

IUNG, Nicolas: Un franciscain, théologien du pouvoir pontifical au XIVᵉ siècle, Alvaro Pelayo, évêque et pénitentier de Jean XXII (L´Église et l´État au moyen âge, 3) Paris 1931.

Jakob von Viterbo: Henri-Xavier ARQUILLIÈRE, Le plus ancien traité de l'Église, Jacques de Viterbe, „De regimine Christiano" (1301–1302), Étude des sources et édition critique (Études de Théologie Historique) Paris 1926; (italienische Übers.:) Giacomo da Viterbo, Il governo della Chiesa, trad. et comm. Giovanni Battista M. MARCOALDI, Aurelio RIZZACASA (Biblioteca medievale, 15) Firenze 1993.

Johannes XXII.: Jean XXII (1316–1334), Lettres communes analysées d'après les registres dits d'Avignon et du Vatican par Guy MOLLAT / G. DE LESQUIEN, Bd. 1–16 (BEFAR, 3ᵉᵐᵉ série) Paris 1904–1947.

– Lettres secrètes et curiales du pape Jean XXII. relatives à la France, éd. A. COULON, Bd. 1–3 (BEFAR, 3eme série) Paris 1900–1961.

Johannes de Cermenate: Historia Iohannis de Cermenate notarii Mediolanensis de situ Ambrosianae urbis et cultoribus ipsius et circumstantium locorum ab initio per tempora successive et gestis imperatoris Henrici VII., ed. L. A. FERRARI (Fonti per la Storia d'Italia, 2) Roma 1889.

Johannes Lutterell: Fritz HOFFMANN, Die Schriften des Oxforder Kanzlers Iohannes Lutterell, Texte zur Theologie des 14. Jahrhunderts (Erfurter Theologische Studien, 6) Leipzig 1959.

Johannes Quidort: „De confessionibus audiendis", ed. Ludwig HÖDL (Mitteilungen des Grabmann-Instituts der Universität München, 6) München 1962 (Text S. 37–50).

– Jean LECLERCQ, Jean de Paris et l'ecclésiologie du XIVᵉ siècle (L'Église et l'État au moyen âge, 3) Paris 1942.

– Über königliche und päpstliche Gewalt („De regia potestate et papali"), ed. Fritz
BLEIENSTEIN (Frankfurter Studien zur Wissenschaft von der Politik, 4) Stuttgart 1969.

Johannes Trithemius: De scriptoribus ecclesiasticis, Catalogus scriptorum ecclesiasti-
corum, ed. Marquardus FREHER, in: J. Trithemius, Opera historica, Frankfurt/Main
1601.

Johannes von Salisbury, Policraticus, ed. Clemens C. J. WEBB, Bd. 1–2, London 1909
[Neudruck Frankfurt/Main 1965].

Johannes von Viktring, Liber certarum historiarum, ed. Fedor SCHNEIDER (MGH, SrerG
<36>) Hannover, Leipzig 1910.

Johannes von Winterthur, Chronik, edd. Friedrich BAETHGEN in Verb. mit Carl BRUN
(MGH, SS N.S. 3) Berlin 1924.

John Trevisa: „Dialogus inter militem et clericum" (...) by John Trevisa, Vicar of Berkeley, ed. John A. PERRY (Early English Text Society, Original Series 167) London 1925
[Neudruck Oxford-New York 1971] S. 1–38.

KAEPPELI, Thomas: Der Dantegegner Guido Vernani von Rimini, in: QFIAB 28 (1937/
38) S. 107–146.

– (ed.): Scriptores Ordinis Praedicatorum Medii Aevi, Bd. 1–4 (Bd. 4, hg. und ergänzt
von Emilio PANELLA) Rom 1970–1993.

Kaiser Karl IV. (1316–1378), Forschungen über Kaiser und Reich, hg. von Hans PATZE
[=Blätter für deutsche Landesgeschichte 114 (1978)].

KANTOROWICZ, Ernst H.: The King's Two Bodies, A Study in Medieval Political Theology, Princeton, N.J. 1957 [dt. u.d.T.: Die zwei Körper des Königs, Eine Studie zur
politischen Theologie des Mittelalters (dtv 4465) München 1990].

KAY, Richard: *Ad nostram praesentiam evocamus*, Boniface VIII and the Roman Convo-
cation of 1302, in: Proceedings of the 3rd International Congress of Medieval Canon
Law, ed. Stephan Kuttner (Monumenta Iuris Canonici, C 4) Città del Vaticano 1971,
S. 165–189.

KEMPF, Friedrich: Papsttum und Kaisertum bei Innozenz III., Die geistigen und rechtlichen Grundlagen seiner Thronstreitpolitik (Miscellanea historiae pontificiae, XIX.
58) Rom 1957.

KOCH, Josef: Durandus de Sancto Porciano, OP, Forschungen zum Streit um Thomas
von Aquin zu Beginn des 14. Jahrhunderts (BGPhMA 26) Münster 1927.

– Kleine Schriften, Bd. 1–2 (Storia e letteratura, 127–128) Rom 1973.

KOCKEN, E. J. J.: Ter dateering van Dante's „Monarchia" (Uitgaven van het Instituut
voor middeleeuwsche geschiedenis der Kaizer-Karel Universiteit te Nijmegen, 1)
Nijmegen-Utrecht 1927.

KÖLMEL, Wilhelm: Regimen Christianum, Weg und Ergebnisse des Gewaltenverhältnis-
ses und des Gewaltenverständnisses (8. bis 14. Jahrhundert), Berlin 1970.

Konrad von Gelnhausen: Epistola concordiae, in: Franz Placidus BLIEMETZRIEDER, Literarische Polemik zu Beginn des Großen Abendländischen Schismas (Kardinal Petrus
Flandrin, Kardinal Petrus Amelii, Konrad von Gelnhausen), Ungedruckte Texte und
Untersuchungen (Publikationen des Österreichischen Historischen Instituts in Rom,
1) Wien-Leipzig 1910 [Neudruck New York-Berkeley 1967].

Konrad von Megenberg: Oekonomik, Bd. 1–3, ed. Sabine KRÜGER (MGH Staatsschriften, III.1–3) Stuttgart 1973, 1977, 1984.

– Planctus ecclesiae in Germaniam, ed. Richard SCHOLZ (MGH Staatsschriften, II.1)
Leipzig 1941 [Neudruck Stuttgart 1977].

KRIECHBAUM, Maximiliane: *Actio, ius* und *dominium* in den Rechtslehren des 13. und

14. Jahrhunderts (Münchener Universitätsschriften, Juristische Fakultät, Abhandlungen zur rechtswissenschaftlichen Grundlagenforschung, 77) Ebelsbach 1996 [= Jur. Habil.-Schrift LMU 1995].

KRYNEN, Jacques: L'Empire du roy, Paris 1993.

KUTTNER, Stephan: Medieval Councils, Decretals and Collections of Canon Law, Selected Essays (Collected Studies Series, CS 126) London 1980.

– Studies in the History of Medieval Canon Law (Collected Studies, CS 325) Aldershot 1990.

– The History of Ideas et Doctrines of Canon Law in the Middle Ages (Collected Studies Series, CS 113) London ²1992.

L'Enseignement de la philosophie au XIIIᵉ siècle, Autour du „Guide de l'Étudiant" du ms. Ripoll 109, édd. Claude LAFLEUR et Joanne CARRIER (Studia artistarum, 5) Turnhout 1997.

LADNER, Gerhart Burian: Images and Ideas in the Middle Ages, Selected Studies in History and Art, Bd. 1–2 (Storia e letteratura, 154–155) Rom 1983.

LAGARDE, Georges de: La naissance de l'esprit laïque au déclin du moyen âge, Nouvelle édition réfondue, Bd. 2–5, Bruxelles-Paris 1958, 1970, 1962–1963.

LAMBERTINI, Roberto: La povertà pensata, Evoluzione storica della definizione dell'identità minoritica da Bonaventura ad Ockham (Collana di storia medievale, 1) Modena 2000.

Laurentius von Arezzo: „Prohemium" zu „Liber de ecclesiastica potestate", ed. Karla ECKERMANN, Studien zur Geschichte des monarchischen Gedankens im 15. Jahrhundert (Abhandlungen zur mittleren und neueren Geschichte, 73) Berlin 1935, S. 161–168; ed. Martin GRABMANN, Studien über den Einfluß, S. 134–144 [=Gesammelte Akademieabhandlungen, Bd. 1, S. 942–952]; edd. Anton-Hermann CHROUST und James A. CORBETT, The Fifteenth Century „Review of Politics" of Laurentius of Arezzo, in: Medieval Studies 11 (1949) S. 62–76.

Lebenslehren und Weltentwürfe im Übergang vom Mittelalter zur Neuzeit, Politik – Naturkunde – Theologie, hgg. von Hartmut BOOCKMANN, Bernd MOELLER, Karl STACKMANN (Abhandlungen der Akademie der Wissenschaften in Göttingen, Philol.-Hist. Kl. III.179) Göttingen 1989.

LECLERCQ s. Johannes Quidort.

LEPPIN, Volker: Geglaubte Wahrheit, Das Theologieverständnis Wilhelms von Ockham (Forschungen zur Kirchen- und Dogmengeschichte, 63) Göttingen 1995.

Learning Institutionalized, Teaching in the Medieval University, ed. John VAN ENGEN (Notre Dame Conferences in Medieval Studies, 9) Notre Dame, IN 2000.

Les genres littéraires dans les sources théologiques et philosophiques médiévales. Définition, critique et exploitation, hgg. Robert BULTOT / Léopold GÉNICOT (Université Catholique de Louvain, Publications de l'Institute d'Etudes Médiévales, II.5) Louvain-la-Neuve 1982.

LIZERAND, Georges (éd.): Le dossier de l'affaire des templiers (Les classiques de l'histoire de France au moyen âge) Paris 1927 [²1964].

LUNA, Concetta: Un nuovo documento del conflitto fra Bonifacio VIII e Filippo il Bello: il discorso „De potentia domini papae" di Egidio Romano (con un' appendice su Borromeo da Bologna e la „Eger cui lenia"), in: Documenti e studi sulla tradizione filosofica medievale 3 (1992) S. 167–243 [Text: S. 221–230].

LUBAC, Henri de, S.J.: Théologies d'occasion, Paris 1984.

Lupold von Bebenburg: Politische Schriften, edd. Jürgen MIETHKE / Christoph FLÜE-
LER (MGH, Staatsschriften, IV) München 2000 [im Druck].

MAIER, Anneliese: Ausgehendes Mittelalter, Gesammelte Aufsätze zur Geistesgeschichte
des 14. Jahrhunderts, Bd. 1, 2, 3 (Storia e letteratura, 97, 105, 138) Rom 1964, 1967,
1977 [Bd. 3, hg. von Agostino Paravicini Bagliani].

MAILLANE, Durand de (éd.): Les libertez de l'Église gallicane, Bd. 3, Lyon 1771.

MANSELLI, Raoul: Da Gioacchino da Fiore a Cristoforo Colombo, Studi sul francescanesimo spirituale, sull' ecclesiologia e sull' eschatologismo bassomedievali (Nuovi studi storici, 36) Rom 1997.

MANSI, Johannes Dominicus (ed.): Conciliorum nova et amplissima collectio [Neu-
druck Graz 1961].

MARANGON, Paolo: *Ad cognitionem scientiae festinare*, Gli studi nell'Università e nei conventi di Padova nei secoli XIII e XIV, a cura di Tiziana Pesenti, Trieste 1997.

MARIANI, Ugo: Chiesa e stato nei teologi agostiniani del secolo XIV (Uomini e dottri-
ne, 5) Rom 1957.

Marsilius von Padua: Defensor pacis, ed. William PREVITÉ ORTON, Cambridge 1928; ed.
Richard SCHOLZ (MGH Font. iur. germ., 7) Hannover 1932–1933.

– Marsilio da Padova, „Defensor pacis" nella traduzione in volgare fiorentino del 1363,
a cura di Carlo PINCIN, Turin 1966.

– Defensor minor, ed. Charles Kenneth BRAMPTON, Birmingham 1922 (*Editio princeps*);
ed. Colette JEUDY / Jeannine QUILLET, in: Marsile de Padoue, Oeuvres mineures,
„Defensor minor", „De translatione imperii" (Sources d'histoire médiévale) Paris
1979. – (Englische Übers.): Marsiglio of Padua, „Defensor minor", transl. Cary Joseph NEDERMAN (Cambridge Texts in the History of Political Thought) Cambridge
(usw.) 1995.

MARTÈNE, Edmond / DURAND, Ursin (edd.): Thesaurus novus anecdotorum, vol. II, Paris 1717.

MARTIN, Olivier: L'Assemblée de Vincennes de 1329 et ses conséquences, Études sur les
conflits entre la juridiction laïque et la juridiction ecclésiastique au XIVe siècle (Bibliothèque de la Fondation Thiers, 16) Paris 1909.

– Note sur le „De origine iurisdictionum" attribué à Pierre Bertrand, in: Mélanges
Fitting, Bd. 2, Paris 1909, S. 105–119.

Matthias von Neuenburg, Chronik, hg. von Adolf HOFMEISTER (MGH SS N.S. 4) Berlin
1924–1940.

MATTHIAS, Johannes: Beiträge zur Geschichte Ludwigs des Bayern während seines
Romzuges (Phil. Diss. Halle-Wittenberg 1908) Halle a. S. 1908.

McCREADY, William David: The Theory of Papal Monarchy in the Fourth Century,
Guillaume de Pierre Godin: „Tractatus de causa immediata ecclesiasticae potestatis"
(Studies and Texts, 56) Toronto 1982 [Text S. 103–377].

McGINN, Bernhard: Apocalypticism in the Western Tradition (Collected Studies, CS
430) Aldershot 1994.

MENACHE, Sophia: Clément V (Cambridge Studies in Medieval Life and thought, IV.36)
Cambridge (usw.) 1998.

MERZBACHER, Friedrich: Recht – Staat – Kirche, Ausgewählte Aufsätze, hgg. Gerhard
Köbler, H. Drüppel, Dietmar Willoweit, Wien-Köln-Graz 1989.

MIETHKE, Jürgen: Alvaro Pelagio e la chiesa del suo tempo, in: Santi e santità nel secolo
XIV (Atti del XV° convegno internazionale di studi francescani, Assisi, 15–17 ott.
1987) Assisi-Neapel 1989, S. 253–293.

– Die Anfänge des säkularisierten Staates in der politischen Theorie des späteren Mittelalters, in: Entstehen und Wandel des Verfassungsdenkens, hg. von Reinhard Mußgnug (Der Staat, Beiheft 11) Berlin 1996, S. 7–43.

– Der erste vollständige Druck der sogenannten „Chronik des Nicolaus Minorita" (von 1330/1338), Bemerkungen zur Präsentation eines „Farbbuches" des 14. Jahrhunderts, in: DA 54 (1998) S. 623–642.

– Einleitung, in: Quellen zur Kirchenreform im Zeitalter der großen Konzilien des 15. Jahrhunderts, [1. Teil:] Die Konzilien von Pisa (1409) und Konstanz (1414–1418), hgg. Jürgen Miethke, Lorenz Weinrich (Freiherr vom Stein-Gedächtnisausgabe, A: Ausgewählte Quellen zur deutschen Geschichte des Mittelalters, 38a) Darmstadt 1995, S. 1–50.

– Einleitung s. Lupold von Bebenburg

– Die Frage der Legitimität rechtlicher Normierung in der politischen Theorie des 14. Jahrhunderts, in: Die Begründung des Rechts als historisches Problem, hg. von Dietmar Willoweit, unter Mitarbeit von Elisabeth Müller-Luckner (Schriften des Historischen Kollegs/Kolloquien, 45) München 2000, S. 171–202.

– Eine unbekannte Handschrift von Petrus de Paludes Traktat „*De potestate pape*" aus dem Besitz Juan de Torquemadas in der Vatikanischen Bibliothek, in: QFIAB 59 (1979) 468–475.

– Practical Intentions of Scholasticism, The Example of the Political Theory, in: Universities in Medieval Society, hgg. William J. Courtenay, Jürgen Miethke (Education and Society in the Middle Ages and Renaissance) Leiden-Boston-Köln 2000, S. 211–228.

– Kaiser und Papst im Spätmittelalter, Zu den Ausgleichsbemühungen zwischen Ludwig dem Bayern und der Kurie in Avignon, in: ZHF 10 (1983) S. 421–446.

– Kanonistik, Ekklesiologie und politische Theorie. Die Rolle des Kirchenrechts im Spätmittelalter, in: Proceedings of the 9th International Congress of Medieval Canon Law, Munich, 13–18 sept. 1992, ed. Peter Landau, Jörg Müller (Monumenta Iuris Canonici, Series C: Subsidia, 10) Città del Vaticano 1997, S. 1023–1051.

– Gelehrte Ketzerei und kirchliche Disziplinierung, Die Verfahren gegen theologische Irrlehren im Zeitalter der scholastischen Wissenschaft, in: Recht und Verfassung im Übergang vom Mittelalter zur Neuzeit, Teil 2, hgg. von Hartmut Boockmann (†), Ludger Grenzmann, Bernd Moeller, Martin Staehelin (Abhandlungen der Akademie der Wissenschaften zu Göttingen, Philologisch-historische Klasse, III. Folge) Göttingen, S. 9–45 [im Druck].

– Kirchenreform auf den Konzilien des 15. Jahrhunderts, Motive – Methoden – Wirkungen, in: Studien zum 15. Jahrhundert, Festschrift für Erich Meuthen, hgg. von Johannes Helmrath, Heribert Müller (in Zusammenarbeit mit Helmut Wolff), München 1994, Bd. 1, S. 13–42.

– Das Konsistorialmemorandum „De potestate pape" des Heinrich von Cremona von 1302 und seine handschriftliche Überlieferung, in: Studi sul XIV secolo in memoria di Anneliese Maier, hgg. Alfonso Maierù, Agostino Paravicini Bagliani (Storia e letteratura, 151) Roma 1981, S. 421–445.

– Die Konzilien als Forum der öffentlichen Meinung im 15. Jahrhundert, in: DA 37 (1981) S. 736–773.

– Konziliarismus – die neue Doktrin einer neuen Kirchenverfassung, in: Reform von Kirche und Reich zur Zeit der Konzilien von Konstanz (1414–1418) und Basel

(1431–1449), Konstanz-Prager Kolloquium (11.-17. Oktober 1993), hgg. Ivan Hla-váček, Alexander Patschovsky, Konstanz 1996, S. 29–61.

– Die Legitimität der politischen Ordnung im Spätmittelalter, Theorien des frühen 14. Jahrhunderts (Aegidius Romanus, Johannes Quidort, Wilhelm von Ockham), in: Historia philosophiae medii aevi, Studien zur Geschichte der Philosophie des Mittelalters, Festschrift für Kurt Flasch zum 60. Geburtstag, hgg. von Burkhard Mojsisch, Olaf Pluta, Amsterdam-Philadelphia, PA 1991, S. 643–674.

– Marsilius und Ockham – Publikum und Leser ihrer politischen Schriften im späteren Mittelalter, in: Medioevo 6 (1980) S. 534–558.

– Marsilius von Padua, Die politische Theorie eines lateinischen Aristotelikers des 14. Jahrhunderts, in: Lebenslehren und Weltentwürfe im Übergang vom Mittelalter zur Neuzeit, S. 52–76.

– Ockham-Perspektiven oder Engführung in eine falsche Richtung? Eine Polemik gegen eine neuere Publikation zu Ockhams Biographie, in: Mittellateinisches Jahrbuch 29 (1994) S. 61–82.

– Ockhams Weg zur Sozialphilosophie, Berlin 1969.

– Die „Octo Quaestiones" Wilhelms von Ockham in zwei unbeachteten Handschriften in Lissabon und Tübingen, in: Franciscan Studies 56 (1998) [=Essays in Honor of Dr. Girard Etzkorn, edd. Gordon A. Wilson, Timothy B. Noone] S. 291–305.

– Papst, Ortsbischof und Universität in den Pariser Theologenprozessen des 13. Jahrhunderts, in: Die Auseinandersetzungen an der Pariser Universität im XIII. Jahrhundert, hg. von Albert Zimmermann (Miscellanea mediaevalia, 10) Berlin-New York 1976, S. 52–94.

– Paradiesischer Zustand – Apostolisches Zeitalter – Franziskanische Armut. Religiöses Selbstverständnis, Zeitkritik und Gesellschaftstheorie im 14. Jahrhundert, in: Vita religiosa im Mittelalter, Festschrift für Kaspar Elm zum 70. Geb., hgg. Franz-Josef Felten und Nikolaus Jaspert, unter Mitarbeit von Stephanie Haarländer (Berliner Historische Studien, 31 = Ordensstudien, XIII) Berlin 1999, S. 503–533.

– Philipp [IV.] der Schöne (1285–1314), in: Die französischen Könige des Mittelalters, hgg. Joachim Ehlers, Heribert Müller, Bernd Schneidmüller, München 1996, S. 202–230, 399–401.

– Der Prozeß gegen Meister Eckhart im Rahmen der spätmittelalterlichen Lehrzuchtverfahren gegen Dominikanertheologen, in: Meister Eckhart, Lebensstationen – Redesituationen, hg. von Klaus Jacobi (Quellen und Forschungen zur Geschichte des Dominikanerordens, NF 7) Berlin 1998, S. 353–375.

– Historischer Prozeß und zeitgenössisches Bewußtsein, Die Theorie des monarchischen Papats im hohen und späteren Mittelalter, in: HZ 226 (1978) 564–599.

– Raumerfassung und Raumbewußtsein auf den Allgemeinen Konzilien des Spätmittelalters, Die Repräsentanz der Regionen in der Entwicklung der Geschäftsordnung vom 13. zum 15. Jahrhundert, in: Raumerfassung und Raumbewußtsein im späteren Mittelalter, hg. von Peter Moraw (Vorträge und Forschungen) Stuttgart [im Druck].

– Das Reich Gottes als politische Idee im späteren Mittelalter, in: Theokratie, hg. von Jakob Taubes (Religionstheorie und Politische Theologie, 3) München-Paderborn-Wien-Zürich 1987, S. 267–278.

– Repräsentation und Delegation in den politischen Schriften Wilhelms von Ockham, in: Der Begriff der „repraesentatio" im Mittelalter, Stellvertretung – Symbol – Zeichen – Bild, hg. Albert Zimmermann (Miscellanea mediaevalia, 8) Berlin-New York 1971, S. 163–185.

– Die Rolle der Bettelorden im Umbruch der politischen Theorie an der Wende zum 14. Jahrhundert, in: Stellung und Wirksamkeit der Bettelorden in der städtischen Gesellschaft, hg. von Kaspar Elm (Berliner historische Studien, 3 = Ordenstudien, II) Berlin 1981, S. 119–153.

– Die kleinen politischen Schriften des Marsilius von Padua in neuer Präsentation, Bemerkungen zu einer Edition und zu einem Kommentar, in: Mittellateinisches Jahrbuch 17 (1982) S. 200–211.

– Ein neues Selbstzeugnis Ockhams zu seinem „Dialogus", in: From Ockham to Wyclif, hgg. Anne Hudson, Michael J. Wilks (Studies in Church History, Subsidia 5) Oxford 1987, S. 19–30.

– Ein neuer Text der politischen Theorie im 14. Jahrhundert, Der *„Tractatus de potestate summi pontificis"* des Guillelmus de Sarzano aus Genua, in: QFIAB 54 (1974) S. 509–538.

– Theologenprozesse in der ersten Phase ihrer institutionellen Ausbildung. Die Verfahren gegen Abaelard und Gilbert von Poitiers, in: Viator 6 (1975) S. 87–116.

– Politische Theorie in der Krise der Zeit, Aspekte der Aristotelesrezeption in der politischen Philosophie des Spätmittelalters, in: Institutionen und Geschichte, Theoretische Aspekte und mittelalterliche Befunde, hg. Gert Melville (Norm und Struktur, Studien zum sozialen Wandel in Mittelalter und Früher Neuzeit 1) Köln-Weimar-Wien 1992, S. 157–186.

– Politische Theorien im Mittelalter, in: Politische Theorien von der Antike bis zur Gegenwart, hg. von Hans-Joachim Lieber (Studien zur Geschichte und Politik, Schriftenreihe der Bundeszentrale für Politische Bildung, 299) Bonn ²1993 [auch München 1991], S. 47–156.

– Politische Theorien vom 5. bis 15. Jahrhundert, in: Contemporary Philosophy, A New Survey, Bd. 6: Philosophy and Science in the Middle Ages, edd. Guttorm Fløistad, Raymond Klibansky, Dordrecht-Boston-London 1990, S. 837–882.

– Die Traktate „De potestate papae" – ein Typus politiktheoretischer Literatur im späteren Mittelalter, in: Les genres littéraires dans les sources théologiques, S. 198–211.

– Der Tyrannenmord im späteren Mittelalter, Theorien über das Widerstandsrecht gegen ungerechte Herrschaft in der Scholastik, in: Theologische Reflexion über Krieg und Frieden in der Geschichte der Kirche, hgg. Gerhard Beestermöller und Gerhard Justenhoven (Beiträge zur Friedensethik, 30) Stuttgart 1999, S. 24–48.

– Die Überlieferung der Schriften des Juan Gonzáles, Bischof von Cádiz (†1440). Zur Bedeutung der Bibliothek des Domenico Capranica für die Verbreitung ekklesiologischer Traktate des 15. Jahrhunderts (mit einem Anhang: Inhaltsübersicht über die Miszellanhandschrift Vat. lat. 4039), in: QFIAB 60 (1980) S. 275–324.

– *Universitas* und *studium.* Zu den Verfassungsstrukturen mittelalterlicher Universitäten, in: Aevum, Rassegna di scienze storiche, linguistiche e filologiche 73 (1999) S. 493–511.

– Das Votum „De paupertate Christi et apostolorum" des Durandus von Sancto Porciano, Eine dominikanische Position im Streit um die franziskanische Armut (1322/1323), in: *Vera lex historiae,* Festschrift für Dietrich Kurze zu seinem 65. Geb., hgg. von Stuart Jenks, Jürgen Sarnowsky, Marie-Luise Laudage, Köln-Wien-Weimar 1993, S. 149–196 [Text S. 169–196].

MINISTERI, Blasius: De vita et operibus Augustini de Ancona, O.E.S.A. (†1328), in: Analecta Augustiniana 22 (1951 / 1952) S. 7–56, 148–262 [auch selbständig: (Bibliotheca Augustiniana Medii Aevi, II.3) Rom 1953; danach hier benutzt].

MOLLAT s. Johannes XXII.

MOSER, Peter: Das Kanzleipersonal Kaiser Ludwigs des Bayern in den Jahren 1330–1347 (Münchener Beiträge zur Mediävistik und Renaissance-Forschung 37) München 1985.

MÜLLER, Carl: Der Kampf Ludwigs des Baiern mit der römischen Curie, Ein Beitrag zur kirchlichen Geschichte des 14. Jahrhunderts, Bd. 1–2, Tübingen 1879–1880.

MÜLLER, Ewald: Das Konzil von Vienne (Vorreformationsgeschichtliche Forschungen, 12) Münster 1935.

NEDERMAN, Cary Joseph (transl.): Marsiglio of Padua, Writings on the Empire, „Defensor minor“ and „De translatione“ (Cambridge Texts in the History of Political Thought) Cambridge (usw.) 1993.

– Community and Consent, The Secular Political Theory of Marsiglio of Padua's „Defensor pacis“, Lanham (Maryland)-London 1994.

– Medieval Aristotelianism and its Limits, Classical Traditions in Moral and Political Philosophy, 12th-15th Centuries (Variorum Collected Studies Series, CS 565) Aldershot [Hampshire] 1997.

Nicolaus Minorita: Chronica, Documentation on Pope John XXII, Michael of Cesena and the Poverty of Christ, with Summaries in English, A Source Book, edd. Gedeon GÁL/ David FLOOD, St. Bonaventure, N.Y. 1996.

Nikolaus von Kues: Nicolai de Cusa De concordantia catholica, ed. Gerhardus KALLEN (Nicolai de Cusa Opera omnia, ed. Academia […] Heidelbergensis, 14) Hamburg 1959–1965.

Nova Alamanniae, Urkunden, Briefe und andere Quellen, besonders zur deutschen Geschichte des 14. Jahrhunderts, 1. Hälfte und 2. Hälfte / I. Teil, hg. Edmund Ernst STENGEL, Berlin 1921–1930; 2. Hälfte / II. Teil, hg. Edmund Ernst STENGEL, unter Mitwirkung von Klaus SCHÄFER, Hannover 1976.

OFFLER, Hilary Seton: Church and Crown in the 14th Century, Studies in European History and Political Thought, ed. by A. I. Doyle (Variorum Collected Studies Series, CS 692) Aldershot 2000.

PATZE s. Kaiser Karl IV.

PAULER, Roland: Die deutschen Könige und Italien im 14. Jahrhundert, Von Heinrich VII. bis Karl IV., Darmstadt 1997.

PENNINGTON, Kenneth J.: The Prince and the Law, 1200–1600, Sovereignty and Rights in the Western Legal Traditon, Berkeley-Los Angeles-Oxford 1993.

Il pensiero politico dell'età antica e medioevale, Dalla „polis“ alla formazione degli Stati europei, a cura di Carlo DOLCINI, Torino 2000.

PERARNAU, João: Un codex català retrobat (Barcelona Catedral 2/seconda part = Vat. lat. 10497), in: Analecta Sacra Taraconensia 47 (1974) S. 219–228.

Peter von Andlau: Kaiser und Reich / Libellus de Cesarea monarchia. Lateinisch und deutsch, hg. von Rainer A. MÜLLER (Bibliothek des deutschen Staatsdenkens, 8) Frankfurt/Main-Leipzig 1998.

Petrus Bertrandi: Johannes Ludovicus BRUNET, Libellus domini Bertrandi cardinalis Sancti Clementis adversus magistrum Petrum de Cugneriis purgatus (…) et restitutus ad fidem duorum manuscriptorum Colbertinorum, Paris 1731, abgedruckt [mit „Lettre de M. Brunet“, S. 425–443] bei Durand de MAILLANE, Les libertez de l'Eglise gallicane, Bd. 3, Lyon 1771, S. 444–503, auch (nach anderer Vorlage) bei GOLDAST, Monarchia sacri Romani imperii, Bd. 2, S. 1361–1383.

Petrus de Alvernia: Gundissalvus M. GRECH, The Commentary of Peter of Auvergne on Aristotle's Politics, The Unedited Part: Book III, less. i–vi, Rom 1967.

Petrus de Palude: Magistri Petri de Palude O.P., Tractatus de potestate papae, ed. Prospero T. STELLA (Textus et studia in historiam scholasticae, 2) Zürich 1966.

– s. McCREADY.

PIAIA, Gregorio: Marsilio e dintorni, Contributi alla storia delle idee (Miscellanea erudita, 61) Padova 1999.

Pierre Dubois: De recuperatione Terre Sancte, ed. Charles-Victor LANGLOIS, Paris 1891, danach abgedruckt bei Angelo DIOTTI: Pierre Dubois: *De recuperatione Terrae Sanctae*, Dalla „respublica Christiana" ai primi nazionalismi e alla politica antimediterranea (Testi medievali di interesse dantesco, 1) Florenz 1977.

PINCIN, Carlo: Marsilio (Pubblicazioni dell' Istituto di Scienze Politiche dell' Università di Torino, 17) Turin 1967.

– s. Marsilio da Padova: „Defensor pacis" nella traduzione in volgare.

Political Thought and the Realities of Power in the Middle Ages / Politisches Denken und die Wirklichkeit der Macht im Mittelalter, hgg. Joseph CANNING / Otto Gerhard OEXLE (Veröffentlichungen des Max-Planck-Instituts für Geschichte, 147) Göttingen 1998.

POSTHUMUS MEYJES, Guillaume Henri Marie: Jean Gerson et l'assemblée de Vincennes (1329), Ses conceptions de la juridiction temporelle de l'Église (Studies in Medieval and Reformation Thought, 26) Leiden 1978.

PRINZ, Friedrich: Marsilius von Padua, in: Zeitschrift für bayerische Landesgeschichte 39 (1976) S. 39–77.

Recht und Schrift im Mittelalter, hg. Peter CLASSEN (Vorträge und Forschungen, 23) Sigmaringen 1977.

Recueil des Historiens des Gaules et de la France, Bd. 20–21, Paris 1840 und 1855.

Regesten Kaiser Ludwigs des Bayern (1314–1347), nach Archiven und Bibliotheken geordnet, hg. Peter ACHT, Heft 1: Die Urkunden aus den Archiven und Bibliotheken Württembergs, bearbeitet von Johannes WETZEL, Köln-Weimar-Wien 1991; Heft 3: Die Urkunden aus Kloster- und Stiftsarchiven im Bayerischen Hauptstaatsarchiv und in der Bayerischen Staatsbibliothek München, bearb. von Michael MENZEL, ebenda 1996.

Regestum Clementis papae V ex Vaticanis archetypis (...) editum cura et studio monachorum Ordinis Sancti Benedicti, Bd. 3, Rom 1886.

Repertorium fontium historiae medii aevi, primum ab Augusto POTTHAST digestum, nunc cura collegii historicorum e pluribus nationibus emendatum et auctum, Bd. 1–7, Rom 1962–1997 [noch unabgeschlossen].

RIEDMANN, Josef: Mittelalter, in: Geschichte des Landes Tirol, Bd. I: Von den Anfängen bis 1490, hg. von Josef Fontana (u.a.), Bozen-Innsbruck-Wien ²1990, S. 291–698.

RIEZLER, Sigmund: Die literarischen Widersacher der Päpste zur Zeit Ludwigs des Baiers, Ein Beitrag zur Geschichte der Kämpfe zwischen Staat und Kirche, Leipzig 1874 [Neudruck New York 1961].

RINALDI, Odorico: Annales ecclesiastici ..., ubi desinit card. Baronius, auctore Odorico Raynaldo, ed. Joannes Dominicus MANSI, vol. 5, Lucca 1740.

– Caesaris Baronii [...] Annales ecclesiastici, ed. August THEINER, Bd. 23-24, Bar-le-Duc 1871, 1872.

RIVIÈRE, Jean: Le problème de l'Église et de l'État au temps de Philippe le Bel (Spicilegium sacrum sacrum Lovaniense, 8) Louvain-Paris 1927.

Robert Grosseteste: Translatio latina der Etica Nicomachea, ed. René-Antoine GAUTHIER, in: Aristoteles Latinus, Bd. 26.1–3, fasc. 3, Leiden-Paris 1972, u. fasc. 4, 1973.

ROCCABERTI de Perelada, Johannes Th. (ed.): Bibliotheca maxima pontificia, Bd. 2, Rom 1698.

ROENSCH, Frederick J.: Early Thomistic School, Dubuque, Iowa 1964.

Roger Bacon: Opus tertium, ed. John S. BREWER: Fr. Rogeri Bacon Opera quaedam hactenus inedita (RS, 15) London 1859.

RÜEGG s. History of the University.

SAENGER, Paul: John of Paris, Principal Author of the „Quaestio de potestate papae" (*Rex pacificus*), in: Speculum 56 (1981) S. 41–55.

Sammelband (o.T.), gedruckt für Jean Barbier bei Jean Petit, Paris 1506.

SASSI, Romualdo: La partecipazione di Fabriano alle guerre della Marca nel decennio 1320–1330, con documenti inediti, in: Atti e memorie della R. deputazione di storia patria per le Marche, IV.7 (1930) S. 56–129.

SCHIMMELPFENNIG, Bernhard: Das Papsttum, Darmstadt [4]1995.

SCHMIDT, Tilmann: Der Bonifaz-Prozeß (Forschungen zur kirchlichen Rechtsgeschichte und zum Kirchenrecht, 19) Köln-Wien 1989.

SCHMITT, Clément: Un pape réformateur et un défenseur de l'unité de l'Église, Benoît XII et l'Ordre des Frères Mineurs (1334–1342), Quaracchi-Florence 1959.

SCHMUGGE, Ludwig: Johannes von Jandun (1285/89–1328), Untersuchungen zur Biographie und Sozialtheorie eines lateinischen Averroisten (Pariser Historische Studien, 5) Stuttgart 1966.

SCHOLZ, Richard: Die Publizistik zur Zeit Philipps des Schönen und Bonifaz VIII. (Kirchenrechtliche Abhandlungen, 6–8) Stuttgart 1903 [ND Amsterdam 1962].

– Unbekannte kirchenpolitische Streitschriften aus der Zeit Ludwig des Bayern, Bd. 1–2 (Bibliothek des Kgl. Preußischen Historischen Instituts in Rom, 9–10) Rom/Regensburg 1909–1914 [Neudruck Turin 1964].

– s. auch Konrad von Megenberg.

SCHUBERT, Ernst: König und Reich, Studien zur spätmittelalterlichen deutschen Verfassungsgeschichte (Veröffentlichungen des Max-Planck-Instituts für Geschichte, 63) Göttingen 1979.

Schulen und Studium im sozialen Wandel des hohen und späten Mittelalters, hg. Johannes FRIED (Vorträge und Forschungen, 30) Sigmaringen 1986.

SCHÜTRUMPF, Eckart: Aristoteles, Politik, Buch I; Buch II–III; Buch IV–VI, übersetzt und erläutert (Aristoteles Werke in deutscher Übersetzung, 9.1–3) Berlin 1991, 1991, 1996.

SIEBEN, Hermann Josef: Die Konzilsidee des lateinischen Mittelalters (847–1378), (Konziliengeschichte, Reihe B) Paderborn (usw.) 1984.

Somnium viridarii, éd. Marion SCHNERB-LIÈVRE, Bd. 1–2 (Sources d'histoire médiévale) Paris 1993–1995.

Songe du Vergier, éd. Marion SCHNERB-LIÈVRE, Bd. 1–2 (Sources d'histoire médiévale) Paris 1982.

STENGEL, Edmund Ernst, s. Nova Alamanniae.

STICKLER, Alfons Maria: Historia iuris canonici latini, Institutiones academicae, I: Historia fontium, Zürich [2]1950 [u.ö.].

STRUVE, Tilman: Die Entwicklung der organologischen Staatsauffassung im Mittelalter (Monographien zur Geschichte des Mittelalters, 16) Stuttgart 1978.

Tabarroni, Andrea: „Paupertas Christi et apostolorum", L'Ideale francescano in discussione (1322–1324), (Nuovi studi storici, 5) Rom 1990

Tarrant s. Extravagantes Iohannis XXII.

Thijssen, J. M. M. Hans: Censure and Heresy at the University of Paris 1200 to 1400 (The Middle Ages Series) Philadelphia, Pennsylvania 1998.

Thomas de Bailly: Quodlibets, éd. Palémon Glorieux (Textes philosophiques des Moyen Age, 9) Paris 1960.

Thomas von Aquin: De regno ad regem Cypri, ed. Hyacinthe F. Dondaine in: Sancti Thomae Opera omnia [Editio Leonina], Bd. 42, Rom 1979, S. 449–471.

– Liber de veritate catholicae fidei contra errores infidelium seu Summa contra gentiles, edd. C. Pera / P. Marc / P. Caramello, Bd. 3, Turin 1976.

– Opera omnia, ed. Roberto Busa, Bd. 1–5, Stuttgart 1980.

– S. Thomas Aquinas, On Kingship To the King of Cyprus, translated by George Phelan, Introduction and Notes by Iohannes Thomas Eschmann, Toronto 1949.

Thomas Walsingham: Ypodigma Neustrie, ed. H. T. Riley (RS, 28/7) London 1876.

Thomas, Heinz: Ludwig der Bayer [1282–1347], Kaiser und Ketzer, Regensburg und Graz-Köln-Wien 1993.

Tierney, Brian: Rights, Laws and Infallibility in Medieval thought (Variorum Collected Studies Series, CS 578) Aldershot 1997.

Tolomeo von Lucca, Annales: Die Annalen des Tholomeus von Lucca, ed. Bernhard Schmeidler (MGH, SS N.S. 8) Berlin 1930.

– De regimine principum, in: Thomas von Aquin, De regimine principum (ab II.4), ed. Johannes Mathis, Turin ²1948.

– Determinatio compendiosa de iurisdictione imperii, ed. Mario Krammer (MGH Fontes iuris germanici antiqui in usum scholarum, 1) Hannover-Leipzig 1909.

Torrell, Jean-Pierre: Initiation à saint Thomas d'Aquin (Vestigia, 13) Fribourg-Paris 1993.

Trottmann, Christian: La vision béatifique des disputes scolastiques à sa définition par Benoît XII (BEFAR, 289) Rom 1995.

Turmair, Johannes, genannt Aventin: Sämtliche Werke, Bd. 3 und 5, München 1884 u. 1886.

Ullmann, Walter: Law and Jurisdiction in the Middle Ages, ed. by George Garnett (Variorum Collected Studies Series, CS 283) London 1988.

– Scholarship and Politics in the Middle Ages (Variorum Collected Studies Series, CS 72) London 1978.

Unverhau, Dagmar: „Approbatio" – „reprobatio", Studien zum päpstlichen Mitspracherecht bei Kaiserkrönung und Königswahl vom Investiturstreit bis zum ersten Prozeß Johanns XXII. gegen Ludwig IV. (Historische Studien, 424) Lübeck 1973.

Urkundenregesten zur Tätigkeit des deutschen Königs- und Hofgerichts, Bd. 5, bearb. von Friedrich J. Battenberg: Die Zeit Ludwigs des Bayern und Friedrichs des Schönen, 1313–1347, Köln-Wien 1987.

Vanderjagt, A. J.: Laurens Pignon, OP, Confessor of Philip the Good, Ideas on Jurisdiction and the Estates, Venlo 1985.

Villani, Giovanni: Nuova Cronica, Edizione critica a cura di Giuseppe Porta, vol. 1–2 (Biblioteca di scrittori italiani) Parma 1991.

Vinay: La cosidetta Quaestio, s. Anonymus: „Quaestio in utramque partem".

Walther, Helmut G.: Imperiales Königtum, Konziliarismus und Volkssouveränität, Studien zu den Grenzen des mittelalterlichen Souveränitätsgedankens, München 1976.

Watt, John A.: The „Quaestio in utramque partem" reconsidered, in: Studia Gratiana 13 (1967) S. 411–453.

Weijers, Olga: Terminologie des universités au XIIIᵉ siècle (Lessico intellettuale europeo, 39) Roma 1987.

– Le travail intellectuel à la Faculté des arts de Paris, Textes et maîtres (ca. 1200–1500), I: Répertoire des noms commençant par A-B; II: Répertoire (...) C-F; III: Répertoire G (Studia Artistarum, 1, 3, 6) Turnhout 1994, 1996, 1998.

Wieruszowski, Helene: Vom Imperium zum nationalen Königtum, Vergleichende Studien über die publizistischen Kämpfe Kaiser Friedrichs II. und König Philipps des Schönen mit der Kurie (HZ, Beiheft 30) München 1933.

Wilhelm von Nangis: Chroniques de Guillaume de Nangis, éd. H. Géraud, Bd. 2 (Société de l'histoire de France) Paris 1843.

Wilhelm von Ockham: Dialogus, gedruckt in Lyon (bei Johannes Trechsel) 1494 [Neudruck in: Guilelmus de Ockham, Opera plurima, London 1962, Bd. 1], danach bei Goldast, Monarchia, Bd. 2, S. 398–957 [die Stellenangaben erfolgen hier nach dem Trechsel-Druck mit Angabe der Folio-Ziffer].

– Opera politica, ed. Hilary Seton Offler, Bd. 1², 2, 3, Manchester 1974, 1963, 1956; Bd. 4 (Scriptores Britannici medii aevi, 14) Oxford 1997.

– Dialogus, Auszüge zur politischen Theorie, ausgewählt und übersetzt von Jürgen Miethke, Darmstadt 1992.

Wilhelm von Sarzano: Renato del Ponte: Il „*Tractatus de potestate summi pontificis*" di Guglielmo di Sarzano, in: Studi medievali III/12 (1971) S. 1015–1094.

– Ferdinand M. Delorme, Fratris Guillelmi de Sarzano „*Tractatus de excellentia principatus regalis*", in: Antonianum 15 (1940) S. 221–244 (Text: S. 226–244).

Wilks, Michael: The Problem of Sovereignty in the Later Middle Ages, The Papal Monarchy with Augustinus Triumphus and the Publicists (Cambridge Studies in Medieval Life and Thought, n.s. 9) Cambridge 1963.

William Rishanger: Chronicon, ed. H. T. Riley (RS 28/2) London 1865.

Wittneben, Eva Luise / Roberto Lambertini: Un teologo francescano alle strette. Osservazioni sul testimone manoscritto del processo a Francesco d'Ascoli, in: Picenum Seraphicum 19 (1999) S. 97–122.

Wood, Diana: Clement VI, The Pontificate and Ideas of an Avignon Pope (Cambridge Studies in Medieval Life and Thought, IV.13) Cambridge 1989.

Zeyen, Rainer: Die theologische Disputation des Johannes de Polliaco zur kirchlichen Verfasung (Europäische Hochschulschriften, XXIII.64) Frankfurt a.M.–Bern 1976.

Literaturnachträge

(Nur ausnahmsweise wird in Text und Anmerkungen auf diese hier genannten Nachträge hingewiesen. Zumeist versteht sich von selbst, wo sie herangezogen werden sollten):

★BAYONA, Bernardo (2007): Marsílio de Padua: Religión y poder – Primera teoría laica de lo estado? Zaragosa.

★BATTOCCHIO, Riccardo (2005): Ecclesiologia e politica in Marsilio da Padova, prefazione di Gregorio PIAIA (Fonti e ricerche di storia ecclesiastica padovana, 31), Padova.

★BÖCKENFÖRDE, Ernst-Wolfgang (2006): Geschichte der Rechts- und Staatsphilosophie, Antike und Mittelalter, 2. erw. Aufl. (UTB 2270), Tübingen.

★BRETT, ANNABEL (2005): Introduction, in: Marsilius of Padua, The Defender of the Peace, ed. and transl. by Annabel BRETT (Cambridge Texts in the History of Political Thought), Cambridge (usw.), ix–xxxvi.

★BRIGUGLIA, Gianluca (2006): Il corpo vivente dello Stato. Una metafora politica (= Testi e pretesti), Mailand.

★CADILI, Alberto (2006): Marsilio da Padova amministratore della Chiesa ambrosiana, in: Pensiero Politico Medievale 3–4 (2005–2006) 193–225.

★CARDELLE DE HARTMANN, Carmen (2007): Lateinische Dialoge, 1200–1400, Literaturhistorische Studie und Repertorium (Mittellateinische Studien und Texte, 37), Leiden-Boston.

★CASINI, Giuseppe: La *Translatio imperii*: Landolfo Colonna e Marsilio da Padova, prefazione di Piero BELLINI, Rom 2005.

★CASPARY, Gundula (2006): Späthumanismus und Reichspatriotismus, Melchior Goldast und seine Editionen zur Reichsverfassungsgeschichte (Formen der Erinnerung, 25), Göttingen.

★DALE, Sharon: A House Divided: San Pietro in Ciel d'Oro in Pavia and the Politics of Pope John XXII, in: Journal of Medieval History 27 (2001) 55–77.

★DYSON, Robert William, ed. and transl. (1999): Three Royalist Tracts, 1296–1302: „Antequam essent clerici"; „Disputatio inter Clericum et Militem"; Quaestio in utramque partem, translated and edited (Primary Sources in Political Thought), Durham-Bristol-Sterling, VA.

★GARNETT, George (2006): Marsilius of Padua and „the Truth of History", Oxford.

★GENET, Jean-Philippe (1995): Les auteurs politiques et leur maniément des sources en Angleterre à la fin du Moyen Âge, in: Pratiques de la culture écrite en France au XVe siècle, édd. Monique ONATO et Nicole PONS (Textes et études du Moyen Âge, 2), Louvain-la-Neuve, 345–359.

★HOMANN, Eckhard (2004): *Totum posse, quod est in ecclesia, reservatur in in summo pontifice*, Studien zur politischen Theorie bei Aegidius Romanus (Contradictio, 2), Würzburg.

★KAUFHOLD, Martin (Hrsg.) (2004): Politische Reflexion in der Welt des späten Mittelalters / Political Thought in the Age of Scholasticism, Essays in Honour of Jürgen Miethke (Studies in Medieval and Reformation Traditions, History, Culture, Religion, Ideas, 103), Leiden-Boston [darin u.a.: ★Georg WIELAND: Praktische Philosophie und Politikberatung bei Thomas von Aquin (65.83); ★Francisco BERTELLONI: Die Anwendung von Kausalitätstheorien im politischen Denken von Thomas von Aquin und Aegidius Romanus (85–108); ★Roberto LAMBERTINI: Politische Fragen und politische Terminologie in mittelalterlichen Kommentaren zur „Ethica Nico-machea" (109–127); ★Karl UBL: Die Genese der Bulle „Unam Sanctam": Anlass, Vor-lagen, Intention (129–149); ★Helmut G. WALTHER: Aegidius Romanus und Jakob von Viterbo – oder: Was vermag Aristoteles, was Augustinus nicht kann? (151–169); ★Gregorio PIAIA: The Shadow of Antenor. On the Relationship between the „De-fensor Pacis" and the Institutions of the City of Padua (193–207); ★William J. COURTENAY: Masters and Political Power, The Parisian Years of Marsilius of Padua (209–223; ★Christoph FLÜELER: Acht Fragen über die Herrschaft des Papstes, Lupold von Bebenburg und Wilhelm von Ockham im Kontext (225–46); ★Eva Luise WITT-NEBEN: Bonagratia von Bergamo († 1340). Eine intellektuelle Biographie in der poli-tischen Diskussion des 14. Jhs. (247–267)].

★KEMPSHALL, Martthew S. (1999): The Common Good in Late Medieval Political Thought, Oxford.

★KRÜGER, Elmar (2007): Der Traktat „De ecclesiastica potestate" des Aegidius Rom-anus, Eine spätmittelalterliche Herrschaftskonzeption des päpstlichen Universalismus (Forschungen zur kirchlichen Rechtsgeschichte und zum Kirchenrecht, 30), Köln-Weimar-Wien.

★Lupold von Bebenburg (2004): Politische Schriften, hrsg. von Jürgen MIETHKE / Christoph FLÜELER (Monumenta Germaniae Historica, Staatsschriften des späteren Mittelalters, 4), Hannover [hier vor allem: Allgemeine Einleitung (1–142); *Editio maior* des „Tractatus de iuribus regni et imperii" (233–409)].

★Lupold von Bebenburg (2005): „De iuribus regni et imperii" / Über die Rechte von Kaiser und Reich, hrsg. von Jürgen MIETHKE, übersetzt von Alexander SAUTER (Bi-bliothek des deutschen Staatsdenkens, 14), München [*Editio minor*].

★MÄKINEN, Virpi / Petter KORKMAN (edd.) (2006): Transformations in Medieval and Early Modern Rights Discourse (The New Synthese Historical Library, 59), Dord-recht [*darin u.a.*: ★Arthur Stephen McGRADE: Right(s) in Ockham, A Reasonable Vision of Politics (63–9l); ★Annabel BRETT: Politics, Right[s] and Human Freedom in Marsilius of Padua (95–116)].

★MÄRTL, Claudia / Gisela DROSSBACH / Martin KINTZINGER (Hrsg.) (2006): Konrad von Megenberg (1309–1374) und sein Werk, Das Wissen der Zeit (Zeitschrift für Bayerische Landesgeschichte, Beiheft 31 Reihe B), München [darin u.a.: ★William J. COURTENAY: Conrad of Megenberg as Nuntius and his Quest for Benefices (7–23); ★Jacques VERGER: Konrad von Megenberg à l'Université de Paris (25–41); ★Franz Fuchs: Neue Quellen zur Biographie Konrads von Megenberg (43–72); ★Jürgen MIETHKE: Konrads von Megbenberg Kampf mit dem Drachen: Der *Tractatus contra Occam* im Kontext (73–97); ★Karl UBL: Die Rechte des Kaisers in der Theorie deut-scher Gelehrter des 14. Jahrhunderts (Engelbert von Admont, Lupold von Beben-burg, Konard von Megenberg), (353–387)].

★MAIOLO, Francesco (2007): Medieval Sovereignty, Marsilius of Padua and Bartolus of Sassoferrato, Delft.

★MIETHKE (2001): Gelehrte Ketzerei und kirchliche Disziplinierung. Die Verfahren ge-gen theologische Irrlehren im Zeitalter der scholastischen Wissenschaft, in: Recht und Verfassung im Übergang vom Mittelalter zur Neuzeit, II. Teil: Bericht über Kolloquien der Kommission zur Erforschung der Kultur des Spätmittelalters, 1966 bis 1997, hrsg. von HARTMUT BOOCKMANN (†) / LUDGER GRENZMANN / BERND MOELLER / MARTIN STAEHLIN (Abhandlungen der Akademie der Wissenschaften zu Göttingen, Philologisch-historische Klasse, III. Folge, Bd. 239), Göttingen 2001, 9–45 [*wieder abgedruckt in:* Studieren an mittelalterlichen Universitäten, Chancen und Risiken (Education and Society in the Middle Ages and Renaissance, 19) Leiden-Boston, 361–405]

★MIETHKE (2002): Die *Arbor imperialis* des Ramon Lull von 1295/1296, in: *Arbor scientiae,* Der Baum des Wissens von Ramón Lull, Akten des Internationalen Kongresses aus Anlaß des 40jährigen Jubiläums des Raimundus-Lullus-Instituts der Universität Freiburg i.Br., hrsg. von FERNANDO DOMINGUEZ REBOIRAS / PERE VILLALBA VARNEDA / PETER WALTER (Instrumenta patristica et mediaevalia. Research on the Inheritance of Early and Medieval Christianity, XLII; = Subsidia Lulliana, 1), Turnhout, 175–196.

★MIETHKE, Jürgen (2003): Herrscherliche Gewalt und gewaltsamer Widerstand in der politischen Theorie Wilhelms von Ockham, in: Gewalt und ihre Legitimation im Mittelalter, hrsg. von Günther MENSCHING (*Contradictio*, Studien zur Philosophie und ihrer Geschichte, 1) Würzburg, 266–285.

★MIETHKE, Jürgen (2004): Die Eheaffäre der Margarete „Maultasch", Gräfin von Tirol (1341/42). Ein Beispiel hochadliger Familienpolitik im Spätmittelalter, in: Päpste, Pilger, Pönitentiarie, Festschrift für Ludwig Schmugge zum 65. Geburtstag, hrsg. Andreas MEYER / Constanze RENDTEL / Maria WITTMER-BUTSCH, Tübingen, 353–391.

★MIETHKE, Jürgen (2005): Frömmigkeit als politisches Argument im 14. Jahrhundert:, Der „*Libellus de zelo christiane religionis veterum principum Germanorum*" des Lupold von Bebenburg, in: Frömmigkeit – Theologie – Frömmigkeitstheologie, Contributions to Church History, Festschrift für Berndt Hamm zum 60. Geburtstag, hrsg. von Gudrun LITZ / Heidrun MUNZERT / Roland LIEBENBERG (Studies in the History of Christian Traditions, 124), Leiden-Boston 2005, 89–103.

★MIETHKE, Jürgen (2006): Mittelalterliche Politiktheorie, Vier Entwürfe des Hoch- und Spätmittelalters (Würzburger Vorträge zur Rechtsphilosophie, Rechtstheorie und Rechtssoziologie, 35), Baden-Baden.

★MIETHKE, Jürgen (2007): Papst Johannes XXII. und der Armutstreit, in: Angelo Clareno Francescano, Atti del XXXIV Convegno internazionale, Assisi, 2006, Spoleto 2007, 263–313.

★MORENO-RIAÑO, Gerson (Ed.) (2006): The World of Marsilius of Padua (Disputatio, 5), Turnhout [*darin u.a.:* ★Frank GODTHARDT: The Philosopher as Political Actor – Marsilius of Padua at the Court of Ludwig the Bavarian: The Sources Revisited, 29–46; ★Thomas TURLEY: The Impact of Marsilius: Papalist Responses to the DP, 47–64; ★Annabel BRETT: Issues in Translating the *Defensor pacis*, 91–108].

★MORSE, Victoria Mary (1996): A Complex Terrain: Church, Society, and the Individual in the Works of Opicino de Canistris (1296 – ca.1354), PhD-Thesis University of California, Berkeley 1996.

★NEHLSEN, Hermann / Hans-Georg HERMANN (Hrsg.) (2002): Kaiser Ludwig der Bayer, Konflikte, Weichenstellungen und Wahrnehmung seiner Herrschaft (Quellen und Forschungen aus dem Gebiet der Geschichte, NF 22), Paderborn-München (usw.) [darin u.a.: ★Jürgen MIETHKE: Der Kampf Ludwigs des Bayern mit Papst und avignonesischer Kurie in seiner Bedeutung für die deutsche Geschichte (39–74); ★Heinz THOMAS: Clemens VI. und Ludwig der Bayer (756–117); ★Hans-Jürgen BECKER: Das Kaisertum Ludwigs des Bayern (119–138); ★Hermann NEHLSEN: Die Rolle Ludwigs des Bayern und seiner Berater Marsilius von Padua und Wilhelm von Ockham im Tiroler Ehekonflikt (285–328)].

⋆Nold, Patrick (2003): Pope John XXII and His Franciscan Cardinal, Bertrand de la Tour and the Apostolic Poverty Controversy (Oxford Historical monographs), Oxford-New York: Clarendon Press.

⋆Ockham, *Dialogus*; Teilausgaben von John Kilcullen / John Scott / George Knysh / Jan Ballweg / Volker Leppin im Internet: Teile von I Dialogus und II Dialogus in: <www.britac. ac.uk/pubs/dialogus/w32d3bcl.html ; www.britac.ac.uk/pubs/dialogus/ockdial.html> (12.12. 2007); III Dialogus I.i-iv. in: www.humanities.mq.edu. au/Ockham/31dText.pdf> (12.12.2007)

⋆Posthumus Meyjes, Guillaume Henri Marie (1991): Pierre d'Ailly's verhandeling „*Utrum indoctus in iure divino possit iuste praeesse in ecclesiae regno?*", in: Kerk in beraad, Opstellen aangeboden aan prof. dr. J. C. P. A. van Laarhoven bij gelegenheid van zijn afscheid als hoogleraar aan de Katholieke Universiteit Nijmegen, onder redaktie van Gian Ackermans, Albert Davids, Peter J. A. Nissen, med medewerking van Guillaume H. M. Posthumus Meyjes en Matthieu G. Spiertz, Nijmegen 1991, S. 87–111.

⋆Shogimen, Takashi (2007): Ockham and Political Discourse in the Late Middle Ages(Cambridge Studies in Medieval Life and Thought, IV. 69), Cambridge (usw.).

⋆Steffenhagen, Emil (1977): Die Entwicklung der Landrechtsglosse des Sachsenspiegels, VII: Der Glossenprolog [Sitzungsberichte der ksl. Akad. d. Wiss., Phil.-hist. Klasse, CXIII/1, Wien 1886]; Neudruck in: Steffenhagen, Die Entwicklung der Landrechtsglosse des Sachsenspiegels, Editio altera, hrsg. von Karl August Eckhardt (Bibliotheca rerum historicarum, Neudrucke 9), Aalen.

⋆Syros, Vasileios (im Druck für 2008): Die Rezeption der aristotelischen politischen Philosophie bei Marsilius von Padua, Eine Untersuchung zur Ersten Diktion des *Defensor pacis* (Studies in Medieval and Reformation Traditions, History, Culture, Religion, Ideas), Leiden-Boston [= phil. Diss. Heidelberg, 2003)].

⋆Tierney, Brian (2007): Obligation and Permission: On a ‚Deontic Hexagon' in Marsilius of Padua, in: Historiy of Political Thought 28 (2007) 419–432.

⋆Ubl, Karl (2003): Johannes Quidorts Weg zur Sozialphilosophie, in: Francia 30/1, 43–73.

⋆Wittneben, Eva Luise (2003): Bonagratia von Bergamo, Franziskanerjurist und Wortführer seines Ordens im Streit mit Papst Johannes XXII. (Studies in Medieval and Reformation Thought 90), Leiden-Boston.

Register der Namen, Orte, Sachen

Initienregister

pro Studium Theologie/Religion

Lukas Bormann
Bibelkunde
Altes und Neues Testament
basics
UTB 2674 M
ISBN 978-3-8252-**2674**-9
Vandenhoeck & Ruprecht. 2., durchg. Aufl.
2008. 293 S., 20 Abb.,
EUR 19,90, sfr 35,90

Astrid Dinter, Hans-Günter Heimbrock,
Kerstin Söderblom (Hrsg.)
**Einführung in die empirische
Theologie**
Gelebte Religion erforschen
UTB 2888 M
ISBN 978-3-8252-**2888**-0
Vandenhoeck & Ruprecht. 2007.
384 S., 27 Abb.,
EUR 29,90, sfr 49,90

Jörg Frey, München, Jens Schröter (Hrsg.)
**Deutungen des Todes Jesu im Neuen
Testament**
Studienausgabe
UTB 2953 M
ISBN 978-3-8252-**2953**-5
Mohr Siebeck. 2007. 716 S., kart.,
EUR 29,90, sfr 49,90

Barbara Fuß
Neutestamentliches Griechisch
Ein Lernbuch zu Wortschatz und
Formenlehre
UTB 2910 M
ISBN 978-3-8252-**2910**-8
Mohr Siebeck. 2007.
161 S., div. Tab.,
EUR 13,90, sfr 25,90

Sebastian Grätz, Bernd U. Schipper (Hrsg.)
**Alttestamentliche Wissenschaft in
Selbstdarstellungen**
UTB 2920 S
ISBN 978-3-8252-**2920**-7
Vandenhoeck & Ruprecht. 2007.
319 S., 22 Abb.,
EUR 22,90, sfr 41,00

Christian Grethlein
Grundinformation Kasualien
Kommunikation des Evangeliums an
Übergängen des Lebens
UTB 2919 M
ISBN 978-3-8252-**2919**-1
Vandenhoeck & Ruprecht. 2007. 416 S.,
EUR 24,90, sfr 44,00

Rochus Leonhardt
Grundinformation Dogmatik
Ein Lehr- und Arbeitsbuch für das Studium
der Theologie
UTB 2214 M
ISBN 978-3-8252-**2214**-7
Vandenhoeck & Ruprecht. 3., völlig neu
bearb. Aufl. 2008. 496 S., 7 Abb.,
EUR 29,90, sfr 49,90

Markus Mühling
Grundinformation Eschatologie
Systematische Theologie aus der
Perspektive der Hoffnung
UTB 2918 M
ISBN 978-3-8252-**2918**-4
Vandenhoeck & Ruprecht. 2007. 352 S.,
EUR 24,90, sfr 44,00

Petr Pokorný, Ulrich Heckel
Einleitung in das Neue Testament
Seine Literatur und Theologie im Überblick
UTB 2798 M
ISBN 978-3-8252-**2798**-2
Mohr Siebeck. 2007. 824 S., 29 Abb.,
EUR 39,90, sfr 67,00

RGG4-Redaktion
**Theologie und Religionswissenschaft
nach RGG4**
Herausgegeben von der RGG4-Redaktion
Abkürzungen
UTB 2868 S
ISBN 978-3-8252-**2868**-2
Mohr Siebeck. 2007. 302 S.,
EUR 12,90, sfr 24,00

mehr unter www.utb.de

Luther Handbuch
Herausgegeben von Albrecht Beutel

Dieses neu konzipierte Lehr- und Studienbuch gewährt verläßliche und bündige Orientierung über Leben, Werk und Wirkung Martin Luthers. Das Buch ist für Fachleute und Liebhaber der Theologie, aber auch der angrenzenden Disziplinen wie der Geschichtswissenschaft, Germanistik oder Philosophie von Interesse.

»Hier wird auf höchstem Niveau ein spannender und verlässlicher Zugang zur Ursprungsgestalt und zur historischen Ausgangssituation protestantischer Tradition geboten.«
Hans Ruedi Kilchsperger in *Reformierte Presse* (2007), S. 11

»Abschließend ist festzustellen, daß das Handbuch eine sichere Orientierung für die wissenschaftliche Beschäftigung mit Luther als einer ›entscheidenden Bezugsgröße‹ in der Theologie der Neuzeit ermöglicht. Die differenzierte Darstellung und der Verzicht auf die Herausarbeitung einer alles übergreifenden und den Leser damit bevormundenden Generallinie zwingt ihn zu einer eigenen Erarbeitung und Urteilsbildung. Das diese Eigenarbeit ermöglichende Hilfsmittel hat er nun dazu in der Hand.«
Hans Martin Müller in *Theologische Revue* 102 (2006), S. 334–338

»Ein überaus nützliches Kompendium!«
Gerhard Hahn in *Germanistik* 47 (2006), S. 247

2005. XIV, 537 Seiten.
ISBN 978-3-16-148267-0
fadengeheftete Broschur;
ISBN 978-3-16-148266-3
Leinen

Mohr Siebeck
Tübingen
info@mohr.de
www.mohr.de